張大可文集

史記論贊輯釋

第四卷

创于1897
商務印書館
The Commercial Press

图书在版编目(CIP)数据

史记论赞辑释/张大可著.—北京:商务印书馆,2013
(张大可文集)
ISBN 978-7-100-09392-7

Ⅰ.①史…　Ⅱ.①张…　Ⅲ.①中国历史-古代史-纪传体②《史记》-注释　Ⅳ.①K204.2

中国版本图书馆CIP数据核字(2012)第202567号

史记论赞辑释
张大可　著

商 务 印 书 馆 出 版
(北京王府井大街36号　邮政编码100710)
商 务 印 书 馆 发 行
北京德富泰印务有限公司
ISBN 978-7-100-09392-7

2013年5月第1版　　开本　640×980　1/16
2013年5月北京第1次印刷　　印张　30 1/4

定价:123.00元

内容提要

本卷《史记论赞辑释》，编列文集为第四卷，内容是专题解读《史记》中的“太史公曰”。“太史公曰”是司马迁仿《左传》中的“君子曰”所创造的史论形式。习惯称篇前之“太史公曰”为序，称篇末之“太史公曰”为赞。《天官书》后半、《伯夷列传》夹叙夹议，“太史公曰”置于篇中为论。《日者》、《龟策》两传与《伯夷列传》前后呼应，提示义例，均为论传。书末《太史公自序》为全书总论。篇前作序论，篇末作赞论，通篇为论传，书后总论等多种形式的史论，构成了司马迁系统的史学理论和是非观点，集中地表述了司马迁的“一家之言”，是探索司马迁思想的第一手资料。通计《史记》全书，序论二十三篇，赞论一百零六篇，论传五篇，凡一百三十四篇，三万零九百三十六字，篇幅不长，而内容极为丰博，乃为《史记》一书之血气。《汉书·司马迁传》所载《报任安书》与《太史公自序》是表里之文。贾谊《过秦论》是西汉时人评论秦政得失的定论之作，司马迁十分推崇，直接引用为赞语。故这两篇文章一并收入，集中整理。解读内容为注释、语释、简论、五体说明、书前序论五项，题名《史记论赞辑释》，陕西人民出版社 1986 年出版。本次入集增设两个附录。附录一，收入《史记的语言艺术》一文为史论之补充；附录二，收入学术界评论《史记论赞辑释》的论文两篇以见社会反响。

目　录

序　论

史记论赞，言约义丰，博大思精，构成了司马迁完整的史论体系。下面就论赞的基本内容作一概括的述评。

一、序赞论为太史公首创的史论形式

史记中的“太史公曰”，司马迁并没有命名曰序曰赞。《史通》卷四《论赞篇》和《序例篇》正式论列“太史公曰”为序为赞后，才成为通称。《史记》原题《太史公书》，意为太史公所著述之书。太史公本是司马迁对父谈为太史令官之尊称，引用为书名后，也就成了父子相共之名。故史记论赞称“太史公曰”，司马谈发端于前，司马迁完成于后，乃父子相承之作。但是，若要具体区分哪些是司马谈之言，哪些是司马迁之语，却是很困难的。清人方苞及近人顾颉刚、李长之等对司马谈作史均有考证，继之者更不乏其人。这些考证对于探索《史记》成书的历史条件及评价司马谈的史学贡献都是有价值的。王国维、顾颉刚两人认为《刺客列传》、《郦生陆贾列传》、《樊郦滕灌列传》三篇之赞，所言及的公孙季功、董生、平原君子、樊哙孙他广年齿差长，似与司马迁不相及。王国维认为，“此三传所论，史公或追记父谈语也”（《太史公行年考》）。顾颉刚则认为此可证三传，“成于谈手无疑”（《司马谈作史》）。王氏所论比顾氏较为圆通。因《史记》最后完成于司马迁之手，其父司马谈的著述也只作为资料融入司马迁所定稿的成书之中。特别是作为表述“一家之言”的系统史论，更是一个完整的体系。所以《史记》中的全部“太史公曰”，均可视为司马迁史论而加以贯通的研究，这是符合历史发展的实际的。因此，本书辑释，总视为司马迁史论，这是需要说明的一点。当然，司马谈发端创造之功，也是不可埋没，不可不晓的。

“太史公曰”形式上是仿自《左传》的“君子曰”，但在《史记》中发展成为序赞论的系统史论，却是司马迁的首创。先秦典籍《国语》、《战国策》及诸子著作间或已有“君子曰”，表示当时有德者之言。有人统计，《左传》有一百三十四条评论，直接引仲尳、周任、史佚、孔子等人的话约五十条，有“君子曰”或“君子谓”、“君子以为”之称的评论八十四条。这样多的评论，已具系统史论的雏形，所以我们说“太史公曰”系仿《左传》的“君子曰”而作。但《左传》的“君子曰”就事论事，还不是具有理论色彩的史论，未能形成一种体系。隋代著名史家魏澹云：“丘明亚圣，发扬圣旨，言‘君子曰’者，无非甚泰，其间寻常，直书而已。”（《隋书·魏澹传》）这就是说，左丘明的史论，只限于对具体事实的褒贬，可以说是一种直书。评论方式，主要是博采君子之言，亦断以己意。如文公二年《传》跻鲁僖公之“君子以为失礼”云云，《国语·鲁语》“夏父弗忌改昭穆之常”条作宗人有司之言；襄公三年《传》之“君子谓祁奚於是能举善矣”，二十一年《传》作晋叔向之言，曰“祁大夫外举不弃仇，内举不失亲”。这些例子生动地说明《左传》所称君子曰，多是取当时君子之言，或断以己意做就事论事的评论。而《史记》的“太史公曰”，全书浑然一体，每序每赞，无论长短，自为一体，具有浓厚的理论色彩，并不只是就事论事的评论。“太史公曰”，内容丰博，涉及政治、经济、军事、思想、文化、天文、地理、历史、伦理、世俗、形势、人事等等，往往补篇中所未备。“太史公曰”，议论宏阔，笔势纵横，言辞精练，旨义深微，或考证古史，或叙游历所得，或提示取材义例，或明述作之旨，或褒贬人物，或纵论史事，或隐微讥刺，皆直抒胸臆，观点鲜明，构成了系统的史学理论。司马迁所引典籍及君子之言，如《诗》、《书》、《论语》、孔子、诸子等，皆化为自己的语言还大量引用诗赋歌谣及鄙语俗谚来加强评论的生动性和通俗化。

“太史公曰”的形式既整齐又灵活。所谓整齐是指“太史公曰”分为系统的篇前序论，篇后赞论，夹叙夹议为论传三种形式。大段的恢宏议论置于篇首为序论，集中于十表、八书及类传。十表、八书及类传都是贯通古今的，序论即作贯通性的概括，最具理论色彩。本纪、世家、列传皆篇末置赞论。三体皆叙人物，故赞论重点褒贬人物，具有强烈的感情色彩。论传提示义例，《太史公自序》集中明述作之旨，为全书之总纲。序、赞、论三种形式整齐而集中，显系匠心布局。所谓灵活，即形式并不刻板，在整齐之中有变通。如十表中《将相表》有倒书无序，即创无字之序以衬托倒书，示例更为鲜明。八书中，《礼》、《乐》、《律》、《历》有序无赞，《河渠》、《平准》有赞无序，《封禅》有序有赞，《天官》夹叙夹议。十类传中，《刺客》无序有赞，《儒林》、《货殖》无赞有序，《循吏》、《酷吏》、《游侠》、《佞幸》、《滑稽》有序有赞，《日者》、《龟策》借题发挥，以序事为论。灵活变通的形式，表现了司马迁的宏阔气度和无限的创造活力。变体，即破例，是为了切合内容的需要而作的变通。《外戚世家》及《孟子荀卿列传》两篇实质是类传，故作序以明其类。《孟荀》用合传之目标题，只不过是突现两位儒家大师的历史地位，而内容却是一篇先秦诸子类传。《刺客列传》本应编列在《循吏》之后，与类传的时序并编，而司马迁有意穿插在辅秦人物中间，与吕不韦、李斯、蒙恬等人并列，这是对比见义，表现了司马迁的反暴政思想，因为刺客都是反暴人物。《刺客列传》无序，与《将相表》无序同例，以无字之序引人注目，发人深思，收到强烈的对比效果。破例为体是《史记》的一大特色，全书五体结构均有破例。历史本身是丰富多彩而又变化万端的，怎么能用死板的格式来作形象的反映呢！但质的规定性又必须通过格式来反映。既有格式，又有变通，才能妙尽其理。立例又破例，正是司马迁卓越史识的一大表现，所以“太史公曰”呈现出丰富多姿的形态。

对司马迁用“太史公曰”所创造的序、赞、论的史论形式，清人章学诚作了崇高的评价。他说：“太史叙例之作，其自注之权舆乎！明述作之本旨，见去取之从来，已似恐后人不知其所云而特笔以标之，所谓‘不离古文’及‘考信六艺’云云者，皆百三十篇之宗旨，或殿卷末，或冠篇端，未尝不反复自明也。”(《文史通义·史注》)但是像章氏这样的赏音者并不多见。唐刘知几就扬班抑马，推重班固之赞有“典诰之风”，而认为《史记》为例不纯，甚至批评史记论赞“淡泊无味”，是“苟炫文采”的画蛇添足(《史通·论赞》)。实际上，班赞是模仿“太史公曰”而作，在辞章和形式上好像比“太史公曰”庄重、典雅，但其史识义例却是无法和“太史公曰”比拟的。唐代另一学者，撰述《史记索隐》的司马贞，则认为史记论赞脱离了述史内容，故重新为之一一作“赞”，称“索隐述赞”。但司马贞的“赞”，却不是史论，只不过是史传内容的复述，以韵文形式作的摘要，确实称得上是标准的“苟炫文采”之作。

不明司马迁的史识，就难以评论司马迁的史论，甚至会否认司马迁的创造。近人余嘉锡先生在《太史公书亡篇考》中否认司马迁创作序赞就是一例。他说：“太史公以篇为卷，每卷自为起讫，即是一篇文字。其间或分或合，或叙事，或议论，本无一定之例。遇其意有所感发，更端别起，则称‘太史公曰’，或在篇首，或在篇中，或在篇末，本无所谓序与赞也。”又说：“史公自序，即百三十篇之序也。若干篇首复别为之序，擘拇骈枝，古人无此体也。”前已指出，序与赞之名确非司马迁自题，但以“太史公曰”发端的各种史论形式，则灿然赫然，毋庸置疑。余氏认为“太史公曰”是司马迁行文“遇其意有所感发，更端别起”而发的议论，也就是把“太史公曰”降到“君子曰”的水准上，这是不符合实际的。既是“遇其意有所感发，更端别起”，则篇首之“太史公曰”就无着落，岂非未行文而先有感发欤？余嘉锡先生以张晏所云十篇亡书目录为不易之言这一先入之见立论，不承认《礼》、《乐》、《律》三书序存，更不承认《三王世家赞》为司马迁手笔，故否认司马迁创造了序赞的史论形式，真可谓一叶障目，不见泰山。余氏谓“古人无此体也”是说对了。司马迁师法“君子曰”而又作了超卓前人的大胆创新，使历史编纂成为真正的史学论著，《史记》提供了典范。其后“班固曰赞，荀悦曰论，东观曰序，谢承曰诠，陈寿曰评，王隐曰议，何法盛曰述，扬雄曰撰，刘昞曰奏，袁宏、裴子野自显姓名，皇甫谧、葛洪列其所号”(《史通·论赞》)，名称虽殊，但都是效法司马迁作史论。

二、论史记取材义例

编纂历史著作，不同于文学作品，以抒情见意，辞必己出，也不同于哲理著作，以空言论道，设寓说理。历史著作，应当做到言有所据，事有所托，字字句句，均有来历。司马迁正是在此基础上，广博地搜求史料，并把他的理论见解和实践经验一一载入史记论赞中。

“网罗天下放失旧闻”是司马迁搜求史料的一条总原则。按照这一原则，《史记》取材，无所不包，这就决定了《史记》内容的丰富性及复杂性。这句话也是司马迁提出的史学理论，他认为历史学既要概括人类社会的一切文化发展，就要“厥协六经异传，整齐百家杂语”，于是他创造了五体的表述形式来条理包罗万象的人类文化历史。司马迁采集史料的方法，可以归纳如下：

(1)“紬史记石室金匮之书”，即阅读皇家所藏图书档案。汉惠帝四年，除挟书之律，广收博采。到武帝时，皇家藏书已十分丰富，宫内有天禄阁、延阁、广内等藏书馆，外朝有太常、太史、博士官署藏书。司马谈、司马迁以职责攸关，主管其事。《太史公自序》云：“百年之间，天下遗文古事，靡不毕集太史公。太史公仍父子相续纂其职。”司马迁所读《诗》、《书》、《春秋》、《国语》、《谍记》、《春秋历谱谍》、《秦记》、《列封》、《功令》等等，皆国家所藏图书。故司马谈临终遗言，司马迁必为太史。"卒三岁而迁为太史令，紬史记石室金匮之书"，这是司马迁在《太史公自序》中特地大书的一笔，示承继父志，续纂其业。太史令，秩六百石，是"陪外廷末议"的一个卑官。但汉制，"天下计书先上太史公，副上丞相"（《自序集解》引《汉仪注》），这给司马迁修史提供了必要的条件。《曹相国世家》所录曹参军功，即《功令》所载之文。《扁鹊仓公列传》载仓公所对医案为皇室所藏。《樊郦滕灌》、《傅靳蒯成》等传亦多录《功令》之文。汉史诸表更是依赖于《功令》、《列封》、《令甲》等资料而制成表。秦焚《诗》、《书》，图籍散乱。汉朝建立，有赖于国家的大力收藏，才给司马迁提供了修史的条件。《史记》有三十五个篇目涉及司马迁所见图书，序赞涉及有二十余篇，如《五帝本纪赞》、《三代世表序》、《十二诸侯年表序》、《管晏列传赞》、《太史公自序》等。通计载于《史记》中的司马迁所见书共一〇六种，其中六经及训解书二十三种，诸子百家书五十三种，历史、地理及汉室档案二十三种，文学书七种。这仅仅是司马迁因事论及的一部分。由此可见，司马迁对于文献典籍是何等的重视。

（2）取资金石、文物、图像及建筑。《秦始皇本纪》载录了《泰山石刻》、《琅邪石刻》、《芝罘石刻》。《孔子世家赞》云，司马迁适鲁观孔子庙堂车服礼器。《留侯世家赞》云，司马迁考核留侯张良画像。《春申君列传赞》云，司马迁适楚，观春申君故城宫室。《蒙恬列传赞》云，司马迁观蒙恬所筑长城、亭障、直道。

（3）游历访问，实地调查。《太史公自序》记载了司马迁二十岁时南游江淮的壮举。他还奉使巴、蜀以南之游，此外，还在几十年间扈从武帝之游。司马迁足迹遍于全国，"西至空桐，北过涿鹿，东渐于海，南浮江淮"，搜集了有关上古历史的传说，考实了西周建国经营洛邑的情况，纠正了学者所传之误。至于调查战国故事，汉初故事，古战场形势，个人遗事，更至为详悉。司马迁十分重视普通老百姓的口碑、传颂，并在《史记》中留下了记载。如适大梁之墟，求问夷门及秦灭魏，"墟中人曰"云云；

载樗里子事迹，“秦人称其智”云云；至淮阴，“淮阴人为余言”云云；……此类例证，不胜枚举。这说明司马迁的调查，深入了社会下层，有时甚至冒着生命危险。例如他在齐鲁考察，就曾“厄困鄱、薛、彭城”，但终于了解到薛地风俗，“其间里多暴桀子弟，与邹、鲁殊”。再如《货殖列传》对全国都市经济、各地物产、习俗的记载，也是从游历调查中得到的。论及游历的论赞有《五帝本纪赞》、《周本纪赞》、《封禅书赞》、《河渠书赞》、《齐太公世家赞》、《魏世家赞》、《孔子世家赞》、《魏公子列传赞》、《屈原贾生列传赞》、《蒙恬列传赞》、《淮阴侯列传赞》、《樊郦滕灌列传赞》，以及《伯夷列传》、《龟策列传》及《太史公自序》等共十五篇。

(4) 接触当事人或他人的口述材料。此见于《赵世家赞》、《樊郦滕灌列传赞》、《田叔列传赞》、《韩长孺列传赞》、《李将军列传赞》、《卫将军骠骑列传赞》、《游侠列传赞》等篇。

(5) 采集歌谣诗赋，俚语俗谚。此分三项。一是乐府歌谣，文人诗赋；二是民歌童谣；三是俚语俗谚。《史记》中所载这三项资料共五十六条。其中第一项六条，第二项十四条，第三项三十六条。司马迁广泛采集民歌童谣，俚谣俗谚，标明“谚曰”、“语曰”、“鄙语曰”云云，并大量引入赞中，用以褒贬人物，就像引用经典一样郑重。歌谣俚语，寓有平凡的真理，是人民群众生活实践的结晶。司马迁引用歌谣俚语，正是他史识过人的一种表现。

(6) 搜求被秦始皇焚灭了的古诸侯史记。《六国年表序》说，秦焚《诗》、《书》，诸侯史记尤甚，“而史记独藏周室，以故灭。惜哉，惜哉！独有《秦记》，又不载日月，其文略不具”。秦只焚灭了官家之藏，而民间尚有残篇。如《燕召公世家》载，燕孝王“三年卒，子今王喜立”。又载，“今王喜四年，秦昭王卒”。这是公元前 255 年至前 251 年事，下距司马迁述史一百四五十年，而两称“今王”，显然是抄录燕国史记而改写未竟的痕迹。又如《廉颇蔺相如列传》载秦赵会渑池，赵王鼓瑟，秦御史书“某年月日，秦王与赵王会饮，令赵王鼓瑟”。蔺相如挟秦王击缶，亦召赵御史书“某年月日，秦王为赵王击缶”。赵御史所书必不载于秦史记而是据赵史记写下的。又年表、世家载各诸侯国史事用第一人称“我”，不可能全部据秦史记回改，亦当有一部分诸侯史记。这些例证是《史记》取材于“诸侯史记”的有力佐证。

上述六种途径，足以反映司马迁搜求史料的宏博、辛勤和实践着“网罗天下放失旧闻”的原则。对这些丰富博杂的材料，司马迁是怎样抉择和选录的呢？从史记论赞中，我们大致可以归纳为六条义例。

（1）“考信于六艺”，“折中于夫子”。《伯夷列传》云：“夫学者载籍极博，犹考信于六艺。”《孔子世家赞》云：“孔子布衣，传十余世，学者宗之。自天子王侯，中国言六艺者折中于夫子，可谓至圣矣。”明王守仁说：“以事言曰史，以道言曰经。事即道，道即事。《春秋》亦经，五经亦史”（《传习录》卷一）。王守仁的“五经亦史论”未引起人们的注意。嗣后清人顾炎武、章学诚提出“六经皆史”的论断，受到了思想界、史学界的高度评价。其实早在西汉，司马迁就以《六经》为史料，撰写《史记》。《殷本纪赞》云：“太史公曰：余以《颂》次契之事，自成汤以来，采于《书》、《诗》。”五帝、夏、殷、周诸本纪，三代、十二诸侯两年表，齐、鲁、燕、晋、宋、卫、孔子诸世家，以及仲尼弟子传等篇主要以六艺经传为史料。至于司马迁以孔子言论作为褒贬人物的一个尺度，贯穿于《史记》序事及论赞中，俯拾即是，就不一一具引了。

（2）择其言尤雅者，总之不离古文者近是。见《五帝本纪赞》、《三代世表序》、《仲尼弟子列传赞》等篇。司马迁作《五帝本纪》就是一个“择其言尤雅者”，并以“古文”记载为主要依据的典型例证。这篇三千四百五十字的本纪（赞语未计），在文献方面至今犹能按核的典籍就有十余种：①《尚书》，②《大戴礼记》（《五帝德》、《帝系姓》是其中篇名），③《国语》，④《左传》，⑤《世本》，⑥《庄子》，⑦《孟子》，⑧《韩非子》，⑨《战国策》，⑩《吕氏春秋》，⑪《礼记》，⑫《淮南子》。此外还有逸失的典籍如《百家》、《谍记》等。司马迁广泛征用古文资料，重视运用原始资料。所谓古文就是指用先秦文字书写的典籍，《六经》

则是古文的主体。所以司马迁征用古文要“考信于六艺”，择其言尤雅者而记述。例如《五帝德》述黄帝，其中有“黄黼黻衣，大带黼裳，乘龙扆云”的记载；述颛顼，有“乘龙而至四海”的记载；述帝喾，有“春夏乘龙，秋冬乘马，黄黼黻衣”的记载。这些，《左传》、《国语》等均不载，因为这是不可信的。司马迁均予以删去。

(3)“纪异而说不书”，“所有怪物，余不敢言之也”。《天官书论》云：“幽厉以往，尚矣。所见天变，皆国殊窟穴，家占物怪，以合时应，其文图籍禨祥不法。是以孔子论六经，纪异而说不书。”《大宛列传赞》云：“至《禹本纪》、《山海经》所有怪物，余不敢言之也。”所谓“纪异而说不书”，这是究天人关系的一个原则。司马迁精通天文、律历，但古代的科学知识是与宗教迷信、神话传说杂糅在一起的。实际观察天象，可以验证“星气之书，多杂禨祥，不经”；但巫祝的预言有经验作基础，故也“时或颇中”，于是司马迁又认为“推其文，考其应，不殊”(《太史公自序》)。天道性命到底有无呢？司马迁既怀疑，又相信。“纪异”，就是对天异灾变加以记载；而“说不书”，即对感应的说法不加记载。《律》、《历》、《天官》三书记载了天变以及感应的资料，而在载人事的纪传中并不加以发挥。天是天，人是人，两者在《史记》五体的分工中作了明显的区分。尤其是七十列传，力求实录人事的历史变化，而对虚妄荒诞之说加以摈斥或揭露。所以《禹本纪》、《山海经》所有怪物，荒诞无稽，非信史，一概不录。

(4)非天下所以存亡，故不著；至于世传其书者，论其轶事。司马迁在《留侯世家》和《张丞相列传》中交代说，留侯张良出奇谋善策很多，世家只载大事，“非天下所以存亡，故不著”；汉初自申屠嘉以后之丞相只是“备员而已，无所能发明功名有著于当世者”，故亦不加记载。《史记》以人物为中心，只用了五十二万余言就叙出了两千四百年史事，真正做到了字字精练，要言不烦。无功无过的显宦，司马迁不为之作传。反之，事关治道的下层人物，医卜星相，刺客游侠，皆立传以载之。对于在历史上作出了重大贡献，家喻户晓，口碑相传，其书说传于后世的人物，则只载其轶事。这一原则，司马迁反复申言之，在《管晏列传赞》、《孙子吴起列传赞》、《孟子荀卿列传》中分别作了交代。

（5）信以传信，疑以传疑，故两言之。《三代世表序》云："太史公曰：五帝、三代之记，尚矣。自殷以前诸侯不可得而谱，周以来乃颇可著。……故疑则传疑，盖其慎也。"《仲尼弟子列传赞》云："疑者阙焉。"五帝三代之本纪、年表，只载世系而不记年，殷周二纪载殷始祖契、周始祖后稷，其母吞玄鸟卵或履巨人迹而生，又云其父为帝喾，就是"信以传信，疑以传疑"原则之运用。

（6）"厥协六经异传，整齐百家杂语"。《太史公自序》云："凡百三十篇，五十二万六千五百字，为《太史公书》。序略，以拾遗补艺，成一家之言，厥协六经异传，整齐百家杂语。"《报任安书》云："究天人之际，通古今之变，成一家之言。"司马迁述史的理想是"成一家之言"。因此，他虽然提出了"考信于六艺"，"折中于夫子"的考信原则，但引载六艺经传及百家杂语，并不墨守教条，而是进行一番"厥协"，即综合，以及"整齐"，即删汰别择而纳入"一家之言"中。司马迁"厥协"、"整齐"原始资料，其贯通的手法主要有四种：①剪裁摘要；②增文补史；③训释古文；④熔铸改写。这四种手法常常是交叉运用，而以熔铸改写为主。《五帝本纪》载瞽叟和象如何迫害舜的故事，主要采自《孟子》和《淮南子》。《孟子·万章上》说象谋害舜后，前往舜宫，企图霸占二嫂，但舜已从井中出，先归家。按儒家礼教，象是不能玷污二嫂的，他的活动只不过是衬托舜的伟大。司马迁采摘熔铸，改写为，当舜从井中出来归家时，象已在自己的居室调戏舜之二妻。司马迁的这一改写，不但使故事更加戏剧化，而且使斗争更合理、更激烈。《史记》以实录著称于世，是就其所反映的历史本质而言。至于细节，《史记》往往有文学手法的运用。例如《孔子世家》引载《论语》材料，一一作了时间和场景的定位，形成连贯的编年史料，显然是一种文学构思的运用。《太史公自序》引古人自况，认为西伯、孔子、屈原、左丘明、孙武、吕不韦、韩非等人皆遭遇不平而发愤著书，旨在阐明只有那些经受得起磨难的人才能做出一番大事业来。这些地方，重在阐述哲理，而细节往往有加工，对此是不能钻牛角的。

综上所述，《史记》取材，有着严密的史法义例，宗旨是“成一家之言”。史记论赞所作的系统论述，表现了司马迁伟大的创造精神和卓越史识。司马迁所提示的取材义例，是他撰述《史记》的实践经验的概括，所以许多方法至今仍有借鉴意义。

三、论史记书法义例

古人著述，讲究微言大义，以发人深思，垂示久远。这微言大义有待注疏家诠释，即为“凡例”，或称之为“书法”，“义例”。清恽敬说：“作史之法有二，皆太史公自发之。其一，《留侯世家》曰，所与上从容言天下事甚众，非天下所以存亡，故不书，此作本纪、世家、列传法也，而表书亦用之。其一，《报任少卿书》曰，‘究天人之际，通古今之变’，此作表书法也，而本纪、世家、列传亦用之”（《大云山房文稿》初集卷二《读货殖列传》）。恽氏此论，可谓史公知音。但《史记》体大思精，其中蕴藏的微言大义，不可能用几条凡例来表达清楚，故司马迁在史记论赞中往往发论提示，以“俟后世圣人君子”（《太史公自序》）。章学诚谓“明述作之本旨，见去取之从来”，司马迁“未尝不反复自明也”。章氏这一发踪指示极为精审。史记论赞所论书法义例，即可概括为这两个方面：一为“明述作之本旨”；一为“见去取之从来”。所谓“见去取之从来”，用司马迁的话说就是“论考之行事”，即本序第二题“论史记取材义例”，已具论之如前。本题“论史记书法义例”，专指“明述作之本旨”，择其大端，可诠次为下列五项。

（1）阐明五体结构义例。《史记》由五体构成。①本纪十二，②表十，③书八，④世家三十，⑤列传七十，凡一百三十篇，五十二万六千五百字。据考证，残缺一万六千零四十六字，而今本

《史记》（中华书局点校本）正文有五十五万五千六百六十字。其中，因杂有褚少孙等人补续增窜的文字四万五千二百零二字，故比原著为多。

司马迁在《太史公自序》中提示《史记》的写作宗旨有四点。①“网罗天下放失旧闻，王迹所兴，原始察终，见盛观衰”，即总结古今一切人间社会的史事，考治乱之源。②究“天人之际，承敝变通”，即探讨天道与人事的关系，展现历史的变化和发展。③确立以人物为中心的述史体系。司马迁认为“运行无穷”的历史，并不只是帝王的政绩，那些“辅弼股肱之臣”的言论行事不应泯没，所以创三十世家和七十列传来予以记载。④“拾遗补艺”，创一代典籍，继《春秋》之后，“成一家之言”。这四点宗旨，总括起来就是，司马迁要完成一部以人事为中心的包容百科全书知识的通史。五体结构就是由这一内容决定的。《史记索隐》作者司马贞《补史记序》云：“本纪十二象岁星之周；八书有八篇，法天时之八节；十表放刚柔十日；三十世家比月有三旬；七十列传取悬车之暮齿；百三十篇象闰而成岁。”《史记正义》作者张守节《论史例》亦有类似推论，其说更详，认为“太史公作此五品，废一不可，以统理天地，劝奖箴诫，为后之楷模也”。司马贞和张守节所揭示的《史记》五体及篇数的寓意，虽然未必尽合司马迁之本旨，但决不是子虚之言。因《太史公自序》已有明确的提示。十二《本纪》取法《春秋》十二公，示《史记》继《春秋》而作；三十《世家》寓意“三十辐共一毂”，象征君臣之道如众星环北辰。当然，我们不必去钻牛角，刻意去探求五体结构及篇数的玄妙微意。但可以肯定，《史记》五体结构是有意识创作的一个完整的体系，它形象地照映了封建社会的等级序列。本纪编年，摘载诏令制诰，以反映历史发展的进程。世家述开国的诸侯。列传叙人臣事迹，辅弼君上，如众星之拱卫北辰。所以纪传史是以帝王将相为中心的历史，它适应了封建统治者的思想体制，这就是纪传史之被封建王朝颁令为正史的内在原因。

（2）提示立篇旨意。《太史公自序》总括一百三十篇旨意，因某事作某篇，着重史事评述，立意皎然，此不具论。某些篇目的意图，具有不同凡响的识见，司马迁于赞论中提示，如《五帝本纪赞》、《项羽本纪赞》、《三代世表序》、《河渠书赞》、《陈杞世家赞》、《陈涉世家赞》、《苏秦列传赞》等篇。

《五帝本纪赞》说明延伸上限的理由。《三代世表序》说明黄帝以来年数不可信，只能据《尚书》作世表。《项羽本纪赞》指出项羽将五诸侯灭秦，“分裂天下，而封王侯，政由羽出，号为‘霸王’，位虽不终，近古以来未尝有也”。故应立本纪。《陈涉世家赞》说明“陈胜虽已死，其所置遣侯王将相竟亡秦，由涉首事也”。故立世家。春秋之世，陈、杞小国，为何立世家？《陈杞世家赞》云：“太史公曰：舜之德可谓至矣！禅位于夏，而后世血食者历三代。及楚灭陈，而田常得政于齐，卒为建国，百世不绝，苗裔兹兹，有土者不乏焉。至禹，于周则杞，微甚，不足数也。楚惠王灭杞，其后越王句践兴。”为陈杞立世家，不仅是表彰舜、禹之德，而且旨在阐明统治者只有积德累善，方能百世不绝，苗裔兹兹，这与秦行虐政，二世而绝形成鲜明对比，寓意良深。《苏秦列传赞》说，“苏秦起闾阎，连六国从亲，此其智有过人者”，但由于苏秦是在齐国被反间而死，庸夫俗子“共笑之，讳学其术”，这种仅凭一事之得失论人功罪的庸俗观点为司马迁所不齿。他一反俗见，为苏秦立传，“吾故列其行事，次其时序，毋令独蒙恶声焉”。司马迁要还苏秦历史的本来面目，“毋令独蒙恶声焉”，可以说这是司马迁写翻案史传的原则。淮阴侯韩信、彭越、黥布等人以谋反罪被处死，司马迁敢于为之立传，表彰他们对历史的贡献，就是“毋令独蒙恶声”翻案原则的运用。《河渠书》则是有感于军民征服水患而作，故于赞中提示说：“余从负薪塞宣房，悲《瓠子之诗》而作《河渠书》。”这一“悲”字是人民感情的体现。《瓠子之诗》云，“瓠子决兮将奈何？皓皓旰旰兮闾殚为河”。说的是黄河泛滥，广阔无际的村闾尽为河泊，人民蒙受无穷的灾难。但若能驯服黄河，它将造福人民，“宣房塞兮万福来”。司马迁亲身参加了堵塞黄河工程的壮丽斗争，他怎能不激动？《瓠子之诗》，就是当时塞河工地上的劳动号子，歌词为汉武帝所作。这些赞论，深深地表达了司马迁胸中的无限激情，增添了史传的光辉。

（3）阐明附记之法。历史事件有大小，历史人物有主次，一一详载，其势不能；若将次要事件，次要人物，全部删略，则不能存历史之真，亦修史者所不忍为。于是司马迁创造了附记法，载述史事人物主次分明，使得一部《史记》有如参天大树，枝叶扶疏，形象灿然。《史记》各体皆有附记。夏、商、周三本纪上溯先公先王，实质是附记。又《项羽本纪》附楚怀王熊心，《吕太后本纪》附惠帝刘盈。年表中，《三代世表》之前溯及五帝，亦为附记。《十二诸侯年表》、《六国年表》附载小国。在《六国年表》中，秦表附有蜀与义渠，韩表附有郑，赵表附有代、中山，魏表附有卫，楚表附有鲁、蔡、燕、吴、越，齐表附有宋，即附见的小国随宗主国。晋为三家所分，而晋末之事附魏，因晋都为魏所有。《封禅书》记载敬礼天地山川百神，是为正体，而方士求仙炼丹的活动，即是附记。《管蔡世家》附文王诸子及《曹世家》。七十列传，丰富多彩，有专传、合传、类传之分。此外，附传人物更多于正传。

专传指一人一传，合传指二人以上合传，类传指以类标题之传。凡传目标题之外的人物即是附传。专传、合传、类传三种传中皆有附传。正传与附传，表示列传人物的主次，并非附传为可有可无的附属物。有的附传仅附其名，一般是载列子孙、戚友；有的附传为事类相从，最具特色。如灌夫附魏其武安侯传，胶着不可分，班固《汉书》即标为合传。周昌、任敖、申屠嘉附张苍传，以类相从，实为汉初宰辅类传，而标了专传之目，曰《张丞相列传》。司马迁在《管蔡世家赞》、《三王世家赞》、《鲁仲连邹阳列传赞》中阐明附记之例，就着重于"类"的比较。《管蔡世家赞》云："太史公曰：管蔡作乱，无足载者。然周武王崩，成王少，天下既疑，赖同母之弟成叔、冉季之属十人为辅弼，是以诸侯卒宗周，故附之世家言。"此赞有两层含义。第一层是重申《自序》提示的立篇旨意。《自序》云："大任十子，周以宗强。嘉仲悔过，作《管蔡世家》第五。"第二层，揭示大任十子、成叔、冉季之属为附记。《三王世家赞》说明"燕齐之事，无足采者”，但三王封立的策文，“文辞烂然，甚可观也，是以附之世家。”也就是说，武帝三子，封立为王，按例应作世家，然无事迹可采，只好取其封策文，权立世家。褚少孙不明此旨，在《三王世家》封策文之外去求世家，自然是终不可得了。《鲁仲连邹阳列传赞》云：“邹阳辞虽不逊，然其比物连类，有足悲者，亦可谓抗直不桡矣，吾是以附之列传焉。”这里明确地揭示了合传连类相及之义，往往打破年代序列。连类相及，可以看作是附传。也就是说，《史记》附记法的实质，就是历史类比法的引申。

（4）阐明互见、对比义例。《史记》的五体结构，能容纳丰富的历史素材，这是其优点。但是，一个人物的事迹或一个历史事件，总是错综复杂和彼此牵连的。所以，以人物为中心的纪传史，若孤立地将一个一个人物分散来写，势必会造成记事重复冗赘，这又是五体结构的不足。司马迁为了弥补这一不足，并化短为长，运用了互见法和对比见义来组织材料，使有限的笔墨能够蕴藏丰富的内容。

互见法最基本的运用是详此略彼，互文相足，便于史事叙述条理分明。司马迁反复于篇中随文提示，作出交代，“事见某篇”，“语在某篇”。例如《周本纪》说，“其事在周公之篇”；《秦本纪》说，“其事在商君语中”；又说：“其语在《始皇本纪》中”；《秦始皇本纪》说，“其赐死语，具在《李斯传》中”；《吕后本纪》说，“语在齐王语中”；《萧相国世家》说，“语在淮阴侯事中”；《留侯世家》说，“语在项羽事中”，“语在淮阴事中”等等，不胜枚举。这一类交代，仅是示例。未书明互见而实互见者甚多，其义深而微，其用显而著。运用互见法正名实，而于回护之中不失历史之真，其义就深而微。例如《秦始皇本纪》载：“二十九年，始皇东游，至阳武博浪沙中，为盗所惊。”《留侯世家》云：“秦始皇帝东游，良与客狙击秦皇帝博浪沙中，误中副车。秦始皇帝大怒，大索天下，求贼甚急，为张良故也。”《始皇本纪》称“盗”，正名也；《留侯世家》书明张良，记实也。运用互见法塑造人物，形象鲜明，其用就显而著。例如《项羽本纪》集中笔墨刻画项羽灭秦抗暴的英雄形象。而项羽的残暴不仁，忌贤妒能，偏爱群小，刚愎自用，逞匹夫之勇等等缺点和过错造成了他的失败，则于他篇分散载之。又《魏公子列传》塑造了一个礼贤下士的政治家形象。魏公子在魏，秦兵不敢出。似乎魏公子一身系魏国之安危。但是对魏公子的评价却在《魏世家赞》中写出，说明魏国的命运并不取决于魏公子的个人作用。并且在《范雎传》中记载了魏公子畏秦不纳魏齐而受到侯嬴批评的情节。《史记》中这类事例比比皆是。司马迁笔下的人物形象之所以光彩照人，而又能做到忠于实录，互见法的运用是一个卓绝的创造。

对比见义，深微之理，不言而喻。《张耳陈馀列传赞》提示云："张耳、陈馀，世传所称贤者；其宾客厮役，莫非天下俊桀，所居国无不取卿相者。然张耳、陈馀始居约时，相然信以死，岂顾问哉。及据国争权，卒相灭亡，何向者相慕用之诚，后相倍之戾也！岂非以势利交哉？名誉虽高，宾客虽盛，所由殆与太伯、延陵季子异矣。"张耳、陈馀合传就是有意将两人行事构成对比，赞论提示还将二人行事与太伯、延陵季子对比，即不同篇章之间有对比。《卫康叔世家赞》提示卫宣公太子伋以妇见诛，弟寿争死以相让，应与《晋世家》载晋太子申生不明骊姬之过的行事相对比。王鸣盛曰："《李广传赞》，美其死天下知与不知皆尽哀，忠心诚信于士大夫。《卫青传赞》则著其不肯招士，位尊而天下贤士大夫无称。两两相形，优劣自见，乃青名为不荐士，而倾危如主父偃，残贼如减宣，皆其所荐。又为郭解请免徙关内。然则青特不荐贤耳，于不肖者未尝不交通援引也"（《十七史商榷》卷六）。此论极是。

（5）提示微词讽喻义例。《十二诸侯年表序》云："孔子次《春秋》，……七十子之徒口授其传指，为有所刺讥褒讳挹损之文辞不可以书见也。"《匈奴列传赞》云："太史公曰：孔氏著《春秋》，隐桓之间则章，至定哀之际则微，为其切当世之文而罔褒，忌讳之辞也。"这两则序赞借《春秋》以提示《史记》对当代史的记载多有微词讽喻。条列司马迁的讽喻手法，主要有五端。其一，状摹本人自矜声色动态以寓讽。其二，引用他人之语以寓讽。其三，言古事以讽今。其四，用以褒为贬的反写法寓讽。其五，用无声的沉默以寓讽。试各举事例以明之。

《高祖本纪》载，汉高祖刘邦尊太公为太上皇，而“心善家令言，赐金五百斤”。因太公家令劝太公执人臣礼，刘邦心善之。“心善”二字揭示刘邦做作孝敬的内心世界十分妙绝。“赐金五百斤”这一行动，就是“心善”意识情不自禁的表现。又《叔孙通列传》载，叔孙通作礼仪，“于是高帝曰：‘吾乃今日知为皇帝之贵。’乃拜叔孙通为太常，赐金五百斤。”这更是自矜声色的典型例子。

引用他人之语以寓讽，莫过于对叔孙通的描摹。司马迁引鲁生语直斥叔孙通曰，“公所事者且十主，皆面谀以得亲贵”，作为铺垫。而后借叔孙通弟子之言，“诸生皆喜曰：叔孙生诚圣人也，知当世之要务。”这一贬一褒，相映成趣，使叔孙通好面谀以取宠的情态跃然纸上，嬉笑怒骂皆成讽喻。

言古事以讽今，《平准书赞》最鲜明。赞论叙写秦并天下，统一币制，“然各随时而轻重无常”，恰似汉武帝屡改币制的写照。接着笔锋一转，直斥始皇，暗喻武帝。“于是外攘夷狄，内兴功业，海内之士力耕不足粮饷，女子纺绩不足衣服。古者尝竭天下之资财以奉其上，犹自以为不足也。”茅坤《史记评林》眉批云：“不及本朝，而以秦事为言若此，其旨深矣。”方苞《评点史记》亦云：“举秦事以譬况汉也。”

用以褒为贬的反写法以寓讽，有《酷吏列传序》、《萧相国世家赞》、《傅靳蒯成列传赞》等篇。《酷吏列传序》云：“当是之时，吏治若救火扬沸，非武健严酷，恶能胜其任而愉快乎？言道德者，溺其职矣。故曰：‘听讼吾犹人也，必也使无讼乎？’‘下士闻道大笑之’，非虚言也。”司马迁巧妙地引《老子》的话寓意“下愚之人”闻道而笑，非难孔子，实际是以抑为褒，用以反衬对酷吏的评论，则“皆辞为褒而义存讥刺也。”《萧相国世家赞》云：“淮阴、黥布等皆以诛灭，而何之勋烂焉。”《傅靳蒯成列传赞》云：“太史公曰：阳陵侯傅宽、信武侯靳歙，皆高爵。从高祖起山东，攻项籍，诛杀名将，破军降城以十数，未尝困辱，此亦天授也！蒯成侯周緤，操心坚正，身不见疑。上欲有所之，未尝不垂涕，比有伤心者然，可谓笃厚君子矣！”萧何是刀笔吏，为自保而谋诛韩信，故有“成也萧何，败也萧何”的成语流传。傅、靳、蒯成等人更是低能之将，因能阿谀逢迎皆封高爵，而攻城野战之将如淮阴侯、黥布等皆被诛灭，这难道是天意？高祖伐陈豨，蒯成侯周緤捧泪送高祖说：“始秦攻破天下，未尝自行。今上常自行，是为无人可使者乎？”高祖以为“爱我”，赐緤“入殿门不趋，杀人不死”。司马迁活画出了一副奴才相，而赞曰“此亦天授”，“比有伤心者然”，讥刺刻骨，显系以褒为贬。

用无声的沉默以寓讽。《匈奴列传赞》云：“尧虽贤，兴事业不成，得禹而九州宁。且欲兴圣统，唯在择任将相哉！唯在择任将相哉！”此为影射之讽，声东击西，讽喻汉武帝好大喜功而不能择贤，故伐匈奴建功不深。何焯《义门读书记》云：“下即继以卫、霍、公孙弘，而全录主父偃谏伐匈奴书，太史公之意深矣。”吴汝纶《点勘史记》亦云：“此篇后，继以卫霍公孙二篇，著汉所择任之将相也。”《佞幸传》末忽赘二语：“卫青、霍去病亦以外戚贵幸，然颇用材能自进。”王鸣盛《十七史商榷》云，“一若以此二人本可入《佞幸》者”。不过综观司马迁的论述，他曲折婉约地批评武帝不能择贤，主要是指破军降敌的贰师将军李广利，卫、霍二将毕竟以才能自进，并未深责，而是有抑有扬。又《平准书赞》不及汉事，《大宛列传赞》不评论征宛事，皆无声之讽。所谓无声之讽，就是不作直接的评论而寓有强烈的讽喻意义。《将相表》、《刺客列传》创无字之序亦无声之讽。无声之讽要运用各种创造性的手法构成讽喻的环境和气氛，引人深思，唯司马迁能之。

四、究天人之际，通古今之变

“究天人之际，通古今之变”，是司马迁探索历史兴衰治乱规律的研究方法。八书集中究天人之际，十表集中通古今之变，所以恽敬说："究天人之际，通古今之变，此作表书法也。"

"究天人之际"就是研究天与人的关系。今天来看，天人关系是十分简单的事情，但在古代却是上层建筑领域的一个重大问题。天能支配人事，这一观念是维护统治权的理论基础，所以它总是统治阶级的官方哲学。殷周时代宗教神学主宰着思想界，天是至高无上的权威。殷人最迷信，他们把至上神与祖先神合而为一，认为上帝就是他们的祖先。纣王快到亡国的时候还说："我生不有命在天乎！"(《殷本纪》)认为有天命保佑是不会亡国的。武王伐纣，殷朝覆灭了，天命受到了一次沉重的打击，"天命靡常"的观念产生了。西周末年，幽王无道，发生了骊山之变和平王东迁，王权从天上跌落下来。春秋战国之际的动乱，贵族下降为皂隶，平民上升了，诞生了新兴的封建地主阶级，政治上发生了变法运动，"亲亲"观念被"尊贤"所代替。这时，各国都重视人谋，讲求富国强兵。所以在《左传》中就记载了"吉凶由人"(《僖公十六年》)，"天道远，人道迩"(《昭公十八年》)等无神论思想。战国末年的思想家荀子甚至提出了"人定胜天"的思想，写出了战斗的唯物主义哲学著作《天论》。秦汉之际，社会发生更大的演变，不仅是"五年之间，天下三嬗"，而且陈涉佣耕，兴起为王，他所遣王侯将相竟灭秦。不仅汉高祖刘邦起自匹夫，而且汉初开国功臣也大都出自社会下层。这些变化给人们提出了两个尖锐的问题，即天人关系与古今变化。在天人关系上，取得了统治权的统治阶级就要恢复天上的权威来巩固地上的王权，所以秦始皇和汉武帝两个雄主都十分迷信。董仲舒宣扬天人感应的神学，就是为汉武帝加强中央集权服务的。司马迁向董仲舒学习《公羊春秋》，接受他的大一统思想，但反对老师的"道之大原出于天"的神学思想。他敢于"究天人之际"，在当时是一种了不起的革命奋发精神。

首先，司马迁把自然现象与阴阳五行的迷信说法区别开来。司马迁在《太史公自序》中引用其父司马谈的《论六家要指》，对阴阳家评论说：

> 夫阴阳四时、八位、十二度，二十四节各有教令，顺之者昌，逆之者不死则亡。未必然也，故曰“使人拘而多畏”。夫春生夏长，秋收冬藏，此天道之大经也，弗顺则无以为天下纲纪，故曰“四时之大顺，不可失也。”

这里肯定了阴阳五行学说中对自然规律的概述，批判了“使人拘而多畏”的迷信禁忌学说。《太史公自序》还批评了“星气之书，多杂禨祥，不经”。《封禅书》对秦始皇汉武帝的迷信活动更作了无情的揭露和揶揄讽刺。在这个意义上，司马迁“究天人之际”是针对阴阳五行学说的迷信而开展的一场针锋相对的斗争。

第二，司马迁通过对实录史事的具体论述，对天道提出了质疑。《伯夷列传》为七十列传之首，以议论为主，中心思想是对“惩恶佑善”的天道提出了质疑，实际上是在提示七十列传是讲人事活动的，支配历史发展的是人而不是天。《项羽本纪》与《高祖本纪》是两篇传记性质的《本纪》，相互衬映，构成了强烈的兴亡对比。楚亡汉兴的根本原因不是天意，而是人心的向背决定了事业的成败。《太史公自序》明确地指出：“子羽暴虐，汉行功德”。项羽一系列杀人屠城的倒行逆施导致了他的失败。所以司马迁在《项羽本纪赞》中批评项羽至死不悟，指出项羽将其失败归咎于“天亡我”是十分荒谬的。在《高祖本纪》中，司马迁进一步通过刘邦之口直接说出了天意不能支配人谋。刘邦说：

> 夫运筹策帷帐之中，决胜于千里之外，吾不如子房。镇国家，抚百姓，给馈饷，不绝粮道，吾不如萧何。连百万之军，战必胜，攻必取，吾不如韩信。此三者，皆人杰也，吾能用之，此吾所以取天下也。项羽有一范增而不能用，此其所以为我擒也。

这段话最明白不过地说明了刘邦得天下是他善于用人的结果。天意不能支配历史的变迁，同样不能支配个人的祸福。《伯夷列传》在叙述了颜回早夭后说："天之报施善人，其何如哉?"这是对苍天直接发出了质问。《蒙恬列传赞》否定了蒙恬因筑断地脉而遭诛屠的观点，指出他轻百姓力，助纣为虐，死有余辜。

以上两个方面是司马迁"究天人之际"的主流和精髓。

但是，司马迁却又保留了天命的地盘。他在《高祖本纪赞》中说，"三王之道若循环，终而复始"，并以此证明汉得"天统"。他还在《秦楚之际月表序》中，赞叹汉得天下是"此乃传之所谓大圣乎？岂非天哉，岂非天哉!"并说："非大圣孰能当此受命而帝者乎?"在《天官书》中更是记载了许多天人感应的例证，并作出这样的结论："为国者必贵三五。上下各千岁，然后天人之际续备。"这些话无疑地保留了天命的地盘，不必讳言。但总的倾向，司马迁讲的天，虽然带有神秘色彩，而主要是指历史变化的事势，与一般的天人感应论者是不相同的。

从现象上看，司马迁在天命问题上既承认，又怀疑，时而清醒，时而糊涂。这种矛盾思想恰恰反映了那个时代的阶级局限性和历史局限性。作为史官，司马迁必须对天命论这一官方哲学作出反映。他扈从汉武帝几十年，参与了封禅、祭祀天地百神等活动，既看到了它的虚诞，同时也看到了它对于加强统治的作用，因而进行记载，这就是阶级局限性。司马迁通古今之变，认为三代之兴是累世积德行义而得的天下，而秦汉之际天子起于匹夫，古今何以有这样大的差别？他不可能从政治经济学的角度去求得解释，只好求救于天命论来帮忙，这就是历史局限性。但是，司马迁有着特殊的生活经历，他知识渊博，壮游全国，奉使巴蜀，扈从武帝负薪塞河，有着极其深厚的生活实践，了解人民群体的力量；尤其是无辜遭腐刑，亲身体验了天道的虚妄。这些生活与体验就是司马迁产生进步的天人观的源泉。所以从总体思想上看，司马迁尽管保留天命论的地盘，并不否认有意志的"天"的存在；但是他主要的思想倾向不是深信，而是怀疑，不是顺从，而是违抗。表现在《史记》中，就是对天命抽象地承认而具体地否定。讲"天命"只是表面文章，强调人为才是重点。司马迁在具体地论述历史变迁和评价人物的时候，是很少看到天命论的影子的。

司马迁出于对天道的怀疑而“究天人之际”，强调历史研究以人物为中心，原原本本地总结人为的历史经验，探寻治乱之源，成为古代史学的优良传统。司马迁“究天人之际”的主要思想倾向是应该肯定的。

“通古今之变”的理论集中表述在十表序中。

“通古今之变”这一命题与董仲舒宣扬的“天不变，道亦不变”是针锋相对的。“变”是司马迁朴素唯物主义历史观的核心。他认为宇宙间一切事物都在“变”，只有用“变”的观点才能探究事物的本质和规律。为了认识历史之“变”，司马迁提出了一系列研究方法和理论，如“详今略古”，“详变略渐”，“综其终始”，“原始察终，见盛观衰”等等。统括为一句话，就叫“通古今之变”。

“变”是历史的本质。《论六家要指》云：“无成势，无常形，故能究万物之情。”没有一成不变的态势，没有永恒存在的形体。这种“变”的理论决定了司马迁用发展变化的眼光看待人类社会的历史，他名之曰“变”，曰“渐”，曰“终始”。《自序》云：“天人之际，承敝通变”，“略协古今之变”；又云：“臣弑君，子弑父，非一旦一夕之故也，其渐久矣”；《十二诸侯年表序》云：“儒者断其义，驰说者骋其词，不务综其终始”等等，不胜枚举。“变”，指社会不断地进化和发展；“渐”，指的是进化和发展的运动过程；“终始”，指的是因果关系。十表的结构和内容就鲜明地反映了司马迁“详今略古”和“详变略渐”的历史观点。“详变略渐”是突出“变”，如秦楚之际作“月表”，就是突出“变”。《月表序》云：“太史公读秦楚之际，曰：初作难，发于陈涉；虐戾灭秦，自项氏；拨乱诛暴，平定海内，卒践帝祚，成于汉家。五年之间，号令三嬗，自生民以来，未始有受命若斯之亟也。”这讲的是剧烈变革之世的历史应该很好总结。《六国年表序》云：“然战国之权变亦有可颇采者，何必上古。”《高祖功臣侯者年表序》云：“居今之世，志古之道，所以自镜也，未必尽同。帝王者各殊礼而异务，要以成功为统纪，岂可绲乎？观所以得尊宠及所以废辱，亦当世得失之林也，何必旧闻？”一方面讲以古为镜，一方面又讲古今不同，不可混同古今，表现了司马迁通古今之变的朴素辩证法思想。司马迁特别重视对秦朝历史的总结，就是为汉世作镜子的。

《史记》全书一百三十篇，上下贯通三千年。但五帝三代两千多年只写了五帝、夏、殷、周四个本纪，三代、十二诸侯两个年表，共六篇。可是仅百年汉史就占了六十二个专篇，兼及汉史者十三篇，共七十五篇，过了半数。这是详今略古的布局。《史记》特详记四个段落的历史：①西周建国史；②战国之世的变化历史；③秦汉之际的变革历史；④武帝建元、元封之间的变革历史。这四段变革历史加起来不到三百年，仅占两千四百年历史的八分之一，而篇幅却超过了四分之三。也就是说，《史记》叙两千余年历史，五十二万六千五百字，而变革之世的三百年历史就要占近四十万字的篇幅。这是详变略渐的布局。详今略古与详变略渐相结合，使历史的叙述波澜起伏，言简意深，“辞约而事举，叙三千年事，唯五十万言”（“三千年”云云是晋人张辅语，见《晋书》卷六《张辅传》）。

司马迁述史之时，正值汉家隆盛时代。人们歌舞升平，但社会已经潜伏着严重的危机。既然司马迁认为人类社会发展的一个个里程是因果相联的，那么治乱兴衰就是有规律可循的，所以他给自己提出了“稽其成败兴坏之理”（《报任安书》）的任务。“原始察终，见盛观衰”就是探寻“成败兴坏之理”的方法。所谓“原始察终”，就是追原其始，察究其终，把握历史演变全过程来看它的原因、经过、发展和结果。所谓“见盛观衰”，就是在兴旺的时候，要看到它开始转化的起点。司马迁正是用这八个字来观察人类社会的发展。要洞悉历史的发展过程，不仅要作贯通的研究，还要划分段落来考察。前一段历史是后一段历史发展的原因；后一段历史是前一段历史发展的结果。十表具体地划分了司马迁所认识的历史发展阶段。《三代世表》、《十二诸侯年表》，是古代史表，略推三代；《六国年表》和《秦楚之际月表》，是近代史表，着重总结秦朝兴亡的历史经验；汉兴以来诸表是现代史的专题年表，概括本朝政治的得失。这三大段历史的详略层次极为分明。五帝三代只作一个世表，用以勾勒历史的发展线索，虽然自“黄帝以来皆有年数”(《三代世表序》)，但那是靠不住的附会传说，司马迁不录。从共和元年起方始纪年。《十二诸侯年表》和《六国年表》的分界点是用“孔子卒”(《十二诸侯年表序》)。司马迁以一代伟人的凋落作为时代的分界点，似乎是唯心主义的历史观，实则不然。司马迁在《十二诸侯年表序》和《六国年表序》中集中论述了春秋战国两个时代的巨大变化，这才是他划分时代断限的依据。古代用王公纪年。孔子卒于周敬王四十一年(公元前479年)，而周敬王卒于四十四年(公元前476年)。《十二诸侯年表》与《六国年表》的绝对年代分界点，司马迁用的是周敬王之卒与周元王之立这两个周王的交替年代，并没有用孔子的绝对卒年。这样作，为的是便于史事的叙述。《六国年表》下限不是断至秦始皇统一中国的公元前221年，而是断至秦二世之灭的公元前207年。这反映了司马迁划分历史断限具有一定的义例即理论，但是并不作机械的刀锯斧切，而以历史自然发展的段落划断限。《史记》全书的断限，司马迁发展了父亲的计划，延伸上限起于陶唐至黄帝始；他又延伸下限迄于麟止至太初，因为这更能“原始察终，见盛观衰”。黄帝是建立统一天下的圣王，尧是不能与之相比的；太初是西汉的极盛时期，也是由盛而衰的转折点，元狩元年是不能与之并提的。学术界主张《史记》下限断自元狩元年的人，未能很好研究司马迁“通古今之变”的理论，是绳墨之见，不可取。建立历史年代学，把贯通的历史划分断限，“原始察终，见盛观衰”，这是司马迁“通古今之变”的重要内容，具有把历史叙述引向科学化轨道的重大意义，应当认真地加以研究。司马迁的这一理论与实践，是空前的创造，是那个时代朴素历史唯物史观的最高水平。

司马迁“通古今之变”的方法和理论，是值得肯定的。

五、褒贬历史人物，自成一家之言

《史记》以人物为中心。本纪、世家、列传三体均载人物，计一百一十二篇。因此，褒贬历史人物是史记赞论最主要的一项内容。

《太史公自序》反复申言《史记》继《春秋》而作，高度评价《春秋》“善善恶恶，贤贤贱不肖”的褒贬笔法，“使乱臣贼子惧”。司马迁继《春秋》，“述往事，思来者”，就是要在“述”中表达“思”，贯彻褒贬精神，垂示来者，为后王立法，以自成一家之言。司马迁褒贬人物所要达到的目的是惩恶劝善，鼓励个人立名立节，劝诱为政者清平尚贤。

1. 论个人立名及生死之节

这方面的论赞，形式分散，篇幅较多，涉及面广，各阶层的人都有，很难一一条列，只能就司马迁的主要思想及褒贬尺度，略述两点于后。

其一，不以成败名位论英雄，褒扬对历史有贡献的人。司马迁为政治上的失败者项羽立本纪，陈涉立世家，破例为体，突出两人的历史地位，这是大家所熟知的。司马迁评苏秦“起闾阎，连六国从亲，此其智有过人者”；评魏豹、彭越“智略过人”，虽败亡身诛，“然已席卷千里，南面称孤，喋血乘胜日有闻矣”；评黥布“功冠诸侯”；评淮阴侯韩信“于汉家勋可以比周、召、太公之徒”；评“田横之高节，宾客慕义而从横死，岂非至贤！”这些人物的个人事业最终都失败了，死得很悲惨，但他们对历史发展作出了贡献，赢得了司马迁肯定的评价。孔子布衣，怀道济世，他周游列国而不遇，退而著书立说，教授弟子，“传十余世，学者宗之”。屈原忠君爱国，他同邪恶势力作了决不妥协的斗争。司马迁在评价孔子、屈原二人时，一往情深。他用高山和大路来比喻孔子的学问，描写自己的心情说：“余读孔氏书，想见其为人”，适鲁，参观孔子故居，“余祗迴留之不能去云”。司马迁称赞屈原的崇高品德可“与日月争光”，读其赋，悲其志，观屈原所自沉渊，“未尝不垂涕，想见其为人”。反之，对于赫赫声名的暴虐人物，司马迁则投之以讥酸的感情。他批评秦始皇“自以为功过五帝，地广三王，而羞与之侔”；批评商鞅“天资刻薄”；王翦“偷合取容”，其孙“王离为项羽所虏”；李斯“阿顺苟合，严威酷刑”；蒙恬“固轻百姓力”而“阿意兴功”。始皇及其辅秦人物，个人功业虽就，但不恤人民，最终不免身败名裂，都受到了司马迁的笔诛。

爱憎分明，色彩鲜艳，感情激荡，是非皎然，这是史记论赞评论历史人物的特色。司马迁的感情与古代人民的思想情怀相一致，这是他不以成败名位论英雄的思想基础。但是，生活直观的感情与深思熟虑的哲学理智与实际发生的史事往往有差别。一个公正实录历史的历史家，他的卓越史识，不仅要反映人民的直观感情，而且要忠实地记载史事，还要做出历史家的客观分析，也就是要做到爱不虚美，恶不毁功，把感情与史事二者统一起来。在这方面司马迁作出了很好的实践。一是载述和评论人物运用了冷静的理智分析；再是编纂方法运用互见法对材料作了艺术的布局。具体说，史记论赞往往直抒胸臆表达强烈的感情倾向，而传记载述则善恶必书；《太史公自序》撮其要旨，侧重史事分析，又十分冷静。试以李广、卫青、霍去病等征伐匈奴的将领作一分析，以见其旨。

《李将军列传》与《卫将军骠骑列传》两两对照。司马迁写李广一唱三叹，对老将军的不平遭遇，寄予了深厚的同情，论赞达到高潮。“及死之日，天下知与不知，皆为尽哀。彼其忠实心诚信于士大夫也？谚曰‘桃李不言，下自成蹊’。此言虽小，可以谕大也。”倾倒之情，溢于言表。记载卫、霍，则多曲笔讽喻，论赞借苏建语批评卫、霍两将军虽声威赫赫，而“天下之贤大夫毋称焉”，又云“其为将如此”，蔑视口吻，运于笔端。司马迁还说，“李广才气，天下无双”；卫霍不败，是“军亦有天幸”。这些评论是人民直观感情的倾述，旨在打动读者对李将军的同情，谴责专制政治亲亲疏贤的不公平待遇，吐发内心的不平。但感情并不是史实本身，因此司马迁在传中对史实作了详载。他实录了李广“自负其能”，几次覆军的事实，还记载了李广心胸狭窄，枉杀霸陵尉的事实，以及还有杀降的残忍行为等等，并不因爱而虚饰。反之，对于卫、霍敢于深入敌后，屡立战功的事迹，并不因恶而抹煞。同样，对陈涉、项羽、彭越、韩信等人的过失并不隐晦，而对秦始皇及辅秦人物的功绩也不抹煞。总之，司马迁是一个善于表露感情，而又善于克制感情，理智冷静的历史家，他能够做到评论历史人物着重于功过是非的实事分析，着重于指出在历史上所起的作用，而不以成败名位论英雄，发扬了中国古代实录历史的优良传统。司马迁的杰出贡献更表现在他既能实录史实，而又表达了强烈的思想感情倾向，反映了古代庶民的喜怒情绪，这是司马迁"一家之言"的精华。

其二，不随世俗论是非，褒扬个人发奋取得成功的人。发愤，是指一个人身处逆境而其志不屈，更加激扬奋发而有所作为。《越王句践世家赞》、《伍子胥列传赞》、《范雎蔡泽列传赞》、《季布栾布列传赞》等篇较集中地论述了发愤精神。

司马迁首先承认，社会条件的顺利际遇对个人立名有很大的关系。《伯夷列传》云："伯夷、叔齐虽贤，得夫子而名益彰。颜渊虽笃学，附骥尾而行益显。"那些岩穴之士，闾巷之人，想要"砥行立名"，若不附青云之士，想垂名后世是不可能的。《范雎蔡泽列传赞》说得更清楚。"范雎、蔡泽世所谓一切辩士，然游说诸侯至白首无所遇者，非计策之拙，所为说力少也。及二人羁旅入秦，继踵取卿相，垂功于天下者，固强弱之势异也。然士亦有偶合，贤者多如此二子，不得尽意，岂可胜道哉!"在封建社会，被压抑、受摧残的志士仁人不知有多少。但是，纵观历史，"天下君王至于贤人众矣，当时则荣，没则已焉"（《伯夷列传》）。平步青云，一生通达的人未必能立名。老子说"祸兮福之所倚，福兮祸之所伏"（《老子》第五十八章），人只要发愤，是可以转祸为福的。所以司马迁对范雎、蔡泽二人终于显达于秦的结论是，固然是形势所致，但"二子不困厄，恶能激乎"，范雎若不是受辱于魏齐，蔡泽若不是见逐于赵，又怎能激发他们建功立业的雄心壮志呢？发愤精神推广开来，就是少小立志。对陈涉为人佣耕而有鸿鹄之志，韩信从人寄食而葬母行营高敞地，陈平宰社肉而思治天下等等，司马迁津津乐道，并非好奇，而是颂扬发愤、立志的精神。

一个人能不能发愤，需要具有两方面的精神素质。一要有坚韧顽强的奋斗意志，二要有忍辱负重的生死观。句践卧薪尝胆，终报强吴。论赞评曰："苦身焦思，终灭强吴，北观兵中国，以尊周室，号称霸王。句践可不谓贤哉！盖有禹之遗烈焉。"句践坚韧顽强，发愤雪耻，司马迁许之以"贤"。忍辱负重，更加难能可贵。《伍子胥列传赞》云："向令伍子胥从奢俱死，何异蝼蚁。弃小义，雪大耻，名垂于后世，悲夫！方子胥窘于江上，道乞食，志岂尝须臾忘郢邪？故隐忍就功名，非烈丈夫孰能致此哉？"《季布栾布列传赞》云："季布以勇显于楚，身屦军搴旗者数矣，可谓壮士。然至被刑戮，为人奴而不死，何其下也！彼必自负其材，故受辱而不羞，欲有所用其未足也，故终为汉名将。贤者诚重其死。"忍辱负重，自奋立名，如伍子胥、季布，司马迁认为是真正的"烈丈夫"。这一观点，不仅与世俗相违，而且颇谬于圣人的是非。一般的世俗观点，认为忍辱负重是"贪生怕死"，若被刑戮，"中材以上且羞其行"（《魏豹彭越列传赞》）。孔孟遗教是"杀身成仁"，"舍生取义"。而司马迁却说："勇者不必死节，怯夫慕义，何处不勉焉"（《报任安书》）。又说："夫婢妾贱人感慨而自杀者，非能勇也，其计画无复之耳"（《季布栾布列传赞》）。那些一遇侮辱就轻生自杀的人，在司马迁看来只不过是无可奈何的表现，并不是真正的勇士。

司马迁赞扬忍辱负重的前提是自奋立名，"弃小义，雪大耻"，不能把生命视为蝼蚁，而要充分发挥它的价值，这恰恰是极为重视人的尊严，认为人格不可辱，而不是提倡委曲求全。怎样处理好这二者的界限是很难的。他说："人固有一死，或重于泰山，或轻于鸿毛，用之所趋异耳"（《报任安书》）。人生最宝贵的生命不是不可牺牲，而是要让它闪光，死得有价值。《陈涉世家》有一段精彩的记实性议论透彻地阐明了生命所趋的哲理。陈涉与吴广在遇雨失期，"法皆斩"的生死关头，谋举大事，说："今亡亦死，举大计亦死，等死，死国可乎？"陈涉在动员徒属起义时又说："藉弟令毋斩，而戍死者固十六七。且壮士不死即已，死即举大名耳，王侯将相宁有种乎！"前后一连叠用七个"死"字，鲜明地提出了死重于泰山，或死轻于鸿毛两条道路供徒属选择。九百戍卒选择了死重于泰山的道路。可见懂得生命之所趋，就会产生大勇。司马迁评论晏子伏庄公尸而哭，成礼然后去，说："岂所谓'见义不为无勇'者邪？"又说："假令晏子而在，余虽为之执鞭，所忻慕焉。"评栾布说："栾布哭彭越，趣汤如归者，彼诚知所处，不自重其死。虽往古烈士，何以加哉！"评蔺相如说："知死必勇，非死者难也，处死者难。方蔺相如引璧睨柱，及叱秦王左右，势不过诛，然士或怯懦而不敢发。相如一奋其气，威信敌国，退而让颇，名重太山，其处智勇，可谓兼之矣！"懂得生命之所趋，重于泰山之死不辞避，这就是智勇双全的人。

怎样对待生死，是司马迁评论历史人物的一个重要尺度。举事成名，为国而死，如陈涉之发难，死重于泰山。保持气节，尽忠报国而死，如齐布衣王蠋义不北面于燕，"自奋绝脰而死"，死重于泰山。守正不屈，为义献身，如屈原之沉渊，公孙杵臼和程婴之救孤，死重于泰山。扶危济困，重然诺而死，如侯嬴自刭以励军，刺客、游侠以死抗暴，死重于泰山。耽于安乐，碌碌无为而死；贪慕荣利，争竞而死；助纣为虐，效忠暴君而死，则死轻于鸿毛。如商鞅、李斯、蒙恬等残民而死，武安侯田蚡陷贤而死，袁盎、晁错相仇而死，皆轻于鸿毛。统观《史记》全书，司马迁精意述论每一个人的下场，在"死"的关节上大做文章。《报任安书》云："要之死日，然后是非乃定。"人要盖棺才能论定，所以生命的最后闪光是人之大节。可以说，司马迁关于"死"的精彩议论，是《史记》独具的特色，其所寄托的爱憎幽思之情，凝聚着丰富的人民性。

2. 论为国者治政之得失

这方面的论赞，集中反映了司马迁的政治观点。简括其要点如下。

第一，主张大一统，颂扬秦始皇汉武帝之功。《秦始皇本纪赞》云："自缪公以来，稍蚕食诸侯，竟成始皇。"《六国年表序》称赞秦取天下多暴，"然世异变，成功大"。《太史公自序》肯定汉武帝的功业，说："汉兴五世，隆在建元，外攘夷狄，内修法度，封禅，改正朔，易服色。"《高祖功臣侯者年表序》和《建元已来王子侯者年表序》也都明确肯定汉武帝"强本干，弱枝叶"的推恩措施，称扬说："盛哉，天子之德，一人有庆，天下赖之。"

第二，主张顺民之俗，颂扬无为政治。如高祖、吕太后、孝文帝诸本纪赞，律书序，萧、曹世家赞等篇。汉高祖刘邦、起自匹夫而得"天统"，是因为他顺民之俗，"承敝易变，使人不倦"。吕太后无为，"民务稼穑，衣食滋殖"。汉文帝"能不扰乱，故百姓遂安"，司马迁许之为"德至圣"的"仁"君。萧何为相，"因民之疾秦法，顺流与之更始"。曹参因循，"天下俱称其美"。

第三，崇尚德治，反对暴政。循吏、酷吏两传赞对照立论。《循吏列传序》云："奉职循理，亦可以为治，何必威严哉?"《酷吏列传序》云："法令者治之具，而非制治清浊之源也。"这里，司马迁并没有绝对排斥"法"治，而只是认为"刑法"不是治政的根本，不能带来太平。《秦楚之际月表序》说，虞、夏之兴，"积善累功数十年，德洽百姓"；"汤、武之王，乃由契、后稷修仁行义十余世"，而后有天下，子孙百世不绝。秦以暴力得天下，"销锋镝，钼豪杰，维万世之安"，结果二世而亡，"向秦之禁，适足以资贤者"。《太史公自序》云，"非兵不强，非德不昌"，"黄帝、汤、武以兴，桀、纣、二世以崩，可不慎欤?"这些论述表明了司马迁崇尚德治，反对暴政的思想，但他并不赞同俗儒们将德治与法治对立起来的迂腐观点。他认为暴力和法，是治政之"具"，不可缺少。但"具"只是手段，不是治政的目的。"汉兴，孝文施大德，天下怀安"，这才是目的。为政之道，是以"德治"导致天下太平。

第四，主张任贤使能，颂扬治平天下的贤相良将。《刘敬叔孙通列传赞》引谚语说："千金之裘，非一狐之腋也；台榭之榱，非一木之枝也；三代之际，非一士之智也。"治平天下需要众多的贤才。周文王、武王之有天下，因有太颠、闳夭、散宜生、鬻子、辛甲大夫之徒佐文王，有周公、召公、毕公、尚父之伦辅武王。秦并天下，楚灭汉兴，都是因为有一大批贤相良将在起作用。《太史公自序》提示立篇旨意，喜欢用“嘉”字和“能”字。如“嘉仲悔过，作《管蔡世家》”，“鞅去卫适秦，能明其术，强霸孝公，后世遵其法，作《商君列传》”。三十世家序目用了二十个“嘉”字，七十列传序目用了十八个“能”字，这一区别谨严的用字，表达了世家、列传的等级序列。诸侯为藩辅，将相乃爪牙。蔡仲悔过为藩辅，司马迁用“嘉”字以彰其善。商鞅以策谋辅秦立大功，司马迁用“能”字以扬其才。这些评论表现了司马迁对人才的珍惜，充分肯定了人才的社会作用。《史记》之所以以人物为中心，就和这一任贤使能、珍惜人才的思想有关。历史并非帝王的个人政绩，而是包含着一大批贤相良将的共同努力。冯唐论将，司马迁为之立传；赵王迁诛贤害良，司马迁予以谴责。《楚元王世家赞》论贤人君子为国之祯祥，斥乱臣小人为亡国的祸胎。“安危在出令，存亡在所任，诚哉是言也”。司马迁把用人的得失，提高到治政成败、国家兴亡的高度来立论。认为即便是尧那样的贤君，“得禹而九州宁”，如果想要治平天下，“唯在择任将相哉！唯在择任将相哉！”这些精彩的议论，表达了古代人民对贤人治政的向往，应该说是一种进步的历史观。

史记论赞，体大思精，以上所述是不全面的，但足以表现司马迁思想的活跃和精深的创造。司马迁系统的史学理论，是其一家之言的重要组成部分。司马迁的述史理想就是要“成一家之言”，寻求治道的规律，用以回答何以有汉朝之兴的历史发展。“言”即议论、理想和主张，“成一家之言”，就是要独创一个思想体系，并具有划时代的内容，以启迪后人、影响社会。“成一家之言”是司马迁在历史学上的一个首创。司马迁的一家之言是要融会贯通百家学说，包罗天文地理、人事物事、百科知识，以建立起一个新思想体系，所以单从字面上看内容博杂而矛盾，史记论赞亦博杂而矛盾。例如司马迁既怀疑天命，又承认有天命；既抑秦，又扬秦；既讥刺秦皇汉武，又颂扬秦皇汉武；既同情人民，为之呐喊鸣不平，又维护封建等级秩序等等。断章取义则很难窥出司马迁一家之言的实质。必须作贯通的研究，才能把握其具有辩证思想的精髓。司马迁表述一家之言的方式主要有三种形式：创立五体结构的纪传体通史以寓义例；剪裁熔铸史事，寓论于序事之中以明其理；创史记论赞直抒胸情。全面研究司马迁的一家之言，不仅要贯通史记论赞，而且要贯通《史记》全书，这是不言而喻的。因此，本书在五体结构各单元的《说明》中初步分析了五体结构义例，在各条《简论》及《序论》分析中涉及一些史事内容，也就是很自然的。司马迁的一家之言，体系完备，议论精严，思虑深沉，感情真挚，不仅是中国史学史上的文化瑰宝，而且也是发展现代史学的宝贵资料。司马迁的一家之言，可供我们借鉴的东西是很多的。“史记论赞辑释”之所以要对司马迁一家之言的最主要部分作贯通综合的整理，其意义也就在这里。

十二本纪赞

【说明】《史记》十二本纪缺《今上本纪》。今本《孝武本纪》是补缺者截取《封禅书》所补，为《史记》之重复篇目，故十二本纪只有十一赞。

《五帝本纪·正义》引裴松之《史目》云："天子称本纪，诸侯曰世家。"张守节发挥说："本者，系其本系，故曰本；纪者，理也，统理众事，系之年月，名之曰纪。"刘知几曰："盖纪者，纲纪庶品，网罗万物，考篇目之大者，其莫过于此乎！"又云："盖纪之为体，犹《春秋》之经，系日月以成岁时，书君上以显国统"(《史通》卷二《本纪》)。据此，"本纪"之义有五：

1. "本纪"为法则、纲要之意，它"纲纪庶品"，故为最尊贵之名称。

2. "本纪"为记载天子国君之言事所专用。

3. "本纪"是"网罗万事"的，即国家大事无所不载，不得视为人物传记。

4. "本纪"编年，记正朔，象征天命攸归。从编纂学角度立论，编年记事是我国史法的优秀传统，使叙列的历史事件，兴衰发展的线索分明，它创自《春秋》。

5. "本纪"效《春秋》十二公，故为十二篇。《太史公自序》

云："著十二本纪。"

用上述义例来衡量一下二十四史，班固的《汉书》最合标准，而《史记》最不合标准。因为《史记》的十二《本纪》中，夏、殷、周三《本纪》包括了三代的先公先王，更有《秦本纪》，这均是诸侯入《本纪》，此其一。《史记》立《吕太后本纪》，而不立《惠帝纪》，竟把帝王逸出了《本纪》，此其二。《史记》又立《项羽本纪》，却不纪西楚之年，而用"汉之元年""汉之二年"记正朔，且记事章法为传体。实际上司马迁写的是一篇"项羽列传"，只不过定名《项羽本纪》而已，此其三。因此，刘知几的《史通》处处扬班抑马。他在《二体》篇中虽然以《史记》《左传》为纪传、编年二体之祖，但真正许为二体代表作的却是班固的《汉书》和荀悦的《汉纪》。所以他在《二体》篇的结论中说："然则班荀二体，角力争先，欲废其一，固亦难矣。后来作者，不出二途。"《史记》不止十二《本纪》有这些破例，三十《世家》中亦有破例。司马迁不为楚王熊心立世家；对汉初叛国的诸侯王吴王濞，淮南王刘长、刘安，衡山王刘赐只作"列传"；赵王张耳、长沙王吴芮，封为诸侯，又历传数代，亦不为立"世家"；而汉初侯爵功臣萧何、曹参、张良、陈平、周勃等却立"世家"，更有孔子、陈涉、外戚三"世家"。司马迁天才横溢，他立例又破例。这些破例，计有三种类型。

1. 序事首尾完整，便于"察其始终"。夏、商、周三《本纪》上溯先公先王，使记一代兴衰之历史首尾完具，有利于总结历史经验，洞察历史的发展轮廓。魏收作《魏书》，首列《序纪》，记载拓跋氏的先世起源，就是仿《史记》而创造的。

2. 正名实。司马迁认为，秦至献公之后，"常雄诸侯"，"昭襄业帝"，才有始皇的统一，故特作《秦本纪》。参照《六国年表》，寓意更明。表名为六国，实叙八国，首栏列周，以示尊周天子为共主，次列秦，就是纪实以突现秦国"常雄诸侯"之意。因此周与秦不在六国数中。司马迁立《吕太后本纪》，不立《惠帝本纪》也是纪实。因高后孝惠时，惠帝垂拱，吕后称制，故以惠帝附入吕后纪中。司马迁将楚王熊心附入《项羽本纪》中亦同此例。司马迁不为吴芮立“世家”，因其事迹不显，载入年表即足。至于不为赵王张耳立“世家”，是有意将张耳陈馀合传。

3. 寓褒贬。司马迁为孔子、陈涉、汉帝后妃以及为汉初萧、曹、张、陈、周等开国功臣立《世家》，是褒显他们的历史功绩。反之，对汉初叛国诸侯，因为他们没有起到“辅弼股肱”的作用，降为“列传”，以示贬抑。但是周初管叔、蔡叔虽谋叛逆，后因蔡仲悔改，复封为诸侯，故司马迁仍立《管蔡世家》以劝善。由此可见，司马迁的破例为体，是寓有深意的。

班固仿《史记》作《汉书》，改通史体为断代史体，这是另一种创造，二者只可对照，不可并论。《汉书》断代为史，《本纪》载帝王，并取消《世家》，陈胜、项籍理应入传。《史记》贯通，《本纪》兼叙朝代，所以夏、商、周三代《本纪》上溯先公先王；又，《秦始皇本纪》之前有《秦本纪》，《高祖本纪》之前有《项羽本纪》，完全符合历史发展的序列，章法义例是严谨的。如果形式主义地看问题，就会认为《史记》为例不纯。刘知几以《汉书》为标准抽绎出纪传体的撰述理论，然后反过来用《汉书》的义例范围创始者《史记》的体例，在逻辑上犯了倒果为因的错误，所以是迂阔之论。请看刘知几提出的改造《史记》的意见，其言曰：

> 案姬自后稷至于西伯，嬴自伯翳至于庄襄，爵乃诸侯，而名隶“本纪”。若以西伯、庄襄以上别作“周秦世家”，持殷纣以对武王，拔秦始以承周赧，使帝王传授，昭然有别，岂不善乎？必以西伯以前，其事简约，别加一目，不足成篇，则伯翳之至庄襄，其书先成一卷，而不共世家等列，辄与《本纪》同编，此尤可怪也。项羽僭盗而死，未得成君，求之于古，则齐无知、卫州吁之类也，安得讳其名字，呼之曰王者乎？《春秋》吴楚僭拟，书如列国，假使羽窃帝名，正可抑同群盗，况其名曰西楚，号止霸王者乎？霸王者，即当时诸侯，诸侯而称《本纪》，求名责实，再三乖谬（《史通》卷二《本纪》）。

刘知几以帝王相接来贯通历史的观点不无可取之处，现代的章节体通史正是这样编撰的，但这和纪传体之义例是不相容的。显然刘知几是以断代之例来绳墨通史体，故其言迂阔。假如真的按照刘氏意见来改造《史记》，势将割裂三代《本纪》及秦代史事叙述的连贯性。至于《项羽本纪》，司马迁用汉纪年，又用传体叙述，只不过是用“本纪”之名列于《高祖本纪》之前，不仅仅是反映了历史发展的实际，而且构成了楚亡汉兴的强烈对比，增强了文章气势，更加引人深思。其他破例篇目，不一一列举。总之，司马迁的破例为体，寓有深意，大致不出以上三类，故“世家”破例，附论及之。

十二《本纪》编年记正朔，与《十表》互为经纬，划分时代段落，为《史记》全书纲纪。十二《本纪》以王朝为体系，分历史为三个段落，表列如下。

本纪目次	上古史	五帝	本纪第一……卷一
		夏	本纪第二……卷二
		殷	本纪第三……卷三
		周	本纪第四……卷四
	近古史	秦	本纪第五……卷五
		秦始皇	本纪第六……卷六
		项羽	本纪第七……卷七
	今世史	汉高祖	本纪第八……卷八
		吕太后	本纪第九……卷九
		孝文帝	本纪第十……卷十
		孝景帝	本纪第十一……卷十一
		孝武帝	本纪第十二……卷十二

《太史公自序》云：“网罗天下放失旧闻，王迹所兴，原始察终，见盛观衰，论考之行事，略推三代，录秦汉，上记轩辕，下至于兹，著十二本纪，既科条之矣。”十二《本纪》不仅科条历史内容，勾勒历史发展轮廓，而且对历史研究方法论起示例作用，司马迁摄取其精义于“赞”中。十二本纪赞共十一篇，内容

可分三组。五帝、夏、殷、周、秦五篇本纪赞为一组，主要是讲史实的考证，属于历史方法论的论述。秦始皇、项羽、汉高祖三本纪赞是对秦楚之际兴亡更替这一历史大变动因果的探索，为第二组。而《高祖本纪赞》又与吕太后以下诸汉帝纪赞紧密相连，是对西汉政治得失的直接评价。吕太后、文帝、景帝三本纪赞为第三组，揭示了司马迁论史、论人、论治的思想准则，对研读《史记》全书，特别是汉代人物传记具有示例的作用，述评详各赞简论。

五帝本纪赞第一

太史公曰：学者多称五帝①，尚矣②。然《尚书》独载尧以来③；而《百家》言黄帝④，其文不雅驯⑤，荐绅先生难言之⑥。孔子所传《宰予问五帝德》及《帝系姓》⑦，儒者或不传⑧。余尝西至空桐⑨，北过涿鹿⑩，东渐于海⑪，南浮江淮矣，至长老皆各往往称黄帝、尧、舜之处，风教固殊焉，总之不离古文者近是⑫。予观《春秋》、《国语》⑬，其发明《五帝德》、《帝系姓》章矣⑭，顾弟弗深考⑮，其所表见皆不虚⑯。书缺有间矣⑰，其轶乃时时见于他说⑱。非好学深思，心知其意，固难为浅见寡闻道也。余并论次，择其言尤雅者，故著为本纪书首⑲。

【注释】①五帝：传说的上古史有三皇、五帝。司马迁屏除三皇之说，依《世本》、《大戴礼》，以黄帝、颛顼、帝喾、唐尧、虞舜为五帝。故《史记》叙事自黄帝始。　②尚：久远。　③《尚书》：《尚书》是我国上古历史文件汇编，总名称《书》，汉代尊为经，才称《尚书》、又称《书经》。第一篇是《尧典》，也就是《尚书》记述古史从尧开始，而黄帝至尧这一段历史传闻没有记述。④《百家》：《汉书·艺文志》诸子略小说家有《百家》百三十九卷，是春秋战国时代的小说汇编，其中有关于黄帝的传说记载。　⑤雅驯：正确可信。雅，正确。驯，通“训”，引申为合理，说得通。　⑥荐绅先生：荐绅，即“搢绅”之假，又作“缙绅”。搢，插。绅，插笏的赤色腰带。荐绅先生，即士大夫之代称，这里指史官。　⑦《宰予问五帝德》及《帝系姓》：《大戴礼》中的两篇书名。系，世系。 ⑧或：有的人。 ⑨空桐：也写作“空同”，或“崆峒”，山名，在今甘肃平凉县境，相传黄帝向广成子问道处。公元前112年，司马迁曾从武帝巡至空桐。 ⑩涿鹿：山名，在今河北涿鹿县东南。山侧有轩辕城，传说中的黄帝之都。 ⑪渐：到达。 ⑫古文：即指《春秋》、《国语》、《五帝德》、《帝系姓》、《尚书》等书。 ⑬《春秋》《国语》：即流传至今的《春秋左氏传》和《国语》二书，相传为春秋时人左丘明所作。按，这里的《春秋》系指《左氏传》，并非指孔子所作《春秋》。 ⑭章矣：非常明显了。章，通“彰”。⑮顾弟：只是，不过。弗：通“没”，没有。 ⑯见：读“现”。 ⑰《书》缺：指《尚书》不载黄帝等事迹，有缺失。有间：年月长。 ⑱轶（yì逸）：散失。 ⑲著为本纪书首：《尚书》不载黄帝，《百家》言又不可信，司马迁折衷古文与传说，决定《史记》记事起于黄帝，故将《五帝本纪》作为一百三十篇之首。

【译文】太史公说：学者们常常称述五帝，那是遥远的古代，就是《尚书》也只是记载了尧以来的历史；而《百家》杂说记述的黄帝事迹，文辞很不雅正，所以连史官都说不清楚。孔子所留传下来的《宰予问五帝德》和《帝系姓》，有的儒生也不传习了。我曾经西到空桐山，北过涿鹿山，东临大海，南游江淮，所到之处，都能听到父老们讲述黄帝、尧、舜兴起发展的事迹，但这些地方的风俗教化原来彼此并不相同，总之，不违背古文记载的说法，比较接近事实。我阅读《春秋》、《国语》，其中阐发、印证《五帝德》及《帝系姓》的地方很明显，只是学者们没有深入考察，其实《五帝德》、《帝系姓》所反映的史实，都不是虚构的。《尚书》不载黄帝事迹，留下古史空白有些年头了，但它所遗漏的常常散见于其他书中。只有好学深思的人，才能心领神会，本来就难于对见识浅薄、孤陋寡闻的人说清楚。我将黄帝的事迹与尧、舜的事迹，选择那些纯正可靠的传说一并加以记载，所以本书的开端从黄帝起。

【简论】《五帝本纪赞》应与《三代世表序》合观，这是司马迁交代关于古史的考信原则和《史记》开卷的义例。司马迁对古史的考信原则，概括起来是两条标准。第一，对文献典籍的记载，“考信于六艺”（《伯夷列传赞》），“折中于夫子”（《孔子世家赞》），所以对《春秋》、《国语》、《尚书》以及《五帝德》、《帝系姓》等古文很推重。第二，通过实地调查来补充、验证文献资料。这两条标准反映了司马迁作史讲究实录的科学精神。《史记》上限，原拟起自陶唐，这是司马谈的作史计划，理由有二：儒家的权威著作《尚书》记事起于尧，《尚书》第一篇即为《尧典》，此其一；《百家》言黄帝，其文不雅驯，“黄帝以来皆有年数”，却与古文“乖异”（《三代世表序》），此其二。后来司马迁修改原计划，上起黄帝，所以《太史公自序》云：“于是卒述陶唐以来，至于麟止，自黄帝始。”上起黄帝，理由有四：第一，司马迁在全国游历考察中，“西至空桐，北过涿鹿，东渐于海，南浮江淮”，各地尽管风教不同，但长老口碑相传的黄帝事迹非常生动；第二，《五帝德》、《帝系姓》司马迁认为是孔子所传典籍，经与《春秋》、《国语》参证，认为是可靠的资料；第三，谱牒资料，《百家》言黄帝，虽然其文不雅，但绝非无因；第四，“书缺有间，其轶乃时时见于他说”。综合上述考察，司马迁认为《史记》上限应起于黄帝，以《五帝德》、《帝系姓》为根据，对《百家》之言，长老口碑，择其言雅驯者记焉。对于不可信的资料则屏而不录。所以对黄帝以来的年数就不加记载，而只作《三代世表》，仅仅谱列一个从黄帝以来的粗略世系以象征历史发展的线索。那末，司马迁为什么只延伸上限至黄帝而止呢？因轩辕氏“修德振兵”，统一了天下。《史记》开卷起自黄帝，寓意于颂扬大一统。《史记》所载三代天子，列国世家，忠臣义士，追祖溯源，皆归本于黄帝。中华民族皆黄帝子孙，这一观念就奠基于《史记》。《史记索隐》作者司马贞不明此旨，越俎代庖替《史记》补《三皇本纪》，可谓画蛇添足。

夏本纪赞第二

太史公曰：禹为姒姓，其后分封，用国为姓，故有夏后氏、有扈氏、有男氏、斟寻氏、彤城氏、褒氏、费氏、杞氏、缯氏、辛氏、冥氏、斟戈氏。孔子正夏时，学者多传《夏小正》云①。自虞、夏时，贡赋备矣②。或言禹会诸侯江南，计功而崩，因葬焉，命曰会稽。会稽者，会计也。

【注释】①《夏小正》：一篇用夏正（以建寅月为正）记时令的书，收在《大戴礼》中，春秋战国时人著，托古于夏朝。司马迁认为是孔子的著述。　②自虞、夏时，贡赋备矣：舜禅位给禹，禹传子建立了家天下。司马迁根据《尚书·禹贡》，在《夏本纪》中叙述舜命禹划定九州，按地亩肥瘠征收等差赋税的制度。有的学者认为《禹贡》为战国时人所作。但是后人想象必有传闻作根据。

【译文】太史公说：大禹本来为姒姓，后来子孙分封，用封国为姓，所以有夏后氏、有扈氏、有男氏、斟寻氏、彤城氏、褒氏、费氏、杞氏、缯氏、辛氏、冥氏、斟戈氏。孔子整理了夏历，所以研究学问的人都用《夏小正》。从虞、夏时起，征收贡赋的制度就完备了。有一种传说，说夏禹巡行江南，在会稽山上大会诸侯，计考功绩，死了就葬在那里，所以取名会稽。会稽就是会盟计功之意。

殷本纪赞第三

太史公曰：余以《颂》次契之事①，自成汤以来，采于《书》《诗》。契为子姓，其后分封，以国为姓，有殷氏、来氏、宋氏、空桐氏、稚氏、北殷氏、目夷氏。孔子曰②，殷路车为善，而色尚白。

【注释】①《颂》：指《诗·商颂》里《玄鸟》等篇。传说商代始祖契，其母有娀氏女吞玄鸟之卵而生。　②孔子曰：《论语·卫灵公》第十五章，孔子说："乘殷之辂"。《礼记·檀弓》："殷人尚白"。司马迁综述孔子之意，自铸新词。辂（lù），又作"路"，殷代天子用车，又叫大辂。周代的车比商代华丽，以"殷路车为善"，就是说朴质要比华丽好。

【译文】太史公说：我根据《商颂》编次商朝祖先契至汤的事迹，汤以后则根据《尚书》、《诗经》的记载。契是子姓，他的后代以封国为姓，有殷氏、来氏、宋氏、空桐氏、稚氏、北殷氏、目夷氏。孔子说，殷人乘坐朴质大方的路车，崇尚白色。

周本纪赞第四

太史公曰：学者皆称周伐纣，居洛邑[①]，综其实不然。武王营之，成王使召公卜居，居九鼎焉，而周复都丰、镐[②]。至犬戎败幽王，周乃东徙于洛邑。所谓“周公葬于毕”，毕在镐东南杜中[③]。秦灭周。汉兴九十有余载，天子将封泰山[④]，东巡狩至河南，求周苗裔，封其后嘉三十里地，号曰周子南君[⑤]，比列侯，以奉其先祭祀。

【注释】①洛邑：即今洛阳，周平王东迁后的都城。　②丰、镐：丰，繁体作“豐”，也写作“酆”，文王所都，在今陕西户县东。镐：也写作“鄗”，武王灭殷后营建的新都，在丰之东，今陕西长安县西南。　③杜：古国名，在今长安县东南，周公葬在这里。　④汉兴二句：汉武帝封周子南君在元鼎四年东巡至洛阳途中。元鼎四年即公元前 113 年，上距汉建国之公元前 206 年是九十三年，下距武帝封禅之公元前 110 年是三年。　⑤周子南君：子南为封邑之号。汉武帝封姬嘉为子南君，故称周子南君。汉武帝封周后，为的是表现自己的仁德，为封禅造舆论。

【译文】太史公说：学者都说周武王伐纣，定都洛邑，综合考察历史事实，却不是这样。周武王营建了洛邑，周成王命召公卜问都邑所在，结果把九鼎置放在洛邑，而西周仍以丰、镐为都城。直到犬戎杀了周幽王，周室才东迁洛邑。所说的“周公葬于毕”，其地就在镐京东南的杜中。秦朝灭亡了周朝。汉朝建立九十多年之后，今上（汉武帝）准备到泰山封禅，东巡到了河南，访求周室后代，封周室后裔姬嘉三十里地，号周子南君，与列侯同级，以奉祀周室祖先。

【简论】司马迁作史，运用了考证的方法。《五帝本纪赞》所述《史记》上限的扩展，夏、商、周、秦诸本纪赞载各王朝祖先氏族统系，均是他对古史考证的成果。西汉学者对殷周之际的历史已不甚了然，认为武王定都洛邑，司马迁作了廓清，有重大的意义。司马迁用历史典籍与实地考察互相参证，纠正误说，得出了正确的结论。他的考信精神及其方法，在今天仍有借鉴的意义。

秦本纪赞第五

太史公曰：秦之先为嬴姓。其后分封，以国为姓，有徐氏、郯氏、莒氏、终黎氏、运奄氏、菟裘氏、将梁氏、黄氏、江氏、修鱼氏、白冥氏、蜚廉氏、秦氏。然秦以其先造父封赵城，为赵氏①。

【注释】①造父……为赵氏：造父，周穆王时人，为周穆王御车有功封赵城，即战国时赵国始祖。赵氏与秦氏共祖。商末有蜚廉，生二子，长曰恶来，其后为秦；恶来弟曰季胜，其后为赵。这里的意思是说，秦与赵为同祖异姓之国。

【译文】太史公说：秦朝的祖先是嬴姓。后代以封国为姓，有徐氏、郯氏、莒氏、终黎氏、运奄氏、菟裘氏、将梁氏、黄氏、江氏、修鱼氏、白冥氏、蜚廉氏、秦氏。还有秦氏祖先的一个支族造父在周穆王时封赵城，姓赵氏。

秦始皇本纪赞第六

太史公曰：秦之先伯翳①，尝有勋于唐虞之际，受土赐姓，及殷夏之间微散。至周之衰，秦兴，邑于西垂②。自穆公以来，稍蚕食诸侯，竟成始皇。始皇自以为功过五帝，地广三王，而羞与之侔③。善哉乎贾生推言之也④！

【注释】①伯翳（yì）：又作“伯益”，为舜的牧官，赐姓嬴氏。　②周衰秦兴，邑于西垂：犬戎侵周，秦襄公将兵助周，并护驾平王东迁。平王于是封襄公为诸侯，赐岐山以西之地，为周室西边屏藩，从此秦国兴旺起来。垂，边垂。

③侔（móu）：平等。　④贾生推言：贾生，即贾谊。推言，评论，指贾谊《过秦论》。

【译文】太史公说：秦朝的祖先伯翳，曾经在唐尧、虞舜时代建立了光辉的功业，得到了封土并被赐姓嬴氏。到了夏、商时代，嬴氏衰微分散。又到了西周末年，秦族兴起，在西边发展。自从秦穆公以来，逐渐蚕食诸侯，最后成就了秦始皇的统一大业。秦始皇自以为功劳超过了上古五帝，疆域比夏、商、周三代都要广阔，因而羞与五帝三王同列，自尊自大号称始皇帝。多么精彩啊，贾谊对秦朝兴亡的评论完全正确。

【简论】《秦始皇本纪赞》应与《陈涉世家赞》并读。“善哉乎贾生推言之也”，表现了司马迁十分推崇贾谊的观点。贾谊的《过秦论》分为上、中、下三篇，总结了秦亡的三点原因：（一）“仁义不施，攻守之势异也”；（二）“危民易与为非”；（三）“壅蔽之伤国也”。贾谊认为，“并兼者高诈力，安危者贵顺权”，“取与守不同术也”。秦始皇用暴力统一天下，但不懂得用仁义治天下，而是变本加厉实行暴虐专政，秦二世因之不改，把全国人民推入了火坑。所以陈涉起义，“而天下响应者，其民危也”。又由于秦朝“多忌讳之禁”，皇帝拒谏，没有人敢出来直言，秦朝也就不可避免地灭亡了。《过秦论》是西汉时代人们评价秦朝政治得失的一篇定论之作，叙事论理堪称妙绝。其文气势磅礴，兴亡之理，对比强烈，分析透彻，论断明快，具有不可辩驳的逻辑力量，使人深信不疑。司马迁引《过秦论》下篇为始皇赞，强调“壅蔽之伤国”，读史者复引《过秦论》上、中篇，强调秦亡之祸始自始皇，故今本《秦始皇本纪》附载《过秦论》三篇序列为下、中、上。褚少孙引《过秦论》上篇为《陈涉世家赞》，强调秦亡，失之于政。秦始皇统一天下，建立中央集权，欲传之万世，想不到二世而亡。汉承秦制，能否巩固政权，怎样巩固政权，这是西汉统治阶级面临的一个重大课题，贾谊的总结回答了这一问题，西汉应承其制而革其政。司马迁对秦始皇政治体制的肯定及对秦朝行政暴虐的否定，都是深受贾谊影响的，所以直接引《过秦论》以为赞。这在《史记》一百三十篇序赞中是唯一的破例。因此，特附注《过秦论》上、中、下三篇以观全貌。《史记》引文与贾谊《新书》字句有出入，这里据中华书局点校本《史记》引，按上、中、下顺序排列。(下附《过秦论》三篇)

附：过秦论

【上篇】秦孝公据殽函之固[①]，拥雍州之地[②]，君臣固守而窥周室[③]。有席卷天下，包举宇内，囊括四海之意，并吞八荒之心[④]。当是时，商君佐之，内立法度[⑤]，务耕织，修守战之备；外连衡而斗诸侯，于是秦人拱手而取西河之外[⑥]。

孝公既没，惠王、武王蒙故业，因遗策[⑦]，南兼汉中[⑧]，西举巴、蜀[⑨]，东割膏腴之地，收要害之郡。诸侯恐惧，会盟而谋弱秦，不爱珍器重宝肥美之地，以致天下之士，合从缔交，相与为一。当是时，齐有孟尝，赵有平原，楚有春申，魏有信陵。此四君者[⑩]，皆明知而忠信，宽厚而爱人，尊贤重士，约从离衡，并韩、魏、燕、楚、齐、赵、宋、卫、中山之众。于是六国之士有宁越、徐尚、苏秦、杜赫之属为之谋，齐明，周最、陈轸、昭滑、楼缓、翟景、苏厉、乐毅之徒通其意，吴起、孙膑、带佗、兒良、王廖、田忌、廉颇、赵奢之朋制其兵。常以十倍之地，百万之众，叩关而攻秦[⑪]。秦人开关延敌[⑫]，九国之师逡巡遁逃而不敢进。秦无亡矢遗镞之费，而天下诸侯已困矣。于是从散约解，争割地而奉秦。秦有余力而制其敝，追亡逐北，伏尸百万，流血漂卤[⑬]。因利乘便，宰割天下，分裂河山，强国请服，弱国入朝。延及孝文王、庄襄王，享国日浅，国家无事。

及至秦王，续六世之余烈[⑭]，振长策而御宇内，吞二周而亡诸侯[⑮]，履至尊而制六合[⑯]，执棰拊以鞭笞天下[⑰]，威振四海。南取百越之地，以为桂林、象郡，百越之君俯首系颈[⑱]，委命下吏[⑲]。乃使蒙恬北筑长城而守藩篱，却匈奴七百余里，胡人不敢南下而牧马，士不敢弯弓而报怨。于是废先王之道[⑳]，焚百家之言，以愚黔首。堕名城，杀豪俊，收天下之兵聚之咸阳，销锋铸镰，以为金人十二，以弱黔首之民。然后斩华为城㉑，因河为津㉒，据亿丈之城，临不测之溪以为固。良将劲弩守要害之处，信臣精卒陈利兵而谁何㉓，天下以定。秦王之心，自以为关中之固，金城千里㉔，子孙帝王万世之业也㉕。

秦王既没，余威振于殊俗㉖。陈涉，瓮牖绳枢之子㉗，甿隶之人㉘，而迁徙之徒，才能不及中人㉙，非有仲尼、墨翟之贤，陶朱、猗顿之富㉚，蹑足行伍之间，而倔起什伯之中㉛，率罢散之卒，将数百之众，而转攻秦。斩木为兵，揭竿为旗，天下云集响应，赢粮而景从㉜，山东豪俊遂并起而亡秦族矣。

且夫天下非小弱也，雍州之地，殽函之固自若也。陈涉之位，非尊于齐、楚、燕、赵、韩、魏、宋、卫、中山之君；鉏櫌棘矜㉝，非铦于句戟长铩也㉞；适戍之众，非抗于九国之师㉟；深谋远虑，行军用兵之道，非及乡时之士也。然而成败异变，功业相反也。试使山东之国与陈涉度长絜大㊱，比权量力，则不可同年而语矣㊲。然秦以区区之地，千乘之权，招八州而朝同列，百有余年矣。然后以六合为家，殽函为宫。一夫作难而七庙堕㊳，身死人手，为天下笑者，何也？仁义不施而攻守之势异也。

【注释】①秦孝公：在位二十四年（前361—前338年），秦国第三十代国君。孝公用商鞅变法，国力富强，奠定了秦统一的政治基础。殽函：殽山和函谷关之简称。殽也写作崤。殽山位于今河南省洛宁县西北六十里。函谷关在河南灵宝县西南，殽山中之关也，并称殽函。　②雍州：今陕、甘、青三省地古称雍州。秦处关中，据有雍州。　③窥：偷看，即图谋之意。　④席卷……八荒之心：席卷、包举、囊括、并吞，均为同义词，即全部占据之意。天下、宇内、四海、八荒，也是同义词，指全国。　⑤内立法度：在国内改变制度，史称商鞅变法。主要内容有四项：（一）废井田，开阡陌，奖励垦荒，承认土地私有制。（二）实行郡县制，编民入户籍，什伍相连坐。（三）废世卿世禄制，奖励军功，按杀敌首级以定爵位。（四）轻犯重刑，实行暴力专政。变法后，秦国的物力、人力、财力均操于王室之手，成为中央集权的强国。　⑥拱手而取西河之外：西河，指黄河以西、华山以东的一片地区，方七百里，本秦地，后为魏国所有。商鞅变法，秦国强大，魏人不敌，割取西河以及河东一部分土地与秦，故云“西河之外”。拱手，喻不费力气而坐得也。　⑦蒙故业，因遗策：“蒙”和“因”，同义词，均为承受，继承之意。这两句是说秦惠王、秦武王继续执行孝公的内外政策。 ⑧汉中：秦置郡名，原属楚地，秦昭王时属秦，地当汉水上游，陕西秦岭以南及湖北西北部一带。 ⑨巴、蜀：巴郡、蜀郡，今重庆、四川成都两地区。 ⑩此四君者：指上文孟尝君田文，平原君赵胜，春申君黄歇，信陵君无忌，《史记》各有传。 ⑪叩关而攻秦：仰攻函谷关打击秦国。《贾谊集》作“仰关”。仰，由下向上进攻。 ⑫延敌：引敌，即迎战敌人。 ⑬流血漂卤：形容战争规模之大，死人很多，血流成河，把兵器都漂浮起来了。卤，同“橹”，大楯。 ⑭续六世之余烈：继承发扬六代的基业。六世，指孝公、惠文王、武王、昭王、孝文王、庄襄王。余烈，遗业、基业。 ⑮吞二周而亡诸侯：即统一中国。东周分裂为西周、东周两小国，庄襄王灭二周置三川郡。亡诸侯，谓秦始皇吞灭六国。 ⑯履至尊而制六合：指秦始皇登上最高的皇帝宝座统治全国。六合，上下四方，即宇内，代称全天下。 ⑰执棰拊：举起刑杖拍击。这里喻执掌政柄。拊（fǔ府），拍击。 ⑱俯首系颈：低头屈服。 ⑲委命下吏：把性命交给了微不足道的官吏。指百越之君原为一方之主，今为秦始皇所制，听命于狱吏。 ⑳废先王之道：指秦始皇不遵古代贤王禹、汤、文、武之道。 ㉑斩华为城：据守华山以为防城。 ㉒因河为池：凭借黄河以为护城关津。 ㉓陈利兵而谁何：排列锐利的兵器盘诘行人，喻秦始皇专恃暴力统治天下。谁何，你是谁，巡更喝问之声。何，读呵，语气词。 ㉔金城千里：喻关中形胜，秦都关中咸阳，东函谷，南武关、西散关、北萧关，地势险要，好像有一条钢铁长城环守在千里之外。 ㉕万世之业：秦始皇自称始皇帝，子孙以数计，二世、三世……以至万世，传之无穷，这当然是一种幻想。 ㉖殊俗：不同风俗的民族，指匈奴、百越。 ㉗陈涉瓮牖绳枢之子：指陈涉是一个没有任何社会背景的贫贱男子。瓮，大肚瓦坛子。枢，门户的转轴。用破瓦坛做窗户，用绳拴门轴，形容贫困。 ㉘甿隶之人：一介平民。甿，同“氓”。氓隶，农奴。 ㉙中人：中等才能的人，一般的人。 ㉚陶朱，猗顿：春秋时越大夫范蠡弃官经商，称陶朱公，其事迹见《史记》卷四十一《越王句践世家》和卷一百二十九《货殖列传》。鲁人猗顿亦经商致富，见《货殖列传》。 ㉛蹑足二句：指陈胜插足在军队之间，从平凡的戍卒之长中崛起。什伯，《集解》谓十人百人之长。《汉书·陈胜项籍传》作“阡陌”，则指陈胜兴起于陇亩之中，即出身农民。 ㉜赢粮而景从：指起义群众自己携带着粮食象影随形一样追随陈涉。 ㉝钽耰棘矜：锄柄戟杆。棘，借作戟。矜，戟柄。这里说陈胜起兵没有武器，只拿起一些可做锄柄戟杆的木头棍为兵，与上文“斩木为兵”相应。 ㉞铦（xiān纤）：锋利。 ㉟九国之师：东方六国加宋、卫、中山是为九国。战国中期宋为齐所并，中山入赵，卫附于魏。此言九国是统而言之。 ㊱度长絜大：比长论短，较量大小。絜（xié），同度，比较之意。 ㊲同年而语：相提并论。 ㊳一夫作难而七庙堕：一人作难而国破家亡。一夫，指陈涉。七庙，国家宗庙，三昭三穆加始祖是为七庙。

【中篇】秦并海内，兼诸侯，南面称帝，以养四海，天下之士斐然乡风，若是者何也？曰：近古之无王者久矣。周室卑微，五霸既殁，令不行于天下，是以诸侯力政[①]，强侵弱，众暴寡，兵革不休，士民罢敝。今秦南面而王天下，是上有天子也。既元元之民冀得安其性命，莫不虚心而仰上[②]，当此之时，守威定功，安危之本在于此矣。

秦王怀贪鄙之心，行自奋之智，不信功臣，不亲士民，废王道，立私权，禁文书而酷刑法，先诈力而后仁义，以暴虐为天下始。夫并兼者高诈力，安定者贵顺权，此言取与守不同术也[③]。秦离战国而王天下，其道不易，其政不改，是其所以取之、守之者无异也。孤独而有之，故其亡可立而待。借使秦王计上世之事[④]，并殷周之迹，以制御其政，后虽有淫骄之主而未有倾危之患也。故三王之建天下，名号显美，功业长久。

今秦二世立，天下莫不引领而观其政[⑤]。夫寒者利短褐而饥者甘糟糠[⑥]，天下之嗷嗷[⑦]，新主之资也。此言劳民之易为仁也。乡使二世有庸主之行，而任忠贤，臣主一心而忧海内之患，缟素而正先帝之过[⑧]，裂地分民以封功臣之后，建国立君以礼天下，虚囹圄而免刑戮[⑨]，除去收帑污秽之罪[⑩]，使各返其乡里，发仓廪，散财币，以振孤独穷困之士，轻赋少事，以佐百姓之急，约法省刑以持其后，使天下之人皆得自新，更节修行，各慎其身，塞万民之望，而以威德与天下，天下集矣[⑪]。即四海之内，皆欢然各自安乐其处，唯恐有变，虽有狡猾之民，无离上之心，则不轨之臣无以饰其智，而暴乱之奸止矣。二世不行此术，而重之以无道，坏宗庙与民[⑫]，更始作阿房宫，繁刑严诛，吏治刻深，赏罚不当，赋敛无度，天下多事，吏弗能纪，百姓困穷而主弗收恤。然后奸伪并起，而上下相遁[⑬]，蒙罪者众，刑戮相望于道，而天下苦之。自君卿以下至于众庶，人怀自危之心，亲处穷苦之实，咸不安其位，故易动也。是以陈涉不用汤武之贤，不藉公侯之尊，奋臂于大泽而天下响应者，其民危也。故先王见始终之变，知存亡之机，是以牧民之道[⑭]，务在安之而已。天下虽有逆行之臣，必无响应之助矣。故曰“安民可与行义，而危民易与为非”，此之谓也。贵为天子，富有天下，身不免于戮杀者，正倾非也[⑮]。是二世之过也。

【注释】①诸侯力政：诸侯以武力相征，指战国之世。政，读“征”。　②元元之民……虚心而仰上：善良的天下众庶希望安居乐业享尽天年，没有不诚心拥护秦始皇统一的。指秦统一中国，人民得离战国之苦，心悦诚服。　③并兼者三句：大意是说扫除割据需要用暴力和权谋完成统一，巩固政治需要顺应民心潮流而施政，这就是说打天下与守天下的办法是不同的。　④借使：假使。⑤引领而观其政：指人民厌恶始皇暴政，都伸长脖子盼望二世改弦更张，改善政治。　⑥寒者利短褐而饥者甘糟糠：受冻的人有一件粗短衣也高兴，挨饿的人有一碗糟糠也甜美。“利”和“甘”，均作意动词用。　⑦嗷嗷：也写作“嚽嚽”，小鸟唤食的叫声，引申为人民发出的愁苦之声。　⑧缟素而正先帝之过：意思是说纠正秦始皇的过错刻不容缓，在服孝期间就要进行。缟，白色生绢，用它做成的丧服叫缟素。儒家宣扬，子尽孝道，三年不改父之道。这里却说要立即纠正先帝之过来尽孝道，因为不这样就守不住宗庙。　⑨囹圄：监狱。⑩收帑：一人犯罪，连坐妻子叫“孥”。帑，借作“孥”。　⑪天下集矣：天下安定，即政权巩固。　⑫坏宗庙与民：指二世的暴政既败坏了宗庙，即破家亡国，又使人民遭殃。　⑬上下相遁：大大小小的官吏互相推避责任。　⑭牧民之道：喻统治方法。牧民，畜养人民，这是封建时代颠倒事实的观点。　⑮正倾非也：指二世用暴政来巩固统治，恰好把安定天下与倾危社稷的关系弄颠倒了。

【下篇】秦并兼诸侯山东三十余郡[①]，缮津关[②]，据险塞，修甲兵而守之。然陈涉以戍卒散乱之众数百[③]，奋臂大呼，不用弓戟之兵，钼耰白梃[④]，望屋而食[⑤]，横行天下。秦人阻险不守，关梁不阖，长戟不刺，强弩不射。楚师深入，战于鸿门，曾无藩篱之艰[⑥]。于是山东大扰，诸侯并起，豪俊相立。秦使章邯将而东征，章邯因以三军之众要市于外[⑦]，以谋其上。群臣之不信，可见于此矣。子婴立，遂不寤[⑧]。藉便子婴有庸主之材[⑨]，仅得中佐，山东虽乱，秦之地可全而有，宗庙之祀未当绝也。

秦地被山带河以为固，四塞之国也。自缪公以来，至于秦王，二十余君，常为诸侯雄。岂世世贤哉？其势居然也。且天下尝同心并力而攻秦矣。当此之世，贤智并列，良将行其师，贤相通其谋，然困于阻险而不能进，秦乃延入战而为之开关，百万之徒逃北而遂坏。岂勇力智慧不足哉？形不利，势不便也。秦小邑并大城，守险塞而军，高垒毋战，闭关据厄，荷戟而守之。诸侯起于匹夫，以利合，非有素王之行也⑩。其交未亲，其下未附，名为亡秦，其实利之也。彼见秦阻之难犯也，必退师。安土息民，以待其敝，收弱扶罢，以令大国之君，不患不得意于海内。贵为天子，富有天下，而身为禽者，其救败非也。

秦王足己不问，遂过而不变。二世受之，因而不改，暴虐以重祸⑪。子婴孤立无亲，危弱无辅。三主惑而终身不悟，亡，不亦宜乎？当此时也，世非无深虑知化之士也，然所以不敢尽忠拂过者，秦俗多忌讳之禁，忠言未卒于口而身为戮没矣。故使天下之士，倾耳而听，重足而立，拑口而不言。是以三主失道，忠臣不敢谏，智士不敢谋，天下已乱，奸不上闻，岂不哀哉！先王知雍蔽之伤国也⑫，故置公卿大夫士，以饰法设刑，而天下治。其强也，禁暴诛乱而天下服。其弱也，五伯征而诸侯从。其削也，内守外附而社稷存。故秦之盛也，繁法严刑而天下振；及其衰也，百姓怨望而海内畔矣。故周五序得其道⑬，而千余岁不绝。秦本末并失⑭，故不长久。由此观之，安危之统相去远矣。野谚曰⑮“前事之不忘，后事之师也”。是以君子为国，观之上古，验之当世，参以人事，察盛衰之理，审权势之宜，去就有序，变化有时，故旷日长久而社稷安矣。

【注释】①秦并兼诸侯山东三十余郡：秦统一六国，在全国推行郡县制，先后共置46郡。山东，指华山之东六国，共37郡，所以贾谊说“三十余郡”。秦全境置郡如下：(1) 汉中，(2) 黔中，(3) 南郡，(4) 南阳，(5) 长沙，(6) 陈郡，(7) 泗水，(8) 薛郡，(9) 东海，(10) 九江，(11) 会稽，(12) 衡山。以上12郡置于楚故境。(13) 齐郡，(14) 琅邪，(15) 济北，(16) 胶东。以上四郡置于齐故境。(17) 渔阳，(18) 上谷，(19) 右北平，(20) 广阳，(21) 辽西，(22) 辽东。以上六郡置于故燕境。(23) 上党，(24) 三川，(25) 颍川。以上三郡置于故韩地。(26) 太原，(27) 云中，(28) 燕门，(29) 邯郸，(30) 巨鹿，(31) 代郡，(32) 常山。以上七郡置于故赵地。(33) 上郡，(34) 河东，(35) 东郡，(36) 砀郡，(37) 河内。以上五郡置故魏地。六国之地共37郡。(38) 巴郡，

(39) 蜀郡，(40) 陇西，(41) 北地。以上四郡置于故秦地。(42) 闽中，(43) 南海，(44) 桂林，(45) 象郡。以上四郡置于南越境。(46) 九原。击退匈奴后于河套地所置新郡（采谭其骧说）。　②缮津关：整修有战略价值的渡口和关隘。　③散乱之众：乌合之众。　④白梃：光光的木棒。　⑤望屋而食：找着有村落的地方去就食。意思是说，陈涉起事没有辎重和后勤供应，走到哪儿，吃到哪儿。　⑥楚师深入……曾无藩篱：指周文长驱入关打到离咸阳只有七十里的戏，如入无人之境。鸿门：坂名，在陕西临潼东，今名项王营，项羽入关，驻军于此。但这里指的是周文之军。　⑦章邯因三军之众要市于外：指章邯带领全军投敌背叛了秦朝。要，要挟。市，做买卖。这里是说章邯凭藉所统三军与项羽谈判，像做买卖一样作了有条件的投降。　⑧遂不寤：仍然不觉悟。⑨藉使：假使，如果。　⑩非有素王之行：这里是说六国诸侯没有人民拥戴，号召力不强，虽然合纵仍敌不过秦国。素王，指没有国土而能得到人民拥戴的无冕之王，如孔子就被称为素王，因他的道德学问为人之师表，赢得了人民的敬仰。⑪暴虐以重祸：指二世比秦始皇更残暴，因而带来了加倍的灾祸。　⑫先王知雍蔽之伤国：古代贤王认识到禁讳必然危害国家。雍，通“壅”，阻塞。壅蔽，指国君拒谏，阻塞了言路。　⑬故周五序得其道：所以周以五等爵位分封深得统治之道。五序，指周封公、侯、伯、子、男五等爵位。　⑭秦本末并失：秦国政治失去了立国的根本。本，指仁政；末，指刑罚。儒家认为本末相宜的政治应当是“导之以德，齐之以刑”，秦国采取极端的暴力政治，结果使暴力走向了反面，加速了秦国的灭亡，所以说“本末并失”。　⑮野谚：民谚。

项羽本纪赞第七

太史公曰：吾闻之周生曰[①]“舜目盖重瞳子[②]”，又闻项羽亦重瞳子。羽岂其苗裔邪[③]？何兴之暴也[④]！夫秦失其政，陈涉首难，豪杰蜂起[⑤]，相与并争，不可胜数[⑥]。然羽非有尺寸[⑦]，乘势起陇亩之中[⑧]，三年，遂将五诸侯灭秦[⑨]，分裂天下，而封王侯，政由羽出，号为“霸王”，位虽不终，近古以来未尝有也[⑩]。及羽背关怀楚[⑪]，放逐义帝而自立[⑫]，怨王侯叛己，难矣。自矜功伐[⑬]，奋其私智而不师古，谓霸王之业，欲以力征经营天下[⑭]，五年卒亡其国，身死东城[⑮]，尚不觉寤而不自责[⑯]，过矣[⑰]。乃引“天亡我，非用兵之罪也”[⑱]，岂不谬哉！

【注释】①周生：汉时儒者，史失其名。　②重瞳：两个瞳孔，古人认为这是神异非凡的品相。　③苗裔：后代。邪："耶"之借字。　④暴：突然。　⑤蜂起：像蜂一样成群的起来。　⑥胜（shēng升）：尽。　⑦尺寸：喻微薄的凭藉，或尺寸之地，或尺寸之权势。　⑧陇亩：田野，这里指民间。　⑨五诸侯：秦末关东六国旧贵族乘势起来复辟了六国。项羽与其叔项梁起兵江东，奉立楚怀王孙熊心为怀王，建立了楚国。公元前206年，项羽在巨鹿打败秦军主力，率楚、赵、韩、魏、燕五国之师四十万西入关中，齐国没有派兵。　⑩近古：近代，指战国及秦楚之际。　⑪背关怀楚：项羽入关烧杀抢掠，他的残暴行为激起了关中人民的不满，于是放弃了具有战略意义的关中而东归彭城。背，放弃。关，关中之地，即秦地。　⑫放逐义帝：项羽和刘邦均为楚怀王熊心之将，公元前207年项羽和刘邦分兵讨秦，怀王与之约，先入关者为王。刘邦先入关，项羽背约，自封十八诸侯王，迫使刘邦王汉中，尊怀王为义帝，实际是否认义帝为楚王。项羽自称西楚霸王，定都彭城，迁逐义帝长沙郴县。公元前205年，项羽又派人杀掉了义帝。　⑬矜：夸耀。伐：功劳。　⑭力征经营天下：指只依靠武力来夺取天下，故项羽行兵多残暴不仁，常常是屠城滥杀，巨鹿之战坑秦降卒二十万，引起了关中人民的愤怨。　⑮东城：秦县名，在今安徽省定远县东南五十里。项羽在垓下突围后，逃至东城时只剩二十八骑，遂至乌江边自刎而死。"身死东城"，是泛指这一地区。　⑯寤：通"悟"。　⑰过：错误。　⑱乃引句：项羽垓下败亡，走投无路，还对部下说："我起兵到现在八年，亲身参加七十余战，从没有打过败仗，于是称霸天下。现在落到这地步，是天亡我，不是我不会打仗。"司马迁直斥其非，故赞语详列项羽失败的原因。引，援引，据为理由。

【译文】太史公说：我听周先生说过："舜的眼睛有两个瞳孔。"我又听说项羽的眼睛也长了两个瞳孔，他难道是舜的后代吗？不然，为什么兴起得这么快呢？秦朝施行暴政，陈涉首先发难，英雄豪杰就像蜂群一样涌起，互相争夺政权的人，多到不可计数。然而项羽并没有什么凭藉，趁势从民间起来，经过了三年的斗争，竟率领楚、赵、韩、魏、燕五国之师灭亡了秦朝，分割天下，大封诸侯，政命由他发出，称为"霸王"。项羽虽然没有守住政权，但是近代以来还没有出现过这样的人物呢。由于项羽放弃关中回到彭城，放逐了义帝自立为霸王，这就失去了人心，反而怨恨王侯们背叛自己，那就很难了。项羽自己夸耀功劳，独断专行，全不借鉴历史的经验，以为霸王的事业，只要用武力就可达到目的，所以不过五年就亡了国，自己也身死东城，但仍然不觉醒，也不责备自己的过失，真是错到底了。项羽临死竟然说："是上天要灭亡我，不是我打仗的过错。"难道不是很荒谬的吗？

【简论】《项羽本纪赞》历述项羽之失败，其因有五：第一，分裂天下，引起争斗；第二，背关怀楚，失去地利；第三，放逐义帝，诸侯叛乱；第四，自矜功伐，不行仁政；第五，专恃武力，失去民心。《太史公自序》又云："子羽暴虐，汉行功德。"司马迁的这些观点无疑是正确的。

高祖本纪赞第八

太史公曰：夏之政忠。忠之敝，小人以野①，故殷人承之以敬。敬之敝，小人以鬼②，故周人承之以文。文之敝，小人以僿③，故救僿莫若以忠。三王之道若循环，终而复始。周秦之间，可谓文敝矣。秦政不改，反酷刑法，岂不谬乎？故汉兴，承敝易变，使人不倦，得天统矣④。朝以十月。车服黄屋左纛⑤。葬长陵⑥。

【注释】①夏之政忠……野：忠，指政治质朴。野，少礼节。夏代社会刚进入私有制，国家政权正在形成，制度简朴，少礼节。　②殷人承之以敬……鬼：敬，敬奉，指恭敬天地、鬼神、祖先。鬼，指崇拜鬼神。商代统治者极端迷信，一切大小事都要靠卜筮来决定，帝王死了，用奴隶来殉葬，埋葬大量财物祭享，其目的是用神权来巩固统治地位。　③周人承之以文……僿：文，文明，指周代礼仪大备，严分尊卑。僿（sài 赛），一作"薄"、虚伪，即繁多的礼仪引导人们重形式主义而缺少忠厚的内容。　④天统：犹言得正统、得天命。西汉董仲舒倡三统说，认为夏得黑统，以寅月为正；商得白统，以丑月为正，周得赤统，以子月为正。三统是循环的。三统循环论是唯心历史观，但它加强了西汉的统治。　⑤黄屋：用黄缯做的车盖。左纛（dú 毒）：皇帝专车上用牦牛尾或雉尾做装饰的大旗，竖在车衡的左边。　⑥长陵：高祖墓，在今陕西咸阳市东。

【译文】太史公说：夏朝的政治纯朴。纯朴的弊病是人民粗俗少礼，所以殷朝提倡敬奉天地鬼神和祖先，用礼仪来代替纯朴。虔诚的敬奉礼仪产生了人们迷信鬼神的弊病，所以周朝用严格区分等级尊卑的礼制来代替它。严格区分等级尊卑的礼制导致了虚伪的弊病，只重形式主义，所以纠正虚伪莫过于提倡纯朴。这就是说，夏、商、周三代的政治就像转环一样周而复始。从周朝到秦朝，可以说弊病就产生在缺乏忠信、虚伪矫饰上。秦朝施政不但不改弦更张，反而变本加厉地实行严刑酷法，这难道不是荒谬的吗？所以汉朝建立以后，把过去的弊病加以改变，使人不至于倦怠，真正得到了天命。规定以十月为岁首，诸侯进京朝见皇帝。车仗服饰尚黄色，旗帜树在左边。高祖死后，葬于长陵。

【简论】《高祖本纪赞》，字面意义包含了循环论的色彩，这是不必讳言的。但是，司马迁的主旨却是讲“变”，历史在不断的演变和前进。赞论引夏、商、周的忠、敬、文三统之说，重在说“变”，而不是“循环”。秦承周“文”政之敝而不改，故亡国；汉兴，“承敝易变”，获得了天命。所谓“文”，《集解》引郑玄云：“尊卑之差也”。“僿”，又作“薄”。司马贞曰：“僿，犹薄之义”。周政“文”之敝，就是说周朝等级森严的礼制，繁文缛节发展过了头，官吏习文法只重形式。秦朝不思救敝，反而变本加厉依赖严刑酷法，所以二世而亡。汉承秦之敝，救之以忠，并不是去效法夏政鲧、禹决渎，而是“承敝易变”，顺民之俗。萧、曹世家赞评萧何“谨守管籥，因民之疾秦法，顺流与之更始”，而与“闳夭、散宜生等争烈矣”；曹参与民“休息无为”，而与萧何齐名为贤相，“天下俱称其美矣”。吕后称制，残虐宗室，她还屠戮功臣，个人品质极其狠毒。但吕后与民休息，司马迁称赞她“女主称制，政不出房户，天下晏然”。汉文帝，“德至盛”。司马迁的这些评论，充分肯定了汉初顺民之俗的政治大方向，隐喻之意，则是对秦皇、汉武好大喜功，暴虐政治的批评。也就是说，司马迁所讲的"循环"、"天统",是以民心、民俗为其内核的。论者多抽象地评论《高祖本纪赞》的字面意义,认为是宣扬循环论和天命论,非为至论。例如有人认为司马迁主张"古今社会就是按照'忠'——'敬'——'文'这套公式周而复始地'变'",因而称司马迁的历史观是"三统循环论"。这种看法实质是张冠李戴,把董仲舒的观点强加在司马迁头上。请看董仲舒的原话:

三王之道所祖不同,非其相反,将以救溢扶衰,所遭之变然也。故孔子曰:"无为而治者,其舜乎!"改正朔,易服色,以顺天命而已;其余尽循尧道,何更为哉!故王者有改制之名,无变道之实。然夏上忠,殷上敬,周上文者,所继之救,当用此也。孔子曰:"殷因于夏礼,所损益可知也;周因于殷礼,所损益可知也;其或继周者,虽百世可知也。"此言百王之用,以此三者矣。夏因于虞,而独不言所损益者,其道如一而所上同也。道之大原出于天,天不变,道亦不变,是以禹继舜,舜继尧,三圣相受而守一道,无救弊之政也,故不言其所损益也。由是观之,继治世者其道同,继乱世者其道变。今汉继大乱之后,若宜少损周之文致,用夏之忠者(《天人三策》,载《汉书·董仲舒传》)。

显然,董仲舒所讲的"变",才是"忠——敬——文"的循环往复,强调"道"是不变的。但是司马迁讲"变",为什么要借用循环论的语言呢?因为当时的科学水平限制着人们的认识,司马迁描绘不出未来社会的发展,所以他不得不运用"循环论"的概念来杜绝人们提出未来怎样怎样的问题,而更加注意现实的变革。请注意司马迁的用语,"三王之道若循环"。言"若"者,像也,似也,好像似循环。这和我们所讲的螺旋式上升有些相似。当时的语言不可能有"螺旋式"的概念,所以司马迁说"若循环"。这和董仲舒"此言百王之用,以此三者矣"是大相径庭的。"通古今之变"这一命题就是针对"天不变,道亦不变"提出的。司马迁是借用董仲舒的语言,抽象地讲"循环",而具体论述却是讲"变",指出汉高祖救秦之敝,改弦更张而得"天统"。

吕太后本纪赞第九

太史公曰：孝惠皇帝、高后之时，黎民得离战国之苦，君臣俱欲休息乎无为①，故惠帝垂拱②，高后女主称制③，政不出房户，天下晏然④。刑罚罕用，罪人是希。民务稼穑，衣食滋殖⑤。

【注释】①无为：无为政治是指统治阶级实行休养生息发展经济的政策，不滋事扰民。汉初承秦末战乱，民生凋敝，经济残破，吕后、文、景三朝奉行无为政治，七十年间国殷民富，为汉武帝的事业奠定了物质基础。　②垂拱：垂衣拱手，不干预政事。　③女主称制：皇帝裁决法令称“制曰”。这里是指吕后摄行天子事。　④晏然：安然，指天下太平。　⑤衣食滋殖：丰衣足食。滋，增加，指生活步步提高。

【译文】太史公说：孝惠皇帝和高后统治时期，老百姓得以免除了战国时代的苦难，君臣都奉行无为政治，所以尽管惠帝不管事，高后代行皇帝之权，政令决策于宫廷，仍然天下太平。刑法少用，犯罪的人极少。人人勤于耕织，家家丰衣足食。

【简论】司马迁论载历史人物和历史事件，一般不作全盘肯定或全盘否定，而是原原本本讲清楚人物行事和客观事物的变化和发展，以穷究盛衰成败的因果。《吕太后本纪》对吕后个性的残刻作了入木三分的揭露，而在赞中却肯定她实行无为政治、安邦治国的成功，表现了司马迁辩证的两点论思想。这一思想贯穿《史记》全书。例如，司马迁反对秦朝暴政，却肯定秦朝的统一之功和制度体系；司马迁同情项羽，但并不饰过；司马迁揭露和批判刘邦的狡诈，却又肯定刘邦的政策笼络了人心，取得了天下；司马迁极其憎恶酷吏，却也肯定廉洁不枉法的酷吏；司马迁写《史记》的主旨是颂扬汉家一统的功德，却又委婉曲折地揭露了汉家帝王的一些隐私，力求做到尊重客观的历史实际，故《史记》以实录著称于世。因为只有实录的历史，才能提供真正有益的教训，使历史起到镜子的作用。司马迁的这一理想和实践，是我国历史学的优良传统，在今天仍有借鉴意义。

孝文本纪赞第十

太史公曰：孔子言[①]“必世然后仁。善人之治国百年，亦可以胜残去杀”。诚哉是言！汉兴，至孝文四十有余载[②]，德至盛也。廪廪乡改正服封禅矣[③]，谦让未成于今[④]。呜呼，岂不仁哉！

【注释】①孔子言：见《论语·子路》第十一、十二两章。必世：整整一代人。三十年为一世。　②汉兴句：孝文帝死于公元前 157 年，上距汉建国之公元前 206 年凡 49 年。　③廪廪句：廪廪，渐近之义，犹言差不多。文帝即位，贾谊上《定制度兴礼乐疏》，请改正朔，易服色，定官名，兴礼乐，封禅改制，色尚黄，数用五。贾谊还亲自草具了仪法。文帝谦让没有进行，仍守无为政治，休养息民。　④谦让未成于今：此句着重在“谦让”二字，感叹汉文帝德至厚，并不表明司马迁反对封禅。也有人认为此句着重在“于今”二字，表明《文帝本纪》写于元封元年之前，出自司马谈之手。其实“于今”二字，带有旁敲侧击，讽刺汉武帝多欲之意，并不表明写于元封之前。

【译文】太史公说：孔子说过，“圣王兴起，也一定要整整一代人才能使仁政大行。善人治理国家更要一百年，才可做到克服暴政，免除虐杀”。这话实在不错呀！汉朝建立到孝文帝，经过了四十多年，德政达到了顶点。差不多具备了改历、变易服色、举行封禅的条件了。但他谦让没有进行，把改制工作留到了今天。啊！这难道不可以说是一个仁爱的皇帝吗？

【简论】司马迁反复申言《史记》效《春秋》而作。《春秋》寓褒贬，“上明三王之道，下辨人事之纪”；《史记》继《春秋》就是要明是非，惩恶劝善为后王立法。唐代著名史学评论家刘知说：“夫善人少而恶人多，其书名竹帛者，盖唯记善而已。故太史公有云：‘自获麟以来四百余年，明主贤君忠臣死义之士，废而不载，余甚惧焉。’即其义也。至如四凶列于《尚书》，三叛见于《春秋》，西汉之记江充、石显，东京之载梁冀、董卓，此皆干纪乱常，存灭兴亡所系，既有关时政，故不可阙书”（《史通》卷八《人物》）。可见惩恶劝善是我国古代史家的一个优秀传统。《春秋》之所以受到司马迁的推崇，就是它的褒贬笔法“善善恶恶，贤贤贱不肖”，能使“乱臣贼子惧”。固然这是为了维护封建的统治秩序，但贬斥乱臣贼子，褒奖圣君贤相，却也符合古代人民的愿望。对司马迁的直笔，论者往往只注意鞭笞和揭露方面，而对褒扬圣君贤相方面大多失于偏颇，谓为溢美之辞。司马迁引孔子言称许孝文帝为“德至盛”的“仁君”，也是一种直书。《孝文本纪》突出记载文帝之“德”，不惜笔墨载他的节俭和宽厚，又大段引录景帝元年制诏郡国诸侯立太宗庙的令文，称文帝“除诽谤，去肉刑”，“收恤孤独，以育群生”，“罪人不帑，不诛无罪”云云。这些记载表明了司马迁的政治理想和许之为“仁”的标准，为后世君臣树楷模，这也是应当肯定的。

孝景本纪赞第十一

太史公曰：汉兴，孝文施大德，天下怀安。至孝景，不复忧异姓[①]，而晁错刻削诸侯[②]，遂使七国俱起，合从而西乡，以诸侯太盛，而错为之不以渐也[③]。及主父偃言之[④]，而诸侯以弱，卒以安。安危之机，岂不以谋哉？

【注释】①不复忧异姓：异姓，指异姓诸侯王。刘邦与项羽争天下，先后封了九个异姓诸侯王。全国统一后，刘邦一个一个收拾了异姓王，改封同姓王。至景帝时，唯一的异姓王长沙国吴氏无后国除，一个异姓王也没有了，所以说“不复忧异姓”。　②晁错刻削诸侯：晁错，颍川（今河南禹县）人，文帝时博士，景帝即位后为御史大夫。汉景帝三年（前154年），晁错建削藩策，主张削弱诸侯王封地，吴楚等七国借口叛变，晁错被杀。刻，严酷。削，削夺，指削藩策。③渐：因势利导。　④主父偃言之：武帝元朔二年（前127年），中大夫主父偃建议分封子弟，使诸侯王子人人得分其国为王。汉武帝采纳了这一政策，收到了削弱诸侯的效果。

【译文】太史公说：汉朝建立，孝文帝施行伟大的德治，天下安定。到了孝景时代，不再担忧异姓诸侯王造反了，但是晁错主张严酷地削夺诸侯，于是激发了七国之乱，合纵西向长安。这是由于诸侯势力太强大，而晁错的办法又实行得太急迫的缘故。等到主父偃建言推恩分封，从而削弱了诸侯，终于安定了天下。由此看来，安危的关键，难道不是依靠谋划吗？

【简论】用贤相良将以治平天下，是司马迁"稽其成败兴坏之理"的一个重要内容。《孝景本纪赞》与《楚元王世家赞》、《匈奴列传赞》等篇皆述此理。"安危在出令，存亡在所任"，贤才的得失，关系国家的兴亡。三代的兴亡如此，春秋列国的争战如此，楚亡汉兴尤其如此。武王伐纣，观兵孟津，不期而会者八百诸侯，武王认为时机未到，纣之"天命"未尽因而隐忍不发。又过了两年，纣杀王子比干，囚箕子；太师疵，少师强抱其乐器奔周。于是武王遍告诸侯，"殷有重罪，不可以不毕伐"，一战而灭纣。齐桓公得管仲、鲍叔、隰朋、高傒，称霸天下。燕昭王用乐毅为将，率兵伐齐，势如破竹，下齐七十余城，唯莒城和即墨不下。燕惠王逐乐毅，齐田单施奇计，用火牛攻燕军，"遂存齐社稷"。秦并天下，"盖若天所助焉"。所谓天之所助，即天赐贤才。《商君列传》、《张仪列传》、《樗里子甘茂列传》、《穰侯列传》、《白起王翦列传》、《范雎蔡泽列传》、《吕不韦列传》、《李斯列传》、《蒙恬列传》等九传都是记载秦之兴起所用的贤才。战国之世，司马迁写了二十一传，秦国将相几乎占了一半，多数贤才非秦所产，岂非天之所助？楚亡汉，刘邦说："夫运筹策帷帐之中，决胜于千里之外，吾不如子房。镇国家，抚百姓，给馈饷，不绝粮道，吾不如萧何。连百万之军，战必胜，攻必取，吾不如韩信。此三者，皆人杰也，吾能用之，此吾所以取天下也。项羽有一范增而不能用，此其所以为我擒也。"萧何、曹参、留侯、陈平、绛侯等世家，张耳、彭越、黥布、淮阴侯、韩王信、卢绾、樊、郦、滕、灌、张丞相、郦生、陆贾、傅、靳、蒯成、刘敬、叔孙通等人物传记，载述一大批贤相良将佐刘邦打天下、治天下，真是人才济济。项羽手下的贤才都跑到刘邦那边去了，有一范增而不能用，成了一个十足的孤家寡人，焉得不败！值得提出的是，司马迁所论贤相良将与当时的人民感情相一致，可以说是《史记》人民性的内容之一。屈原忠君爱国，他同邪恶势力作了不妥协的斗争，所以论赞屈原，一往情深，说他的崇高品德可"与日月争光"，读其赋，悲其志，观屈原所自沉渊，"未尝不垂涕，想见其为人"。而评商鞅，"天资刻薄"；王翦"偷合取容"，故其孙"王离为项羽所虏"；李斯"阿顺苟合，严威酷刑"；蒙恬"固轻百姓力"，而"阿意兴功"，他们对秦朝的灭亡都负有责任，一个个不得好死，是罪有应得。司马迁的这些评论，从"史"的角度看，似有失公允；而从思想深度看，正是他的"一家之言"，说明他在贤才问题上十分重视政治品质。贤才只有顺着民心才能治平天下，反其道而行之，违背人民意愿，终不免身败名裂。这就是司马迁不以表面成败论人的思想基础。《孝景本纪赞》以"谋"字作眼，实际是论贤才之"德"。晁错、主父偃，个人功绩皆为司马迁所肯定，但认为两人之德不足，所以都无好下场。

十　表　序

【说明】《史记》十表序，每一篇都是简洁的史论。《汉兴以来将相名臣年表》无序。《史记》十表共九序。

司马贞曰："《礼》有《表记》，而郑玄云'表，明也。'谓事微而不著，须表明也，故言表也。"(《三代世表·索隐》) 赵翼说："《史记》作十表，仿于周之谱牒，与纪传相为出入，凡列侯、将、相、三公、九卿功名表著者，既为立传，此外大臣无功无过者，传之不胜传，而又不容尽没，则予表载之，作史体裁，莫大于是"。(《廿二史劄记》卷一) 准此，则"表"之义：

1. 表隐微之事，使之鲜明；
2. 扩大纪、传的记事范围；
3. 表与纪、传互为经纬，是联系纪、传的桥梁。

但这仅仅是从组织材料上立论，远远没有揭示出"十表"的真正价值。尽管赵翼说"作史体裁，莫大于是"，而二十四史中竟有十五史无表。计有：《后汉书》、《三国志》、《晋书》、《宋书》、《齐书》、《梁书》、《陈书》、《魏书》、《北齐书》、《周书》、《南史》、《北史》、《隋书》、《旧唐书》、《旧五代史》。除《旧五代史》外，其余十四史皆刘知几所见，故他一方面盛赞"表"之功用，“使读者举目可详”（《史通》卷六《杂说上》），同时又有废表之论（《史通》卷三《表历》）。刘知几认为史表既不便阅读，又与纪、传重复，只应单独成书，不宜杂厕纪、传中。刘知几未能深究《史记》十表之义例，故立论未周。表之为用，在于归类条析，又能容纳大量历史内容，既可资考证，又可借以表明义例，是良史之经络，恰如赵翼所说：“作史体裁，莫大于是”。《史记》十表，用以反映历史发展的线索和阶段性，最具章法义例，是司马迁精心的创作，故每表作序，阐释义例，建立了古代的划分历史断限的年代学理论。在《史记》五体序列中，《年表》紧接《本纪》，二体互为表里，均编年记正朔，篇目按年代顺序排列。《本纪》编年以王朝为体系，反映朝代变迁的大势；《年表》编年则以时代的变革划分段落，打破了王朝体系，表现世势的发展。《十表》明确地划分古代三千年史为三个段落（上古、近古、今世），五个时期。表列如下：

年表目次	上古史表	①三代世表	年表第一……卷十三
		②十二诸侯	年表第二……卷十四
	近古史表	③六国	年表第三……卷十五
		④秦楚之际月表	年表第四……卷十六
	⑤今世史表	汉兴以来诸侯	年表第五……卷十七
		高祖功臣侯者	年表第六……卷十八
		惠景间侯者	年表第七……卷十九
		建元以来侯者	年表第八……卷二十
		建元已来王子侯者	年表第九……卷二十一
		汉兴以来将相名臣	年表第十……卷二十二

上古史表分为《三代世表》和《十二诸侯年表》两个时期。近古史表分为《六国年表》和《秦楚之际月表》两个时期。今世史表为一个时期。分期义例如下：

①《三代世表》，起黄帝，讫西周共和，表现积德累善得天下的古朴时代。

②《十二诸侯年表》，起共和讫孔子卒，即公元前841—公元

前476年，表现王权衰落的霸政时代。

以上两个时期为上古史。

③《六国年表》，起周元王元年，讫秦二世之灭，即公元前475—公元前207年，表现暴力征伐得天下的战国时代。

④《秦楚之际月表》，起陈涉发难，讫刘邦称帝，即公元前209—公元前201年，详著月表以表现五年之间，天下三嬗的剧烈变革时代。从秦亡至西汉统一是五年，但月表溯及陈涉发难，共八年。

以上两个时期是近古史。

⑤汉兴以来诸表，分类条析，表现大一统的今世时代。

司马迁的历史分期，是以社会的伦理变化为标准的，这在十表《序》中阐述得很清楚，这当然是不科学的。但是，司马迁是我国古代第一个具体划分历史发展阶段的历史家，用以表现历史之"变"，具有作规律性探讨的卓识远见。而且司马迁找出历史的大事变，用共和、孔子卒、秦亡、陈涉起义、刘邦称帝等大事记作为分期断限的临界点，这是十分光辉的思想。明白了司马迁的时代断限，是我们研究《史记》的一把钥匙。

司马迁的这一光辉思想也是有继承的。战国时代百家争鸣，各家学说都在探讨治乱的根源，对历史发展的规律作试探。《礼记·礼运篇》记载了孔丘儒家学说的观点，认为尧舜时代为大同之世，三代为小康之世，春秋以来为乱世，历史的发展向着衰败的方向演进，要治天下就得法尧舜，妄图把历史拉回到西周的时代。《韩非子·五蠹篇》记载了法家时移世异的进化论历史观，并有明确的上古、中世、近古、今世的提法。西汉时的《春秋》公羊学大讲《春秋》十二公，并分为所见、所闻、所传闻三阶段。同时又流行五德终始说、三统说等循环论历史观。这些无疑都是司马迁所继承借鉴的历史思想资料。但是，在司马迁以前的百家学说对历史发展规律的探索，仅仅停留在思辨哲学的猜测和囫囵的描绘上，而司马迁却第一次用叙述历史的方法来研究历史的发展规律，作出了明确的断限划分，不能不说是一个伟大的贡献。《春秋》亲近疏远的笔法，在司马迁手里发展为详今略古法后王的历史观，当然这也受到了荀子法后王思想的启迪。但司马迁更进一步认为“居今之世，志古之道，所以自镜也”；而“观所以得尊宠及所以废辱，亦当世得失之林，何必旧闻?”(《高祖功臣侯者年表序》)，把总结当世历史提到了首位，这确是独步当时。

又，汉代百年之间，史表专题有六，均按历史发展的自然断限，“咸表始终”，揭示了《史记》的下限。关于《史记》下限，有讫于麟止，即讫于元狩元年之说，有讫于太初说，有讫于天汉说，有讫于武帝之末说。《汉兴以来诸侯王年表》、《建元已来王子侯者年表》皆宗室王侯，记事讫太初四年而止，此为《史记》断限“至太初而讫”之铁证。《高祖功臣侯者年表》列一百四十三侯，元狩以后见侯（“见侯”读“现侯”，即存世之侯）四十人，而太初之后仅见侯五人；《惠景间侯者年表》列九十三侯，元狩之后见侯二十四人，太初后仅见侯三人；若记事讫于麟止，则大批见侯无法表其终始。又《建元以来侯者年表》及《建元已来王子侯者年表》中过半数都是在元狩以后封侯。如《建元以来侯者年表》列七十三侯，元狩以前封二十三侯，元狩以后封五十侯。若记事讫于麟止，则这两表就无法作出。可见记事“至太初而讫”乃是历史发展的自然断限。故十表序反复申说“综其终始”，“谨其终始”，“咸表始终”。可以说，司马迁“咸表始终”的这一历史观和方法论是我们研究《史记》断限的一把钥匙。因其“咸表始终”，所以《史记》断限迄太初四年而大事尽武帝之末。至于讫于麟止，当是司马谈发凡起例的原计划，讫于太初乃是司马迁在述史过程中随着时代的演进，不断修改原计划的结果。太初以后记事仅是附载，亦可谓破例。十表序曾反复交代“汉定百年之间”，“至太初百年之间”，这些话头都是示例作史讫于太初的铁证。总之，十表为司马迁作史精义之所存，表序议论精严，辞约义丰，提示义例，多大义微旨，故一一作简论，为之疏剔，以供参考。

三代世表序第一

太史公曰：五帝、三代之记，尚矣。自殷以前诸侯不可得而谱，周以来乃颇可著。孔子因史文次《春秋》，纪元年，正时日月，盖其详哉。至于序《尚书》则略，无年月；或颇有，然多阙，不可录。故疑则传疑，盖其慎也①。

余读《谍记》②，黄帝以来皆有年数。稽其《历谱谍》、《终始五德之传》，古文咸不同，乖异③。夫子之弗论次其年月，岂虚哉④！于是以《五帝系谍》、《尚书》集世纪黄帝以来讫共和为《世表》⑤。

【注释】①疑则传疑，盖其慎也：《三代世表序》的主旨是交代"阙者记阙"，"疑则传疑"的述史原则。《陈丞相世家》说"高帝用陈平奇计，使单于阏氏，围以得开。高帝既出，其计秘，世莫得闻。"即"阙者记阙"也。《周本纪》说西伯"笃仁、敬老、慈少、礼下贤者。日中不暇食以待士，士以此多归之。"崇侯虎因此谮害西伯说他"积善累德，诸侯皆向之，将不利于帝。"于是"帝纣乃囚西伯羑里。"而《殷本纪》则说纣贪淫滥杀九侯之女，又醢了九侯，脯了鄂侯，"西伯闻之窃叹，崇侯虎知之以告纣，纣囚西伯羑里。"两本纪相接蝉联，而记载不同，就是用互见法并存异说，"疑则传疑"也。　②《谍记》：《汉书》卷三十《艺文志·历谱》条有：《黄帝五家历》三十三卷，《颛顼历》二十一卷，《颛顼五星历》十四卷，《古来帝王年谱》五卷。这些书均是春秋以后的伪托书，所记帝王年数、世系，乃传闻奇说之记录，司马迁以为不可靠，弃而不取。　③稽其历谱谍句：稽，考核、校勘。司马迁把历谱家的《谍记》与阴阳家阐述的《五德终始》典籍互校，并和古文对照，结果出入很大，矛盾百出。《艺文志·阴阳家》有《公梼生终始》十四篇（注：传邹奭《终始书》），《邹子》四十九篇。这些书即是所谓的"终始五德之传"。乖异，指抵牾、矛盾。　④夫子句：这里说孔子序《尚书》略无年月并非写作上的疏失，而是文献无徵，故阙而不载，正是科学的态度。　⑤于是……为《世表》句：这句是说《三代世表》是根据《五帝德》和《帝系姓》并参考《尚书》编次而成的。集世，指编述了世系。共和，公元前841年西周国人赶走了残暴的厉王，王室政权由周公、召公两卿共同执政，史称共和。共和维持了十四年后，大臣们拥立了厉王之子即位，就是周宣王，恢复了周天子的统治。这一重大事件司马迁作为历史断限的临界点，所以《三代世表》起于黄帝，迄于共和，而以共和元年为《十二诸侯年表》之起点。

【译文】太史公说：五帝，三代的历史实在太久远了。殷代以前的诸侯无法考列世系，周以来的诸侯世系才较为可信。孔子依据可靠的史料撰述了《春秋》，按年月日记事，纠正了时日月的错误，真是详尽啊！至于他编次的《尚书》，年月记载就很疏略，即便有一些记录，也残缺不全面，不可能整理成系统的年表。所以有疑问的地方也就存而不论，这就是孔子的慎重态度。

我所看到的一些《谱谍》记载，从黄帝以来都有年代的记录。但考察这些《历谱谍》、《终始五德之传》的说法，就发现他们和古文典籍记载很不相同。孔子没有引据这些书籍来给《尚书》编年，这实在是很有眼光啊。由于这样，所以我也只根据《五帝德》、《帝系姓》和《尚书》来编述世系，从黄帝起到共和之年止，称为《三代世表》。

【简论】《三代世表》谱列五帝三代世系，而篇名只称“三代世表”，不命名为“五帝三代世表”，义例有三：（1）五帝禅让，不是传代，不能用“五帝世表”之名；（2）五帝时代，系传说之史，世系不可确考；而三代称王以后的世系明晰，故用“三代世表”之名，示意三代称王以来的世系才较为可靠；（3）三代世系长远，皆出自黄帝之后，表名三代，追溯五帝。《三代世表》只谱世系，而不纪年，司马迁特作交待说：“余读《谍记》，黄帝以来皆有年数，稽其《历谱谍》、《终始五德之传》，古文咸不同，乖异。”查《三代世表》，穷蝉和鲧，皆帝颛顼之子，为兄弟。穷蝉五传至舜，而鲧之子文命即夏禹却受舜禅为王。以《五帝本纪》的纪年考之，尧在位九十八年，舜在位四十三年，两帝共一百四十年。禹生于帝喾之世，历尧、舜两帝而受命，推其年岁当在一百四十以上，这是不合情理的。统观《三代世表》所列世系：

（1）从黄帝至夏桀之亡，历 18 世；

（2）从黄帝至商纣之亡，历 34 世；

(3) 从黄帝至周赧王之亡，历 51 世。

三代称王之后世系：

(1) 夏禹至桀，历 14 世（17 君），471 年；

(2) 商汤至纣，历 17 世（31 君），496 年；

(3) 周武王至赧王，历 32 世（37 君），867 年。夏、商年代据《集解》引《竹书纪年》，周之年代据《集解》引《帝王世纪》。三代称王以来传世的平均年数，夏代 34 年，商代 29 年，周代 27 年，这是比较合理的，愈往后愈准确。三代称王以前的世系就不准确。如周代始祖后稷，帝尧时人，传十二世至文王，已历夏、商两代一千多年，平均每代八十年以上，这也是不合情理的。但《三代世表》的总趋势，是愈往后的朝代，传代愈多，这是符合逻辑的。因此，司马迁屏除了黄帝以来的年数，只谱列世系以勾画上古史的发展线索，疑以传疑，是符合科学精神的。后世学者不达此意，去考核《三代世表》年数，增列周代世系，这都是迂阔的。

十二诸侯年表序第二

太史公读《春秋历谱谍》①，至周厉王，未尝不废书而叹也。曰：呜呼，师挚见之矣②！纣为象箸而箕子唏③。周道缺，诗人本之衽席，《关雎》作④。仁义陵迟，《鹿鸣》刺焉⑤。及至厉王，以恶闻其过，公卿惧诛而祸作，厉王遂奔于彘⑥，乱自京师始，而共和行政焉。是后或力政⑦，强乘弱，兴师不请天子⑧。然挟王室之义，以讨伐为会盟主，政由五伯⑨，诸侯恣行，淫侈不轨，贼臣篡子滋起矣⑩。齐、晋、秦、楚其在成周微甚⑪，封或百里或五十里。晋阻三河，齐负东海，楚介江淮，秦因雍州之固⑫，四海迭兴⑬，更为伯主，文、武所褒大封，皆威而服焉⑭。是以孔子明王道，干七十余君⑮，莫能用，故西观周室，论史记旧闻，兴于鲁而次《春秋》，上记隐，下至哀之获麟，约其辞文，去其烦重，以制义法⑯，王道备，人事浃[17]。七十子之徒口受其传指，为有所刺讥褒讳挹损之文辞不可以书见也[18]。鲁君子左丘明惧弟子人人异端，各安其意，失其真，故因孔子史记具论其语，成《左氏春秋》。铎椒为楚威王傅，为王不能尽观"春秋"，采取成败，卒四十章，为《铎氏微》[19]。赵孝成王时，其相虞卿上采"春秋"，下观近势，亦著八篇，为《虞氏春秋》[20]。吕不韦者，秦庄襄王相，亦上观尚古，删拾"春秋"，集六国时事，以为八览、六论、十二纪，为《吕氏春秋》[21]。及如荀卿、孟子、公孙固、韩非之徒，各往往捃摭"春秋"之文以著书[22]，不可胜纪。汉相张苍《历谱五德》，上大夫董仲舒推《春秋》义[23]，颇著文焉。

太史公曰：儒者断其义[24]，驰说者骋其辞[25]，不务综其终始[26]；历人取其年月[27]，数家隆于神运[28]，《谱谍》独记世谥，其辞略，欲一观诸要难。于是谱十二诸侯，自共和讫孔子，表见《春秋》、《国语》学者所讥盛衰大指著于篇，为成学治古文者要删焉[29]。

【注释】①《春秋历谱谍》：泛指古代典籍、历谱书。　②师挚：鲁太师名挚，与孔子同时代人。周道衰微，雅乐失堕，他整理了王室音乐，在鲁国演奏《关雎》，得到了孔子的称赞，见《论语·泰伯》第十五章。　③纣为象箸而箕子唏：纣王骄奢逸乐，箕子见微知著而为之悲叹。象箸，象牙筷子，象征淫逸。箕子，纣王的叔父，他因谏纣不听而佯狂为奴。唏，悲叹声。　④衽席：卧具，喻夫妇之道。《关雎》：《诗·周南》中的第一篇，本是一首民歌爱情诗，东周初年时作品。后经过文人加工改造成为贵族婚礼上的唱诗。《毛诗序》曲解说是歌颂文王夫妇道德的作品。司马迁根据鲁诗说认为《关雎》、《鹿鸣》都是讽刺诗。　⑤《鹿鸣》：《诗·小雅》中的第一首诗，是贵族宴会宾客时的唱诗。　⑥厉王遂奔于彘：厉王姬胡，西周第十传国君，贪利暴虐，公元前841年被暴动的国人逐出镐京，逃奔于彘。彘，古邑名，在今山西霍县东北。⑦力政：凭恃武力征伐。政，读"征"。　⑧兴师不请天子：《论语·季氏》第二章，孔子说："天下有道，则礼乐征伐自天子出；天下无道，则礼乐征伐自诸侯出。"周王室衰微，诸侯自专，征伐由己，但仍打着尊王的旗号为诸侯盟主，这就是春秋时代的兼并战争。　⑨五伯：即春秋五霸。伯，读"霸"。五伯有两说。《孟子·告子》篇赵岐注谓齐桓公、晋文公、秦穆公、宋襄公、楚庄王为五伯。《荀子·王霸》篇则以齐桓公、晋文公、楚庄王、吴王阖庐、越王句践为五伯。《史记》并存其说。这里指赵岐说。《货殖列传》所叙五伯指荀子说。《天官书》兼包二说，谓秦、楚、吴、越皆为伯主。　⑩贼臣篡子滋起矣：弑君的臣和杀父自立的儿子一个接一个起来了。滋起，频繁地发生。《太史公自序》说春秋时代有弑君之臣三十六。　⑪成周：指西周盛世。　⑫阻、负、介、因：都是具有凭恃的意思。三河：河东、河内、河南的总称。雍州：古九州之一，指今关陇地区。　⑬四海迭兴：指齐、晋、秦、楚等国轮番起来成为霸主的意思。迭（dié 碟），更番、轮流。　⑭文武二句：指周初文王、武王所封的大国如鲁、卫、燕、蔡等反而被原来微小而后兴起的五霸征服了。　⑮干七十余君：干，求。孔子周游列国，据《孔子世家》记载，曾到过宋、卫、陈、蔡、齐、楚、晋、曹等十多个国家。“干七十余君”，其中包括所求的一些诸侯大夫在内，但并无七十余君。这里是凭传闻记述，用以形容孔子谋求用世的积极精神，不必指实。　⑯制：制定，引申为寄寓。义法：指《春秋》的褒贬笔法。例如吴楚之君自称王，而《春秋》贬之曰“子”，践土之会实召周天子，而《春秋》讳之曰“天王狩于河阳”。　⑰王道备，人事浃：指《春秋》对王道和人伦的阐述十分完备和周洽。浃（jiā 颊），同“洽”。　⑱褒讳挹损：褒讳与挹损是对待词组合的偏义复词，偏重讳、损之义，指春秋以隐讳、刺讥为重点，表扬、增饰为辅。挹，“益”之借字。　⑲《铎氏微》：《汉书·艺文志》的春秋类有《铎氏微》三篇，楚太傅铎椒著。这是一本删取各种史书论述历史变迁，朝代兴亡的一部简编史书，今已不存。　⑳《虞氏春秋》：《艺文志》的儒家类有《虞氏春秋》十五篇，虞卿著。《平原君虞卿列传》说虞卿“上采春秋，下观近世，曰《节义》、《称号》、《揣摩》、《政谋》凡八篇，以刺讥国家得失，世传之曰《虞氏春秋》”。篇目差异，可能是刘向校书时多分出了七篇。其书已佚不可考。清马国翰《玉函山房辑佚书》子编儒家类有《虞氏春秋》一卷。　㉑《吕氏春秋》，秦始皇相吕不韦招揽门客所著，又名《吕览》，《艺文志》录入杂家类。　㉒捃摭“春秋”之文以著书：从历史典籍中采录资料以著书。捃摭（jùn zhí 俊职），收集，摘取。春秋，泛指典籍。　㉓董仲舒推《春秋》之义：推，推演，发挥。推《春秋》之义，即是发挥《春秋》义理的书。《索隐》认为是指董仲舒的《春秋繁露》。按，《春秋》本为古代典籍泛称。本文只有两处以“春秋”作为孔子书之专名，即这里的“推《春秋》之义”和下文的“表见《春秋》、《国语》”两处。凡称专书的“春秋”必冠以他名，如《虞氏春秋》、《吕氏春秋》。故本文将泛指典籍的“春秋”用引号而不用书名号以资区别。　㉔儒者断其义：指儒家经传偏重阐明义理，对历史事实记述很少，不能叫历史书。　㉕驰说者骋其词，指纵横家，杂家的著述，这里就是指《锋氏微》、《虞氏春秋》、《吕氏春秋》等，虽谈说博辩，但没有系统地阐述史实。　㉖不务综其终始：概指儒、纵横、杂家之书不探索历史的兴亡本末。“综其终始”，是司马迁的重要历史观和方法论之一。　㉗历人取其年月：指历谱家的著述只记录些流水账式的年月，缺少史实。　㉘数家隆于神运：指阴阳家的著述空谈历史是天命循环，如张苍的《终始五德传》之类。隆，丰厚之意，引申为偏重。　㉙表见《春秋》、《国语》句：这里是说《十二诸侯年表》的内容是将《春秋》、《国语》所述史实，作一综其终始的轮廓介绍，以便观览。

【译文】太史公研读《春秋历谱谍》，读到周厉王的历史，情不自禁地掩卷叹息。说：啊！师挚早就看出了周朝必亡！当殷纣王制作了象牙筷子，开始追求骄奢淫逸时，箕子就发出了悲叹。周朝政治腐败了，诗人为了维护夫妇之道，创作了《关雎》；仁义堕落了，出现了讽刺的《鹿鸣》诗。到了厉王，因为他厌恶别人批评，于是公卿大臣害怕杀头而不敢直言，终于酿成了大祸，国人暴动，周厉王逃到彘，混乱的局势从京师开始了，因而出现了共和政治。从此以后，有的诸侯专尚武力征伐，强大的吞灭了弱小的，兴兵打仗也不向周天子请示了。但是他们却打着尊王的旗号做幌子，实际上是用武力来争夺霸主的地位。五霸起来发号施令，诸侯横行，荒淫奢侈不遵守法度，杀君的贼臣，杀父的逆子接二连三地出现了。齐、晋、秦、楚等国在西周初年的时候还是很微小的国家，封地只有一百里或者五十里。后来，晋国据有了河东、河内、河南，齐国势力扩张到海边，楚国发展到江淮，秦国占据了险要的雍州，因此这几个国家从四方次第兴起作了霸主。文王、武王所封的同姓大国如鲁、卫、燕、蔡等反而衰微，屈服于霸主的威力。因此孔子要宣扬王道，周游列国求见了七十多个君主，没有一个用他。所以他西游周室考察历史旧闻，以鲁国史事为中心编撰了《春秋》，起鲁隐公元年，至鲁哀公十四年获麟，简约文辞，删去烦重，以维护礼制、王道、人伦。孔子的七十几个高足弟子都用口授转述《春秋》的精义，因为里面寄托了讽刺褒贬，故不可以用文字明白地表达出来。鲁国的史官左丘明恐怕孔子的学生各自为说，失去原来的本旨，所以他根据孔子的本来思想系统完整地叙述了历史，写成《左氏春秋》。铎椒做楚威王的太傅，由于典籍浩博楚王不能尽读，他于是删取历史兴亡的资料，写成《铎氏微》四十章。赵孝成王时，他的宰相虞卿删取上古文籍，考察近代的发展形势，也写了八篇，名《虞氏春秋》。吕不韦其人，是秦庄襄王的宰相，他也考察上古历史，删摘典籍，收集六国史事，写成了《八览》、《六论》、《十二记》，叫《吕氏春秋》。至于荀子、孟子、公孙固、韩非子等人，都纷纷采集历史文献著书立说，多到无法统计。汉朝的丞相张苍精通历算，著有《终始五德传》，上大夫董仲舒推演《春秋》的微言大义，著有《春秋繁露》，这些都是有成就的作品。

太史公曰：儒家学者偏重义理，纵横家、杂家夸张文辞，都没有注重历史发展本末的研究。历谱家只编制了一些简单的年月表，阴阳五行家仅宣扬神秘的宿命论，谱谍家则单单记载帝王的世系谥号。所有这些著述有一个通病，就是文辞太简略，想从中了解历史的变迁形势是很困难的。因此我编述《十二诸侯年表》，从共和元年到孔子末年止，用它来反映《春秋》、《国语》两部书的内容，力求反映出这两部书的批评精神和盛衰大旨。也可以说，这个年表是替学习古史文献的人作的钩玄提要。

【简论】《十二诸侯年表》与《三代世表》相接，其断限起西周共和元年，讫孔子卒，即公元前841年至公元前476年，共366年。孔子卒于公元前479年，因《十二诸侯年表》用周历纪年，而周敬王卒于公元前476年，故年表下限的绝对年代延伸了三年。而表序云："自共和讫于孔子"，示意年表断限以重大历史事件为临界点，表现了司马迁杰出的历史断限理论。《三代世表》序列周初所封十一诸侯为：鲁、齐、晋、秦、楚、宋、卫、陈、蔡、曹、燕。其中鲁、齐、陈、蔡、曹、燕六诸侯，武王所封；晋、楚、宋、卫四诸侯，成王所封；秦为周孝王所封。《十二诸侯年表》增郑、吴两诸侯。郑为周宣王所封，在共和之后，故不序列于《三代世表》中。三十《世家》中有吴、越。吴，仲雍之后，周时为武王所封，而《十二诸侯年表》的纪年起吴王寿梦元年。吴列为世家之首，"嘉太伯之让"；而年表纪年则起吴寿梦称王元年以示刺讥。越王句践，只列世家，年表不载，因非周所封。为此《十二诸侯年表》除首栏周为共主外，实谱十三诸侯，第二栏之鲁象征以《春秋》当一王之法，故周、鲁均不在十二数中。表内摘载春秋时势大事，书诸侯相攻，书篡弑之罪，书淫乱之事，书日食天变，书孔子、晏婴、子产等贤人事迹，皆精言摘要，“不骋其词”。周匡王二年载齐懿公“不得民心”；周景王二十年载郑火，“欲禳之，子产曰：不如修德”；周敬王四年载齐国彗星见，晏子曰：“田氏有德于齐可畏”。这些记载就是司马迁“综其终始”所得到的认识，故载于表中。

《十二诸侯年表序》分为两段。第一段写孔子作《春秋》的历史背景及其影响。西周自厉、幽以后，王道衰微，仁义陵迟，诸侯力征，五伯更兴，贼臣篡子滋起，于是孔子作《春秋》，借鲁史以制义法，当一王之法。嗣后从战国至秦汉，著作者蜂起，典籍如林，有《左氏春秋》，有《铎氏微》，有《虞氏春秋》，有诸子百家之作，有张苍《历谱五德》，有董仲舒《春秋繁露》等。这些著作都是因世乱而作，论兴衰成败以拨乱反正。第二段，总结前代历史典籍的得失，阐明《史记》效《春秋》的述史目的。《十二诸侯年表》用系统的历史资料来表现《春秋》、《国语》所论评的春秋历史时期的盛衰要点，为的是“欲睹周世相先后之意”，故列表详载历史资料以究其盛衰本末，察其变化终始，明其因果规律，可以说这就是司马迁最基本的历史研究方法。这一方法司马迁称之为“综其终始”，并在其他几个年表序中反复论及，或称“察其终始”（《六国年表序》），或称“谨其终始”（《高祖功臣侯者年表序》），或称“咸表始终”（《惠景间侯者年表序》）。唯有“综其终始”，“通古今之变”，并“稽其成败兴坏之理”，才是一个真正的历史家。《史记》之所以体大思精，因它具有系统的史学理论统贯其中。十表序既是司马迁史学理论的集中阐述，同时也仅仅是示例而已，故言简义深，意在言外。读十表序要推广开去，与全书内容联系，《十二诸侯年表序》就是一篇生动的例证。

六国年表序第三

太史公读《秦记》[1]，至犬戎败幽王，周东徙洛邑，秦襄公始封为诸侯[②]，作西畤用事上帝[③]，僭端见矣[④]。《礼》曰[⑤]："天子祭天地，诸侯祭其域内名山大川。"今秦杂戎、翟之俗，先暴戾，后仁义，位在藩臣而胪于郊祀[⑥]，君子惧焉。及文公逾陇[⑦]，攘夷狄，尊陈宝[⑧]，营岐雍之间[⑨]，而穆公修政[⑩]，东竟至河，则与齐桓、晋文中国侯伯侔矣。是后陪臣执政，大夫世禄，六卿擅晋权，征伐会盟，威重于诸侯。及田常杀简公而相齐国，诸侯晏然弗讨，海内争于战功矣。三国终之卒分晋，田和亦灭齐而有之，六国之盛自此始。务在强兵并敌，谋诈用而从横短长之说起[⑪]。矫称蜂出[⑫]，誓盟不信，虽置质剖符犹不能约束也[⑬]。秦始小国僻远，诸夏宾之[⑭]，比于戎翟，至献公之后常雄诸侯[⑮]。论秦之德义不如鲁卫之暴戾者，量秦之兵不如三晋之强也，然卒并天下，非必险固便形势利也，盖若天所助焉。

或曰[⑯]"东方物所始生，西方物之成孰"。夫作事者必于东南，收功实者常于西北。故禹兴于西羌[⑰]，汤起于亳[⑱]，周之王也以丰、镐伐殷，秦之帝用雍州兴，汉之兴自蜀汉。

秦既得意[⑲]，烧天下《诗》《书》，诸侯"史记"尤甚，为其有所刺讥也。《诗》《书》所以复见者，多藏人家，而"史记"独藏周室，以故灭。惜哉，惜哉！独有《秦记》，又不载日月，其文略不具。然战国之权变亦有可颇采者，何必上古。秦取天下多暴，然世异变，成功大[⑳]。传曰"法后王"[㉑]，何也？以其近己而俗变相类，议卑而易行也[㉒]。学者牵于所闻[㉓]，见秦在帝位日浅，不察其终始，因举而笑之，不敢道，此与以耳食无异[㉔]。悲夫！

余于是因《秦记》，踵《春秋》之后[㉕]，起周元王[㉖]，表六国时事，讫二世[㉗]，凡二百七十年[㉘]，著诸所闻兴坏之端[㉙]。后有君子，以览观焉。

【注释】①秦记：系秦国一部很简略的史书。　②襄公：秦之兴始于襄公，公元前 777 年至公元前 766 年在位。　③西畤（zhì 至）：秦襄公在西垂建置的祭祀白帝的神祠。畤，止也，神灵所栖止之处所。畤建于西垂邑故名西畤。汉置西县，故城在今甘肃天水西南一百公里处盐关堡东南的西汉水南岸。　④僭端见矣：越礼称王的苗头出现了。白帝是五天帝之一，秦襄公祭白帝表示直接继承了天命，为称王作准备，所以说“僭端见矣”。　⑤礼曰二句：见《礼记·曲礼》，原文是“天子祭天地，祭四方，祭山川；诸侯方祀，祭山川。”　⑥胪于郊祀：陈列祭天的礼仪。　⑦文公：公元前765至公元前716年在位。陇：指陇山，又称陇坂，陇坻，陇首。陇山绵亘在陕西陇县、宝鸡以及甘肃的清水、秦安一带。　⑧尊陈宝：陈宝是神雉名。秦文公在陈仓北坂，即宝鸡山北坡建置宝鸡神祠，制造神话说，有一只神雉化成了宝石，秦得宝石当为帝王。宝鸡地名由此而得。　⑨岐雍：岐，即岐山，在陕西凤翔县东。雍，即雍山，在凤翔县西。　⑩穆公：春秋五霸之一，公元前659至公元前621年在位。　⑪谋诈句：这句是说战国时，列国间勾心斗角，用奇谋诈骗取胜，从而产生了纵横家。史称纵横家之说为长短说，西汉刘向校书时汇编成《战国策》。　⑫矫称蜂出：假传命令的事件层出不穷。如信陵君窃符救赵，就是假传王命夺了晋鄙军。⑬置质剖符犹不能约束：这句是说战国之世，尽管诸侯之间置质、君臣之间剖符，都不起约束作用。质，抵押。两国间结约，常交换太子或大臣到对方以示信守叫置质。被质的太子叫质子，被质的大臣叫质臣。　⑭宾：同“摈”，排斥。　⑮献公：公元前384年至公元前362年在位。　⑯或曰二句：按五行理论，木火金水土五行应东南西北中五方，并与春夏秋冬闰相配合。因东与春相配，西与秋相配，所以说“东方物所始生，西方物之成熟”，用以解释秦汉兴起于西方。这是从历史现象中细绎出的唯心主义历史观。　⑰禹兴于西羌：古史中的一种传说。《夏本纪·正义》引《帝王纪》谓禹“本西夷人也”。扬雄《蜀王本纪》云：“禹本汶山郡广柔县人也，生于石纽。”汶山郡，汉武帝置，郡治汶江，在今四川茂汶县西北，本冉駹族地。冉駹族以氐羌为主。　⑱汤起于亳(bó)：亳有四地，一在关中，三在河南。河南商丘东南之南亳，西北之北亳，偃师县西之西亳是河南三亳。关中亳亭在今西安市东南。舜封契于商，《殷本纪》三家注谓为上洛之商，即今陕西商洛县。可见这里是以关中之亳为汤兴之地。⑲秦既得意：指秦得遂统一之志。《秦始皇本纪》载，始皇二十八年东巡，上琅邪山刻石颂功，“明得意”。　⑳世异变，成功大：指秦顺应事变，获得成功。其语化自《韩非子·五蠹》，原文是：“世异则事异”，“事异则备变”。　㉑传曰法后王：传，指《荀子·儒效篇》：“法后王，一制度。”又《非相篇》：“欲观圣王之迹，则于其粲然者，后王是也。”孔孟主张宪章尧舜，而荀子主张法后代贤王是一大进步。但荀子主张的“法后王”又有所保留，只是法三代。《王制篇》说：“王者之制，道不过三代，法不贰后王，道过三代谓之荡，法贰后王谓之不雅。”司马迁引此是强调重视近现代史，要对秦朝作正确的评价。　㉒议卑而易行：议论平易浅近容易遵行。　㉓学者牵于所闻：学者，主要是指那些高谈法先王、循仁义的儒生博士们，局限在自己的旧说里跳不出来。牵，局限。　㉔耳食：用耳朵吃饭（听食）不知味，喻不切合实际。　㉕踵春秋之后：接续在孔子所著的《春秋》之后，即接《十二诸侯年表》之后，因该表是表现《春秋》的。踵，脚后跟，引申为跟着、接续之意。　㉖周元王：名姬仁，公元前475年至前469年在位。　㉗讫二世：指《六国年表》下限不止于秦统一的公元前221年，而讫于秦二世之亡的公元前207年，正是司马迁“综其终始”历史观的反映，以表现其凭恃暴力不能守国的观点。　㉘凡二百七十年：此举成数。公元前475年至公元前207年，实际为二百六十九年。　㉙兴坏之端：成功与失败的头绪，即兴亡经过及其原因。

【译文】太史公读“秦纪”，注意到犬戎打败幽王，周王室被迫东迁洛邑。秦襄公护驾被封为诸侯后，就趁势建立了西畤祭祀白帝。这就是僭逆称王的苗头啊！《礼记·曲礼》上说：“只有天子才能祭祀天地，诸侯只能祭祀本国境内的名山大川。”当时秦国杂有戎狄之俗，把武力放在第一位、仁义放在第二位，处在藩臣地位却摆起祭天的礼仪，忠于王室的士大夫都感到恐惧。到了秦文公时，他扩张势力，跨越了陇山，排逐夷狄，建置宝鸡神祠，巩固了对岐雍地区的统治。而后秦穆公励精图治，向东发展，疆界到达了黄河边，与中原的齐桓公、晋文公平起平坐了。此后，陪臣执政，大夫也享受了世袭的权利，晋国六卿把持了政权，征伐会盟，威势超过了诸侯。甚至于田常杀了齐简公自立为齐相，诸侯也安然无事不加讨伐，于是各国都争相以战争相侵夺了。韩赵魏三家终于瓜分了晋国，田和也灭掉了姜齐取而代之，东方六国的兴起从此奠定了。战国时代，注重武力兼并，讲究权谋诈术，因此兴起了纵横长短的学说。假传命令的事件层出不穷，各国间的盟约也失去了信用。即使派了人质，换了条约也不起约束的作用。秦国当初本是一个偏僻的小国，受到中原各国的排斥，被视为戎狄。但到秦献公以后，就经常居于众诸侯之上。论理秦国的德义还比不上鲁国、卫国最横蛮的人，秦国的军队也不如韩、赵、魏三国强大，但是它终于统一了天下，这不仅是它依靠了地势的险要和时机的便利，而且好像是天在帮助他似的。

有人说：“东方与春季相配象征万物始生，西方与秋季相配象征万物成熟”。那就是说，起事的时候一定要在东南，获得成功者则常在西北。所以夏禹从西羌兴起，商汤从亳兴起，周朝以丰、镐作根据地灭了殷朝，秦朝据有雍州因而成就了帝业，汉朝则是从更西的蜀汉兴起来的。

秦朝统一六国后十分得意，焚毁了天下的《诗》、《书》典籍，尤其是各国的史记，因为各国的史书对秦国政治的批评很激烈。《诗》、《书》之所以能够重新出现，是因为大部分藏于民间，而诸侯史记只藏在周王室，所以被毁灭了。可惜！可惜！唯一保留下来的"秦记"，没有记载日月，史事也简略不详。虽然如此，战国时代的权谋变化，还是可以理出个头绪来作为借鉴，那又何必要崇古呢？秦朝统一天下虽然依靠暴力手段，但是时代不同，形势变了，却获得了成功。书传上说："要效法后代的王"。为什么呢？因为它接近现代，礼法习俗有许多共通的东西，议论平易较易施行。现今的博士先生们局限在先王仁义的旧说里，只看到秦朝统治的时期短，而不考察它兴起失败的前因后果，就全盘否定当作笑料，不敢谈论秦朝的法制，这和用耳朵吃饭有什么两样呢？可悲啊！

因此，我根据《秦记》，继《春秋》之后，从周元王元年始，表列六国时代的大事，到秦二世三年止，共二百七十年，记述了各国盛衰的端绪，以方便后代的人们阅读。

【简论】《六国年表》接《十二诸侯年表》，"起周元王，表六国时事，讫二世，凡二百七十年，著诸所闻兴坏之端"。表名"六国"，实谱八国，第一栏周，尊天下共主；第二栏秦，日食灾异载于秦表，而不载于周，又载秦事特详，即以秦系天下之存亡，褒美秦统一之业，故周、秦不在"六国"数中。表序简括地总结了秦统一六国的历史，是一篇专论秦朝兴亡的史论。要点有二：一是讨论秦统一中国的原因；二是评价短命秦朝在历史上的地位。

司马迁以读《秦记》发论，指出"秦始小国僻远，诸夏宾之，比于戎翟"，"论秦之德义，不如鲁卫之暴戾者；量秦之兵，不如三晋之强也"。但是，天下一统归于秦国，这是什么原因呢？

“然卒并天下，非必险固便，形势利也，盖若天所助焉。”秦据关中，居高临下与六国争衡，进可攻，退可守，这是秦取得胜利的原因之一。但司马迁认为，地利形势并不是秦并天下的主要原因，所以说“非必”也。秦国是依靠暴力手段统一天下的，这与三代之君积德累善得天下完全迥异。秦取天下多暴而能得所欲，好像是天要这样做似的，所以说“盖若天所助焉”。

“天”在古人头脑中是一个既神秘而又复杂的哲学概念，没有人能够确切地把它说清楚。《史记》中的“天”，也有多种意义。单就《天官书》所论就有三种含义。一，指自然之天，如“日月星辰”，“三光”“五气”之“天变”。二，指命运之天，即运数周期，如“三十岁一小变，百年中变，五百载大变”。三，指意志之天，如天人感应之“形见应随”。司马迁对意志之天既相信，又怀疑，不完全肯定，也不完全否定。“或曰”云云的一种观点就是宣扬天命，司马迁予以引录备载以存其说。但这并不是司马迁谈“天”的主流。《殷本纪》批评纣王依恃“天命”而亡国，《项羽本纪》批评项羽引“天亡我”为“谬”，《伯夷列传》质问惩恶佑善之天道为虚无等等则是不信天命的例证。

秦得天之助，司马迁反复言之。《魏世家赞》云：“天方令秦平海内，其业未成，魏虽得阿衡之佐，曷益乎?”这里的“天”与“盖若天所助焉”之“天”为同一含义，是指天下形势之变，非个人之力所能够挽回。秦国虽非“德义”之邦，但东方各国礼坏乐崩，兼并征伐不已，秦国却在献公之后“常雄诸侯”，东方贤人竞奔走于秦。战国之世，司马迁写了二十一传，秦国人物九传，差不多占了一半，而多数贤才非秦所产，岂非是天之所助?可见秦灭六国是一种必然的趋势，即历史之变的事势，它是一种客观存在的运动力量。这种力量是长期历史的积累所形成的物质的和人为的力量总和。用今日科学的语言来说就是“阶级斗争总形势”。古代的司马迁不可能具有这样的科学观点，故用一“天”字来说明，带有神秘的色彩。

读《六国年表序》当与《秦本纪》、《秦始皇本纪》以及秦国人物传记并读，也可以说这篇表序就是秦国传纪的一个总论。汉代学者拘于耳食之见，诋毁秦朝是“余朝闰位”，说什么汉朝是“上继周统”，这都是违反历史事势之变的狂惑之言。司马迁反对暴政，批判了秦朝的焚书坑儒和严刑酷法，但对秦朝“法后王”，革新政治而富强，终于一统天下的历史功绩却作了高度的评价和肯定，颇具辩证的目光。司马迁认识到，在“强国相王”，“务在强兵并敌”的形势下，“秦取天下多暴”是必然的事势。司马迁的这一认识，在当时既是卓绝的，也是进步的。

秦楚之际月表第四

太史公读秦楚之际①，曰：初作难，发于陈涉；虐戾灭秦②，自项氏；拨乱诛暴，平定海内，卒践帝祚，成于汉家③。五年之间，号令三嬗④，自生民以来，未始有受命若斯之亟也。

昔虞、夏之兴，积善累功数十年，德洽百姓⑤，摄行政事⑥，考之于天，然后在位。汤、武之王，乃由契、后稷修仁行义十余世⑦，不期而会孟津八百诸侯⑧，犹以为未可，其后乃放弑⑨。秦起襄公，章于文、缪，献、孝之后，稍以蚕食六国⑩，百有余载，至始皇乃能并冠带之伦⑪。以德若彼，用力如此，盖一统若斯之难也。

秦既称帝，患兵革不休，以有诸侯也，于是无尺土之封⑫，堕坏名城⑬，销锋镝⑭，鉏豪桀⑮，维万世之安。然王迹之兴，起于闾巷⑯，合从讨伐，轶于三代⑰，乡秦之禁，适足以资贤者为驱除难耳⑱。故愤发其所为天下雄，安在无土不王。此乃传之所谓大圣乎？岂非天哉，岂非天哉！非大圣孰能当此受命而帝者乎？

【注释】①秦楚之际：秦汉变革之间。从陈涉起义到项羽之灭，即公元前209年至公元前202年之间，陈胜称楚王，项羽称西楚霸王。陈、项灭秦，号令天下，所以司马迁称这一时期为秦楚之际，而不称秦汉之际，目的是表彰陈、项功绩。　②虐戾灭秦：指项羽用残暴手段灭掉秦国。　③践：登。帝祚：帝位。　④嬗：更换。　⑤虞夏之兴……德洽百姓：《五帝本纪》说舜试职二十一年，然后受尧禅位；禹试职二十年，然后受舜禅位。舜、禹在试职期间尽心办事，得到了人民的拥戴，因而获得了天命。洽，润露，恩泽施及的意思。 ⑥摄：代理。 ⑦汤武之王……修仁行义十余世：商的祖先契佐禹治水，功业著于百姓，传十三世至汤灭了夏朝而有天下。周的祖先后稷为帝尧农师，天下得其利，传十五世到了周武王，才灭殷纣而有天下。 ⑧孟津：黄河古渡口，在今河南孟县南，传说武王会盟诸侯处。 ⑨放弑：指汤放桀，武王伐纣事。 ⑩稍：逐渐。 ⑪并冠带之伦：指统一六国。冠，帽子；带，腰带。冠带之伦指东方六国华夏民族，与披发左袒的四方夷狄民族相对称。 ⑫无尺土之封：指秦行郡县制，不实行分封。 ⑬堕：通“隳”（huī 灰），毁坏。 ⑭镝：箭头。 ⑮钼豪桀：铲除豪强。秦始皇为了巩固中央集权，迁移东方六国贵族十二万户于咸阳，“钼豪桀”指此。钼，古“锄”字。 ⑯闾巷：闾阎街巷，这里指民间。陈胜、项羽、刘邦均起自民间。 ⑰轶于三代：指秦末农民起义推翻暴秦的统治，其威力之大，收功之速超过了三代。轶，超过。 ⑱乡秦之禁以资贤者：原来秦朝的苛法禁忌成了贤者的凭藉。乡，原来，从前。贤者，指刘邦。

【译文】太史公研读秦楚之际的历史记载说：首先发难的是陈涉，用暴虐的手段灭亡秦朝的是项羽，铲除祸乱，诛杀残暴，平定天下，终于登上帝位的是汉朝的刘邦。五年之间，发号施令的人更换了三次，自从有了人类社会以来，天命的变换从来没有像这样剧烈啊。

从前虞舜、夏禹兴起，都是积累了好几十年的善行功德，把恩惠施给百姓，先代理天子试行办理政事，接受上天的考验，然后即位。商汤和周武王之所以得到天下，那是由于自契和后稷以来十几代施行仁义的结果。周武王一发号令，不约而同到孟津会合的有八百个诸侯，但他还认为讨伐殷纣王的时机没有成熟。汤放桀、武王杀纣都是经过长期的艰苦奋斗才告成功。秦国的兴起，始于襄公，文公、缪公继续发展，献公、孝公之后，逐渐蚕食六国，经历了一百多年，到了秦始皇手里，才统一了六国。德义的积累是那样久远，武力的征讨是这样的艰难，一统天下是多么的不易啊。

秦朝称帝以后，害怕有诸侯又会发生战乱，因此，对宗室、功臣连一尺土地都没有分封，毁坏了名城大都，销毁了戈矛箭头，铲除各地豪强迁徙关中，企图传世万代、长治久安。但是帝王却从民间产生出来，天下英雄豪杰联合起来讨伐秦朝，那声势和成功都超过了三代，先前秦朝所施行的那些禁令，反倒替贤能的人驱除了得天下的种种困难。所以高祖发愤自强，成了天下的主宰，怎么能说没有封地就做不了王呢？这大概是天命要传给伟大的人物吧？难道不是天的意志吗！难道不是天的意志吗！如果刘邦不是伟大的人物，怎么能在这乱世担当得起天命而作帝王呢？

【简论】《秦楚之际月表序》概述了秦汉之际政治形势剧变的特点：即陈涉发难，项羽灭秦，刘邦称帝，这一系列变化发生在一个短促的时间里，也就是“五年之间，号令三嬗”，故司马迁创“月表”来详载这一时期的事势剧变。其所以称为“月表”，《索隐》引张晏曰：“时天下未定，参错变易，不可以年记，故列其月。”司马贞按曰：“秦楚之际，扰攘僭篡，运数又促，故以月纪事名表也。”如陈涉称王六月而死，武臣王赵四月而亡，魏咎、田儋十月而终，皆不及一年。项梁起兵十三月而败亡，项羽继业，另起纪月。由此看来，创“月表”记事，形势使然。

《秦楚之际月表》由两部分组成。第一部分为秦表，表陈涉发难，六国纷起，以接《六国年表》，六国加秦、项、汉三栏，共九栏。秦为第一栏，因秦未亡，时为天下主也。第二部分为楚表，表项羽分封十八王及楚汉相争，十八王加义帝、项羽两栏，共二十栏。义帝升入第一栏，示为天下共主。义帝死，第一栏留空，因项羽只称号霸王，未称帝。但主天下者，实项羽，故于项王表中云：“西楚主伯，项籍始，为天下主命立十八王。”汉王五年刘邦称帝，但不升为第一栏，仍载汉王表中，故总表名“秦楚之际月表”，也就名实相符。司马迁不用“秦汉之际”而用“秦楚之际”命名，乃是突出陈、项灭秦功绩。秦表起陈涉，讫项羽入关，凡三年，只纪月，不纪年。楚表起项羽分封十八王，讫刘邦称帝，凡五年，纪年又纪月。陈涉、项羽、刘邦更相主命，是为“天下三嬗”。表序云：“五年之间，号令三嬗。”《太史公自序》云：“八年之间，天下三嬗，事繁变众，故详著秦楚之际月表第四”。一曰“五年”，又曰“八年”，互见示例。“五年”是突出楚汉相争，从秦亡至刘邦称帝恰是五年；若溯及陈涉发难，则是“八年”。在楚表中，项羽及十七王纪年皆不书“元年”及“正月”；刘邦入关即书“汉元年”以承秦之灭，又书“正月”，且早诸侯王一月，接秦王子婴之死，这是寓意汉承正统，故序云：“此乃传之所谓大圣乎?”《史记》十表，纪实正名，义例严密，首推此表。

表序追溯三代以来天下一统的艰难历程，分析刘邦得天下的原因是由于秦政暴虐，替兴起于民间的天子开辟了道路。序中司马迁强调了民心向背和客观形势对历史进程的决定性作用，具有独到的见解。司马迁正是从民心向背的立场出发来载述陈、项、刘之兴起，有着明显的抑此扬彼的思想倾向。“初作难，发于陈涉”，肯定了陈涉的反暴作难。“虐戾灭秦自项氏”，虽然肯定了项羽的灭秦之功，但其手段“虐戾”，违反历史事势，败亡是必然的。“拨乱诛暴，平定海内，卒践帝祚，成于汉家”，显然是对刘邦的肯定。“拨乱”是扫灭群雄，而“诛暴”则是指灭项羽。《太史公自序》云：“子羽暴虐，汉行功德；愤发蜀汉，还定三秦；诛籍业帝，天下惟宁，改制易俗。作《高祖本纪》第八。”这里的抑扬之情不容有歧义。故“愤发其所为天下雄”，是指刘邦除暴安民的一系列措施。项、刘两纪有着鲜明的对比记载。刘邦西进咸阳，“诸所过毋得掠虏，秦人喜，秦军解。”入关后，封府库，约法三章，秦人大喜，“唯恐沛公不为秦王”。这说明刘邦深得民心。相反，项羽西进，“夜击坑秦卒二十余万人于新安城南”。入关后，“屠咸阳，杀秦降王子婴，烧秦宫室，火三月不灭”。项羽大失民心，众叛亲离。故韩信亡楚归汉，论项羽必败。其言曰：“项王所过无不残灭者，天下多怨，百姓不亲附，特劫于威强耳。名虽为霸，实失天下心，故曰其强易弱。”事势一步步按着韩信的预言演进，楚亡汉兴。民心向背起了决定性的作用。司马迁赞刘邦诛暴而成帝业与赞陈涉、项羽之反暴秦的立场、观点是一致的，即肯定人民的反暴斗争，大声赞美革命行动。所谓“革命”，即革膺天命，有道伐无道。秦楚之际的“三嬗”，乃有道胜无道，刘邦理应得到赞颂，称为“大圣”当之无愧。

但是，刘邦取得天下，既非积“德”，亦非用“力”，五年之间，卒践帝祚，司马迁还不能作出科学的解释。以今天的唯物主义观点来看，秦楚之际阶级斗争的急剧变化，突破了积“德”与用“力”的固有格局。创造了布衣登极的奇迹，使得刘邦这样一个泗上亭长扮演了英雄的角色。古代的司马迁自然不会有阶级斗争论的认识水平和分析方法，所以对“无土而王”的现象用一个“天”字作结，保留了天命论的地盘，这是不必讳言的。但表序的基调却是惊奇感叹秦楚之际历史事势变化之剧烈，肯定刘邦的统一之功，应该说这是不凡的识见。

表序只有二百八十七字，而内涵义理却极为深厚。司马迁没有抽象发议论，而是在序事之中引人深思，把所论之理，寓于言外，使读者深思而自得之，十分精妙。行文曲折，层层说理，正反相映，对比强烈。秦楚之际天下三嬗之“易”，与古代王迹兴起之“难”，一正一反，构成历史纵向的强烈对照，提出悬案，启人思索。秦之失与汉之得，项羽之暴与刘邦之仁，一反一正，构成历史横向的强烈对照，以不容置疑之问作结，首尾呼应，回答悬案，言尽而意不穷。表序的构思之妙，乃是司马迁历史纵横比较研究方法的生动运用，在比较之中易于阐明义理。用古今得天下难易作对比，并不是说刘邦得天下轻而易举，恰恰是以古之难衬映刘邦取天下之不易。因“天下三嬗”表象是“易”，实质是历史事势变化之“剧”，反映斗争之“酷”，秦朝“驱除”于前，项氏“虐戾”于后，才有刘汉“愤发”之得以成功。虞、夏、商、周积德而有天下，秦朝用力而成帝业，或积善累功“数十年”，或修仁行义“十余世”，或蚕食兼并“百有余载”，说明一统天下十分不容易。

汉兴以来诸侯王年表序第五

太史公曰：殷以前尚矣。周封五等：公、侯、伯、子、男。然封伯禽、康叔于鲁、卫，地各四百里[①]，亲亲之义，褒有德也；太公于齐，兼五侯地，尊勤劳也[②]。武王、成、康所封数百，而同姓五十五[③]，地上不过百里，下三十里，以辅卫王室。管、蔡、康叔、曹、郑，或过或损。厉、幽之后，王室缺，侯伯强国兴焉，天子微，弗能正。非德不纯，形势弱也[④]。

汉兴，序二等[⑤]。高祖末年，非刘氏而王者，若无功上所不置而侯者，天下共诛之。高祖子弟同姓为王者九国[⑥]，唯独长沙异姓[⑦]，而功臣侯者百有余人[⑧]。自雁门、太原以东至辽阳，为燕、代国[⑨]；常山以南[⑩]，大行左转[⑪]，度河、济，阿、甄以东薄海[⑫]，为齐、赵国；自陈以西[⑬]，南至九疑[⑭]，东带江、淮、谷、泗[⑮]，薄会稽[⑯]，为梁、楚、淮南、长沙国[⑰]：皆外接于胡、越[⑱]。而内地北距山以东尽诸侯地，大者或五六郡，连城数十，置百官宫观，僭于天子。汉独有三河、东郡、颍川、南阳[⑲]，自江陵以西至蜀[⑳]，北自云中至陇西[㉑]，与内史凡十五郡[㉒]，而公主列侯颇食邑其中。何者？天下初定，骨肉同姓少，故广强庶孽[㉓]，以镇抚四海，用承卫天子也。

汉定百年之间，亲属益疏，诸侯或骄奢，忕邪臣计谋为淫乱[㉔]，大者叛逆，小者不轨于法，以危其命，殒身亡国。天子观于上古，然后加惠[㉕]，使诸侯得推恩分子弟国邑，故齐分为七[㉖]，赵分为六[㉗]，梁分为五[㉘]，淮南分三[㉙]，及天子支庶子为王，王子支庶为侯，百有余焉。吴楚时，前后诸侯或以适削地[㉚]，是以燕、代无北边郡，吴、淮南、长沙无南边郡[㉛]，齐、赵、梁、楚支郡名山陂海咸纳于汉。诸侯稍微，大国不过十余城，小侯不过数十里，上足以奉贡职，下足以供养祭祀，以蕃辅京师。而汉郡八九十[㉜]，形错诸侯间[㉝]，犬牙相临，秉其厄塞地利[㉞]，强本干，弱枝叶之势，尊卑明而万事各得其所矣。

臣迁谨记高祖以来至太初诸侯[㉟]，谱其下益损之时，令后世得览。形势虽强，要之以仁义为本。

【注释】①鲁、卫地各四百里：鲁、卫是周初所封的最大诸侯国才各四百里，而汉初封国地兼数郡，成尾大不掉之势，是不合古制的，这就是司马迁原始察终的命意所在，故以周封诸侯起论。　②太公于齐句：太公，即周初功臣姜尚，周武王封于齐，使他拥有五个侯爵的土地，尊奖他勤劳王室之功。这句是说周初封建，无功不封。　③同姓五十五：《左传》昭公二十八年载，周初封兄弟之国十五，姬姓之国四十。这里所说“同姓五十五”，包括了兄弟之国和姬姓之国。僖公二十四年《传》载，兄弟之封为十六，即管、蔡、郕、霍、鲁、卫、毛、聃、郜、雍、曹、滕、毕、原、丰、郇。十五、四十、五十五都是约数。④非德不纯，形势弱也：这里是说厉王、幽王之后，东周各代天子不能控制诸侯并不是德行不纯，而是力量对比的形势不利。　⑤汉兴序二等：周封五等爵位公、侯、伯、子、男。秦行郡县，废分封。汉朝建立恢复分封，但只有王、侯二等。灭异姓王后，皇子封王，功臣封侯。　⑥同姓九国：刘邦灭异姓王后大封同姓九王：高祖弟刘交楚王，侄刘濞吴王，子刘肥齐王，子刘长淮南王，子刘建燕王，子刘如意赵王，子刘恒代王，子刘恢梁王，子刘友淮阳王。　⑦独长沙王异姓：长沙王吴芮，原是响应陈涉起义的一支农民军首领，后来被刘邦收编，没有多大功绩。由于吴芮忠诚，长沙小国，对汉王室构不成威胁，并在汉与南越之间为缓冲国，所以刘邦灭异姓王时单单保留了长沙王。　⑧侯者百余人：高祖刘邦封功臣及外戚为侯者一百四十三人。　⑨自雁门太原以东至辽阳：从雁门、太原以东至辽阳，包括今山西、河北两省北部及辽宁大部广大地区。雁门：汉郡名，郡治善无，在今山西右玉县南。太原，汉郡名，郡治晋阳，即今山西太原市。辽阳，汉县名，县治在今辽宁省辽阳市西北。　⑩常山：即河北境内之恒山。　⑪大行左转：太行山以东。大，读“太”。　⑫阿、甄（zhēn 真）：两县名，均在济水之南。阿，东阿之省称，即今山东阳谷东北之阿城镇。甄，旧址在今山东甄城北。由于水道变迁，黄河夺济入海，今山东境内黄河即古济水，又南移，古阿邑已在黄河之北。　⑬陈：秦郡名，汉为淮阳国，治陈县，即今河南淮阳县。　⑭九疑：即湖南境内之九嶷山。　⑮带江淮谷泗：包有长江（指中下游）、淮河、谷水、泗水四条河流的广大地区。谷、泗两水为淮河支流，谷入于泗，泗入于淮。　⑯薄会稽：一直到会稽山。薄，临近，连接。会稽山在浙江境内。　⑰燕代齐赵梁楚淮南长沙：同姓九国及长沙共十国，这里只列举了八国，未举吴和淮阳。吴，原称荆，都吴（今江苏省苏州市），淮阳都陈，燕都蓟（今北京市西南），代都马邑（在今山西朔县东北），齐都临淄（在今山东临淄城北），赵都邯郸（今河北邯郸市），梁都睢阳（在今河南商丘南），楚都彭城（今江苏徐州市），淮南都寿春（今安徽寿县），长沙都临湘（今湖南长沙市）。⑱胡越：胡指北方匈奴，燕、代边胡。越，即南越、东越，长沙国与南越相接，吴与东越相接。　⑲三河东郡颍川南阳：三河为河东、河内、河南三郡之统称。河东郡治安邑（在今山西运城东北），河内郡治怀县（在今河南武陟西南），河南郡治雒阳（在今洛阳市东北），东郡治濮阳（在今河南濮阳西南），颍川郡治阳翟（今河南禹县），南阳郡治宛（今河南省南阳市）。　⑳江陵、蜀：江陵，南郡郡治，即今湖北江陵县。蜀，蜀郡郡治，即今四川成都市。 ㉑云中、陇西：云中郡治云中县（在今内蒙托克托县东北），陇西郡治狄道（今甘肃临洮县）。㉒内史：即京兆郡，郡治在长安。凡十五郡：汉初六十二郡，诸侯占地四十七郡，京师所辖才十五郡，即河东、河南、河内、东郡、颍川、南阳、南郡、汉中、巴郡、蜀郡、陇西、北地、上郡、云中郡、内史郡。 ㉓庶孽：指宗室子弟。 ㉔忕邪臣计谋为淫乱：指诸侯王淫乱为逆是听从了奸邪子臣的计谋。忕（shì 市），染习。 ㉕天子观于上古，然后加惠：文帝时贾谊提出“众建诸侯而少其力”的策略以削弱诸侯王，由于当时中央政权不够强大因而行不通。武帝元朔二年（前 127），采纳主父偃策，由朝廷下令各诸侯国不得由宗子一人继承，要分王众子弟，称推恩令。这样诸侯日益缩小就成为必然的趋势。上古，指西周大封诸侯，这是汉武帝分削诸侯找的借口，法古以众建诸侯。 ㉖齐分为七：齐分出城阳、济北、济南、菑川、胶西、胶东六国，并齐为七。 ㉗赵分为六：由赵分出河间、广川、中山、常山、清河五国，并赵为六。 ㉘梁分为五：由梁分出济阴、济川、济东、山阳四国，并梁为五。 ㉙淮南分三：分为淮南、庐江、衡山三国。 ㉚适：读“谪”，贬谪。 ㉛是以燕、代无北边郡两句：因此燕、代失去了北边各郡，吴、淮南、长沙失去了南边各郡，即诸侯不得与胡、越交接。 ㉜汉郡八九十：汉武帝实行推恩分削诸侯以后，全国增置郡国，总计一百零三，汉郡八十三，王国二十。诸侯国被郡县包围，彻底地削弱了。 ㉝形错诸侯间：指汉郡穿插在诸侯国之间。 ㉞秉：把持，控制。㉟臣迁句：司马迁著书上奏朝廷故云“臣迁”。此句明言史记断限，至太初而迄。

【译文】太史公说：殷代以前太久远了。周代分封为五等：公、侯、伯、子、男。分封的情况是这样的：伯禽封于鲁，康叔封于卫，地方各是方四百里，这不仅是亲厚至亲的义理，而且也是为了褒奖有德的人；太公封于齐，领有五侯的地方，以尊重他的劳苦功高。周武王、成王、康王所封诸侯有好几百个，而姬姓诸侯有五十五个，大国的地方最多不超过方百里，小国才方三十里，用以辅卫周天子。管、蔡、卫、曹、郑这几个国家有的超过了定制，有的不足定制。周厉王、周幽王以后，王室衰微，侯伯一级的国家强盛起来，周天子势力弱小，无力征伐纠正。这并不是德义不纯厚，而是形势变化导致王室削弱了。

汉朝建立，封王、侯两个等级。高祖晚年规定，不是刘姓做了王的，或者无功做了侯的，天下所有的人都要讨伐他。高祖的子侄兄弟以及同姓做王的有九人，只有长沙王是异姓，但是功臣封侯的却有一百多人。从雁门、太原往东到辽阳是燕国和代国的土地。从常山往南到太行山折向东，跨过黄河、济水、阿、甄地区直临大海是齐、赵两国的地方。从陈县往西，南到九嶷山，以及东边的长江、淮水、谷水、泗水一带，连接会稽山的这一大片地区是梁国、楚国、淮南国和长沙国的地方。诸侯国的疆界与北方的匈奴或南方的诸越相接。至于内地，北部太行山以东全是诸侯的地方，大的有五、六郡，城池相连数十座，设置百官王宫，比拟天子。汉王朝实际控制的只有三河、东郡、颍川、南阳等郡，以及从江陵往西到蜀郡，北边从云中郡至陇西郡，连同内史郡总共十五郡，而且许多公主列侯的封邑还在这里面。为什么会出现这样的形势呢？因为天下刚定，至亲骨肉不多，所以广封庶孽枝子，增强他们的力量，用以镇抚四方、屏卫皇室。

汉朝建立一百年来，亲属越来越疏远，有的诸侯骄横奢侈，被奸臣邪谋所惑，走上荒淫昏乱的道路，严重的做了叛逆，较轻的不遵守法度，因此危及自己的性命，丧身亡国。当今皇帝考察上古，然后施加恩惠，使诸侯得以推恩分封子弟国邑，所以齐国分成七国，赵国分成六国，梁国分成五国、淮南分成三国，以及皇帝的枝庶子封王，王子的枝庶子封侯，共有一百多。吴楚叛乱前后，有的诸侯又因过错被割削了一部分土地。因此燕国、代国没有北边各郡，吴国、淮南、长沙没有南边各郡，齐、赵、梁、楚之间互相交错的各郡以及领地内的名山大湖均直属汉室。诸侯渐渐地削弱了，大国不过十几个城池，小侯不过只有几十里的封邑，上足以纳贡敬献，下足以维持富裕的生活和祭祀，用以藩卫京师。这时汉室直接控制的地方有八、九十郡，穿插在诸侯之间，犬牙交错，控制了险要有利的军事重地，形成了强本弱枝之势，尊卑更加鲜明而万事各得其所了。

臣司马迁恭谨地记载了从高祖以来到太初年间的诸侯，表列了诸侯增减变化的情况，好让后代的人作借鉴。总括说来，皇帝是要保持强大的形势，但还是要以施行仁义作根本。

【简论】《汉兴以来诸侯王年表》谱列同姓九王及异姓长沙王等诸侯国世系，起汉之建国，迄太初四年（前206年至前101），共一百零六年。高后、惠、文、景、武诸帝所封诸侯亦列表中，故表名“汉兴以来诸侯王年表”。

《汉兴以来诸侯王年表序》以“形势”二字为纲，论述汉初以来百年之间封建、分削、而后加强中央集权的经过，总结当世政治得失之经验。表序分四段。第一段以周封诸侯起论，说明封建诸侯之义，封同姓以褒德，封异姓以尊劳，众建诸侯屏卫王室。厉、幽之后，侯伯强国兴起，形势颠倒，天子受制于侯王。第二段，论汉初分封形势，违反封建之义。汉初诸侯，无功而王，又为大国，封建之始，形势就颠倒。故吴楚七国，虽为宗亲，而敢结盟为逆；长沙异姓，势单力弱，竟得以忠勤汉室。第三段，论分削诸侯经过。文帝时贾谊建言众建诸侯以少其力，景帝时晁错削藩，由于当时形势在诸侯，均未奏效。武帝时下推恩令，齐分为七，赵分为六，梁分为五，淮南分为三，又天子支庶、王子支庶为侯一百有余，王国支郡山海咸纳于汉，诸侯于是削弱，“尊卑明而万事各得其所矣”。由此可见，分封建国，安上全下，不在亲疏，而在形势。形势颠倒，本弱枝盛，则仁义不立；诸侯只有小弱，才能奉职效忠。第四段揭示作表之旨，总结历史经验，“令后世得览”，故提出垂戒：“形势虽强，要之以仁义为本。”

百年汉史，分类条列六表，有表序五篇，论旨也各有重点。但本篇表序却是一篇总论，其余四篇表序则是续论和分论，起补充和阐发的作用。本篇表序的中心是肯定了景武之世的削藩政策，说明司马迁是拥护秦汉以来的中央集权制度的。

高祖功臣侯者年表序第六

太史公曰：古者人臣功有五品[①]，以德立宗庙定社稷曰勋[②]，以言曰劳，用力曰功，明其等曰伐，积日曰阅[③]。封爵之誓曰："使河如带，泰山若厉。国以永宁，爰及苗裔。"④始未尝不欲固其根本，而枝叶稍陵夷衰微也⑤。

余读高祖侯功臣，察其首封⑥，所以失之者，曰：异哉所闻！《书》曰"协和万国"⑦，迁于夏商，或数千岁⑧。盖周封八百，幽厉之后，见于《春秋》。《尚书》有唐虞之侯伯，历三代千有余载，自全以蕃卫天子，岂非笃于仁义，奉上法哉？汉兴，功臣受封者百有余人。天下初定，故大城名都散亡，户口可得而数者十二三，是以大侯不过万家，小者五六百户⑨。后数世，民咸归乡里，户益息，萧、曹、绛、灌之属或至四万⑩，小侯自倍，富厚如之。子孙骄溢⑪，忘其先，淫嬖⑫。至太初百年之间，见侯五⑬，余皆坐法陨命亡国，秏矣⑭。罔亦少密焉，然皆身无兢兢于当世之禁云⑮。

居今之世，志古之道，所以自镜也，未必尽同⑯。帝王者各殊礼而异务，要以成功为统纪，岂可绲乎⑰？观所以得尊宠及所以废辱，亦当世得失之林也，何必旧闻？于是谨其终始，表其文，颇有所不尽本末⑱；著其明，疑者阙之。后有君子，欲推而列之，得以览焉。

【注释】①功有五品：人臣论功的五个品级，即下文所说的勋、劳、功、伐、阅五等功臣封爵。　②宗庙：古代帝王、诸侯或大夫、士祭祀祖宗的庙宇。这里指帝业。　③伐阅：《汉书·车千秋传注》云："伐，积功也，阅，经历也"。　④封爵之誓曰四句：《困学纪闻》引《楚汉春秋》云，高祖封侯，赐丹书铁券，曰："使黄河如带，泰山如砺，汉有宗庙，尔无绝世。"誓词后两句迥然不同，梁玉绳认为《史记》所载被吕后改了。厉：同"砺"，磨刀石。⑤根本枝叶两句：这两句是说汉室封侯的本意是希望诸侯长保封邑固其根本，但没想到子孙废坏败落了。根本，指受封的始祖。枝叶，指承业的子孙。陵夷：衰颓。　⑥察其首封：研究汉高祖最初封侯时的形势。　⑦《书》曰句：引自《尚书·尧典》，原文作"协和万邦"。邦字避刘邦讳改。这句话是对上文"异哉所闻"作注释，意思是说上古封侯多而小，汉初封侯少而大，所以侯国子孙骄侈失国。　⑧迁于夏商，或数千岁：指唐虞时代的诸侯，随着时代的变迁，直到夏商依然为侯。例如舜之后历夏有虞，历商有遂，历周有满、陈；皋陶之后，封英、六，直到春秋时才被灭亡；伯益佐禹，舜赐嬴姓，历周有秦。这些古诸侯经历了数千年。迁，移也。　⑨大侯不过万家，小者五六百户：查侯表，万户侯只有两人，一平阳侯曹参万六百户，二留侯张良万户，一般是五六百户至五千户。　⑩户益息，萧、曹、绛、灌之属或至四万：户口日益增加，萧、曹、绛、灌等大侯户口至武帝时有的达到了四万户。萧，即酂侯萧何；曹，平阳侯曹参；绛，绛侯周勃；灌，颍阴侯灌婴。他们的封邑户口日益增加。如平阳侯曹参初封一万六百户至武帝元鼎二年达二万三千户；约八十五年，增加一倍多。酂侯萧何初封八千户，至孝文二十年达二万六千户；约四十年增加两倍多。曲周侯郦商初封四千户，至孝文二十二年，达一万八千户，约四十年增加三倍多。⑪骄溢：骄横达到了极点。溢，满，过度。《汉书·功臣表序》作“骄逸”，即骄奢淫逸，亦通。　⑫淫嬖（bì闭）：淫乱邪恶。　⑬见侯五：现存之侯有五，即平阳侯曹宗，曲周侯郦终根，阳河侯卞仁，戴侯祕蒙，汾阳侯靳石。另谷陵侯冯偃失载。其余一百三十七侯皆失国。见，读“现”。按，张守节《正义》谓见侯五为“平阳侯曹宗，曲周侯郦终根，阳阿侯齐仁，戴侯祕蒙，谷陵侯冯偃”。以实校之，《正义》有误。查《史》《汉》两表，谷陵侯冯偃何时国除，两书均失载，不应记入五侯之数。《史表》云：“建元四年，侯偃元年”。《汉表》云：“建元四年，侯偃嗣”。五侯之数中应有汾阳侯靳石，《史》《汉》两表均载太始四年失国。又“阳阿侯齐仁”，《史表》作：“阳河侯卞仁”，《汉表》作“阳河侯其仁”。这三种记载当以《史表》所载“阳河侯卞仁”为是。《正义》将“河”误作“阿”，将“卞”误作“齐”。《汉表》作“其”亦误。　⑭秏：同耗，尽、无。　⑮罔亦少密两句：罔，法网。这两句，一方面批评武帝法网严密；另方面批评汉代诸侯没有一个兢兢业业遵守禁令的。　⑯居今之世……未必尽同：这几句是说，今天的君臣，应总结古代历史经验，把它作为镜子来照自己，虽然古今不同，借鉴还是应该的。志：通“誌”，记住。　⑰帝王者……岂可绲乎：这几句承上“志古自镜”立论，意思是说：借鉴往古，为的是巩固统治，并不是强要混同古今。这里表现了司马迁的“志古自镜”与复古主义是迥然不同的。绲（kǔn），缝合。　⑱颇有所不尽本末：太初以后尚有五侯，且谷陵侯冯偃终始失载，故云不尽本末。

【译文】太史公说：古代的人臣论功分为五品，安定宗庙社稷的叫做“勋”，建言有益于国的叫做“劳”，用武力的叫做“功”，为国建立制度积功的叫做“伐”，长年累月积历年资的叫做“阅”。授与封爵的誓词说：“黄河不到干枯如衣带，泰山不到陵夷如磨刀石，你们的封国永远安宁，传给子子孙孙。”由此可见，当初分封的时候，何尝不想强固诸侯的根本，可是他们的子孙都慢慢颓败衰微了。

我读了高祖分封功臣的档案，考察了汉初封侯时的形势和诸侯失国的原因，说：这和我了解的上古情况完全不同。《书·尧典》说“尧时成千上万的邦国之间和睦团结，亲如一家”，延续到了夏朝、商朝时，有的已经几千年了。周朝所封的八百诸侯，到周厉王、周幽王以后，《春秋》上还有记载。《尚书》所载唐尧、虞舜的后世子孙被封为侯、伯的小国，经历了夏、商、周三代一千多年，自己仍然保全下来，以藩卫天子，这难道不是由于实行仁义，遵奉天子的法令吗？汉朝开国功臣受封的有一百多人。当时，天下刚才平定，所以大城市的人口逃散死亡的很多，政府控制的户口数字，只有十分之二三，因此大侯的封地不过万家，小的只有五六百户。经过了几代，流散的人民都回到了乡里，户口一天天增加，萧何、曹参、周勃、灌婴等人之封邑有的达到四万，小侯封地的户口也比原来增加了一倍，他们的财富也相应增加。这些王侯的子孙骄奢到了极点，忘却了祖先创业的艰难，毫无节制地淫乱作恶。到了太初年间，才过了一百年，汉初的封侯只剩下五个了，其余的都因犯罪而丧身亡国，完蛋了。诚然，执法是稍微严了些，但是，诸侯自身也没有一个兢兢业业遵守禁令的。

生活在今天的人们，也应该记住古代的行事，是为了给当代作镜子来对照，不一定要跟古代的做法一个样。各代帝王尽管各有各的不同礼法及不同的要务，但总以获得成功为其根本，所以借鉴并不是强要混同古今。考察汉代诸侯得到尊贵宠爱以及遭受废黜耻辱的原因，可以得到最现实的经验，岂不比古代的经验更为重要？于是我谨慎地记载了他们的经历始末，用列表的方法代替文辞记述，虽然还有一些不详尽的地方，但显著的部分记述得很鲜明，有疑惑的就空下来。后代有人要推广补充的话，这个表可供参考。

【简论】跟随刘邦打天下的功臣有一百四十三人封侯，《高祖功臣侯者年表》就是记载这些功臣侯国世系的。从汉初至太初百年之间，有一百三十七侯都犯法殒身或无后亡国，太初以后只剩了五侯，这是当代史中的一件大事。上古诸侯传代数千年，今世诸侯却如此短促！这是怎么一回事呢？司马迁究其原因，一方面是汉家德薄，法网日益严密；另一方面是诸侯子孙骄奢淫逸，触犯刑律造成的。属于前者如坐酎金失侯，为太常牺牲不如令失侯，为太常酒酸失侯，不偿人债过六月失侯，坐出国界失侯，坐买塞外禁物失侯，坐入上林谋盗鹿失侯，坐卖宅县官故贵失侯，坐葬过律失侯等等，皆罪之轻者，表而出之，讥汉家德薄。属于犯重法者，如坐略人妻，坐杀人，坐祝诅，坐奸淫，坐大不敬，坐谋反等等，总之不守刑律胡为者，列表记载，供人自镜。表序则从理论上总结西汉开国功臣侯及其子孙承袭的情况，揭示为政之道，要以仁义为本的政治思想。

表序全文分为三段。第一段叙封侯目的，欲固根本。汉王室如树之根本，功臣侯如树之枝叶。本与枝连体相依，根深叶茂，枝繁本固，两者共荣，损其一则两者皆伤。班固论王莽之所以轻易代汉，是因为诸侯衰微，无封建藩辅，不无道理。所以封策文信誓旦旦地说："黄河不到干枯如衣带，泰山不到陵夷如磨刀石，你们的封国永远安宁，传给子子孙孙。"但是百年之间，功臣侯子孙都衰微了，这是什么原因呢？第二段，论汉封侯形势，失仁义之本。功臣侯始封过大，使其子孙骄淫犯禁；继之汉廷裁制过于严酷，使侯国子孙坐法殒命亡国。上之失，"罔亦少密焉"；下之失，"皆身无兢兢于当世之禁云"。归根到底，上下皆失仁义之本。上笃仁义，则无法罔少密之酷；下笃仁义，则能兢兢当世之禁而不致于坐法失国了。第三段，述作史目的，为的是总结经验教训，以"志古自镜"。司马迁把以史为鉴的道理说得很深透。司马贞《索隐》解释说："言居今之代，志识古之道，得以自镜当代之存亡也。"此论深得司马迁述史之旨。这说明司马迁述史，并非发思古之幽情，而是为了今世之治，故现实的行事更应总结。所以《史记》详今略古，载汉代历史特详。以全书篇目计，一百三十篇中，专载汉史六十二篇，兼载汉史十三篇，合计七十五篇。全书五十二万六千五百字，七十五篇汉史约二十六七万字。无论篇目和字数，百年汉史均过半数。可以说《高祖功臣侯者年表序》提出的"志古自镜"的理论对《史记》的创作意图作了精微的提示，值得认真玩味。

惠景间侯者年表序第七

太史公读列封至便侯①，曰：有以也夫！长沙王者，著《令甲》②，称其忠焉。昔高祖定天下，功臣非同姓疆土而王者八国③。至孝惠时，唯独长沙全，禅五世④，以无嗣绝，竟无过，为藩守职，信矣。故其泽流枝庶⑤，毋功而侯者数人。及孝惠讫孝景间五十载，追修高祖时遗功臣，及从代来，吴楚之劳，诸侯子弟若肺腑，外国归义，封者九十有余。咸表始终，当世仁义成功之著者也。

【注释】①读列封至便侯：读列封，即阅读和整理封列侯的档案材料。便侯，长沙王吴芮之子吴浅，孝惠元年封为便侯。　②《令甲》：律令汇编的第一集。这里是作功令的代称，即吴芮的委任状。　③非同姓……王者八国：高祖初年所封异姓王八国是：楚王韩信、韩王韩信，燕王卢绾、燕王臧荼、梁王彭越、赵王张耳、淮南王英布、长沙王吴芮。至高祖十一年，除长沙王吴芮外，其余七王均被消灭。　④禅五世：吴芮传国五代，至文帝后元七年（前157年）无后国除。　⑤泽流枝庶：封建时代的宗法制度，长子称宗子，也叫嫡子，其余兄弟叫枝子。妾生之子叫庶子。吴芮以长沙王传宗子外，次子吴浅受封为便侯传至玄孙，所以说"泽流枝庶"。

【译文】太史公读列侯的封爵档案，研究了便侯的材料说：吴芮长保封国是有原因的啊！他受封长沙王的委任状编在律令的第一集，特别称赞他的忠诚。当初高祖平定天下时，有八个功臣异姓王。至孝惠时，只有长沙王得到保全，传延了五代，直到无后国除，始终没有过错，真是一个忠诚的藩臣。所以他的德泽恩及枝庶子孙，没有功勋也得到了封爵的有好几个人。从孝惠到孝景的五十年间，封侯者有九十余人，其中有追封高祖时的遗臣，有追随文帝的代臣，有平吴楚之乱的功臣，有诸侯子弟和皇亲外戚，还有归义的胡越。这些功臣，年表全部表列了他们的始末，因为这是当代施仁义最成功最显著的大政。

【简论】《惠景间侯者年表》表列惠帝、高后、文帝、景帝四朝所封侯者九十三人，其中王子侯及外戚恩泽侯凡四十八人，以功封及功荫者四十五人，多数不以功封。高帝约，非功者不得为侯，故表名"惠景间侯者"，而不书"功臣"之名，以与"高祖功臣侯者"相区别。九十三侯，可分六类：（一）高祖遗臣；（二）随文帝从代来者；（三）平吴楚之乱的功臣；（四）诸侯子弟；（五）外戚；（六）外国归义。表序以长沙王起论，反复致意，以明国小而完，侯王之忠，形势相宜。

建元以来侯者年表序第八

太史公曰：匈奴绝和亲，攻当路塞①；闽越擅伐，东瓯请降②。二夷交侵③，当盛汉之隆，以此知功臣受封侔于祖考矣④。何者？自《诗》《书》称三代"戎狄是膺，荆荼是征⑤"，齐桓越燕伐山戎，武灵王以区区赵服单于，秦缪用百里霸西戎⑥，吴楚之君以诸侯役百越。况乃以中国一统，明天子在上，兼文武，席卷四海，内辑亿万之众，岂以晏然不为边境征伐哉！自是后，遂出师北讨强胡，南诛劲越，将卒以次封矣⑦。

【注释】①匈奴绝和亲，攻当路塞：匈奴百约百叛，经常犯边。文帝三年、十四年、后元六年曾三次大举入侵。景帝之世"时时小入盗边"。因此武帝伐匈奴是正义的，因背叛和约、侵犯要塞是匈奴发动的。 ②闽越擅伐，东瓯请降：建元三年（前138年），闽越攻东瓯，武帝发兵救东瓯，东瓯请徙内地，居江淮间。闽越，建都今福建侯官县，西汉属国。东瓯，建都今浙江永嘉县，亦西汉属国，属国之间不得互相征伐，所以说闽越攻东瓯是擅伐。 ③二夷：指匈奴和南越。 ④功臣受封侔于祖考：大父称祖，父亲称考。这里说汉武帝征伐二夷，立功将士受封之隆可与祖先创业时相比。言外之意，武帝时战争规模可与汉初打天下时等量齐观。 ⑤戎狄是膺，荆荼是征：引自《诗·鲁颂·閟宫》，原文作"戎狄是膺，荆舒是惩"。膺、击。荼，读作"舒"。征，"惩"字之省。 ⑥百里：地方百里之地（依《会注考证》说）。 ⑦将卒以次封矣：将帅按功劳大小依次受封。《建元以来侯者年表》所列 72 侯，其中三分之二是因战功封侯。卒，“率”字之误。

【译文】太史公说：匈奴弃绝和亲，攻击交通要道和边塞；闽越擅自攻伐，迫使东瓯内附。这南北两大强敌的交相侵边，正当汉朝兴盛的时候，由此可以看出，此时之功臣受封也能和开国的盛况相比美。为什么呢？称颂三代之德的《诗》《书》就说：“攻击戎狄，痛惩荆荼”。齐桓公跨过燕国攻伐山戎，赵武灵王以小小的赵国压服匈奴，秦缪公原来只是方百里的一个小国而称霸西戎，吴、楚两个边远的诸侯国竟也役使了百越。何况今天是一个大一统的国家，上面有英明的皇帝，兼资文武，席卷天下，统治了亿万之众，难道可以因为天下太平而不到边境打仗吗！自从战端一开，于是北征强大的匈奴，南讨顽强的越人，将帅依次得到封侯。

【简论】《建元以来侯者年表》表列武帝时所封功臣七十三人，计征匈奴功者侯二十五人，征两越朝鲜功者侯九人，匈奴、两越、朝鲜、小月氏归义降者侯三十人，以功荫者侯三人，以父死事南越者侯二人，绍先代封者侯一人，以丞相封者侯二人，以方术封者侯一人。表序引《诗》《书》征伐之义，明武帝开边以抚辑四夷为正义事业。但齐桓伐山戎，赵武灵王服单于，秦穆公霸西戎，吴、楚役百越，皆用力小而收功大，而汉武帝以承平一统之天下，内辑亿万之众，南征北讨，只不过换得功臣受封“侔于祖考”，其用力大而收功小，讥其好大喜功，专用武力。

建元以来王子侯者年表序第九

制诏御史[①]：“诸侯王或欲推私恩分子弟邑者，令各条上，朕且临定其号名。”

太史公曰：盛哉，天子之德！一人有庆，天下赖之[②]。

【注释】①制诏御史：汉制，皇帝诏令正常的传达顺序是，先下御史大夫，再转丞相、九卿执行。制诏，皇帝诏令。御史，御史大夫之省称。下面的引语就是摘自武帝给御史大夫的手谕。　②一人有庆，天下赖之：引自《尚书·吕刑》，原文作“一人有庆，兆民赖之”。

【译文】汉武帝给制诏御史发下命令：“诸侯王想要推恩给子弟分封爵邑的，命令他们奏上条款，我给制定封号名称。”

太史公说：伟大啊！崇高德义的皇上！你一人发善心，普天下的人都得到便利。

【简论】《建元以来王子侯者年表》表列武帝所封王子侯一百六十二人。时主父偃上推恩之策，说武帝曰：“古者诸侯不过百里，强弱之形易制。今诸侯或连城数十，地方千里，缓则骄奢易为淫乱，急则阻其强而合从以逆京师。今以法割削之，则逆节萌起，前日晁错是也。今诸侯子弟或十数，而嫡嗣代立，余虽骨肉，无尺寸地封，则仁孝之道不宣。愿陛下令诸侯得推恩分子弟，以地侯之。彼人人喜得所愿，上以德施，实分其国，不削而稍弱矣”（《平津侯主父偃列传》）。汉武帝采纳其计，于是下推恩令。本表序与《汉兴以来诸侯王年表序》相照应，合观两表及序，西汉一代封建形势之利害变化一目了然。推恩分削诸侯，符合古制亲亲之义，有利于封建大一统的巩固，故司马迁盛赞之，特作专表，谓“一人有庆，天下赖之”。

汉兴以来将相名臣年表第十

【简论】《汉兴以来将相名臣年表》（以下行文简称《将相表》）表列汉兴以来名臣将相，起高皇帝元年，讫成帝鸿嘉元年，盖武帝以后为好事者所续。本表无序有倒书，为司马迁匠心独运的奇作。陈直曰：“《史记》各表中，当以《秦楚之际月表》及《汉兴以来将相名臣年表》最为创作。将相表每一格中，有顺文，有倒文。倒文例子统计起来有官制的建立与罢废，公卿的病死，公卿的得罪，公卿的罢免，公卿的诛杀，六种体例。因表文分两种格式，对读者有很大的便利，在后人如作此表，可用朱墨二色区分。因竹简诸多不便，故太史公独创此新奇办法”（《汉晋人对史记的传播及评价》）。陈直先生称此表为司马迁创作之最，别人不能构思，可谓中的，但解释不能令人满意。一是对倒文的体例概括仅是不完全的归类，没有揭示出其中的规律性；二是认为一顺一倒，“对读者有很大便利”，事实上将倒文正过来观览更方便。陈先生虽解释未周，但他将倒文作综合归纳，这正是司马迁独创此表的用心，可以说是找到了解开倒文的钥匙。

《将相表》分五栏，即“帝纪”（年分）、“大事记”、“相位”、“将位”、“御史大夫位”。《太史公自序》云：“国有贤相良将，民之师表也。维见汉兴以来将相名臣年表，贤者记其治，不贤者彰其事。作《汉兴以来将相名臣年表》第十。”颂扬贤相良将是《史记》的写作宗旨之一，也是司马迁“一家之言”的重要内容之一。贤相良将既是民之师表，治平天下的保证，所以专列将相表，“贤者记其治，不贤者彰其事”，特设“大事记”一栏记载治行。但在专制政体下，贤相良将多无好下场，特别是汉武帝一朝，丞相多不善终。所以司马迁用倒书，将丞相之罢废死免倒书于“大事记”栏，太尉之废置及将军的下场倒书于“相位”栏，御史大夫之去职倒书于“将位”栏，“御史大夫位”中则无倒书。倒书升栏，与顺书形成鲜明对照，恰似两表之重合。顺书是记载将相的治行，倒书是揭露将相的危境和不平待遇的下场。不创倒书，这一层的意义就不明显。可以说倒书就是《将相表》的无字之序。因当世多忌讳，故司马迁特出此创造。《匈奴列传赞》突兀议论说：“孔氏著《春秋》，隐、桓之间则章，至定、哀之际则微，为其切当世之文而罔褒，忌讳之辞也。世俗之言匈奴者，患其徼一时之权，而务谄纳其说，以便偏指，不参彼己；将率席中国广大，气奋，人主因以决策，是以建功不深。尧虽贤，兴事业不成，得禹而九州宁。且欲兴圣统，唯在择任将相哉！唯在择任将相哉！”可以说这段议论就是读《将相表》的凡例。择任将相关系国家兴亡，而汉家用人，赏轻罚重，尤其是汉武帝用亲斥疏，顺我者昌，逆我者亡，将相多危。司马迁用倒书作了集中的表现，丞相下场可悲，太尉废置无常，御史大夫多凶，不可用序以明书其旨，而用倒书暗喻其意，笔削之讥，用心良苦。这就是《将相表》有表、无序、倒书的原因。

八书序·赞

【说明】《八书》载朝章国典，序礼乐损益，内容丰博，是分门别类的文化制度史。司马贞曰："书者，五经六籍总名也。此之《八书》，记国家大体。"(《礼书·索隐》) 范文澜曰："《八书》之名，本于《尚书》。"(《正史考略》史记条)《尚书》是各种体裁的公文档案汇编，略如后世的资料汇编，司马贞以"五经六籍总名"释之最确。司马迁因之以名"八书"，也是十分恰当的。

《八书》为司马迁所创，《汉书》因之以作十志。因《汉书》已名"书"，故班固改"书"为"志"。

《八书》目次：《礼书》第一，《乐书》第二，《兵书》第三，《律历书》第四，《天官书》第五，《封禅书》第六，《河渠书》第七，《平准书》第八。由于《礼书》、《乐书》、《兵书》三书亡缺，补缺者分《律历书》为《律书》、《历书》补缺（依司马贞说），补缺者足《八书》之数，故今本《八书》中无《兵书》。又摘取荀子《礼论》及《议兵》补《礼书》，摘取《礼记·乐记》补《乐书》，补缺者既取成书补亡，示已不妄作，可证《礼》、《乐》、《律》三篇篇首"太史公曰"云云，当是补缺者搜求的史公遗文，文法语气也直是司马迁手笔。也有人认为今本《礼书》、《乐书》是司马迁草创之作，本未亡缺。但这两书正文既经考明为摘自

《荀子》、《礼记》，则无论是补缺者所补，还是司马迁自己草创，均不得作为司马迁之思想加以引证。但是“八书序赞”是司马迁思想资料的一个重要组成部分，故辑释以资参考，并一一作简论。《货殖列传》与《平准书》是互补相成之文，故将《货殖列传序》移附于《平准书赞》之后。礼、乐、兵、律历、天官、封禅、河渠、平准八个方面都是当时人们认为的经国大事，故司马迁各列专题论列。但是地理、职官、刑法、食货（具体说是“食货”中之“食”，即土地制度）、艺文等几个方面未受到司马迁重视，这给班固留下了英雄用武之地。职官，班固创《百官公卿表》以载其制，对地理、刑法、食货、艺文均列专志。《汉书》十志比《史记》八书的内容更丰富，结构更严密，在这一点上班固发展了司马迁的史学，这是应当揭明的。

礼书序第一

太史公曰：洋洋美德乎[①]！宰制万物，役使群众，岂人力也哉？余至大行礼官[②]，观三代损益，乃知缘人情而制礼，依人性而作仪，其所由来尚矣。

人道经纬万端[③]，规矩无所不贯[④]，诱进以仁义，束缚以刑罚，故德厚者位尊，禄重者宠荣，所以总一海内而整齐万民也。人体安驾乘[⑤]，为之金舆错衡以繁其饰；目好五色[⑥]，为之黼黻文章以表其能[⑦]，耳乐钟磬，为之调谐八音以荡其心[⑧]；口甘五味[⑨]，为之庶羞酸咸以致其美[⑩]；情好珍善，为之琢磨圭璧以通其意[⑪]。故大路越席[⑫]，皮弁布裳[⑬]，朱弦洞越[⑭]，大羹玄酒[⑮]，所以防其淫侈，救其彫敝[⑯]。是以君臣朝廷尊卑贵贱之序[⑰]，下及黎庶车舆衣服宫室饮食嫁娶丧祭之分[⑱]，事有宜适，物有节文。仲尼曰[⑲]：“禘自既灌而往者[⑳]，吾不欲观之矣。”[㉑]

周衰，礼废乐坏，大小相逾，管仲之家，兼备三归[㉒]。循法守正者见侮于世，奢溢僭差者谓之显荣。自子夏[㉓]，门人之高弟也，犹云“出见纷华盛丽而说，入闻夫子之道而乐，二者心战[24]，未能自决”，而况中庸以下，渐渍于失教，被服于成俗乎？孔子曰“必也正名”[25]，于卫所居不合[26]。仲尼没后，受业之徒沈湮而不举，或适齐、楚，或入河海[27]，岂不痛哉！

至秦有天下，悉内六国礼仪[28]，采择其善，虽不合圣制，其尊君抑臣，朝廷济济[29]，依古以来。至于高祖，光有四海[30]，叔孙通颇有所增益减损[31]，大抵皆袭秦故[32]。自天子称号下至佐僚及宫室官名，少所变改。孝文即位，有司议欲定仪礼，孝文好道家之学，以为繁礼饰貌，无益于治，躬化谓何耳[33]，故罢去之。孝景时，御史大夫晁错明于世务刑名[34]，数干谏孝景曰：“诸侯藩辅，臣子一例，古今之制也。今大国专治异政，不禀京师，恐不可传后，”孝景用其计，而六国畔逆[35]，以错首名，天子诛错以解难。事在《袁盎》语中[36]。是后官者养交安禄而已[37]，莫敢复议。

今上即位[38]，招致儒术之士，令共定仪，十余年不就。或言古者太平，万民和喜，瑞应辨至[39]，乃采风俗，定制作。上闻之，制诏御史曰：“盖受命而王，各有所由兴，殊路而同归，谓因民而作，追俗为制也。议者咸称太古[40]，百姓何望？汉亦一家之事，典法不传，谓子孙何？化隆者闳博，治浅者褊狭，可不勉与！”乃以太初之元改正朔，易服色，封太山，定宗庙百官之仪，以为典常[41]，垂之于后云。

【注释】①洋洋美德乎：此句主语是礼，承题省。洋洋，海洋无际莫可测度的样子，喻礼的广大。美德，指礼的功用，使人修养有得于心。《管子·心术上》：“德者道之舍”，故“德者，得也；得也者，谓其所得以然也。” ②至：到，访问。大行：九卿之一，掌王朝典礼仪式。 ③经纬：纵线为经，横线为纬，形容头绪不一。 ④规矩：正圆的工具为规，画方的曲尺为矩，这里指礼仪制度。 ⑤安：舒适。 ⑥五色：青、黄、赤、白、黑，代指各种悦目的色彩。 ⑦黼黻文章：华丽的彩饰。黼黻（fǔ fú 府福），古代礼服上刺绣的文彩。用白黑两线绣成的斧形花纹叫黼，用黑青两线绣成的两己相背花纹叫黻。文章，即文彩，青与赤交错叫文，赤与白交错叫章。 ⑧八音：古以金、石、土、革、丝、木、匏、竹所发之音为八音。金为钟镈，石为石磬，土为埙，革为鼓，丝为琴瑟，木为柷敔，匏为笙，竹为箫管。 ⑨五味：辛、酸、咸、苦、甘，代指各種適口的美味。 ⑩庶羞：衆多的美味。 ⑪圭璧：上尖下方的瑞玉叫圭，圜形的瑞玉叫璧，代指各種玉器裝飾品。 ⑫大路：裝飾樸質的天子用車。越席：蒲草席。 ⑬皮弁：鹿皮帽。布裳：白色麻衣。 ⑭朱弦洞越：《禮記·樂記》"清廟之瑟，朱弦而疏越"。越，瑟的底孔。 ⑮大羹：不調五味的肉湯。玄酒：以水代酒。 ⑯彫敝：修饰奢侈之敝。 ⑰序：等级秩序。 ⑱分：等级界限。 ⑲仲尼曰两句：语见《论语·八佾》第十章。 ⑳禘：天子举行祭祀祖先的隆重典礼，周成王时特许鲁君在祭祀周公旦时举行禘礼，以追念他的功劳。灌：举行禘礼，第一次献酒祭祀太祖亡灵叫灌，然后献酒依次祭祀太祖以下的祖先。 ㉑吾不欲观：鲁君祖先在周公庙中是按尊卑顺序排列的。鲁文公二年将鲁僖公的神主排在鲁闵公的前头。鲁僖公是闵公的哥哥，他继鲁闵公即位，传子鲁文公。孔子认为鲁文公不按尊卑秩序举行禘礼，破坏了等级名分，所以他说，从第一次献酒后就不想看下去了。 ㉒三归：多种说法，（1）管仲有三处家园，（2）娶三姓女为妻，（3）筑三归之台，（4）采邑之名，（5）藏币之府等等。译文取第一说。 ㉓自子夏：自，连词，即使。子夏，卫人，姓卜名商，子夏是字，孔子的高足。 ㉔二者心战：指追求华丽与乐闻道义两种思想在内心深处的斗争。 ㉕必也正名：语出《论语·子路》第三章。正名，即是用等级名分来约束君臣父子之间的伦理关系，恢复"君君、臣臣、父父、子子"的局面。卫出公辄拒绝父亲蒯聩回国，父子争位。公元前489年，孔子六十三岁，第二次到卫，卫出公打算让孔子治理卫国，子路问，首先应该做什么，孔子回答必须用"正名"的办法来治理卫国。子路批评了孔子的迂腐。结果子路仕于卫，孔子回到了鲁国。 ㉖于卫所居不合：这是指孔子在卫灵公时第一次到卫，居五年（公元前497年至前493年）凡四进四出的故事。前497年孔子入卫遭谮，居十月去卫，此一进一出。前496年孔子由蒲返卫，见卫灵公夫人南子。第二年卫灵公与夫人南子同车，用宦官雍渠驾车，让孔子作陪，招摇过市。孔子说："我没见过爱好道德像爱好美色一样的人。"于是离开卫国，此二进二出。前493年孔子由陈入卫，卫灵公郊迎孔子而不用，孔子将西见赵简子，临河而叹，此三进三出。孔子未逾河返卫，卫灵公向孔子问打仗的事，孔子回答说："我是学礼的，不懂打仗的事。"第二天就离开了卫国，此四进四出。不合，指卫灵公好色好战，与孔子所主张的仁义礼让之道不合。 ㉗或适齐、楚，或入河海：《论语·微子》第九章记载，鲁哀公时，礼崩乐坏，鲁国乐师四处逃散，太师挚到齐国去了，二饭乐师干到楚国去了，三饭乐师缭到蔡国去了，四饭乐师缺到秦国去了，打鼓的方叔入居黄河之滨，摇小鼓的武入居汉水之涯，少师阳和击磬的襄入居海边。 ㉘内：读"纳"，采纳，吸收。㉙济济：秩序良好，威仪堂堂的样子。 ㉚光：通广。 ㉛叔孙通：秦、汉两朝博士，大儒。他曾参考古礼，损益秦制为汉高祖草具君臣朝仪，官至太常。 ㉜大抵：大略。　⑬躬化：以身为教。汉文帝亲身倡导节俭，常穿黑色的粗丝绨衣，所宠慎夫人穿短裙，帏帐不得文绣，治霸陵皆以瓦器，以示敦朴，为天下带头。　㉞晁错：景帝初为御史大夫，建削藩策，请削诸侯支郡。吴楚七国以诛错为名反汉，袁盎进言诛错解难，晁错被腰斩于市。　㉟六国畔逆："六"是"七"字之误。景帝时，吴、楚、赵、菑川、济南、胶西、胶东等七国联兵反汉，而不是六国。　㊱事在《袁盎》语中：意谓天子诛晁错事详于袁盎传中。这是司马迁自己示例的互见法。查《袁盎传》，仅言盎解吴楚之策，不及诛晁错事，故又云："其语在吴事中"。袁盎进言诛晁错之事详载于《吴王濞传》。司马迁推重袁盎，故不将诛晁错事直书于盎传中，用互见法以明。这是本序为史公遗文之一铁证。　㊲养交安禄：拉拢关系以安禄位。意谓朝官们从此碌碌无为，再不敢关心国事以求进取。　㊳今上：当今皇帝，即汉武帝。　㊴瑞应：祥瑞的兆应，如麒麟现，宝鼎出，嘉禾生等，这是统治阶级用天人感应理论制造出来的舆论。辨至：种种祥瑞分别出现，纷纷到来。辨，别也。　㊵太古：远古。　㊶典常：常用礼制的典则。

【译文】太史公说："礼像浩茫无际的大海蕴蓄着崇高的道德，它可以主宰万般事物，驱使群臣众民。离开礼制，专凭人力，是不可能做到的。我曾经到大行礼官，考察夏、商、周三代怎样因时制宜地对礼仪减损和增加，才知道礼是顺应人的感情而制定的，仪是符合人的品性而兴起的，已经有着悠久的历史了。"

治人之道，千条万绪，而礼仪制度，无不贯通，用仁义来劝进，用刑罚来束缚，所以道德高尚的人地位尊显，俸禄厚重的人品秩荣耀，这一切是用来统一天下而使万众步调一致的。人的身体希望乘坐舒适的车辆，为此在车架上装饰黄金，在衡木上绘文采；人的眼睛爱好五色，为此制作色彩斑斓的服装以表现其功能；人的耳朵爱听音乐，为此谐调丝竹音乐以娱悦心意；人的嘴喜欢可口的滋味，为此调制众多的美味以供品尝；人的心都爱好珍贵的东西，为此修治玉璧以满足其嗜好。故大路车，蒲草席，鹿皮帽，素麻衣，红色弦，底孔瑟，淡肉汤，清水酒，可以用朴质来杜防淫靡奢华，补救好雕饰排场的弊病。因此上至朝廷的君臣礼仪、尊卑贵贱，下至黎民百姓的衣食住行、婚丧祭祀，都有鲜明的等级界线，事情有分寸，物理有节度。孔子说："禘祭的礼，从第一次献酒以后，我就不想看了。"

周王室衰微了，礼仪堕废，音乐坏乱，诸侯卿大夫，大小不分，互相超越礼制，管仲就有三处豪华的公馆。守法正直的人在社会上被欺侮，越制奢华的人反而尊贵荣耀。卜子夏是孔子的高才弟子，他还说过这样的话："出门看到繁荣华丽的事物就兴高采烈，回来听了先生的学问就兴味盎然，一方面追求华丽，一方面乐闻道义，这两种思想在内心深处斗争，不知道倾向哪一方面好。"何况一般中才以下的人，他们天长日久没有受到教化，长期地被世俗习惯浸染呢？孔子说："治理国家必须正名分。"他在卫国看不惯越礼的事，就离开了这个国家。孔子死后，他的学生们都湮没不闻。鲁国的乐师也四处逃散，有的逃到齐国，有的逃到楚国，有的避居黄河之滨，甚至东海边上，真使人痛心！

秦朝统一天下，吸收六国礼仪，兼采各国的长处，虽然不符合圣王之制，但其核心是尊贵君主，抑制臣下，所以朝廷上下，秩序井然，可以说还是沿袭了古代的礼仪。到了汉高祖广有四海之后，叔孙通对礼仪又作了增加和删减，但大体上仍是沿袭秦制。从皇帝称号下至百官称谓，以及宫室官府之名，很少有改变。孝文帝即位，主管部门打算重新制定礼仪。孝文帝爱好道家学说，崇尚俭朴。他认为繁缛礼仪，装饰外貌，对治道没有好处，假如那样作，如何以身教民呢？因此，搁置了改制的建议。到了景帝的时候，御史大夫晁错精刑名之学，懂得当世的政务，多次劝谏景帝说："诸侯是国家的屏藩，与百官朝臣一例，这是从古以来的典制。现在大诸侯国有意推行不同于朝廷的政治，也不向京师报告，恐怕不可以拖下去吧！"景帝采纳了他的削藩计划，但吴楚七国借机反叛，名义是请诛晁错，皇上就诛杀了晁错来平息这场叛乱，详细的记载在《袁盎传》中。从此以后，朝官们互相拉拢以安享禄位，没有人敢再议论。

当今皇上即位以后，招集儒家学士，下令共同讨论制定礼仪，十几年没有成功。有人说，在古代太平盛世，天下百姓安乐，各种祥瑞的兆应纷纷出现，才可以观采风俗，制定礼仪。当今皇上听到后，给御史大夫下了一道诏书，说："凡承受天命的帝王，各自兴起的道路虽不同，但终归走向一致，即必须顺应民情而制作礼仪，追随风俗而改定制度。讨论制礼的儒生都称道遥远的古代，老百姓还有什么指望？汉朝也是一家天下，若不传下自家的法典，对得起后代子孙吗？政绩教化高隆的王朝，仪典就表现出宏大博深；政绩教化浅薄的王朝，仪典就显示为褊浅狭窄，可要勉力上进！”于是从太初元年起改用夏正，以正月为岁首；变易服色，以黄为正色；封禅泰山；重新颁布宗庙百官的礼仪，以为常用的典仪，作为汉家制度，流传后世。

【简论】礼是封建国家按等级关系制定的社会制度，在汉代三纲五常是其主要内容。三纲是：君为臣纲，父为子纲，夫为妻纲。五常是：君臣有义，父子有亲，夫妇有别，长幼有序，朋友有信。贵贱尊卑都有着明确的等级规定和从属关系。这种等级的区分，在日常的衣食住行中有着明确的标记，服饰颜色车骑冠戴均有严格规定，上下不可逾越。这种礼制是为巩固封建制度服务的，僭越礼制则意味着社会动乱。故司马迁论礼，列为八书之首。

乐书序第二

太史公曰：余每读《虞书》①，至于君臣相敕②，维是几安③，而股肱不良④，万事堕坏，未尝不流涕也。成王作颂⑤，推己惩艾⑥，悲彼家难⑦，可不谓战战恐惧⑧，善守善终哉？君子不为约则修德⑨，满则弃礼，佚能思初，安能惟始，沐浴膏泽而歌咏勤苦，非大德谁能如斯！《传》曰“治定功成，礼乐乃兴⑩”。海内人道益深，其德益至，所乐者益异。满而不损则溢，盈而不持则倾。凡作乐者，所以节乐⑪。君子以谦退为礼，以损减为乐，乐其如此也。以为州异国殊⑫，情习不同，故博采风俗，协比声律，以补短移化，助流政教。天子躬于明堂临观⑬，而万民咸荡涤邪秽，斟酌饱满，以饰厥性。故云《雅》《颂》之音理而民正，嘄噭之声兴而士奋⑭，郑卫之曲动而心淫⑮。及其调和谐合，鸟兽尽感，而况怀五常，含好恶⑯，自然之势也？

治道亏缺而郑音兴起，封君世辟[17]，名显邻州，争以相高。自仲尼不能与齐优遂容于鲁[18]，虽退正乐以诱世，作五章以刺时[19]，犹莫之化。陵迟以至六国，流沔沈佚[20]，遂往不返，卒于丧身灭宗，并国于秦。

秦二世尤以为娱。丞相李斯进谏曰[21]："放弃《诗》《书》，极意声色，祖伊所以惧也[22]。轻积细过，恣心长夜[23]，纣所以亡也。"赵高曰[24]："五帝、三王乐各殊名[25]，示不相袭。上自朝廷，下至人民，得以接欢喜，合殷勤，非此和说不通，解泽不流[26]，亦各一世之化，度时之乐，何必华山之騄耳而后行远乎[27]？"二世然之。

高祖过沛诗《三侯之章》[28]，令小儿歌之。高祖崩，令沛得以四时歌舞宗庙。孝惠、孝文、孝景无所增更，于乐府习常肄旧而已[29]。

至今上即位，作十九章[30]，令侍中李延年次序其声[31]，拜为协律都尉。通一经之士不能独知其辞，皆集会五经家[32]，相与共讲习读之，乃能通知其意，多尔雅之文。

汉家常以正月上辛祠太一甘泉[33]，以昏时夜祠，到明而终。常有流星经于祠坛上[34]。使僮男僮女七十人俱歌。春歌《青阳》，夏歌《朱明》，秋歌《西暤》，冬歌《玄冥》。世多有，故不论[35]。

【注释】①《虞书》：指《尚书·皋陶谟》，是舜、禹、皋陶等人在一次会议上的讨论纪要，实为后人依据古代传闻追记的。 ②敕：告诫。 ③维是几安：即维几是安，《皋陶谟》作"惟几惟康"。维，思。几，危难。 ④股肱：喻左右大臣。股，腿部。肱（gōng 公），手臂。 ⑤成王作颂：成王，姬诵，西周第二代国君。颂，指《周颂》的《闵予》，《访落》、《小毖》等诗。成王年少即位，周公辅政，管叔、蔡叔散布流言说周公将篡位，成王疑周公，于是给了管叔、蔡叔以可乘之机，联合武庚叛周。周公东征，三年乃平。后来周公归政成王，成王作《小毖》等诗祭告祖宗，深自惩戒。 ⑥艾（yì 逸）：天下安治。 ⑦家难：家族内部叛乱造成的危难，指管蔡之叛。 ⑧战战恐惧：即战战兢兢，小心谨慎的样子。 ⑨约：不足，与下文"满"字相对。 ⑩传曰两句：语出《乐记》，原文作"王者功成作乐，治定制礼"。 ⑪节乐：节制人们对快乐的无限追求。也就是说，音乐的作用是控制人们的感情使不至于荒淫。　⑫州：自然区域，《禹贡》划分中国的自然地域为九州。　⑬明堂：明政教之堂，是古代天子举行庆典、颁布政令、朝会诸侯的地方。　⑭噭噭（jiào jī 叫击）：状激奋之声。　⑮郑卫之曲句：郑国，今河南新郑一带；卫国，今河南濮阳一带。这两地的诗歌多男女爱情诗，乐曲靡曼，被儒家认为是靡靡之音。《论语·卫灵公》第十一章，孔子回答颜渊问怎样治理国家，其中内容之一是“放郑声，远佞人。郑声淫，佞人殆”。　⑯怀五常：古代认为人为天地之灵，秉赋金、木、水、火、土五行之德，称五常。　⑰辟（bì 必）：国君。　⑱齐优：齐国的乐舞艺人。《孔子世家》载，孔子为鲁司寇，摄行相事，励精图治，齐国恐鲁将为霸，于是送给鲁定公八十个能歌善舞的女乐。孔子认为爱淫乐者必慢政事。鲁定公接受了齐人女乐，孔子就辞官去鲁，不愿与女乐并立于朝。遂容：并立。　⑲作五章以刺时：孔子去鲁，作歌五篇以讽谏鲁国执政。《孔子世家》载其中一首《彼妇之歌》云：“彼妇之口，可以出走；彼妇之谒，可以死败。盖优哉游哉，维以卒岁!”意思是说，亲近妇人，可以使正人离去，可以使事业死败。因妇人的口和谒均至谗毁，使正人受污。　⑳流沔沈佚：耽迷于嗜欲而忘掉其他一切。　㉑丞相李斯进谏：李斯建言秦始皇焚书用以愚民，这里谏秦二世不应弃《诗》《书》是用以增长皇帝知识，两者并不矛盾。　㉒祖伊：殷纣王时贤臣，他见纣王淫逸，恐惧殷朝将灭，曾谏纣王。　㉓恣心：放纵情欲。　㉔赵高：秦二世宠幸的宦官，位至丞相，秦亡前夕为秦王子婴所杀。㉕五帝三王乐各殊名：据《汉书·礼乐志》载：黄帝作《咸池》，颛顼作《六茎》，帝喾作《五英》，尧作《大章》，舜作《招》，禹作《夏》，汤作《濩》，武王作《武》，周公作《勺》。　㉖非此二句：这两句是指赵高纵二世行乐的话，理虽正而情实非。说，读悦。解，读懈，作散布解。　㉗騄耳：良马的名称。借喻乐虽不同，其用则一。　㉘三侯之章：即高帝所作《大风歌》，辞曰：“大风起兮云飞扬，威加海内兮归故乡，安得猛士兮守四方!”侯，发语辞，古音与“兮”通。三侯之章，等于说“三兮之歌”。《汉书·礼乐志》称为“风起之诗”，因首句有“风起”二字故名。这是高帝十二年还乡沛县，在酒宴上的即兴之诗，令一百二十小儿和习歌唱，高帝死后，所教歌儿一百二十人，皆令为吹乐，后有缺，辄补之，四时演礼于沛庙。　㉙肄（yì）：练习。　㉚今上作十九章：今上，指汉武帝。《汉书·礼乐志》载武帝定郊祀之礼，所奏《郊祀歌》十九章，其目为：《练时日》一，《帝临》二，《青阳》三，《朱明》四，《西颢》五，《玄冥》六，《惟泰元》七，《天地》八，《日出入》九，《天马》十，《天门》十一，《景星》十二，《齐房》十三，《后皇》十四，《华烨烨》十五，《五神》十六，《朝陇首》十七，《象载瑜》十八，《赤蛟》十九。梁玉绳谓《赤蛟》作于太始三年，非史公所及睹。按，《史记》断限太初，大事尽武帝之末，司马迁卒于昭帝之世，余别有专论，梁说非是。　㉛李延年：武帝时大音乐家。　㉜五经家：指《诗》《书》《礼》《易》《春秋》五经博士。　㉝正月上辛祠太一甘泉：太一，《汉书》作"泰一"，北极尊神。元鼎五年汉武帝在甘泉宫立太畤坛，三年一祭。祭日定为正月上旬的辛日。　㉞经：飞过。　㉟论：偏次，论载。

【译文】太史公说：我每研读《虞书》，都禁不住要流泪。舜、禹、皋陶，君臣之间互相告诫，他们认识到只有常常想到危难，才能够得到平安，若辅佐大臣不好，万般事情都要废坏。成王作《小毖》等诗，推述自己年幼德薄，决心警惕太平思想，沉痛吸取家族内部叛乱造成的危难，真可以称得上是一位兢兢业业、善始善终的君主啊！君子知不足方能修养道德，骄满就会抛弃礼义；乐不忘初，居安思危，沐浴恩泽而不忘勤苦，若无崇高的道德思想，谁也做不到这一步！古书上说："治理天下得到安定成功，礼乐才能兴起"。随着整个社会的文明越来越发展，越来越讲究社会道德，所需要的礼乐也就越来越不同。太满而不减损就要溢出来，太盛而不扶持就要倾倒。总之，创作音乐的目的，是用来节制人们过分的逸乐。君子认为谦虚退让符合礼仪，节制感情才是真正的娱乐，音乐的意义就在这里。不同的地域，不同的国家，人们的情性风俗也不同，所以广博地采集风俗人情，熔铸在音律上表达出来，可以弥补政教的短处，移风易俗，辅助政教施行。天子亲临明堂观乐，可促使天下万民都洗涤污秽，有选择地吸收丰富的音乐，用以修养自己的性情。所以说整理了《雅》《颂》之乐可使人民归于正道，就像吹响了激昂的号角可使壮士振奋一样，而郑卫的曲调靡曼可使人心意淫秽。乐调谐合，能感化飞禽走兽，何况秉赋五行之德，具有喜怒哀乐的人呢，那自然地将受到感化的。

治人之道不健全，郑音就要泛滥，封国之君世代相传，为求声名显耀于邻近州郡，互相争逐淫乐而自以为高。孔子不能与齐国的歌女并存于鲁国，虽然退位，却整理音乐来劝进世人，作歌五篇来讽刺鲁国的执政，但仍没有能够转移风气。礼乐日渐衰微，到了战国时代，人们更加沉醉在逸乐之中，于是一味因循而不复返，终于破家亡国，统一于秦。

秦二世沉迷娱乐达到顶点。丞相李斯劝谏说："不读《诗》《书》，放纵声色，祖伊担忧的就是这个啊。不重视积小过可以铸成大错的道理，恣意地长夜乐舞，这就是纣王灭亡的原因啊。"赵高说："五帝三王各有不同的乐曲，表示不相因袭。上至朝廷君臣，下至万民百姓，都用音乐来交流感情，表示友谊淳厚。若不凭藉音乐调和人的娱乐感情，皇上散布的恩泽就得不到流通。各个时代有各自的风气、各自的流行音乐，为什么一定要华山的千里马才远行呢?"秦二世十分赞赏这一番议论。

高祖还乡在沛县作了《三侯之章》这首歌，教习儿童歌唱。高祖死后，成为制度，沛庙四时祭祀，都用小儿演唱《三侯之章》。历经惠、文、景三代都没有变化，乐府礼官只是照旧故事练习罢了。

当今皇帝即位，作了《郊祀歌》十九首，命侍中李延年依次谱了曲调，封他为协律都尉。只精通一经的儒生不能独自解通这十九首歌辞，每首歌，都会聚五经博士，共同讲习阅读，才能贯通它的意义，文辞十分雅正。

汉家制度，以正月上旬的辛日为甘泉宫太一神的祭日，从黄昏时开始举行夜祭，到天亮时结束。在祠祭的过程中，常有流星飞过太畤坛上空。祭祀仪式用童男童女七十人合唱。春祭唱《青阳》，夏祭唱《朱明》，秋祭唱《西暤》，冬祭唱《玄冥》。这些歌十分流行，所以不作论载。

【简论】《乐》为儒家六经之一，礼乐相辅为治，故《乐书》与《礼书》蝉联，编列第二。今本《乐书》书亡序存。"凡音之起"以下割取《礼记·乐记》之文，为后人所补。序文604字为史公所作。结语"世多有，故不论"，此为史公书法。《管晏列传赞》云："至其书，世多有之，是以不论，论其轶事。"《孟子荀卿列传》云："自如孟子至于吁子，世多有其书，故不论其传云。"又序文起首云"余每读《虞书》，……未尝不流涕也"，亦是史公书法。《十二诸侯年表序》："太史公读《春秋历谱谍》，至周厉王，未尝不废书而叹也。"《屈原贾生列传赞》，读屈原赋，

“未尝不垂涕”。《儒林列传》：“余读功令，至于广厉学官之路，未尝不废书而叹也。”又序中“丞相李斯进谏”云云，与《李斯传》载，“李斯数欲请间谏，二世不许”云云，旨意相合。这些都是本序为史公遗文之铁证。序中有“又尝得神马渥洼水中”至“丞相公孙弘曰：黯诽谤圣制，当族”一节，记事与史实不符。据《汉书·礼乐志》载，《太一之歌》作于元狩三年，《天马之歌》作于太初四年，两首合为《天马》歌，为十九首《郊祀歌》之一，与“又尝”云云相抵牾。又公孙弘死于元狩二年不见两歌之作，汲黯死于元封四年，不见《天马》之作，又未曾为中尉。显然这一段是后人的增窜之文，不得据此以否定《乐书序》为史公所作。序文简括地记载了音乐的历史演变与政治的关系，既可以兴邦，亦可以覆国，故为经国之大事，不可不慎。行文语气，思想感情，逻辑旨趣，都是司马迁的“一家之言”。

律书序第三

王者制事立法，物度轨则，壹禀于六律[①]，六律为万事根本焉[②]。

其于兵械尤所重[③]，故云“望敌知吉凶[④]，闻声效胜负[⑤]”，百王不易之道也。

武王伐纣，吹律听声[⑥]，推孟春以至于季冬[⑦]，杀气相并[⑧]，而音尚宫[⑨]。同声相从，物之自然，何足怪哉？

兵者，圣人所以讨强暴，平乱世，夷险阻，救危殆。自含齿戴角之兽见犯则校[⑩]，而况于人怀好恶喜怒之气？喜则爱心生，怒则毒螫加[⑪]，情性之理也。

昔黄帝有涿鹿之战，以定火灾[⑫]；颛顼有共工之陈，以平水害[⑬]；成汤有南巢之伐，以殄夏乱[⑭]。递兴递废[⑮]，胜者用事，所受于天也。

自是之后，名士迭兴[⑯]，晋用咎犯[⑰]，而齐用王子[⑱]，吴用孙武[⑲]，申明军约，赏罚必信，卒伯诸侯[⑳]，兼列邦土[㉑]，虽不及三代之诰誓[22]，然身宠君尊[23]，当世显扬，可不谓荣焉？岂与世儒闇于大较[24]，不权轻重[25]，猥云德化[26]，不当用兵，大至君辱失守[27]，小乃侵犯削弱，遂执不移等哉[28]！故教笞不可废于家[29]，刑罚不可捐于国[30]，诛伐不可偃于天下[31]，用之有巧拙[32]，行之有逆顺耳[33]。

夏桀、慑殷纣手搏豺狼，足追四马，勇非微也[34]；百战克胜，诸侯慑服，权非轻也。秦二世宿军无用之地[35]，连兵于边陲，力非弱也；结怨匈奴，絓祸于越[36]，势非寡也。及其威尽势极，闾巷之人为敌国[37]。咎生穷武之不知足[38]，甘得之心不息也。

高祖有天下，三边外畔[39]；大国之王虽称蕃辅[40]，臣节未尽。会高祖厌苦军事[41]，亦有萧、张之谋，故偃武一休息，羁縻不备[42]。

历至孝文即位，将军陈武等议曰："南越、朝鲜自全秦时内属为臣子[43]，后且拥兵阻厄[44]；选蠕观望[45]。高祖时天下新定，人民小安，未可复兴兵。今陛下仁惠抚百姓，恩泽加海内，宜及士民乐用，征讨逆党，以一封疆。"孝文曰："朕能任衣冠[46]，念不到此。会吕氏之乱，功臣宗室共不羞耻，误居正位，常战战栗栗，恐事之不终。且兵凶器，虽克所愿[47]，动亦耗病[48]，谓百姓远方何？又先帝知劳民不可烦，故不以为意。朕岂自谓能？今匈奴内侵，军吏无功，边民父子荷兵日久[49]，朕常为动心伤痛，无日忘之。今未能销距[50]，愿且坚边设候[51]，结和通使，休宁北陲，为功多矣。且无议军。"故百姓无内外之繇[52]，得息肩于田亩[53]，天下殷富，粟至十余钱[54]，鸣鸡吠狗，烟火万里，可谓和乐者乎！

太史公曰：文帝时，会天下新去汤火[55]，人民乐业，因其欲然[56]，能不扰乱，故百姓遂安。自年六七十翁亦未尝至市井，游敖嬉戏如小儿状。孔子所称有德君子者邪[57]！

【注释】①六律：律，本是定音的竹管，古人用十二支不同长度的律管吹出十二个不同高度的标准音，每一标准音都有一定的数值，用以确定乐音的高低，叫十二律。十二律分阴阳两类，各有特定的名称。由低到高的排列顺序是：1. 黄钟，2. 大吕，3. 太簇，4. 夹钟，5. 姑洗，6. 仲吕，7. 蕤宾，8. 林钟，9. 夷则，10. 南吕，11. 无射，12. 应钟。奇数六律为阳律，叫六律；偶数六律为阴律，叫六吕，合称律吕，也统称六律。这里“六律”又指十二月内各月阴阳消息的数据符号，详下第⑦注。 ②六律为万事根本：物量度数，原出于律，所以说“六律为万事根本”。例如，黄钟之管长九寸，孔径三分，围九分，容粟米一龠，重十二铢。度、量、衡基本单位都以黄钟之管长、容量、重量为标准来制定。 ③兵械：弓、矢、矛、戈、戟之统称，借指战争。也有人认为“械”字是“机”字之误，或“戎”字之讹。“兵机”、“兵戎”即指战争。 ④望敌知吉凶：两军相对，观察敌方士气的盛衰就能知道战争的前景。古人夹杂迷信，有所谓望气术，通过望云气就可推测敌方士气和战争吉凶。 ⑤闻声效胜负：《周礼》有“太师执同律以听军声而占其吉凶”的说法，这是远古习惯的遗存，认为从律音中可以听知吉凶。《左传》襄公十八年冬十月，楚师进攻晋国的盟国。晋国乐师师旷说：“不妨事，楚师必败。”因他吹律以咏八风，南风微弱多死声，他认为这是楚师打败仗的征兆。实际上是郑国早有准备，楚师偷袭不成，士卒多冻死而败还。效，效验。 ⑥武王伐纣，吹律听声：指武王伐纣就是运用声律来指挥战阵的。事详《国语·周语》下《景王问钟律于伶州鸠》条。 ⑦推孟春以至于季冬：指六律六吕与十二月相配。其配合关系是：孟春之月，律中太簇；仲春之月，律中夹钟；季春之月，律中姑洗；孟夏之月，律中仲吕；仲夏之月，律中蕤宾；季夏之月，律中林钟；孟秋之月，律中夷则；仲秋之月，律中南吕；季秋之月，律中无射；孟冬之月，律中应钟；仲冬之月，律中黄钟；季冬之月，律中大吕。所谓“律中”就是音律与月历相应合。太簇为孟春正月之律，夷则为七月之律，无射为九月之律，黄钟为仲冬十一月之律等等。 ⑧杀气相并：武王以周历二月伐纣，时当殷历十二月，所以吹律呈现一片肃杀之气。 ⑨而音尚宫：武王伐纣吹律用宫声，军和而士卒同心，故一战而胜纣。据说这是因为宫声与夏季相应，主中央土，土生长万物，象征欣欣向荣的缘故。 ⑩含齿戴角：指有利牙锐角之兽。犯：侵犯。校：计校，角力。 ⑪怒则毒螫加：蛇、蝎、蜂等用毒牙或尾针刺人叫螫。这里是说人怒之后就像毒虫一样攻击所怒的对象。 ⑫黄帝句：《五帝本纪》记载黄帝与炎帝战于阪泉之野，与蚩尤战于涿鹿之野，然后平定天下。炎帝、蚩尤均神农氏之后。神农氏以火德统治天下，黄帝灭之，所以说“以定火灾。”即平定了火德王带来的灾害。 ⑬颛顼句：颛顼，黄帝孙高阳氏。共工，炎帝之后，壅防百川为害，颛顼灭之。关于共工的传说，《淮南子·天文训》、《国语·周语》、《五帝本纪》、司马贞补《三皇本纪》说法不一。《天文训》说共工与颛顼争为帝；《周语》说颛顼氏衰，共工为水害；《五帝本纪》说共工为尧时人；《三皇本纪》说共工以水乘木与祝融战。司马迁写《史记》，用两传存疑之例广载异闻以备参考，所以这里的记载与《五帝本纪》不同。陈：读“阵”。　⑭成汤句：成汤，即商代开国君主商汤王，名履。汤伐桀，把他放逐在南巢。南巢，今安徽巢湖，一说巢山。殄（tiǎn 田），消灭。　⑮递兴递废：兴衰交替。　⑯名士迭兴：指咎犯、王子、孙武等著名军事家一个接一个地出现。　⑰咎犯：即舅犯，晋文公之舅狐偃，字子犯。公元前 632 年，晋楚城濮之战，他是晋军上军之佐，主要的谋臣之一。咎，借作“舅”。　⑱王子：齐将王子成甫。　⑲孙武：春秋时佐吴王夫差破楚的名将，著有《孙子兵法》。《史记》卷六十五有传。　⑳伯：读“霸”。　㉑兼列邦土：指咎犯等人都受有封地。列，通裂，裂地土而封。邦，古字与封字通。　㉒三代之诰誓：诰，教诫，《尚书》有《大诰》、《康诰》、《酒诰》等。誓，约束和警戒将士的动员令，《尚书》有《甘誓》、《汤誓》、《牧誓》等。这里是指夏、商、周三代用诰誓赐封诸侯，表示封土为侯之隆重。　㉓身宠君尊：指咎犯等人使自身获荣宠，也使国君更加尊贵。　㉔世儒：这里指腐儒，虽知名于世，但并无真才实学的儒者。闇：通“暗”，不明白。大较：大问题，大的道理。　㉕不权轻重：不权衡轻重，喻不知治世缓急之务。　㉖猥（wěi 伟）：随随便便，不严肃。　㉗失守：失国，亡国。　㉘遂执不移：指世儒固执上述成见，不肯改变。按，从“自是之后，名士迭兴”至“遂执不移等哉”是一长句，即以“名士”与“世儒”相较，二者不可相提并论。　㉙教笞：笞打不遵教导的孩子。笞（chī 痴），打人的竹板子。　㉚捐：废除。　㉛偃：停止，停息。这里指偃武，停止战争。　㉜巧拙：巧，指聪明智慧，喻善战的人；拙，指愚昧蠢笨，喻不会打仗的人。　㉝逆顺：这里指正义和非正义。　㉞勇非微也：桀、纣的个人之勇并不是没有。微，通“没”。　㉟秦二世句：这里“秦二世”包括秦始皇父子两代。地：指边陲。秦始皇开边，北筑长城，南戍五岭，被认为是宿军于无用之边地。　㊱结祸：结祸。　㊲闾巷之人为敌国：指桀、纣和秦二世等暴虐的统治达于极点，老百姓起来造他们的反。　㊳咎：灾祸，指桀、纣、二世亡国之祸。穷武：无止境的用兵。　㊴三边外畔：汉初匈奴、朝鲜、南越皆不内附，所以说“三边外畔”。畔，通“叛”。　㊵大国之王：指汉初所封韩信、彭越、黥布等异姓王国地域很大。　㊶会：正值，正当。㊷羁縻：牵制笼络。不备：不必戒备，即安宁，不打仗。　㊸全秦：全国统一之秦，即秦强盛之时。　㊹厄：险要的地方。　㊺选蠕：蠢蠢欲动的样子。蠕（ruǎn 软），软体虫类爬行的样子。　㊻任衣冠：信用士大夫，指重文治。衣冠，士大夫之称。　㊼克：能。　㊽秏病：疲困百姓。　㊾荷兵：肩扛兵器，服兵役。　㊿销距：消除边患。距，通“拒”，对抗。　51候：斥候，巡逻放哨，这里指哨所。　52内外之繇（yáo 徭）：戍边作战称外繇，大兴土木称内繇。汉文帝对外和亲，对内轻繇薄赋，不事兴作，所以百姓无内外之繇。53息肩：弛去负担，喻徭役减轻。　54粟至十余钱：一石粟价才十余钱，意为粮价极便宜。《平准书》载，汉初“米至石万钱”，《食货志》载宣帝时“谷至石五钱”。可见《史》《汉》两书记粟价均以石为单位。　⑤新去汤火：刚刚脱离水深火热的灾难。这里是说秦末战乱给人民带来深重灾难，如坠汤火，汉朝建立，至文帝时才消除。　⑥因其欲然：因，指顺着老百姓的愿望办事，不干扰老百姓的生产和生活。欲然，指汉朝统治者尚无为，顺民之欲，希望在秦末的废墟上重新奋发起来。　⑦孔子句：有德君子，指仁人，这里指孝文帝。司马迁在《孝文本纪赞》中引孔子言“必世然后仁”，评价汉文帝为仁德之君。

【译文】天子为统制万事所建立的各种法度，为测度物量而制定的各种规则，一切都根据六律，它是处理万事万物量度的基础。

六律在战争上的运用尤其重要，所以说“观察敌方云气就能预知战争的吉凶，吹律听声可以显现出胜败的征兆”，这是百代帝王都不能改变的规律。

武王伐纣，就是运用吹律听声的规律来部署战斗的。他先后吹奏了从春到冬与十二个月相应的律吕，呈现出一片肃杀之气，昂扬的宫声协调了战士的动作。同声相应，这本是物理自然法则，又何必奇怪呢！

用兵打仗，是圣人用来讨伐强暴，平定乱世，荡夷险阻，挽救危亡的工具。身上长有利牙锐角的野兽，受到侵犯就要报复，何况是具有喜怒哀乐之情的人呢？高兴的时候就产生怜爱之心，愤怒的时候就会像蜂蝎一样螫人，本是常情。

从前黄帝与蚩尤战于涿鹿之野，平定了火德王带来的灾害。颛顼诛杀了共工，消除了水患。商汤王发动南巢之战，消灭了暴乱的夏桀王。兴衰交替，胜利者发动的战争，是承受了天命。

从此以后，军事名人一个接一个地出现。晋用舅犯狐偃，齐用王子成甫，吴用孙武，严明军法，赏罚分明，终于称霸诸侯，裂土受封，虽然赶不上夏、商、周三代隆重的封诰誓命，却也是自身获得荣宠，并使国君更加尊贵，当世扬名，能说还不荣耀吗？那些徒有虚名的迂腐儒生，不明白大的道理，不懂得权衡轻重，侈谈德治教化，不用兵战，严重的造成国破君辱，轻一等的招致敌国侵犯而削弱，又固执成见，不肯改变，这样的迂腐儒生怎能和军事名人相提并论呢？因此，作为鞭打的家教不可废弃，作为刑罚的国法不可废除，作为平定天下的战争不可停止。只是运用战争的人，有的聪明，有的愚笨；有的战争是正义的，有的则是不正义的。

夏桀、殷纣，手能擒拿豺狼，脚能追赶四马，勇力并不算小；他们百战百胜，使诸侯恐惧屈服，权威不能说轻。秦二世把强大的军队驻扎在无用的边地，力量并不寡弱；北与匈奴结怨，南与南越结祸，势力并不单薄。等到权尽势极之时，普通老百姓都成为敌国。灾祸的产生恰恰是因为穷兵黩武而不知满足，快意的攫取之心不知停息啊！

汉高祖统一天下，外有匈奴、朝鲜、南越之边患，内有封王大国不遵守臣节。适逢高祖厌烦战争，加上依靠萧何、张良的谋划，所以能做到停息战争，与民休息，用牵制笼络的方法赢得了国家的安宁，并未扩大武备。

到了孝文帝即位，将军陈武等倡议说："南越、朝鲜在秦国强盛的时候内附为臣，后来依恃武力据守险塞，蠢蠢欲动。汉高祖时，因为天下刚刚统一，人民稍为安定，不可再用兵。现在，皇上用仁德恩惠安抚百姓，全国蒙受恩泽，应当趁战士和老百姓乐于为国效力的时侯，征讨叛逆，统一全国。"孝文帝说："我要贯彻以文德来治理天下，还没考虑这个问题。适逢诸吕作乱，蒙功臣和宗室的拥戴，我才忝居皇帝之位，时常战战兢兢，恐怕不能把国事办好。况且打仗，如同使用凶器，即使能够达到目的，发动起来也要疲困百姓，怎么对得起服役边陲的百姓呢？先帝高祖认识到役使百姓不可烦扰，才不致力于战争。我怎么敢逞能呢？现在匈奴时常内侵，将帅没有建树，边境百姓父子肩扛兵器很久了，我时常在心中伤痛，没有一天忘记他们。现在虽不能消除边患，我希望加强边防，设置哨所，与匈奴结和通使，使北面边境安宁，这比起发动战争的收获要多得多，请不要讨论军事。"所以老百姓外无戍边，内无徭役，得到了休养生息，从事于田园生产，全国富足，粮价一石才值十余钱。万里江山，到处是鸡鸣狗吠，炊烟缭绕，真可以说是一片和平景象。

太史公说：汉文帝时，国家刚刚脱离水深火热的灾难，人民需要安居乐业，国家也能够顺乎民意，尽量不扰乱百姓的生产、生活，所以老百姓都得到安宁。从生下来直到六七十岁的老翁，也不曾到过集市，玩耍嬉戏像小孩一样天真。汉文帝不就是孔子所称赞的有德君子吗！

【简论】《律书序》应正名为《兵书序》，因《史记》八书有《兵书》、《律历书》，而未有《律书》。《兵书》亡，好事者截《律历书》为《律书》、《历书》以补缺。自“书曰，［七正］二十八舍”以下即所截《律历书》之文。梁玉绳《史记志疑》，王元启《三书正伪》，赵翼《廿二史劄记》等均谓《律书》即《兵书》，其根据有二。一是《太史公自序》云：“作《律书》第三”，二是《自序·集解》引张晏所列十篇亡书目录中有《律书》，但这两条证据是值得商榷的。

第一，《自序》云：“非兵不强，非德不昌，黄帝、汤、武以兴，桀、纣、二世以崩，可不慎欤?《司马法》所从来尚矣，太公、孙、吴、王子能绍而明之，切近世，极人变，作《律书》第三。”这一旨意显然与“［七正］二十八舍”的《律书》内容不吻合。

第二，《太史公自序》末段总括八书说：“礼乐损益，律历改易，兵权山川鬼神，天人之际，承敝通变，作八书。”据此，“礼乐损益”，即《礼书》、《乐书》；“律历改易”，即《律历书》；“兵权山川鬼神”，即《兵书》、《河渠书》、《封禅书》；“天人之际”，即《天官书》，“承敝通变”，即《平准书》。若《兵书》即《律书》，则与《太史公自序》这一段话的断句释义均有抵牾。

第三，《太史公自序》又云：“律居阴而治阳，历居阳而治阴，律历更相治，间不容翲忽。五家之文怫异，维太初之元论。作《历书》第四。”这里律历并论，即可反证《律书》非《兵书》，而应是律历合称《律历书》。

第四，《太史公自序·索隐》引张晏语与《汉书》司马迁本传颜注均作“兵书亡”。司马贞又明确指出：“兵书亡，不补，略述律而言兵，遂分历述以次。”据此可以推论，《集解》所引张晏语，或为裴骃所改，《太史公自序》原文亦当为裴氏所改。

上述四证，可以说明今本《太史公自序》有窜乱。“作《律书》第三”，应正名为“作《兵书》第三”；“作《历书》第四”，应正名为“作《律历书》第四”。也就是说，《律书》乃《律历书》之一部分，《兵书》亡而未补，司马贞之语不诬。但今本《律书》篇首之序，乃补亡者搜求的《兵书》逸文，其内容不仅与《太史公自序》所提示的写作旨趣完全吻合，而且与《史记》全书所载战争史的内容相映照。《律书序》为司马迁手笔，毋庸置疑。

《史记》系统地记载了古代的战争，具有战争史的规模体制。通计《史记》全书，记载古代大小战争从黄帝统一到汉武帝兵征大宛共五百余次，涉及八十二个篇目，字数十余万，约占《史记》全书四分之一的篇幅，是其他任何一部古代史籍所无法比拟的。司马迁写战争，有史有论。对于影响历史进程的重大战争，总是作绘声绘色的记载。交兵始末，兵略战术，局势变化，写来头头是道。这说明司马迁是一位精通兵略学的历史家。《史记》载述的重大战争有七十余次。凡重大战争，年表载其目，纪、传、世家载其事，序赞论其是非。《律书序》就是司马迁写的一篇战争论，集中地表述了他的战争观，可概括为以下三个方面。

（一）认为战争是诛暴救危的自强工具，它既可以兴邦，也可以丧邦，应当慎重使用。《太史公自序》云：“非兵不强，非德不昌，黄帝、汤、武以兴，桀、纣、二世以崩，可不慎欤？”这段话概括了《律书序》所阐述的主题。“非兵不强，非德不昌”，这八个字是司马迁战争观的理论核心。兵，即战争。德，指政治。两者相辅相成。国家缺少战争手段就不能自强，但只注重战争而缺少礼、义之德，国家也不会昌盛。“黄帝、汤、武以兴，桀、纣、二世以崩”，就是生动的历史例证。儒家排斥战争，法家专注暴力，两家都不免有片面性。但司马迁的观点并非儒法两家的折衷，而是吸收了两家的合理内核，以之为出发点，系统地总结了几千年的战争史，尤其是总结了春秋战国以来近世的战争史后所升华出来的理论。司马迁从“通古今之变”的历史中认识到战争不可避免，摒弃了儒家的非战观点，承认暴力在一定条件下的合理性，接近于先秦法家学派的战争观，是一种进步的观点。

（二）认为战争“行之有逆顺”，颂扬顺天而行的正义战争，反对逆理而动的非正义战争。司马迁对战争的这种认识，是值得称赞的，超越了前人。首先，司马迁对战争下了明确的定义，鲜明地提出了区分两类战争的理论。“兵者，圣人所以讨强暴，平乱世，夷险阻，救危殆”，即诛暴、平乱、夷险、救危这四个方面的战争是正义的，反之是非正义的。对照先秦兵家及东汉班固给战争所下的定义，就可以清楚地看出司马迁战争观的进步性。先秦的大军事家孙子竟宣称战争的目的就是“掠乡分众，廓地分利”（《孙子·军争》），这就混淆了两类战争的界线。班固说：“凡兵，所以存亡继绝，救乱除害也。”（《汉书·刑法志》）这是儒家的正统观点。“救乱除害”是正确的，儒家颂扬汤武革命就基于此，为司马迁所吸收。但“存亡继绝”却是倒退的历史观。孔子倡言“兴灭国，继绝世”（《论语·尧曰》），目的是维护西周那样的封建局面。按照这一观点，远古的黄帝和近世的秦始皇所进行的统一战争就将被否定。汉儒们正是从这一观点出发，全盘否定秦朝的统一战争，被司马迁讥笑为“不察其终始”的“耳食”之儒（《六国年表序》）。其次，司马迁对历史上两类战争作了具体区分，《律书序》列举了一系列两类战争的类例来提示，明其是非。综观《史记》褒贬抑扬的两类战争，可以概括为三种类型。一是颂扬平乱世的统一战争，反对分裂割据的战争。黄帝、秦始皇、汉高祖诛暴平乱，统一天下，得到司马迁的肯定。蚩尤作乱，项羽分裂天下，汉初七国叛逆，均受到司马迁的批评。二是颂扬有道伐无道的革命战争，反对暴虐人民的昏乱之君。汤、武兴起，陈涉发难，就是有道伐无道的革命战争，司马迁予以高度赞扬。而桀、纣、二世败亡，则是罪有应得。三是颂扬诛暴战争，反对穷兵黩武的战争。《匈奴列传》以实录史事的手法谴责匈奴侵扰中国，故《太史公自序》云：“自三代以来，匈奴常为中国患害；欲知强弱之时，设备征讨，作《匈奴列传》第五十。”司马迁肯定了汉武帝反击匈奴，认为“汉兴五世，隆在建元，外攘夷狄，内修法度”，应是作《今上本纪》的主要内容。但是汉武帝由反击而走上黩武主义，务要臣服匈奴，从而导致了后期战争的失败，受到司马迁的讥刺。《律书序》极力赞美汉文帝偃武修文，而有意不论汉武帝之用兵，用沉默以寓讽。这一手法也说明了《律书序》正是司马迁之思想，亦正是司马迁之手笔。

（三）认为战争“用之有巧拙”，要兴建功业，必须慎择将相，认真研究用兵作战的方略。《史记》载述古代帝王将相善战者六十余人，给众多的兵家人物作传。司马迁高度评价司马穰苴、太公、孙子、吴起等人的兵法，称赞他们的兵法学“切近世，极人变”，既切合近世社会的实用，又是人类最高智慧的结晶。《律书序》列举晋用咎犯，齐用王子成甫，吴用孙武等人强兵克敌的功用，与那些不识时务的世儒相较，真是有过之而无不及。

从上述三个方面来看，司马迁十分精通兵略，娴于权谋，故载述兵事战阵有声有色。《律书序》所阐述的战争观，说明司马迁是立于治国平天下的政治高度来总结历史上的战争和兵略理论，目的是“志古自镜”，供善为治国者借鉴。《史记》断限，上起黄帝，下至太初，从战争角度看，即是从黄帝的统一战争起叙事，至汉武帝兵征大宛而结，示历史进程与战争密不可分。司马迁十分注重战争，研究兵略，记载战史，颂扬兵家，号召自强，抗暴御侮。司马迁对兵政关系作了辩证的理论概括，认为兵与政是保国安民的两件不可缺一的工具。他借主父偃《谏伐匈奴疏》引《司马法》曰：“国虽大，好战必亡；天下虽平，忘战必危。”（载《平津侯主父列传》）用司马迁的话说，就是战争如同“教笞不可废于家，刑罚不可捐于国”一样，“诛伐不可偃于天下”；但“用之有巧拙，行之有逆顺”，而决不能搞黩武主义。这些思想在今天看来，无疑也是值得肯定的。

历书序第四

昔自在古，历建正作于孟春[①]。于时冰泮发蛰[②]，百草奋兴，秭鴂先滜[3]。物迺岁具[4]。生于东[5]，次顺四时，卒于冬分[6]。时鸡三号，卒明。抚十二月节，卒于丑[7]。日月成［岁］，故［幽］明也[8]。明者孟也，幽者幼也，幽明者雌雄也[9]。雌雄代兴[10]，而顺至正之统也。日归于西，起明于东；月归于东，起明于西[11]。正不率天[12]，又不由人，则凡事易坏而难成矣[13]。

王者易姓受命[14]，必慎始初，改正朔[15]，易服色，推本天元[16]，顺承厥意。

太史公曰：神农以前尚矣。盖黄帝考定星历[17]，建立五行[18]，起消息[19]，正闰余[20]，于是有天地神祇物类之官[21]，是谓五官[22]。各司其序，不相乱也。民是以能有信[23]，神是以能有明德[24]。民神异业[25]，敬而不渎，故神降之嘉生[26]，民以物享[27]，灾祸不生，所求不匮。

少皞氏之衰也[28]，九黎乱德[29]，民神杂扰[30]，不可放物[31]，祸菑荐至[32]，莫尽其气[33]。颛顼受之[34]，乃命南正重司天以属神，命火正黎司地以属民，使复旧常，无相侵渎。

其后三苗服九黎之德[35]，故二官咸废所职，而闰余乖次[36]，孟陬殄灭[37]，摄提无纪[38]，历数失序。尧复遂重黎之后[39]，不忘旧者，使复典之，而立羲和之官[40]。明时正度，则阴阳调，风雨节[41]，茂气至，民无夭疫[42]。年耆禅舜[43]，申戒文祖[44]，云"天之历数在尔躬[45]"。舜亦以命禹。由是观之，王者所重也。

夏正以正月，殷正以十二月，周正以十一月，盖三王之正若循环，穷则反本。天下有道，则不失纪序；无道，则正朔不行于诸侯。

幽、厉之后[46]，周室微，陪臣执政[47]，史不记时[48]，君不告朔[49]，故畴人子弟分散[50]，或在诸夏[51]，或在夷狄[52]，是以其禨祥废而不统[53]。周襄王二十六年闰三月[54]，而《春秋》非之[55]。先王之正时也，履端于始[56]，举正于中[57]，归邪于终[58]。履端于始，序则不愆[59]，举正于中，民则不惑[60]；归邪于终，事则不悖。

其后战国并争，在于强国禽敌，救急解纷而已，岂遑念斯哉[61]！是时独有邹衍[62]，明于五德之传[63]，而散消息之分[64]，以显诸侯。而亦因秦灭六国，兵戎极烦，又升至尊之日浅，未暇遑也。而亦颇推五胜[65]，而自以为获水德之瑞，更名河曰“德水”，而正以十月，色上黑。然历度闰余，未能睹其真也。

汉兴，高祖曰“北畤待我而[66]起”，亦自以为获水德之瑞[67]。虽明习历及张苍[68]等，咸以为然。是时天下初定，方纲纪大基，高后女主，皆未遑，故袭秦正朔服色。

至孝文时，鲁人公孙臣以终始五德上书[69]，言“汉得土德，宜更元，改正朔，易服色。当有瑞，瑞黄龙见”。事下丞相张苍，张苍亦学律历，以为非是，罢之。其后黄龙见成纪[70]，张苍自黜[71]，所欲论著不成。而新垣平以望气见[72]，颇言正历服色事，贵幸，后作乱[73]，故孝文帝废不复问。

至今上即位[74]，招致方士唐都[75]，分其天部；而巴落下闳运算转历[76]，然后日辰之度与夏正同。乃改元[77]，更官号[78]，封泰山[79]。因诏御史曰：“乃者，有司言星度之未定也，广延宣问，以理星度，未能詹也[80]。盖闻昔者黄帝合而不死[81]，名察度验[82]，定清浊[83]，起五部[84]，建气物分数[85]。然盖尚矣。书缺乐弛，朕甚闵焉。朕唯未能循明也[86]，紬绩日分[87]，率应水德之胜[88]。今日顺夏至，黄钟为宫，林钟为徵，太簇为商，南吕为羽，姑洗为角。自是以后，气复正，羽声复清，名复正（变）[89]，以至子日当冬至，则阴阳离合之道行焉[90]。十一月甲子朔旦冬至已詹[91]，其更以七年为太初元年。年名‘焉逢摄提格’[92]，月名‘毕聚’[93]，日得甲子，夜半朔旦冬至。”

【注释】①历建正作于孟春：年历起首之月就是孟春，称正月。历，又称历法，古作厤，通作历，繁体字作曆，就是观察日月星天体运行之象，用以推算四时季节，编制年、月、日运行周期的方法。中国旧历称古历、旧历、夏历、阴历、农历等，通称夏历，以建寅之月为岁首。夏历是阴阳合历，年为太阳年，三百六十五日又四分之一日。一年分十二节月。月为太阴月，以朔旦为月首，从合朔到合朔为一月。由于太阴月长为二十九日半，故历月有大月、小月之分。大月三十日，小月二十九日。一昼一夜为日，以夜半为日首，用干支纪日。所以日人又称中国夏历为阴阳干支三合历。作，始也。　②泮（pàn 判）：消解。蛰（zhé 折）：昆虫冬眠。　③秭鸩又作“子规”，俗名杜鹃。嗥（háo 号）：通“嗥”，鸣叫。　④迺：同“乃”字。　⑤生于东：即岁始寅月。　⑥卒于冬分：结束于冬尽。冬分，即冬尽，指除夕之夜，一岁结束。　⑦抚十二月节，卒于丑：夏历建正寅月，一年分十二月，其顺次为正月寅，二月卯，三月辰，四月巳，五月午，六月未，七月申，八月酉，九月戌，十月亥，十一月子，十二月丑，至丑，一岁的历程结束。抚，循序，顺次。　⑧日月成〔岁〕，故〔幽〕明也：原文作“日月成，故明也”，依上下文语法环境，疑此句有脱文，应为“日月成岁，故幽明也”。《大戴礼·诰志篇》，“成”下正有“岁”字。日月交替，即幽明递嬗，而成日、月、年。　⑨明者孟也三句：明即阳就是孟，幽即阴就是幼，幽明又为雌雄。按，幽明为阴阳之代称。古人用阴阳二气来解释宇宙的生成，阳尊阴卑。孟，义为长，古音读芒，与明同韵。幽为幼，二字同韵。这两句用叶音寓义尊长卑幼。　⑩兴：运行。　⑪日归于西四句：地球绕太阳运动，故总视太阳东起西落，而月亮绕地球运动，故新月现于正西，渐转而东，至望月则现于正东。归，指日月的循环往复运动，有回归、隐没等义。　⑫正：读“政”。率：遵循。　⑬篇首至此“而难成矣”：节引自《大戴礼·诰志篇》，文略小异。以下采《国语·楚语》、《论语·尧曰》、《左传》文公元年等文献，不再一一注出。　⑭易姓受命：即改朝换代。　⑮改正朔：即改历。十二节月含冬至之月称子月，依十二支顺序之节月称十二建月。夏历正月建寅，称夏正；殷历正月建丑，称殷正；周历正月建子，称周正。夏、殷，周历合称三正。朔日即每月初一，三正均以合朔日为月首。改历就是改正朔。秦朝正月建亥，即以夏正之十月为岁首。汉初承用。汉武帝太初元年（前 104 年）改用夏正，二千多年来，除唐武则天一度用周正外，未有变动，所以中国旧历通称夏历。　⑯天元：即上元，又称历元。术数家以六十甲子配六宫，必一百八十年后度尽，故以第一甲子为上元，第二甲子为中元，第三甲子为下元，合称三元。　⑰黄帝考定星历：殷代用干支纪日已得到甲骨文的证明。黄帝时代是否正历法，先秦史官根据传说，在《世本·作篇》中有生动的记载。《世本》作者说，黄帝使羲和占日，即观测太阳视运动以定年的长度；使常仪占月，观测月亮的运动以定朔望月的长度；使臾区占星，观测星象运动以占卜年成丰歉及人事吉凶；使大挠作甲子，编制干支纪日法；容成会通制定了历法，称黄帝历。　⑱五行：指金、木、水、火、土相生相克的学说，起于战国时代，托名黄帝。　⑲起消息：指自然界无时无刻不在进行着生死的转换。消，死灭；息，生长。　⑳正闰余：校正历法每月每年余分以置闰月。余，指太阳年三百六十五日又四分之一日比十二节月三百五十四天多出十一天又四分之一日。十九个太阳年中有 235 个太阴月。所以每一个太阳年含 $235\div19=12\frac{7}{19}$ 个太阴月。但历年不含分数月，$235=19\times12+7$。所以十九年中置七个闰月。平年为十二个月。闰年为十三个月。 ㉑神祇：天上的神称神，地上的神称祇。《国语》卷十八《楚语下》，“祇”作“民”。 ㉒五官：分管天、地、神、民、物类之官。物类，指禽兽草木。（依泷川资言《史记会注考证》说） ㉓能有信：《楚语下》作“能有忠信”与下句“能有明德”相对。意为民众能够诚信事奉神明。 ㉔能有明德：指神降祸福于民，可以公正地显示奖惩。 ㉕民神异业：人、神之事，是各不相同的。业，事。 ㉖嘉生：好庄稼。 ㉗物享：物，祭品，五谷和牺牲。享，祭享。 ㉘少皞氏：传说的古代圣王，黄帝之子。 ㉙九黎：南方各黎族部落。这里的“九”和下文“三苗”之“三”，泛指多数。 ㉚民神杂扰：民神混杂在一起。据《楚语》，少皞氏衰落，人神不分，家家都在祭祀，人人能通神，弄得民穷财尽，秩序混乱。颛顼进行整顿，命南正重去管天上的神事，使各就各位；命火正黎去掌地下的民事，使各安其业，人神重又分开，恢复了秩序。 ㉛放物：区分事类。放，楚地方言读“方”，区别、分别。物，类，指人神各自的事。 ㉜荐至：纷至沓来。荐，重复。 ㉝莫尽其气：没有谁能享尽天年。气，受命之气。 ㉞颛顼：五帝之一，黄帝孙高阳氏。 ㉟三苗：南方各苗族部落。服：奉行。 ㊱闰余乖次：指闰余错乱了编次。古人把黄道周天按照由西向东方向分为十二个等分叫十二次，其名称是：一星纪，二玄枵，三诹訾，四降娄，五大梁，六实沈，七鹑首，八鹑火，九鹑尾，十寿星，十一大火，十二析木。十二次是用来指示太阳的视位置，说明日月五星运行的程次，并据此定出闰月和一年四季以及二十四节气的起止日期。如有错乱，要严重影响农牧业生产。 ㊲孟陬殄灭：即正月不正。正月叫孟陬月，闰余乖错，则正月不正。 ㊳摄提无纪：摄提，星名，随北斗星斗杓所指，建十二月。 ㊴遂：《楚语》作“育”，培养的意思。 ㊵羲和之官：指尧立羲氏、和氏为掌历之官。 ㊶节：节度，适宜。 ㊷夭：早死，这里指死于非命。 ㊸耆：七十以上的老人。 ㊹文祖：尧的祖宗庙。 ㊺天之历数在尔躬：管好天文历数的重任已经降落在你的身上了。历数，国之大事，必须天子主持，故也代指王权。语出《论语·尧曰》。 ㊻幽厉之后：周厉王、幽王之后，即从东周时代起。厉，指周厉王姬胡，西周第九代第十君。厉王暴虐为国人所逐，西周衰落。幽，周幽王姬宫湦，厉王之孙，他荒忽国政，为犬戎所杀，西周灭亡。 ㊼陪臣执政：指春秋时代诸侯权力衰微，卿、大夫执国柄。陪臣，臣之臣为陪臣，诸侯之卿、大夫对周天子来说就是陪臣。 ㊽史不记时：史官失职，没有准确记载日、月、五星运行变化的情况。 ㊾君不告朔：诸侯国君告朔是古代王者所重的一种制度。因历书记载日月朔闰，故周天子每年秋冬之交要向诸侯颁布历书，称“颁告朔”。

诸侯将历书藏于祖庙，每月初一宰羊祭庙，称“告朔”；然后回朝听政，称“视朔”或“听朔”。春秋时，周天子不颁历书，各国自为历，而诸侯国君也不亲临告朔，只是杀一只羊虚应故事罢了，所以说“君不告朔”。　㊿畴人：世代职掌律历天官的人。畴，即“筹”之假借字。筹是用作算码的竹签。律历天官均用算码运算星度，故称筹人。　(51)诸夏：中原各诸侯国之总称。　(52)夷狄：周代对周边少数民族之总称。　(53)禨祥：古代的占星术，通过观察天象以见吉凶之兆。凶兆为禨，吉兆为祥。　(54)周襄王：姬郑，东周第六代国君。闰三月：按习惯，闰月应置于年终。鲁僖公末年当闰，鲁国打破惯例，没有在年终置闰，而改在第二年新君鲁文公即位之元年闰三月，时当周襄王二十六年，即公元前626年。　(55)《春秋》非之：指《左传》鲁文公元年的记载：“于是闰三月，非礼也。”所谓“非礼”，就是违背制度，详下“举正于中”条注。　(56)履端于始：日月运行于天，如人之行步。所以推历叫步历。制定历法起始的一点年月日都整齐而无余分，称“历元”，叫“履端于始”。如太初历就以元封七年十一月初一子时的冬至点为“历元”，改元太初。　(57)举正于中：以中气所在来定十二节月的名称和置闰，这种方法叫“以中为建”。具体说就是将一周岁365又1/4日平分为二十四个节气，用以反映四季、气温、降雨、物候等方面的变化。二十四节交叉分为节气和中气两种。每月各有一个节气和中气。例如，立春是正月节，雨水是正月中；惊蛰是二月节，春分是二月中。以下依此类推。由于一节一中是三十天半，大于一个朔望月。所以每月的节气和中气总要比上一月推迟一至二天，推迟到某月只有节气没有中气，就在这个月置闰。所以有“闰月无中气”的说法。古历年终置闰，就是要使正月必须有中气。鲁国未在僖公末年的年终置闰，则鲁文公元年之正月无中气，这被认为是非礼的。　(58)归邪于终：《左传》作“归余于终”，邪、余古音通假。余，指一节气和一中气比一个朔望月多出的那一两日，积日成月在年终置闰，称“归余于终”。　(59)慝：差错。　(60)民则不惑：斗建不失次，则寒暑变化形成规律，人民不会糊涂。　(61)遑：闲暇。　(62)邹衍：战国时阴阳家，创五德终始学说。　(63)五德之传：即五德终始学说，是一种大一统的历史循环理论。五德即五行之德。五行相生为木生火，火生土，土生金，金生水，水生木。五行相克为水克火，火克金，金克木，木克土，土克水。五帝三代的更替就是五行相克。黄帝土德，夏木德，商金德，周火德，秦水德。秦始皇就是依据这一学说推行中央集权制的。　(64)散：通“宣”。分：界限。　(65)五胜：即五德相胜，（互相生克）。秦以周为火德，故以水德胜之，改黄河为“德水”，色尚黑（水色），岁首建亥（亥属水），数用六。　(66)北畤：祭祀象征水德的黑帝祠庙。畤，祠庙。秦宣公在渭南立密畤祭青帝；灵公在吴阳立上畤祭黄帝，立下畤祭炎帝；献公在栎阳立畦畤祭白帝。秦始皇统一六国后移诸祠于雍共四畤，而缺黑帝祠。汉高祖在雍立北畤祭黑帝，于是五畤齐备。

汉高祖立北畤，认为是汉得水德的征兆，所以说“北畤待我而起”。 ⑰水德之瑞：秦为水德，汉当以土德胜。汉高祖认为，汉得真正的水德，秦只不过是一个闰统，未得天命，因此汉承秦制，沿用秦历。 ⑱张苍：秦时为御史，掌天下图籍，擅长律历。汉朝建立，张苍为计相，掌郡国上计，官至御史大夫、丞相。张苍力主汉承秦制，反对改历。《史记》卷九十六有传。 ⑲公孙臣：方士，汉文帝十二年上书称汉得土德，应改正朔，易服色，色上黄。由于张苍的反对，汉文帝没有采纳。 ⑳成纪：汉县名，在今甘肃秦安北。汉文帝十五年黄龙现于成纪。这是方士们制造的“祥瑞”。 ㉑张苍自黜：张苍自己罢了自己的官，即主动致仕。黄龙现成纪，文帝起用公孙臣为博士，草拟土德的历法制度，于是张苍称病致仕。事详《张丞相列传》。 ㉒新垣平：继公孙臣之后上书汉文帝主张汉应改历的方士。汉文帝十六年，他望见长安东北有神气，成五采，上书文帝在渭阳立五帝庙，为封禅改历制造舆论。 ㉓后作乱：新垣平善望气很得汉文帝赏识，拜为上大夫。“后作乱”就是指他多次弄虚作假的望气术被人识破告发，下狱诛死。从此汉文帝也就把改历封禅之事搁置了起来。 ㉔今上：即汉武帝。 ㉕唐都：西汉著名的天文学家。 ㉖落下闳：著名的历法学家。运算转历：进行天象运转的实验和计算而制定历法。 ㉗改元：元封七年（前 104 年），因颁布新历改元太初，新历法就叫太初历。 ㉘更官号：太初元年汉武帝更改了百官名号和秩禄，表示与改历相应。 ㉙封泰山：元封元年（前 110 年）汉武帝封禅泰山。 ㉚詹：通“雠”（chóu 仇），校正、考验。 ㉛黄帝合而不死：传说黄帝造历合于天象，并以天干（十母）地支（十二子）相配成年、月、日、时之名，即所谓“六十甲子”，终而复始无止境，故曰“不死”。 ㉜名察度验：即察名验度，指察寒暑节气之名，与日月星行之度相验正。 ㉝定清浊：定六律六吕音声之清浊，使之分别代表六阳月，六阴月。 ㉞起五部：划定五部之音，即下文的宫、徵、商、羽、角五部音（代表五行之音色）。黄钟为宫，林钟为徵，太簇为商，南吕为羽，姑洗为角。 ㉟建气物分数：确立二十四节气的分度。 ㊱循明：《汉书·律历志》作“修明”。 ㊲紬绩日分：计算日行分度。紬（chōu 抽），筹算。 ㊳率应水德之胜：遵循着克胜水德之德，即汉应为土德。 ㊴名复正变：变字衍（从王元启说）。名复正，指二十四节复归于正，与实际相符。名，二十四节气名称。 ㊵阴阳离合之道：太初历元甲子夜半，七曜皆会斗牵牛分度，是谓合；此后七曜按各自的轨道运行有迟有速，各异其行，是谓离。 ㊶十一月甲子朔旦冬至已詹：十一月甲子朔旦是太初历的岁元起点，正为冬至点，观测校验的结果与推测完全符合。 ㊷焉逢摄提格：即太初元年（前 104 年）的太岁纪年名，换算为干支纪年就是甲寅年。太岁纪年与干支纪年同为六十个年名相循环。对照如下表：

天干	甲	乙	丙	丁	戊	己	庚	辛	壬	癸	甲	乙
岁阳	焉逢	端蒙	游兆	强梧	徒维	祝犁	商横	昭阳	横艾	尚章		
地支	子	丑	寅	卯	辰	巳	午	未	申	酉	戌	亥
岁阴	困敦	赤奋若	摄提格	单阏	执徐	大荒落	敦牂	叶洽	涒滩	作噩	淹茂	大渊献

从表中可直接查出，第一年甲子年即焉逢困敦，第二年乙丑年即端蒙赤奋若，其余类推，六十年周而复始即六十甲子。《历书》所载《历述甲子篇》是从甲寅年开始，第二年为乙卯即端蒙单阏，以下类推。共载了七十六个年名预推历法之闰余。㉝月名毕聚：指月亮的位置正在毕与陬訾之间。

【译文】从遥远的古代起，纪年的历法确定正月就从孟春开始。在这时结冰消解，蛰虫复苏，草地泛青，杜鹃首先鸣叫。万物生长是一岁一个循环，岁始寅月，顺次历经春夏秋冬四季，结束于冬尽。鸡叫三遍，终于天明，又是一个新年开始了。按十二节月的顺次，岁终于丑。日月交替运行，积日成月，累月成岁，所以最基本的是幽明嬗递的昼夜变化。明就是孟，代表尊长；幽就是幼，代表卑小。幽明又各为雌雄，代表月和日。雌雄交替，即阴阳运行，符合最纯正的天道统系。太阳总是从西边落下，又从东边升起；而月亮则是新月现于西方，至望月又回转到东方。治政若不遵循天道，又不顺从民心，那么一切事情都将容易坏乱，而难以成功。

改朝换代的帝王，十分重视初始，要改定正朔，变易服色，推步历元，表示顺从天命。

太史公说：神农以前太遥远了。大约从黄帝起，观测星象，制定历法，建立了五行学说，观察万物的生灭，校正余分置闰，于是出现了天、地、神、民、万物的五官，各自职责分明，不再互相混乱。因此，民众能够诚信事奉神明，众神所降祸福能够公正。人事和神事各自不同，人对神尊敬而不怠慢，所以神降福祥，五谷丰登。人民用五谷和牺牲祭神，所以没有发生灾祸，有求必应。

少皞氏衰落以后，九黎扰乱了秩序，民和神混杂在一起，各自的事业难以区分，灾祸一个接一个地到来，没有谁能享尽天年。颛顼帝继立以后，命南正重管理天上的神事，命火正黎管理地上的民事，恢复了旧日的秩序，人神重新分开，互不相乱。

后来三苗效法九黎扰乱秩序，南正重、火正黎两官失去了自己的职守，因而闰余错乱了编次，正月不正，摄提没有法度，历数失去了顺序。尧又培养重黎的后代，选择能继承祖业的人，使他们重新职掌天地，以羲氏、和氏为历官。由于时令节气分明，故历数得到纠正，阴阳调和，风雨适宜，和美之气降临，人民没有横死和疾病。尧年老以后禅位给舜，在文祖庙里告诫舜说："管好天文历数的重任，已经降落在你身上了。"舜禅位给禹时，也这样告诫他。由此看来，历法是帝王十分重视的。

夏历的正月是孟春正月，殷历的正月是季冬十二月，周历的正月是仲冬十一月，这就是夏、殷、周三正历，循环往复，一个周期完了又重新开始。天下太平，则观察星象推步历数节令不失法度；天下混乱，则王室颁订的正朔在诸侯那里就行不通。

周厉王、幽王之后，周王室衰微了，陪臣执政，史官失职，诸侯国君不行告朔之礼，所以历家子弟失职散亡，有的在中原各国，有的在夷狄地区。因此，预测机祥的占星术被废弃，观察天象不得要领。周襄王二十六年，鲁国闰三月，受到《春秋左氏传》的批评。先王制定历法，一定要从"历元"开始，正月必须包含中气，积满一月余分在年终置闰。推历从"历元"开始，四时交替的顺序就不会有差错；正月必须包含中气，寒暑不致颠倒，人民就不会糊涂；积满一月余分在年终置闰，所订历法才不会违背实际的天象。

此后，战国纷争，讲求富国强兵，克敌制胜，救急解纷，哪有闲暇考虑改历的事呢？当时只有邹衍，精通五德终始的学说，宣扬万物生灭盛衰规律的界限，扬名于诸侯。又因秦朝统一六国，战争频繁，称帝的时间不长，也没来得及改历。但秦帝十分重视五德互相生克的学说，自认为得了水德，所以改黄河为"德水"，以十月为正月，以黑色为正色。但是历法闰余，并没有作精确推占。

汉朝建立，汉高祖说："祭祀黑帝的北畤是留给我来建立的"，还自认为这正是汉得水德的征兆。即使精通历法的张苍等人，也都认为是这样的。当时天下刚刚安定，正忙于建立国家的基础，接着是女主高后当政，都没来得及改历，所以沿用秦朝历法的正朔和服色。

到了孝文帝的时候，鲁人公孙臣用五德终始说上书说："汉得土德，应更新历元，改定正朔，变易服色。当有征兆，黄龙就要出现。"汉文帝把这事下给丞相张苍等议论。张苍也是精习律历的，认为不对，于是搁置起来。后来黄龙在成纪出现，张苍自己告退，因此他想要论述的汉得水德的著作没有完成。这时又出了一个新垣平，他用望气术求见，极力称说变更历法服色的事，受到贵宠，但后来他弄虚作假的伎俩被揭穿了，所以孝文帝停止了改历的事，不再提起。

当今皇帝即位，招徕了方士唐都，观测星象二十八宿的分部；又征召巴郡落下闳进行天象运转的实验和计算，这才校正了日月星辰的行度使其与夏正符合。于是改元太初，变更百官名称及秩禄，封禅泰山。汉武帝给御史大夫下达了改历的诏令，说："从前，主管星历的官吏说星度没有测定，于是广泛地征询，并观测星度，但没有验证。据说从前黄帝制作了符合天象的甲子记历法，所以循环无穷，运用节气名称来验正日月星的行度，定出六律六吕的清浊，划分宫徵商羽角五部的音域，确立二十四节气的分度，但这是很久远的历史了。典籍缺乏，乐理废弛，我很痛心。我想历法至今没有修明，应计算日行分度，以适应克胜水德的土德。今日时当夏至，以黄钟为宫声，林钟为徵声，太簇为商声，南吕为羽声，姑洗为角声。从此以后，节气复归于正确，羽声复归于清，匡正后的二十四节气名称与实际相符。按新历推定，十一月甲子朔旦时刻，当是冬至点，如果吻合，那末日月星辰分合的运行规律就可以精确推定了。到了十一月甲子朔旦时刻，观测校验的结果，正是冬至点，与推定完全符合，因此应将元封七年改为太初元年。年名'焉逢摄提格'，月名'毕聚'，这一天是甲子日，夜半朔旦时刻是冬至点。”

【简论】《历书序》的内容主要有三个方面，亦即三个层次。第一部分从“昔自在古”至“事则不悖”，主要采摘《大戴礼·诰志》、《国语·楚语》、《论语·尧曰》、《左传·文公元年》等历史文献，概述了古代三正历法的理论及其发展；第二部分“其后战国并争”至“故孝文废不复问”评述了改历与朝代兴衰的关系。只有政治稳定，才能真正制定出精确的历法。政治动乱，空论天道，则实际推步必不密。第三部分，即最后一节，记载了太初历的制定情况。由于历法与农业生产有着密切的关系。而古代的农业又是国民经济的支柱，所以历代帝王十分重视历法的制定工作。改历，易服色，被视为天命所在，从而附会上浓厚的迷信色彩。司马迁的《历书序》，只作了纪实性的陈述，对五德终始和天道运数，略而不载，表现了他的科学精神。《历书序》后附《历术甲子篇》，十分简略，只记载了一部太岁纪年法七十六个岁名以及大余小余。由于岁名下后人因《正义》之注衍入了年号，因此有人认为《历术甲子篇》是后人所补。梁玉绳云：“其所说历法仍是古四分之术，非邓平、落下闳所更定之《太初历》也。”又云：“《史记》讫太初，而叙至成帝建始，非妄续之证耶?”(《史记志疑》卷十五)梁氏的推论，是可以商榷的。若《历书》为后人所续，为何不载太初历之推步而载古四分之术?司马迁不载太初历之推步，富有微旨。太初历推步未密，行用未久，昭帝元凤三年(前78年)，太史令张寿王就曾上疏请求废弃，而被下狱。正由于太初历是汉武帝改元所制，为国家盛典，诏用其术，司马迁“于是不书新历法之推步，不载邓平其人，此载旧历法以寓褒贬”(朱文鑫:《十七史天文诸志之研究》)。这正是司马迁实录史事精神的生动反映。由此仍可推知，在太初历的推步上，司马迁与邓平等可能有分歧。不管怎样，太初历的改制，以正月为正，这是一个很大的进步，故司马迁为之作《历书》云。

天官书论第五

太史公曰：自初生民以来①，世主曷尝不历日月星辰②？及至五家③、三代，绍而明之④，内冠带⑤，外夷狄，分中国为十有二州⑥，仰则观象于天，俯则法类于地。天则有日月，地则有阴阳。天有五星⑦，地有五行⑧。天则有列宿，地则有州域⑨。三光者⑩，阴阳之精，气本在地，而圣人统理之⑪。

幽、厉以往，尚矣。所见天变⑫，皆国殊窟穴⑬，家占物怪⑭，以合时应，其文图籍禨祥不法⑮。是以孔子论六经⑯，纪异而说不书⑰。至天道命，不传⑱；传其人，不待告；告非其人，虽言不著。

昔之传天数者⑲：高辛之前⑳，重、黎；于唐、虞，羲、和；有夏，昆吾㉑；殷商，巫咸㉒；周室，史佚、苌弘㉓；于宋，子韦㉔；郑则裨灶㉕；在齐，甘公㉖；楚，唐眜㉗；赵，尹皋㉘；魏，石申㉙。

夫天运，三十岁一小变，百年中变，五百载大变；三大变一纪，三纪而大备㉚：此其大数也。为国者必贵三五㉛。上下各千岁，然后天人之际续备。

【注释】①生民：人类。　②世主：历代君主。　③五家：指五帝，即黄帝、颛顼、帝喾、唐尧、虞舜。　④绍：继承。明：使之有进步，指历法日益精密。　⑤冠带：冠，礼帽；带，穿礼服时束在腰间的大带，叫绅。“冠带”，与下文“夷狄”相对，借指中原华夏民族。　⑥十二州：传说黄帝划九州，为冀、兖、青、徐、荆、扬、豫、梁、雍。虞舜分冀之西北为并州，东北为幽州，又分青州之辽东为营州，于是有十二州。按，据山川之自然形势划分州域是西周以后人的认识。传说五帝、夏禹划分州域是托古立说。司马迁记载其说而不书明时代，表现了他作史的审慎态度。　⑦五星：又称五纬，指古人用肉眼所观察到的金、木、水、火、土五大行星。五星与五方相配，各有专名。金星，古称启明星，又称西方太白。木星称东方岁星。水星称北方辰星。火星称南方荧惑。土星称中央镇星，又写作填星。而古人所称水星是指恒星营室，所称火星是指恒星大火。　⑧五行：金、木、水、火、土。　⑨列宿、州域：天上的群星称列宿，地上的区划称州域。在春秋战国时，人们把列宿与州域相联系，把天上的星宿与地上的州域相配，叫分野。例如冀州，昴毕之分野；也可倒过来说昴毕，冀州之分野。全中国州域的分野，详本文“二十八舍主十二州”条注。⑩三光：指日、月、星，在远古时代依赖它们照明。　⑪统理：总管，统治。这里为认识奥秘，掌握规律的意思。　⑫天变：天象变异，如日蚀、月蚀、行星逆行，彗星现、流星雨等等。古人认为天变是人事变化的先兆。　⑬窟穴：归宿，指对天变的解释旨趣。　⑭物怪：地上的各种自然变异。　⑮不法：不经，不可信从。　⑯六经：《诗》、《书》、《礼》、《乐》、《易》、《春秋》，是孔子编订的教本，至汉代尊为经。　⑰纪异而说不书：异，天变灾异，是自然现象。说，对天人感应的解说，人们的认识。不书，不记载。这句是说孔子不讲天人感应。例如《春秋》就记载了日蚀、月蚀及水灾、蝗灾等变异，但对其感应却不记载。这也是司马迁对变异与天人感应说的取舍原则。　⑱至天道命，不传：孔子不讲天道性命。《论语·公冶长》第十三章，子贡曰：“夫子之文章，可得而闻也；夫子之言性与天道，不可得而闻也。”　⑲天数：天象数术之学，又称天官。现代天文学即孕育其中。　⑳高辛：五帝之一，即帝喾，黄帝之孙，号高辛氏。下文重、黎、羲、和四人，见《历书序》注。　㉑昆吾：传说的夏代掌天文之官，己姓，名樊。　㉒巫咸：商王大戊之臣。　㉓史佚：西周成、康时太史尹佚。苌弘：周敬王时大夫，孔子曾向他问乐。　㉔子韦：宋景公时司星之史，《艺文志·阴阳家》有“宋司星子韦三篇”。　㉕裨灶：春秋时郑大夫，《左传》说他明天文占候之术，能预知吉凶。　㉖甘公：名德，战国时著名占星家，著《天文星占》八卷。《正义》引《七录》“谓甘公为楚人”。　㉗唐眛：战国时楚大将。　㉘尹皋：赵人。　㉙石申：石申夫之省称，与甘公齐名的占星家，著有《天文》八卷。据研究，甘石著作成书约在公元前370年至公元前270年之间，比希腊著名天文学家伊巴谷的活动年代早两个世纪。但甘石著作已佚。今传《甘石星经》系宋人所辑录。　㉚三纪而大备：纪，历法周期。中历以十九岁为一章，四章七十六岁为一蔀，二十蔀一千五百二十年为一纪，三纪四千五百六十年为一元。　㉛贵：重视，研究。

太史公推古天变，未有可考于今者。盖略以春秋二百四十二年之间[①]，日蚀三十六[②]，彗星三见[③]，宋襄公时星陨如雨[④]。天子微，诸侯力政[⑤]，五伯代兴[⑥]，更为主命。自是之后，众暴寡，大并小。秦、楚、吴、越，夷狄也，为强伯[⑦]。田氏篡齐[⑧]，三家分晋[⑨]，并为战国。争于攻取，兵革更起[⑩]，城邑数屠，因以饥馑疾疫焦苦，臣主共忧患，其察禨祥候星气尤急[11]。近世十二诸侯七国相王[12]，言从衡者继踵，而皋、唐、甘、石因时务论其书传，故其占验凌杂米盐[13]。

二十八舍主十二州[14]，斗秉兼之[15]，所从来久矣。秦之疆也，候在太白，占于狼、弧[16]。吴、楚之疆，候在荧惑，占于鸟衡[17]。燕、齐之疆，候在辰星，占于虚、危[18]。宋、郑之疆，候在岁星，占于房、心[19]。晋之疆，亦候在辰星，占于参罚[20]。

及秦并吞三晋、燕、代，自河山以南者中国[21]。中国于四海内则在东南，为阳；阳则日、岁星、荧惑、填星[22]；占于街南，毕主之[23]。其西北则胡、貉、月氏诸衣旃裘引弓之民[24]，为阴；阴则月、太白、辰星；占于街北，昴主之。故中国山川东北流，其维[25]，首在陇、蜀[26]，尾没于勃、碣。是以秦、晋好用兵，复占太白，太白主中国[27]。而胡、貉数侵掠，独占辰星。辰星出入躁疾，常主夷狄：其大经也[28]。此更为客主人[29]。荧惑为孛[30]，外则理兵[31]，内则理政[32]。故曰"虽有明天子，必视荧惑所在"[33]。诸侯更强，时菑异记，无可录者。

秦始皇之时[34]，十五年彗星四见[35]，久者八十日，长或竟天[36]。其后秦遂以兵灭六王，并中国，外攘四夷，死人如乱麻，因以张楚并起[37]，三十年之间兵相骀藉[38]，不可胜数。自蚩尤以来[39]，未尝若斯也。

项羽救巨鹿[40]，枉矢西流[41]，山东遂合从诸侯，西坑秦人[42]，诛屠咸阳[43]。

汉之兴，五星聚于东井[44]。平城之围[45]，月晕参、毕七重[46]。诸吕作乱，日蚀，昼晦。吴楚七国叛逆[47]，彗星数丈[48]。天狗过梁野[49]；及兵起，遂伏尸流血其下。元光、元狩，蚩尤之旗再见[50]，长则半天。其后京师师四出，诛夷狄者数十年，而伐胡尤甚。越之亡，荧惑守斗[51]；朝鲜之拔，星茀于河戍[52]；兵征大宛，星茀招摇[53]；此其荦荦大者[54]。若至委曲小变，不可胜道。由是观之，未有不先形见而应随之者也。

夫自汉之为天数者，星则唐都[55]，气则王朔[56]，占岁则魏鲜[57]。故甘、石历《五星法》[58]，唯独荧惑有反逆行[59]；逆行所守[60]，及他星逆行[61]，日月薄蚀[62]，皆以为占[63]。

【注释】①春秋二百四十二年：《春秋》记事起鲁隐公元年，迄鲁哀公十四年，即从公元前722年至公元前481年，共二百四十二年。　②日食三十六：《春秋》所载日食共有三十六次，兹从略。　③彗星三见：文公十四年（前613年）七月有星入于北斗，昭公十七年（前525年）冬有星孛于大辰，哀公十三年（前482年）有星孛于东方。共三次。　④星陨如雨：鲁庄公七年（前687年）夜半，星陨如雨，即今称陨石雨。鲁僖公十六年，即宋襄公七年（前644年），宋国陨星五。　⑤政：读“征”。　⑥五伯：即春秋五霸，有两说，请参阅《十二诸侯年表序》五伯条注。　⑦秦楚吴越句：秦祖非子，初封秦邑，地在西戎；楚子鬻熊，始封丹阳，地属荆蛮；吴太伯属勾吴；越祖少康之子，初封于越，地东越，都是夷狄之地。春秋时秦穆公、楚庄王、吴王阖闾、越王句践先后称霸，得封为伯，号称强国。　⑧田氏篡齐：周威烈王二十二年（公元前404年），田和代姜齐，被周天子立为诸侯。　⑨三家分晋：周定王十六年（前453年），韩、赵、魏三家分晋；至周威烈王二十三年（前403年）正式为诸侯。⑩兵革：兵器甲胄，借指战争。　⑪星气：即占星望气，就是观测星宿的变化隐现和云气以预卜人事的吉凶，古称占星术。　⑫近世句：近世，指战国时代。七国相王为秦、韩、赵、魏、楚、燕、齐。战国初年尚有宋、卫、郑、鲁、中山与七国共为十二诸侯。王先谦认为十二诸侯指《史记·十二诸侯年表》所载，则为齐、晋、秦、楚、宋、卫、陈、蔡、曹、郑、燕、吴。《十二诸侯年表》载鲁事，但不计入十二之数，如同《六国年表》不计入秦。《十二诸侯年表》表春秋时事，与“近世”二字不合，王说非是。　⑬凌：通“鳞”，杂乱。米盐：喻琐屑细碎之事。　⑭二十八舍主十二州：即天上的二十八宿分别对应地上的十二州，称分野。二十八宿为：东方苍龙七宿，角、亢、氐、房、心、尾、箕；南方朱雀七宿：井、鬼、柳、星、张、翼、轸；西方白虎七宿：奎、娄、胃、昴、毕、觜、参；北方玄武七宿：斗、牛、女、虚、危、室、壁。角、亢，郑之分野，兖州。氐、房、心，宋之分野，豫州。尾、箕，燕之分野，幽州。斗、牛，吴、越之分野，扬州。女、虚，齐之分野，青州。危、室、壁，卫之分野，并州。奎、娄，鲁之分野，徐州。胃、昴，赵之分野，冀州。毕、觜、参，魏之分野，益州。井、鬼，秦之分野，雍州。柳、星、张，周之分野，三河。翼、轸，楚之分野，荆州。　⑮斗秉兼之：北斗七星，从斗口至斗柄顺序：一为天枢，主秦；二为天璇，主楚；三为天机，主梁；四为天权，主吴；五为玉衡，主燕；六为开阳，主赵；七为摇光，主齐。北斗七星在天之中绕北极星而运转，斗柄临制四方，所建十二辰躔，故兼十二州及二十八宿之分野。秉，通“柄”。⑯太白、狼、弧：皆西方之星，所以为秦国占候之星。　⑰荧惑、鸟衡：南方之星，为吴楚占候之星。鸟衡，即南方朱雀七宿之柳星。　⑱辰星、虚、危：

北方之星，为燕齐占候之星。 ⑲岁星、房、心：东方之星，为宋郑占候之星。 ⑳辰星，参罚：北方西方之星，为晋占候之星。 ㉑河、山：此指黄河、华山。中国：中原。 ㉒岁星、荧惑、填星：岁星，即木星，属东方。荧惑，即火星，属南方。填星，即土星，属中央。东、南、中央皆为阳。 ㉓占于街南，毕主之：毕昴之间为天街。街南毕星，主阳；街北昴星主阴。中国为阳，毕主之，故毕为中国占候之星。中国西北之夷狄为阴，故下文说“占于街北，昴主之”。 ㉔旃：通“毡”，毛制品。 ㉕其维：指山川的源头。㉖首在陇蜀：这是当时人所指的中国范围，以渭水为河源，岷江为江源。渭水、岷江皆源出陇山，因此说源头在陇蜀。 ㉗太白主中国：秦晋地望在黄河、华山之北，为太白所主，因此秦晋同胡貉之民一样好战。秦晋为统一的中国一部分，故太白也为中国所占。所以下文说，胡貉只独占辰星。 ㉘大经：大略。㉙此更为客主人：太白主中国，辰星主夷狄，交相为主客。《星经》说：“辰星不出，太白为客；辰星出，太白为主人……若辰星入太白中五日不出，中国胜；及入而上出，破军杀将，客胜……” ㉚孛：通“勃”，变色。 ㉛理兵：整治兵备，准备打仗。 ㉜理政：修明政治，防止变乱。 ㉝故曰二句：引自《春秋纬·文耀钩》，其书已佚。 ㉞秦始皇之时：秦王嬴政统一六国后才称始皇帝，废除谥法。这里的“始皇之时”是追述，指嬴政开始执秦政之时。 ㉟十五年彗星四见：十五年，指秦始皇十年亲政到二十六年统一六国这一段时间。但彗星四见，据《秦始皇本纪》载，是秦始皇七年到十三年这七年之中出现的。秦始皇七年（前240年），彗星先出东方，见北方，五月见西方，这是第一次。九年，彗星见，或竟天，这是第二次。同年彗星又见西方，北方，从斗以南八十日，这是第三次。十三年，正月，彗星见东方，这是第四次。 ㊱竟天：横贯整个天空。 ㊲张楚：陈涉称王，号张楚。并起：全国大起义。 ㊳三十年句：秦始皇十七年（前230年）灭韩到汉高祖刘邦五年（前202年）称帝是二十九年，统言文三十年。在这三十年间，历史经历了秦灭六国，秦末战乱、楚汉相争等巨变，战争不断。骀藉：践踏。 ㊴蚩尤：黄帝时作乱的部落首领。 ㊵项羽救巨鹿：即秦楚巨鹿之战。公元前207年秦将章邯围赵于巨鹿，项羽率楚军救赵，大破秦军，奠定了灭秦的基础。 ㊶枉矢西流：矢状的大流星，蛇行西奔，占星术以为象征兵临咸阳。 ㊷西坑秦人：公元前207年，项羽在西进途中坑杀秦降卒二十余万于新安城南。 ㊸诛屠咸阳：公元前206年，项羽入关火烧咸阳，三月不绝。 ㊹汉之兴，五星聚于东井：金、木、水、火、土五大行星会聚于井宿星区，又称五星连珠，是天体运行周期性的自然现象。 ㊺平城之围：汉高祖七年（前200年），刘邦在平城被匈奴围困了七日七夜，突围后与匈奴订和亲之约，暂时恢复了北方的平静。 ㊻月晕参毕七重：参星、毕星在天街之南，为中国占星。月为阴，象征匈奴入侵。七重晕示兆汉兵有七日被围之困，这些均是占星家的附会解说。　㊼吴楚七国叛逆：景帝三年（前154年）吴王刘濞联合楚、赵、胶东、胶西，济南、淄川共七国，以“清君侧，诛晁错”为名，起兵反汉，不久被平定。史称“吴楚七国之乱”。　㊽彗星数丈：景帝二年（前155年）八月，彗星现东北。　㊾天狗过梁野；天狗是一种流星，景帝二年下坠梁野。《汉书·天文志》云：“天狗，状如大流星，有声，其下止地，类狗。所坠及，望之如火光炎炎中天。……千里破军杀将。”梁国，景帝之弟刘武的封国，治睢阳，今河南商丘。吴楚七国连兵西进，梁国首当其冲，发生激战。　㊿蚩尤旗：《天文志》云：“蚩尤之旗，类彗而后曲，象旗。见则王者征伐四方。”这是火星上的黄白光环，古人认为是战争之象。　(51)荧惑守斗：火星徘徊在南斗，南方有兵之象。《汉书·天文志》云：“元鼎中，荧惑守南斗。占曰：‘荧惑所守，为乱贼丧兵；守之久，其国绝祀。南斗，越分也。其后越相吕嘉杀其王及王太后，汉兵诛之，灭其国。”　(52)茀（pèi配）：孛星。河戍：指井宿东北之北河星，又称北戍，为胡门；井宿东南之南河星，又称南戍，为越门。元封中，星孛于河戍，示兆汉兵征伐朝鲜、南越。　(53)招摇：星名，在北斗七星斗柄之南，为胡人占星。太初中，星孛于招摇，汉武帝兵征大宛。　(54)荦荦：明显易见。　(55)唐都：著名占星家，司马谈向他学天官。唐都还与司马迁共同制定了太初历。　(56)王朔：著名的占候家，善望气。李广曾经向他请教，自己为什么不得封侯。王朔曰：“祸莫大于杀已降，此乃将军所以不得侯者也。”由此可见，王朔是一个思想比较进步的方士。　(57)魏鲜：推占岁星运行的历法家。(58)《五星法》：推占金、木、水、火、土五大行星的运行情况，并据此预见吉凶的书，也称《五星占》。　(59)唯独荧惑有反逆行：指甘公、石申的五星占，只把火星的反逆行视为正常。反逆行，即反顺而逆行。行星在天空中自西向东运行称“顺行”；反之叫“逆行”。太阳系的所有行星，都是自西往东绕日而转，本无顺逆。由于地球不在太阳系的中心，各行星绕日运动的快慢不同，因此从地球上看行星的视运动就有顺逆。内行星呈现柳叶形，外行星呈现S形的周期运动。(60)逆行所守：指火星在逆行时的徘徊滞留，如上文所说的“荧惑守斗”就是例证。既然火星的逆行是正常的，则逆行时的滞留就如他星的逆行一样，是不正常的，即被认为是天变。守，徘徊、滞留。　(61)他星逆行：指火星以外的其他行星逆行，被认为是天变。　(62)日月薄蚀：日月无光叫“薄”，日月亏损叫“蚀”，也写作“食”。　(63)占：推测吉凶。指天变发生就要推测吉凶。

余观史记，考行事，百年之中，五星无出而不反逆行，反逆行，尝盛大而变色[1]；月日薄蚀，行南北有时：此其大度也。故紫宫[2]、房心[3]、权衡[4]、咸池[5]、虚危列宿部星[6]，此天之五官坐位也[7]，为经，不移徙[8]，大小有差，阔狭有常。水、火、金、木、填星，此五星者，天之五佐，为纬⑨，见伏有时，所过行赢缩有度⑩。

日变修德⑪，月变省刑⑫，星变结和⑬。凡天变，过度乃占。国君强大⑭，有德者昌；弱小，饰诈者亡。太上修德，其次修政，其次修救，其次修禳⑮，正下无之⑯。夫常星之变希见⑰，而三光之占亟用⑱。日月晕适云风⑲，此天之客气，其发见亦有大运。然其与政事俯仰⑳，最近天人之符。此五者，天之感动。为天数者，必通三五㉑。终始古今，深观时变，察者精粗，则天官备矣。

【注释】①五星无出句：地球和行星绕日运动，当地球与行星处在太阳两侧成一直线时，称为"合"；当地球与行星处在太阳一侧成一直线时，外行星称为"冲"，内行星称为"下合"。"合"的前后，行星是和太阳同时出没，行星被太阳遮住，叫"伏"，从地球上看不见，这就是所谓"五星无出"。"合"的前后，行星不逆行。行星逆行只发生在"冲"和"下合"的前后，这时行星离地球最近，最亮，最便观测，所以说"盛大而变色"。　②紫宫：紫微宫的简称，又名紫微垣，简称紫垣。古人以为紫宫为天帝之中宫，是以北极星为中枢，包括东西两列成屏藩状的十五颗星所组成的星区。东藩八星，称紫微左垣，南起为左枢、上宰、少宰、上弼、少弼、上卫、少卫、少丞八星。西藩七星，南起为右枢、少尉、上辅、少辅、上卫、少卫、上丞，称之为紫微右垣。　③房心：包括东方苍龙七宿，为东宫。　④权衡：包括南方朱雀七宿，为南宫。雀首北面的轩辕为权星。张翼北面的太微为衡星。　⑤咸池：包括西方白虎七宿，为西宫。天潢五车为咸池。　⑥虚危：包括北方玄武七宿，为北宫。　⑦五官坐位：指紫宫、房心、权衡、咸池、虚危五大星区，位置恒定。古人将天上的列星赋以等级尊卑秩序，故称天文为天官。　⑧为经，不移徙：五部天官都是恒星，不易观察其移动，布满南北天空，是为经。　⑨天之五佐，为纬：指五大行星佐天行德，东西运行，为纬。　⑩赢缩有度：指行星循柳叶形运行的轨道摆动有一定的度数。赢缩，轨道摆动时的宽狭。　⑪修德：反省过失，修养仁德。⑫省刑：减轻刑法，平反冤狱。　⑬结和：与邻国交好。　⑭国君：代指国家。　⑮修禳：祈求鬼神，消除灾祸。　⑯正下无之：指昏暴之君，在天变的谴告下，即危机四伏已经明朗时，仍不闻不问。正下，最差劲。无之，视而不见。　⑰常星：恒星。　⑱三光之占亟用：凭借日、月、星的变异用以进行占候吉凶，都很频繁。亟，频繁。　⑲日月晕适云风：指日晕、月晕、星孛、兴云、刮风等五种天象。适，孛星的色变。　⑳俯仰：低头与扬头，喻政事兴衰。　㉑三五：这里指本段文章所说的八种天象变化，与前文"为国者必贵三五”中讲天运周期变化的“三五”不同。三，指三光。五，指五气，日、月，适，云，风。《索隐》释为五星，与本段文不协，非是。

【译文】太史公说：自从人类社会产生以来，历代君主哪有不观测和推度日月星辰的运动的呢？到了五帝三代，由于继承和发扬了前人的成就，才明白了规律。内为衣冠之民，外为夷狄之邦，划分中国为十二州，上观天文，下察地理。天上有日月，地上有阴阳。天上有五星，地上有五行。天上布满列宿，地上划分州域。日、月、星发出的光芒，正是阴阳所聚的精气。气本在地上，只有圣人才能认识它的奥秘。

周厉王、周幽王以前，太久远了。所记载的天变物怪，各国的解释异趣，各家的占验不同，都是附会当时需要的，所以流传的文书、图籍，以及吉凶记载，都不可信从。因此孔子编定六经，只记载天变，而对其感应的说法不作记载。至于天道性命，则不轻易传授；或有传授，若得其人，就不须深讲；若所传之人不当，即使讲论，也不发明其中的深奥意义。

从前传习天象数术的人，高辛氏以前有重、黎，唐尧、虞舜时有羲氏、和氏，夏朝有昆吾氏，殷朝有巫咸，周王室有史佚、苌弘，宋国有子韦，郑国有裨灶，齐国有甘公，楚国有唐昧，赵国有尹皋，魏国有石申。

天道运行，三十年一小变，百年中变，五百年一大变，三大变一千五百年为一纪，三纪四千五百年为一周期，这是一个较大的循环数字。所以治国的人必须研究三十年一小变，五百年一大变的历史经验，要考察前后各一千年的变化，然后天人关系的系统知识才能逐步完备。

太史公推究古代的天变，无法在现今加以验证。大略在春秋二百四十二年之中，计有日蚀三十六次，彗星三次出现，宋襄公时下了一场流星雨。周天子的权威衰微了，诸侯以力相征，春秋五霸更替兴起，轮番发号施令。从此以后，强国侵暴弱国，大国兼并小国。秦、楚、吴、赵，本是夷狄之邦，竟都成了强大的霸主。田氏篡夺了姜齐，韩、赵、魏三家分裂了晋国，并列为战国。互相攻夺，战争连绵，城邑多次遭到屠灭，因此饥饿和疾病折磨得人民像火燎一般困苦，大臣和国君都十分忧愁，所以占验星气预测吉凶也就特别盛行。近代十二诸侯中，有七国互相称王，讲习纵横的人一个接一个，尹皋、唐昧、甘公、石申等人因时事需要而著书立说，所占验的灾异记录十分驳杂细碎。

二十八宿分野十二州，北斗七星总摄二十八宿之分野，这种做法由来已经很久了。秦国的疆域，应太白的变化，天狼、弧矢为其分野的占候星。吴、楚的疆域，应荧惑的变化，鸟衡为其分野的占候星。燕、齐的疆域，应辰星的变化，虚、危为其分野的占候星。宋、郑的疆域，应岁星的变化，房、心为其分野的占候星。晋国的疆域，也应辰星的变化，参、罚为其分野的占候星。

秦国统一了韩、赵、魏、燕、代以后，华山以东，黄河以南的广大地区为中国。中国处在四海之内的东部、南部，为阳；代表阳的主星为太阳、岁星、荧惑、填星；天街之南的毕星为中国的占候星。其西北为胡、貉、月氏等民族，都是穿戴毡裘骑马弯弓的游牧民族，为阴；代表阴的主星为月亮、太白、辰星；天街之北的昴星为西北各民族的占候星。所以中国的山脉和河流为东北走向，形成一条维脉，它的源头在陇、蜀，尾端止于渤海、碣石。由于秦晋位于维脉之北，也属于阴，所以好用兵，因此也以太白为占候星，太白也就成为中国的主星。胡、貉多次侵扰中国，只以辰星为占候星。辰星出入迅疾，经常是夷狄民族的主星。这是大略的原则。太白主中国，辰星主夷狄，交相为主客。荧惑变色，对外要准备打仗，对内要修明政治。所以《春秋纬》说“虽然有英明的天子，也一定要看荧惑的位置”。其时，诸侯交相为强国，出现的灾异，也没有可以值得记载的。

秦始皇为秦王时亲政十五年，彗星出现了四次，最长的一次有八十多天，长长的彗星曾横贯整个天空。后来秦国就用武力消灭了六国，统一了中国，对外打击四夷，尸横如乱麻。随后，各地又趁着张楚发难，纷纷都起来响应，三十年之间，兵荒马乱，互相践踏，死者无法统计。自从蚩尤作乱以来，还没有出现过这样的大乱。

项羽救巨鹿，矢状流星蛇行西奔，东方诸侯于是合从西进，坑杀秦人，屠灭咸阳。

汉朝建立，金、木、水、火、土五大行星会聚在井宿星区。汉高帝平城被围，月亮在参、毕星区发生月晕，有七重光芒。诸吕作乱，发生日蚀，白天变成了黑夜。吴、楚七国之乱，彗星有几丈长，天狗飞过梁国上空。战事一起，果然抛尸流血在梁国城下。元光、元狩年间，蚩尤旗再次出现，长达半个天空。后来京师军队四面出征，诛讨夷狄的战争拖了几十年，征伐匈奴的战争尤其激烈。南越灭亡，荧惑徘徊在吴越分野的南斗。朝鲜被平定，孛星出现在朝鲜分野的河戍。兵伐大宛，孛星则出现在主远夷的招摇。这都是明显的天人应验。至于细微的天变，则不胜枚举。由此看来，只要出现天变，就必有人世间的事变相应，没有不应验的。

汉朝精通天象数术的学者，讲占星术的是唐都，讲望气术的是王朔，占岁星的是魏鲜。所以甘公、石申观测的《五星占》，只认为火星的反逆行是正常的，而对于火星反逆行时的滞留，以及其他行星的反逆行，日月昏暗和亏蚀，都被用来占测吉凶。

我阅读史书，考察行事，百年之中，五星伏时不反逆行，反逆行时最大最亮。日月相迫近，或蚀或不蚀，那是由于日月向南北行度的差距，具有一定的周期。这是天体大略的行度。所以中官紫宫，东官房宿、心宿，南官权宿、衡宿，西官咸池，北官虚宿、危宿，这五大星区部内的星，是天上五官的座位，布满南北为经，不迁徙移动，虽然各星大小有差等，但它们的宽狭距离是固定的。水、火、金、木、填这五大行星是天上的五佐，东西运行为纬，出没顺逆有一定的周期，所运行的轨道摆动有一定的法度。

日蚀发生，国君要修养仁德；月蚀发生，就要平反冤狱；列星变异，要与邻国结合。总之，天体运行超过常规的变异，就要推占吉凶。国家强大，又有仁德，就繁荣昌盛；国家弱小，矫饰欺诈，就衰败灭亡。最好的国君修养仁德，次一等的修明政治，再次一等的能补救过失，更下一等的祈求鬼神保佑，最下等的是不闻不问。恒星的变异极少发生，但凭借日、月、星的变异以占候吉凶却很频繁。日晕、月晕、星孛，兴云、刮风，这些现象是天上的客气，它们的出现也是重大气运转移的先兆。也就是说，日、月、星、云、风五种天变，与人间政事兴衰相应，最合符契。这五种天变，是上天对人间政事发生的感应。探究天象数术的人，一定要通晓三光五气的天象变化，对古今的变化作贯通的考察，再深入地观测现时的天变，推察出哪些是精确的，哪些是粗略的。能做到这一步，对天官的研究就很完备了。

【简论】《天官书》全文8107字，正文6896字，赞1211字，在《史记》全书中是唯一的一篇长赞，故特标题《天官书论》以别之。

《天官书》正文，是司马迁剪裁熔铸当时的天官星占著作而写成的天文史传。在科学思维的萌芽与宗教、神话相混杂的时代，司马迁创作《天官书》是独具慧眼的，他第一次把古代的天文科学纳入了历史论述的范畴。顾实云："《天官书》词致古奥，自成一种文字，此必出于甘、石之传，非司马子长所能自造。"(《重考古今伪书考》) 此论极是。如果没有从春秋战国以至秦汉间天文学的发展，司马迁是不能凭空写出《天官书》的。天官是一种专门的学问。司马谈学天官于唐都，后来司马迁又与唐都一起制定太初历。所以司马迁的天官知识，很多是向唐都学习的。唐都是西汉最高水平的占星家，他对司马迁的影响是很大的。

从家学和师承来看，《天官书》非司马迁一人之作，它熔铸了司马谈、司马迁父子两代人的心血。梁玉绳《史记志疑》认为"太史公推古天变"之"太史公"是指司马谈，"文义显白"。也就是说，《天官书论》的第二、三两段为司马谈手笔，考其实，这话值得商榷。因行文中有"余观史记，考行事，百年之中"的话头，这是典型的司马迁用语。"余尝西至空桐"，"予观《春秋》、《国语》"，"余读世家言"，"余述历黄帝以来至太初而讫，百三十篇"云云，这种句式在一百三十篇论赞中随处可见。"考行事"，即《太史公自序》所云"论考之行事"在天官上的运用，从总结历史事例中引出议论，这也是司马迁贯通于全书的历史研究方法。尤其是“百年之中”，更是司马迁自述的铁证。《天官书》述汉兴以来天人感应之变，至太初“兵征大宛”而讫，恰在百年之间。司马谈卒于元封元年，距汉之建立不足一百年，当然更不能下及太初之事。所以《天官书》最后成于太史公之手，而“太史公推古天变”以下为司马迁手笔，非司马谈之语，倒是十分明显的。但《天官书论》确又留有司马谈作史痕迹。因《天官书论》与《论六家要指》结构相仿，分为前后两个部分，内容重复，其旨趣一贯而有详略之别。

《天官书论》分为三段，第一段“太史公曰”至“然后天人之际续备”，是司马迁转述父谈语，接着“太史公推古天变”以下是司马迁的续论和发挥。这一部分又分为两段，即第二段、第三段。第二段“太史公推古天变”至“皆以为占”，与第一段议论重复，但更详细，显系司马迁对父论的阐释、补充和发挥。第三段，“余观史记”以下，是司马迁的总结，直接表示自己的观点。若《天官书论》为司马迁一人所作，在结构上就不会有一、二两段的重复。“太史公学天官于唐都”，司马迁作了慎重其事的记载，说明司马谈是何等地重视天官。因此《天官书》中有部分司马谈的遗稿，是父子两代人相继完成的。

《天官书》集中“究天人之际”，这是司马迁“一家之言”的一个重要组成部分。“天人之际”来自董仲舒的用语。其原话是：“臣谨案《春秋》之中，视前世已行之事，以观天人相与之际，甚可畏也。国家将有失道之败，而天乃先出灾害以谴告之，不知自省，又出怪异以警惧之，尚不知变，而伤败乃至。”（《天人三策》，载《汉书·董仲舒传》）这就是汉代流行的天人感应学说。“相与”，即天人会合，互相感应。董仲舒的用心，企图用“谴告”说来限制君权为所欲为，免招败亡，维护统治阶级的长治久安。但是统治者是不会用虚妄的“谴告”说来束缚自己的手脚的。相反，恰恰利用天人相与，君权神授的学说来开脱自己的罪责，愚弄人民。董仲舒宣扬“畏天”，走向了他立意的反面，成为反动的神学目的论者，受到了统治者的欢迎，故他的天人相与学说得以泛滥。这是那个时代的思潮。这一思潮也给司马迁打下了时代的烙印，《天官书》中记载了不少天人感应的例证，甚至认为“天变”与“政事俯仰”，最近“天人之符”，这是不必讳言的。

但是，司马迁“究天人之际”的主要思想倾向却是讲天人相分，旨在阐明成败兴衰在于人心向背。“际”，本身有两个方面的意义。《说文》云：“际，壁会也。”朱骏声曰：“凡两墙相合之缝曰际。”（《说文通训定声》）两墙相合之缝，既是会合，也是分界。天人关系如两墙相合之缝，既是交会，也各自分途，有着明显的界限。司马迁删去董仲舒“天人相与之际”这句话中的“相与”二字，还要“究”它一番，再考之“行事”，这就突出了天人相分的思想。所以《天官书》并不是照录甘、石之传，而是作了一番认真的研究，最大限度地删汰机祥不经的事例，而只记载经过验证的一部分。占星家的理论系统虽然是唯心主义的天人感应，但是他们十分重视历史经验的总结，进行形势分析，对局势作种种预测，有时也能言中。如果我们对星占条文，剥去感应的迷信外壳，作为星占家对历史预言的资料来研究，也就有了一定的意义。

尊重事实，承认自然界和社会活动的客观现象，这是一个科学家和历史学家取得成就的立足点。在这一点上《天官书论》有生动的表现。司马迁十分强调观测的重要，并亲自考察百年以来的“行事”，得出“五星无出而不反逆行，反逆行，尝盛大而变色；日月薄蚀，行南北有时”这样的承认自然界客观规律的科学结论，这是相当进步的思想。又，司马迁载天人感应，强调重人事，而不是宣传“畏天”。在结尾“日变修德”一段中，明确地说：“国君强大，有德者昌；弱小，饰诈者亡。太上修德，其次修政，其次修救，其次修禳，正下无之。”强调统治者在“天变”面前修德、修政的重要作用，重视人心向背，这是一个了不起的进步。此外，在天官的研究方法上，司马迁比司马谈更重视现实。“为国者必贵三五”，这是司马谈之言。三五是讲长周期的天运变化，三十年一小变，五百年一大变。这样的天运周期比较虚渺。“为天数者必通三五”，这是司马迁的观点。他认为三光五气这八种天象变化，是经常发生的，更要注重观察研究。司马谈讲“天人之际续备”，司马迁说：“则天官备矣”。这反映了父子两人研究天官的倾向有很大的差异。司马谈更注重天人相与，而司马迁更注重天文科学本身规律的探索。也就是说，《天官书论》留下了司马谈、司马迁父子两人思想差异的痕迹。司马迁比其父司马谈的唯物主义思想更多一些，历史观也更进步一些。

封禅书序及赞第六

〔序〕古受命帝王，曷尝不封禅①？盖有无其应而用事者矣②，未有睹符瑞见而不臻乎泰山者也③。虽受命而功不至④，至梁父矣而德不洽⑤，洽矣而日有不暇给⑥，是以即事用希⑦。传曰：“三年不为礼，礼必废；三年不为乐，乐必坏⑧。”每世之隆，则封禅答焉⑨，及衰而息。厥旷远者千有余载⑩，近者数百载，故其仪阙然堙灭⑪，其详不可得而记闻云。

【注释】①曷：通“何”。封禅：这是古代帝王祭告天地、表彰政绩和受命于天的一种盛大祭典。在泰山顶上祭天称为封，在泰山下的小梁父山上祭地叫禅。所以封禅又称“封泰山，禅梁父”。　②应：显示王德的符瑞感应。　③符瑞：天降符命与人事相应。如武王伐纣，渡河有白鱼跃入王舟，这就是符应，表示上天授大命于武王，当为国君。汉武帝元朔七年获一角兽，于是改元元狩；到了元狩七年得宝鼎汾水之上，于是改元元鼎，这就是符瑞，并改元以应天命。④功不至：王业未成。例如周文王虽是受命之君，但未能统一全国，故不能封禅。　⑤德不洽：恩泽未普遍，指天下未宁。例如周武王虽灭殷，但天下还没安定就死了，故武王未封禅。洽：滋润，普遍。　⑥不暇给：指仁德之君忙于政事，思安百姓，没有时间封禅。例如汉文帝，时当承平，士大夫多次上书请封禅，但他谦让未实行，司马迁许之以“仁”。　⑦即事：实际做到的。希：同“稀”，少，罕见。　⑧传曰两句：语出《论语·阳货》第二十一章。意为封禅如同礼乐，同样重要，应按期举行，不可废弃。　⑨答：表现它，反映它。　⑩厥旷远者千有余载：《封禅书》载齐人公孙卿假托的申公所见鼎书说：“汉之圣者在高祖之孙且曾孙也。宝鼎出而与神通，封禅。封禅七十二王，唯皇帝得上泰山封。”广义的封禅，就是祭祀天地山川鬼神。特指的封禅是真正上泰山封禅。因古人认为泰山最高，只有仁德兼备，功业盖世的帝王才能在泰山封禅。因此在司马迁以前，传说封禅七十二王，真正上泰山封禅的只有秦始皇，所以说“厥旷远者千有余载”。厥，同“其”，那，指罕至泰山封禅的古代帝王。旷，废缺，罕用。　⑪堙（yīn 因）：埋没。

〔赞〕太史公曰：余从巡祭天地诸神名山川而封禅焉。入寿宫侍祠神语①，究观方士祠官之意②，于是退而论次自古以来用事于鬼神者③，具见其表里④。后有君子，得以览焉。若至俎豆珪币之详⑤，献酬之礼⑥，则有司存⑦。

【注释】①寿宫：汉武帝修的神祠，所置神君以太一神最尊，武帝经常到寿宫求神问吉凶。　②方士：《封禅书》所载主要是道士，他们用长生术欺骗汉武帝求神问仙。祠官：主持祭祀活动的官吏，指太常及其属官。《汉书·百官公卿表》：“奉常，秦官掌宗庙礼仪，有丞。景帝中六年更名太常。”　③退：回来，引申为事后，指司马迁从巡祭天地、封禅之后。论次：编述，记载。　④具见其表里：照实写出祭祀活动的外表及真实内容。见，读“现”。表，指祭祀活动的外部形式，即典礼仪则。里，指祭祀活动的内涵目的，即真实内容。　⑤俎豆：盛祭物的器皿。珪币：玉帛等祭祀礼品。　⑥献酬之礼：这里是对种种祭祀礼仪的代称。　⑦有司：主管事务的部门，指祠官。

【译文】〔序〕从古以来得天命的帝王，哪有不举行封禅的？无帝王之德，无符瑞之应，也举行封禅的人，大概是有的；而看到了符瑞感应却不想到泰山封禅的人是没有的。有的虽已受命为帝王，但其王业尚未成功；有的虽到达了梁父山，而王德尚未普及天下；有的王德虽然普施天下，但没时间顾及封禅，因此，实际举行封禅的事是罕见的。古书上说：“三年不去司礼仪，礼仪一定会废弃；三年不去奏音乐，音乐一定会失传。”每个朝代最鼎盛的时候，就要用封禅来表现，直到衰微了才停止。由于古代帝王罕用封禅，远的要隔上千年，近的也有几百年，所以封禅礼仪缺失，详细的内容不可能把它记载流传下去了。

〔赞〕太史公说：我追随皇帝祭祀天地山川众神和封禅，又亲自到寿宫里侍奉神，并听过神语，详细研究了方士祠官的言论，于是回来论述了从古以来祭祀鬼神的活动，原原本本地将其外表及真实内容记载下来，使后世学者得以观览。至于祭祀活动的器物和礼仪制度，则主管部门存有纪录。

【简论】《封禅书》记载了从上古到武帝三千年间帝王祭祀天地山川鬼神的活动，标题为《封禅书》，旨在突出封禅是这一活动的最高形式。

《封禅书》洋洋万余言，是一篇恢宏大论，它集中地从神道观的角度反映了司马迁“究天人之际，通古今之变，成一家之言”的历史观，是研究司马迁思想极为重要的文献。

梁玉绳《史记志疑》卷十六曰：“三代以前无封禅，乃燕、齐方士所伪造，昉于秦始，侈于汉武。此书先杂引鬼神之事，比类见义，遂因其傅会，备录于篇，正以著其妄，用意微矣。”梁氏还举证《封禅书》多用盖、若、云、焉诸疑似之语词以为说，认为《封禅书》大旨在于讥刺秦始皇、汉武帝而已。此说具有代表性，今之时贤亦多从之，但这却是断章取义的论述，亟须辨正。

司马迁追随武帝祭天地诸神名山川，对这一活动的表里内容有深切的了解，用了相当的篇幅来记载和揭露、讥刺秦皇汉武迷信鬼神的过分荒唐行为。司马迁对秦始皇封禅作了这样的结论：“始皇封禅之后十二岁，秦亡。诸儒生疾秦焚《诗》、《书》，诛戮文学，百姓怨其法，天下畔之，皆讹曰：‘始皇上泰山，为暴风雨所击，不得封禅。’此岂所谓无其德而用事者邪？”不恤民政，专务封禅，只是加速了国家的灭亡。“今天子初即位，尤敬鬼神之祀”，对汉武帝的讥刺也是明显的。“后有君子，得以览焉”，就是对《封禅书》的讥刺隐喻所作的交代。梁氏所论的讥切之义是不容忽视的。这是司马迁进步历史观的内容之一。

但是，一个社会的统治思想，也正是那个社会的统治阶级的思想，何况在科学不发达的古代，人们是相信天人交感的。司马迁也接受了这一思想影响，这是不必讳言的。《历书序》云：“王者易姓受命，必慎始初，改正朔，易服色，推本天元，顺承厥意。”这是说历法与天命有关。《天官书论》云：“自初生民以来，世主曷尝不历日月星辰？……天则有日月，地则有阴阳。天有五星，地有五行。天则有列宿，地则有州域，三光者，阴阳之精，气本在地，而圣人统理之。”这就是天人交感的对应理论。《太史公自序》云：“受命而王，封禅之符罕用，用则万灵罔不禋祀。追本诸神名山大川礼，作《封禅书》第六。”《封禅书序》云：“自古受命帝王，曷尝不封禅?”早在汉文帝时，不仅有方士公孙臣，而且著名政论家贾谊都提出了封禅。司马谈、司马迁也是极力主张封禅的。司马谈直接参与了封禅典礼的制定工作，并以不得从巡泰山封禅而“发愤且卒”。司马迁从巡封禅，参与改历，是十分激动的。《太史公自序》云：“五年而当太初元年，十一月甲子朔旦冬至，天历始改，建于明堂，诸神受纪。”所以《汉书·郊祀志赞》曰：“孝武之世，文章为盛，太初改制，而兒宽、司马迁等犹从臣、谊之言，服色数度，遂顺黄德。”也就是说，汉武帝的封禅大典是完成于司马迁等人之手的。

从封禅历史来看，祭祀典礼是上古国家的大政，并非出于燕、齐方士所伪造。凡天子祭祀天地山川鬼神，都可称为封禅，只是上泰山封禅始于始皇，成于汉武罢了。而秦皇汉武之上泰山封禅正是从古代天子祭祀天地名山大川百神的典礼发展而来的。虞舜执掌政权，“遂类于上帝，禋于六宗，望于山川，辩于群神”(《五帝本纪》)，五载一巡狩，而天下大治。夏、商、周三代开国之君无不礼神，祷其国泰民安。秦之先公，秦文公、秦德公、秦穆公、秦灵公一代接一代励精图治，敬礼上帝，终于统一了天下。楚汉相争正酣，高祖敬礼黑帝，立北畤，后四岁一统天下。三代末主，淫乱废祀，导致了破家亡国。所以司马迁得出了这样的结论：“传曰：‘三年不为礼，礼必废；三年不为乐，乐必坏。’每世之隆，则封禅答焉，及衰而息。”又在《封禅书》中引管仲的话说：“皆受命然后得封禅。”所谓受命天子是仁德兼备，功业盖世的帝王，他能一统天下，敬礼百神，天上地下一片和穆。也就是说，封禅是治世和大一统的一种象征。司马迁从巡封禅，躬逢盛世，是何等的荣幸！他在《太史公自序》中说：“汉兴五世，隆在建元，外攘夷狄，内修法度，封禅，改正朔，易服色，作《今上本纪》第十二。”惜其本纪亡而不得窥其详。由此可见，

《封禅书》大旨并不是讥刺，而是实录历史和对大一统的歌颂。高度凝练的《封禅书序》对这一主题的交代是清楚鲜明的，即使在字里行间，也看不出有什么深微的讥刺。

从哲学史的角度来看，《封禅书》表现的是二元论历史观。司马迁既相信天人交感，而又不迷信鬼神，在探寻治乱兴衰的具体叙述中并不相信天意鬼神能支配人事。夏帝孔甲“淫德好神”，其后三世，汤伐桀。商帝太戊惧“有桑穀生于廷”而“修德”，“桑穀死”。其后帝武丁，“有飞雉登鼎耳而呴”，武丁惧，从而“修德”，用傅说，殷道中兴，“位以永宁”。原来，司马迁是把有节制的封禅看成是励精图治的表现。天下太平，根基是修德用贤。如果反其道而行之，“淫德好神”，残虐元元，天命就要转移。司马迁对秦皇汉武的讥刺，用意即在此。《封禅书序》云：“自古受命帝王，曷尝不封禅？盖有无其应而用事者矣，未有睹符瑞见而不臻乎泰山者也。虽受命而功不至，至梁父矣而德不洽，洽矣而日有不暇给，是以即事用希。”这段话是阐明上泰山封禅的标准。秦始皇是属于“无其应而用事者矣”的暴君；周文王是属于“虽受命而功不至”者；周武王是属于“至梁父矣而德不洽”者；汉文帝是“洽矣而日有不暇给”者，故《封禅书》所引无怀氏、伏羲、神农、炎帝、黄帝、颛顼、帝喾、尧、舜、禹、汤、周成王等十二君都是“皆受命然后得封禅”的古代圣君。司马迁把封禅与治政之隆作了紧密的联系，只是强调他的治政作用，并不迷信天地鬼神真能赐福。所以司马迁反对不治政而专务迷信鬼神的行为。他正是从这一角度对秦始皇、汉武帝作了深刻的批评。《封禅书》对汉武帝的讥刺是深刻的，也是鲜明的，但并不是如梁玉绳所说的，假借鬼神，微义讥刺。更不是如今之时贤所论，其旨意务在刺讥武帝。断章取义的《孝武本纪》确实给人以这样的误解，但那是后人缺乏识见的补作，并不能代表司马迁的思想。《封禅书》对汉武帝的讥刺，是奉劝统治者应牢记秦始皇前车之鉴，而效法古代圣王修德用贤。这一大旨无论对当时的统治者来说，还是从历史的发展角度来看，都是积极的，也是进步的思想。因为象征秦汉大一统的封禅正是当时历史发展的必然。正由于《封禅书》有这一积极意义，虽然对汉武帝有所讥刺，但终于能够保留下来。最生动的例证，即是班固作《郊祀志》。它不仅保留了《封禅书》的记载，而且保留了《封禅书》的观点，在《郊祀志赞》中盛赞谷永之言，“不亦正乎！不亦正乎！”谷永在成帝时的上书，就是反对淫祀鬼神的。

河渠书赞第七

太史公曰：余南登庐山①，观禹疏九江②，遂至于会稽太湟③，上姑苏④，望五湖⑤；东窥洛汭、大邳⑥，迎河，行淮、泗、济、漯洛渠；西瞻蜀之岷山及离碓⑦；北自龙门至于朔方⑧。曰：甚哉，水之为利害也！余从负薪塞宣房⑨，悲《瓠子》之诗而作《河渠书》⑩。

【注释】①庐山：山名，在江西鄱阳湖西岸星子县西北。　②九江：流归扬子江的九条河流，传说为禹所凿。　③会稽：山名，在浙江绍兴南。太湟：不详，当是会稽山附近的水名。湟，《集解》引徐广曰：“一作湿”。　④姑苏：山名，在今江苏苏州西南，又名姑胥山、姑余山。　⑤五湖：即江苏、浙江之间的太湖，又名笠泽，古名具区。　⑥东窥洛汭、大邳：自东向西窥向洛汭和大邳。洛汭，洛水入黄河处，在河南巩县。由于黄河改道，今洛口向北移在汜水县西北。大邳：山名，在河南汜水县西北，汜口之西。　⑦离碓：秦蜀郡太守李冰所凿的灌溉渠，今名都江堰。元鼎六年，司马迁出使巴、蜀，到过这些地方。　⑧龙门：山名，跨黄河西岸，其东在今山西河津县北，其西在今内蒙古自治区五原县东北。公元前110年，司马迁跟从武帝封禅，历北边九原，曾到此地。　⑨负薪塞宣房：公元前109年，武帝封禅后亲率百官临黄河决口处负薪塞河。决口堵塞后，于其处建宣房宫作纪念，在今河北濮阳县瓠子口。宣房，《汉书·沟洫志》作“宣防”，宣，通也；防，堤也。　⑩《瓠子》：汉武帝作的一首歌颂塞河工程的诗，载《河渠书》中。

【译文】太史公说：我曾南登庐山，察看了大禹疏浚过的流归扬子江的九条河流，于是又到了会稽太湟，上姑苏山，望五湖。又自东向西察看洛汭和大邳，巡视黄河，行经淮水、泗水、济水、漯洛渠。西边观察过岷山水系及离碓渠。北边从龙门至朔方。我不禁感叹说：了不得啊，水流的利与害是个大问题呀！我从皇上巡游，在宣房瓠子口背柴塞河，感叹这一伟大工程和《瓠子》之歌，因此写了《河渠书》。

【简论】水利工程是发展农业的一个重要基础，传说大禹治水得天下。从此，历代帝王都将治水作为治理国家的一项重大政治措施。但大规模的兴修水利是从汉武帝开始的。公元前109年，汉武帝从泰山封禅回京，亲率百官临赴瓠子口塞河工程的现场，令从巡官员自将军以下与卒同负薪塞河，二十余年的黄河大决口，终于被堵住了，广大中原地区免除了水灾。这是人与自然斗争的一场伟大壮举。司马迁亲自经历了这场斗争，追想大禹治水的功业，感奋异常，创作了《河渠书》。

平准书赞第八

太史公曰：农工商交易之路通，而龟贝金钱刀布之币兴焉[①]。所从来久远，自高辛氏之前尚矣，靡得而记云[②]。故《书》道唐虞之际，《诗》述殷周之世，安宁则长庠序[③]，先本绌末[④]，以礼义防于利；事变多故而亦反是。是以物盛则衰，时极而转，一质一文，终始之变也[⑤]。《禹贡》九州[⑥]，各因其土地所宜，人民所多少而纳职焉。汤、武承弊易变，使民不倦，各兢兢所以为治，而稍陵迟衰微。齐桓公用管仲之谋[⑦]，通轻重之权[⑧]，徼山海之业[⑨]，以朝诸侯，用区区之齐显成霸名。魏用李克[⑩]，尽地力，为强君。自是之后，天下争于战国，贵诈力而贱仁义，先富有而后推让。故庶人之富者或累巨万，而贫者或不厌糟糠；有国强者或并群小以臣诸侯，而弱国或绝祀而灭世。以至于秦，卒并海内。虞夏之币，金为三品[⑪]，或黄，或白，或赤；或钱，或布，或刀，或龟贝。及至秦，中一国之币为二等[⑫]：黄金以溢名[⑬]，为上币；铜钱识曰半两，重如其文，为下币。而珠玉、龟贝、银锡之属为器饰宝藏，不为币。然各随时而轻重无常⑭。于是外攘夷狄，内兴功业，海内之士力耕不足粮饷，女子纺绩不足衣服。古者尝竭天下之资财以奉其上，犹自以为不足也。无异故云，事势之流，相激使然，曷足怪焉。

【注释】①龟贝金钱刀布：古代的各种货币。根据考古发现，我国货币产生于商代，最早是贝币，春秋战国时代出现了各种金属货币。晋国流行布币，燕、齐流行刀币，楚国流行黄金货币，秦国流行环钱。秦始皇统一货币，以铜铸环钱为主，面值半两，重如其文。龟币在考古中没有发现，但龟甲在殷商时代是王室和贵族用于占卜的贵重物品。 ②靡：没有。 ③长：尊崇，重视。庠序：上古时代村社的集会场所，夏曰校，殷曰序，周曰庠，故用以代指教育。 ④先本绌末：把农业和教化放在首位，抑制工商末利。本，指农业和庠序之教；末，指工商业。绌，通"黜"，抑制。 ⑤终始之变：终而复始，即循环往复的变化。 ⑥《禹贡》九州：《禹贡》是我国最早的地理著作，《尚书》中的一篇。《禹贡》划分中国为冀、兖、青、徐、扬、荆、豫、梁、雍九州，各州按土地肥瘠和人民多少纳贡。相传禹别九州，定其贡物，故称《禹贡》。学术界有人认为是战国时人的作品。 ⑦齐桓公：春秋五霸之一。管仲：辅佐齐桓公称霸的国相。 ⑧轻重：《管子》书中所阐述的一种经济理论，指国家权衡轻重所采取的一系列政治经济措施，如调盈济虚，平衡物价，抑制兼并等。权：权变，根据实际情况加以变通。 ⑨徼（jiào 叫）：求取也，引申为开发。 ⑩李克：即李悝，战国时魏文侯相，他在魏国实行社会改革，魏国富强。 ⑪金为三品：金属货币有三种，即黄金、白银、赤铜。虞夏之时的金属货币至今还无发现，这可能只是古代的传说。 ⑫中：折中，引申为统一。 ⑬溢：黄金货币的重量单位，实重二十四两。 ⑭轻重无常：这里的轻重是指铜钱的轻重和面值的大小，主要是讥评汉朝人为地屡变钱制。事详《平准书》中。

【译文】太史公说：伴随着形成了农、工、商的社会分工和交流，兴起了龟、贝、金、钱、刀、布等各种货币。这已有悠久的历史，远在高辛氏之前就有了，只是没有记载流传下来。所以《尚书》称道尧、舜，《诗经》载述殷、周，社会安定就重视教化，把农业和教化放到首位，抑制工商末利，用礼义作堤防遏制人们争利。但若天下变故多而不平靖，那事势也就要反其道而行了。因此，事物盛强就要衰落，时势到顶就要逆转，朴实和文采，交替着循环往复变化。《禹贡》划定九州，依照各州土地所产，人民多少定额纳贡。商汤王、周武王由于继承的是夏桀、殷纣留下的烂摊子，因此容易变革，这些变革使人民振奋，开始还各自兢兢业业治理国家，而后日益衰颓。齐桓公用管仲的谋略，运用轻重的杠杆进行变革，开发山林矿产渔盐之业，使诸侯朝贡，凭借小小的齐国完成了霸业。魏国任用李克，充分开发土地的生产力，成为一个强大的国君。从此以后，天下争战成为战国，尊崇诈谋强权而鄙视仁德礼义，把金钱放在第一位，把礼让放在第二位。所以平民的财富，有的聚累亿万，而贫穷的连糟糠也吃不饱；强国兼并小国以臣服诸侯，而有的弱国则国亡祀绝。到了秦朝，终于统一了全国。虞夏时代的金属货币有三种：有黄金，有白银，有赤铜。还有钱，有布，有刀币，有龟贝。秦国统一全国货币，分为两等：一是黄金货币，以溢为单位，是上币；二是铜钱，每一枚字面额为半两，实际重也是半两，是下币。至于珠玉、龟贝、银锡等等作为珍贵器物的装饰品加以收藏，不作货币流通。后来，各种货币随着时势而变动面值和轻重。于是对外征伐夷狄，对内大兴功业，全国的男子竭力耕种不够交纳征发的粮饷，女子拼命纺织也不够制作衣服。古代曾有这样的情况，刮尽天下的资财供奉君王，君王仍然不满足。没有别的原因，只不过是由于世事的发展和时势的变化，互相影响促成的，有什么值得奇怪的呢？

附：货殖列传序（列传第六十九）

老子曰[①]：“至治之极[②]，邻国相望，鸡狗之声相闻，民各甘其食[③]，美其服，安其俗，乐其业，至老死不相往来。”必用此为务[④]，輓近世[⑤]涂民耳目，则几无行矣[⑥]。

太史公曰：夫神农以前[⑦]，吾不知已[⑧]。至若《诗》、《书》所述虞夏以来，耳目欲极声色之好，口欲穷刍豢之味[⑨]，身安逸乐，而心夸矜势能之荣[⑩]。使俗之渐民久矣[⑪]，虽户说以眇论[⑫]，终不能化。故善者因之[⑬]，其次利道之[⑭]，其次教诲之[⑮]，其次整齐之⑯，最下者与之争⑰。

夫山西饶材、竹、穀、纑、旄、玉石⑱；山东多鱼、盐、漆、丝、声色⑲；江南出枏、梓、姜、桂、金、锡、连、丹沙、犀、瑇瑁、珠玑、齿革⑳；龙门、碣石北多马、牛、羊、旃裘、筋角㉑；铜、铁则千里往往山出棋置㉒：此其大较也㉓。皆中国人民所喜好，谣俗被服饮食奉生送死之具也㉔。故待农而食之，虞而出之㉕，工而成之，商而通之。此宁有政教发征期会哉㉖？人各任其能，竭其力，以得所欲。故物贱之征贵㉗，贵之征贱，各劝其业，乐其事，若水之趋下，日夜无休时，不召而自来，不求而民出之。岂非道之所符㉘，而自然之验邪㉙？

《周书》曰㉚："农不出则乏其食，工不出则乏其事㉛，商不出则三宝绝㉜，虞不出则财匮少㉝。"财匮少而山泽不辟矣㉞。此四者，民所衣食之原也㉟。原大则饶，原小则鲜㊱。上则富国，下则富家。贫富之道，莫之夺予㊲，而巧者有余，拙者不足。故太公望封于营丘㊳，地潟卤㊴，人民寡，于是太公劝其女功㊵，极技巧，通鱼盐，则人物归之，繦至而辐凑㊶。故齐冠带衣履天下㊷，海岱之间敛袂而往朝焉㊸。其后齐中衰，管子修之㊹，设轻重九府㊺，则桓公以霸，九合诸侯，一匡天下㊻；而管氏亦有三归㊼，位在陪臣㊽，富于列国之君。是以齐富强至于威、宣也㊾。

故曰："仓廪实而知礼节，衣食足而知荣辱㊿。"礼生于有而废于无。故君子富，好行其德；小人富，以适其力[51]。渊深而鱼生之，山深而兽往之，人富而仁义附焉。富者得势益彰，失势则客无所之[52]，以而不乐。夷狄益甚。谚曰："千金之子，不死于市[53]。"此非空言也。故曰："天下熙熙，皆为利来；天下壤壤[54]，皆为利往。"夫千乘之王[55]，万家之侯[56]，百室之君[57]，尚犹患贫，而况匹夫编户之民乎[58]！

【注释】①老子曰：语见《老子》第八十章，与原文不尽同。老子，姓李名耳，字伯阳，约与孔子同时，是古代思想家，道家创始人，著有《老子》五千言传世。《史记》卷六十三有传。 ②至治：治理得极好的社会。治，与"乱"相对，指政治清明。 ③甘：美。 ④务：追求，从事的目标。 ⑤挽：同"晚"，指后于至治的时代。 ⑥几：差不多。无行：行不通，无法实现。 ⑦神农：即炎帝，传说的上古帝王，他教民种庄稼，故称神农氏。 ⑧已：通

“矣”。　⑨刍豢（chú huàn除患）：刍，干草，代指吃野草的牲畜，如牛、羊。豢，豢养，代指吃粮食的家畜，如猪、狗。　⑩夸矜：夸耀。势能：权势，能力。　⑪渐：浸染，影响。　⑫眇论：美妙的言辞。眇，通“妙”。　⑬善者因之：治理国家最好的办法是顺应自然。因，顺应。　⑭利道：因势利导。道，读“导”。　⑮教诲：指教导人民节制对私欲的追求，即儒家所提倡的礼义堤防。　⑯整齐：即“齐之以刑”，用刑罚约束。　⑰最下者与之争：最劣等的办法是与人民争夺财富。这是讥评汉武帝所实行的盐铁专卖、平准均输等打击商人的经济政策。　⑱山西：与山东相对，指华山以西地区，包括关陇及巴、蜀。饶：丰饶，盛产。榖：木名，皮可造纸。按此树关中叫楮。纑（lú卢）：苧麻，可用以织布。旄（máo毛）：牦牛，尾上长毛可作舞蹈的道具和旌旗的装饰，是贵重的商品。　⑲山东：华山以东中原地区。声色：音乐和女色，专供当时统治者享乐之用。　⑳江南：大江以南广大地区。枏（nán楠）：楠木。桂：即木犀，珍贵的芳香植物。连：铅矿。丹沙：即丹砂，俗称朱沙，红色颜料。犀：犀牛角。瑇瑁（dài mào代冒）：一种海龟，其甲很美，可做装饰品及药用。珠玑：珍珠，圆者称珠，不圆者为玑。齿革：象牙及皮革。　㉑龙门、碣石北：即华北地区。龙门，黄河禹门口，在陕西韩城县东北和山西河津县西北。碣（jié竭）石，山名，即今河北昌黎县西北的碣石山。旃：读“毡”，毛毡。筋角：兽筋、兽角，用以制造弓弩。　㉒棋置：如棋子之散布。　㉓大较：大略，大概。　㉔谣俗：风俗。具：器用。　㉕虞：古代掌山泽之官，这里指管理渔猎、林木、采矿等事的官员。　㉖政教：政令与教化。发徵期会：指向民间宣传征调，规定时间聚会。　㉗征：征兆。物价贱落到极点，人人争买，就是贵的征兆。反之，物价贵极，人人不买就是贱的征兆。译文意译为“转化”。　㉘道之所符：与自然规律暗合。道，指经济法则，经济规律。　㉙自然之验：依道而行，因其自然而得到的效果。自然，天然的，不是人为的。验，效应，效果。　㉚《周书》：周代的文诰，今传有《逸周书》，一部分收入《尚书》之中。这里所引不见于这两书，即在逸篇之中。　㉛事：指百工制作的器物。　㉜三宝：有多种说法，这里指农工虞之生产物，即食、事、财。　㉝财匮：财物匮乏。财，资源。匮（kuì溃），缺乏。　㉞辟：开辟，开发。　㉟原：读“源”，来源。　㊱鲜：少。　㊲莫之夺予：不是别人可赐予的，也不是别人可以剥夺的，这句是指个人的巧拙，即下文所言巧者有余，而拙者不足。㊳太公望：西周开国功臣吕尚的尊称，封于齐。营丘：古邑名，在今山东淄博市北，以营丘山得名。　㊴潟卤（xì lǔ戏鲁）：盐碱土地。　㊵女功：也写作“女工”。指妇女从事的纺织、刺绣、缝纫等事。　㊶繦（qiāng腔）：钱串子。辐（fú福）：车轮上的辐条。凑：聚集。　㊷冠带衣履：四字用如动词，喻齐国富甲天下，所产冠带衣履供全天下人使用。　㊸海岱之间：从东海到泰山之间，指齐地。敛袂：又写作“敛衽”，朝拜时整理衣袖，喻恭敬。袂（mèi 妹），衣袖。 ㊹管子：即管仲。 ㊺轻重：古代的一种经济理论，见《平准书赞》“通轻重之权”条注。这里指九府轻重之法，通过控制钱币的币值及兑换率来调节商品，平衡物价。九府：周代九个掌管财物的官府：大府、玉府、内府、外府、泉府、天府、职内、职金、职币。 ㊻九合诸侯，一匡天下：语出《论语·宪问》第十六、十七章。指管仲辅佐齐桓公称霸，多次会盟诸侯，使天下走上尊王攘夷的正轨。九，表示多数。匡，正。 ㊼三归：指管仲富拟国君，有三处庭园。 ㊽位：地位，身份。陪臣：春秋时诸侯为天子之臣，诸侯的大夫对天子自称陪臣，而大夫之家臣对诸侯亦称陪臣，这里指管仲。 ㊾威：齐威王田因齐，公元前356年至前320年在位。宣：齐宣王田辟疆，公元前319年至前301年在位。 ㊿故曰二句：语出《管子·牧民》。 (51)适其力：乐用其力于公事。 (52)客无所之：即客无往者，指没有宾客登门，之，往。 (53)市：指弃市。古代对处以极刑的人暴尸于闹市叫弃市。 (54)熙熙壤壤：熙熙同壤壤，皆形容拥挤，热闹的样子。 (55)千乘之王：指天子。 (56)万家之侯：指诸侯。 (57)百室之君：指大夫。 (58)编户：指齐民，即编入户籍的百姓。

【译文】《老子》说：“把天下治理得最好的时候，即使邻近国家的人民互相望得见，鸡、狗的叫声彼此听得到，但老百姓都认为自己的饮食甘美，自己的服装漂亮，本地的风俗习惯最安适，爱好自己的事业，直到老死也不相往来。”一定要把这样的至治作为追求的目标，在后于此的近代，即使把人民的耳朵、眼睛都堵塞起来，也是行不通的。

太史公说：神农以前的情况，我说不上，至于像《诗经》、《尚书》里所讲的，从虞舜、夏朝以来，人们总是爱听悦耳的声音，爱看悦目的颜色，爱尝各种禽兽家畜的肉味，身体安于安乐、舒适的环境，而内心以权势显赫为荣。使这样的风气影响民心已经很久了，虽然挨家挨户用《老子》的妙论去劝导，也始终不能改变。所以，治理国家最好的办法是顺应自然，其次是引导，再次是教诲，更次是用刑罚制度来约束，最下是与人民争利。

华山以西富有木材、竹子、楮木、苧麻、旄牛和玉石；华山以东盛产鱼、盐、漆、丝和音乐、女色；江南出产楠木、梓木、生姜、木犀、金、锡、铅矿石、丹砂、犀牛角、玳瑁、珠玑、兽牙、皮革；龙门山、碣石山以北盛产马、牛、羊、毛毡、毛皮、兽筋、兽角；铜铁则在相距千里的山间星罗棋布。这就是物产分布的大略情况。这些都是中原人民所喜好的，即老百姓通常衣食、养生、送死所需要的东西。所以，田地靠农民耕作来供给食物，山泽靠虞人开采，器物靠工匠制造，货物靠商人流通。这哪里用得着发布政令、征召调遣和规定时间聚会呢？各行业的人可以各自发挥自己的才能，竭尽自己的力量，来满足自己的欲望。所以，货物价格贱到极点就要转化为贵，贵到极点就要转化为贱，各自努力精通自己的业务，乐于从事自己的工作，就像水往低处流一样，日日夜夜不停息，不用召唤，人民自己来了，不用追求，人民把所需都生产出来了。这难道不是既符合规律，又合乎自然发展的证明吗？

《周书》说："农民不耕种，粮食就缺乏；工匠不生产，器物就短缺；商人不做生意，吃的、用的和钱财就会断绝；虞人不开发山泽，财物就匮乏。"财物匮乏，山泽也得不到开辟。这四个方面，都是人民穿衣吃饭的源泉。源泉大就富裕，源泉小就贫乏。源泉大了，上可以富国，下可以富家。有的贫困，有的富裕，没有人能够改变，而聪明的人钱财总是感到有余，愚笨的人经济总是感到拮据。所以，姜太公封在营丘，那里的土地本是盐碱地，居民又稀少，但由于姜太公鼓励妇女纺织，极力重视工艺技巧，注意发展鱼盐的生产，并向四方流通。结果，其他地方的人和物产，就像钱串子穿钱和车辐集中于车毂一样，聚积到齐国。所以，齐国出产的帽子、带子、衣服、鞋子供全天下人所用，从东海到泰山之间的诸侯，都整理衣袖去朝拜齐国。后来，齐国一度衰落，管仲重振太公的事业，设置了理财的九个部门，齐桓公因此称霸，多次会盟诸侯，匡正天下。管仲自己也建筑了三处庭园，他的身份虽只是一个诸侯大夫，但其财富却可与各诸侯国的国君相比。因此，齐国的富强，一直持续到齐威王、齐宣王的时候。

所以说："粮仓装满了，人们就会懂得礼节；衣食充足了，百姓才讲求荣誉和耻辱。”礼仪产生于富有，而废弃于贫穷。所以，君子富了以后，喜欢去做仁德的事；小人富了以后，也会乐于公事。渊深了，鱼类就会生长；山深了，野兽就去到那里；人富有了，仁义也会归附。富有者得了权势，越发显赫；失势则客不上门，因而心情不快乐。夷狄更是这样。谚语说：“千金人家的子弟，不会因触犯法律而在市上处死。”这不是空话。所以说：“天下的人，熙熙攘攘，都是为利而来，为利而往。”有千辆兵车的国君，有万家封地的诸侯，有百室封邑的大夫，尚且还要担心贫穷，何况编入户籍的一般老百姓呢？

【简论】司马迁的经济思想集中表述在《平准书》和《货殖列传》中。《史记》编目，《平准书》卷三十，为八书第八；《货殖列传》卷一百二十九，为七十列传第六十九。编目悬远，是因两传体例不同，而内容却是互相补充、阐发，不可分割的“表里之文”，故将两篇序赞蝉联译评，以便把握司马迁的经济思想。

《平准书》概述了从汉初到汉武帝元封元年近一个世纪的经济发展和财政政策，重点评论汉武帝的平准、均输等政策，故名《平准书》。司马迁以“述而不作”的手法，通过摆事实，寓论于叙事之中的方式，评论了文景时代致富之由，刺讥武帝中、后期国计民生凋敝之因，前后形成了鲜明的对照。《货殖列传》考察了从春秋末年到汉初这一历史时期的商品经济，为巨商大贾范蠡、子贡、白圭、猗顿、清、卓氏、程郑、孔氏、邴氏、刁间、师史、任氏、桥姚等古今三十个商贾作传，总结治生之术，供智者采择，以求财货增殖，所以叫《货殖列传》。《平准书》着重提出一个“古者尝竭天下之资财以奉其上”的问题，以古喻今，讥刺当世的经济政策，造成了经济的下降运动。《货殖列传》的主旨，则是以文景时期“因之”的政策为背景，描述了汉初经济的上升运动。两种背景，两种结果，形成强烈对比，从而表现了司马迁“究天人之际，通古今之变”，在经济方面的成果，就是“善者因之”，而“最下者与之争”。

从《史记》的笔法义例看，《平准书》和《货殖列传》是异军突起，与全书其他篇目迥然不同。《平准书》打破依历史时间顺序述载贯通历史的笔法，直接从汉承秦敝起首，而篇末之赞再倒回古代以便引古讽今。这一奇特结构，突出了寓论于叙事之中的“论”。《货殖列传》则是通过古今货殖之人的行事总结治生经验，以酣畅之笔夹叙夹议，以“论”为主线。可以说两篇史传都是用丰富的历史事实充实起来的经济史论。这是司马迁的首创。从此以后，正史里面才有了记载社会经济的篇目，并形成了中国史学的优秀传统。

司马迁首创经济史传，奠基于他卓越的史识。从战国以来，我国封建统治者就一直推行“重农抑商”的经济政策。到了汉武帝时期，为了加强中央集权的统治，“重农抑商”的政策得到全面的推行和发展。盐铁官营，平准均输，算缗告缗，“于是商贾中家以上大率破”。在这样的历史背景中，司马迁研究了商人的活动，认识到商业的兴起是历史发展的必然之“势”，真是了不起。《货殖列传序》一开篇就讲经济发展之“势”，人俗变迁之理。他引用老子小国寡民的主张作为批判的靶子，指出自《诗》、《书》所述虞夏以来，“耳目欲极声色之好，口欲穷刍豢之味，身安逸乐，而心夸矜势能之荣”这一人俗是随着经济的发展而逐渐形成的。小国寡民的无知无欲是生产不发达时代原始社会的人俗；最大限度地追求欲望的满足是生产不断发展所形成的文明社会的人俗。这种变化是不可阻挡的“势”，司马迁称之为“俗之渐民久矣”。谁要想把历史车轮拉向后转，使人回到“小国寡民”的蒙昧中去，即使把人的耳目都涂塞起来，挨家挨户进行教化，也是办不到的。司马迁这一形象的假设譬喻，深刻地表明了他用进化的观点看待社会的变化，这是符合唯物主义的认识论的。

司马迁正是从经济、人俗发展之“势”的观点出发，认识到社会出现农、工、商、虞的分工是不以人们的意志为转移的客观规律。因此司马迁不仅突破了重农抑商的传统观念，而且以“民所衣食之原”强调了四业并重，缺一不可。他把商业作为人民的衣食之源放到国民生产总体结构中考察其作用，并引证齐国的发展历史来说明农工商虞四业早就是古代社会经济的基本结构。而国家的盛衰强弱取决于经济基础的厚薄。四业兴旺，国家富强；四业不齐，国家贫弱。司马迁对“重农抑商”这一传统的政策作了彻底的否定。所以他对全国各地的山川、物产、交通、人口、都市、商业以及风俗习惯等都作了详细的考察，得出了人人都有求财的欲望，而无商业就会导致“三宝绝”的结论。“布衣匹夫之人，不害于政，不妨百姓，取与以时而息财富，智者有采焉”，这就是《太史公自序》所交代的作《货殖列传》的原因。可见司马迁作传目的是鼓励发展生产，颂扬货殖，是肯定商人对历史的贡献。他从总结治生之术的经验中不仅获得许多符合价值规律的见解，而且还认识到了改善生活的欲望是发展生产的动力。从而提出了“素封论”的财富观，以“崇势利而羞贫贱”，“君子富，好行其德；小人富，以适其力”的客观实际，剥去了抽象地强调仁义道德的主观空想，鼓励人人发财致富，并断言人人可以致富。这一切都是离经叛道的异端思想，也正是司马迁超越前辈思想家的特殊贡献。

“善者因之”的“之”，主要内容是指人人不学而有的求富之“欲”，司马迁认为这是推动历史的动力。商贾转贩货物，周流天下，就是“因之”，以其顺人之欲，足人之求，而自己也就发财致富。国家对待经济的政策，也应如是，遵循经济自然法则，顺适人俗，因势利导，人民富足，国家强盛。所以“善者因之”，并不意味着司马迁主张放任的自由竞争。《平准书》明确揭示富商大贾投机牟利，兼并农人，造成社会弃农从商的风气。“事势之流，相激使然”，正是自由放任导致的物极必反。所以“利导之”，“教诲之”的政策也是必要的。但司马迁极力反对违反经济规律的“最下者与之争”的干预政策，批判它阻遏人欲这个动力，也就是阻遏了生产的发展。

在中国思想史上，司马迁进步的经济思想是超卓前人的，但它却是正统礼教思想的叛逆，一向遭到统治阶级的压抑。这是因为战国以来蓬勃发展的商品经济被汉武帝加强中央集权的封建制度所扼杀。皮之不存，毛将焉附。重农抑商成为贯通整个封建社会的基本国策，研究货殖的经济理论得不到发扬，这也是我国封建社会长期以来发展缓慢的重要原因之一。

三十世家赞·序

【说明】司马贞曰："系家者，记诸侯本系也，言其下及子孙常有国。故孟子曰：'陈仲子，齐之系家。'又董仲舒曰：'王者封诸侯，非官之也，得以代为家也'"(《吴太伯世家·索隐》)。刘知几曰："案世家之为义也，岂不以开国承家，世代相续。"又曰："司马迁之记诸国也，其编次之体与本纪不殊，盖欲抑彼诸侯，异乎天子，故假以他称，名为世家"(《史通》卷二《世家》)。即定名"世家"之义有三：

1. 记诸侯列国史。

2. 载传代家世。

3.《世家》与《本纪》同体，均编年纪事，因有别于天子等第而别名"世家"。

三十《世家》序列：第一吴太伯；二齐太公；三鲁周公；四燕召公；五管蔡，附曹世家；六陈杞；七卫康叔；八宋微子；九晋；十楚；十一越王句践；十二郑；十三赵；十四魏；十五韩；十六田敬仲完；十七孔子；十八陈涉；十九外戚；二十楚元王；二十一荆燕；二十二齐悼惠王；二十三萧相国；二十四曹相国；二十五留侯；二十六陈丞相；二十七绛侯；二十八梁孝王；二十九五宗；三十三王。三十《世家》按时代序列，可分为十组：

世家目次			
	①吴太伯至郑世家	世家第一至十二	……卷三一至四二
	②赵世家至田敬仲完	世家第十三至十六	……卷四三至四六
	③孔子	世家第十七	……卷四七
	④陈涉	世家第十八	……卷四八
	⑤外戚	世家第十九	……卷四九
	⑥楚元王至齐悼惠王	世家第二十至二二	……卷五十至五二
	⑦萧相国至绛侯	世家第二三至二七	……卷五三至五七
	⑧梁孝王	世家第二八	……卷五八
	⑨五宗	世家第二九	……卷五九
	⑩三王	世家第三十	……卷六十

第①组，吴太伯至郑世家共十二世家，载周初所封诸侯，其始祖皆有德于民，子孙享其德泽为诸侯。但《世家》篇目序列与《十二诸侯年表》序列不同，对照如下：

周、鲁、齐、晋、秦、楚、宋、卫、陈、蔡、曹、郑、燕、吴

——《十二诸侯年表》序列

吴、齐、鲁、燕、蔡、陈、卫、宋、晋、楚、越、郑

——三十《世家》序列

《十二诸侯年表》反映春秋之世的霸政，以诸侯强弱为序列。周列第一栏，示尊天下共主；鲁列第二栏，象征以《春秋》当一王之法，故周、鲁均不在十二之数。鲁后为齐、晋、秦、楚、宋，即春秋五霸之序列。吴殿后，示意内诸夏而外夷狄之义。这些都是春秋笔法。《世家》按诸侯始祖与周之亲疏关系和开国时功劳大小排列，象征诸侯夹辅周室，所以与《十二诸侯年表》序列不同。司马迁嘉吴太伯之让国，列为第一。第②组赵世家至田敬仲完四世家，乃战国之世以暴力篡夺而得的诸侯，即赵、魏、韩三家及田齐。第⑥、⑧、⑨、⑩四组共七世家，载当世刘姓宗室王。楚元王至齐悼惠王四世家为高祖高后所封，梁孝王文帝子，五宗诸王景帝之后，三王武帝子。第③、④、⑤三组为孔子、陈涉、外戚，第⑦组萧相国至绛侯汉初功臣，是按时代序列排列的专题世家。

关于《世家》之破例为体，参阅《十二本纪赞》的《说明》。

吴太伯世家赞第一

太史公曰：孔子言[①]“太伯可谓至德矣，三以天下让[②]，民无得而称焉”。余读《春秋》古文[③]，乃知中国之虞与荆蛮、勾吴兄弟也[④]。延陵季子之仁心[⑤]，慕义无穷，见微而知清浊[⑥]。呜呼，又何其闳览博物君子也[⑦]！

【注释】①孔子言三句：语出《论语·泰伯》第一章。太伯，也写作“泰伯”，周祖先古公亶父长子。古公有三子，太伯、仲雍、季历。季历的儿子就是姬昌。传说古公见姬昌聪明，欲传位姬昌，示意打破惯例不传长子而传贤。太伯顺从父亲的意愿，偕同仲雍出走至勾吴，受到当地蛮人拥戴，成为吴国的始祖，所以史称吴太伯。　②三以天下让：指太伯多次让国于季历之事。　③《春秋》古文：指《春秋左氏传》。僖公五年《传》宫之奇对虞公曰：“大伯，虞仲，大王之昭也。”大，读“太”。　④中国之虞与荆蛮勾吴兄弟也：太伯死后无子，弟仲雍继为勾吴主，三传至周章，时值武王灭殷，求太伯、仲雍之后，因周章已为吴主，于是封周章弟虞仲于虞。虞国在故夏墟，当今山西平陆东北，是中原国家。这就是中国之虞与荆蛮勾吴的兄弟关系，其世系表列如下：

周太王（古公亶父）——
　吴太伯—奔荆蛮，自号勾吴。
　仲雍—季简—叔达—周章：武王封于吴 ｝不同民族
　　　　　　　　　　虞仲：武王封于虞 ｝兄弟之国
　季历—文王姬昌—武王姬发：灭殷建周。

⑤延陵季子；季子是吴王寿梦之少子名季札，封于延陵，故称延陵季子。寿梦是仲雍之后第十九世吴王，有四子，季札最少而贤，寿梦欲传位给他，季札不受。寿梦约诸子兄弟相继传至季札而止，但传到季札之时，他却逃走了。故司马迁称赞季札“慕义无穷”。　⑥见微而知清浊：这句是说季札能见微知著，从细微的征兆中预见将来的局势变化。公元前527年，季札使鲁、齐、卫、晋等国，对各国政局变化的预见都十分准确，如田氏代齐、三家分晋等。清浊，喻明暗是非。　⑦闳览博物：读书广博，知识丰富。季札使鲁，听奏周乐，能分析出各首诗歌的历史内容。

【译文】太史公说：孔子说“太伯的道德可以说是最崇高的了，他多次把天下让给季历，老百姓简直找不出恰当的词语来赞美他”。我读《春秋左氏传》，才知道中原的虞国和荆蛮的勾吴是兄弟之国。延陵季子具有那样的仁爱之心，追求道义没有止境，能从细微的征兆中洞察出时代的治乱。啊，他真是一个富有渊博知识的君子呀。

【简论】“孝悌”和“礼让”是儒家倡导的最高道德。吴太伯让国集中体现了这两种道德，因此受到了孔子的极端称赞，更赢得了司马迁的崇高敬意。所以《太史公自序》说：“嘉伯之让，作《吴太伯世家》第一。”

齐太公世家赞第二

太史公曰：吾适齐[①]，自泰山属之琅邪[②]，北被于海[③]，膏壤二千里，其民阔达多匿知[④]，其天性也[⑤]。以太公之圣[⑥]，建国本，桓公之盛[⑦]，修善政，以为诸侯会盟，称伯，不亦宜乎？洋洋哉[⑧]，固大国之风也！

【注释】①齐：周初大臣姜尚的封国。　②属：连接。　③被：及，达到。　④阔达：举止大方。匿知：含蓄，深藏智慧。　⑤天性：自然情性。司马迁游历山东，看到齐、薛、邹、鲁等地民风不同，认为是地域产生的天性。他在《货殖列传》中还谈到了经济、文化对民风的影响，当与此参照。　⑥太公：即太公望姜尚，字子牙，因祖先虞夏之际封于吕，又名吕尚。姜尚辅周文王称伯，佐武王灭商，是周初的开国功臣之一。太公望是周文王得遇姜尚后给他的尊号。　⑦桓公：指春秋五霸之一的齐桓公。　⑧洋洋：盛大的样子。

【译文】太史公说：我到旧时的齐地考察，从泰山往东直到琅邪，往北直临大海，这一片辽阔肥沃的土地，方二千里，人民的习俗，举止大方而深藏智慧，这大概是天生的情性吧。像太公这样伟大的人物，又在这样好的土地上建立国家，到齐桓公时达到鼎盛，修明政治，会盟诸侯，成为霸主，不也是很自然的吗？雄伟气象本来就是大国的遗风。

鲁周公世家赞第三

太史公曰：余闻孔子称曰“甚矣鲁道之衰也①！洙泗之间龂龂如也②”。观庆父及叔牙、闵公之际，何其乱也③！隐桓之事④；襄仲杀嫡立庶⑤；三家北面为臣⑥，亲攻昭公，昭公以奔⑦。至其揖让之礼则从矣，而行事何其戾也⑧！

【注释】①鲁道：即周公之道，指礼乐教化。　②洙泗：两水名，鲁国境内之河，这里作鲁国的代称。龂龂（yín 银）：争辩的样子。　③观庆父二句：庆父、叔牙及季友三人为鲁桓公之子，鲁庄公之弟。庄公夫人哀姜不育，故无嫡子，而欲立庶子斑。庆父与哀姜私通，叔牙党庆父，欲立庆父为君，被庄公鸩杀。庄公卒，季友立公子斑为鲁君，庆父杀之，立公子开，是为鲁闵公。闵公二年，庆父又杀闵公欲自立。两年之间庆父连弑二君，鲁国大乱，流言曰：“庆父不死，鲁难未已。”季友与鲁大夫杀庆父，立公子申为君，即鲁僖公，政局才稳定下来。闵公开、僖公申均庄公子。　④隐桓之事：即春秋之世的篡弑之事。鲁隐公姬息姑，为鲁国之第十四代君，被其弟姬允所杀，允立即为鲁桓公。⑤襄仲杀嫡立庶：襄仲亦庄公子名遂，事僖公、文公为鲁卿。文公卒，襄仲杀太子恶及其弟视而立庶子接，是为鲁宣公。　⑥三家：鲁桓公之三子，庆父之后为孟孙氏，叔牙之后为叔孙氏，季友之后为季孙氏。三家共执鲁政，称三桓，又称三家。　⑦亲攻昭公，昭公以奔：指三家联合起来逐出了昭公，其事在鲁昭公二十五年。昭公，鲁宣公之曾孙，鲁襄公之子。　⑧戾：乖虐。

【译文】太史公说：孔子说过这样的话：“鲁国的礼乐教化衰落得多么厉害啊，洙泗之间的人民也斤斤计较起来。”看看鲁国的历史吧：鲁闵公时庆父和叔牙搞得鲁国多么混乱；鲁隐公、鲁桓公又兄弟相争；襄仲杀太子恶而立庶子接；孟孙、叔孙、季孙三大夫是北面事君的臣子，竟然亲自攻打昭公，迫使昭公流亡。说到拱手应酬的礼节，鲁国十分讲究，可是实际干的却是那样的暴虐。

【简论】鲁为礼义之邦，是周公的封国，但春秋时不断发生内讧，兄弟相争，君臣相攻。民间风习斤斤相较，揖让之礼，流于形式。鲁国尚且如此，列国世风之变，可想而知。司马迁用鲁道之衰落来揭示时代的事势之变，具有十分典型的意义。

燕召公世家赞第四

太史公曰：召公奭可谓仁矣①！甘棠且思之②，况其人乎？燕外迫蛮貉，内措齐、晋③，崎岖强国之间，最为弱小，几灭者数矣。然社稷血食者八九百岁，于姬姓独后亡，岂非召公之烈邪④！

【注释】①召公奭：召公姬奭，周之支族，初封于召，称召公。武王灭殷，封召公长子于燕，故篇题称“燕召公世家”。　②甘棠且思之：相传召公勤政爱民，常巡行乡邑，在甘棠树下决狱听事，办事公正，故人民歌咏之，作诗《甘棠》，见《诗·召南》。　③措：“错”之借字，交错，交接。　④烈：德业。

【译文】太史公说：召公姬奭可以说得上是一个仁人！他听事的甘棠树尚且为人们怀念，何况他本人呢！燕国外受蛮貉侵逼，内与齐、晋交接，艰难地在各大国之间周旋，是一个最弱小的国家，多次险遭灭亡。但是，宗庙社稷却享受祭祀八九百年，在姬姓国家中独独最后灭亡，难道不正是召公留下的德业吗！

【简论】祖上积德累善，泽流子孙，这是司马迁惩恶劝善思想的重要内容，贯穿《史记》全书。

管蔡世家赞第五

太史公曰：管蔡作乱，无足载者。然周武王崩，成王少，天下既疑，赖同母之弟成叔、冉季之属十人为辅拂①，是以诸侯卒宗周，故附之世家言②。

太史公曰：余寻曹共公之不用僖负羁③，乃乘轩者三百人[④]，知唯德之不建。及振铎之梦[⑤]，岂不欲引曹之祀者哉[⑥]？如公孙强不修厥政[⑦]，叔铎之祀忽诸[⑧]。

【注释】①十人为辅拂：武王同母兄弟共十人，兄伯邑考，武王姬发排行第二。其下八弟相继是：管叔鲜，周公旦，蔡叔度，曹叔振铎，成叔武，霍叔处，康叔封，冉季载。成王即位，康叔封、冉季载因年少未封，受封者六叔。此言"十人"辅拂，大略言之，谓武王兄弟有十人，同宗盛强，周室是依。拂，古"弼"字。　②故附之世家言：本篇总叙文王十子，司马迁有一段总括的话："伯邑考，其后不知所封。武王发，其为周，有本纪言。管叔鲜作乱诛死，无后。周公旦其后为鲁，有世家言。蔡叔度，其后为蔡，有世家言。曹叔振铎，其后为曹，有世家言。成叔武，其后世无所见。霍叔处，其后晋献公时灭霍。康叔封，其后为卫，有世家言。冉季载，其后世无所见。"据此，《管蔡世家》应为《蔡曹世家》。本篇前半蔡世家，后半曹世家，故有两赞。而管叔鲜诛死，无有世家。司马迁何以名《管蔡世家》?《索隐》云："管叔虽无后，仍是蔡曹之兄，故题管、蔡而略曹也。"又云："曹微小而少事迹，因附管蔡之末，不别题篇尔。"③余寻句：寻，研究。曹共公，名襄，曹叔振铎之后第十二代，第十四君。共公十六年，晋公子重耳流亡过曹，共公遇之无礼，曹大夫僖负羁进谏，不听。后来重耳即位，是为晋文公，于共公二十一年来伐，虏曹共公。　④乘轩者三百人：轩，大夫所乘之车。据《左传》僖公二十八年载，曹小国，滥封官职，大夫多至三百。而《晋世家》云："晋师入曹，数之，以其不用僖负羁言，而用美女乘轩者三百人。"　⑤振铎之梦：曹国传世十九代二十四君，末代主名伯阳。伯阳好田弋，荒忽政事。三年，国人有梦众君子谋亡曹，曹叔振铎制止说，请等待至公孙强。梦者戒其子说：我死后，若有公孙强辅政，你一定离开曹国，免遭祸患。伯阳六年，果有公孙强献白雁，伯阳用之，十五年亡于宋。　⑥引曹之祀：延长曹国的生命。　⑦如：转折连词，读"而"。　⑧忽诸：指曹国突然败亡。

【译文】太史公说：管叔、蔡叔作乱，值不得记载。但是周武王死后，成王年少，天下猜疑，依靠武王同母弟成叔、冉季等十人辅佐，因此诸侯终于宗奉周室，所以都附载在世家中。

太史公又说：我研究了曹共公不听从僖负羁的劝谏，竟使乘坐大夫轩车的美女达到几百人，领悟到这是不树德的标志。到了末主，曹叔振铎还托梦请求，难道不是想让曹国延续下去吗？但不能制止公孙强乱政，叔铎的香火突然断绝了。

陈杞世家赞第六

太史公曰：舜之德可谓至矣！禅位于夏，而后世血食者历三代①。及楚灭陈②，而田常得政于齐，卒为建国，百世不绝，苗裔兹兹③，有土者不乏焉。至禹，于周则杞，微甚，不足数也。楚惠王灭杞④，其后越王句践兴⑤。

【注释】①血食：指祭祀，因用牲，故云血食。这里是说舜的子孙得为诸侯，而舜享受血食。　②兹兹：众盛的样子。　③楚灭陈：陈国，舜之后，楚惠王九年（前480年），楚灭陈。　④楚惠王灭杞：杞国，禹之后，楚惠王四十四年（前445年）楚灭杞。　⑤其后越王句践兴：越王句践当周敬王、元王之际在位（前496—前465年），享国三十二年。公元前473年越灭吴，霸诸侯，早于楚灭杞二十八年。“其后”云云，应理解为句践所兴起的越国在杞建国之后，而又后于杞之灭。公元前335年楚灭越。

【译文】太史公说：舜的功德可以说是最高尚的了！他禅位给夏禹，而享受后世祭祀经历了夏、商、周三代。虽然楚灭了陈国，而田常又在齐国当政，终于建立了国家，传世百代，子孙昌盛，有封土的人不绝如缕。说到禹，在周代有杞国，十分弱小，在列国中排不上队，但直到楚惠王时才灭亡，其后于杞国兴起的越王句践还一度称霸诸侯。

【简论】陈、杞小国，司马迁特作世家，旨在称述舜禹之功德。陈灭而有田氏代齐的兴起，杞灭而有句践的越国兴起。梁玉绳《史记志疑》卷二十二“越王句践世家”条考证，越与楚同祖，非禹后。而司马迁认为是禹之后，《越王句践世家》、《东越列传赞》、《太史公自序》等篇均有明确记载，当别有所本。其实，司马迁是以陈杞两小国为借代，旨在颂扬远古贤君有德人民，泽流苗裔。故本篇结尾在赞前有一段总括性的话说：“舜之后，周武王封之陈，至楚惠王灭之，有世家言。禹之后，周武王封之杞，楚惠王灭之，有世家言。契之后为殷，殷有本纪言。殷破，周封其后于宋，齐闵王灭之，有世家言。后稷之后为周，秦昭王灭之，有本纪言。皋陶之后，或封英、六，楚穆王灭之，无谱。伯夷之后，至周武王复封于齐，曰太公望，陈氏灭之，有世家言。伯翳之后，至周平王时封为秦，项羽灭之，有本纪言。垂、益、夔龙，其后不知所封，不见也。右十一人者，皆唐虞之际名有功德臣也；其五人之后皆至帝王，余乃为显诸侯。滕、薛、驺，夏、殷、周之间封也，小，不足齿列，弗论也。周武王时，侯伯尚千余人。及幽、厉之后，诸侯力攻相并。江、黄、胡、沈之属，不可胜数，故弗采著于传云。”

卫康叔世家赞第七

太史公曰：余读世家言[①]，至于宣公之太子以妇见诛，弟寿争死以相让[②]，此与晋太子申生不敢明骊姬之过同[③]，俱恶伤父之志。然卒死亡，何其悲也！或父子相杀[④]，兄弟相灭[⑤]，亦独何哉？

【注释】①余读世家言：司马迁往往用“读”字起句发表强烈的史论。这里是对《卫康叔世家》发议论，故“世家言”为自述其作。　②宣公之太子以妇见诛二句：卫宣公姬晋为太子伋娶齐女而自纳之，生子寿、子朔。太子伋母死，齐女立为夫人。齐夫人及子朔谗毁太子伋。宣公信谗设计害太子，令伋使于齐，而预遣盗于界上遮杀之。子寿知其谋，为救太子伋，他盗太子伋之使节白旄先驰至界，随后太子伋亦至界，均被盗杀。于是子朔得以立为太子。　③晋太子申生：申生，晋献公太子，被献公宠姬骊姬谗害，被迫自杀而死。申生与太子伋两事相类，故司马迁并论之。　④父子相杀：指卫庄公蒯聩与其子出公辄争位，父子互相残杀。　⑤兄弟相灭：卫州吁袭杀卫桓公，郑伯克段于鄢，这两事是兄弟相灭。

【译文】太史公说：我阅读卫康叔的世家，看到卫宣公的太子伋因娶妇而种下被杀的祸根，他的弟弟子寿争着替死，两人让国子朔。这一事件简直与晋太子申生不宣扬骊姬的谗毁是同样的，都怕伤害了父亲的心意。但太子伋和申生两人终于被毁灭，多么令人悲痛！有的父子相仇杀，有的兄弟相火并，两相对照，太子伋和申生是多么高尚。

【简论】卫康叔姬封，周文王第九子，武王同母弟，封于卫，谥曰康。卫康叔是周公辅政成王时所封，故篇题《卫康叔世家》。此赞将“让”与“争”两类历史典型相提并论，构成强烈对照，发人深思。

宋微子世家赞第八

太史公曰：孔子称[①]“微子去之[②]，箕子为之奴[③]，比干谏而死[④]，殷有三仁焉”。《春秋》讥宋之乱自宣公废太子而立弟[⑤]，国以不宁者十世[⑥]。襄公之时[⑦]，修行仁义，欲为盟主。其大夫正考父美之[⑧]，故追道契、汤、高宗[⑨]，殷所以兴，作《商颂》[⑩]。襄公既败于泓，而君子或以为多[⑪]，伤中国阙礼义[⑫]，褒之也，宋襄之有礼让也[⑬]。

【注释】①孔子称：见《论语·微子》第一章。 ②微子：名启，纣王同母庶兄。微子生时，其母为妾，母立为王后乃生纣，故微子不得立。纣王昏乱，微子数谏不听，惧祸及身而出走。武王灭纣，封纣子武庚续殷祀。武王死后，武庚叛周。周公辅成王东征平叛，改封微子于宋，故题“宋微子世家”。 ③箕子：纣王叔父，进谏不听，于是披发佯狂为奴，以全性命。 ④比干：纣王叔父，强谏纣王，三日不去，被纣王剖心而死。 ⑤《春秋》讥宋句：宋宣公名力，宋国第十二代十五公。宣公生太子与夷不肖，临终传位给弟和，是为穆公。穆公临终让还公位给宣公太子与夷，是为殇公。殇公即位十年而十一战，民不堪命，太宰华督弑殇公，立穆公子冯即位，是为庄公。庄公卒，诸子争位，宋国大乱。事详《左传》及《公羊传》隐公三年。《左传》赞扬宣公让贤，穆公知义。但《公羊传》却认为宋宣公让弟，乱了名分，导致宋乱，而批评说“宋之祸，宣公为之也”。司马迁在世家中不掩宣公让贤之美，取《左传》以为文；而在赞中正名分，取《公羊传》以为评。《春秋》即指《公羊传》。 ⑥国以不宁者十世：十世，十代人。从宋宣公至宋景公历十代十五君，其间发生了三次兄弟争国的内乱。 ⑦襄公：名兹甫，宋微子后第十四代第二十二君，春秋五霸之一。 ⑧正考父：宋大夫，孔子的先祖，次《商颂》。 ⑨契、汤、高宗：契，殷人始祖，佐禹治水，舜封于商。汤，商代开国之王，契之后第十三代孙。高宗，即武丁，商代第十一代第二十二王。 ⑩作《商颂》：今《诗经》收《商颂》五篇，为《那》，祀成汤；《烈祖》，祀中宗；《玄鸟》，祀高宗；《长发》，祭天；《殷武》，祀高宗。据今人研究，这些作品是从正考父至襄公时宋人追述颂美商代先王的作品，非一时所作。 ⑪襄公败于泓句：公元前638年宋楚泓之战，宋弱楚强，宋襄公不在楚师半渡时击之，而要打堂堂之战，结果全军覆没，襄公也受了重伤。《左传》僖公二十二年载此事，批评宋襄公迂腐"未知战"，而《公羊传》却赞美襄公"不鼓不成列"，是"临大事而不忘大礼"，"虽文王之战，亦不过也"。多，赞美。 ⑫中国：华夏诸侯。 ⑬宋襄之有礼让：宋襄公为太子时，曾让位给庶兄夷目，其父宋桓公虽没听从，但十分赞赏。

【译文】太史公说：孔子称"微子离开了纣王，箕子被降为奴隶，比干强谏被杀死，这是殷朝的三位仁人呀！"《春秋公羊传》批评宋国的祸乱，是从宣公废太子而立弟开始的，使国家十代不安宁。宋襄公修行仁义想成为盟主，他的大夫正考父称美这事，所以追述契、汤、高宗的业绩，赞颂殷朝兴盛的原因，编次了《商颂》。襄公既已在泓水打了败仗，但是仍有君子称赞他，这是痛惜中国礼义堕废，所以称美襄公，因为他还是一个有礼让的人啊。

【简论】《宋微子世家》，叙事实录，用《左传》的记载行文，而《宋微子世家赞》却引《公羊传》为评，讥宣公致乱，美襄公有礼让，赞文与世家两相对照，形成鲜明的矛盾。后世诸儒不明司马迁之用心，多以《宋微子世家赞》文失当。其实，单就事实而论，司马迁并不赞美襄公蠢猪式的"仁义"，但"伤中国阙礼义"，故称美襄公，矫枉过正，真是使人叹惋。

晋世家赞第九

太史公曰：晋文公①，古所谓明君也，亡居外十九年，至困约②，及即位而行赏，尚忘介子推③，况骄主乎！灵公既弑④，其后成、景致严⑤，至厉大刻⑥，大夫惧诛，祸作⑦。悼公以后日衰⑧，六卿专权⑨。故君道之御其臣下，固不易哉！

【注释】①晋文公：名重耳，春秋五霸之一。　②至困约：备尝艰难困苦。晋文公父晋献公，听信宠姬骊姬之谗，杀太子申生，迫害诸公子。重耳出亡诸侯十九年，六十二岁时才得以回国即位。　③介子推：追随重耳出亡的谋士。重耳回国即位后封赏从者，却遗忘了介子推，他逃隐于绵上山中。　④灵公既弑：晋灵公夷皋，文公之孙，他残虐不仁，为赵穿所杀。　⑤成、景致严：成公黑臀，继灵公为君，他是文公少子，灵公之叔。景公据，成公之子。晋在成、景之际，刑法日益严苛。　⑥至厉大刻：到了晋厉公的时候，滥肆刑杀达到了顶点。厉公寿曼，景公之子，在位八年，是著名的暴公，故谥为“厉”。谥法：“杀戮无辜曰厉”。刻：深刻苛求。　⑦大夫惧诛，祸作：大夫，指栾书、中行偃，惧厉公将加诛于己，发难弑厉公。　⑧悼公：悼公周，晋襄公少子捷之孙，继厉公为晋君，晋公室日益衰微，政权旁落于六卿。　⑨六卿：指晋国的智、范、中行、韩、赵、魏六家大夫。六卿擅权，互相火并，最后剩下韩赵魏三家分灭了晋室。

【译文】太史公说：晋文公称得上是古代所说的英明的国君，流亡在外十九年，备尝艰难困苦，但到他即位进行封赏时，还是忘记了介子推，何况那些骄傲的国君呢！晋灵公既被弑杀，其后成公、景公更加严刻，到了晋厉公滥肆刑杀达到了顶点，栾书、中行偃惧诛发难。悼公以后，国势衰微，六卿专权。所以国君控制臣下，原本是不容易的啊！

楚世家赞第十

太史公曰：楚灵王方会诸侯于申①，诛齐庆封②，作章华台③，求周九鼎之时④，志小天下；及饿死于申亥之家⑤，为天下笑。操行之不得，悲夫⑥！势之于人也⑦，可不慎与？弃疾以乱立⑧，嬖淫秦女⑨，甚乎哉，几再亡国⑩！

【注释】①楚灵王：楚灵王熊围，公元前540年至公元前529年在位。会诸侯于申：楚灵王三年（前538年）会诸侯于申，骄矜自大，辱越大夫常寿过，杀蔡大夫观起。从此，无年不征，无岁不战，国人苦役而怨之。申，周初封伯夷之后于申，故城在今河南省南阳市北，春秋时为楚所灭。　②诛齐庆封：庆封，齐大夫，他助崔杼弑庄公，后奔吴，吴封于朱方。楚灵王欲称霸诸侯，会诸侯于申伐吴，围朱方杀庆封。　③作章华台：楚灵王建造的高大行宫，在华容县境。　④求周九鼎：楚灵王十一年（前530年）进驻楚国东界乾溪（在今安徽亳县境）伐吴，并欲遣使至周求九鼎。九鼎，天子的象征，相传为夏禹所铸，三代传国之宝。　⑤饿死于申亥之家，灵王驻兵乾溪三月不归，其弟子比杀灵王太子禄而自立。众叛，灵王逃亡荒野，饿死在申亥之家。申亥，楚芋尹申无宇之子。　⑥操行不立：指楚灵王杀其兄子而自立，没有好下场。　⑦势：权势，指王位。　⑧弃疾以乱立：弃疾，即楚平王，楚共王少子。共王有五子，太子康王招，次子灵王围，三子比，四子晳，少子弃疾。共王卒，康王招立。康王卒，于熊员立，是为郏敖。子围弑郏敖员而自立，是为灵王。公子比与公子晳合谋杀灵王太子禄，公子比为王，公子晳为令尹。公子弃疾乘机自称灵王返国，诈杀两公子而自立，是为平王。　⑨嬖淫秦女：平王二年，使费无忌如秦为太子建娶妇。是时，伍奢为太子太傅，无忌为少傅。无忌无宠于太子，劝平王自娶秦女而谗恶太子建，又毁伍奢。太子建奔宋，伍奢被杀。奢次子伍员逃奔吴，后佐吴王阖闾攻楚，直破郢都。此时平王已死，昭王在位。吴师辱平王之墓，昭王出奔云梦，使申包胥请救于秦，楚才幸免于亡。这次楚国的祸乱，萌于平王之纳淫秦女。　⑩几再亡国：差不多再次有亡国之祸。第一次指灵王杀蔡大夫观起，其子观从奔吴，劝吴王伐楚，而有公子比夺位之变。第二次即平王嬖淫秦女杀伍奢，其子伍员奔吴，佐吴伐楚，遂破郢都。

【译文】太史公说：当楚灵王会诸侯于申，杀齐庆封，建章华台，求周九鼎的时候，有吞并天下的志向。后来竟饿死在申亥家里，成为天下的笑谈。一个人不修养情操品行，真是可悲！对于权势，应该谨慎啊！平王弃疾在内乱中自立，纳淫秦女，太荒唐了，几乎招致第二次亡国之祸。

越王句践世家赞第十一

太史公曰：禹之功大矣，渐九川①，定九州，至于今诸夏艾安②。及苗裔句践③，苦身焦思④，终灭强吴，北观兵中国⑤，以尊周室，号称霸王⑥。句践可不谓贤哉！盖有禹之遗烈焉⑦。范蠡三迁皆有荣名⑧，名垂后世。臣主若此⑨，欲毋显得乎！

【注释】①渐：疏通，引导。　②艾安：政治安定。艾，读义（yì义），治理。　③苗裔句践：苗裔，子孙。传说越王句践始祖是夏朝第六代国君少康的庶子，封于越。　④苦身焦思：指句践卧薪尝胆，焦虑忧思发愤图强。⑤观兵中国：观兵，耀兵示威。中国，指华夏诸侯齐、晋等国。　⑥号称霸王：公元前473年，句践灭吴，北进至徐（今山东滕县），大会齐、晋等诸侯，致贡周天子，号称霸王。 ⑦烈：功业。 ⑧范蠡三迁：范蠡，佐越王句践灭吴的越大夫。他本是楚人，原名范伯，居越为范蠡。越灭吴，范蠡致仕经商，居齐东海边，号鸱夷子皮，治产致数十万。齐人闻名，用以为相。范蠡辞去相位，变姓名居陶，号陶朱公，又致产累亿万。三迁，指其居越、居齐、居陶。 ⑨臣主若此：臣若此，指范蠡多智计。主若此，指句践苦身焦思以图强。

【译文】太史公说：夏禹的功业真是伟大啊，他疏导了九川，划定了九州，直到今天中原人民安居乐业。后代子孙句践，艰苦奋斗，焦虑忧思，终于灭了强吴，北上耀兵中原，尊奉周室，号称霸王。句践可真是个贤明的君主啊！他发扬了大禹的功业。范蠡三次迁居，都有尊荣的名声，留名后世。君臣如此贤能，怎能不显耀呢！

郑世家赞第十二

太史公曰：语有之，“以权利合者，权利尽而交疏”，甫瑕是也①。甫瑕虽以劫杀郑子内厉公②，厉公终背而杀之，此与晋之里克何异③？守节如荀息④，身死而不能存奚齐。变所从来，亦多故矣！

【注释】①甫瑕：郑大夫。公元前680年，出居于栎的郑厉公突诱甫瑕定盟，以求复位。甫瑕杀郑子婴及其二子，迎立厉公突。突复位后以甫瑕事君有二心，诛杀了他。 ②郑子：名婴，郑庄公之少子。庄公死后，太子忽立，是为昭公。其弟突逐庄公自立，是为厉公，昭公奔卫。厉公四年，昭公从卫复入郑，厉公出居栎。昭公复位二年被郑卿高渠弥所杀，立突弟子亹。子亹元年与诸侯会于首止，被齐襄公所杀，郑人立子亹之弟子婴。子婴十四年被甫瑕所杀，郑厉公复位。内，读“纳”。 ③里克：晋大夫。晋献公宠幸骊姬，害死太子申生，逐走诸公子。献公临死，嘱大夫荀息立骊姬之子奚齐为晋君。诸大臣不服，里克杀奚齐。荀息又立奚齐弟悼子为君。里克又杀悼子及荀息，迎立出奔于秦的公子夷吾为君，是为惠公。惠公即位后赐里克死，对他说：“没有你我当不了晋君，但是你杀死了两个晋君（指奚齐和悼子）和一个大夫（指荀息），我也当不了你的君。”里克被赐死，在公元前650年，晚于郑厉公杀甫瑕三十年，因其事相类，故司马迁相提并论。 ④守节如荀息：晋献公临终嘱荀息立奚齐，要荀息作一个保证。荀息说："你若从地下活转来也会感到欣慰的。"意思是以死来实践诺言。里克作乱，荀息果然以死殉节，就像他生前的保证一样。

【译文】太史公说：俗话说"用权势财利相交的人，没有了权势财利，交情就要疏远"，甫瑕正是这样的人。甫瑕虽然劫杀了郑子婴、迎纳了郑厉公，到头来郑厉公却背弃诺言杀了他，这和后来晋国的里克简直一样！可是像荀息那样坚守节操的人，以死殉职也不能保护奚齐。世势的这种变化，也是有多种原因的。

【简论】权利交合，世态炎凉，这是封建社会的两种弊病。"以权利交合者，权利尽而交疏"，所以前有甫瑕之诛，后有里克之被赐死。权利交合，本质是尔虞我诈的合谋，必然是一些人升上去，一些人跌下来。得志者总是踩着别人的肩膀而上升，到头来这种人也没有好下场。在这样的社会中，守道直行的人往往无济于事，所以荀息虽守节身死，然而不能存奚齐。司马迁身受酷吏之害而交游莫救，故对于权利交合、世态炎凉两种世情，常在赞中发出深长的感叹！

赵世家赞第十三

太史公曰：吾闻冯王孙曰①："赵王迁②，其母倡也，嬖于悼襄王③。悼襄王废嫡子嘉而立迁④。迁素无行⑤，信谗，故诛其良将李牧⑥，用郭开⑦。"岂不缪哉！秦既虏迁，赵之亡大夫共立嘉为王⑧，王代六岁，秦进兵破嘉，遂灭赵以为郡。

【注释】①冯王孙：名遂，王孙是字，赵人冯唐的儿子，与司马迁是朋友。冯唐，《史记》卷一百二有传。冯王孙向司马迁讲的关于赵国的掌故就是从父亲冯唐那里听来的。　②赵王迁：赵国的末代国君。　③悼襄王：名偃，赵孝成王之子。　④嫡子嘉：赵嘉，悼襄王之嫡长子，被废为诸公子。公元前228年秦灭赵，流放赵王迁于房陵。公子嘉率宗族数百走保代城（故城在今河北蔚县东北），自立为代王，至公元前222年才为秦所灭。　⑤无行：行为不端。迁母为歌舞乐人，故迁自幼缺乏教养，是一个花花公子。　⑥李牧：赵国的良将，北逐匈奴，西败秦军，南拒韩、魏，事见《廉颇蔺相如列传》。　⑦郭开：赵王迁的宠臣，为秦反间，诬李牧欲反，是赵国罪大恶极的内奸。　⑧亡大夫：流亡而不愿降秦的赵国大夫。

【译文】太史公说：我听冯王孙说，“赵王迁，他的母亲是一个歌女，有宠于赵襄王。赵襄王废了嫡长子赵嘉而立了迁。迁一向行为不端，听信谗言，所以杀了良将李牧，任用郭开。”岂不是荒唐的吗！秦已经俘虏了赵王迁，赵国出亡的大夫拥立赵嘉为王，在代地坚持了六年，秦进兵攻破赵嘉，于是并赵全境为郡县。

魏世家赞第十四

太史公曰：吾适故大梁之墟①，墟中人曰：“秦之破梁，引河、沟而灌大梁②，三月城坏，王请降，遂灭魏。”说者皆曰魏以不用信陵君，故国削弱至于亡，余以为不然。天方令秦平海内，其业未成，魏虽得阿衡之佐③，曷益乎？

【注释】①故大梁之墟：人居住的村落叫墟。故墟，即废墟。秦灭魏，引水灌大梁城。秦末又经战乱，到了武帝时大梁城移动了位置，旧城为故墟。　②河、沟：河，黄河。沟，鸿沟，秦军所凿引水灌大梁之渠。　③阿衡：商朝谓国相为阿衡，这里是名相伊尹的代称。

【译文】太史公说：我到了大梁的旧城，当地人对我说：“秦军之所以打破大梁，是挖了鸿沟引黄河水灌大梁，淹了三个月，城墙塌了，魏王只好投降，于是灭了魏国。”人们都说，由于魏王不用信陵君，所以国家一天天衰落至于灭亡。我认为不是这样的。正当天命由秦来统一中国的时候，魏国即使有伊尹那样的贤臣辅佐，又有什么益处呢？

【简论】“天方令秦平海内”有两层含意。一指形势，即历史发展的趋势；二指天意。形势是人为，天意是宿命，这两层思想司马迁兼而有之。他在《魏公子列传》中塑造了信陵君以一人之身系魏之安危的高大形象，此赞特补出魏之存亡非魏公子个人之力所能挽回。秦人灌大梁，魏人坚持斗争三个月，说明力量不敌。刘知几在《史通·杂说》上批评说："夫论成败者，固当以人事为主，必推命而言，则其理悖矣。"可谓执词一端，是不尽符合司马迁思想的。

韩世家赞第十五

太史公曰：韩厥之感晋景公①，绍赵孤之子武②，以成程婴、公孙杵臼之义③，此天下之阴德也④。韩氏之功，于晋未睹其大者也。然与赵、魏终为诸侯十余世，宜乎哉！

【注释】①韩厥：春秋晋景公时大夫，韩武子第三代孙。韩氏本姬姓，事晋君得封韩原，因以姓韩。韩厥存赵氏孤儿，五世后与赵、魏三家分晋。晋景公：成公之子，名据。　②赵孤之子武：赵武，赵朔之子。晋大夫屠岸贾作乱诛杀了赵氏全族。赵朔妻，晋成公之姊，有遗腹，走匿公宫，生赵武，是为赵氏孤儿。屠岸贾搜孤，在韩厥的保护下，由程婴、公孙杵臼合谋匿孤。十五年后，赵武长大，韩厥与晋景公谋杀屠岸贾，恢复了赵氏的封爵。　③程婴、公孙杵臼：两人为赵朔的部属宾客，合谋匿孤。先由公孙杵臼取他人之子隐藏于山中，程婴告密，屠岸贾杀了公孙杵臼及假孤。程婴匿赵氏真孤。等到赵武成人恢复封爵后，程婴自杀以报公孙杵臼。　④阴德：暗中保护他人施以德惠。

【译文】太史公说：韩厥感动了晋景公，使赵氏孤儿赵武继承了先人基业，成就了程婴、公孙杵臼的大义，这是天下最大的阴德。韩氏对于晋国看不出有什么特大的贡献，但终于和赵、魏三家分晋成为诸侯，传了十几代，这是应当的啊！

田敬仲完世家赞第十六

太史公曰：盖孔子晚而喜《易》①。《易》之为术②，幽明远矣[3]，非通人达才孰能注意焉[4]！故周太史之卦田敬仲完[5]，占至十世之后；及完奔齐，懿仲卜之亦云[6]。田乞及常[7]所以比犯二君[8]，专齐国之政，非必事势之渐然也，盖若遵厌兆祥云[9]。

【注释】①孔子晚而喜《易》：《论语·述而》第十七章："子曰：加我数年，五十以学《易》，可以无大过矣"。　②《易》之为术：《易》是一部占卜的书，预知吉凶。　③幽明：幽，隐微无形；明，有形之象。　④通人：博通古今的学问家。达才：有高明的识见，不同流俗的人。　⑤周太史之卦田敬仲完：田敬仲，本姓陈，是陈厉公陈佗之子，名完，因内乱，逃奔齐国。齐桓公用陈完为工正，食采邑于田，改姓田，敬仲是他的谥号。田完下传第九代孙田和，共十代，得为诸侯。陈国厉公之后九代，包括厉公也是十代国亡。陈完小时候，周太史到陈国，为陈完占了一卦，预言陈国十世以后要亡国，但子孙将在齐国得为诸侯。这些预言，后来都应验了。事又见《左传》庄公二十二年。　⑥懿仲卜之亦云：懿仲，齐大夫，他嫁女为陈完妻，占了一卦大吉，说陈完五世以后为齐正卿，八世以后前程无量。按，据《左传》懿仲为陈大夫。　⑦田乞及常：田乞，田完第五代孙，他杀了景公所立齐君晏孺子姜荼，立悼公阳生，于是专国政为齐相。田乞之子田常又弑齐简公，立平公而专国政为齐相。　⑧二君：指姜齐晏孺子和齐简公。旧注"二君"指齐悼公、齐简公，悼公为鲍牧所弑，今不从。　⑨厌：符合。

【译文】太史公说：孔子到了晚年才喜读《易》，因为《易》占卜吉凶，预知隐微的有形与无形之象，十分深远，若不是知识渊博、识见高超的人谁能领略呢！所以周太史替田完占了一卦，能预知十代以后的事；等到田完流亡到了齐国，齐懿仲占了一卦也是一样的。田乞和田常之所以能够接连杀了两代齐君，把持了国政，不一定是形势的发展而逐渐走到这一步，好像遵循着冥冥的意志似的，完全符合占卦的预言。

【简论】赵、魏、韩及田氏四篇世家为一组，序列战国之世以暴力篡夺而得为诸侯的世家。从吴太伯至郑世家十篇世家为一组，序列西周所封三代之后的诸侯世家，皆祖先修行数世，积德累善得为诸侯。古今何以有这样大的变化？司马迁还不能完全解释这一历史的巨变，故引天命来解释，反映了他的历史宿命论观点。魏之亡，因天令秦平海内；韩厥之后为诸侯，因他积了阴德；田完之后有齐国，天早就告知了征兆。但司马迁在《赵世家赞》中又首先提示赵之亡国是因为赵王迁信谗忌贤，这又是说历史的兴亡在于人为了。这种矛盾的观点是由于司马迁的历史局限性，是不足为怪的。

孔子世家赞第十七

太史公曰：《诗》有之："高山仰止，景行行止①。"虽不能至，然心向往之。余读孔氏书②，想见其为人。适鲁③，观仲尼庙堂车服礼器，诸生以时习礼其家④，余祗回留之不能去云⑤。天下君王至于贤人众矣，当时则荣，没则已焉。孔子布衣⑥，传十余世⑦，学者宗之。自天子王侯，中国言《六艺》者折中于夫子⑧。可谓至圣矣！

【注释】①高山仰止，景行行止：这两句诗见于《诗经·小雅·车舝》，喻孔子的道德学问像高山一样使人瞻仰，像大路一样导人遵循。仰，瞻望。景行，大路，喻行为光明正大。止，表示肯定的句尾语助词。　②孔氏书：主要指记录孔子及其弟子言行的《论语》。孔子，名丘，字仲尼，春秋后期鲁国人，生于公元前551年，死于公元前479年，曾做过鲁司寇。孔子是儒家的创始人，早年周游列国，求用于世。但孔子一生的主要活动是从事教育和整理古文献，是我国古代伟大的思想家、教育家。　③适：到。　④以时：按时。　⑤祗回：一作低回，即徘徊沉思。　⑥布衣：平民。　⑦传十余世：孔子第十二代孙孔安国是司马迁的古文《尚书》老师，所以儒学至汉已传十余世。　⑧《六艺》：即六经，《易》、《礼》、《乐》、《书》、《诗》、《春秋》。折中：从中折断，即不偏不倚正合中度，这里指孔子的言论是判断事物是非的准则。夫子：对孔子的尊称。

【译文】太史公说：《诗经》上有这样的话，"巍巍高山供人瞻仰，宽宽大路导人遵循。"我的道德学问虽然没有达到这样的境界，然而心里十分向往着这个目标。我读孔子的书，想到他的为人。我到鲁国，看到了孔子的庙堂、他乘坐过的车子、穿过的服装、用过的礼器。儒生学者们按时在孔庙里演习礼仪，使我徘徊深思，流连忘返。天下的国君王侯活着的时候很荣耀，死后名字就湮没无闻。而孔子只是一个普通的平民，他的名字和学问却传了十几代了，有学问的人都尊崇他。从古到今的天子、王侯，以及讲说《六经》的人，都以孔子的学说作为准则，可以说他是一个最伟大的人。

【简论】“折中于夫子”是司马迁述史的一条原则。司马迁推尊孔子为无冕之王，称“素王”，特为之作世家。由于班彪、班固父子批评司马迁尊黄老而薄《五经》，于是使后世学者争论不已。论证司马迁尊黄老者，奉班氏父子之言为经典；论证司马迁崇儒者，以《孔子世家》为铁证；或为之折中，说司马谈、司马迁父子异趣，司马谈尊黄老，司马迁崇儒。其实诸说皆非。司马迁继父之志述史，自成“一家之言”，兼容并包百家之学，以道家之无为为主导思想，而实际作法更倾向于儒家。《史记》效《春秋》而作，乃是司马谈发凡起例，可见司马谈并非不尊儒。以《六家要指》与《孔子世家》对照，司马谈尊道的色彩较浓厚，而司马迁更尊儒，这是父子两人的差异。但这种差异，并不是父子分途，而是“一家之言”的发展。《论六家要指》也是父子两人共同的思想结晶。司马谈、司马迁父子都富有极强的批判精神。司马迁虽然尊崇孔子，但并不把他作为偶像崇拜，也不把孔子的每一句话当作金科玉律，这是研究《史记》所必须把握的尺度。

陈涉世家赞第十八

〔太史公曰〕[①]：陈胜虽已死，其所置遣侯王将相竟亡秦，由涉首事也。高祖时为陈涉置守冢三十家砀[②]，至今血食。

附：褚先生曰[③]：地形险阻，所以为固也；兵革刑法，所以为治也。犹未足恃也。夫先王以仁义为本，而以固塞文法[④]为枝叶，岂不然哉！吾闻贾生之称曰[⑤]：……

【注释】①〔太史公曰〕：各本《陈涉世家》无“太史公曰”。《集解》于“褚先生曰”下引徐广说：“一作太史公”，如此“地形险阻”云云为司马迁赞语。裴骃案：“《班固奏事》云：‘太史公取贾谊《过秦》上下篇以为《秦始皇本纪》、《陈涉世家》下赞文，然则言‘褚先生’者，非也。”按：“陈胜虽已死”云云直是按语笔法，故加方括增“太史公曰”以为赞。其下“褚先生曰”仍其旧，附录以存疑待考。 ②砀：今江苏砀山县。 ③褚先生：即褚少孙，武帝时梁相褚大弟之孙，宣帝时博士，寓居于沛，事大儒王式，号曰“先生”，续《太史公书》十余篇。 ④文法：文书法令。 ⑤吾闻贾生之称曰：下即为《过秦论》上篇文，因附注于《秦始皇本纪赞》后，兹从略。

【译文】太史公说：陈胜虽然死了，但他所封立和派遣的王侯将相终于灭亡了秦朝。灭亡秦朝，是由陈涉首先发难的。高祖时在砀县为陈涉安置了三十户看守坟墓的人家，使陈胜至今享受祭祀。

褚先生说：地形险要增强了国家的巩固；战备和刑法是治国的必要条件。但是仍不能够作为依靠。前代圣王把仁义作为根本，而把险固和文书法令作为枝叶，正是这样认识的啊！我所知道的贾谊就是这样讲的。

【简论】陈胜称王，六月而死，子孙不嗣，无世可传。而司马迁作《陈涉世家》，其因有四：一曰尊汉，二曰反暴政，三曰赞首难，四曰纪实。刘邦反秦是打着楚王陈胜的旗号起事的，得天下后为陈涉置守冢三十家。陈涉首难，“其所置遣侯王将相竟亡秦”。司马迁认为，秦朝暴政应当推翻，陈涉发难之功应予表彰，这在《史记》中多处讲到。而《陈涉世家》历述大小起义军近二十支，唯独不载沛公军。陈涉死后，吕臣起兵复陈，杀叛徒庄贾。秦左右校复攻陈，吕臣走，得黥布兵，再反击秦左右校，“复以陈为楚”。然后紧接一句“会项梁立怀王孙心为楚王”，结束了《陈涉世家》的正传。司马迁这一精心安排的笔法，旨在说明，陈涉首事，项氏继业，灭亡了暴秦。尽管刘邦攻下了秦都咸阳，司马迁并不以灭秦之功归刘邦，所以为陈涉作世家，为项羽作本纪，以尊显二人的灭秦之功。西汉人并不认为陈涉是叛逆。有的论者说司马迁作《陈涉世家》是“歌颂人民的反抗斗争”，颂扬“叛逆”，“看到了封建社会的基本矛盾，认识到农民起义将最后导致统治阶级的灭亡”等等，这种说法是不妥当的。

外戚世家序第十九

自古受命帝王及继体守文之君①，非独内德茂也②，盖亦有外戚之助焉③。夏之兴也以涂山④，而桀之放也以末喜⑤，殷之兴也以有娀⑥，纣之杀也嬖妲己⑦。周之兴也以姜原及大任⑧，而幽王之禽也淫于褒姒⑨。故《易》基《乾》、《坤》⑩，《诗》始《关雎》⑪，《书》美厘降⑫，《春秋》讥不亲迎⑬。夫妇之际，人道之大伦也⑭。礼之用，唯婚姻为兢兢⑮。夫乐调而四时和，阴阳之变，万物之统也⑯。可不慎与？人能弘道⑰，无如命何⑱。甚哉，妃匹之爱⑲，君不能得之于臣，父不能得之于子，况卑下乎⑳！既欢合矣，或不能成子姓㉑；能成子姓矣，或不能要其终㉒，岂非命也哉？孔子罕称命，盖难言之也㉓。非通幽明之变㉔，恶能识乎性命哉㉕？

太史公曰：秦以前尚略矣，其详靡得而记焉。汉兴，吕娥姁为高祖正后㉖，男为太子。及晚节色衰爱弛，而戚夫人有宠㉗，其子如意几代太子者数矣。及高祖崩，吕后夷戚氏，诛赵王，而高祖后宫唯独无宠疏远者得无恙㉘。

【注释】①受命帝王：得天命而为帝王，指开国的创业之主。继体守文之君：指非创业的后嗣之君。体，体统，指君位。文，文法，指典章制度。 ②内德：国君的内行品德。 ③外戚：后妃及后族外戚。 ④涂山：又名当涂山，在今安徽蚌埠市西淮河东岸。传说大禹娶涂山氏之女侨为妻，成亲才两天就出门治水，其妻生子启（夏朝的开国之君），禹也三过家门而不入，安心治水，获得成功。 ⑤末喜：夏桀王宠幸的后妃。末，读“妹”。 ⑥有娀（sōng 松）：古国名，在今山西运城蒲州镇。传说有娀氏之女简狄，为帝喾次妃，吞燕卵而生契，成为殷的始祖。 ⑦妲（dá 达）己：纣王宠妃，助纣为虐，加速了殷纣的灭亡。武王伐纣，也诛杀了妲己。 ⑧姜原：也作“姜嫄”，周始祖后稷的母亲，为帝喾元妃。大任：即太任，周文王的母亲。 ⑨禽：通“擒”。褒姒：周幽王宠妃。幽王为了讨褒姒欢心，多次戏举烽火，等到犬戎入侵，幽王举烽火告急，诸侯不至，被犬戎所杀，褒姒被虏。　⑩《易》基《乾》、《坤》：《周易》以《乾》、《坤》为八卦之始。《乾》、《坤》两卦分别表示阳与阴、男与女等。《周易》作者认为阴阳两种势力的相互作用能产生万物，含有朴素的辩证法思想。基：始。　⑪《诗》始《关雎》：《关雎》是《诗经》305篇中的第一篇。⑫《书》美厘降：《尚书·尧典》："厘降二女于妫汭。"传说尧为了考验舜的德行，把自己的两个女儿娥皇、女英嫁给舜为妻，居住在妫水河曲处，舜以义礼约束尧之二女遵守妇道。妫水，源出山西永济县南六十里之历山，入于河。厘，料理。降，下嫁。　⑬《春秋》讥不亲迎：《春秋》隐公二年九月载"纪裂繻来逆女"，《公羊传》曰："外逆女不书，此何以书？讥，何讥尔？讥始不亲迎也。"这是说纪侯娶亲不亲自来迎而派大夫裂繻来迎亲，所以《春秋》书为"纪裂繻来逆女"，以示讥刺。亲迎，结婚六礼之一，指夫婿要亲到妻家迎娶，以示慎重。⑭夫妇句：夫妇之间的关系是人与人之间最重要的伦理关系。　⑮兢兢：十分谨慎。　⑯夫乐调三句：意谓乐声调和，四时和顺，阴阳变化就能生成万物，人为万物之统，夫妇之道应当和谐。统，根本。　⑰人能弘道：《论语·卫灵公》第二十九章，子曰："人能弘道，非道弘人。"意谓，人能发扬道，不是道来发扬人，治乱兴衰在于人的主观努力。弘，发扬。　⑱无如命何：《论语·宪问》第三十六章，子曰："道之将行也与，命也；道之将废也与，命也。公伯寮其如命何！"公伯寮在鲁国执政季孙面前说孔子学生子路的坏话，孔子发出了人不能和命运作对的慨叹。司马迁引此是说人能发扬道，但人却受命运支配。⑲妃匹之爱：夫妻之爱。妃，读"配"。　⑳君不能三句：意谓夫妻之爱，君不能夺之于臣，父不能夺之于子，何况普通的老百姓呢！卑下，指普通的老百姓，不明君父礼义之尊，更看重夫妻之爱。　㉑不能成子姓：指有的后妃不能生育子孙。如汉成帝皇后许氏，使倢伃班氏皆生子而夭亡，后宠幸赵飞燕又不生子，故成帝无继嗣，死后只好以诸侯承大统。　㉒或不能要其终：有的后妃生了太子却又不得善终。如汉景帝栗姬生皇子荣，立为太子，后遭废黜。　㉓孔子罕称命句：《论语·子罕》第一章，"子罕言利与命与仁。"又《公冶长》第十三章，子贡曰："夫子之言性与天道，不可得而闻也。"司马迁上文讲"无如命何"，这里又说"盖难言之也"，用相反相成之义暗示讥评之旨。后妃不育，太子不终，看起来仿佛是受冥冥中的命运在摆布，实际上是后妃寡德造成的。　㉔幽明之变：阴阳变化。　㉕恶：怎么。　㉖吕娥姁：高皇后吕雉的小名。　㉗戚夫人：高祖刘邦的宠妃，生子刘如意。高祖几次想废太子刘盈改立如意，因大臣劝谏没有实行，而封如意为赵王。高祖死后，吕后诛杀了戚夫人和赵王。　㉘无恙：平安。

【译文】自古受天命创业的开国帝王，以及继承先帝的君位和遵守先帝成法的守业君主，不仅仅因为个人内在的德行完美，也是因为有外戚的协助。夏朝的兴起是因为娶了涂山氏的女子，而夏桀被流放则是因为宠爱妹喜。殷朝的兴起是因为娶了有娀氏的女子，商纣的兵败自杀则是因为他宠爱妲己。周朝的兴起是因为娶了姜原和太任，而周幽王的被擒则是因为他淫乐于褒姒。所以，《周易》的开头是《乾》卦与《坤》卦，《诗经》的第一篇是《关雎》，《尚书》赞美尧亲自料理两个女儿的婚事，《春秋》则讥讽娶妻而不亲自迎接。夫妇之间的关系，是人类道义中最重要的伦理。礼的作用，唯独在婚姻上要特别慎重。音乐谐调，四时的气候才能正常。阴阳的变化，是万物生长的根源，能不对此（夫妇之道）持慎重态度吗？人能发扬道义，对命运却无可奈何。夫妻之间的爱超过了一切，君主不能从臣下那里得到，父亲不能从儿子那里得到，何况更卑贱的人呢？夫妇之间既已相爱而结合，有的却不能生育子女；能生儿育女的，又有的不能白头到老，这岂不是命运吗？孔子很少说到命运，大约是因为难于说清楚。不能通晓阴阳的变化，怎么能懂得人性与命运呢？

太史公说：秦以前只能如上说一个大略，详细情况就无法记载了。汉朝建立，吕娥姁为高祖皇后，生男为太子。等到老了，容颜衰退恩爱疏远，戚夫人得到宠幸，戚夫人的儿子如意多次几乎代替了太子。高祖死后，吕后灭了戚夫人，诛了赵王刘如意。高祖后宫中，只有不受宠爱长期被疏远的妃子才平安无事。

【简论】《外戚世家》专载汉朝前期从高祖至武帝时的诸后妃事迹，展示宫廷中的权力之争。司马迁巧妙地用“命”字画龙点睛，指出宫廷斗争变幻莫测，仿佛有冥冥的主宰在支配，其实是权力斗争的一种折射。后妃修德，远离权利，可保平安无事；若争势夺利，媚悦人主，小则丧身，大则乱国，应当谨慎啊！

楚元王世家赞第二十

太史公曰：国之将兴，必有祯祥[①]，君子用而小人退。国之将亡，贤人隐，乱臣贵。使楚王戊毋刑申公[②]，遵其言，赵任防与先生[③]，岂有篡杀之谋，为天下僇哉[④]？贤人乎，贤人乎！非质有其内[⑤]，恶能用之哉？甚矣，“安危在出令，存亡在所任”[⑥]，诚哉是言也！

【注释】①祯祥：吉祥的征兆。《礼记·中庸》：“国家将兴，必有祯祥；国家将亡，必有妖孽。”国家出现朱雀叫祯，出现凤凰叫祥，出现衣服草木之怪叫妖，出现禽兽虫蝗之怪叫孽。妖孽是凶险的征兆。　②楚王戊：是楚元王刘交之孙，景帝三年（前154年）与吴王刘濞连兵反汉，兵败自杀。刑申公：申公名培，鲁大儒，为楚王刘戊太傅。戊淫暴，申公谏，戊不听，反而把申公打成囚徒，事详《汉书·楚元王传》。刑，惩罚。　③赵任防与先生：赵，指赵王刘遂。汉初有四赵王。高祖第五子刘如意，第六子刘友，第七子刘恢先后为赵王，均被吕后害死。文帝即位复立赵国，封刘友之子刘遂为赵王，景帝三年与吴楚连兵反汉，兵败自杀，其事附《楚元王世家》。防与先生：史失其姓名，以地望称之。防与是赵地县名。《汉书·赵尧传》称“方与公”，为御史大夫周昌幕宾。楚王戊刑申公，赵王遂不用防与先生，在司马迁之世是尽人皆知的事，所以世家不载，于赞中直引为论。　④为天下僇：指楚王戊和赵王遂身遭诛戮，为天下人所弃。僇，古“戮”字。　⑤质有其内：指用人者本身有内才，才能任用贤人。　⑥安危二句：语出《周书·王佩解》，原文为“存亡在所用，离合在出命。”

【译文】太史公说：国家将要兴盛，一定有好的吉兆，贤才得到重用，不肖者被黜退。国家将要灭亡，贤才被埋没，乱世之臣得到重用。假如楚王戊不惩罚申公，而是听从他的劝谏，赵王遂任用防与先生，哪会有反叛的谋划，身遭诛戮为天下所弃呢！贤人啊，贤人啊！如果本身没有内才，怎么能够使用贤才呢？真是这样的，“安危在出令，存亡在所任”，这话一点不错。

【简论】司马迁认为治乱安危，战争胜败，在很大程度上取决于用人是否得当。《匈奴列传赞》云：“尧虽贤，兴事业不成，得禹而九州宁。且欲兴圣统，唯在择任将相哉！唯在择任将相哉！”司马迁的这些评论，旨在讽喻人主用贤。司马迁解释国家兴亡的征兆，表现为贤才是否得到任用或者埋没，这在天人感应弥漫的汉代，显然是一种进步的历史观。

荆燕世家赞第二十一

太史公曰：荆王王也①，由汉初定，天下未集，故刘贾虽属疏，然以策为王②，填江淮之间。刘泽之王，权激吕氏，然刘泽卒南面称孤者三世③。事发相重④，岂不为伟乎！

【注释】①荆王：刘贾在楚汉相争中立有军功，高祖六年（前201年）被封为荆王，辖有东阳郡、鄣郡、吴郡等三郡五十三城，是一个大诸侯国。高祖十一年（前196年）被黥布击杀。　②策：封王的诏策。　③刘泽之王三句：刘泽，汉高祖刘邦的远房堂兄弟，因军功封营陵侯。吕后执政，刘泽亲附吕后，与齐人田子春合谋讽喻大臣立诸吕为王。吕后死后，刘泽又与大臣策谋诛除诸吕，迎立文帝，被徙为燕王。燕王刘泽传子嘉，嘉传子定国，因罪国除，共传三代。诸吕，即吕禄、吕产等。　④事发相重：指刘泽所设谋之事，以互相推重而得王位。即刘泽推尊诸吕为王，反过来吕后则封刘泽为王。

【译文】太史公说：荆王之所以为王，是由于汉朝刚刚建立，天下还没有完全安定，所以刘贾虽然是疏远的亲族，然而得封为王，是因为要用同姓镇抚江、淮之间这片土地。刘泽之所以为王，是他用权变之计激发了诸吕为王的野心，相互推重而为王。然而他终于南面称王，传了三代，真够得上是一个伟大的人了。

齐悼惠王世家赞第二十二

太史公曰：诸侯大国无过齐悼惠王①。以海内初定，子弟少，激秦之无尺土封②，故大封同姓，以填万民之心。及后分裂③，固其理也。

【注释】①齐悼惠王：名刘肥，高祖刘邦的庶长子，公元前201年册封为齐王，死后谥为悼惠王。　②激：感发，引申为经验教训。　③及后分裂：齐为大国，其后分出城阳、济北、济南、菑川、胶西、胶东六国，并齐为七国。

【译文】太史公说：诸侯大国没有超过齐悼惠王的。因为天下刚刚平定，宗室子弟不多，鉴于秦朝不以土地分封子弟的教训，所以大封同姓，用以镇抚老百姓的心。后来大国分裂化小，这是必然的发展趋势。

萧相国世家赞第二十三

太史公曰：萧相国何于秦时为刀笔吏①，录录未有奇节②。及汉兴，依日月之末光③，何谨守管籥④，因民之疾秦法⑤，顺流与之更始⑥。淮阴、黥布等皆以诛灭，而何之勋烂焉⑦。位冠群臣，声施后世，与闳夭、散宜生等争烈矣⑧。

【注释】①萧相国何：萧何，佐汉高祖定天下的功臣，封酂侯，为汉朝第一任相国。刀笔吏：抄写文书的小吏。秦汉用简策书写，误书则用刀削刮，所以那些从事文书工作的小吏，被称为刀笔吏。萧何在秦时为沛县掌文书的功曹掾，故称刀笔吏。 ②奇节：特殊的作为。 ③依日月之末光：指萧何依恃高帝高后的信任而得荣宠。萧何为秦沛县功曹掾时，常常袒护刘邦的过失，深得刘邦的信任。刘邦称帝后论功行赏，贬抑诸将而以萧何功为第一。高祖晚年屠功臣，萧何被猜疑，由于受到吕后的护持得免于难。日月，喻指高祖刘邦和吕后。 ④管籥：锁和钥匙，借喻相国职守。 ⑤疾：痛恨。 ⑥顺流：喻顺应民心。 ⑦何之勋烂焉：高祖六年封功臣为侯，以萧何第一，曹参第二，功臣不服。所以司马迁意味深长地说：淮阴侯韩信、黥布等被诛死，萧何的功勋最灿烂。 ⑧闳（hóng 宏）夭、散宜生：西周辅佐文王、武王的两个大功臣。争烈：比较功业。

【译文】太史公说：相国萧何在秦朝不过是一个文书小官，平平庸庸没有什么特殊的作为。汉朝建立以来，萧何依靠帝、后两宫的支持，谨守自己的相国职责，体察民众痛恨秦法苛刻的心情，顺从人民的愿望，革新政治。淮阴侯韩信、黥布等人都被诛杀，而萧何的功勋更显得灿烂。位居群臣之首，名声留传后世，可以和周朝的闳夭、散宜生等人媲美了。

【简论】司马迁对萧何佐高祖定天下的事迹作了充分的评价

和记载，但认为萧何不应当得头功。周初开国的头等功臣是周公、召公、太公吕尚等，汉初功臣只有淮阴侯韩信足以当之。所以《淮阴侯传赞》说："假令韩信学道谦让，不伐己功，不矜其能，则庶几哉！于汉家功勋，可以比周、召、太公之徒，后世血食矣。"高祖刘邦虽拔萧何为第一功臣，而司马迁却比之于西周的闳夭、散宜生，这是寓有深意而又很有分寸的。

曹相国世家赞第二十四

太史公曰：曹相国参攻城野战之功所以能多若此者①，以与淮阴侯俱。及信已灭，而列侯成功，唯独参擅其名②。参为汉相国，清静极言合道③。然百姓离秦之酷后，参与休息无为，故天下俱称其美矣④。

【注释】①曹相国参：曹参，惠帝二年（前193年）继萧何为相国，惠帝五年（前190年）病逝。曹参虽然为相只有三年，但他继承萧何之道，保证了汉初无为政治的连续性，对西汉的经济恢复有重大的意义。秦时曹参为沛县狱掾，与刘邦友善，又最早追随刘邦起兵，深得信任。在楚汉战争中，曹参先后以假左丞相和右丞相之职随韩信出征，实质上是代表刘邦监军。韩信被贬为淮阴侯后，论功行赏，诸将推曹参第一，高祖抑为第二，居萧何之后，封平阳侯。　②唯独参擅其名：由于韩信被贬遭屠，所以在列侯中唯独曹参的攻城野战之功居了首位。这里表现了司马迁对淮阴侯韩信的无限惋惜，讥刺之意，寄寓深远。擅：据有。　③清静：即无为。所谓清静无为，就是统治阶级不滋事扰民，实行休养生息的政策。极言合道：有一次上朝时，惠帝批评曹参不治事。曹参回答说："英明的高帝与贤能的萧何，安定了天下，制定了法令，我们君臣遵照执行就对了。"惠帝表示赞赏。极言，指的就是这一番对话，意谓话说得十分清楚、透辟。　④天下俱称其美：《曹相国世家》载当时民歌说："萧何为法，顜若画一；曹参代之，守而勿失。载其清净，民以宁一。"表现了天下人民对萧、曹的称颂。

【译文】太史公说：相国曹参的战功之所以这样多，是因为他和淮阴侯韩信在一起。等到韩信死后，说到列侯的功勋，只有曹参有资格占据第一名。曹参担任相国，主张清静无为，这合乎道家的主张。老百姓从秦朝的酷政中解脱出来，曹参与民休息清静无为，所以天下的人都称颂赞美。

【简论】 曹参身经七十余战，立有大功。但军功毕竟不能与韩信相比，只因韩信遭屠而得头功。司马迁对此发出了不平的感叹，并在赞中揭示了真相。可是曹参继承萧何的政策，延续了无为政治，使汉初生产得到迅速的恢复，老百姓得以安乐，故司马迁又给予了崇高的评价。

留侯世家赞第二十五

太史公曰：学者多言无鬼神，然言有物①。至如留侯所见老父予书②，亦可怪矣。高祖离困者数矣③，而留侯常有功力焉，岂可谓非天乎？上曰："夫运筹策帷帐之中，决胜千里外，吾不如子房。"余以为其人计魁梧奇伟④，至见其图⑤，状貌如妇人好女⑥。盖孔子曰："以貌取人，失之子羽⑦。"留侯亦云。

【注释】 ①物：精怪。 ②留侯：高祖谋臣张良的封号。张良字子房，韩国贵族后裔。他曾谋杀秦始皇未遂，隐匿下邳，遇黄石老人送给他《太公兵法》，时常诵习，成为智计过人的谋臣。 ③高祖离困者数矣：高祖遭到的困难有好多次。如鸿门宴、彭城之败，成皋被围、固陵之败等。离：同"罹"(lí)，遭遇。 ④计：揣测、设想。 ⑤图：画像。 ⑥好女：美貌女子。 ⑦子羽：孔子弟子澹台灭明的字，貌丑而有贤德。这两句引语出自《史记·仲尼弟子列传》篇。

【译文】 太史公说：学者大多认为没有鬼神，然而承认有怪物。至于留侯张良遇老人授以兵书，也是一桩奇怪事。高祖多次陷入困境，留侯总有智计帮助解脱，难道不可以说是天意吗？高皇帝说："运谋定计于帷帐之中，取得胜利于千里之外，我不如子房。"我原以为留侯是一个身材魁伟、相貌堂堂的人，等到看见他的画像，却像个苗条的美女。孔子说："用相貌评论人，子羽就要被人看不起。"对于留侯来说这话也是适用的。

陈丞相世家赞第二十六

太史公曰：陈丞相平少时[1]，本好黄帝、老子之术[2]。方其割肉俎上之时[3]，其意固已远矣。倾侧扰攘楚魏之间[4]，卒归高帝。常出奇计，救纷纠之难，振国家之患。及吕后时，事多故矣[5]，然平竟自脱[6]，定宗庙[7]，以荣名终，称贤相，岂不善始善终哉！非知谋孰能当此者乎[8]？

【注释】①陈丞相平：陈平，阳武（今河南原阳县）人，好读书而家贫，少有大志，自许有治天下之才。陈涉起义，陈平追随项羽起兵，因不得志而投靠刘邦，多出奇计，以功封曲逆侯。惠帝时为左丞相，周旋诸吕之间。吕后死，陈平与周勃合谋诛诸吕，迎立文帝，汉室转危为安，以丞相位终。　②黄帝、老子之术：即道家的学说，主清静，法自然。　③割肉俎上：陈平少时在乡里为社宰主持分配祭社的牲肉，十分均平，受到父老称赞。陈平叹息说："我如果治理天下，也像分肉一样均平。"俎（zǔ祖），切肉用的砧板。　④倾侧扰攘：彷徨不定，喻陈平归汉之前的奔走。他最先事魏王咎，魏王不听其计而奔项羽，项羽仍不重用，终于归汉。　⑤事多故矣：事情多风云莫测的变化，指吕后疑忌大臣。　⑥脱：免祸。　⑦定宗庙：指诛诸吕，迎立文帝，安定汉室。宗庙，帝王、诸侯供奉祖宗的庙，这里指汉室。　⑧非知谋句：指陈平用黄老术善始善终，说穿了其实是他有智慧谋略。知，通"智"。

【译文】太史公说：丞相陈平年轻的时候，本来崇好黄帝、老子的道家学说。当他在乡里为社宰主持分配祭肉时，理想就已经很远大了。后来彷徨徘徊于楚、魏之间，最后终于归附汉高帝。经常献出奇谋，排除祸患，解救国家的危难。到了吕后时，经历许多变故，然而陈平终于免除祸患，安定宗庙，保持了晚节，被称为贤能的丞相，真是一个善始善终的人！若没有很高的智慧和谋略谁能这样呢？

【简论】陈平足智多谋，是汉高祖倚重的谋臣。查《高祖功臣侯者年表》平阳侯曹参封万六百户第一，留侯张良封万户第二，绛侯周勃封八千一百户第三，酂侯萧何封八千户第四，曲逆侯陈平封五千户第五。封侯户数用以酬其功，曹参、张良为第一等，皆万户侯；周勃、萧何为第二等，八千户侯；而陈平乃与灌婴、樊哙等并列，为第三等，五千户侯。全国统一后，萧何治国功最大，曹参次之。但诛诸吕，安刘氏，陈平功第一，周勃次之。故司马迁作五功臣世家，其序列为萧、曹、留侯、陈平、周勃，同时也与他们先后为相的时间序列相吻合。陈、周安刘，使生灵免遭涂炭，智计过人，司马迁情不自禁地发出了深深的赞许。

绛侯周勃世家赞第二十七

太史公曰：绛侯周勃始为布衣时①，鄙朴人也②，才能不过凡庸③。及从高祖定天下，在将相位，诸吕欲作乱，勃匡国家难，复之乎正。虽伊尹④、周公⑤，何以加哉⑥！亚夫之用兵⑦，持威重⑧，执坚刃⑨，穰苴曷有加焉⑩！足己而不学⑪，守节不逊⑫，终以穷困。悲夫！

【注释】①绛侯周勃：周勃，沛县（今江苏沛县东）人，当老百姓时以编织养蚕器具和做吹鼓手为生，粗重少文。后追随高祖起兵，以功封绛侯。惠帝六年为太尉，掌握禁军。吕后死后，与陈平合谋诛诸吕，迎立文帝，官至右丞相。但勃无文化，不会治事，没多久就免相闲居，被人诬告谋反，曾下狱受刑。他出狱后感慨地说：“我曾带兵百万，哪里知道还不如一个狱吏尊贵。”布衣：平民、老百姓。 ②鄙朴：敦厚质朴。 ③凡庸：平凡、平庸。 ④伊尹：商初大臣，名伊，尹是官名。他辅助商汤王灭亡夏桀。商汤王死后又辅佐太宗。 ⑤周公：即周武王弟姬旦，曾佐武王灭商，辅成王治天下。 ⑥加：超过。 ⑦亚夫：周勃之子，善治军，文帝封为条侯。景帝三年（前154年），周亚夫为将军，三个月就平定了吴楚七国之乱。后亚夫为丞相，既反对景帝废栗太子，又反对窦太后封外戚窦长君为侯，因而得罪两宫，被免相。最后，景帝竟以小过将周亚夫下狱，周亚夫绝食五日而死。 ⑧持威重：指周亚夫治军威严、用兵持重。汉文帝六年（前174年），周亚夫为将军，屯驻在咸阳县西的细柳地方，汉文帝亲去劳军，也不得驱驰，这是治军威严。他平吴楚之乱，不轻率交战，等待时机，一战成功，这是用兵持重。 ⑨执坚刃：披重甲执利刃，喻亚夫身先士卒。

⑩穰苴：春秋齐景公时名将，传见《史记》卷六十四。 ⑪足己而不学：指周亚夫自以为足智多谋，善用兵，而不虚心学习古人，所以不懂得权变，即不会迎逢帝王。 ⑫守节：坚持操守原则，指周亚夫不同意废太子、封外戚等事。不逊：不谦让，这里指周亚夫不会见风使舵，阿意皇帝以保全自己。有一次景帝赐食，故意不给筷子，周亚夫气愤不平，当着景帝索取筷子。还有一次，其子偷买尚方的殉葬甲楯，被诬告谋反，他不认错，对廷尉说："我买的是葬器，怎么是造反呢?"廷尉说："你活着不反，死后在地下造反。"最后终于下狱致死。

【译文】太史公说：绛侯周勃当初还是平民的时候，是个敦厚朴实的人，才能也很平凡。后来追随高祖平定天下，身居将相，诸吕图谋作乱，周勃拯救了国家的危难，重新稳定了刘氏天下。他的功绩，即使是商代的伊尹，周代的周公也不能超过！周亚夫善于用兵，治军威严，用兵持重，亲自披甲执刃冲锋陷阵，即使是司马穰苴也不过如此！可惜周亚夫满足于自己的聪明才智而不深入学习，严守节操而不曲意顺从，终于陷入困境，真是可悲啊！

【简论】周勃、周亚夫父子虽然粗重少文，而最忠心汉室，父子都立下了再造汉室的大功，但不会迎逢人主而不得善终。为此，司马迁愤愤不平，最后几句评论是微言寓讽，"足己而不学，守节不逊，终以穷困，悲夫"云云，明是批评，实是赞颂，抒愤自况，寄寓深远。所以把周氏父子比做伊、周、穰苴，给予了崇高的评价。

梁孝王世家赞第二十八

太史公曰：梁孝王虽以亲爱之故①，王膏腴之地，然会汉家隆盛，百姓殷富，故能植其财货，广宫室，车服拟于天子②。然亦僭矣③。

【注释】①梁孝王：名刘武，汉景帝同母弟，为汉文帝第二子，窦太后之少子，初封淮阳王，文帝十二年（前 168 年）徙为梁王，死后谥为孝王。 ②车服拟于天子：梁孝王恃窦太后之宠，在梁国筑东苑，方三百余里。又扩大睢阳城达七十里，仿照皇宫大造宫室，为复道，出入千乘万骑，旌旗用天子排场。③僭（jiàn 箭）：僭越，指封建时代臣下超越了礼制的等级规定，是非法的行为。

【译文】太史公说：梁孝王依恃窦太后亲爱的缘故，得封肥沃的土地，却也正赶上汉朝的鼎盛时期，百姓富厚，所以能广聚财货，大修宫室，车骑服饰比拟于天子。可是这样做也是僭越的行为。

五宗世家赞第二十九

太史公曰：高祖时诸侯皆赋①，得自除内史以下②，汉独为置丞相③，黄金印④。诸侯自除御史⑤、廷尉正、博士，拟于天子。自吴楚反后，五宗王世⑥，汉为置二千石⑦，去“丞相”曰“相”，银印。诸侯独得食租税⑧，夺之权。其后诸侯贫者或乘牛车也⑨。

【注释】①诸侯皆赋：诸侯王自行征税，也就是封国所入不上交朝廷，完全由封王支配。　②自除内史以下：诸侯王内史为治民官。汉初封国，内史以下皆由诸侯王自己委任。除，拜官。　③汉独为置丞相：诸侯王国有九卿百官，也有丞相。汉初只有丞相才由朝廷委派，御史大夫以下皆由诸侯王自置。④黄金印：秦汉官制，黄金印最尊，其次银印。朝廷丞相、太尉为金印紫绶，御史大夫及九卿为银印青绶。初诸侯王丞相为金印，七国之乱以后改为“相”，去“丞”字，改金印为银印，也就是降低诸侯王的地位。　⑤御史：御史大夫之省称。御史大夫为副丞相，司监察之权。　⑥五宗王：汉景帝十四子，刘彻为太子，十三子为王，因系五母所生，故称为五宗王。《五宗世家》载十三王。（一）栗姬所生三王：河间王刘德，临江王刘宇、刘荣；（二）程姬所生三王：鲁王刘余，江都王刘非，胶西王刘端；（三）贾夫人所生二王：赵王刘彭祖，中山王刘胜；（四）唐姬生长沙王刘发；（五）王夫人生五子，刘彻为太子，余四子为王：广川王刘越，胶东王刘寄，清河王刘乘，常山王刘舜。　⑦汉为置二千石：诸侯王国的丞相、御史大夫、九卿等官皆二千石，从五宗王起均为朝廷所派。并改丞相曰相，缩小编制，削弱诸侯王的威权。　⑧诸侯独得食租税：军、民、财权均收归朝廷，诸侯王只不过享受一点定额的租税而已。　⑨乘牛车：汉武帝削除了大批诸侯王及侯国，他们的子孙下降为乘牛车的贫民。

【译文】太史公说：高祖时诸侯王都自行征税，并由自己任命内史以下官员，汉王朝只委派丞相，用黄金印。诸侯王自己委任的官员有御史、廷尉正、博士，机构设置比拟中央王朝。自从平定吴楚之乱后，册封五宗王时，由汉朝廷安排二千石，诸侯王“丞相”只称“相”，用银印。诸侯王仅仅食禄租税，权力收归朝廷。从这以后，贫困的诸侯王有的只能乘坐牛车。

三王世家赞第三十

太史公曰：古人有言曰：“爱之欲其富，亲之欲其贵。”① 故王者疆土建国，封立子弟，所以褒亲亲，序骨肉②，尊先祖，贵支体③，广同姓于天下也。是以形势强而王室安④。自古至今，所由来久矣。非有异也，故弗论箸也。燕齐之事，无足采者⑤。然封立三王，天子恭让，群臣守义，文辞烂然，甚可观也，是以附之世家。

【注释】①古人有言二句：引自《孟子·万章上》。孟子的学生万章问孟子，舜的弟弟象是天下最不仁的人，为什么舜还要封他？孟子回答说，“亲之欲其贵也，爱之欲其富也”，仁人对于弟弟要讲亲爱，所以舜封象于有庳。　②骨肉：喻兄弟子侄间的至亲关系。　③支体：喻子孙。　④形势强：指封建同姓诸侯，是为增强王室的态势。　⑤燕齐之事，无足采者：汉武帝六子，长子戾太子刘据，死于巫蛊案。少子刘弗陵立为皇太子，即昭帝。第五子刘髆，天汉四年立为昌邑王，因在太初以后，故不载。第二子刘闳，封齐王；第三子刘旦，封燕王；第四子刘胥，封广陵王，三王于元狩六年四月乙已同日封。司马迁写《史记》断于太初，所以给武帝诸子只立“三王世家”。齐王刘闳死于元封元年，无后国除。燕王刘旦，广陵王刘胥死于昭帝之世，谋反诛死。司马迁作世家时，三王既未传代，又无可载之事，所以说“燕齐之事，无足采者”。

【译文】太史公说：古人有这样的话：“爱他便要使他富，亲他便要使他贵。”所以统治天下的人要划分疆土，建立封国，分封子弟，用以显扬亲属表示自己的亲爱，序列骨肉至亲的等级，尊崇祖先，富贵子孙，光大同姓于天下。这是因为增强了同姓，王室才能安定。从古至今，这一传统十分悠久。没有特殊的原因，所以不加评论。燕齐等三王没有什么事迹可以记载。但是封立三王，天子十分谦虚，由于众大臣坚持体制，册封皇子为王，所以策文光辉灿烂，值得一读，因此纂辑为世家。

【简论】《三王世家》载武帝三皇子为王事。但三王无事可载，司马迁纂辑三王封策文权作世家，所以特作交代，“文辞烂然，甚可观也”。这与《太史公自序》所说“三子之王，文辞可观，作《三王世家》第三十”是一致的。所谓“附之世家”，即是说以三王封策文权代世家，并非指将封策文附入世家。后世学者不察，妄测《三王世家》缺佚，殊误。

七十列传赞·序

【说明】司马贞曰："列传者，谓序列人臣事迹，令可传于后世，故曰列传"（《伯夷列传·索隐》）。张守节曰："其人行迹可序列，故云列传"（《伯夷列传·正义》）。

列者，陈也。列传，即众多人物之传。传，本为注经之名，司马迁借以传人，记功臣贤人死义之士的言行以注《本纪》，表示人臣拱卫主上。《太史公自序》云："扶义俶傥，不令已失时，立功名于天下，作七十列传。"所以刘知几以《史》、《汉》之纪传比于《春秋》之经传，议论是很精辟的。

七十《列传》分为四个类型：(1) 个人专传，(2) 二人以上合传，(3) 不以人物命篇的类传，(4) 附传。其列正传人物139人，附传人物92人[①]，加孔子弟子77人，总计308人。类传人物古今同传，以类相从；合传与类传为同一类型，或对照或连类，故合传人物往往打破时代界限，上溯下及。《白起王翦列传》、《鲁仲连邹阳列传》、《屈原贾生列传》等是下及；《扁鹊仓公列传》是上溯。《孟子荀卿列传》附列人物十一人，实质是篇

①七十列传附传人物实多于正传人物，这里所列九十二人仅举其要，主要是因事或连类而附。至于附载的子孙、戚友，以及虽因事连类仅附其名者未计。

先秦的“诸子列传”。《汲郑列传》实质是汉代的“黄老列传”。匈奴、南越、东粤、西南夷等周边民族史传分插在人物列传中，与相关的人物并列，等同天子臣民，此四海一家之观念，表现了司马迁民族一统的进步历史观。《大宛列传》所述为外国民族，单列于类传中。总之七十《列传》具有组合义例，可分为二十组，序列如下：

列传目次

①伯夷列传	列传第一……卷六一
②管晏至仲尼弟子	列传二至七……卷六二至六七
③商君至田单	列传八至二二……卷六八至八二
④鲁邹至屈贾	列传二三至二四……卷八三至八四
⑤吕不韦至蒙恬	列传二五至二八……卷八五至八八
⑥张耳陈馀至田儋	列传二九至三四……卷八九至九四
⑦樊郦滕灌至季布栾布	列传三五至四十……卷九五至一百
⑧袁盎鼂错至扁鹊仓公	列传四一至四五……卷一〇一至一〇五
⑨吴王濞至韩长孺	列传四六至四八……卷一〇六至一〇八
⑩李将军至卫将军骠骑	列传四九至五一……卷一〇九至一一一
⑪平津主父至淮南衡山	列传五二至五八……卷一一二至一一八
⑫循吏至汲郑	列传五九至六十……卷一一九至一二〇
⑬儒林至酷吏	列传六一至六二……卷一二一至一二二
⑭大宛	列传六三……卷一二三
⑮游侠	列传六四……卷一二四
⑯佞幸	列传六五……卷一二五
⑰滑稽	列传六六……卷一二六
⑱日者至龟策	列传六七至六八……卷一二七至一二八
⑲货殖	列传六九……卷一二九
⑳太史公自序	列传七十……卷一三〇

第一组伯夷列传，是唯一的三代人物入传。此传是一篇以议论为主的文章，可以称之为论传，是七十《列传》的总论。第二组，管晏至仲尼弟子六传，传春秋时代人物。第三组，商君至田单共十五传，传战国时代人物。战国四公子排列一起，苏秦与张

仪蝉联，都有以类相从之意。第四组，鲁仲连至屈贾四传，表彰品德高尚，壮志不伸，而能以言论德行留照人间的人物，连类相及。鲁仲连、屈原均战国之世人物，故编列于此，下及汉代的邹阳、贾谊。第五组，吕不韦至蒙恬四传，序辅佐秦国兴起的人物，他们的特点是注重暴力权诈取天下，固轻百姓力，都不得好下场。《刺客列传》是类传，应排在《循吏列传》之后，而司马迁有意穿插在辅秦人物中间，这是对比见义，表现了司马迁反暴政的思想。刺客都是反暴人物。司马迁在李斯、蒙恬两传的赞中，既肯定他们的功绩，又直接地批判他们轻忽百姓的罪责，是值得注意的。白起、王翦有大功于秦，白起冤死，王翦善终，因白起坑降，王翦却无此暴行，所以两人合传以示对比。白起坑降不同于李斯、蒙恬的轻暴百姓，故司马迁将王翦前置白起传，而不是将白起下连王翦，以与第五组的暴政人物分开。第六组，张耳陈馀至田儋六传，叙楚汉相争人物。第七组，樊郦滕灌至季布栾布六传，皆辅汉功臣义士。第八组，袁盎晁错至扁鹊仓公五传，叙文景时代忠勤于王室的人物。仓公传上连扁鹊以表现医学的承传。第九组，吴王濞至韩长孺三传，叙景、武之际统治集团的内部矛盾。韩长孺卷入魏其与武安两侯的纠葛中，故排列于此。第十组，李将军至卫将军骠骑三传，序伐匈奴的专题人物。第十一组，平津侯主父至淮南衡山七传，序武帝时的人臣传记和开疆拓土。第十二组，循吏至酷吏四传作两两对比。循吏传无汉代人，酷吏传无汉以前人。汲郑古朴戆直而不喜儒，武帝倡儒学而多用酷吏。司马迁用这样的强烈对比来讥刺武帝的政治。第十三至第十九各组是各种专题类传。《大宛列传》是叙外国史事的类传，西域各国附载于该传中。第二十组是总括全书要旨的自序传。

由上分析，七十《列传》基本以时代为序排列，符合通史原则，但有组合义例，或以类连及，或对比见义。用八个字来概括是："时代为序，以类相从。"上面的分组与评论，未必完全符合司马迁的原意，但总原则的分析不会有错。赵翼评论《史记》篇目是"随得随编"，其说绝不可信。"时代为序"，勾勒历史发展的线索，是司马迁“通古今之变”的思想反映；“以类相从”是司马迁“成一家之言”的一个方面，反映了他用历史类比法进行古今纵横排比论证，探寻治乱兴衰的规律，这也是一种先进的研究方法。古今类比，有利于吸取历史的经验和教训，即以古为鉴之意。我们掌握了司马迁的历史类比法，以此为解剖刀去阅读和研究《史记》，许多疑难问题迎刃而解。例如合传、类传就是以某人物或以某时代为中心上溯或下及，是连类而附。《史记》各体的附记法，实质也是类比法的引申。（详《序论》第三节）

此外，《史记》命篇，司马迁不作统一标准。《汉书》列传一律以人物姓名命篇。司马迁以姓名、封爵、谥号、别名兼用，其义无法考实，但可以肯定司马迁决不是随意使用，而是根据当时所理解的善恶是非所表现的爱憎感情来决定命名的。例如“循吏”与“酷吏”两类传之命名尤为明显。又如汉初三雄，彭越、黥布皆以其名命篇，而韩信用“淮阴侯”之爵名命篇，表现了一种亲切感，示同情韩信。对石奋用“万石”之别号命篇，是口语化的反映。其他不必一一述论了。

七十《列传》中，《伯夷》、《日者》、《龟策》、《太史公自序》等四篇论传，另立专目，全文注译。《货殖列传序》附《平准书赞》后。故本单元七十列传序赞所列篇目共六十五篇。

管晏列传赞第二

太史公曰：吾读管氏《牧民》、《山高》、《乘马》、《轻重》、《九府》[①]，及《晏子春秋》[②]，详哉其言之也。既见其著书，欲观其行事，故次其传。至其书，世多有之，是以不论，论其轶事。

管仲世所谓贤臣，然孔子小之[③]。岂以为周道衰微，桓公既贤，而不勉之至王，乃称霸哉？语曰[④]：“将顺其美，匡救其恶，故上下能相亲也。”岂管仲之谓乎？

方晏子伏庄公尸哭之，成礼然后去[⑤]，岂所谓“见义不为无勇”者邪[⑥]？至其谏说，犯君之颜，此所谓“进思尽忠，退思补过”者哉[⑦]！假令晏子而在，余虽为之执鞭，所忻慕焉。

【注释】①吾读管氏句：管氏，指《管子》书，这里所举《牧民》、《山高》、《乘马》、《轻重》、《九府》皆《管子》中篇名。　②《晏子春秋》：书名，作者无考，旧题晏婴撰，共七篇。　③孔子小之：《论语·八佾》第二十二章载孔子对管仲的批评说："管仲之器小哉！"为司马迁所本。小，指器量狭小。　④语曰：下文引自《孝经·事君章》。　⑤成礼然后去：《左传》襄公二十五年记载，齐大夫崔杼弑庄公，晏婴进去，抱着庄公的尸体痛哭，尽了君臣之礼，然后才离去。　⑥见义句：引自《论语·为政》第二十四章。　⑦进思尽忠句：引自《孝经·事君章》。

【译文】太史公说：我读管氏的《牧民》、《山高》、《乘马》、《轻重》、《九府》，以及《晏子春秋》，两人的思想，书中讲得详细极了。看了他们著的书，就要了解他们的行事，所以编写了他们的传记。至于他们留下的著作，世上已有很多，因此不再论述，传里只记载他们的轶事。

世人都说管仲是贤臣，但孔子却说他器量狭小。是不是因为周室衰微，桓公又贤，管仲却不勉励他去实现王道，而只是完成霸业就为止了呢？《孝经》上说："顺从君上的美德，纠正他的过错，所以上下就能互相亲近。"这话难道不是正符合管仲的实情吗？

当晏子伏在庄公尸体上痛哭，尽了臣礼后才离去的时候，难道是针对"见义不为就不能叫做勇"这话而行事的人吗？至于他直率的劝谏，敢于冒犯君主的威严，这就是所说的"在朝廷上要竭尽忠诚，下朝则反省补过"那样的人吗！假如晏子至今还活着，我就是替他执鞭赶车，也是我乐意和向往的啊。

【简论】管仲、晏婴都是齐国的名臣，管仲辅佐齐桓公成为春秋五霸之一；晏婴事齐灵公、庄公、景公三朝，使齐中兴，显名诸侯。两人都有著述流传，足以垂名后世，故管晏列传不载两人功业，仅载其几则轶事，用典型的生活片断来表现两人的思想境界。

管仲出身寒微，又因侍奉公子纠而得罪桓公。管仲之所以能施展才能，成为齐国贤相，全靠鲍叔牙的引荐，写管仲是为了突出鲍叔牙的知人。管晏对照，晏子更伟大。他以齐相国之尊，引囚犯越石父为知己，把他解救出来待为上宾，又以车夫贤能，荐为大夫。在荐贤知人上，管仲无所作为，器量狭小，所以只辅佐齐桓公至霸而未能王；但他的贤才为人所知，得以发挥，这知人之人更值得歌颂。所以管晏列传，实际上是司马迁作的一篇“知己论”。管晏合传，一为人所知（管仲），一知人（晏婴），两者构成强烈对照，使知己论的主题更加鲜明。赞文末尾，司马迁以愿为晏子执鞭来抒发自己内心深处的感慨，叹知己之难遇，有着深刻的寄托。所以就功业论，晏子不如管仲；就知人论，晏子度量宏阔，管仲所不及，这就是此赞给予晏子高度评价的原因。

老子韩非列传赞第三

太史公曰：老子所贵道①，虚无，因应变化于无为，故著书辞称微妙难识。庄子散道德②，放论，要亦归之自然。申子卑卑③，施之于名实。韩子引绳墨④，切事情，明是非，其极惨礉少恩⑤。皆原于道德之意，而老子深远矣。

【注释】①老子：姓李名耳，又名老聃，春秋时楚人，为周王室守藏吏，著《道德经》五千言，通称《老子》。　②庄子：名周，战国时宋人，著有《庄子》五十二篇，今存三十二篇。据研究，《庄子》一书是一部以庄子作品为基础的先秦道家思想总集，其中《内篇》七篇可以确定为庄周的作品，外篇的作者还没有定论。散：推演。　③申子：名不害，战国时郑人，为韩昭侯相，变法图强，诸侯不敢侵韩。卑卑；自勉之意。　④韩子：韩国诸公子，名非，著有《韩非子》五十五篇传世。绳墨：木工用以正曲直的墨线，引申作标准解。⑤礉（hé 核）：苛刻。

【译文】太史公说：老子所推崇的道，以虚无为本，顺应自然，主张无为，听任事物自由变化，所以他写的书言辞微妙不容易理解。庄子推演老子道德的学说，放言高论，而旨趣也是归于自然无为。申子奋进，用于循名责实。韩子一味以法为标准，断事情，辨是非，发展到了极端，太惨急苛刻，残酷无情。申韩学说都渊源于道德，但老子的学说比法家深远得多。

【简论】《史记》开创了学术史的先河。《老子韩非列传》附申子、庄子，载道法两家学说。《孟子荀卿列传》以儒家两大师为篇题，实载诸子百家学说。从这两传的篇题来看，司马迁载学术史，是以儒、道两家为主，依其渊源所自出，载述各家言论。

司马穰苴列传赞第四

太史公曰：余读《司马兵法》[①]，闳廓深远，虽三代征伐，未能竟其义[②]，如其文也，亦少褒矣[③]。若夫穰苴[④]，区区为小国行师[⑤]，何暇及《司马兵法》之揖让乎[⑥]？世既多《司马兵法》，以故不论，著穰苴之列传焉。

【注释】①《司马兵法》：战国时齐威王命大夫整理古司马兵法，附有司马穰苴兵法，称《司马穰苴兵法》，省称《司马兵法》或《司马法》，《汉书·艺文志》入于礼类，题名《军礼司马法》百五十篇，汉以后失传。今传《司马法》五篇，是后人辑佚伪托的书。　②竟：穷尽。义：指《司马法》的内容。　③少褒：稍嫌夸张溢美，即言过其实。少，读“稍”。　④穰苴：本姓田，因做司马，所以史称司马穰苴，精通兵法，曾奉齐景公命令击退晋、燕军队，收复了失地。　⑤行师：用兵。　⑥揖让：拱手作揖，这里指《司马兵法》中所讲之军制礼仪的内容。

【译文】太史公说：我读《司马兵法》，内容博大深远，即使是夏、商、周三代的大征伐，也没有完全发挥出它的意蕴，说到它的文采，似略嫌夸张。至于穰苴，替一个小小的齐国用兵，哪里用得着《司马兵法》这一套兵制礼仪呢？世上既然广泛流传《司马兵法》这部书，因此我就不必论述了，只编著了司马穰苴的列传。

【简论】战争是人类阶级社会中的一个怪物。“争地以战，杀人盈野；争城以战，杀人盈城，此所谓率土地而食人肉，罪不容于死。”这是先秦儒家大师孟子对于战争的谴责。他主张“善战者服上刑”（均见《孟子·离娄上》）。谁会打仗，就处他以极刑，以为这样就可以制止战争，这当然是一种十分可笑的迂腐观点。但是，孟子对于战争的谴责确是一个发人深省的问题。先秦诸子百家都在思考这个问题。具有道德理性的人类社会，为什么要爆发战争？怎样去制止战争？墨家主张“兼爱”和“非攻”，提倡普遍的人性爱来制止战争。儒家主张“仁政”，倡导用礼、义来消除战争。法家主张富国强兵，以法为教，提出了“以战去战”（《商君书·画策》）的理论。兵家则致力于研究怎样打胜仗，保存自己，消灭敌人，发展了治兵置阵的兵学。司马迁贯通百家学说，以历史家“稽其成败兴坏之理”的卓识，研究战争，记载战争，发展了古代的兵学理论。《律书》就是司马迁写的一篇战争论，指出战争“用之有巧拙，行之有逆顺”，比较正确地阐述了战争的规律。所以司马迁系统地写了兵家人物的传记，载述和评价他们的历史功绩。

司马迁在兵家人物传记中绘声绘色地记载了各种兵锐将勇、斗奇用智的战例，用以阐明欲“巧”用战争，必须慎择良将。凡以少胜众，以弱克强的将军，都是智勇双全的良将。而两军置阵是全体将士一体的流血行动，所以打仗取胜的基本要素是全军有严格的训练，成为一支有素养的军队。《司马穰苴列传》、《孙子吴起列传》载述穰苴立信，孙武练兵，吴起爱士，这都是良将的治兵方略。他们带领的军队，官兵一体，纪律严明，就没有不打胜仗的。司马迁用极其精练的语言，刻画了司马穰苴“文能附众，武能威敌”的军事家形象，突出记载了他整肃军威的事迹，用意在此。这反映了司马迁十分重视普通战士在战争中的作用。

司马迁作传时看到的《司马兵法》原本是一部内容宏大的兵

制礼仪的书，是战国时齐人汇总的古代兵书文献，穰苴兵法附益其中。所以司马迁在传中说：“齐威王使大夫追论古者《司马兵法》而附穰苴于其中，因号曰《司马穰苴兵法》。”此赞再作考辨，强调《司马兵法》的博大精深，不是司马穰苴一人之作，由此可见司马迁的求实精神。

孙子吴起列传赞第五

太史公曰：世俗所称师旅，皆道《孙子》十三篇①，吴起《兵法》②，世多有，故弗论，论其行事所施设者③。语曰：“能行之者未必能言，能言之者未必能行。”孙子筹策庞涓明矣④，然不能蚤救患于被刑⑤。吴起说武侯以形势不如德⑥，然行之于楚，以刻暴少恩亡其躯⑦。悲夫⑧！

【注释】①《孙子》十三篇：即《孙子兵法》十三篇。春秋时吴国大将齐人孙武所作。孙武，时人尊称孙子。　②吴起《兵法》：吴起，战国时著名军事家和革新家。卫人，先后仕鲁、魏、楚等国。《汉书·艺文志》载《吴起兵法》四十八篇，今存《图国》、《料敌》、《治兵》、《论将》、《变化》、《励士》六篇。　③所施设者：指孙、吴的独特创造。　④孙子句：此指战国时孙子，名孙膑，是孙武的后代。他和庞涓是同学，庞涓为魏大将，忌刻孙膑的才干，把他骗到魏国，用刑法断其两足，不让他用于世。后来孙膑在齐使的帮助下逃到齐，为齐将田忌之师。在齐魏战争中，孙膑设谋的桂陵之战和马陵之战大破魏军，终于擒杀了庞涓。孙膑留下的兵法早佚。一九七二年山东银雀山汉墓出土了孙膑兵法残卷，文物出版社定名《孙膑兵法》出版。　⑤蚤：同“早”。　⑥吴起说武侯句：吴起传载，吴起仕魏，曾与魏武侯同舟浮西河而下，武侯赞叹山河之险说：“这美好的河山，形势险固，真是魏国的宝地。”吴起趁势谏武侯说：“国家依靠的是德政，而不是地形险要。”武侯称善，立即任用吴起为西河守。　⑦残刻少恩亡其躯：吴起离魏至楚，实行变法，裁汰冗官，废除疏远公族的世禄，得罪了楚国贵戚。等到支持吴起的楚悼王一死，楚贵戚群起反对吴起，用乱箭把他射死了。这里的“残刻少恩”，语意双关，既是批评，也是感叹吴起不曾为自己打算。　⑧悲夫：感叹孙膑、吴起二人能言不能行，乃至被人暗害，真是可悲。

【译文】太史公说：世间所传行师用兵的事，都称道《孙子》

十三篇，以及吴起《兵法》。这两部书流传甚广，所以不再记载，这里专载他们独特创造的事迹。俗话说："能做的人未必能说，能说的人未必能做。"孙膑擒拿庞涓的计谋真是料敌如神，但他不能及早使自己免于庞涓的暗害。吴起谏说魏武侯依凭险阻不如施行德政，但他在楚国推行的改革，却因残刻少恩丢了自己的性命。真是可悲啊！

伍子胥列传赞第六

太史公曰：怨毒之于人，甚矣哉[①]！王者尚不能行之于臣下，况同列乎[②]！向令伍子胥从奢俱死[③]，何异蝼蚁[④]。弃小义，雪大耻[⑤]，名垂于后世，悲夫！方子胥窘于江上，道乞食[⑥]，志岂尝须臾忘郢邪？故隐忍就功名，非烈丈夫孰能致此哉[⑦]？白公如不自立为君者[⑧]，其功谋亦不可胜道者哉！

【注释】①怨毒：结下仇恨。楚平王信谗无辜杀害伍子胥的父亲伍奢及其兄伍尚，结怨臣下。伍子胥逃到吴国，辅佐吴王伐楚报仇，竟破郢都。时楚平王已死，伍子胥鞭尸而还。　②况同列乎：指楚令尹子西结怨于白公胜。　③向令：先前，假使。伍子胥：名员，子胥是字。　④蝼蚁：蝼蛄、蚂蚁，喻生命渺小。　⑤弃小义，雪大耻：指伍员不顾世俗议论，出逃报仇之事。　⑥窘于江上，道乞食：伍子胥奔吴，从昭关（今安徽含山县北）往东过长江，差点被追上，幸亏一个渔夫把他渡过江。伍子胥又在路上生了病，乞食而行。　⑦烈丈夫：性情刚正的男子。　⑧白公胜句：白公胜，楚平王所废太子建之子，与伍子胥同奔吴。楚惠王召胜回楚，居边邑鄢，号为白公，史称白公胜。太子建为郑所杀，白公胜请求楚令尹子西为父报仇伐郑，子西反而抗击晋师以救郑。白公胜率众杀子西，以报父仇，行事与伍子胥相类，故其事迹附伍子胥传。白公胜杀子西后，趁势作乱，欲杀楚惠王而自立。叶公子高率兵讨伐，白公胜逃到山中自缢而死。

【译文】太史公说：对人结下仇恨是十分危险的啊！为王的人尚且不能与臣下结仇，何况同等的人呢？假使伍子胥追随父兄一块死难，与蝼蚁没什么差别。他不顾小节，终于为父报仇，洗刷了羞辱，留名后世，可叹啊！当伍子胥在江上受困，路上乞食的时候，他难道有片刻时间忘记郢都吗？所以他暗暗地忍耐着仇恨，终于成就了功名，若不是一个刚正的男子，又谁能做到这一步呢？白公胜如果放弃自立为君的野心，他的功名和智谋也是不可估量的啊！

【简论】司马迁受腐刑，“就极刑而无愠色”，又“所以隐忍苟活，函粪土之中而不辞者，恨私心有所不尽，鄙陋没世而文采不表于后世也”（《报任安书》）。此赞借论伍子胥之行事以舒愤自解，寄意良深。

仲尼弟子列传赞第七

太史公曰：学者多称七十子之徒①，誉者或过其实，毁者或损其真，钧之未睹厥容貌②，则《论言弟子籍》③，出孔氏古文近是④。余以弟子名姓文字悉取《论语弟子问》，并次为篇，疑者阙焉。

【注释】①称：论。七十子：列传记载了孔子七十七个有名姓的高才生，史籍取整数，泛称七十子。　②钧之未睹厥容貌：同样都是没有看到他们的真实面貌。钧，同“均”。容貌，指真实形象。　③《论言弟子籍》：《论语》这部书是孔氏弟子所录取的。论，论纂也。言，主动对人讲话。语，回答别人问题。《论语》所载，既有孔子的言论，又有孔子与弟子以及弟子之间的问答，由其弟子记录整理成书。所以司马迁既称《论言弟子籍》，下文又称《论语弟子问》，都是指的一种书。籍，记录整理。司马迁强调该书为弟子所录取，故称《论言弟子籍》，下文强调弟子互相问对，故又称《论语弟子问》。在司马迁时《论语》书名还没定型，一般称《论》，刘向整理后才定名为《论语》。　④孔氏古文：古文是指先秦文字。秦统一文字后，隶书盛行，汉代称今文。用先秦文字所写的书籍也通称古文。《艺文志》云：“《论语》古文二十一篇。”本注：“出孔子壁中，两《子张》。”司马迁认为孔壁古文《论语》最真实。

【译文】太史公说：学者们多爱评论七十子这些人，颂扬的人有言过其实的地方，贬低的人有不合实际的地方，同样都没有看到真实的形象。说到《论语》这部书，是孔门弟子辑录的，从孔氏壁中发现的古文本最真实。我把七十子的名姓记载与《论语》弟子问答一一编列起来，写成了这篇列传，疑惑的地方只好存疑了。

商君列传赞第八

太史公曰：商君①，其天资刻薄人也。迹其欲干孝公以帝王术②，挟持浮说③，非其质矣④。且所因由嬖臣⑤，及得用，刑公子虔⑥，欺魏将卬⑦，不师赵良之言⑧，亦足发明商君之少恩矣。余尝读商君《开塞》、《耕战》书⑨，与其人行事相类。卒受恶名于秦，有以也夫！

【注释】①商君：即商鞅（约公元前390—前338年），我国先秦法家的杰出代表，战国中期卫国人，姓公孙，名鞅，入秦后变法有功，封于商，故称商君。　②迹：考察，按核。干：求。帝王术：帝道、王道之术，指儒家的一套仁政学说。商鞅入秦见孝公，先用帝道、王道来试探，都不中意，然后用强国之术游说，孝公大悦，立即任用商鞅变法。　③浮说：华而不实的言论。④质：本质，本意。　⑤因由嬖臣：商鞅入秦见孝公，是由一个姓景的太监引荐的，意谓商鞅仕秦采取了投机的手段。　⑥刑公子虔：公子虔，秦孝公太子嬴驷的师傅，秦公族。商鞅变法，秦旧贵族唆使太子驷犯法，企图阻止变法。商鞅加刑于公子虔表示惩罚，变法令得以推行。秦孝公死，太子驷即位，即后来的秦惠王，立即对商鞅实行报复，把商鞅车裂以死。　⑦欺魏将卬：公元前341年商鞅伐魏，与魏将公子卬对阵。商鞅欺骗公子卬会盟罢兵。公子卬往会，商鞅在宴会上擒拿公子卬，击破魏军。　⑧不师赵良之言：赵良，秦国有贤名的隐士，他在秦孝公临死前夕劝商鞅缓刑退位，以保全生命，商鞅没有采纳。五个月以后，孝公死去，商鞅的大祸也就临头了。　⑨商君《开塞》、《耕战》书：商鞅死后，法家后学将他的变法理论辑成《商君书》，《汉书·艺文志》载二十九篇，今存二十六篇。第三篇为《农战》，第七篇为《开塞》。《耕战》，即《农战》。

【译文】太史公说：商鞅，他天性是一个残酷薄情的人。考察他用帝道、王道干求秦孝公，只不过是借用浮华的言论来达到目的，并不是他的本意。何况他又是靠孝公的宠臣景监引荐的，得到重用以后，惩罚公子虔，欺骗魏将公子卬，不听从赵良的劝告，这就足以证明他是一个薄情的人。我读他的《开塞》、《耕战》等文章，真是文如其人，就像他做事一样。商鞅在秦国终于蒙受了叛逆的罪名，这是有原因的啊！

【简论】商鞅是我国先秦法家的杰出代表。他在青年时就深受法家先驱者李悝的影响，立志改革，施展抱负。但是商鞅在魏国不受重用。秦孝公锐意变法，于公元前 361 年下求贤令。商鞅离魏入秦，佐孝公变法，改革了秦国的旧制度，使落后的秦国一跃而为称雄诸侯的强国，为后来秦统一六国奠定了基础。《太史公自序》云："鞅去卫适秦，能明其术，强霸孝公，后世遵其法。作《商君列传》第八。"传文全面系统地记载了商鞅变法的过程和成就，为后人正确地评价商鞅提供了宝贵的资料。

司马迁是肯定商鞅变法的。但是商鞅的个人品质刻暴少恩，推行法制采取了残酷的手段，所以司马迁在论赞中提出了强烈的批评。

苏秦列传赞第九

太史公曰：苏秦兄弟三人①，皆游说诸侯以显名，其术长于权变②。而苏秦被反间以死③，天下共笑之，讳学其术。然世言苏秦多异④，异时事有类之者皆附之苏秦⑤。夫苏秦起闾阎⑥，连六国从亲⑦，此其智有过人者。吾故列其行事，次其时序⑧，毋令独蒙恶声焉。

【注释】①苏秦兄弟三人：苏秦，战国时主张合纵抗秦的著名纵横家。《索隐》云，苏氏兄弟有五人：苏秦、苏代、苏厉、苏辟、苏鹄。列传只载苏秦及弟代、厉三人。　②术：这里指纵横之道。　③苏秦被反间以死：被，受，指苏秦因反间而致死。反间，向敌间提供假情报迷惑敌方为我所用。　④世：世上，社会上。异：奇异。　⑤异时：不同的时间、时代。　⑥闾阎：古代村社，里门叫闾，里中门叫阎，所以闾阎为民间之代称。　⑦从：读"纵"。

⑧次其时序：编定事情年代。

【译文】太史公说：苏秦兄弟三人，都游说诸侯得以扬名，他们的纵横之术擅长于权谋变化。但是苏秦却是因反间罪而死在齐国，所以被天下的人耻笑，忌讳学习他的纵横之术。然而社会上流传着许多苏秦的奇异事迹，其实是把不同时间的同类事件都附会在他身上。苏秦起自民间，联合六国合纵相亲，这说明他确有过人的智慧。我因此编列了他的事迹，考核了年代，不让他只蒙受坏名声。

【简论】“毋令独蒙恶声焉”是司马迁写翻案史传的原则。“成则王，败则寇”，这是封建时代一般的世俗浅见。司马迁不以成败论英雄，如项羽之败亡，韩信之遭诛灭，苏秦之蒙恶声……等等，司马迁一一列其行事，翻了世俗浅见之案，才得以留下信史，供千秋评说。

张仪列传赞第十

太史公曰：三晋多权变之士①，夫言从衡强秦者大抵皆三晋之人也②。夫张仪之行事甚于苏秦③，然世恶苏秦者，以其先死，而仪振暴④其短以扶其说，成其衡道。要之，此两人真倾危之士哉⑤！

【注释】①三晋：韩、赵、魏三国由晋分出，史称三晋，包括今山西、河南、河北西南部之地。　②张仪之行事：张仪诈楚怀王绝齐亲秦，入关受欺，其所行权谋超过了苏秦。　③从衡强秦：用连横计增强秦国。这里“从衡”为偏义复词，重在“衡”字。南北为纵，东西为衡，所以东方六国联合叫合纵，与秦和亲叫连衡。从，读“纵”；衡，同“横”。　④振暴：振，宣扬。暴，揭露。⑤倾危：险诈。

【译文】太史公说：擅长权谋变化的人多出在三晋，用纵横之术游说以强秦的人大略都出自三晋。张仪所行的权谋诈术超过了苏秦，然而世人都憎恨苏秦，这是因为苏秦先死，张仪宣扬和揭露合纵的短处来辅助自己的连横主张，以成就连横的事业。总之，这两个人都是货真价实的险诈的人啊！

【简论】此赞可为苏秦传赞“毋令独蒙恶声焉”作注脚，两赞应合观，以见司马迁作翻案文章的立场。

樗里子甘茂列传赞第十一

太史公曰：樗里子以骨肉重①，固其理，而秦人称其智，故颇采焉。甘茂起下蔡闾阎②，显名诸侯，重强齐、楚。甘罗年少③，然出一奇计，声称后世。虽非笃行之君子，然亦战国之策士也。方秦之强时，天下尤趋谋诈哉。

【注释】①樗里子：秦惠王异母弟，名疾，居渭南樗里，号樗里子。秦武王时，樗里子与甘茂并相，伐魏、赵、楚有功，又滑稽多智，秦人称为“智囊”，为谚曰：“力则任鄙，智则樗里。” ②甘茂：楚下蔡人，为秦武王左相，曾攻拔韩宜阳，打通了秦下洛阳吞周的道路。后被谗惧诛，逃奔齐国为上卿，使于楚，卒于魏。 ③甘罗：甘茂之孙，十二岁时事秦王（始皇）相吕不韦，为庶子。当时秦迫使燕联合欲攻赵。甘罗出使赵国，说赵襄王割五城与秦联合攻燕，赵得燕上谷三十城，分十一城与秦。秦王以甘罗为上卿。

【译文】太史公说：樗里子因为是秦王的兄弟得到尊贵，这本是常情，但秦人称赞他的智慧，所以很值得记载。甘茂出生在下蔡乡间，扬名诸侯，为强大的齐国、楚国所尊重。甘罗年仅十二岁，就能献奇计，留名后世。虽然他不是一个厚重君子，可也算得上是战国时代的奇谋之士。当秦国趋于强大之时，天下更是盛行谋诈之术啊！

【简论】《韩非子·五蠹》篇说：“故治强易为谋，弱乱难为计。”同样一个策谋，秦国施行起来，得心应手，而弱小的燕国就行不通。秦王逼迫燕与秦联合攻赵，造成声势，然后甘罗使赵，说赵亲秦攻燕。这明明是迫使东方六国自相攻伐，秦人坐收渔人之利的诈谋，但由于秦强，燕、赵不得不听任秦的摆布。所以甘罗十二使赵，赵襄王亲自郊迎，也就不难理解了。

穰侯列传赞第十二

太史公曰：穰侯①，昭王亲舅也。而秦所以东益地，弱诸侯，尝称帝于天下②，天下皆西乡稽首者③，穰侯之功也。及其贵极富溢，一夫开说④，身折势夺而以忧死，况于羁旅之臣乎⑤！

【注释】①穰侯：秦昭王母宣太后异父弟，名魏冉。昭王即位年少，宣太后听政，实权操魏冉之手。魏冉为相，任用白起为将，先后攻伐韩、魏、齐、楚，使秦日益扩大，蚕食诸侯。魏冉功大，封于穰，益封陶，称穰侯。　②尝称帝：公元前288年，秦昭王、齐闵王争为帝，秦称西帝，齐称东帝。不久齐去帝号，秦亦被迫取消，故云“尝称帝”。　③稽首：叩头，这里喻臣服，此夸张之词。　④一夫开说：指范雎游说秦昭王，谓魏冉擅权，秦昭王免魏冉相，使就封邑，死于陶。　⑤羁旅之臣：指仅仅依靠游说取卿相的人臣，如范雎，蔡泽等。羁旅，在外做客。

【译文】太史公说：穰侯魏冉是秦昭王的亲舅舅。秦昭王之所以能够向东扩展地盘，削弱诸侯，曾经称帝于天下，天下诸侯都西向朝秦，这要归功于穰侯。等到他富贵达到顶点的时候，只须一人游说，地位和权势就被剥夺而忧愁死了，何况那些仅仅靠游说取得卿相的臣子呢！

白起王翦列传赞第十三

太史公曰：鄙语云：“尺有所短，寸有所长。”①白起料敌合变②，出奇无穷，声振天下，然不能救患于应侯③。王翦为秦将④，夷六国⑤，当是时，翦为宿将⑥，始皇师之，然不能辅秦建德，固其根本⑦，偷合取容，以至圽身⑧。及孙王离为项羽所虏⑨，不亦宜乎！彼各有所短也。

【注释】①尺有所短，寸有所长：尺和寸是量度长短的标准器具。尺比寸长，但在实际运用中，有时用尺作标准显得短，有时用寸作标准显得长。这是古代谚语，喻白起、王翦之智各有长短。 ②白起：战国时著名秦将，昭王时代封武安君，凡战胜攻取七十余城，破赵长平军四十余万，名震诸侯。合变：随机应变。 ③不能救患于应侯：应侯，即秦昭王相范雎。长平之战后，白起欲乘胜攻赵邯郸，应侯忌白起功高，罢兵。然后改用王陵为将攻赵邯郸，但赵已作好了应敌准备，王陵无功。应侯重新起用白起，白起恨应侯而不接受任命，被秦昭王赐死杜邮。 ④王翦：秦始皇时著名秦将。王翦与其子王贲，在辅助秦始皇统一六国的战争中立有大功，除韩外，其余五国均为王翦父子所灭。 ⑤夷：铲平，铲除。 ⑥宿将：旧将，元老。 ⑦固其根本：指王翦只阿顺始皇兴功征伐，而不能引导其施行仁义，长保天下。根本，喻施仁义。 ⑧圽（mò）身：没身。⑨王离：王翦之孙，王贲之子，与蒙恬守北方。公元前207年，秦二世命王离率北方军与章邯军共攻赵，围巨鹿。项羽救赵，破秦军，俘虏了王离。

【译文】太史公说：俗话说“尺有时候嫌短，寸有时候嫌长。”白起量度敌人，随机应变，出奇制胜，变化无穷，名震天下。但不能阻止应侯设置的灾祸。王翦为秦大将，铲平六国，在当时，他是一个元老旧将，秦始皇把他作为老师，但他不能辅助秦始皇建立德义，巩固根本，苟且偷生，求容人主，就这样直到老死。到了他的孙子王离被项羽俘虏，不也是应当的吗？他们各有自己的短处啊。

【简论】“尺有所短，寸有所长”，语出《楚辞·卜居》。屈原忠而见疑，求问龟卜，詹尹回答说：“夫尺有所短，寸有所长；物有所不足，智有所不明，……龟策诚不能知此事。”意思是说，作为标准的尺寸，有时不能作为标准，用以比喻龟卜虽是替人决疑的，但有时不能决疑。司马迁引此，另翻新意，有两层意义：一是说明“物有所不足，智有所不明”，指出白起、王翦有过人之才，替秦打下天下，却不能替秦守天下，甚至连自己也保全不了，是“智有所不明”，深为叹息；二是，善者应得善报，恶者应得恶报，这是天经地义的。所以白起坑杀赵长平军，不免横死，王翦不谏始皇行仁义，其孙受殃，这都是应当的。这些评论表现了司马迁的反暴政思想。

孟子荀卿列传序第十四

太史公曰：余读《孟子书》[1]，至梁惠王问[2]“何以利吾国”，未尝不废书而叹也。曰：嗟乎，利诚乱之始也！夫子罕言利者[3]，常防其原也[4]。故曰：“放于利而行，多怨。”[5]自天子至于庶人，好利之毙何以异哉！

【注释】①《孟子书》：即《孟子》七篇。　②梁惠王问：见《孟子》第一篇《梁惠王上》第一章。梁惠王，即魏惠王，名䓨，谥为惠。公元前362年，魏惠王避秦人兵锋，从安邑迁都大梁，故史称梁惠王。　③夫子罕言利：夫子，指孔子。语出《论语·子罕》第一章：“子罕言利，与命与仁。”　④常：长远。⑤故曰二句：见《论语·里仁》第十二章。

【译文】太史公说：我读《孟子书》，读到梁惠王问“怎样才对我的国家有利”时，就情不自禁地放下书本而叹息说：啊，求利真是祸乱的根本！孔夫子很少讲利，就是为了提防这个万恶之源。所以说：“事事只依据利益而行动，会招致很多的怨恨。”从天子到一般老百姓，只要好利，都要受害。

【简论】《孟子荀卿列传》实际是用合传标题写的一篇先秦诸子类传。附齐三邹子：邹忌、邹衍、邹奭，又附齐稷下学者淳于髡、慎到、田骈、接子、环渊，又附公孙龙、李悝、尸子、长卢子、吁子、墨子，共十四人。以孟荀标题是为了突出两位儒家大师，序中更集中评价孟子，与孔子并论。将孔孟并提，在学术史上，司马迁是第一人。

孟尝君列传赞第十五

太史公曰：吾尝过薛[1]，其俗闾里率多暴桀子弟[2]，与邹、鲁殊[3]。问其故，曰："孟尝君招致天下任侠[4]、奸人入薛中盖六万余家矣[5]。"世之传孟尝君好客自喜，名不虚矣！

【注释】①薛：孟尝君父亲田婴的封邑，秦置县，故治在今山东滕县东南四十四里。 ②率多：很大的比例，即相当多。 ③邹、鲁：春秋时国名，沿用成为地区名，指山东邹县、曲阜一带。邹是孟子的生地，曲阜是孔子的故乡。这两地儒学发达，人们彬彬有礼。 ④任侠：互相信任，是非相同，即义气相投，重然诺，以力助人。 ⑤奸人：作奸犯法的人。

【译文】太史公说：我曾经到过薛，那个地方的风俗习惯很粗野，到处都有脾气暴躁的青年人，和邹、鲁之人谦逊的风度很不一样。询问它的缘故，人们说："孟尝君招致了各国的游侠和亡命之徒到薛地来安家落户的有六万多家。"世间传说孟尝君爱好宾客而自我陶醉，的确是名不虚传啊！

平原君虞卿列传赞第十六

太史公曰：平原君[1]，翩翩浊世之佳公子也[2]，然未睹大体。鄙语曰"利令智昏"，平原君贪冯亭邪说[3]，使赵陷长平兵四十余万众，邯郸几亡[4]。虞卿料事揣情[5]，为赵画策，何其工也[6]！及不忍魏齐[7]，卒困于大梁[8]，庸夫且知其不可，况贤人乎[9]！然虞卿非穷愁[10]，亦不能著书以自见于后世云[11]。

【注释】①平原君：赵胜，战国四公子之一，赵惠文王之弟，封于平原，号平原君。平原，邑名，汉置县，故治在今山东平原县南二十五里。 ②翩翩：鸟飞轻飘的样子，喻平原君做事如鸟之高飞，超脱于浊世的纨袴子弟之上。浊世：混浊世界，乱世。 ③冯亭邪说：冯亭为韩上党守。公元前262年，秦将白起伐韩，拔野王（今河南泌阳县），切断上党交通。冯亭献地于赵，平原君贪利，劝说赵孝成王接受冯亭献地，秦国于是移兵攻赵，爆发了长平之战。公元前260年，赵军四十余万在长平全军覆没。 ④邯郸几亡：长平战后，公元前259年秦军围赵邯郸，至公元前257年魏信陵君率兵救赵，秦军才解围而去，赵国差点亡国。 ⑤虞卿：主张合纵抗秦的游说之士，为赵孝成王上卿。⑥工：周全，周到。 ⑦魏齐：魏之诸公子。事详《史记》卷七九《范雎蔡泽列传》。 ⑧困：指虞卿智计穷尽，眼见魏齐自杀，无法解救。 ⑨庸夫句：

这句是说虞卿解救魏齐，以一个匹夫与大国强秦相抗是不明智的，与他为赵谋划“何其工也”形成鲜明对照。　⑩穷愁：指虞卿救魏齐不得意，精神受打击，不是指仕途穷愁。　⑪著书：虞卿所著《虞氏春秋》八篇，是一部讲历史兴亡的书，汉以后佚亡。

【译文】太史公说：平原君是一个在乱世中轻飘高举的贤德公子，但是不识大体。俗话说“贪利可以使人神智昏聩”，平原君贪图冯亭献地之利，使赵国在长平覆没了四十多万大军，邯郸也差点儿陷落。虞卿预料时局，揣摩形势，替赵国出谋献策，是多么的周全。当他不忍心眼看着魏齐去死，因而奔走相救时，终于在大梁碰了壁。平常人尚且知道不能这样做，何况贤能的人呢！但是虞卿要不是遭遇穷困烦愁，也是不可能著书立说垂名于后世的。

【简论】司马迁隐忍苟合以发愤著书，故引虞卿以自况。“庸夫且知其不可，况贤人乎”，对于为赵策划“何其工也”的虞卿来说，是知其不可而为之的长者，故司马迁不是批评，而是动情地赞颂。

魏公子列传赞第十七

太史公曰：吾过大梁之墟，求问其所谓夷门①。夷门者，城之东门也。天下诸公子亦有喜士者矣②，然信陵君之接岩穴隐者③，不耻下交④，有以也。名冠诸侯，不虚耳。高祖每过之而令民奉祠不绝也⑤。

【注释】①夷门：替魏公子策划夺符的侯嬴是夷门的监守，故司马迁访夷门。②诸公子：指战国四公子，齐孟尝君、赵平原君、楚春申君、魏信陵君。　③信陵君：魏国第五代国君魏昭王少子，史称魏公子，名无忌，封于宁陵而号信陵君，在战国四公子中最有贤名。岩穴：深山洞穴，喻隐者深藏。　④不耻下交：指魏公子与夷门监侯嬴、屠者朱亥、博徒毛公、卖浆者薛公等地位卑下的人交往，不以为耻。　⑤高祖句：高祖十二年（前195年）下令为信陵君置守冢五家，四时祭祀。高祖的这一活动表示他尊贤礼士，但也说明信陵君对后世的影响。

【译文】太史公说：我经过大梁旧城的时候，察访了夷门是什么地方，原来夷门就是东门。天下很有几个好客的公子，但只有信陵君特别能和那些埋名隐姓的人来往，能够放下架子和地位卑贱的人相交，的确是这样的啊。信陵君的名声超过诸侯，并不是虚夸。汉高祖每次经过都要去祭奠，还下令置守冢民五家，让香火不要断绝。

【简论】齐孟尝君田文，赵平原君赵胜，魏信陵君无忌，楚春申君黄歇，以养士著名，各有食客三千，史称“战国四公子”。司马迁为四公子各立专传，以类相从，蝉联并编为一组，用以反映战国之世各国招揽人才，进行政治斗争的一个历史侧面。四公子中信陵君最贤，特以“魏公子”名篇，传中凡称“公子”一百四十七，用以示例信陵君特高出于诸公子，表现了作者无限神往的敬佩之情。后世读者习惯上也以封爵称魏公子传为“信陵君列传”。

《魏公子列传》以“客”作眼，通篇以客起，以客结，前后照应，连环无端。传中所叙之客，如侯生，如朱亥，如毛公、薛公都是社会底层的非凡人物，用以衬映魏公子之贤。《太史公自序》云：“能以富贵下贫贱，贤能诎于不肖，唯信陵君为能之，作《魏公子列传》第十七。”可见本篇的主旨是颂扬魏公子的礼贤下士和急人之难的高尚品德。信陵君礼贤以国事为重，故司马迁以满腔的热情歌颂他，精心塑造了魏公子以一人之身系国家安危的动人形象。赞论用实地调查来证明，引人回味，更加突出了魏公子的形象。

春申君列传赞第十八

太史公曰：吾适楚，观春申君故城①，宫室盛矣哉！初，春申君之说秦昭王②，及出身遣楚太子归，何其智之明也③！后制于李园④，旄矣⑤。语曰："当断不断，反受其乱。"春申君失朱英之谓邪⑥？

【注释】①春申君：即黄歇，楚人，战国四公子之一，有辩才，相楚考烈王二十余年，号为春申君。所居故城即今江苏苏州。　②春申君之说秦昭王：楚顷襄王二十六年（公元前273年），秦将白起攻楚。当时黄歇正奉使于秦，上书秦昭王，使秦停止了攻楚。　③出身遣楚太子归：出，指奉使秦国。春申君奉楚太子完为质于秦，秦留之数年不得归。春申君不顾个人安危，用计私遣楚太子归国即位，是为考烈王。　④李园：赵人，春申君门客。他是一个阴狠毒辣的政治投机家，春申君贪图长保富贵，中了李园的奸计而遭杀害。　⑤旄：通"耄"，昏乱的意思。　⑥朱英：春申君的门客，他劝春申君诛除李园，春申君不听，半月之后即为李园所害。

【译文】太史公说：我到楚地去考察，参观了春申君的故城，宫室殿宇的建筑十分富丽堂皇。当初，春申君上书谏秦昭王止伐楚，以及挺身而出掩护楚太子归国，那时他的智慧是多么高明！后来受李园控制，糊涂到了极点。俗话说："该作决定的时候不果断，反过来就要遭受祸患。"春申君不用朱英的计谋，正是这样的。

【简论】读《春申君列传》应与《穰侯列传》等篇参互并观，寓意深远。秦国不断地引进人才，将相不居功自傲，能者在位，不贤者退，因而国富兵强。魏冉之升降，范雎、蔡泽之去留，从表面上看似乎是秦王寡恩，不念旧德，实质是秦国不断更新人才以争逐天下。东方诸侯，世卿世禄旧制度的积习很深，亲旧勋臣，持权固宠，贪位抑贤，政治日非。春申君壮时英明果决，及至晚年昏聩糊涂，自身不保。本赞借春申君的际遇和悲剧结局所提出的深刻历史问题，至今读来，尤可令人掩卷长叹！

范雎蔡泽列传赞第十九

太史公曰：韩子称①"长袖善舞，多钱善贾"，信哉是言也！范雎[2]、蔡泽世所谓一切辩士[3]，然游说诸侯至白首无所遇者[4]，非计策之拙，所为说力少也[5]。及二人羁旅入秦[6]，继踵取卿相[7]，垂功于天下者[8]，固强弱之势异也[9]。然士亦有偶合[10]，贤者多如此二子，不得尽意，岂可胜道哉[11]！然二子不困厄，恶能激乎？

【注释】①韩子称两句：引语见《韩非子·五蠹》，是先秦时的民谚，喻做事成功要有凭借。　②范雎：魏人，字叔，秦昭王用以为相。　③蔡泽：燕人，游说韩、赵、魏皆不遇，入秦说秦昭王竟取代范雎为相。一切辩士：一世辩士，即出类拔萃的辩士。　④遇：相知，受器重。　⑤所为说力少也：帮助游说成功的因素太少了，即凭借少，与上文长袖多钱之谚语相照应。　⑥羁旅入秦：离开本国故乡到秦国去作客。　⑦继踵取卿相：指范、蔡二人相继取得卿相之位。　⑧垂功：立功留名。　⑨固强弱之势异也：原因是凭藉的强弱之势不同，效果就不一样。《韩非子·五蠹》篇说，政治稳定而强盛的国家，容易实现谋略；政治动乱而弱小的国家，再好的计谋也难以实现。　⑩偶合：指游说者碰到的机会。　⑪胜道：一一统计。

【译文】太史公说：韩非子说“袖长的人善于舞蹈，本钱多的人善于做生意”，这话真对啊。范雎、蔡泽是当世出类拔萃的辩士，但是他们游说诸侯直到头发白了也没有遇到相知，不是智谋不善，而是有助于游说成功的因素太少了。后来他们二人旅居秦国，却相继取得了卿相，成名于天下，其原因在于凭藉的强弱之势不同，所以，效果就不一样。但是士人也必须碰机会。天下像范、蔡那样由于没有碰到机会，因而不能发挥才干的人，哪能说得完呢！可是范、蔡二人若不是遭遇困难的磨炼，怎能激励奋发呢！

【简论】战国之世，各国之间战争频仍，政治和军事形势错综复杂。在这种形势下，造就了一大批反应敏锐，思想活跃的谋臣策士。范雎、蔡泽两人就是杰出的代表。

范雎本是魏国人，受中大夫须贾的诬陷，被魏相魏齐笞打折胁，装死才得逃脱。范雎不得已入事秦昭王，外建远交近攻之策，内除穰侯尊主之权，推动秦国向东方发展，对秦朝的统一事业作出了重大贡献。蔡泽原是燕国人，虽多次游说诸侯，均未得志。最后入秦取相，向秦昭王献攻取三川之策，夺取了东周洛阳以西地方。

范蔡二人在东方六国白首无所遇，而西入秦相继取相，建功立名。司马迁特为之立传，说明秦雄诸侯的原因，表彰策士的功绩，具有卓越的史识。

范蔡二人都是司马迁所肯定的历史人物。《太史公自序》云："能忍诟于魏齐，而信威于强秦，推贤让位，二子有之。作《范雎蔡泽列传》第十九。"范蔡二人都是能屈能伸的大丈夫，他们不因受困而丧志，反因忍辱而激发，功成身退而推贤，司马迁特别赞美他们的这些品德，寄意深远。

乐毅列传赞第二十

太史公曰：始齐之蒯通[①]及主父偃[②]读乐毅之《报燕王书》[③]，未尝不废书而泣也[④]。乐臣公学黄帝[⑤]、老子，其本师号曰河上丈人[⑥]，不知其所出。河上丈人教安期生[⑦]，安期生教毛翕公[⑧]，毛翕公教乐瑕公，乐瑕公教乐臣公，乐臣公教盖公，盖公教于齐高密、胶西，为曹相国师[⑨]。

【注释】①蒯通：秦汉间著名辩士，楚汉相争时为韩信宾客。他本是燕人，因游学于齐，故称齐人。 ②主父偃：见后《平津侯主父列传赞》注。 ③乐毅之《报燕王书》：乐毅，赵人，战国时著名军事家，他辅佐燕昭王报强齐伐燕之仇，于公元前284年大破齐军，下齐七十余城，齐几乎亡国。燕昭王死后，燕惠王即位，中了齐田单的反间计，使骑劫代乐毅为将，乐毅逃奔到赵国。田单反攻骑劫，击退燕军，尽复齐地。燕惠王后悔，为书召乐毅，乐毅写了著名的《报燕王书》。 ④废书而泣，乐毅《报燕王书》中表达了自己对燕昭王的忠心和对燕惠王信谗忌才的幽怨。这里司马迁寄予了无限的同情，在传中全录了这封信。 ⑤乐臣公：秦汉间人，乐毅之后裔。 ⑥河上丈人：战国末时人，不知其姓字，在齐传黄老之学。 ⑦安期生：秦琅邪人，人称千岁公。 ⑧毛翕公：不详。 ⑨曹相国：即汉相国曹参。

【译文】太史公说：先前齐人蒯通和主父偃读乐毅《报燕王

书》，禁不住掩卷而泣。乐臣公学黄老之学，最早的老师号河上丈人，不知是哪里人氏。河上丈人教安期生，安期生教毛翕公，毛翕公教乐瑕公，乐瑕公教乐臣公，乐臣公教盖公，盖公在齐高密、胶西传授，为曹相国的老师。

【简论】曹参是汉初执行无为政治的重要人物。这里载述他的师承和学术渊源，表明道家学说系统的悠久和道家人物积极用世而又进退自如的精神。

廉颇蔺相如列传赞第二十一

太史公曰：知死必勇[①]，非死者难也，处死者难。方蔺相如引璧睨柱，及叱秦王左右[②]，势不过诛，然士或怯懦而不敢发[③]。相如一奋其气，威信敌国[④]，退而让颇[⑤]，名重泰山，其处智勇，可谓兼之矣？

【注释】①知死必勇：古代成语，司马迁用以赞扬蔺相如。　②方蔺相如二句：蔺相如，战国时赵相。他奉使秦国以和氏璧易秦十五城。秦昭王接见蔺相如，把玩和氏璧，无意给赵城。蔺相如诡称和氏璧有瑕，从秦昭王手中取回和氏璧，怒目向柱表示以死护璧，秦昭王不敢逼。蔺相如终于完璧归赵。明年，秦昭王与赵惠文王会于渑池，秦王欲辱赵王，使赵王鼓瑟。蔺相如呵斥秦王左右，强请秦王击缶，秦王始终不能占上风。赵王以蔺相如为能，拜上卿，位在廉颇之右。　③发：奋发正义之气。　④信：读“伸”。　⑤退而让颇：赵大将廉颇对蔺相如地位在自己之上不服，扬言与蔺相如决斗。蔺相如多次退让，终于使廉颇感动，两人成为知心朋友。将相和，秦国不敢侵赵。

【译文】太史公说：知道怎样为正义而牺牲的人，一定是勇敢的。勇敢的人是不怕死的，但在什么样情况下去死却是很难处理的。当蔺相如举起和氏璧斜视着庭柱的时候，以及在渑池会上呵斥秦王左右之时，至多不过一死罢了，但是一般的士人却往往胆怯而不敢奋发正义之气。蔺相如发扬正气，声威敌国却谦逊地对廉颇作了退让，名誉比泰山还要高还要重，他善于运用自己的智慧和勇气，真是一个智勇双全的人。

【简论】《廉颇蔺相如列传》是赵国四大忠臣良将蔺相如、廉颇、赵奢、李牧的合传，赵括附见。司马迁为了突出廉蔺交欢，将相和而赵国强这一爱国主义思想，所以只用廉蔺标题，赵、李均为附传。

秦兵东出，三晋当其冲要。战国时期的许多大战役都在韩、魏、赵境内进行。传文记载的阏与之战、长平之战都不是单纯的秦赵之战，它关系着六国的安危。战国后期，东方六国日益削弱，争相与秦连横。在这样的局势下，赵国相继涌现出来廉、蔺、赵、李等一大批忠臣良将，他们团结一致，尽心报国，使赵国一度盛强，成为东方诸侯阻挡秦兵东进的屏障。宦者令缪贤、军士许历、赵括都表现了忠义之心。赵惠文王、孝成王、悼襄王都是平庸之主，一代不如一代，故廉、蔺、赵、李的际遇如江河日下，一天不如一天，赵国也就日渐衰落。赵王迁，末主，"素无行"（《赵世家赞》），以庶代嫡，亲佞臣，诛李牧，加速了赵国的灭亡。《太史公自序》云："国有贤相良将，民之师表也。"这一思想在本传中得到了集中的反映。老将廉颇历仕赵惠文王、孝成王、悼襄王三朝，他的荣辱升降紧紧地与赵国的盛衰相连接。所以廉颇传的内容分散在全篇，贯通首尾，成为一条鲜明地反映主题思想的红线。篇末赞语集中颂扬蔺相如的智勇、才干和品德，照映"完璧归赵"、"将相和"、"负荆请罪"等故事情节，升华了全传的主题，突出了爱国主义思想。这些故事也就成了千古传颂的佳话。

孔孟提倡"杀身成仁"，"舍生取义"，司马迁认为并非难事。因为"知死必勇"，轻于鸿毛之死并不能成仁，也不能取义。本赞提出如何"处死"才是大智大勇的表现，这一观点颇谬于圣人之是非，很富有哲理性。《季布栾布列传赞》称扬季布"贤者诚重其死"，褒美栾布"彼诚知所处，不自重其死"，一正一反，与此相发明。两赞并观，更觉韵味无穷。

田单列传赞第二十二

太史公曰：兵以正合，以奇胜①。善之者，出奇无穷。奇正还相生②，如环之无端③。夫始如处女，适人开户④；后如脱兔，适不及距⑤：其田单之谓邪⑥！

初⑦，淖齿之杀湣王也⑧，莒人求湣王子法章⑨，得之太史嬓之家⑩，为人灌园。嬓女怜而善遇之。后法章私以情告女，女遂与通。及莒人共立法章为齐王，以莒距燕，而太史氏女遂为后，所谓"君王后"也。

燕之初入齐，闻画邑人王蠋贤⑪，令军中曰："环画邑三十里无入"，以王蠋之故。已而使人谓蠋曰："齐人多高子之义，吾以子为将，封子万家。"蠋固谢。燕人曰："子不听，吾引三军而屠画邑⑫。"王蠋曰："忠臣不事二君，贞女不更二夫。齐王不听吾谏，故退而耕于野。国既破亡，吾不能存；今又劫之以兵为君将⑬，是助桀为暴也⑭。与其生而无义，固不如烹⑮！"遂经其颈于树枝⑯，自奋绝脰而死⑰。齐亡大夫闻之，曰："王蠋，布衣也，义不北面于燕，况在位食禄者乎！"乃相聚如莒，求诸子⑱，立为襄王。

【注释】①正合奇胜：用正兵挡敌，奇兵取胜。正奇是古代用兵的军事术语。按一般原则对阵交锋为正，依据具体情况用计破敌为奇。　②奇正还相生：正奇回环相应，互相转化。　③环：圆环。以上诸句引自《孙子·势篇》，文字略有变化。　④始如处女，适人开户：用兵之始要示敌以弱，犹如处女之卑怯，使敌人麻痹存轻视之心，可以敞开门户，松弛戒备。适，通"敌"。　⑤后如脱兔，适不及拒：示敌以弱之后，抓住战机，像脱网之兔那样狂奔急驰，突击敌人，使敌来不及防御。按，田单用反间计，使燕人割齐降卒之鼻，掘齐人城外之冢以示弱于敌，而实激怒齐卒奋战，然后看准时机用火牛阵冲杀燕军，如脱兔之迅猛。距，通"拒"，抵挡。按，"始如处女"四句出自《孙子·九地篇》。　⑥田单：战国齐襄王时大破燕军、复兴齐国的著名良将。　⑦初：当初，追叙之辞。　⑧淖齿之杀闵王：淖齿，楚将，将兵救齐，因相齐闵王，而与燕通谋弑闵王于莒，瓜分了齐地。闵王，名地，公元前 301 年至前 284 年在位，因恃强四出攻战，又与秦争立为帝，激起了六国的联合进攻，齐国几亡，闵王亦丧身。⑨莒：本西周莒国，战国时为齐所灭，汉置县，即今山东莒县。闵王及太子退保于此。　⑩太史嬓（jiǎo 缴）：人名。淖齿弑闵王，太子法章变姓名为太史嬓灌园。　⑪画邑：在临淄西北三十里，因澅水得名。　⑫三军：全军。⑬劫之以兵：用武力威胁。　⑭助桀为暴：喻以恶济恶。这是古代成语，后世用"助纣为虐"取代了这一成语，沿用至今。　⑮烹：古代的一种酷刑，把人活活煮死。　⑯经：缠缚，上吊。　⑰绝脰：扭断脖子。脰（dòu 豆），脖子。⑱求诸子：访求湣王的几个儿子，得法章。崔适谓，"诸子"是"其子"之误。

【译文】太史公说：用兵作战总是用"正"兵挡敌，用"奇"兵取胜。善于用"奇"的将帅，所出奇计无穷无尽。"奇"、"正"相互转化，就像圆环一样，无始无终，找不到它的端点。与敌人对阵，开始时要像处女一样怯弱，使敌人放松戒备，然后要像脱网奔逃的狡兔一样突然行动，使敌人来不及抵抗，这话正像是对田单说的。

当初，淖齿杀了齐闵王，莒城人访求闵王的儿子法章，在太史嬓家中找到了他，他在这里灌园。太史嬓的女儿怜爱法章而待他很好。后来法章就暗暗地把实情告诉了太史嬓的女儿，太史嬓女遂与他私通。等到莒城人民一致拥立法章为齐王，坚守莒城对抗燕人，而太史嬓的女儿也被立为王后，称"君王后"。

当燕军刚攻入齐国的时候，听说画邑人王蠋很有才干，下了一道军令："军队不能进入画邑周围三十里的地方"，这是为了保护王蠋的缘故。不久燕军派人对王蠋说："齐国人民大多敬仰您的德义，我们燕人用您为将，封您一万家。"王蠋坚决推辞，不肯接受。燕人说："您如果不肯接受，我就要率领大军来屠平画邑。"王蠋说："忠臣不事奉两个君王，贞洁的女子不改嫁第二个男子。齐王不听从我的劝谏，所以我回到乡间耕作。国家已经灭亡了，我没有能力来保护她；现在又用武力来威胁我替你们为将，这是帮助桀王肆虐。与其活着干这不义的事，还不如被你们烹杀的好。"于是他把自己的脖子缠在树枝上，自己用力挣扎，扭断了脖子而死。齐国逃散在外的士大夫知道了王蠋殉国的事，互相奔走说："王蠋是一个老百姓，尚能守节不屈，何况我们这些有俸禄的人呢！”于是大家相约聚集到了莒城，访求到了湣王的儿子，拥立他为襄王。

【简论】“兵以正合，以奇胜”，这是司马迁所写《田单列传》的关键。齐人败逃，田单以铁笼车轴得脱，说明他处事之“奇”，善用智术。田单拜将，先用反间计使燕去乐毅。然后遗食米以集飞鸟，拜神师，最后出奇制胜，以火牛陷阵，大破燕军于即墨，光复了齐国。通篇写一“奇”字，表现司马迁的兵略思想，即用兵打仗，要慎择良将，以计取，以奇胜。

田单破燕复齐，的确是建立了惊天动地的伟业。他的智慧远见和用计破敌，完全符合孙子兵法，司马迁作了高度的评价。毫无疑问，田单是一员良将，司马迁为他立了专传，对他多谋善断，巧用奇兵的军事才能和卓越的历史功勋作了简洁生动的叙述。但是田单在战国时代还算不上是第一流的军事家和将领，破燕以后无甚作为。所以司马迁在赞中补入了太史女嫩和王蠋二人的爱国言行来衬托田单用奇，深化文章主题。太史嫩女，奇女，她私通法章表现了齐国人民对故国故君的思念和抗敌信心。王蠋，奇士，他引义殉难所激起的巨大反响，唤起了齐国人民同仇敌忾的爱国主义精神。奇女、奇士，两人行事反映了田单领导的抗燕斗争是正义的，得到了齐国人民的精诚拥护，这就是田单施展奇谋智计的基础。司马迁不把二人事迹附入传中，而载于赞中，引人注目，是有意的匠心安排。

鲁仲连邹阳列传赞第二十三

太史公曰：鲁连其指意虽不合大义①，然余多其在布衣之位，荡然肆志②，不诎于诸侯③，谈说于当世，折卿相之权④。邹阳辞虽不逊⑤，然其比物连类⑥，有足悲者，亦可谓抗直不桡矣⑦，吾是以附之列传焉。

【注释】①鲁连：鲁仲连之省称，齐人，一生不做官，好为人排难解纷。他游赵，反对尊秦为帝，坚定了赵魏抗秦的决心。他功成不居，辞平原君终身不见。指意不合大义：指鲁连逃封让爵，不居官理民，有违儒家“不仕无义”之旨。　②荡然肆志：田单攻下聊城后，想用封爵报赏鲁连，鲁连说：“吾与富贵而诎于人，宁贫贱而轻世肆志焉。”于是逃到海上隐匿起来。荡然，指自由自在生活，看轻尘世的权势。肆志，放志，随心所欲。　③诎：同“屈”。　④折卿相之权：挫抑卿相的权势，指折服辛垣衍，拒绝平原君、田单之厚赏和封赐等事。　⑤邹阳：西汉初齐人，辞赋家。他为梁孝王门客，智略超群而慷慨不苟合，被梁孝王的宠臣羊胜、公孙诡谗害下狱。梁孝王要杀他，他在狱中写了一封《狱中上梁王书》，批评梁孝王信谗疑忠，梁孝王看信后，立即释放了他，待为上宾。辞虽不逊：指对梁孝王的批评。　⑥比物连类：用相近之物互相比较。　⑦抗直：刚直不屈。桡：屈。

【译文】太史公说：鲁连逃封让爵，不肯居官理民虽然不合大义，但是我十分赞赏他。他作为一个普通老百姓，却能随心所欲，不屈身受制于诸侯，为伸张正义而谈说于当世，挫抑卿相的权势。邹阳的狱中书虽然不恭顺，但书中列举的同类历史人物的遭遇，足以使人痛惜。他也可以说是一个刚直不屈的人，我因此把他附在鲁连列传之后。

【简论】《鲁仲连邹阳列传》与下篇《屈原贾生列传》两篇均为合传。这两篇是表彰品德高尚，以言论德行留照人间的人物，以战国之世的鲁仲连、屈原为代表，连类下及汉代的邹阳、贾谊。《史记》七十列传中有二十五篇合传，均连类相及，这是司马迁运用比较法研究历史的思想反映，故于此示例云：“吾是以附之列传焉。”

屈原贾生列传赞第二十四

太史公曰：余读《离骚》、《天问》、《招魂》、《哀郢》[①]，悲其志。适长沙[②]，观屈原所自沉渊，未尝不垂涕，想见其为人[③]。及见贾生吊之[④]，又怪屈原以彼其材，游诸侯，何国不容，而自令若是⑤。读《服鸟赋》⑥，同死生⑦，轻去就⑧，又爽然自失矣⑨。

【注释】①《离骚》、《天问》、《招魂》、《哀郢》：均屈原的代表作。屈原作品保存到今天的共有二十三篇，计《离骚》一篇，《九歌》十一篇，《九章》九篇，《招魂》一篇，《天问》一篇。汉人王逸编注的《楚辞》收屈赋二十五篇，多《卜居》、《渔父》两篇，据考证这两篇系伪托。《招魂》也有人认为是宋玉所作。　②适：往。　③想见其为人：想象屈原的为人。　④贾生吊之：贾生，即西汉政论家贾谊。他在汉文帝五年（前175年）过湘水作《吊屈原赋》，借以抒发怀才不遇的愤懑和不平。　⑤又怪屈原句：这是司马迁的设难，表达他对诗人的深厚同情。　⑥《服鸟赋》：服，也写作“鵩”，楚方言把鸮鸮（xiāo 嚣），即猫头鹰叫服鸟，看作是不祥之物，它落在谁家屋顶上，主人就遭不幸。文帝五年（前175年），贾谊被排挤出朝为长沙王太傅，三年后作此赋，借服鸟落在屋上为题，阐述齐生死，等荣辱的老庄厌世思想。　⑦同生死：把死和生等同看待。　⑧轻去就：不患得患失，不以荣辱而改变自己的初衷。去，指政治失意，放逐在外；就，指在朝为官。　⑨爽然自失：爽然，舒适的样子。自失，想通了道理，自觉丢开过去的那些不对的想法。此句与“怪屈原”句相应。

【译文】太史公说：我读了屈原的《离骚》、《天问》、《招魂》、《哀郢》，深深被他的志节所感动。到了长沙，在汨罗江畔看了屈原自沉的地方，想到屈原一生的为人，禁不住悲痛流泪。等到读了贾谊的《吊屈原赋》，又责怪起屈原来，像他那样有才干，如果去游说诸侯，哪个国家不可以容身呢，何必让自己走上自杀这条路。可是读了《服鸟赋》，明白了生和死本来就一样，去和留都无所谓，突然觉得一身轻快，看来我的责怪是错了。

【简论】屈原，战国时的爱国诗人；贾谊，西汉初著名政论家。两人都有高才而怀抱改革壮志，但都不得意，命运相似，司马迁故将二人合传。“爽然自失”的慨叹是作者对不平世道的强烈控诉，表达了对屈、贾的无限崇敬。

吕不韦列传赞第二十五

太史公曰：不韦及嫪毐贵①，封号文信侯②。人之告嫪毐，毐闻之。秦王验左右，未发。上之雍郊[3]，毐恐祸起，乃与党谋，矫太后玺发卒以反蕲年宫[4]。发吏攻毐，毐败亡走，追斩之好畤[5]，遂灭其宗。而吕不韦由此绌矣。孔子之所谓"闻"者[6]，其吕子乎？

【注释】①不韦：战国末阳翟人，为大贾。秦始皇的父亲子楚曾为质于赵。吕不韦献纳有孕之姬于子楚。后子楚为秦庄襄王，以不韦为丞相，封文信侯。庄襄王死后，其子嬴政即位，尊吕不韦为相国，号"仲父"。嫪毐（lào ǎi 涝蔼）：吕不韦舍人。秦王政母为太后，复与不韦通。不韦以毐为假宦官进献太后以自代。太后封毐为长信侯。　②文信侯：此指嫪毐，文信侯当为长信侯之误。③上之雍郊：太后居雍大郑宫，秦王政去察访。上，指秦王政。雍，秦德公都此，后为秦王行宫。在今陕西凤翔县南。　④矫：假传命令。蕲年宫：在雍，秦惠公所筑。秦王政九年（前238年）至雍平嫪毐之乱，居蕲年宫。　⑤好畤：秦文王所筑祭天之祠，在陕西乾县东。　⑥孔子之所谓"闻"者：《论语·颜渊》第二十章："子曰：……夫闻也者，色取仁而行违，居之不疑。在邦必闻，在家必闻。"闻，指骗取名声。

【译文】太史公说：吕不韦提携嫪毐使他尊贵，封为长信侯。有人告发了嫪毐与太后的隐私，嫪毐知道了。秦王查问了手下的知情人，还没有来得及办案。秦王又到雍的行宫去察访，嫪毐害怕祸患发生，于是与同党商议，假传太后命令，发动士卒造反，准备包围秦王居住的蕲年宫。秦王调动官兵攻击嫪毐，嫪毐败亡逃走，追寻到好畤才把他诛杀，于是灭了他的宗族。而吕不韦因事牵连被废黜。孔子说有一种骗取声名的人，吕不韦就是这种人吧。

刺客列传赞第二十六

太史公曰：世言荆轲，其称太子丹之命[1]，"天雨粟，马生角"也[2]，太过[3]。又言荆轲伤秦王，皆非也。始公孙季功、董生与夏无且游[4]，具知其事，为余道之如是[5]。自曹沬至荆轲五人[6]，此其义或成或不成，然其立意较然[7]，不欺其志[8]，名垂后世，岂妄也哉！

【注释】①太子丹：燕王喜之子，为质于秦，秦王政遇之不善，逃亡归燕，使荆轲入秦刺秦王。　②天雨粟，马生角：这就是流传的天助太子丹的故事。太子丹在秦欲归，秦王说：乌鸦的头变成了白色，天上落下米谷，马头上长角，就让你回国。太子丹仰天长叹而三事如愿，秦王不得已，只好让太子丹归国。雨，落下。　③太过：太过分，指天助太子丹的传说太无凭据，不可信。④游：交游。　⑤为余道之如是：指荆轲传中所记载的事实是公孙季功和董生讲的。余，王国维认为是指司马谈，故这一句是司马迁转述父谈语。因荆轲刺秦王在公元前227年，下距司马迁之生公元前145年已八十二年，年齿似不相及。按，设若公孙季功及董生与夏无且为逮及的忘年之交，二人与司马迁亦为相接的忘年之交，司马迁仍有可能从二人游。此当存疑待考。　⑥自曹沫至荆轲五人：《刺客列传》记载的刺客从春秋时的曹沫到战国末年的荆轲共五人，即曹沫、专诸、豫让、聂政、荆轲。　⑦较：通“皎”，洁白。　⑧志：志行，志向，指刺客们所行的义。

【译文】太史公说：当世流传着荆轲的故事，说燕太子丹的命运得天相助，有“天雨粟，马生角”的传说，太不靠谱了。又说荆轲刺伤了秦王，都不对。从前公孙季公和董生与夏无且交游，原原本本知道当时的事，传中记载的就是他们对我讲的情况。从曹沫到荆轲共五人，他们所行的义，有的成功了，有的没有成功，但他们的志向都是一样的洁白，没有辱没自己的理想，名声流传到后世，难道是虚妄的吗？

【简论】春秋战国时代的刺客，用暗杀手段来进行个人冒险，大多出于“士为知己者死”的报恩思想，为某些个人或集团利益卖命，如专诸、豫让、聂政等，在今天看来是不足取的。但是曹沫劫齐桓公退还侵鲁之地，荆轲刺秦王以抗暴，他们并不是为个人报仇，而是为弱者伸张正义，藐视强敌，不惜牺牲一切以实践“不欺其志”的侠义的精神，这是值得肯定的。司马迁笔下的刺客形象，使懦者勇，使弱者奋，绝不是偶然的。所以《刺客列传》历来传诵不绝。

李斯列传赞第二十七

太史公曰：李斯以闾阎历诸侯[①]，入事秦，因以瑕衅[②]，以辅始皇，卒成帝业，斯为三公，可谓尊用矣。斯知六艺之归[③]，不务明政以补主上之缺，持爵禄之重，阿顺苟合[④]，严威酷刑，听高邪说[⑤]，废嫡立庶[⑥]。诸侯已畔，斯乃欲谏争，不亦末乎！人皆以斯极忠而被五刑死[⑦]，察其本，乃与俗议之异。不然，斯之功且与周、召列矣。

【注释】①李斯：楚上蔡（今河南上蔡县西）人，从荀卿学治国之术，精通申、韩法家学说，入秦事秦王，在秦的统一战争和建立中央集权制中做出了贡献。秦王称帝，号始皇，李斯为丞相。二世即位，李斯被赵高所杀。　②瑕（xiá 霞）：玉上的斑点。衅：缝隙。瑕衅，喻有可乘之机。　③六艺之归：六经的旨趣，指仁政学说。　④阿顺苟合：指李斯迎合秦始皇焚书坑儒，推行严刑峻法。　⑤听高邪说：公元前 209 年，秦始皇病故。李斯听信中车府令赵高的阴谋，废了太子扶苏，而立庶子胡亥，导致了赵高专权。　⑥嫡：指太子扶苏。庶：指秦二世胡亥。　⑦五刑：黥、刖、笞、斩首、碎尸。秦法，谋反大逆罪，被族者要遍受五刑。

【译文】太史公说：李斯以一个平民身份游历诸侯，最后到了秦国，趁着秦统一六国的机会，辅佐秦始皇，终于成就了帝业，官至三公，可以说是受到了最尊贵的重用。李斯懂得六经的旨趣，但他不致力于修明政治，用以补救秦始皇的过失，却依恃尊贵的地位，曲意逢迎，推行严刑峻法，听信赵高的邪说，废了太子扶苏，奉立庶子胡亥。诸侯已经反叛，李斯才想起了劝谏，不是太晚了吗！人们都认为李斯竭尽忠诚而遭受五刑，考察其本末，原来与流传的说法很不一样。否则，李斯的功勋将和周朝的周公、召公相提并论。

【简论】《李斯列传》是司马迁所写辅秦人物中的一篇大传，用以反映秦朝兴亡史的一个侧面，并以赵高、秦二世胡亥两人的祸国殃民罪行交织于篇中。李斯、赵高、胡亥三人同恶相济，又相互斗争。司马迁深刻细腻地描述了胡亥的昏庸无道和赵高的阴险毒辣，用以衬托李斯的软弱妥协，把秦王朝统治阶级争权夺利的丑恶内幕揭露得淋漓尽致。

李斯是一个悲剧人物，他有大功于秦，却具五刑而死，遭夷三族，真是悲惨。故世俗为李斯之死鸣不平，称他极忠而死。司马迁不赞同这种论调。他认为李斯之功固然可与周、召并列，但李斯无行。他逢迎秦始皇焚书坑儒，又与赵高合谋废嫡立庶，又阿谀二世行督责，把秦朝推向灭亡的深渊，自己也走上了毁灭的道路，是咎由自取，罪有应得，其死虽惨，固不足惜也！

蒙恬列传赞第二十八

太史公曰：吾适北边，自直道归[①]，行观蒙恬所为秦筑长城亭障[②]，堑山堙谷，通直道，固轻百姓力矣。夫秦之初灭诸侯，天下之心未定，痍伤者未瘳[③]，而恬为名将，不以此时强谏[④]，振百姓之急，养老存孤，务修众庶之和[⑤]，而阿意兴功[⑥]，此其兄弟遇诛，不亦宜乎！何乃罪地脉哉[⑦]？

【注释】①直道：秦始皇修筑的从甘泉直通九原的大道。　②蒙恬：秦大将蒙骜之孙，蒙武之子。由于蒙氏世世为秦将，所以蒙恬及其弟蒙毅深得秦始皇信任。蒙恬率三十万兵屯河套，御匈奴，筑长城，蒙毅居内为谋臣，官廷尉。沙丘之变，二世即位，蒙氏兄弟均被赵高杀害。亭障：边防哨所。　③痍伤者未瘳：指秦统一中国后，经历长期战乱的人民还没有喘过气来。痍（yí 移），肌肤受创。瘳（chōu 抽），病愈。　④强谏：尽力劝谏。　⑤修：治。众庶：老百姓。　⑥阿意兴功：迎合秦始皇的心意，筑长城，修驰道。　⑦何乃罪地脉：蒙恬临死说：我修万里长城，凿断了地脉，真是该死。司马迁斥其为非。

【译文】太史公说：我到过北边，从直道回京师，沿途察看了蒙恬为秦朝修筑的长城，设置的亭障，他又凿山填沟，大修直道，本来就是滥用民力之人。再说秦朝刚刚统一中国，天下的人心还没有安定，战争的创伤还没有抚平。而蒙恬身为秦始皇重用的名将，不在这个时候尽力劝谏，解救老百姓的急难，扶养老弱，存问孤寡，努力修明政治，使老百姓和乐安居，反而迎逢秦始皇大兴功利，因此，他兄弟二人被杀，不也是该当的吗！这哪里是斩断地脉的罪过呢？

【简论】蒙氏世世为秦将，在秦的统一和政权巩固的过程中，都立有大功。司马迁为蒙恬、蒙毅兄弟二人立传，记载了他们的历史功绩以及被赵高陷害所遭遇的不幸。但是，蒙恬在筑长城、修驰道等问题上，不顾人民疾苦，阿意兴功，受到了司马迁的批评。这里表现了司马迁同情人民的立场，这一精神是可贵的。

张耳陈馀列传赞第二十九

太史公曰：张耳、陈馀[①]，世传所称贤者；其宾客厮役[②]，莫非天下俊杰[③]，所居国无不取卿相者。然张耳、陈馀始居约时[④]，相然信以死[⑤]，岂顾问哉[⑥]。及据国争权，卒相灭亡，何乡者相慕用之诚[⑦]，后相倍之戾也[⑧]！岂非以势利交哉？名誉虽高，宾客虽盛，所由殆与太伯、延陵季子异矣[⑨]。

【注释】①张耳、陈馀：两人都是战国末的儒生，魏大梁人，是一对交往密切的朋友。秦末，他们投入陈胜起义，为新建赵国的将相。因两人争权，张耳投汉，陈馀扶赵助楚。汉高祖三年，汉灭赵，陈馀为汉军所杀，张耳被刘邦封为赵王。　②厮役：服劳役之人的通称。　③莫非：没有不是，即都是。④居约：所居俭约时，即贫贱时。　⑤然信：即然诺，对应许之事必守以信。⑥顾问：顾虑。　⑦乡者：从前。　⑧倍：借为“背”。　⑨所由：所走的道路，这里指交友之道。

【译文】太史公说：张耳、陈馀两人，世人和传说都称赞他们是贤能的人；他们的宾客奴仆，都是天下的杰出人物，所到之国无不获得卿相的高位。当初，张耳、陈馀在贫困的时候，互相信任不惜牺牲生命，也毫不顾及等到有了国土，就争权夺利，竟致于相互火并而灭亡，为什么先前相互敬爱是那样的真诚，后来互相背叛却是那样的狠毒！难道不是互相利用的势利之交吗？名声虽然很高，宾客尽管很多，所交友之道和吴太伯、吴季札完全不同的啊！

魏豹彭越列传赞第三十

太史公曰：魏豹、彭越虽故贱①，然已席卷千里②，南面称孤，喋血乘胜③，日有闻矣。怀畔逆之意④，及败，不死而虏囚，身被刑戮，何哉？中材以上且羞其行⑤，况王者乎？彼无异故，智略绝人，独患无身耳。得摄尺寸之柄⑥，其云蒸龙变⑦，欲有所会其度⑧，以故幽囚而不辞云。

【注释】①魏豹：魏之诸公子，秦灭魏，沦为家人。秦末，豹下魏二十余城，引精兵从项羽入关，被立为西魏王，都平阳。汉高祖二年（前205年），刘邦遣韩信破西魏，虏魏豹，令守荥阳。项羽围荥阳急，豹为周苛所杀。彭越：字仲，昌邑人，秦末为群盗，后归汉，收魏、定梁、灭楚，多建奇功，封为梁王。汉高祖十年（前197年），高祖击陈豨，征兵于梁，彭越称疾不往，被太傅告发欲谋反，高祖收彭越，夷三族。　②席卷：卷起席子，喻包括一切。　③喋（dié 碟）血：踏着流血，喻战斗激烈。　④畔：同“叛”。　⑤羞其行：指受囚辱之行。羞，以……为辱。　⑥尺寸之柄：一尺一寸之权柄，喻微小的凭藉。　⑦云蒸龙变：云彩涌集，龙变颜色，喻天下大乱。　⑧会：运会，机会。度：谋略。

【译文】太史公说：魏豹、彭越虽然原来卑贱，但已经席卷了千里之地，南面称王，踏着流血争逐胜利，每天都有捷报。他们心怀叛逆的志意，失败了也不肯去死而成为俘虏囚犯，身遭杀戮，是什么原因呢？中等才干以上的人尚且都以囚虏为羞辱，何况是作王的人呢？他们忍辱苟活没有别的原因，因为他们的智慧胆略超过了别人，只怕没有自己的身体存在罢了。只要活着掌握了些微的权柄，就可以等待天下大变的到来，以获得机会来施展谋略，这就是不回避囚辱的原因吧！

黥布列传赞第三十一

太史公曰：英布者[①]，其先岂《春秋》所见楚灭英、六[②]，皋陶之后哉[③]？身被刑法，何其拔兴之暴也[④]！项氏之所坑杀人以千万数，而布常为首虐。功冠诸侯，用此得王，亦不免于身为世大戮[⑤]。祸之兴自爱姬殖[⑥]，妒媢生患[⑦]，竟以灭国！

【注释】①英布：六安人，坐秦法被黥，史称黥布。秦末从项羽破秦军，常为先锋，项羽封他为九江王。汉高祖刘邦行反间计使英布降汉，封淮南王。汉十一年（前196年），高祖诛韩信、彭越，英布惧诛，发兵攻汉，兵败被杀。②英、六：古国名，传说为皋陶之后。英，当今湖北英山县。六，当今安徽六安县。　③皋陶：传说虞舜时掌刑狱的大臣。　④拔：迅疾。暴：突然。⑤大戮：极刑。　⑥祸之兴自爱姬殖：英布的中大夫贲赫与医家对门。英布的爱姬有疾，多次到医家就诊，英布怀疑爱姬与贲赫私通，欲捕赫。贲赫乘驿车至长安告发了英布谋反的案件。殖，根殖，祸胎，实际是导火线。　⑦妒媢生患：指英布灭国的灾祸产生于他的嫉妒之心。媢（mào 冒），男子嫉妒为“媢”。

【译文】太史公说：英布的祖先，难道是《春秋》所记载的被楚国灭掉的英、六吗？那是皋陶的后代。他的脸上曾被刑刺字，可又为什么那样迅猛地突然兴起！项羽活埋的人数成千上万，而英布总是带头这样干。在诸侯中，他的功勋名列前茅，因此得封为王，但也免不了遭受人世的极刑。灾祸的发生是从爱姬那里种下的祸胎，嫉妒产生祸患，终于灭亡了封国。

淮阴侯列传赞第三十二

太史公曰：吾如淮阴[①]，淮阴人为余言，韩信虽为布衣时[②]，其志与众异。其母死，贫无以葬，然乃行营高敞地[③]，令其旁可置万家[④]。余视其母冢，良然。假令韩信学道谦让[⑤]，不伐己功，不矜其能[⑥]，则庶几哉[⑦]，于汉家勋可以比周、召、太公之徒，后世血食矣[⑧]。不务出此，而天下已集[⑨]，乃谋畔逆，夷灭宗族，不亦宜乎！

【注释】 ①如：往。淮阴：汉县名，故城在今江苏清江市东南。 ②韩信：淮阴人，少时家贫，曾受胯下之辱。秦末投军项羽，不受重用而归汉，在楚汉战争中他独当一面，为汉王打下半壁江山，封齐王，徙为楚王，废为淮阴侯。因功高震主，以谋反罪被诛。 ③行营：四出访求。 ④令其旁可置万家邑：其意以万家守冢，表现了韩信的王侯之志。 ⑤假令：如果。学道谦让：学习黄老之道，功成身退，无为自守。《老子》第九章，"富贵而骄，自遗其咎。功成身退，天之道。" ⑥不伐己功，不矜其能：不夸耀自己的功劳，不骄傲自己的才能。《老子》第二十二章："不自伐，故有功；不自矜，故长。" ⑦庶几：差不多，相仿。 ⑧血食：古人祭祀用牲，所以称血食。 ⑨集：安定。

【译文】 太史公说：我到了淮阴，当地人对我说：韩信还是平民的时候，志向就与众不同。他的母亲死后，家里穷得买不起棺材埋葬，仍然到处访求高敞的坟地，好使日后在坟旁的空地上可以安置万户人家。我看了他母亲的坟地，的确是这样。假使韩信学会道家的谦恭退让，不夸耀自己的功劳，不仗恃自己的才能，那就差不多了。若果这样，他对于汉朝的功劳真可以和周代的周公、召公、太公这些人相比，世世代代享受香火的祭祀了。可是，他不从这方面努力，而在天下安定后，又策划反叛，遭到灭族的灾祸，不也是应当的吗？

【简论】 《淮阴侯列传》是一篇翻案史传。高祖刘邦忌刻韩信，指使佞人诬告楚王韩信谋反，废为淮阴侯，使巍巍功臣蒙受不白之冤，司马迁立传翻了这个案。但是韩信太看重功名，不识时务，被囚关中，反谋叛逆，司马迁表示了无限惋惜。但历来论者多以为此赞是反语讥刺刘邦、吕后的。如李慈铭就说："案天下已集，乃谋叛逆，此史公微文。谓淮阴之愚，必不至此也。"其实不然。韩信下齐要挟刘邦为王，已萌割据之心。当时蒯通曾说韩信与项羽联合三分天下，韩信未应，论者据此说韩信不反，也是知其一，不知其二。其实，韩信当时主要是没有占得地理上的均势，居高以临彭城，他若与项羽联合，迫使刘邦西归，项羽必来争齐。加之韩信以诈取齐，人民不附。且部下如曹参、灌婴等皆刘邦心腹，韩信欲叛，焉能如意。因此种种，韩信未从蒯通之计。垓下战后，兵权被夺，韩信被徙为楚王，又陈兵出入，匿楚亡将钟离眛，这些都是遭刘邦忌刻的行为。以韩信之智，岂能虑不及此，乃是他迷恋利禄所致。故废为侯后，日夜怨望而走上叛逆之途，深为可惜。故司马光曰："世或以韩信首建大策，与高祖起汉中，定三秦，遂分兵以北，禽魏，取代，仆赵，胁燕，东击齐而有之，南灭楚垓下，汉之所以得天下者，大抵皆信之功也。观其距蒯通之说，迎高祖于陈，岂有反心哉！良由失职怏怏，遂陷悖逆。"(《资治通鉴》卷一二《汉纪》四，高帝十一年)

韩信卢绾列传赞第三十三

太史公曰：韩信、卢绾非素积德累善之世①，徼一时权变②，以诈力成功，遭汉初定，故得列地，南面称孤。内见疑强大，外倚蛮貊以为援③，是以日疏自危，事穷智困，卒赴匈奴，岂不哀哉！陈豨④，梁人，其少时数称慕魏公子；及将军守边，招致宾客而下士，名声过实。周昌疑之⑤，疵瑕颇起⑥，惧祸及身，邪人进说⑦，遂陷无道⑧。于戏悲夫⑨！夫计之生孰成败于人也深矣⑩！

【注释】①韩信：此为韩王信，本韩襄王孽孙，秦末起兵，汉高祖略定韩地立信为韩王。后徙王太原御匈奴，因力不敌投降匈奴，为汉将柴武所击杀。卢绾：丰人，与汉高祖同里同日生，两人壮相爱，起兵又相随，高祖封他为燕王。后与陈豨通谋反汉，亡入匈奴，死胡中。　②徼：侥幸。　③内：指朝廷。外：指匈奴。　④陈豨：宛朐人，事高祖，封阳夏侯。高祖七年，陈豨为赵相国，监赵、代边兵御匈奴。豨招致宾客，赵相周昌上告豨有异心。高祖十年（前197年），豨反代地，自称代王，高祖自击破之。十二年冬，陈豨为樊哙所斩杀。宛朐（qú渠），在今山东菏泽县西，战国时属梁。　⑤周昌：赵相。他见陈豨招致宾客，怀疑他谋反。　⑥疵瑕：过失，罪过。周昌告陈豨，高祖于是派人访求陈豨过失，促动陈豨谋反。　⑦邪人进说：指韩王信之将王黄、曼丘臣等乘机劝说陈豨谋反。　⑧无道：无理，指造反。　⑨於戏：同"呜呼"。

⑩孰：同“熟”。

【译文】太史公说：韩信、卢绾并不是生长于一个一向修行积德的世家里，侥幸于一时的权谋变化，用欺诈和暴力取得成功，碰上汉朝刚刚建立，所以得到封地，南面称王。在内因其势力强大被朝廷猜疑，于是向外依附匈奴留条后路，因此一天天疏远朝廷，自己走上了危险的道路。后来走投无路，终于投向匈奴，真是使人痛心啊！陈豨是梁国人，因此他年轻时就敬仰魏公子信陵君的为人；等到他做守边大将，就招致天下宾客而礼贤下士，名声超过了实际。周昌怀疑他，许多过失就从这里产生。他害怕灾祸降落到自己身上，奸人又乘机进说，于是陷进了叛逆的泥坑。唉，真可悲啊！计谋的高低、成功与失败，实在是取决于人啊！

【简论】司马迁认为，五帝三王之后在周初封为诸侯，传世久远，一是他们祖先积德累善，泽流苗裔；二是赶上了周初盛世。汉初诸侯崛起民间，乘时用力造成了割据势力，受到朝廷猜忌，必然走上叛逆，真是使人痛心。韩信与卢绾都是这样被封为王，尽管与高祖亲密，形势也迫使他们共同走上叛逆之路。以陈豨事附见。

田儋列传赞第三十四

太史公曰：甚矣蒯通之谋①，乱齐骄淮阴②，其卒亡此两人③！蒯通者，善为长短说④，论战国之权变，为八十一首⑤。通善齐人安期生，安期生尝干项羽，项羽不能用其筴⑥。已而项羽欲封此两人，两人终不肯受，亡去。田横之高节⑦，宾客慕义而从横死，岂非至贤？余因而列焉。不无善画者，莫能图⑧，何哉？

【注释】①蒯通：楚汉间策士，范阳人，本名彻，避汉武帝刘彻讳，史称蒯通。他说武臣用计降燕、赵三十余城，名闻诸侯，韩信引为上宾。又说韩信背汉自立，信不听，通佯狂为巫。事附淮阴侯韩信传中。 ②乱齐骄淮阴：韩信破赵降燕后，齐王田广与相国田横已准备降汉，蒯通却向韩信献计乘齐不备袭破齐国，此为“乱齐”。韩信下齐，受蒯通的鼓动，自以为功大，要挟刘邦为王，是为“骄淮阴”。 ③亡此两人：使齐相国田横、淮阴侯韩信两人遭灭亡。 ④长短说：即策士言论，纵横之说。故《战国策》又称“短长书”。 ⑤论：整理，编次。八十一首：蒯通整理的纵横家言论集，共八十一篇，号《隽永》。首，即章或篇。 ⑥筴：即“策”。 ⑦田横：田儋从弟，秦末狄人，故齐王族。秦末，田儋起兵称王，被秦将章邯所杀。田横与其兄田荣领儋余众割据齐地。荣死，田横立荣子田广为齐王，自为相国。韩信破齐虏田广，田横自立为齐王，兵败与其部属五百人亡居海岛。高祖定天下，召田横入朝。田横行诣洛阳，未至三十里，说：“我田横和汉王当初都是王，现在汉王为天子，我却要向他称臣，我不能受这样的侮辱。”于是自杀。他的部属五百人也全部自杀。 ⑧莫能图：指没有人能辅佐田横图就天下。

【译文】太史公说：蒯通的谋划真是厉害啊，使齐国乱亡，使淮阴侯骄妄，终于毁了田横、韩信这两个人。蒯通擅长纵横之说，整理编次了战国时代讲权谋变化的言论，有八十一篇。蒯通与齐人安期生友好，安期生曾经事楚项羽，项羽没有采纳他的策谋。过了不久，项羽打算用爵位封拜安期生和蒯通两人，两人却始终不肯接受，逃走了。田横有那样崇高的节操，宾客都仰慕他的大义而追随他死节，难道不是最高洁的贤人吗！我因而记载了他们的事迹。并不是没有足智多谋的人，但却未能辅佐田横建立王业，这是什么原因呢？

【简论】《田儋列传》用世家体记载了诸齐王事迹，因田儋首难建齐，故用以标题，而内容重在刻画田横的形象。田横首先造了项羽的反，把他在山东拖住，使刘邦得以还定三秦，并出关打到彭城。田横之雄杰，实在是替刘邦开辟了夺天下的道路。所以田横虽事业不就，但其功不可没，其高风亮节更足以与日月并垂悬，赞末疑问，寄意深远。

樊郦滕灌列传赞第三十五

太史公曰：吾适丰、沛①，问其遗老②，观故萧、曹、樊哙、滕公之家[③]，及其素[④]，异哉所闻！方其鼓刀屠狗卖缯之时[⑤]，岂自知附骥之尾[⑥]，垂名汉廷，德流子孙哉？余与他广通[⑦]，为言高祖功臣之兴时若此云。

【注释】①吾适丰、沛：丰、沛均秦县名，即今江苏丰县、沛县。这里是刘邦、萧何、曹参、樊哙、滕公夏侯婴等人的故乡，司马迁曾亲去调查。适，到。 ②遗老：秦时所遗留下来的老人。 ③萧、曹、樊哙、滕公：萧何、曹参均有世家。樊哙，封舞阳侯。滕公，即夏侯婴，封汝阴侯。郦商，封曲周侯。灌婴，封颍阴侯。樊、郦、滕、灌四人都是汉初功臣，四人均为高祖心腹之将，故同列一传。 ④素：指平时的为人。 ⑤鼓刀屠狗卖缯：樊哙狗屠，夏侯婴贩缯，都是平民出身。 ⑥附骥：苍蝇附在千里马尾上可以致千里，喻樊、滕等人附于刘邦而贵。 ⑦他广：樊他广，樊哙孙子。通：交通、交游。

【译文】太史公说：我到丰、沛两县访问遗老，观看萧何、曹参、樊哙、夏侯婴的故居，了解他们平时的为人，真是闻所未闻啊。当樊哙操刀杀狗、夏侯婴贩卖丝绸的时候，哪里会想到依附高祖能使自己留名汉廷，德惠延及子孙呢！我和樊他广交往，他对我讲的高祖功臣们兴起的事迹就是如此。

张丞相列传赞第三十六

太史公曰：张苍文学律历[①]，为汉名相，而绌贾生、公孙臣等言正朔服色事而不遵[②]，明用秦之《颛顼历》[③]，何哉？周昌[④]，木强人也[⑤]。任敖以旧德用[⑥]。申屠嘉可谓刚毅守节矣[⑦]，然无术学[⑧]，殆与萧、曹、陈平异矣。

【注释】①张苍：汉阳武人，秦时为御史，明习天下图书计籍，因罪逃亡。秦末，张苍从高祖入关，封北平侯，佐相国萧何办计政，称计相，迁御史大夫。文帝时，张苍为丞相。文学：经学。律历：律度历算。 ②绌贾生句：绌，通“黜”，不采纳。贾生，即贾谊，主张改历、封禅、易服色。公孙臣，文帝时方士，制造祥瑞，鼓吹封禅，官拜博士。 ③明：显明，引申为公然，明目张胆的意思。 ④周昌：沛人，从刘邦起兵为汉王中尉。昌为人强力，敢直言，高祖时官至御史大夫，封汾阳侯。 ⑤木强人：比喻人品性刚正如木之直。 ⑥任敖：秦时为沛狱吏。秦末高祖初起，避于芒、砀山中时，吕后被系狱，任敖善待之，曾击伤监管吕后不礼貌的狱吏。高祖以任敖为上党守，封广阿侯。吕后执政，追念旧德，以任敖为御史大夫。　⑦申屠嘉：梁人，从高祖起兵，为都尉，文帝时迁御史大夫，继张苍为丞相，封故安侯。　⑧术学：指权变的学识、手段。

【译文】太史公说：张苍精通经学律历，成为汉朝的知名丞相，可是他压制贾谊、公孙臣等所倡言的改历、易服色等事不但不遵行，而且公然用秦朝的《颛顼历》，是什么原因呢？周昌是一个刚强的人。任敖由于对吕后有旧恩得为御史大夫。申屠嘉真可以称得上是一个刚正、果敢、坚守节操的人，但学识不高，与萧何、曹参、陈平等人比较，恐怕就要差一筹了。

【简论】《张丞相列传》是以张苍为首的一篇汉初丞相、御史大夫的类传。汉初功臣为丞相的萧何、曹参、陈平等已有专传世家，其余丞相总写一传以见梗概，因为张苍为首，故以张丞相名篇。全传写了张苍之雍容，周昌之刚强，任敖于吕后之旧德，申屠嘉之守节，各人个性不同，均能守职、敢言。自申屠嘉之后，景帝时丞相陶青、刘舍，武帝时丞相许昌、薛泽、庄青翟、赵周，“皆以列侯继嗣，娖娖廉谨，为丞相备员而已，无所发明功名有著于当世者”，司马迁一笔带过，不记载他们的行状。这是司马迁在传中示例，他写历史人物的原则，只记载有益于社会的人；同时也反映了西汉自申屠嘉以后，丞相权力被剥夺，竟至于无人可入传了。

郦生陆贾列传赞第三十七

太史公曰：世之传郦生书，多曰汉王已拔三秦①，东击项籍而引军于巩、洛之间②，郦生被儒衣往说汉王③，乃非也。自沛公未入关，与项羽别而至高阳④，得郦生兄弟⑤。余读陆生《新语》书十二篇⑥，固当世之辩士。至平原君子与余善⑦，是以得具论之[8]。

【注释】①三秦：项羽入关，分关中地为三，王秦降将章邯为雍王，司马欣为塞王，董翳为翟王，故称关中为三秦。　②巩、洛之间：巩，汉县名，在今河南荥阳县西。洛，洛阳。楚汉相争，长期对峙于巩、洛之间。　③郦生：即高阳人郦食其，为里监门。沛公至高阳，食其往投沛公，献计下陈留，号曰广野君。楚汉相争，食其为汉王说齐，凭轼下齐七十余城。韩信破齐，齐王田广以食其卖己，烹杀之。　④高阳：乡名，属汉陈留县，在今河南杞县西。　⑤郦生兄弟：即郦食其、郦商兄弟。　⑥陆生：即陆贾，秦汉间著名策士，为高祖谋臣，官拜太中大夫。陆贾两次出使南越，成功地说服了南越王尉佗臣服汉朝。　⑦平原君：名朱建，为淮南王黥布相。黥布反，朱建谏不与谋，汉平定黥布，封朱建为平原君，居长安，与陆贾友善。　⑧具论之：指郦食其、陆贾的事迹得朱建子的讲述，才一一记载下来。

【译文】太史公说：世上流传的关于郦食其的故事记载，大多说汉王已经平定了关中，为东击项羽而率军在巩、洛之间时，郦食其穿着儒生服装往说汉王，原来是不对的。早在沛公未入关之时，沛公与项羽分兵来到高阳乡，就得到了郦食其、郦商兄弟。我读了陆贾的《新语》十二篇，的确感到他是当世的舌辩之士。由于平原君的儿子和我交好，因此关于郦食其和陆贾的真实事迹才得以一一记载下来。

【简论】郦食其、陆贾两人皆以舌辩为高祖谋臣，故两人合传，平原君朱建亦善谋之士，故附之。关于郦食其、陆贾两人的故事，世上广为流传，但有很多失实的地方。平原君和陆贾是好朋友，故平原君子得知真实情况。司马谈或迁与平原君子友善，故得以把真实情况记载下来。

傅靳蒯成列传赞第三十八

太史公曰：阳陵侯傅宽[1]、信武侯靳歙皆高爵[2]，从高祖起山东，攻项籍，诛杀名将，破军降城以十数，未尝困辱，此亦天授也。蒯成侯周緤操心坚正[3]，身不见疑，上欲有所之，未尝不垂涕[4]，此有伤心者然，可谓笃厚君子矣。

【注释】①傅宽：原为魏将，从沛公入关。楚汉相争，傅宽为曹参部属，从韩信攻战，因定齐地，封阳陵侯，食邑二千六百户。　②靳歙：秦末起兵宛朐，从沛公为侍卫官，常随汉王征讨，以功封信武侯，食邑四千六百户。　③周緤：沛人，从高帝起沛，常为参乘，以功封蒯成侯，食邑三千三百户。　④上欲句：周緤侍从高帝，忠心耿耿，无论军事有利无利，都没有背离之心。公元前197年，高帝亲征陈豨，周緤哭泣，恨自己不能代高帝之劳，使高帝感动，特赐入殿门不趋，杀人无死罪。

【译文】太史公说：阳陵侯傅宽、信武侯靳歙都得到高爵。他们追随高祖起兵山东，攻击项籍，诛杀名将，打败敌军，攻破城池有数十座，从没有遭受过危险，这好像是天在保佑一样。蒯成侯周緤忠心耿耿，从不被猜疑，高祖每有艰巨的行动，他就垂泣痛哭，真像有伤心事的人一样，可以称得上是一个厚重的君子啊。

【简论】《太史公自序》云："欲详知秦楚之事，唯周緤常从高祖平定诸侯，作《傅靳蒯成列传》第三十八。"论者谓此传应详叙秦楚之事，而今传简略，"此其非史迁原书明甚。"其实《自序》所谓"欲详知秦楚之事"，乃是司马迁一句喻讽的话。因秦楚之事已详叙在秦汉头等人物列传之中，不应叙入平庸如周緤等人传中。司马迁之意是说，像淮阴侯韩信那样的大功臣被高祖屠杀了，像周緤这样的平庸之人却封侯了，欲详秦楚之事，看看这些人是怎样发迹的。周緤等人靠的是愚忠和逢迎来取得二千户以上的高爵，故赞中特别点明傅、靳等人是高爵以示喻讽。查《高祖功臣侯者年表》，高祖封侯一百四十三人，半数为千户以下侯，二千户以上为大侯，周緤等人的功绩实不能与其爵秩相符。故梁玉绳曰："傅靳传非史公不能作，其叙事简而有法，与曹相国、樊郦滕灌传同一体例。孟坚仍其文，少所删润，其阙安在？"（《史记志疑》卷七）殊为有识。

刘敬叔孙通列传赞第三十九

太史公曰：语曰“千金之裘，非一狐之腋也；台榭之榱[1]，非一木之枝也；三代之际，非一士之智也”。信哉！夫高祖起微细，定海内，谋计用兵，可谓尽之矣。然而刘敬脱輓辂一说[2]，建万世之安，智岂可专邪！叔孙通希世度务[3]，制礼进退，与时变化，卒为汉家儒宗。“大直若诎[4]，道固委蛇[5]”，盖谓是乎？

【注释】①榱（cuī 崔）：房屋的椽子。　②刘敬：齐人，本姓娄。娄敬拉着鹿车过洛阳，往戍陇西。听说高祖在洛阳，娄敬丢下鹿车，穿着羊皮裘向高祖献都关中之策，被赐姓刘，号奉春君。刘敬又献与匈奴和亲之策，以及徙山东豪族于关中，均被采纳。辂，鹿车前的横木。　③叔孙通：薛人，汉初大儒。秦时为博士，精通朝廷礼仪制度。高祖即位，叔孙通制礼仪，官拜奉常。希世：阿顺世俗，随波逐流。　④语出《老子》第四十一章。　⑤委蛇：即“逶迤”，形容道路延续不绝。

【译文】太史公说：俗话说，“价值千金的狐裘，不是一只狐狸的腋皮制成的；楼台亭榭的椽木，不是一棵树的枝子能建成的；夏商周三代的兴起，不是靠一个人的智慧完成的。”真是这样的啊！高祖兴起于微细的民间，平定了天下，善于谋划，善于用兵，都可以说是达到顶点。但是刘敬一个拉车夫所说的关于定都的一席话，建立了国家万世安定的根本，可见智慧不是一个人所能专有的。叔孙通顺世俗谋划事务，制定了汉家进退的礼仪制度，以适应时代变化的需要，终于成为汉家的儒学首脑。“最直的东西也最能弯曲，大道本来就是延续不绝的。”大概说的就是这样的吧。

【简论】刘敬建策，敢直言秉正；叔孙通阿世取容，两人品格迥然不同。但他们都具有高人一着的智慧，能洞察时势的变化，在巩固西汉的政权建设中，作出了各自的贡献，故两人合传。

季布栾布列传赞第四十

太史公曰：以项羽之气，而季布以勇显于楚①，身履［典］军搴旗者数矣②，可谓壮士。然至被刑戮③，为人奴而不死，何其下也。彼必自负其材，故受辱而不羞，欲有所用其未足也，故终为汉名将。贤者诚重其死④。夫婢妾贱人感慨而自杀者，非能勇也，其计画无复之耳⑤。栾布哭彭越⑥，趣汤如归者，彼诚知所处，不自重其死。虽往古烈士，何以加哉！

【注释】①季布：楚人，为项羽将，多次困迫刘邦。项羽灭亡后，刘邦悬赏捉拿季布，他隐匿在大侠朱家家里为耕田奴。后经朱家活动，被赦免，惠帝时官至河东太守。　②履［典］军：多次带兵。履，数也。“典”字从黄善夫本增入。搴（qiān 牵）：拔取。　③被刑戮：当被刑戮，指季布被刘邦列为死刑犯通缉。　④重：珍惜。　⑤其计画无复之耳：指轻生者没有好的计谋，所以只有去死。　⑥栾布：梁人，为彭越将。汉诛彭越，将其头悬在洛阳示众，并发布诏令，“有敢收视者，辄捕之。”栾布却去哭祭彭越。刘邦壮其义，赦免了他，孝文时官至燕相，景帝时平吴楚有功，封俞侯。

【译文】太史公说：因为项羽崇尚气力，所以季布得以勇力扬名于楚国，他亲自多次领兵夺取敌军旗帜、冲锋陷阵的事有好多次，可以称得上是一个英雄。但是，当他被列为刑戮的罪人通缉时，却隐匿为奴隶而不死，为什么那样低下！他一定是自恃有才干，所以宁愿受辱而不以为羞耻，是要发挥他还没有施展出来的抱负，终于成了汉家的名将。有志节才干的人实在不愿轻易地死去。那些身为奴婢，地位低下的人，往往激于一时的愤慨而自杀，不能算是有勇，只表明他们缺少计谋没有其他出路罢了。栾布哭祭彭越，视死如归，那是因为他确实知道应当怎样处生死，所以才不贪生怕死。即使是古代的勇烈之士，也不能超过他。

【简论】“知死必勇，非死者难，处死者难。”季布不死，以屈为伸；栾布冒死赴义，因以显名。二人合传，殊途同归，形成鲜明对比。《报任安书》云："人固有一死，有重于泰山，或轻于鸿毛，用之所趋异也。"司马迁身受腐刑，忍辱负重发愤以著书，对于处置生与死有着切身的体会，故抒发在人物论评中多愤激之语，自况之言。论死是"太史公曰"论赞中一大主题，司马迁十分重视每一个历史人物的下场，须仔细玩索，寄意良深。

袁盎晁错列传赞第四十一

太史公曰：袁盎虽不好学①，亦善傅会②，仁心为质③，引义慷慨④。遭孝文初立，资适逢世⑤。时以变易，及吴楚一说，说虽行哉，然复不遂⑥。好声矜贤，竟以名败⑦。晁错为家令时⑧，数言事不用；后擅权，多所变更。诸侯发难，不急匡救，欲报私仇，反以亡躯⑨。语曰"变古乱常，不死则亡"，岂错等谓邪！

【注释】①袁盎：楚人，字丝，文帝时为中郎，历陇西都尉、吴王相。袁盎敢直谏，为汉名臣，因谏阻景帝立弟梁王为嗣，被梁王所遣刺客暗杀。不好学：袁盎与斗鸡走狗的游侠相交，在关中享有很高的声誉。因其近游侠而远儒学，故云"不好学"。　②善傅会：善于把不相联系的事合到一起。这里指袁盎把文帝贬死其弟淮南王刘长的事与文帝有高世之行相联系。傅，通"附"。　③仁心为质：指救周勃免于死。　④引义慷慨：文帝与宦官赵同并辇，袁盎当众谏止，意气激昂。　⑤资：资才，人才。　⑥吴楚一说三句：袁盎向景帝建言杀晁错以谢吴楚，可使罢兵。晁错被斩，但吴楚并不罢兵。不遂：未达目的，指吴楚不罢兵。　⑦竟以名败：指袁盎高名，谏说景帝止立梁王为嗣遭忌而死。⑧晁错：颍川人，西汉著名政论家。景帝即位为御史大夫，主张削减诸侯王封地，吴、楚趁机联兵反汉，晁错被诛死。家令：东宫官属。文帝时晁错为太子家令。　⑨欲报私仇，反以亡躯：晁错与袁盎私怨很深，吴、楚反叛的消息传来，晁错想借机治袁盎通吴之罪。袁盎知道后，反劝景帝诛晁错。

【译文】太史公说：袁盎虽然不爱好学问，但善于附会言说。他本质上具有仁人之心，申明大义时激昂慷慨。由于遇上汉文帝刚即位，他的才能正碰到发挥的机会。时势发生了变化，他趁吴楚叛乱的机会，进言诛杀晁错，这一建言虽然被采纳了，但并没有制止吴楚的叛乱，因而不再受朝廷重用。他很注重名声荣誉，却终于因为名声而遭致杀身。晁错任太子家令的时候，多次进言都没被皇帝采用；后来专擅朝政大权，变更了许多法令。吴楚发动了反汉的叛乱，晁错不急于拯救国家的危难，却想借机报个人私仇，反而自己送了命。俗话说“变古乱常，不死则亡”，难道不正好是说晁错等人的吗！

【简论】袁盎敢直谏，晁错为国家谋划长远利益，都是汉室忠臣。但两人不合，互相倾轧，都没有好下场，故二人合传。

张释之冯唐列传赞第四十二

太史公曰：张季之言长者①，守法不阿意；冯公之论将率②，有味哉！有味哉③！语曰：“不知其人，视其友”。二君之所称诵，可著廊庙④。《书》曰“不偏不党，王道荡荡；不党不偏，王道便便”⑤。张季、冯公近之矣。

【注释】①张季：张释之的字，汉文帝廷尉。长者：指有道德的人。张释之为谒者仆射时，有一次从巡汉文帝视察上林苑，虎圈啬夫在文帝面前夸夸其谈，显示自己的才干。文帝一时高兴，就决定拜啬夫为上林令。张释之就论列周勃、张相如两个木讷的人为长者，说明夸夸其谈的人不能重用。汉文帝称善，立即升迁张释之为公车令，主持征召人才的工作。不久又升迁为廷尉，坚持按律量刑，决狱公正，为汉名臣。　②冯公：司马迁与冯唐的儿子冯王孙是朋友，所以称冯唐为公。冯唐为汉文帝中郎署长。他借评论古代名将廉颇、李牧的机会，直谏汉文帝不爱惜良将。云中太守魏尚大破匈奴，上报战功，差了六个首级，被刀笔吏判了一年徒刑。文帝采纳冯唐的劝谏，立即赦免了魏尚，并拜冯唐为车骑都尉。率：读“帅”。　③有味：意味，重言是深深地赞许。　④廊庙：指朝廷。　⑤书曰四句：引自《尚书·洪范篇》。

【译文】太史公说：张季称道守法律不讨好人主旨意的人为长

者，冯唐借此评论将帅劝谏文帝，真深刻，真深刻啊！俗话说："不了解这人的底细，只看看他所交的朋友。"张季、冯唐二人的言论，可以记录在朝廷的案卷里。《尚书》说："不偏爱，不袒护，王道多么宽广；不袒护，不偏爱，王道多么平直。"张季、冯唐可以说是近于不偏不党的人。

万石张权列传赞第四十三

太史公曰：仲尼有言曰① "君子欲讷于言而敏于行②"，其万石③、建陵④、张叔之谓邪⑤？是以其教不肃而成，不严而治。塞侯微巧⑥，而周文处谄⑦，君子讥之，为其近于佞也。然斯可谓笃行君子矣！

【注释】①仲尼有言：引自《论语·里仁》第二十四章。　②讷：语言迟钝。　③万石：汉九卿为二千石之官。石奋与其四子皆以忠勤为九卿，一门五个二千石，共万石，号万石君。　④建陵：建陵侯卫绾，景帝时官至丞相。　⑤张叔：名欧，事文、景、武三朝，武帝时官至御史大夫。　⑥塞侯微巧：塞侯直不疑，文帝时为郎。同舍郎有告归者，误持其同舍郎金去，失者误疑直不疑。他不与人争，自买金赔偿。后告归者还金，失金郎很惭愧，直不疑成为有德行的长者。景帝时官至御史大夫，封塞侯。微巧：作得巧妙。指直不疑对有损声誉的行为不加争辩，使人认为是他做作出来的。　⑦周文：名仁，事文帝为太中大夫，事景帝为郎中令，从不说人闲话。谄：佞谀。

【译文】太史公说：孔子说过这样的话："君子对于说话总是谨慎持重，而对于行事却要勤劳敏捷。"这不就是说的万石君石奋、建陵侯卫绾、张叔等人吗？因为他们所施行的教化和治政，不依靠威严就达到了成功。塞侯为人机巧，而周文更有佞谀的嫌疑，所以受到君子的批评，因为他们的行为近似于佞。但是，他们仍可以说是身体力行的君子呢！

田叔列传赞第四十四

太史公曰：孔子称曰① "居是国必闻其政"，田叔之谓乎[2]！义不忘贤[3]，明主之美以救过[4]。仁与余善[5]，余故并论之。

【注释】①孔子称曰：见《论语·学而》第十章，语言有异。　②田叔：为人廉直喜任侠，历官赵王郎中令和鲁王相。　③义不忘贤：云中太守孟舒功大过小被罢黜，田叔在文帝面前争辩是非，文帝又重用了孟舒。　④明主之美以救过：田叔为鲁相，告鲁王贪取财物的人有一百多人。田叔鞭打带头告状的二十多人，责奋说："鲁王难道不是你们的主人吗？你们怎么敢控告鲁王呢？"鲁王惭愧，拿出钱来让田叔退还百姓。田叔说："鲁王夺了财物，鲁相来退还，这不是王做了恶人，相做了好人了吗？"于是鲁王自己退还了财物。　⑤仁：田仁，田叔的小儿子，武帝时官至丞相司直。他在巫蛊案中，因主管长安城门，放走戾太子，被武帝诛死。

【译文】太史公说：孔子说过"住在那个国家，必然过问那个国家的政事"，可以说田叔就是这样的人！他重义不忘举贤，又能显扬鲁王的美德来补救过失。田仁和我很好，我因此附载了他的事迹。

扁鹊仓公列传赞第四十五

太史公曰：女无美恶，居宫见妒；士无贤不肖，入朝见疑[1]。故扁鹊以其伎见殃[2]，仓公乃匿迹自隐而当刑[3]。缇萦通尺牍[4]，父得以后宁。故老子曰"美好者不祥之器"[5]，岂谓扁鹊等邪？若仓公者，可谓近之矣。

【注释】①女无美恶四句：引自邹阳《狱中上梁王书》，见《史记》卷八十三本传。　②扁鹊：春秋时名医，姓秦名越人，家于卢，世称卢医。秦越人医术高明，传说他能透视人的五脏，精通内科、妇科、儿科各种疾病，发现诊脉法治病。传说黄帝时有神医扁鹊，因号秦越人为扁鹊。秦越人行医至秦，被秦太医令李醯嫉杀。　③仓公：西汉名医淳于意，齐临淄人，仕齐为太仓长，人称太仓公，省称仓公。文帝时，仓公匿迹不为人治病，坐法当肉刑，他的少女缇萦年十三，上疏文帝，愿以身代父。文帝感悟，废除了黥、劓、断足的肉刑，赦免了仓公的罪。　④尺牍：古代书简约一尺，故称尺牍。　⑤美好者不祥之器：《老子》第三十一章"夫佳兵者不祥之器"。这里司马迁是化用典故，伤叹贤才为世所嫉，不免于祸。

【译文】太史公说：女子无论美与丑，到了宫中就要被嫉妒；士人无论贤与不贤，进了朝廷就要被猜忌。所以扁鹊由于他医术高明反而遭了祸殃，而仓公隐居不治病却应当受刑。幸亏他的少女缇萦懂得文书，上疏文帝才使得父亲平安无事。所以老子说："美好的事物是不祥的器具。"难道不就说的是扁鹊等人吗？说到仓公的遭遇，真可以说是这样的啊！

【简论】司马迁为西汉名医仓公立传，附见战国扁鹊以叙述医学发展的历史，故二人合传。仓公匿迹，他的弟子四出行医，受到病家的怨恨，使得仓公因为有高明医术但不为人治病也成为罪过而当受肉刑，真可以说得上是应验了"美好者不祥之器"这句格言，世道之不公，由此可以概见。

吴王濞列传赞第四十六

太史公曰：吴王之王，由父省也①。能薄赋敛，使其众，以擅山海利。逆乱之萌，自其子兴。争技发难②，卒亡其本；亲越谋宗，竟以夷陨③。晁错为国远虑，祸反近身。袁盎权说，初宠后辱。故古者诸侯地不过百里，山海不以封。"毋亲夷狄④，以疏其属"，盖谓吴邪？"毋为权首，反受其咎"，岂盎、错邪？

【注释】①吴王之王，由父省也：吴王刘濞，高祖之侄，刘仲之子。高祖封刘仲为代王，刘濞为沛侯。匈奴侵代，刘仲弃国逃亡，被废为郃阳侯，于是刘濞得封为吴王。省，减，指刘仲之王国被废减。　②争技：文帝时吴王刘濞的太子与皇太子刘启饮酒下棋，被刘启用棋盘打杀。从此吴王不朝。景帝立，吴王遂反。　③夷陨：消亡。前154年，吴王刘濞反叛，兵败被杀。　④夷狄：古代中国对周边民族的泛称。

【译文】太史公说：吴王刘濞所以被封为王，是由于他父亲被废除王号的缘故。吴王占有山海之利，铸铜煮盐，因此能够减收赋税，使他的民众乐于为用。他叛汉的念头，是从他的儿子被皇太子击杀以后产生的。从争执棋道开端，终于导致了破家亡国；联合越人谋害同宗的汉朝，结果遭到彻底覆亡。晁错为国家深谋远虑，反而使灾祸接近自身。袁盎善于权变巧佞，最初受到宠幸，终于受辱。所以古代诸侯的封地不超过一百里，山海不封给诸侯。所谓“不亲近夷狄，以免疏远亲属”，大概说的就是吴王吧？所谓“不要强行出头，以免招致灾祸”，难道不就是说的袁盎、晁错吗？

【简论】 吴王及淮南王、衡山王皆因反叛，未能起到屏藩的作用，故不立世家，而标为列传，以示贬抑。

魏其武安侯列传赞第四十七

太史公曰：魏其①、武安皆以外戚重②，灌夫用一时决策而名显③。魏其之举以吴楚，武安之贵在日月之际④。然魏其诚不知时变⑤，灌夫无术而不逊，两人相翼⑥，乃成祸乱。武安负贵而好权⑦，杯酒责望，陷彼两贤⑧。呜呼哀哉！迁怒及人，命亦不延⑨。众庶不载，竟被恶言⑩。呜乎哀哉！祸所从来矣⑪！

【注释】①魏其：魏其侯窦婴，汉文帝窦皇后的堂侄。景帝三年（前154年），吴楚七国反叛，窦婴为大将军屯荥阳监军，七国被平定后，封为魏其侯。　②武安：武安侯田蚡，景帝王皇后的同母异父弟。景帝后三年（前141年），田蚡封武安侯。　③灌夫：颍阴人，在平吴楚之战中，其父战死，他为父报仇，勇猛冲陷敌军而扬名天下。武帝时官至太仆，坐法失官，家居长安。④日月之际：日月并悬之际，是说田蚡靠的是武帝初即位和王太后临朝的机会腾达起来的，不可与灌夫之勇，窦婴之功同日而语。日月，喻帝后。　⑤魏其不知时变：景帝时，魏其为国舅，势力显赫。武帝即位，武安为国舅，魏其乃是武帝祖母之外戚，其势不能争，而硬要挽回失去的势力，故为田蚡所忌。时变，时局变化，指窦太后死，王太后临朝。　⑥两人相翼：魏其、灌夫两人失势后，结为同党，互相援引辅翼，激化了外戚之间的矛盾，导致了被灭族的灾祸。

⑦权：权术，耍手段。　⑧杯酒责望，陷彼两贤：田蚡娶夫人，魏其、灌夫两人往贺，受到冷落。灌夫使酒骂坐，田蚡趁势逮捕灌夫，魏其出面解救，田蚡诬陷二人结党谋反，致使两家被族。望，怨望，指田蚡怨望灌夫骂坐。　⑨迁怒及人，命亦不延：田蚡怨望灌夫，因而连带陷害与灌夫为友的魏其，武帝不直，迫于王夫人的挟制，惩治了两人。事后，田蚡胆战心惊，时刻想着武帝要办他的罪，神经分裂，做梦也梦见魏其、灌夫两人显灵索命，没多久便自我惊吓而死。　⑩众庶不载，竟被恶言：这两句是总括评论，指出窦田互相倾轧都不得人心，而灌夫更为颍川人民所深恶。载，同"戴"，拥戴。　⑪祸所从来矣：魏其武安之争，实起于宫中窦、王二太后之争，由来已久。

【译文】太史公说：魏其、武安都因是外戚而尊贵，灌夫为父报仇，一时冲动驰入吴军而扬名天下。魏其显赫起来靠的是平定吴楚之乱，武安的显贵是因为武帝初即位，王太后当权。但是，魏其不懂得乘时变化，硬与武安争势，灌夫既无权术，又不谦逊，两人互相辅翼，于是构成了大祸。武安依仗贵幸地位而耍手段，为了杯酒细故而怨愤，陷害了窦、灌二人。唉，可悲啊！因怨愤灌夫而牵连魏其，自己也活不长。老百姓都不拥戴，到底得了坏名声。唉，可悲啊！祸患的兴起蓄积很久了。

【简论】本篇是窦婴、田蚡、灌夫三人的合传，标题只称《魏其武安侯列传》是为了突出矛盾主线。本篇还写了一群陪衬人物，两个不可一世的皇太后，两个至高无上的君主，一班保官自全的朝臣，一群苟且蝇营的宾客。司马迁将各色人物纳入窦田矛盾这一主线上来，用犀利的笔触展示了他们的内心世界，勾画出一幅绝妙的群丑图。在这里，司马迁深刻地揭露了西汉盛世下的宫廷斗争，表示了对专制主义黑暗政治的批判和谴责。品行愈是卑鄙无耻，愈能在斗争中占上风。这就是封建社会中常见的君子败而小人胜。所以本篇用主要篇幅刻画了田蚡这样一个微不足道的卑劣人物。

韩长孺列传赞第四十八

太史公曰：余与壶遂定律历[①]，观韩长孺之义[②]，壶遂之深中隐厚。世之言梁多长者，不虚哉！壶遂官至詹事[③]，天子方倚以为汉相，会遂卒。不然，壶遂之内廉行修，斯鞠躬君子也。

【注释】①壶遂：梁人，与司马迁等共定太初历，官至詹事。　②韩长孺：梁人，名安国，长孺是字。初事梁王为中大夫，吴楚反汉攻梁，韩安国在梁国东界击退吴兵，名显天下。武帝时官至御史大夫，行丞相事。　③詹事：皇后、太子宫均有詹事，秩二千石，即宫中总管。

【译文】太史公说：我和壶遂一起制定历法，深知韩长孺的深明大义，他举荐的贤士壶遂，思想深沉，德行厚重。世上的人称道梁国多有德行的人，真是不假。壶遂官至詹事，汉皇帝正要倚重他做丞相，恰好壶遂病死了。否则，壶遂内心思想廉洁，又有很高的品德修养，这真是一位难得的谨严有礼的君子啊。

【简论】汉武帝欲以韩长孺为相，适逢坠车脚蹇；正要用壶遂为相，恰又病死，真好像有一种命运在作弄似的。司马迁和壶遂是好朋友，曾经在一起探讨过《太史公书》即《史记》的写作宗旨。假如壶遂为相，司马迁的坎坷也许不会发生。壶遂之死，司马迁寄予了无限惋惜。

李将军列传赞第四十九

太史公曰：传曰[①]“其身正，不令而行；其身不正，虽令不从”。其李将军之谓也？余睹李将军悛悛如鄙人[②]，口不能道辞。及死之日，天下知与不知，皆为尽哀。彼其忠实心诚信于士大夫也？谚曰“桃李不言，下自成蹊[③]”。此言虽小，可以谕大也。

【注释】①传曰：引自《论语·子路》第六章孔子语。　②悛悛：同“悃悃”，老实诚恳的样子。　③蹊：小路。

【译文】太史公说：古书上说“本身行为端正，不用命令人们也遵行；本身行为不端正，虽然三令五申人们也不遵从”。这话就像是对李将军说的啊！我看李将军诚诚恳恳像个乡下人，口齿木讷不会讲话。他死的那一天，全天下认识他的和不认识他的，都在为他尽哀。他那一颗忠诚的心确实感动了士大夫。谚语说：“桃树李树都不会讲话，但树底下却踩出了一条条小路。”这话虽然很小，可说明了一个大道理。

【简论】《李将军列传赞》用叙事和比喻评赞李广，语言朴实，没有雕琢，却在平淡的叙事之中蕴藏着极大的感染力。

李将军是司马迁精心塑造的人物之一，李广和卫、霍两传之间隔插《匈奴列传》，这是司马迁有意编排的，用以表现征伐匈奴的专题人物。司马迁将李广和卫、霍两个贵族将军，从出身、治军、出征、下场各个方面进行了对比。李广出身寒微，全靠善射和英勇征战而升为将军。他廉爱士卒，英勇无双，只因廉正不阿，落得个悲剧的下场。卫、霍靠裙带关系青云直上，出征匈奴虽打胜仗而得不偿失，尤其是霍去病“重车余弃粱肉，而士有饥者”。李广体贴士卒，“饮食与士共之”。所以士卒都愿跟随他打仗，乐于为他效力。生前，李广深受士卒爱戴；死后，李广受到全天下人的致哀。李广的这些品德及将才，因卫、霍两个声势显赫的贵族衬映而更觉高大。

匈奴列传赞第五十

太史公曰：孔子著《春秋》，隐、桓之间则章①，至定、哀之际则微②，为其切当世之文而罔褒③，忌讳之辞也。世俗之言匈奴者，患其徼一时之权④，而务谄纳其说⑤，以便偏指⑥，不参彼己⑦；将率席中国广大⑧，气奋；人主因以决策，是以建功不深。尧虽贤，兴事业不成，得禹而九州宁。且欲兴圣统⑨，唯在择任将相哉！唯在择任将相哉！

【注释】①章：显明。　②微：隐约。　③切：直切真实。罔褒：没有褒扬。罔，无。　④患：患得患失。徼：求取。　⑤谄（chǎn 产）：通“谄”，谄媚，奉承。纳：致送，进献。　⑥偏指：片面的意见。指通“旨”，意趣，意见。　⑦不参彼己：不知彼知己。参，验核，考求。　⑧席：凭借。　⑨圣统：天统，指汉得天统，将成为太平盛世。

【译文】太史公说：孔子编著《春秋》，对于隐公、桓公时的事记载得鲜明切实，到了定公、哀公时候就记载得隐讳婉约，因为孔子生活在定公、哀公之世，对于当代的事不便于直切记载，也就没有褒扬，是因为行文有所忌讳。用世俗观点谈论对付匈奴的谋臣，只想求得一时的天子宠幸，而醉心于趋奉上意高谈阔论，以达到有利于自己片面意见的目的，不去验核双方的形势；而征伐匈奴的将帅们又凭借中国广大，意气风发；皇上就依靠这些人来决定对匈奴的政策，因此建立的功业不深厚。尧尽管很贤明，没有好的助手却完不成治水的事业，直到得到了禹的辅佐，天下才安宁了。如果想要建立太平盛世，一定要选择任用好的将相，一定要选择任用好的将相啊！

【简论】司马迁写匈奴传，而在赞中却突如其来地发表选贤用将的议论，引用孔子作《春秋》隐喻微词之例以点题，寄意深远，余味无穷。孔子作《春秋》在定哀之际多微词，显然在示例《史记》载今上之世亦多微词，旨在引起读者注意李将军、匈奴、卫霍这三传的安排。安邦定国，要选贤用良。卫、霍至尊贵，而贤士大夫毋称焉，可见武帝不善择良将，怎么能够兴圣统呢？司马迁并未否定卫、霍的功绩，而只是选用典型发议论，旨在讥刺汉武帝任用贰师将军李广利等庸将之失，此所谓隐喻微词也。参见本书《序论》“提示微词讽喻义例”条。

卫将军骠骑列传赞第五十一

太史公曰：苏建语余曰①：“吾尝责大将军至尊重②，而天下之贤大夫毋称焉，愿将军观古名将所招选择贤者，勉之哉。

大将军谢曰：'自魏其、武安之厚宾客，天子常切齿。彼亲附士大夫，招贤绌不肖者，人主之柄也。人臣奉法遵职而已，何与招士③！'"骠骑亦放此意④，其为将如此。

【注释】①苏建：杜陵人，以校尉从卫青击匈奴有功，封平陵侯。　②责：责问，指出。大将军：即卫青，平阳人，字仲卿。卫青为汉代名将，凡七击匈奴，威震绝域，又为人仁善谦让，官至大司马、大将军。　③与：参与。招士：汉武帝亲自策问招选贤良方正，凡有一技之长者，均可录用。所以武帝一朝，人才辈出。这里卫青以此为托词，不愿荐贤，以免招致人主之忌。　④骠骑：指骠骑将军霍去病。他是卫青姊子，善骑射，凡六击匈奴，常大获全胜，为将军之冠，故封冠军侯，拜骠骑将军。

【译文】太史公说：苏建对我说："我曾经对大将军指出，你是当今朝廷上最尊贵的人，但天下的贤士大夫却不称颂您，希望将军看看古代名将是怎样招选贤士的，应努力效法啊。大将军回绝说：'自从魏其侯、武安侯两人厚招宾客以来，皇上常常切齿痛恨。使士大夫亲附，招致贤才，黜退不贤之士，那是皇上的权柄。作为人臣守法循职就可以了，为什么要参与招致人才的事呢？'"骠骑将军也如此效法，这两人做将军的诀窍就是这样。

【简论】卫青、霍去病二人身为名将，亦因外戚之故获得尊贵之位，但他们不修名节，不招贤士，对主上和柔自媚，故司马迁多所讥评。

平津侯主父列传赞第五十二

太史公曰：公孙弘行义虽修①，然亦遇时。汉兴八十余年矣②，上方乡文学，招俊乂③，以广儒墨④，弘为举首⑤。主父偃当路⑥，诸公皆誉之，及名败身诛，士争言其恶。悲夫！

【注释】①公孙弘：汉菑川国薛县人，字季，治《春秋公羊传》，元光五年，对策为举首，拜为博士，数年，位至丞相，封平津侯。天下的人都效法他，于是儒学大兴。　②汉兴八十余年：公孙弘元朔三年为御史大夫，即前126年，上距西汉建国，即前206年是八十一年。　③俊乂：乂，同“俊”，才德过人之称。　④儒墨：这里“墨”字是作陪衬，重在“儒”字。　⑤举首：对策第一。　⑥主父偃：临淄人，学纵横家言，晚学《易》、《春秋》百家言。由于卫青举荐，主父偃上书九事，八事言律令，一事谏伐匈奴，拜郎中，迁为中大夫。主父偃为人阴狠，喜揭人隐私，大臣多畏其口而趋奉之。后为齐相，终被族诛。当路：当权。

【译文】太史公说：公孙弘虽然有很高的德义修养，但他也是因为碰上了好时机。汉朝建立八十多年了，皇上正提倡经学，招致贤才，以发扬儒墨之学，公孙弘才得对策为举首。主父偃当权的时候，各位士大夫都赞誉他，等到他身败名裂的时候，士人们又争相说他很坏，真使人痛心！

【简论】《史记》卷一一二为《平津侯主父列传》，至卷一一八《淮南衡山列传》，共七传为一组，序列武帝时的人臣传记及开拓疆土。公孙弘反对通西南夷，司马相如主张通西南夷，故南越、东越、朝鲜、西南夷四传插入两传之中，表现了在汉武帝征伐四夷问题上的两种思想斗争。主父偃、徐乐、严安三人都以文辞进，与公孙弘显贵的事类相同。又三人都以伐匈奴、通西南夷为非，亦与公孙弘的思想相通，故四人同传。

南越列传赞第五十三

太史公曰：尉佗之王[①]，本由任嚣。遭汉初定，列为诸侯[②]。隆虑离湿疫[③]，佗得以益骄。瓯骆相攻，南越动摇。汉兵临境，婴齐入朝[④]。其后亡国，征自樛女[⑤]，吕嘉小忠[⑥]，令佗无后。楼船从欲，怠傲失惑；伏波困穷，智虑愈殖，因祸为福[⑦]。成败之转，譬若纠墨[⑧]。

【注释】①尉佗：真定人赵佗，佗亦作“他”。秦始皇时，佗为南海龙川令。秦末，南海尉任嚣死，佗摄行尉事，故史称尉佗。时中原战乱，尉佗割据南越（今两广地区），自称南越王。高后末自称南越武帝。汉文帝时，陆贾使南越责让之，尉佗作书谢汉，去帝号，仍为藩臣。　②列为诸侯：指汉初尉佗称王。③隆虑离湿疫：高后末，尉佗称帝后，发兵攻长沙边邑。高后遣将军隆虑侯周灶击南越，正值盛暑雨湿，士卒大疫，没有过南岭就撤了回来。离，遭遇。④瓯骆相攻……婴齐入朝：瓯骆，古部落国，在南越之西，今越南北部。据传文，攻击南越的不是瓯骆，而是闽越。武帝建元四年，尉佗死，其孙赵胡为王。建元六年，闽越王郢击南越，汉武帝派大行王恢、大农韩安国率两支军入援讨闽越。兵未逾岭，闽越王弟余善杀郢以降，于是罢兵。南越遣太子婴齐入朝。⑤其后亡国，征自樛女：樛（jiū 纠）女，应作樛后。婴齐入朝，在长安取邯郸樛氏女为妻。及即位，立为王后。后生子兴，兴为王，樛后为王太后。太后喻王内附，其相吕嘉反对，杀王太后及王。汉武帝派楼船、伏波等将军大发兵征讨，诛吕嘉，南越亡，置郡县。其事在元鼎五年。征，验，引申为亡国之祸胎。⑥吕嘉小忠：吕嘉历事尉佗、赵胡、赵婴齐三王，控制了南越的朝政，欲长期割据，反对王太后内附。吕嘉打着捍卫赵氏社稷的口号造反，导致了南越的灭亡，故称“小忠”。　⑦楼船从欲……因祸为福：楼船将军杨仆率数万人攻南越，与伏波将军路博德所率一千余人会番禺。楼船力战攻敌，纵火烧城，凭着自己的优势兵力攻打易于进攻的东南面，而路博德率一千余人进攻坚固的西北面，结果，杨仆愈是进攻，就愈是驱赶南越人向路博德投降。伏波攻坚，因祸为福，反而获得成功。　⑧纠墨：古代三股绳拧在一起叫“纠”，两股绳拧在一起叫“纆”。墨，通“纆”。贾谊：《鹏鸟赋》：“夫祸之与福兮，何异纠纆。”意谓祸与福，成与败，就像搓绳一样绞在一起，可以互相转化。

【译文】太史公说：尉佗之所以能称王，本因是由于任嚣临死时的提拔。又碰上汉朝刚刚建立，所以他取得了诸侯的地位。隆虑侯没能越过南岭，是由于汉兵被潮湿和瘟疫所阻，尉佗因此更加骄恣，得以称帝。闽越进攻，南越被摇动。汉兵临近边境，婴齐入朝长安。他后来遭到亡国，祸胎从樛后兴起。吕嘉小忠，导致了尉佗无后。楼船将军恣意逞强，傲慢自大不免于昏惑；伏波将军处在困难境地，智谋更加周全，反而因祸得福。成功与失败互相转化，就像搓绳索一样。

【简论】自古以来，中国就是一个由多民族组成的国家。中华民族的历史，是包括汉民族和各个少数民族人民的历史。但是儒家的正统思想却一再宣扬“夷夏之辨”。以中原华夏民族为冠带之国，贬称周边少数民族为夷狄之邦，以区分种族贵贱。因此，四方各民族被贬称为东夷、西戎、南蛮、北狄，视为荒服之地。孔子修《春秋》，内诸夏而外夷狄。西汉大儒董仲舒还把纲常伦理学说推广到民族关系上来，主张按各民族大小分成不同的等级，认为"大小不逾等，贵贱如其伦，义之正也"。（《春秋繁露·精华》）司马迁在这大汉族主义形成的时代，却独步史坛，在《史记》中首创民族史传。司马迁一共写了五篇民族史传，即《匈奴列传》、《南越列传》、《东越列传》、《朝鲜列传》、《西南夷列传》。每篇史传都各自独立成篇，详今略古，着重叙述汉武帝时期周边少数民族与中原王朝的关系。

司马迁在民族史传中贯穿了民族一统思想的主题，即东南西北各少数民族均为天子臣民，都是黄帝子孙，他们的历史发展是走向统一。故《太史公自序》述作传之旨，叙南越曰"佗能集杨越以保南藩"；叙东越曰"葆守封、禺为臣"；叙朝鲜曰"葆塞为外臣"；叙西南夷曰"邛笮之君请为内臣受吏"云云，鲜明地提出了民族走向一统是必然的历史趋势。司马迁打破了董仲舒所谓"小夷避大夷"、"大夷避中国"等等"名伦秩序"，把民族史传与名臣将相的列传交错等列，视各民族为中国版图之内的天子臣民。班固作《汉书》宣称"西南外夷，种别域殊"（《汉书·叙传》），把民族史传侧于列传之末。自班固以下的史家，大都效法《汉书》，贯彻封建正统思想。相比之下，司马迁首创民族史传，等列天子臣民的民族一统思想是超出其时代之上的。

东越列传赞第五十四

太史公曰：越虽蛮夷，其先岂尝有大功德于民哉，何其久也！历数代常为君王①，句践一称伯。然余善至大逆②，灭国迁众③，其先苗裔繇王居股等犹尚封为万户侯④，由此知越世世为公侯矣。盖禹之余烈也。

【注释】①数代：指夏、商、周、秦、汉数代。传说东越王为句践之后，句践祖先是夏代第六代君王少康之庶子，历数代为王。　②余善至大逆：余善，闽越王郢之弟。武帝建元六年，闽越王郢击南越，汉武帝发兵征讨，余善杀郢降汉，因得立为东越王。元鼎六年，余善反汉，自称“武帝”，被诛灭。　③灭国迁众：东越灭后，汉武帝迁其民于江、淮之间。　④其先苗裔句：即先王之苗裔，指闽越王无诸的后代。无诸，秦末举兵反秦，后佐刘邦灭楚，汉五年受封为闽越王。繇王居股即无诸的后代。汉灭东越后，封繇王居股为东成侯，食邑万户，归降的东越臣僚多有受封者，故云“居股等”。

【译文】太史公说：东越虽然是蛮族，难道是他们的祖先曾经有大功德施于人民吗？为什么传世是那样的久远！经历了好几个朝代都为君王，句践还一度称霸。尽管余善犯了大逆之罪，使他的国家灭亡，人民被迁徙，但先王无诸的后代繇王居股等仍然被封为万户侯。由此可见，越王世世代代为公侯，该是夏禹王留下的功德吧。

朝鲜列传赞第五十五

太史公曰：右渠负固，国以绝祀①。涉何诬功②，为兵发首。楼船将狭③，及难离咎④。悔失番禺，乃反见疑⑤。荀彘争劳，与遂皆诛⑥。两军俱辱⑦，将率莫侯矣。

【注释】①右渠负固，国以绝祀：右渠，朝鲜王卫满之孙。汉兵攻朝鲜，右渠凭据城坚，对抗汉兵不肯降，最后国破身亡，子孙诛灭。绝祀，断绝祭祀。　②涉何诬功：涉何，汉使。元封二年，汉武帝使涉何晓谕朝鲜王右渠入朝，右渠不听。涉何为了冒功，他刺杀了送行的朝鲜使者裨王长，声称“杀朝鲜将”而还。汉武帝拜涉何为辽东东部都尉。朝鲜怨恨涉何，击杀了他，于是挑起了战端。诬，假冒。　③楼船将狭：楼船将军杨仆和左将军荀彘分路进攻朝鲜。杨仆率水师登陆，先至王险城，荀彘从陆路未至，杨仆孤军围城，结果惨败。将狭，行狭，指杨仆心胸狭小，欲独得首功，遭到失败。　④及难离咎：“及难”与“离咎”同义，指杨仆遭遇失败的祸殃。　⑤悔失番禺，乃反见疑：杨仆与路博德会围番禺，杨仆力战，反驱南越人向路博德投降。这次进攻朝鲜，他和荀彘会围王险城，总结番禺会战的经验，等待荀彘攻城驱赶朝鲜人来投降，不协力攻城，被荀彘怀疑有反心。两将不和，久攻朝鲜不下。汉武帝派济南太守公孙遂前往调解。荀彘与公孙遂合谋以节捕执杨仆，并其军才攻灭了朝鲜。 ⑥荀彘争劳，与遂皆诛：荀彘并杨仆军是想独得功劳，公孙遂未完成调解使命，两人班师后均被武帝诛杀。杨仆当斩，赎为庶人。争劳，争功。 ⑦两军俱辱：荀彘与杨仆不协，两军都遭受过失败，久不建功。

【译文】太史公说：朝鲜王右渠凭恃险阻，招致了国家的灭亡。涉何冒功，成为征伐朝鲜的引线。楼船将军心胸褊狭，孤军围城遭到了失败。他后悔在番禺的失计，改变策略反被疑忌。荀彘争功，和公孙遂一起被诛。两军不协，久不建功，将帅都不得封侯。

西南夷列传赞第五十六

太史公曰：楚之先岂有天禄哉①？在周为文王师，封楚②。及周之衰，地称五千里③，秦灭诸侯，唯楚苗裔尚有滇王④。汉诛西南夷，国多灭矣，唯滇复为宠王⑤。然南夷之端，见枸酱番禺，大夏杖、邛竹⑥。西夷后揃⑦，剽分二方⑧，卒为七郡⑨。

【注释】①天禄：典出《尚书·大禹谟》："天禄永终。" ②在周为文王师，封楚：据《楚世家》记载，楚祖先鬻熊为周文王师，早卒。周成王时追封文、武时功臣之后嗣，季连曾孙熊绎封于楚蛮，为子爵。 ③地称五千里：战国时楚据有整个长江流域，为七雄中最大之国，截长补短与方五千里相称。④滇王：楚威王（前339—前328年在位）使将军庄跻率兵进入滇池，正值秦击楚夺巴、黔中郡，道塞不通，庄跻于是变服自立为滇王。 ⑤唯滇王复为宠王：西南夷有几十个部落国家。建元六年，唐蒙通使南夷，首置犍为郡。元封二年，王然宇率兵入滇，滇王举国降汉置益州郡，前后经营了二十七年。滇王最后臣属汉朝，因率滇民首善，不诛，仍赐滇王印，保留王号。 ⑥西南之端三句：汉武帝开通西南夷的契机是由于建元六年番阳令唐蒙出使南越，在番禺见到蜀枸酱、大夏杖、邛竹。这些物品由商人通过夜郎辗转到南越的，唐蒙还报，通使夜郎，从此拉开了汉武帝经营西南夷的序幕。枸（jǔ举）酱，一种落叶乔木的果实所制的酱，味甜美。大夏，西域国名。邛，西南夷国名，在今四川西昌地区。 ⑦西夷：包括南夷。揃（jiǎn剪）：分割。 ⑧剽分二方：西南夷分为西夷、南夷两部分。剽（piāo 漂），即分割之义。　⑨七郡：即犍为、牂牁、越嶲、益州、武都、沈犁、汶山七郡。

【译文】太史公说：楚国的先人难道有天赐的禄位吗？在西周时他们的先祖鬻熊为文王师父，封于楚。到了周代末年，楚国成为拥有五千方里的大国。秦统一诸侯，只有楚国的子孙还保有一个滇王。汉朝平定了西南夷，大小国家多被消灭，只有滇王仍为宠王。而开通西南夷的起因，是由于唐蒙在南越番禺见到了枸酱、大夏杖、邛竹。西南夷后来逐步被分割，分为南夷和西夷两部分，终于统归汉朝为七个郡。

【简论】《西南夷列传》记述了西南夷各族的民情习俗，庄蹻入滇的开发，秦汉两代的经营，反映了这一地区与中原文化经济交流的悠久历史。文章着重记载汉武帝三次通西南夷的情况，赞扬唐蒙、司马相如等人的卓识远见。公元前 111 年，司马迁出使西南夷设郡置吏，对西南夷的开发有着亲切的生活经历。所以史实记述翔实生动。

司马相如列传赞第五十七

太史公曰：《春秋》推见至隐①，《易》本隐之以显②。《大雅》言王公大人③，而德逮黎庶④。《小雅》讥小己之得失⑤，其流及上。所以言虽外殊⑥，其合德一也⑦。相如虽多虚辞滥说，然其要归引之节俭，此与《诗》之风谏何异⑧。[扬雄以为靡丽之赋⑨，劝百风一⑩，犹驰骋郑、卫之声⑪，曲终而奏雅，不已亏乎⑫？] 余采其语可论者著于篇⑬。

【注释】①《春秋》推见至隐：有两解。一，隐，微也，《春秋》由人事之显著事件推而至于明天道之隐微。二，隐，讳也，即《春秋》记事为尊者讳，为贤者讳，为亲者讳，例如晋文公召天子，而书作“天子狩河阳”之类。　②《易》本隐之以显：《易》和《春秋》正相反，它由推占隐微的天道来明万物之情。③《大雅》：《诗经》三百零五篇，分《风》、《雅》、《颂》三部分。《雅》又分

《小雅》、《大雅》两部分。《大雅》三十一篇，全部是西周盛世时的作品，是周王室东迁以前各历史时期的史诗。　④逮：及。黎庶：黎民众庶，即普通老百姓。　⑤《小雅》：七十四篇，所反映的多是西周末期政治废弛，以及东周社会混乱等情况，多讽谕之情。　⑥外殊：相反，不同。　⑦德：本质特性。　⑧风：读为“讽”。下面“劝百风一”之“风”同。　⑨扬雄：西汉末年的辞赋家。以下用方括标出的一段话是扬雄对司马相如的评语，与司马迁的评论大相矛盾，班固的《汉书·司马相如传》并录两存之。后人读史备注，在传抄中窜入《史记》，故译文略。　⑩劝百而风一：劝恶之言极多为一百，讽谏之言极少为一，即鼓励的靡丽之辞有一百分，讽喻的节俭之辞只有一分。　⑪郑卫之声：古人认为郑、卫之声淫，即属于现在所说的靡靡之音。　⑫不已亏乎：不也是得不偿失的吗！指司马相如以劝百讽一的靡丽之赋谏人主节俭，适得其反。已，通“亦”，也是。亏，应从《汉书》作“戏”，谓用劝百讽一之赋规谏人主从俭，简直是儿戏。　⑬这一句应上接“此与《诗》之风谏何异”。

【译文】太史公说：《春秋》由人事的显明事件推察天道的隐微，而《易》却由推占隐微的天道来明万物之情。《大雅》歌颂在位的王公大人的德行，影响及于普通老百姓。《小雅》讥讽在下位的人的个人得失，寄托怨思，使在上位的人了解民情。《春秋》与《易》，《大雅》与《小雅》内容虽然不一样，而都合于大道之德。司马相如的辞赋中虽然堆砌了许多华丽的词藻，但它的中心思想是归于节俭，这和《诗》用讽喻的艺术来劝谏是没有区别的。所以，我将他辞赋中有价值的部分摘录于传中。

【简论】司马相如主张开通西南夷，赞助封禅，所作子虚、上林之赋，推言上林广大，盛赞天子排场，表现了司马相如的大一统观念。又，司马相如赋发扬了讽喻的艺术。因此司马迁大量引载了他的论文和赋作，并在赞中作了高度评价，把它与《诗》中的大、小雅相提并论。赞末“扬雄以为”云云，认为司马相如赋是劝百讽一的郑卫之声，无益于治，与司马迁相左。班固并列司马迁、扬雄两人的议论以为《汉书·司马相如传》之赞，供人评说，遂转抄窜入《史记》中。

淮南衡山列传赞第五十八

太史公曰：《诗》之所谓[①]“戎狄是膺[②]，荆舒是惩[③]”，信哉是言也。淮南[④]、衡山亲为骨肉[⑤]，疆土千里，列为诸侯，不务遵蕃臣职以承辅天子，而专挟邪僻之计，谋为畔逆，仍父子再亡国[⑥]，各不终其身，为天下笑。此非独王过也。亦其俗薄，臣下渐靡使然也[⑦]。夫荆楚僄勇轻悍[⑧]，好作乱，乃自古记之矣[⑨]。

【注释】①引诗见《诗·鲁颂·闷宫》。　②戎狄是膺：戎，西戎；狄，北狄；泛指西方北方的周边民族。膺，打击。　③荆舒是惩：荆，楚国的别称；舒，指楚国的与国舒庸、舒鸠、舒蓼等小国，在今安徽舒城一带。该诗颂扬鲁僖公参加了齐桓公的尊王攘夷的会盟活动，惩治了楚国及其与国。　④淮南：淮南王刘长，汉文帝之弟，骄恣不法，被文帝流放巴蜀，死于道中。　⑤衡山：衡山王刘赐，刘长少子。刘长死后，民谣歌曰：“一尺布，尚可缝；一斗粟，尚可舂。兄弟二人不能相容。”汉文帝忧虑有杀弟之名，于是分淮南国为三，以刘长三子均为王。刘安为淮南王；刘勃为衡山王，后徙为济北王；刘赐为庐江王，后徙为衡山王。至武帝时，淮南王刘安、衡山王刘赐欲联合反汉，谋泄被诛。⑥仍父子再亡国：淮南王刘长与其子淮南王刘安、衡山王刘赐都因谋反被诛，父子两代两次失国。　⑦渐靡：逐渐影响。靡，通“摩”，磨砺，引申为影响。　⑧僄（piào 票）：轻捷。悍：勇猛。　⑨自古记之：即上引《闷宫》诗所载云云。

【译文】太史公说：《诗经》上所记载的“攻击戎狄，痛惩荆舒”，这话真对啊。淮南王、衡山王与天子亲为骨肉，封国土地方千里，位列为诸侯，不注重遵守藩臣的职责屏卫天子，反而用心研究奸邪的计谋，策划叛乱，父子相继两度失国，都不能守国终身，被天下人嘲笑。这并不是诸侯王单方面的过失。也是由于淮南地方风俗浇薄，受臣下逐渐影响所造成的啊。那荆楚地方的人民轻捷勇猛，喜欢作乱，这是古书上都记载了的。

循吏列传序及赞第五十九

〔序〕太史公曰：法令所以导民也，刑罚所以禁奸也。文武不备[①]，良民惧然身修者，官未曾乱也。奉职循理[②]，亦可以为治，何必威严哉？

〔赞〕太史公曰：孙叔敖出一言[③]，郢市复[④]。子产病死[⑤]，郑民号哭。公仪子见好布而家妇逐[⑥]。石奢纵父而死，楚昭名立[⑦]。李离过杀而伏剑，晋文以正国法[⑧]。

【注释】①文武：文指法令，武指刑罚。备：细密，完善。 ②理：法。 ③孙叔敖：春秋时楚庄王贤相。 ④郢市复：郢，楚都，今湖北江陵县。楚庄王铸重钱，不方便流通，交易停业。孙叔敖谏王，恢复了原钱，令下三日，郢都的交易就重新活跃起来。 ⑤子产：春秋时郑大夫，为相二十六年，郑国大治，夜不闭户，道不拾遗，晋楚两大国不敢欺凌。 ⑥公仪子句：春秋时鲁穆公相公仪休，生活节俭，不受贿赂。他的妻子种了一园向日葵，他拔掉了；妻子又织得一手好布，他就休了妻子，毁了织布机，说："有俸禄的人种菜织布，那农人和工商之人就没饭吃了。" ⑦石奢纵父而死，楚昭名立：石奢，楚昭王相。他刚正廉直，不阿法亲贵。有一天他追捕一个杀人犯，原来是他的父亲，他放走了父亲，自首请罪。楚昭王赦免了他。他说："不放走父亲是不孝，放走父亲是自己没遵守国家法律，不是忠臣。楚王赦罪是赐给我的恩惠，我应该被处死是为臣的本分。"他不接受赦令，自杀而死。 ⑧李离两句：李离，晋文公的司法官。他错判了杀人罪，自己投狱判自己死罪。晋文公说："下级报告有错，你没有罪。"李离说："你认为我能断理案件，才用我当司法官。现在我错判了杀人罪，犯了死罪，是不能宽恕的。"他自杀了，维护了国法的尊严。正，治罪。

【译文】〔序〕太史公说：法令是引导人民向善的，刑罚是禁止人民作奸犯科的。法令和刑罚虽不周密，但守法的人却谨慎小心地约束自己，这是因为当官的没有触犯过刑法。尽职守法，就可以治理好国家，为什么要严刑峻罚呢？

〔赞〕太史公说：孙叔敖说了一句话，郢都的交易就得到恢复。子产病死后，郑国人民号啕大哭。公仪休见妻子织得一手好布，就把她逐出了门。石奢放走父亲而自己替死，楚昭王的贤名得以树立。李离错判杀人罪而自己用剑自杀，维护了晋文公的国法。

【简论】循吏，即奉职守法之吏。酷吏，严酷刻深之吏。循吏传叙春秋时五人，不及汉人。酷吏传叙汉十二人，无一先汉人。并非春秋时无酷吏，汉时无循吏。司马迁作绝然的分段，意在突出世风之变化，法日益严密，刑治日益严峻。汉武帝加强中央集权，用法严酷，故酷吏十二人，十人在武帝一朝。

汲郑列传赞第六十

太史公曰：夫以汲、郑之贤①，有势则宾客十倍，无势则否，况众人乎！下邽翟公有言②，始翟公为廷尉，宾客阗门③；及废，门外可设雀罗④。翟公复为廷尉，宾客欲往，翟公乃大署其门曰⑤：“一死一生，乃知交情。一贫一富，乃知交态。一贵一贱，交情乃见。”汲、郑亦云，悲夫！

【注释】①汲、郑：汲黯，字长孺；郑当时，字庄。两人尊奉道家，是武帝时的著名直臣。汲黯官至主爵都尉，郑当时官至大农令，皆因好直谏，不得久居大位，迁为地方官。两人身死，家无余财。司马迁在列传中称赞二人说：“郑庄、汲黯始列为九卿，廉，内行修絜。此两人中废，家贫，宾客益落。及居郡卒后，家无赀财。” ②下邽：县名，故城在今陕西渭南县东北五十里。翟公，史失其名，故云公。《汉书·百官公卿表》载，元光五年有“廷尉翟公”，可知翟公为汉武帝时人。 ③阗：充塞。 ④罗：捕鸟之网。 ⑤署：书写，布告。

【译文】太史公说：以汲黯、郑当时那样有贤德，尚且有权势时宾客十倍，无权势时没人登门，何况一般的人呢！下邽翟公讲过他的经历。他做了廷尉，宾客盈门；等到丢了官，门外可张网捕鸟。后来翟公复职，宾客们又想去登门，翟公就用大字在门上贴了一张告示，说：“一死一生，乃知交情。一贫一富，乃知交态。一贵一贱，交情乃见。”汲黯、郑当时也正像翟公一样，真是可叹！

【简论】司马迁被刑，交游莫救，故本赞极写翟公之言，发抒内心的愤慨。这里用死与生，贫与富，贵与贱对比，深刻地揭露了当时社会的世态炎凉，羞愧那些趋炎附势之徒，读来令人心酸。

儒林列传序第六十一

太史公曰：余读《功令》[①]，至于广厉学官之路[②]，未尝不废书而叹也。曰：嗟乎！夫周室衰而《关雎》作[③]，幽、厉微而礼乐坏，诸侯恣行，政由强国。故孔子闵王路废而邪道兴[④]，于是论次《诗》、《书》，修起礼乐。适齐闻《韶》[⑤]，三月不知肉味[⑥]。自卫返鲁[⑦]，然后乐正，《雅》、《颂》各得其所[⑧]。世以混浊莫能用，是以仲尼干七十余君无所遇[⑨]，曰"苟有用我者，期月而已矣[⑩]"。西狩获麟[⑪]，曰"吾道穷矣[⑫]"。故因史记作《春秋》[⑬]，以当王法，其辞微而指博，后世学者多录焉[⑭]。

自孔子卒后，七十子之徒散游诸侯[⑮]，大者为师傅卿相，小者友教士大夫，或隐而不见。故子路居卫[⑯]，子张居陈[⑰]，澹台子羽居楚[⑱]，子夏居西河[⑲]，子贡终于齐[⑳]。如田子方、段干木、吴起、禽滑厘之属[㉑]，皆受业于子夏之伦，为王者师。是时独魏文侯好学[㉒]。后陵迟以至于始皇，天下并争于战国，儒术既绌焉[㉓]，然齐、鲁之间，学者独不废也。于威、宣之际[㉔]，孟子、荀卿之列，咸遵夫子之业而润色之，以学显于当世。

及至秦之季世[㉕]，焚《诗》、《书》，坑术士，《六艺》从此缺焉。陈涉之王也，而鲁诸儒持孔氏之礼器往归陈王[㉖]。于是孔甲为陈涉博士[㉗]，卒与涉俱死。陈涉起匹夫，驱瓦合谪戍[㉘]，旬月以王楚，不满半岁竟灭亡，其事至微浅，然而缙绅先生之徒负孔子礼器往委质为臣者，何也？以秦焚其业，积怨而发愤于陈王也。

及高皇帝诛项籍，举兵围鲁[29]，鲁中诸儒尚讲诵习礼乐，弦歌之音不绝，岂非圣人之遗化，好礼乐之国哉？故孔子在陈，曰“归与！归与！吾党之小子狂简，斐然成章，不知所以裁之”[30]。夫齐、鲁之间于文学[31]，自古以来，其天性也。故汉兴，然后诸儒始得修其经艺，讲习大射、乡饮之礼[32]。叔孙通作《汉礼仪》，因为太常[33]，诸生弟子共定者，咸为选首，于是喟然叹兴于学。然尚有干戈，平定四海，亦未暇遑庠序之事也。孝惠、吕后时，公卿皆武力有功之臣[34]。孝文时颇征用，然孝文帝本好刑名之言。及至孝景，不任儒者，而窦太后又好黄老之术，故诸博士具官待问，未有进者。

及今上即位，赵绾、王臧之属明儒学[35]，而上亦乡之，于是招方正贤良文学之士[36]。自是之后，言《诗》于鲁则申培公[37]，于齐则辕固生[38]，于燕则韩太傅[39]。言《尚书》自济南伏生[40]。言《礼》自鲁高堂生[41]。言《易》自菑川田生[42]。言《春秋》于齐、鲁自胡毋生[43]，于赵自董仲舒[44]。及窦太后崩，武安侯田蚡为丞相[45]，绌黄老、刑名百家之言，延文学儒者数百人，而公孙弘以《春秋》白衣为天子三公[46]，封以平津侯。天下之学士靡然乡风矣。

公孙弘为学官[47]，悼道之郁滞[48]，乃请曰：“丞相御史言[49]：制曰[50]‘盖闻导民以礼，风之以乐[51]。婚姻者，居室之大伦也[52]。今礼废乐崩，朕甚愍焉。故详延天下方正博闻之士[53]，咸登诸朝。其令礼官劝学[54]，讲议洽闻兴礼[55]，以为天下先。太常议[56]，与博士弟子[57]，崇乡里之化[58]，以广贤材焉’。谨与太常臧、博士平等议曰[59]：闻三代之道，乡里有教，夏曰校，殷曰序，周曰庠。其劝善也，显之朝廷；其惩恶也，加之刑罚。故教化之行也，建首善自京师始，由内及外[60]。今陛下昭至德，开大明，配天地，本人伦，劝学修礼，崇化厉贤，以风四方，太平之原也。古者政教未洽[61]，不备其礼，请因旧官而兴焉[62]。为博士官置弟子五十人[63]，复其身[64]。太常择民年十八已上，仪状端正者，补博士弟子。郡、国、县、道、邑有好文学[65]，敬长上，肃政教，顺乡里，出入不悖所闻者[66]，令、相、长、丞上属所二千石[67]，二千石谨察可者，当与计偕[68]，诣太常，得受业如弟子。一岁皆辄试[69]，能通一艺以上[70]，补文学、掌故缺[71]；其高弟可以为郎中者[72]，太常籍奏[73]。即有秀才异等，辄以名闻[74]。其不事学若下材及不能通一艺，辄罢之，而请诸不称者罚[75]。臣谨案诏书律令下者，明天人分际[76]，通古今之义[77]，文章尔雅[78]，训辞深厚，恩施甚美。小吏浅闻，不能究宣[79]，无以明布谕下。治礼，次治掌故[80]，以文学礼义为官，迁留滞[81]：请选择其秩比二百石以上[82]，及吏百石通一艺以上，补左右内史、大行卒史[83]；比百石已下，补郡太守卒史：皆各二人，边郡一人，先用诵多者，若不足，乃择掌故补中二千石属[84]，文学掌故补郡属[85]，备员[86]。请著《功令》[87]。佗如律令。"制曰："可。"自此以来，则公卿大夫士吏斌斌多文学之士矣[88]。

【注释】①功令：学令，课试学生成绩的法规。　②广厉学官之路：多方开辟士子求学之路，即立学官。厉，通"砺"。学官，即授业弟子当教官的博士。元朔五年（前124年）公孙弘请为博士置弟子，博士遂为学官。　③《关雎》：即《诗经·周南》中的第一篇，司马迁以为是讽刺诗。见《十二诸侯年表序》注。　④闵：伤念，痛惜。王路废而邪道兴：西周盛世礼乐征伐自天子出，孔子认为这是王道正轨；春秋世乱，礼乐征伐自诸侯、大夫出，陪臣执命，孔子认为是王路坠废而邪道兴起。　⑤适齐闻《韶》：《论语·述而》第十四章："子在齐闻《韶》，三月不知肉味，曰：不图为乐之至于斯也。"《韶》，舜时乐曲名，颂扬禅让的内容，孔子称赞是最好的乐曲。　⑥三月：言时间之长久。三，泛指多数。　⑦自卫返鲁：《论语·子罕》第十五章："子曰：吾自卫返鲁，然后乐正，《雅》、《颂》各得其所。"据《左传》，其事在鲁哀公十一年冬，即公元前484年。　⑧《雅》、《颂》：《诗经》的两个组成部分。　⑨干七十余君：孔子周游列国，历周、郑、齐、宋、曹、卫、陈、楚、杞、莒、匡等国。干七十余君之说出自《庄子·天运篇》中的寓言。干，求，游说。　⑩期月：一年。语见《论语·子路》第十章。　⑪西狩获麟：鲁哀公十四年（前481年），鲁国的采薪者在西郊猎得一只麟，孔子叹息说："吾道穷矣。"按儒家理论，麟应在太平盛世出现，而鲁哀公十一年是乱世，麟的出现是反常现象，孔子认为这是上天示意他的治世理想不能实现，而且是他寿将终的征兆，于是写《春秋》至此绝笔。事见《公羊传》鲁哀公十四年传。　⑫道穷：理想不能实现。穷，尽。

⑬因史记：依赖史官所记的资料。这里的“史记”是泛指历史资料。 ⑭录：传习抄录。 ⑮七十子：《仲尼弟子列传》载孔子高徒七十七人，言七十，举其成数。 ⑯子路：孔子学生仲由，字子路，卞（今山东泗水县东五十里）人，小孔子九岁。子路仕卫，公元前480年死于靖卫出公之难。 ⑰子张：孔子学生颛孙师，字子张，陈人，小孔子四十八岁。 ⑱澹台子羽：孔子学生澹台灭明，字子羽，武城（今山东费县西南）人，小孔子三十九岁。 ⑲子夏：孔子学生卜商，字子夏，小孔子四十四岁，居西河教授，曾为魏文侯师。西河：今陕西韩城、合阳一带，与河东相对，故称西河。 ⑳子贡：孔子学生端木赐，卫人，小孔子三十一岁，善货殖。 ㉑田子方：魏人，子贡学生。段干木：魏人，子夏学生。吴起：卫人，战国时著名兵法家。禽滑厘：战国初人，初受业于子夏，后就学于墨翟，精通攻防战术，曾助宋拒楚。之属：与下文“之伦”同义，即这一些人。 ㉒魏文侯：名斯，三家分晋后，公元前403年魏斯受命为侯，公元前397年卒。 ㉓绌：同“黜”，排斥。 ㉔威：齐威王田因齐，公元前356年至前320年在位。宣：齐宣王田辟疆，公元前319年至前301年在位。 ㉕季世：末世、衰世。 ㉖礼器：即祭器，也称彝器，古代举行祭祀、丧葬、聘礼等礼仪时所用，有钟、鼎、簋、觚、豆、镈等器物，用青铜制造。 ㉗孔甲：孔子的第八世孙，名鲋，字甲。 ㉘瓦合：喻乌合之众。 ㉙围鲁：围攻项羽的封邑旧鲁都曲阜。楚怀王初封项羽为鲁公。刘邦围鲁，鲁坚守不下，弦歌依旧。项羽死后，鲁最后投降汉朝，刘邦以鲁公礼葬项羽。 ㉚孔子在陈四句：见《论语·公冶长》第二十二章。归：回家。狂简：志大而略于事。斐然：有文采的样子。裁：剪裁，引申为教育，引导。 ㉛文学：典籍文献，西汉时专指经学，故文学之士，即精通经学之士。 ㉜大射、乡饮之礼：指乡射、乡饮酒两种选贤礼节。起于西周，由地方基层组织乡大夫主持习武选贤的射礼，称乡射；乡大夫主持饮地方贤者，称乡饮酒。乡饮酒礼十分隆重，从西周起，一直沿用到清朝。古代的学生都要练习乡射和乡饮酒这两种礼节。 ㉝太常：秦代官制九卿之一，掌宗庙礼仪。秦名奉常，汉景帝更名太常。博士隶属太常。 ㉞公卿皆武力句：指汉初朝官皆用功臣，他们出身马上，不重视文化。例如，周勃为丞相，接待诸生，不待以客礼，并粗暴地发号施令。 ㉟赵绾、王臧：武帝初即位时，赵绾为御史大夫，王臧为郎中令，两人主张尊儒，议立明堂，征鲁大儒申公，遭到尊黄老的窦太后反对，均下狱死。这是西汉儒道斗争的第二个回合。第一次发生在景帝时，黄生与辕固生辩论汤武革命，被景帝制止。 ㊱招方正贤良文学之士：这是汉文帝二年（前178年）所创立的选举制度，由二千石以上的朝官及郡守、国相举荐士人赴京对诏策答问，按对策优劣评定名次，录选任用，称举贤良制度。初创时全称“贤良方正能直言极谏者”。“贤良方正”是举士名称，“能直言极谏者”是入选条件，申、商、刑

名、道、儒之士皆可入选。武帝建元元年举贤良，罢黜申、商、韩非、苏秦，张仪之言、只选儒生，这就是"罢黜百家，独尊儒术"的事件。所以，武帝以后所举贤良方正又称"贤良文学士"，"文学高第"，或省称"文学"，"文学士"。"招方正贤良文学之士"，即指武帝举贤良，以明经博学的儒生为入选的条件。㊲鲁：鲁国地区。此沿用旧时国名以为地区名，故译文为"鲁地"，下文齐、燕、赵同，分别译为齐地、燕地、赵地。申培公：即申培，"公"字是尊称，也省称申公，鲁人，传鲁诗的大儒。　㊳辕固生：即辕固，齐人。"生"，是先生之省称。辕固生治《齐诗》，景帝时博士，因与黄生辩论汤武革命，被解职家居。建元元年被举贤良。　㊴韩太傅：韩婴，燕人，文帝时的《诗经》博士，景帝时为常山王太傅，著有《韩诗内外传》传世。　㊵伏生：伏胜，字子贱，济南人，秦博士，传授《尚书》。文帝时，年九十余，不能行动，朝廷派晁错往受《尚书》二十九篇，即流传至今的《今文尚书》。　㊶高堂生：高堂伯，鲁人。　㊷菑川：汉代封国，治剧县，今山东寿光县南，这里是用汉代国名追书田生为菑川人。田生：即田何，字子庄，秦末汉初人。田何传《易》于王同，王同传杨何。杨何元光元年为中大夫，司马谈曾问《易》于杨何。　㊸胡毋生：胡毋，复姓，字子都，齐人，在齐、鲁之间传授《春秋》。　㊹董仲舒：西汉大儒，传《公羊春秋》，著有《春秋繁露》。建元元年举贤良时为举首，提出"推明孔氏，抑黜百家"的主张，从而成为汉代儒宗。他的《天人三策》就是建元元年举贤良时的专题对策。　㊺田蚡：汉景帝王皇后同母弟，封武安侯。汉武帝建元六年为丞相，尊儒。　㊻白衣：与官服相对而言，平民代称。公孙弘：菑川人，家贫，牧豕海边，故称白衣。三公：秦汉时，丞相、御史大夫、太尉并称三公。公孙弘官丞相，封平津侯，位列三公。　㊼公孙弘为学官：指公孙弘曾经为博士。建元元年及元光五年，公孙弘曾两度举贤良为博士，他上书请立博士弟子，据《汉书·武帝纪》，其事在元朔五年，此时公孙弘已为丞相。　㊽悼：哀伤，痛惜。郁滞：不通达，这里指儒学之道未发扬。　㊾丞相御史言：丞相和御史大夫联名上奏。丞相，即公孙弘。御史，御史大夫之省称，与公孙弘联名上书的御史大夫为番系。　㊿制曰：皇帝对臣下发话，裁决可称"制曰"，以皇帝名义发布的法律、文告称"诏令"。"制曰"云云，引自武帝崇礼的文告。(51)风：读"讽"，引喻，教化之意。　(52)大伦：最大的伦理。伦，指人伦，即人与人之间相处关系的道德伦理。　(53)方正博闻之士：品德廉正，知识渊博的士人。　(54)礼官：指太常。劝：勉励，提倡。　(55)讲议：讨论，研究。洽闻：博闻。　(56)太常议：指太常上奏的报告。上文所引"制曰"云云，就是汉武帝在太常报告上的批语。　(57)与博士弟子：给博士配置弟子。与，读"予"，二字通，给予，即设置。《汉书·儒林传》正作"予"。博士弟子，博士的学生。博士，起于秦制，供咨询，百家学说之士皆可为博士，无定员。汉武帝罢百家之学，博士只用儒生。建元五年配齐五经博士。元朔五年置博士弟子，从此博士兼为学官，博士府署发展成为太学。　⑱崇：尊崇，这里作推广解。乡里之化：乡、里均是周代的地方基层组织，选贤由乡大夫主持用乡射、乡饮酒两种形式荐选，每三年一次在地方学校举行，称为乡党之选。这里指学校教育。　⑲太常臧：即太常孔臧，西汉大儒孔安国的堂兄，孔子第十二代孙。元朔二年，汉武帝欲用孔臧为御史大夫，他自请为太常主持教化。博士平：平，人名，史佚其姓，为博士。　⑳由内及外：由京师向外方推广。内，指朝廷。外，指地方。㉑洽：滋润，引申为和谐。　㉒旧官：指博士官，言旧官，意思是说以现有的官员博士为教官，不须另置。　㉓置弟子五十人：这是元朔五年初置博士弟子的定员，每经十人，五经共五十人。其后博士弟子不断增加，至西汉末达三千人，至东汉末更多达三万人。　㉔复其身：免除博士弟子本人的赋役。㉕郡国县道邑：西汉地方行政分郡、县两级。国，诸侯王国，与郡平行。道，与县平行，有少数民族的县称道。邑，封君公主的汤沐邑，又有侯国封邑，皆与县平行。西汉盛时，凡郡国一百三，县邑千三百一十四，道三十二，侯国二百四十一。　㉖出入不悖所闻：谓言行一致，行动不违背所学的知识道理。　㉗令相长丞：大县万户以上之长为令，万户以下县为长，副职称为丞。令与长，秩六百石至千石不等。相，指侯国相，同令、长。二千石：郡守及诸侯国相，皆二千石。　㉘当与计偕：指所选出的地方士人与郡国上计掾一起赴京师。计，即上计掾，郡国属官，负责向朝廷报告地方民事财政的官吏。　㉙皆辄试：都要参加考试。　㉚一艺：一经。　㉛文学掌故：文学，置于郡国掌书办的小吏，秩百石。掌故，属太常，主故事。文学、掌故是两种官，但下文“文学掌故补郡属”，只指文学。　㉜郎中：宫廷郎官之一，秩三百石。郎官掌守宫门，皇帝出巡充车骑仪仗，分议郎、中郎、侍郎、郎中四级，无定员。郎中为最低级。㉝籍奏：将选作郎中的博士弟子列载花名册上奏。　㉞以名闻：对优秀的博士弟子单独具名上奏。　㉟诸不称者罚：博士弟子不成材，郡国、太常主管举荐、复核的官员，以及授经博士等人要负失职的责任，连坐受罚。　㊱明：昭示。天人分际：天人关系，即汉代流行的天人感应学说，天变灾异与人事关联。博士弟子要懂得这一套理论，才能宣讲诏书。　㊲通古今之变：通达古今的历史知识掌故。　㊳尔雅：纯正。　㊴究宣：原原本本地宣讲。究，尽。　㊵治礼：大行属官，职司礼仪。　㊶迁留滞：迁，迁转。留滞，长期得不到升迁的人，即人才积压。“迁留滞”这三字要贯通上下文，直至“备员”句止，方无阻碍。这里是说治礼、掌故及地方小吏很少迁转，请把地方小吏通经术的迁转为各级卒史，若不足，就迁转治礼、掌故为卒史以备员。这样，人得尽其职，不仅留滞得到疏通，而且朝廷诏书律令也可得到很好的宣讲贯彻。　㊷比二百石：汉制二百石分两级，二百石月俸三十斛，比二百石为二十七斛。以：通已。　㊸左右内史：内史，周官，治理京师，秦因之。汉景帝分置左右。汉武帝太初元年改右内史为京兆尹，改左内史为左冯翊。大行：九卿之一，掌接待宾客，后改为大鸿胪。卒史：秩百石的办事吏员。　㉞中二千石属：指左右内史及大行属下的卒史。汉制二千石分为：中二千石、二千石、比二千石三级。左右内史及大行令为中二千石。　㉟郡属：郡太守卒史。　㊱备员：配备足员，即上文所说郡太守配备两个通经术的卒史，边郡配一人。　㊲请著《功令》：请记载在学生功令上执行。　㊳斌斌：文采和朴实兼备。

【译文】太史公说：我阅读考选博士弟子的法规，当看到皇帝多方为士子开辟求学之路时，没有不放下书本而叹息的。说：啊！周王室衰微了，出现了《关雎》这样的作品。周厉王、幽王之时，礼乐堕坏，诸侯任意横行，政令由强国发号。所以孔子哀伤王道衰微而邪道兴起，于是编次了《诗》、《书》，整理和提倡礼乐。他到齐国听到了《韶》的乐章，沉醉于音乐中，三个月都尝不出肉味。他从卫国回到鲁国，才把音乐校正出来，使《雅》归《雅》，《颂》归《颂》，各自有适当的位置。世道混乱污浊，没有人任用他，因此游说七十几个国君而没有遇到一个知音。孔子感慨地说："如果有人用我来主持国家政事，一年便差不多了。"当鲁国在西郊猎得一只麒麟时，孔子说："我的理想不能实现了。"于是孔子借助鲁国的历史资料写了一部《春秋》，用它表现周王室的法统，文辞十分隐约婉转，而意义非常博大精深，后代的学者都纷纷传习抄录。

自从孔子死后，他的七十多个学生分散在各诸侯国交游，成就大的做了诸侯国君的师傅卿相，成就小的周旋于士大夫中，有的隐居不仕。所以子路仕于卫，子张仕于陈，澹台子羽仕于楚，子夏在西河教授，子贡晚年在齐国。像田子方、段干木、吴起、禽滑厘等有名人物，都是在子夏这些人的教导下，成长为国君的老师。这时独有魏文侯最好学。后来衰颓了，以至于出现了秦始皇。在天下竞相争斗的战国时代，儒学就已经受到排斥，但齐国、鲁国地方，学习的人独不废弃。在齐威王、齐宣王的时候，涌现了孟子、荀卿等人，他们都继承和发展了孔子的事业，用自己的学说显名于当世。

到了秦朝末年，焚灭《诗》、《书》，坑杀儒生，《六艺》从此残缺。陈涉称王，鲁地的儒生带着孔子礼器去投奔他。于是孔甲做了陈王的博士，最后与陈王一起死难。陈涉从一个普通老百姓兴起，驱使着一群戍边的乌合之众，一个月之间就统治了楚国地方，但不到半年竟灭亡了，他的事业是微不足道的，然而士大夫们却带着孔子礼器归附他为臣，是什么原因呢？因为秦朝毁灭了他们的事业，积怨于秦朝因而下决心投靠陈王。

高皇帝诛灭了项籍，引兵围攻鲁城，鲁城中的儒生依旧讲习六经礼乐，弦歌的声音没有绝响，这岂不是因为受圣人遗教感化，成了爱好礼乐之邦的缘故吗？所以，孔子在陈国说："回去吧！回去吧！我们乡里的学生们志向很高大，文采又都斐然可观，我简直不知道怎样去指教他们。"说到齐、鲁两地，那里的人民对于文化典籍的爱好，从古以来就是他们的自然习性。只是到了汉朝建立，儒生们才得以修饰他们的经艺，讲习乡射、乡饮酒的礼仪。叔孙通制定了《汉礼仪》，因而做了太常，和他一起制礼的弟子，也都被优先录用，于是欣然感叹，更加讲习学问。但当时还在打仗，全国平定后，也没有闲暇来得及兴办学校。惠帝、吕后时任用为公卿大臣都是有功勋的武臣。孝文帝虽开始大批征用儒生，然而他本意却是爱好刑名的学说。到景帝即位，又不任用儒生了，这是因为窦太后爱好黄老学说，所以各位博士官只是备员供咨询，不能显达。

当今皇帝即位，赵绾、王臧等人宣明儒学，由于皇上十分向往，于是诏举精通经学之士的贤良方正。从此以后，讲习《诗》学的，在鲁地则有申培公，在齐地则有辕固生，在燕地则有韩太傅。讲习《尚书》学的，由济南伏生传授。讲习《礼》学的，由鲁国高堂生传授。讲习《易》学的，由菑川田生传授。讲授《春秋》学的，在齐、鲁两地有胡毋生，在赵地有董仲舒。窦太后死后，武安侯田蚡为丞相，排斥黄老、刑名及百家学说，引用了几百个通经学的儒生，公孙弘因为精通《春秋》学，他从一个普通的平民成了天子的三公，被封为平津侯。讲习经学在全天下的学人士子中已蔚然成风。

公孙弘曾为学官，他痛惜儒学之道不通达，做了丞相后就上奏皇帝说："丞相御史联名向皇帝上奏：制令说，'大略听说治政的轨道，引导人民要用礼，教化风俗要用乐，婚姻则是男女相处最大的伦理。现今礼乐坏废了，我十分忧虑。所以大力引用天下品德廉正、知识渊博的士人，把他们都选拔到朝廷上来。又命令礼官提倡学习，讲论广博的知识以兴盛礼仪，作为天下的表率。太常制定出一个章程，给博士配备弟子，同时推广地方教育，用以广开才路'。根据这一制令，丞相御史两府认真地与太常孔臧、博士平等讨论，共同认为：夏、殷、周三代，地方乡里均搞教育，夏代叫校，殷代叫序，周代叫庠。鼓励为善的人，让他们在朝廷上显名；惩治为恶的人，给他们加上刑罚。所以，教化的推行，树立榜样要从京师做起，再由朝廷推向地方。现在，陛下昭示了最高的恩德，开放了最大的光明，符合天地之道，根据人伦关系，鼓励学问，修饰礼仪，尊崇教化，磨砺贤才，用以教化全国，这是太平的源泉。古代政教不和谐，礼仪不完备，请依靠原有的学官来兴盛教化。为博士官配置弟子五十人，免除他们的赋役。由太常选择十八岁以上，品貌端正的青年，补充博士弟子。郡、国、县、道、邑有爱好经学，崇敬长上，尊奉政教，悌顺乡里，行动不违背所学知识的人，县令、侯相、县长、县丞都要向所隶属的郡、国二千石举荐，二千石再认真审查合格的人，然后与上计掾一起赴京师，到太常学习，等同博士弟子。学满一年后都要进行考试，能够精通一经以上的，可补充文学、掌故的缺额，其中考试名列前茅可以为郎中的人，由太常造册上奏。若有特别优秀的人才，则要单独将名字上奏。其中不堪造就如同下等材料者，以及不能读通一经的人，就要罢斥，而举荐、审查、教授他们的人因为不称职，也要受到惩罚。臣等认真地考核了朝廷所下的诏书律令，它们昭示天人关系，贯通古今义理，文章雅正，训辞含义深厚，施加给人民的恩德很大。下属小吏，知识浅薄，不能够原原本本地宣讲，也就不能够把朝廷的旨意明白地布告天下。治礼，其次是治掌故，都要选用懂得经学礼仪的人充任，为了疏通人才积压，请选择那些俸禄比二百石以上，以及百石以下的小吏，能诵读一经以上的，可补左右内史及大行的卒史；比百石以下的，可补郡太守卒史，各定员二人，边郡一人。优先选用诵经多的人，若不足定员，就选择掌故补中二千石的属员，文学掌故补郡国属员，配足定员。请把这一规定写进《功令》。其他照原有的律令。”皇上批下来说：“可。”从此以后，公卿大夫士吏多是文质彬彬的经学儒生。

【简论】《儒林列传》是司马迁首创的教育史传，叙儒学的发展历史及师承，载述古今人物五十三人，题名“儒林”，名副其实，妙旨传神。全传分两个部分。第一部分序言，概述了孔子创儒学的意义及历史发展。第二部分传文，只载西汉前期儒学的盛况及五经儒学大师和师承，记叙汉儒三十九人。重点载述十位经师。即《诗》学经师申公、辕固生、韩生；《尚书》经师今文学伏生、古文学孔安国；《礼》学经师高堂生；《易》学经师田生；《春秋》学经师公羊家董仲舒、胡毋生；谷梁家江生。此外，公孙弘亦公羊大师，官至丞相，另有专传，他倡导儒学的事迹载入序中。

三十四个汉儒，十之七、八在武帝一朝。所以《太史公自序》云：“自孔子卒，京师莫崇庠序，唯建元、元狩之间，文辞粲如也。作《儒林列传》第六十一。”司马迁充分肯定了汉武帝时期教育事业的发展。论者多认为《儒林列传》主旨是讥刺汉武帝及汉儒，这是不符合事实的。因为在古代，教育是通过传播儒学来发展的。《儒林列传序》就是一篇精彩的教育学史论。全传三千四百一十字，序文一千三百一十字，占全传篇幅的三分之一强，在《史记》全书中是最长的一篇大序，说明司马迁对发展教育是十分重视的。

中国的教育事业是从孔子开始的。三代之教育，夏曰校，殷曰序，周曰庠，那只不过是古代村社集会和宣布政教的场所，并不是真正的授业学校，《儒林列传》不予记载，只是在公孙弘的上书中提及。序文开宗从孔子叙起，他编纂了《六经》，教授了七十子，这就是孔子的伟大事业。司马迁对《六经》十分推崇，它可以整齐一代的风习，可以当一王之法。《太史公自序》云："周室既衰，诸侯恣行。仲尼悼礼废乐崩，追修经术，以达王道，匡乱世反之于正，见其文辞，为天下制仪法，垂《六艺》之统纪于后世。作《孔子世家》第十七。"又云："孔氏述文，弟子兴业，咸为师傅，崇仁厉义。作《仲尼弟子列传》第七。"可以说，《儒林列传序》就是对《孔子世家》和《仲尼弟子列传》所作的总结和评价。

孔子倡导的儒学，由七十子扩散到了全国各地，他们传播文化，传播道德，为王侯卿相之师，为庶民百姓之表率。凡儒学所及，风教粲然，人民守义。鲁地人民为项羽守城就是生动的证明。所以，在政治上，司马迁批评汉武帝多欲；在思想上，主张兼采百家学说；但在教育事业上却十分推崇儒学。没有儒学，就没有中国古代的教育。尽管公孙弘为人饰诈多巧，司马迁在《平津侯主父列传》中多所讥评，但他对公孙弘倡导教育却是肯定的。

酷吏列传序及赞第六十二

〔序〕孔子曰①："导之以政，齐之以刑，民免而无耻②。导之以德，齐之以礼，有耻且格③。"老氏称："上德不德，是以有德，下德不失德，是以无德④。法令滋章，盗贼多有⑤。"太史公曰：信哉是言也！法令者治之具，而非制治清浊之源也。昔天下之网尝密矣⑥，然奸伪萌起⑦，其极也，上下相遁⑧，至于不振。当是之时，吏治若救火扬沸⑨，非武健严酷，恶能胜其任而愉快乎！言道德者，溺其职矣⑩。故曰⑪"听讼，吾犹人也，必也使无讼乎"。"下士闻道大笑之"⑫。非虚言也。

汉兴，破觚而为圜⑬，斫雕而为朴⑭，网漏于吞舟之鱼，而吏治蒸蒸⑮，不至于奸，黎民艾安⑯。由是观之，在彼不在此。

【注释】①孔子曰：引语见《论语·为政》第三章。　②免：免于犯罪。　③格：至，引申为人心归服，向往。　④上德不德，是以有德四句：引自《老子》第三十八章。高亨《老子正诂》云："上德之人，但求反其本性，不于性外求德，而终能全其本性，故曰上德不德，是以有德。"这里只是取其字面意义。　⑤法令滋章，盗贼多有：见《老子》第五十七章。滋章，愈加繁多。这里是严酷的意思。　⑥昔天下之网：指秦时之法。　⑦萌起：像初生的草木那样不断发生。　⑧相遁：上下互相推脱责任。遁，逃避，指钻法令的空子。　⑨救火扬沸：负薪救火，扬汤止沸，喻无济于事。扬汤，舀起再倾下。沸，热水，古人称汤。　⑩溺职：失职。　⑪故曰：指孔子说。引文见《论语·颜渊》第十三章。　⑫下士：下愚的人。这句引语见《老子》第四十一章。　⑬破觚而为圜：把方形东西的棱角削去而变成圆形，喻汉初破除了秦的酷法使法制简约浑厚。觚（gū 孤），有棱角的酒器。圜，通"圆"。　⑭斫雕而为朴：把物品上雕刻的花纹刮去还原成朴素的形态，喻抑制巧诈奸伪使民风返于敦厚。　⑮蒸蒸：欣欣向荣的样子。　⑯艾安：平安无事。艾（yì 意），通"乂"，治理。

〔赞〕太史公曰：自郅都、杜周十人者①，此皆以酷烈为声。然郅都伉直，引是非②，争天下大体③，张汤以知阴阳④，人主与俱上下⑤，时数辩当否⑥，国家赖其便。赵禹时据法守正。杜周从谀⑦，以少言为重⑧。自张汤死后，网密，多诋严⑨，官事寖以耗废⑩。九卿碌碌奉其官，救过不赡⑪，何暇论绳墨之外乎⑫！然此十人中，其廉者足以为仪表，其污者足以为戒，方略教导，禁奸止邪，一切亦皆彬彬质有其文武焉⑬。虽惨酷，斯称其位矣。至若蜀守冯当暴挫⑭，广汉李贞擅磔人⑮，东郡弥仆锯项，天水骆璧推咸⑯，河东褚广妄杀，京兆无忌、冯翊殷周蝮鸷⑰，水衡阎奉朴击卖请⑱，何足数哉！何足数哉！

【注释】①自郅都杜周十人：《酷吏列传》共载汉代酷吏十二人：即高后时酷吏侯封，文景时酷吏郅都，武帝时酷吏宁成、周阳由、赵禹、张汤、义纵、王温舒、尹齐、杨朴、减宣、杜周。单武帝一朝就有十个酷吏。从郅都至杜周计十一个酷吏，言十人是举其成数。一说杨朴酷行不足，未计在内。　②引是非：申辩是非，也就是说能清楚地分析大是大非，郅都敢在朝廷上当面折辱大臣。③天下大体：关系国家的重要原则、义理。　④知阴阳：知道怎样阿谀人主，掌握说话的分寸。阴阳，喻喜怒变化。　⑤人主与俱上下：是指张汤与人主俱上下，故意倒装加强语气。意谓张汤善于察颜观色，始终保持与人主的意见一致。　⑥数辩当否：指伐匈奴、盐铁专卖、出告缗令、抑制豪强等大政方针，在多次廷辩中张汤都支持了汉武帝。　⑦杜周从谀：杜周治狱，枉法取容。他说人主的意志就是法律。汉武帝想排除的人，他罗致罪状加以陷害；汉武帝想释放的人，他千方百计加以开脱。　⑧少言为重：杜周表面宽缓，而内心狠毒，以少说话来显示持重。　⑨诋严：苛刻严厉。　⑩寖（jìn进）：逐渐。秏废：混乱。　⑪不赡：不足，这里是说没有力量。　⑫绳墨：木匠用以取直的工具，称墨斗，喻法律。　⑬彬彬质有其文武焉：礼仪和刑法的配合达到了和谐的程度。这句话是从《论语·雍也》篇载孔子的话“文质彬彬，然后君子”化出。彬彬，斯文有礼的样子，这里指文武协调。文指礼义，武指刑法，与《序》文“导之以政，齐之以刑”相应。　⑭挫：摧折，即用椎刺人。　⑮磔人：分裂尸体。　⑯推咸：推，读“椎”。咸，是“成”字之误。椎成，用刑讯逼供，椎击以成狱。　⑰蝮鸷：蝮（fù复），一种毒蛇。鸷，猛禽。蝮鸷，如蝮蛇鹰隼一样残酷。　⑱扑击卖请：用酷刑使人出钱买请，请求宽免。卖请，卖法。

【译文】〔序〕孔子说：“用政令来引导他们，用刑法来整齐他们，人民只是暂时地免于犯罪，却不懂廉耻；用道德来引导他们，用礼教来整齐他们，人民才能懂得廉耻，进而人心归服。”老子说：“最有道德的人不标榜自己有德，因此确有道德；最无道德的人口口声声说有德，因此实在无德。法令愈是严酷，盗贼就愈多。”太史公说：这话实在说得好！法令是治理国家的工具，而不是社会治理得好坏的本源。秦时，国家的法网曾经是很严密的，但是奸巧诈伪的事不断发生，发展到顶点时，上上下下层层逃避法网，推卸责任，以至于国家无法振兴起来。在当时，官吏用刑法，好比是负薪救火，扬汤止沸，无济于事，若不采取强硬严酷的手段，怎么能够胜任愉快呢？于是更认为主张用道德治化人民的官吏，一定是一个失职者。所以说：“审理案件，我和别人差不多，只是我主张一定要使诉讼的案件不再发生才好。”“下愚的人听说用德治便讥笑起来。”这都不是假话。

汉朝建立，国家的法律简约宽缓，废除了繁琐的苛法，提倡朴实无华，法网宽大得可以漏掉吞舟的大鱼，然而官吏治民极其纯厚而又生气勃勃，绝不做奸伪的事，老百姓平安无事。由此看来，治理国家，要重视德教，而不是用严刑。

〔赞〕太史公说：从郅都到杜周这十个酷吏，他们都有着酷烈的名声。但是郅都刚正廉直，他所争论维护的是非都是关系到国家的大政方针。张汤善于察颜观色，掌握说话的分寸和轻重，始终保持与人主的意见一致，当时曾多次展开廷辩以确定国家大政的是非，张汤的态度促进了国家大政的顺利推行。赵禹执法依据条文，十分严正。杜周枉法以顺从人主的意志，可是表面却说话谨慎，故作庄重。从张汤死后，法律更加细密，苛刻严厉的条文更多，行政却一天天混乱起来。九卿大臣庸庸碌碌，无所作为，连补救过失都力不能及，哪里还顾得上处理法律之外的事情呢！但是，这十个酷吏当中，廉洁的也确实可以作为表率，污浊的也可以引为鉴戒，他们所施展的教化办法，对于杜绝奸恶也确实有效，使一切礼义和刑法的配合达到了和谐的程度。虽然执法残酷，他们还算是称职的人。至于像蜀郡太守冯当残暴地用椎刺人，广汉郡守李贞随便分裂尸体，东郡太守弥仆用锯断人颈项，天水太守骆璧用刑讯逼供，河东郡守褚广疯狂杀戮，京兆尹无忌、冯翊郡守殷周简直是毒蛇鹰隼，水衡都尉阎奉利用酷刑卖法，哪里值得一提！哪里值得一提！

【简论】酷吏，就是执法严酷的官吏。酷吏治政以严刑峻法为工具，惩治豪强，裁抑权贵，加强中央集权。在中国封建史上，暴君苛酷，则以酷吏为爪牙。所以酷吏专政，使普通老百姓也遭受更加严酷的压迫。司马迁以“酷”名传，指出酷吏“以酷烈为声”，“以恶为治”真是入木三分。

《酷吏列传》集中写汉武帝一朝的酷吏，具有深刻的寓意。汉武帝任用酷吏打击豪强、贵戚、商贾，用以配合盐铁专卖、平准均输等经济政策的推行，加强皇权，聚敛财富，以供征伐兴事之用。这使得各阶层的人都生活在高压之下，底层的老百姓更是不堪忍受，因而到处爆发了农民起义。“南阳有梅免、白政，楚有殷中、杜少，齐有徐勃，燕赵之间有坚卢、范生之属。”事实生动地说明了“法令滋章，盗贼多有”。很明显，司马迁集中写武帝一朝的酷吏，用意就是隐喻西汉中期政治的严酷和黑暗。这个时期，法网严密，诏狱滋多；酷吏承上意以为法，法律形同虚设；吏道多杂，嗜杀人而取贵。公卿不能安其位，百姓不能安其生。统治集团内部的矛盾，农民和地主的矛盾都激化起来。汉武帝统治时期，表面上繁荣强盛，实际上危机四伏。

序文引用孔子、老子的言论阐明礼义道德的重要作用，复又以暴秦的吏治与汉初对比，寓意深刻地表明了作者反暴政的观点。所以序文是借论酷吏以针砭时弊的战斗檄文。但酷吏打击豪强、贵戚也有一定的进步作用，所以司马迁又在赞中对廉洁奉公，执法不阿的酷吏作了肯定。

大宛列传赞第六十三

太史公曰：《禹本纪》言“河出昆仑。昆仑其高二千五百余里[①]，日月所相避隐为光明也[②]。其上有醴泉、瑶池”。今自张骞使大夏之后也，穷河源[③]，恶睹本纪所谓昆仑者乎[④]？故言九州山川[⑤]，《尚书》近之矣。至《禹本纪》、《山海经》所有怪物[⑥]，余不敢言之也。

【注释】①昆仑：指葱岭。　②相：交相，交替，即日出月没，月出日没。在神话传说中，昆仑山为日月没落的处所。　③穷：追根溯源。　④恶睹：哪里看到。　⑤九州：有多种说法。《禹贡》九州为雍、梁、豫、荆、扬、徐、青、兖、冀。　⑥《禹本纪》：既不著录于《汉书·艺文志》，又不见于他书引载，是一本失传的志怪地理书，也可能是司马谈所作“夏本纪”原稿。《山海经》：古代的地理书，书中多神话志怪，流传至今。

【译文】太史公说：《禹本纪》说：“黄河发源于昆仑山，那山高二千五百里，成为遮避太阳、月亮使它们交替出来发出光明的地方。山上有醴泉、瑶池”。现在看来，自从张骞出使大夏之后，追寻黄河的源头，怎么也找不到《禹本纪》所说的昆仑。所以讲九州山川，还是《尚书》说的比较接近事实。至于《禹本纪》、《山海经》所讲的奇怪事物，我是不敢相信的。

【简论】司马迁取材，不录荒诞不经之说，如《刺客列传赞》云："世言荆轲，其称太子丹之命，'天雨粟，马生角'也，太过。"直接批评这一传说不可信。对于人为的怪物，尽可能揭示真相。如《陈涉世家》对鱼腹丹书，篝火狐鸣的记载就是如此。汉代张骞通西域，中西使者络绎不绝，带来了许多西方的传说和神话，《大宛列传》只载人事的历史变化，对所有怪物不作记载，故在赞中特为之交代。

游侠列传序及赞第六十四

〔序〕韩子曰[①]："儒以文乱法[②]，而侠以武犯禁[③]。"二者皆讥，而学士多称于世云。至如以术取宰相卿大夫[④]，辅翼其世主[⑤]，功名俱著于春秋[⑥]，固无可言者。及若季次、原宪[⑦]，闾巷人也[⑧]，读书怀独行君子之德[⑨]，义不苟合当世[⑩]，当世亦笑之。故季次、原宪终身空室蓬户[⑪]，褐衣疏食不厌[⑫]。死而已四百余年，而弟子志之不倦[⑬]。今游侠，其行虽不轨于正义[⑭]，然其言必信，其行必果，已诺必诚，不爱其躯，赴士之厄困[⑮]，既已存亡死生矣，而不矜其能[⑯]，羞伐其德[⑰]，盖亦有足多者焉[⑱]。

且缓急[⑲]，人之所时有也。太史公曰：昔者虞舜窘于井廪[⑳]，伊尹负于鼎俎[㉑]，傅说匿于傅险[㉒]，吕尚困于棘津[㉓]，夷吾桎梏[㉔]，百里饭牛[㉕]，仲尼畏匡[㉖]，菜色陈、蔡[㉗]。此皆学士所谓有道仁人也，犹然遭此灾，况以中材而涉乱世之末流乎[㉘]？其遇害何可胜道哉？

鄙人有言曰[㉙]："何知仁义，已飨其利者为有德。"故伯夷丑周[㉚]，饿死首阳山，而文武不以其故贬王[㉛]；跖、蹻暴戾[㉜]，其徒诵义无穷。由此观之，"窃钩者诛，窃国者侯，侯之门仁义存[㉝]。"非虚言也。

今拘学或抱咫尺之义[㉞]，久孤于世[㉟]，岂若卑论侪俗[㊱]，与世沈浮而取荣名哉！而布衣之徒[37]，设取予然诺[38]，千里诵义，为死不顾世[39]，此亦有所长，非苟而已也。故士穷窘而得委命[40]，此岂非人之所谓贤豪间者耶[41]？诚使乡曲之侠[42]，予季次、原宪比权量力[43]，效功于当世[44]，不同日而论矣[45]。要以功见言信[46]，侠客之义又曷可少哉[47]！

古布衣之侠，靡得而闻已[48]。近世延陵、孟尝、春申、平原、信陵之徒[49]，皆因王者亲属，藉于有土卿相之富厚[50]，招天下贤者，显名诸侯，不可谓不贤者矣。比如顺风而呼，声非加疾，其势激也。至如闾巷之侠，修行砥名[51]，声施于天下[52]，莫不称贤，是为难耳。然儒、墨皆排摈不载。自秦以前，匹夫之侠，湮灭不见，余甚恨之。以余所闻，汉兴有朱家、田仲、王公、剧孟、郭解之徒[53]，虽时扞当世之文罔[54]，然其私义廉洁退让，有足称者。名不虚立，士不虚附。至如朋党宗强比周[55]，设财役贫，豪暴侵凌孤弱，恣欲自快[56]，游侠亦丑之。余悲世俗不察其意，而猥以朱家[57]、郭解等令与暴豪之徒同类而共笑之也。

【注释】①韩子：即韩非，见本书《老子韩非列传赞》注。这里引文见《韩非子·五蠹》。　②文：指儒家推重的《诗》、《书》等六经。　③武：指游侠所使用的暴力手段。　④以术取宰相卿大夫：指公孙弘、张汤等人迎合武帝以权术取卿相而掩饰以儒术，故这里的"术"字实质指权术。　⑤世主：当世君主。　⑥春秋：泛指史书。　⑦季次：即孔子弟子齐人公皙哀。原宪：即孔子弟子鲁人子思。两人终身不仕。　⑧闾巷：里巷，指民间。　⑨独行君子：独善其身，不随波逐流的有德义之士。　⑩苟：随便。　⑪空室蓬户：谓生活穷困，住屋简陋。《庄子·让王》载，原宪处居环堵之室，蓬户不完，以桑为枢而瓮牖，上漏下湿，独坐而弦歌。　⑫褐衣疏食：褐衣，粗布上衣。疏食，粗劣的饭食。疏，亦通"蔬"，则以蔬菜为主食。　⑬志：怀念。汉代离季次、原宪之死已四百多年，当时怀念两人志行的还大有人在。　⑭轨：合，遵守。正义：当时社会的道德准则，这里指法律。　⑮厄：灾难，祸患。⑯矜：炫耀。　⑰伐：自夸。　⑱多：称赞。　⑲缓急：偏义复词，重在"急"字，急难。　⑳虞舜窘于井廪：传说舜未称帝时，他的父亲瞽叟喜欢后妻之子象，蓄意害死舜。有一次瞽叟叫舜去修理粮仓顶盖，等舜上了粮仓，就拿掉梯子放火烧仓；又一次叫舜去淘井，等舜下到井底时，就用土填井，但舜都机智地脱了险。事详《史记·五帝本纪》。窘，受困。廪，粮仓。　㉑伊尹负于鼎俎：传说商汤贤相伊尹曾当过厨工。负，背着。鼎，煮饭锅。俎，切肉的砧板。　㉒傅说匿于傅险：辅佐殷高宗武丁的贤相傅说，曾埋没在傅险的地方。匿，隐居，被埋没。傅险，即傅岩，在今山西平陆县东，傅说曾在这里替人筑墙。　㉓吕尚困于棘津：《尉缭子》记载，吕尚年七十，还在棘津当饮食的小贩度日。棘津，又名石济津，在今河南延津东北，现已湮没。　㉔夷吾桎梏：夷吾，管仲的字。他事公子纠与齐桓公争君位，兵败被囚。桎，脚镣。梏，手铐。　㉕百里饭牛：秦穆公的贤相百里奚，曾卖身为奴，替人牧牛。饭，喂养，放牧。　㉖仲尼畏匡：仲尼，孔子的字。他周游列国，路过卫国的匡，匡人误认他是匡人所讨厌的阳虎，把他围困起来，几乎被害。畏，指受到威胁。匡，在今河南长垣西南。　㉗菜色陈、蔡：孔子过陈、蔡两国时，途中绝粮，饿得面黄肌瘦。陈，都宛丘，今河南淮阳。蔡，都上蔡，今河南上蔡，后迁都州来，今安徽寿县西北。　㉘涉：经历。乱世之末流：秦为乱世，自秦以后为乱世之后的衰世。末流，末世，衰世。　㉙鄙人：乡野之人。　㉚伯夷丑周：伯夷以食周粟为耻。丑，认为可耻。　㉛文武句：指周文王、武王并不因为伯夷不食周粟而遭到损害，照样受到世人的称颂而为王。　㉜跖：春秋时反对贵族统治的奴隶起义首领，史称“盗跖”。蹻：庄蹻，战国时楚国反对贵族统治的人民领袖。㉝这几句引文见《庄子·胠箧》。钩，衣带上做装饰的带钩。　㉞拘学：迂腐固执的书生。咫尺之义：一点儿德操，狭隘的道义。咫尺，八寸，喻微小。㉟久孤于世：长久孤立，与世俗不合。　㊱卑论侪俗：放低论调，与世俗为伍。卑论，浅近的议论。　㊲布衣：平民，这里指出身平民的游侠。　㊳设：重视。　㊴为死不顾世：为取舍然诺拼命，不管世人的是非议论。　㊵委命：把性命交托给游侠。　㊶间者：杰出的人物。古人认为英雄豪杰秉受天地特殊的间气所生，故称。　㊷乡曲之侠：乡里、民间的侠，指土豪恶霸。　㊸比权量力：比较社会地位的轻重和能力的大小。　㊹效功：贡献。　㊺同日而论：相提并论。　㊻要：总是。　㊼少：轻视。　㊽靡：无。　㊾近世句：司马迁称春秋、战国及秦为近世。延陵，春秋时吴公子季札，封于延陵，称延陵季子。他出使中原，路过徐国，徐君爱好季札的剑。季札心里有送他的打算，但没有说出来。等季札返回时，徐君已死，季札就把宝剑献到徐君坟上，表示自己重然诺。孟尝、春申、平原、信陵，战国四公子，皆以好客养士闻名天下，门下各有食客数千。　㊿有土：有封邑。　(51)砥名：砥砺名节，培养名声。　(52)声施：留名，传扬名声。　(53)朱家、田仲、王公、剧孟、郭解：这五人都是汉初大侠，救人急难，不自夸图报，威望很高。　(54)扞：违犯。文罔：法律禁令。　(55)朋党：结党营私。宗强：强宗豪族，即土豪劣绅。比周：互相勾结。　(56)恣欲：放纵情欲。　(57)猥：混杂。

〔赞〕太史公曰：吾视郭解[①]，状貌不及中人[②]，言语不足採者。然天下无贤与不肖[③]，知与不知，皆慕其声，言侠者皆引以为名。谚曰："人貌荣名，岂有既乎[④]！"於戏[⑤]，惜哉！

【注释】①吾视郭解：元朔二年（前127年），汉武帝迁徙天下豪强及资产三百万以上的人实茂陵，郭解被徙入关中，司马迁在茂陵见到郭解。郭解是司马迁时代的大侠，轵（今河南济源县轵城镇）人，犯禁被杀。　②中人：中等人才。　③贤与不肖：贤能与无能的人，这里指上智与下愚的人。　④既：必定，必然。　⑤於戏：音义同"呜呼"。

【译文】〔序〕韩非子说："儒生用文辞来扰乱国家的法度，而游侠用暴力来违犯国家的禁令。"这两者都受到韩非的批评，但儒生往往为世人所称赞。至于那些凭借权术取得宰相、卿、大夫等高官厚禄的儒生，辅佐当世的君主，一旦功名载于史册，当然是无话可说。至于像季次、原宪那样的里巷平民，专心读书，谨守着个人的品德节操，不与世俗同流合污，倒被当世的人们讥笑为迂阔。所以，季次、原宪终身住在用蓬草编门的空洞洞的房子里，连粗衣菜食都得不到满足。可是他们死后至今已四百多年，依然被后学弟子怀念。现在的游侠，他们的行为虽然不符合法定的道德标准，但是他们说话守信用，办事一定要达到目的，答应了的事一定要真心实意去做，不惜牺牲自己的生命去解救别人的急难。使濒于死亡的危难者重获得新生，却不夸耀自己的本事，羞于吹嘘自己的德行。这样的游侠，也是值得称赞的吧！

况且急难的事是人们常常碰到的。太史公说：从前，舜在淘井和修粮仓时被人暗算，伊尹曾背着饭锅菜板替人做饭，傅说被埋没在傅岩，吕尚曾困居在棘津，管仲带过脚镣手铐，百里奚替人放过牛，孔子在匡地冒过生命危险，又在陈、蔡两国饿过肚子。这些儒生们所称颂的有道德、有学问的仁人，尚且遭遇种种灾难，何况只具有中等才干而又碰上乱世中最衰败的时候呢？他们所受到的祸害怎么能说得完呢！

乡下人有这样的话："管它什么仁义不仁义，我享受了谁的利益，谁就是有德的人。"所以，伯夷反对武王伐纣，甚至以吃周时的粮食为可耻，饿死在首阳山。但是周文王、周武王的威望并没有受到什么损害，照样统治天下；盗跖、庄跻残暴凶狠，而他们的党徒却永远传颂他们的义气。这样看来，“偷衣带钩的小偷要杀头，而窃国大盗却成为王侯；只要是王侯的门庭，那里就有仁义。”这话一点也不假。

现今那些迂阔的儒生，死抱着褊狭的一点点道义，长久地孤立于世俗之外，哪里比得上不唱高调，附合流俗，与世沉浮去猎取功名的人呢？而那些平民出身的游侠，却十分重视财物的取舍和答应承办的事。千里之外都在称赞他们的义气，为此而拼命，全不管世俗的议论，这也是他们的长处，而不是随意轻浮的行为。所以士人到了穷困受难的时候，就把性命交托给游侠，这样的游侠难道不正是人们称颂的天地间的英雄豪杰吗？拿这些民间游侠去和季次、原宪那样的儒生比较地位、能力及对社会的贡献，那是不能相提并论的。总之，只要用办事有成效，说话讲信用作标准，则游侠的义气又怎么能轻视呢！

古时候的民间游侠，已无从知道了。近代的延陵季子、孟尝君、春申君、平原君、信陵君这样的人，都是国君的亲属，凭借着封地的收入和卿相的地位，招揽天下有才干的人，使自己扬名于诸侯，当然不能说他们不是贤能的人。但这好比顺着风向呼喊，声音本没有加大，可那风势却使它传得更远。至于一个乡间的游侠，修养自己的品德，成就自己的名望，扬名于天下，没有不说他们贤能的，这真是不容易啊！但是儒家、墨家都排斥游侠，不记载他们的事迹。秦以前的乡间游侠都被埋没了，使我非常遗憾。就我所知，汉朝建立以来，有朱家、田仲、王公、剧孟、郭解这些人，虽然他们触动了当世的法网，然而他们个人的道德信义，他们廉洁与谦让的品德，很是值得称赞。他们的名声不是平空吹起来的，一般士人也不是随便附合的。至于那些结党营私的强宗豪族，彼此勾结，利用钱财役使贫困的人，依仗权势欺凌势孤力弱的人，放纵情欲，贪图安乐等行径，真正的游侠也是鄙弃的。我感到痛心的是，世俗之人不辨察游侠的行为用意，不分青红皂白地把朱家、郭解等人同那些土豪恶霸们混为一谈，而一起加以讥笑。

〔赞〕太史公说：我见过郭解，他的体形品貌还够不上中等，说话没什么可取的。但是，无论是聪明人还是笨人，认识与不认识他的人，都仰慕他的声名，谈游侠的人都把他作为自己的榜样。俗话说："人的相貌和荣誉名声，难道有必然的联系吗？"啊，可惜呀！郭解真是一个难得的人才！

【简论】游侠是社会底层的受压迫者，还是统治阶级的帮凶？学术界有着较大的争论。其实，这个问题，司马迁有着明确的交代。他严格地区分两类游侠。一类是"敖而无足数者"的"盗跖"之徒，"朋党宗强、比周设财役贫，豪暴侵凌孤弱，恣欲自快"，这是统治阶级的帮凶，地方上的土豪恶霸。一类是朱家、郭解者流，他们为知己者死，为公众打抱不平，救人于危难，"其行虽不轨于正义，然其言必信，其行必果，已诺必诚，不爱其躯，赴士之厄困。既已存亡死生矣，而不矜其能，羞伐其德"，捍卫底层人民的"正义"，具有真正的"仁义"道德。司马迁歌颂的是后一类游侠，所以《游侠列传》是一篇有关社会底层人物的传记。

游侠的出现，应追溯到春秋、战国之际。当时天下大乱，社会底层人民穷苦无奈，告状无门，因而从中游离出一种不事生产，专门从事"犯法"活动的游民阶层，这就是游侠。战国时代兼并剧烈，斗争残酷，各国统治者争取人才，游侠成了诸侯权门的食客，从而被统治阶级所利用，《刺客列传》所载就是那个时代的游侠。因此韩非说："犯法者诛，而群侠以私剑养。"（《五蠹》）秦汉统一以后，强化封建统治秩序，游侠被列为打击对象。汉武帝残酷地镇压郭解，夷其族，以后游侠就衰落了。从这一历史背景来看，游侠的出现，正是封建社会法制瓦解，匹夫抗愤的一种形式。他们为受压迫、受冤屈的下层百姓伸张正义，而不惜牺牲生命。司马迁颂游侠，表现了他同情广大人民的反暴愿望，这是应当肯定的。

必须指出，《游侠列传》并不是司马迁全部道德观的反映。司马迁的道德观，从本质上讲，仍是封建的道德观。他致力宣扬的仍是巩固封建秩序的仁、义、忠、孝的道德。《礼书序》说："人道经纬万端，规矩无所不贯，诱进以仁义，束缚以刑罚，故德厚者位尊，禄重者宠荣，所以总一海内而整齐万民也。"但是《游侠列传》却抨击了"侯之门，仁义存"、"已享其利者为有德"的传统道德。封建正统道德是口头上的仁义，实质上的金钱、权势，哪如游侠具有真正的仁义。在《太史公自序》中概括得更为明确："救人于厄，振人不赡，仁者有乎；不既信，不倍言，义者有取焉。作《游侠列传》第六十四。"扶危救难，言行必果，这就是游侠的道德。司马迁肯定这种道德，正是《史记》人民性思想的表现之一。"序游侠则退处士而进奸雄"的讥评，也就不足齿论了。

佞幸列传序及赞第六十五

〔序〕谚曰："力田不如逢年，善仕不如遇合①"，固无虚言。非独女以色媚，而士宦亦有之②。

〔赞〕太史公曰：甚哉爱憎之时③！弥子瑕之行④，足以观后人佞幸矣。虽百世可知也。

【注释】①遇合：指君臣相遇，推心置腹。《集解》徐广曰："遇，一作偶。"非是。　②士宦亦有之：士，通"仕"，指朝官大臣，也有以颜色巧言赢得人主宠幸的。　③甚：厉害，引申为重要。爱憎之时：佞幸的人要察颜观色，掌握人主的爱憎。　④弥子瑕之行：弥子瑕，春秋时卫灵公的宠臣。按卫国法律，私自乘驾国君的车，要判断足的刑罚。弥子瑕母亲病了，他私自驾了国君的车，去看母亲。卫灵公说："弥子瑕真有孝心，为了母亲不怕犯罪。"有一天弥子瑕与卫灵公同游桃园：他吃到一个很甜的桃，留了半个给卫灵公。卫灵公说："弥子瑕真是亲爱我，一个甜桃舍不得吃完。"等到弥子瑕色衰爱弛，卫灵公说："弥子瑕这东西，曾经偷驾过我的车，又曾经给我吃剩桃。"同一个弥子瑕，同一件事，由于卫灵公的爱憎感情不同，忠孝之人一下就成了罪人。

【译文】〔序〕有这样的谚语说："努力耕田赶不上碰到好年成，兢兢业业做官不如遇上志同道合的明君。"真不是假话。不只是女子用颜色取悦人主，做官的朝臣也有这样的人。

〔赞〕太史公说：了解皇上爱憎的时机太重要了！看看弥子瑕的经历，就足以知道后代佞幸的人了。即使以后一百代，也是可以知道的。

【简论】佞幸是指皇帝身边的弄臣，卑劣委琐自不足论。但他们善于察颜观色，取悦人主，左右人主意志，在不知不觉中干预国家大政，以至于佞幸之风波及朝中大臣。这是专制政体必然产生的一种弊病。司马迁为佞幸立专传，就是要暴露和批评这一弊病。《佞幸列传》末一段曰："自是之后，内宠嬖臣大底外戚之家，然不足数也。卫青、霍去病亦以外戚贵幸，然颇用材能自进。"卫青、霍去病是建立了奇功的大臣，名震中外，尚不能免佞幸之讥，由此可见这一弊病的深重。司马迁深刻地认识到这是无法割除的病毒，所以感慨地说："看看弥子瑕的经历，就足以知道后代佞幸的人了。即使以后一百代，也是可以知道的。"

滑稽列传序及赞第六十六

〔序〕孔子曰："六艺于治一也①。《礼》以节人，《乐》以发和，《书》以道争，《诗》以达意，《易》以神化，《春秋》以义。"太史公曰：天道恢恢②，岂不大哉！谈言微中③，亦可以解纷。

【注释】①六艺：即六经。　②恢恢：广大无边。　③谈言微中：在谈笑中含蓄微妙地说中至理。

〔赞〕太史公曰：淳于髡仰天大笑①，齐威王横行②。优孟摇头而歌③，负薪者以封④。优旃临槛疾呼⑤，陛楯得以半更⑥。岂不亦伟哉！

【注释】①淳于髡（kūn 坤）：人名。姓淳于，名髡，齐之赘婿，是一个矮子。

齐威王好为长夜饮，不治政事。淳于髡在谈笑之间用隐语讽谏，使齐威王明白是非，从而励精图治，使齐国富强。 ②横行：形容得志。 ③优孟：楚庄王时乐人，名孟。摇头而歌：一面摇头，一面唱歌。楚相孙叔敖死后，其子贫困以打柴为生。优孟装扮成孙叔敖，引起楚庄王对故相的回忆。于是楚庄王封孙叔敖之子四百户。摇头，表示拒绝。 ④负薪者：打柴人，即孙叔敖之子。⑤优旃：秦始皇的弄臣，名旃，是一个矮子，善于谈笑诙谐。临槛大呼：有一天秦始皇宴会，正值下雨，在雨中值班的陛楯郎冷得直打哆嗦。优旃攀在陛楯上大喊大叫说："陛楯郎你们长得高，站在露天挨雨淋；我长得矮，倒便宜在殿上休息。"秦始皇于是下令陛楯郎减半轮替值班。临：居高俯视。槛：殿陛石栏。⑥半更；用半数的人轮替值班。

【译文】〔序〕孔子说："六经的内容不同，但治平天下的作用是一样的。《礼》是用来节制人的行为使生活规范的，《乐》是发扬和气使生活和谐的，《书》是记述政事供人借鉴的，《诗》是表达感情引起共鸣的，《易》是表现事物的神妙变化的，《春秋》是阐明礼义使人明是非的。"太史公说：天道广大无边，真是宏大啊！谈笑之间，含蓄微妙地说中至理，也是可以排难解纷的。

〔赞〕太史公说：淳于髡仰天大笑，齐威王得志于诸侯。优孟摇头歌唱，使打柴人得到封邑。优旃靠在殿陛石栏上高呼，使陛楯郎中的半数人得到优待。这些人不也是奇伟的人物吗！

【简论】滑，读"骨"。滑稽，摇转注酒器，使酒流不已，引喻为出口成章，辩对敏捷，辞出不穷，说话机智。滑稽人物多是矮子，在乐伎中扮演丑角。他们虽然身材矮小，貌不出众，地位低下，但他们机智诙谐，善于反语讽谏，其言谈笑语使人心花怒放，故往往能使暴虐无常的君主在笑声中明白是非真理，接受正确意见，起到执政大臣所起不到的作用。所以司马迁把滑稽与六艺相提并论，高度赞美这些不起眼的人物为伟人。

伯夷列传

【说明】《伯夷列传》、《日者列传》、《龟策列传》、《太史公自序》等四篇皆为论传，集中为单列的单元。《日者列传》、《龟策列传》合为一单元，即上列四篇论传分为三个单元，次第分说。

《伯夷列传》是七十列传中的第一篇，夹叙夹议，是一篇提示七十列传义例的论传，表明七十列传是讲人事的。列传借孤竹君的两个儿子伯夷、叔齐的高风亮节为议题，纠正了关于他们饿死无怨言的说法。列传还将伯夷、叔齐与许由、务光对照，指出伯夷、叔齐是由于孔子称颂而闻名后世的，示例七十列传中的人物也将因太史公之笔而垂名后世。司马谈临终遗言，“今汉兴，海内一统，明主贤君忠臣死义之士，余为太史而弗论载，废天下之史文，余甚惧焉，汝其念哉!”(《太史公自序》)司马迁创作七十列传就是为实现这一神圣的使命。

夫学者载籍极博①，犹考信于六艺②。《诗》、《书》虽缺③，然虞、夏之文可知也④。尧将逊位⑤，让于虞舜。舜、禹之间，岳牧咸荐⑥，乃试之于位，典职数十年⑦，功用既兴，然后授政⑧。示天下重器⑨，王者大统，传天下若斯之难也。而说者曰尧让天下于许由⑩，许由不受，耻之逃隐。及夏之时，有卞随、务光者[11]。此何以称焉？太史公曰：余登箕山[12]，其上盖有许由冢云。孔子序列古之仁圣贤人，如吴太伯、伯夷之伦详矣[13]。余以所闻由、光义至高，其文辞不少概见，何哉？

孔子曰："伯夷、叔齐，不念旧恶，怨是用希，"[14]"求仁得仁，又何怨乎？"[15]余悲伯夷之意，睹轶诗可异焉[16]。其传曰[17]：

> 伯夷、叔齐，孤竹君之二子也[18]。父欲立叔齐，及父卒，叔齐让伯夷。伯夷曰："父命也。"遂逃去。叔齐亦不肯立而逃之。国人立其中子。于是伯夷、叔齐闻西伯昌善养老[19]，盍往归焉[20]。及至，西伯卒，武王载木主[21]，号为文王，东伐纣[22]。伯夷、叔齐叩马而谏曰[23]："父死不葬，爰及干戈[24]，可谓孝乎？以臣弑君，可谓仁乎？"左右欲兵之[25]。太公曰[26]："此义人也。"扶而去之。武王已平殷乱，天下宗周[27]，而伯夷、叔齐耻之，义不食周粟，隐于首阳山[28]，采薇而食之[29]。及饿且死，作歌。其辞曰："登彼西山兮[30]，采其薇矣。以暴易暴兮，不知其非矣。神农、虞、夏忽焉没兮[31]，我安适归矣？于嗟徂兮[32]，命之衰矣！"遂饿死于首阳山。

由此观之，怨邪非邪？

或曰："天道无亲，常与善人"[33]。若伯夷、叔齐，可谓善人者非邪？积仁絜行如此而饿死[34]！且七十子之徒[35]，仲尼独荐颜渊为好学[36]。然回也屡空[37]，糟糠不厌[38]，而卒蚤夭。天之报施善人，其何如哉？盗跖日杀不辜[39]，肝人之肉[40]，暴戾恣睢[41]，聚党数千人横行天下，竟以寿终，是遵何德哉？此其尤大彰明较著者也。若至近世，操行不轨，专犯忌讳[42]，而终身逸乐，富厚累世不绝。或择地而蹈之[43]，时然后出言，行不由径[44]，非公正不发愤，而遇祸灾者，不可胜数也[45]。余甚惑焉，傥所谓天道！是邪非邪？

子曰："道不同，不相为谋。"[46]亦各从其志也。故曰："富贵如可求，虽执鞭之士，吾亦为之。如不可求，从吾所好。"[47]"岁寒，然后知松柏之后凋。”[48]举世混浊，清士乃见。岂以其重若彼，其轻若此哉？

“君子疾没世而名不称焉。”[49]贾子曰[50]：“贪夫徇财[51]，烈士徇名，夸者死权，众庶冯生[52]。”“同明相照，同类相求；云从龙，风从虎，圣人作而万物睹。”[53]伯夷、叔齐虽贤，得夫子而名益彰。颜渊虽笃学[54]，附骥尾而行益显[55]。岩穴之士[56]，趣舍有时若此[57]。类名堙灭而不称[58]，悲夫！闾巷之人[59]，欲砥行立名者[60]，非附青云之士[61]，恶能施于后世哉[62]？

【注释】①载籍：书籍。　②六艺：即《诗》、《书》、《礼》、《乐》、《易》、《春秋》六经。　③《诗》《书》虽缺：相传《诗》、《书》是孔子删定的，《诗》三百零五篇，《书》一百篇。由于秦始皇焚书，《书》已残缺，汉代伏生所传之今文《尚书》只有二十八篇。　④虞夏之文：指《尚书》中的《尧典》、《舜典》、《大禹谟》等篇。　⑤逊位：退位。　⑥岳牧：岳，指四岳，即四方诸侯的首领。牧，指九牧，九州的行政长官。　⑦典职：掌理政务。　⑧授政：禅让帝位。　⑨重器：象征国家权力的宝物，如鼎等。　⑩许由：传说的尧时隐士。尧打算把天下禅让给他，他拒不接受，逃到颍水之北、箕山之下隐居起来。　⑪卞随、务光：均夏桀时人，传说汤让天下于卞随、务光。卞随不受，投水而死；务光以为耻，因而逃隐。　⑫箕山：在今河南登封南。　⑬吴太伯：周太王长子，让位于弟季历而逃至勾吴，详《吴太伯世家赞》注。伦：类。⑭引文见《论语·公冶长》第二十三章。　⑮引文见《论语·述而》第十五章。　⑯轶（yì逸）诗：指下文的《采薇歌》，因其不见于《诗三百》中，故称轶诗。　⑰其传曰：其事迹如下。这里的传作事迹解，也可能是摘取的司马谈原作。　⑱孤竹：传说汤所封之国，在今河北卢龙一带。孤竹国君姓墨胎。⑲西伯昌：周文王姬昌，当时被纣封为西方诸侯之长，故称西伯。　⑳盍（hé合）：通盖，于是。　㉑武王：文王的儿子姬发，西周开国之君。木主：木牌位。　㉒纣：商朝的末代帝王，号帝辛，名受德，以暴虐亡国。㉓叩马谏：在武王的行军马前，拦路扣住马缰绳进行劝谏。　㉔爰：乃，于是。　㉕兵之：用兵器打击伯夷、叔齐。　㉖太公：即姜尚、姜子牙，又名吕尚，文王尊称太公望。　㉗宗周：归服周朝。　㉘首阳山：在今山西永济南。一说首阳山即河南偃师西北的邙山，因日出先照而得名。　㉙薇：可生吃的野菜。　㉚西山：即首阳山。　㉛神农：传说中的远古帝王，教民稼穑，故称神农氏。　㉜徂（cū粗）：通“殂”，死。　㉝与：赞助。　㉞絜：同“洁”。　㉟七十子：孔子的高足弟子七十二人，身通六艺。《仲尼弟子列传》载七十七人，七十是举其成数。　㊱仲尼：孔子的字。独荐颜渊：有一次鲁哀公问孔子，他的弟子谁最好学，孔子独以颜渊回答，见《论语·雍也》第三章。　㊲屡空：经常贫困。　㊳不厌：吃不饱。　㊴盗跖（zhí 植）：相传春秋时反抗贵族的领袖，名跖，历代统治者诬为大盗，史称盗跖。不辜：无罪的人。　㊵肝人之肉：挖人心肝当肉吃，见《庄子·盗跖》，此系寓言。　㊶暴戾：残暴，凶狠。恣睢（suī 虽）：放肆行凶。　㊷忌讳：避忌讳言之事，指法律禁令。　㊸择地而蹈之：看准地方才踏步走路，形容小心谨慎的样子。　㊹径：小路。　㊺胜数：尽数。　㊻引语见《论语·卫灵公》第四十章。　㊼引语见《论语·述而》第十二章。　㊽引语见《论语·子罕》第二十八章。凋，凋落，衰谢。　㊾引语见《卫灵公》第二十章。　㊿贾子：即贾谊。以下引语见《鹏鸟赋》。　51徇：同“殉”，牺牲生命。　52冯（píng 凭）：仗恃，引申为贪求。　53引语是从《易·乾卦·文言》中的“同声相应，同气相求，水流湿，火就燥，云从龙，风从虎，圣人作而万物睹”脱化而来。　54笃学：深深地好学。　55附骥尾：喻追随贤者之后。骥，千里马。　56岩穴之士：隐士。　57趋舍：趋，进取，指成名于世。舍，同“捨”，弃舍，指湮没无闻。　58堙灭：埋没。　59闾巷之人：普通的人。闾巷，指穷乡僻壤。　60砥：磨刀石，用如动词，磨练的意思。　61青云之士：德高望重的人。　62恶：何。施：延续，留传。

【译文】学者们读书无论多么广博，仍要用六经的记载去核实材料的可靠性。《诗》、《书》虽有残缺，但是虞舜、夏禹的事迹还是清楚的。尧将要退位时，把天下让给了舜。舜和禹在继位之前，得到了四岳、九牧的一致推荐，才让他们代理职务，试行治政，掌管职务几十年，功效已经得到显示，才正式禅让帝位。这是表示天下是极贵重的宝器，王位是极重大的法统，传天下竟是这样的慎重。可是有人却这样说：尧曾经打算把天下禅让给许由，许由不肯接受，认为这件事十分可耻，逃走隐居起来。到了夏朝的末年，又出了卞随、务光这两人。像这样避位的高义行为又该怎样称赞呢？太史公说：我登上过箕山，上面真有许由的坟墓。孔子论列古代的圣人、贤人的事迹，像吴太伯、伯夷这类人，是很详细的。我所听到的关于许由、务光的德义是最高尚的了，可是在孔子编著的书中连简略的记载都看不到，这是为什么呢？

孔子说：“伯夷、叔齐不记恨旧仇，所以他们很少怨恨情绪。”“目的在于求仁，而得到的就是仁，又怨恨什么呢？”我悲叹伯夷、叔齐的志行，看到了他们留下的遗诗，似乎有一股怨气，这使我很诧异。他们的事迹经过是这样的：

伯夷、叔齐是孤竹君的两个儿子。父亲想传位给叔齐，等到父亲死后，叔齐让位给伯夷。伯夷说："这是父亲的遗命啊"。于是逃离了孤竹国。叔齐也不肯继位，便一起逃走了。孤竹君的人便立了伯夷、叔齐中间的兄弟为国君。这时伯夷、叔齐听说西伯姬昌善待老人，于是两人一起去投奔西伯，到了那里，西伯已经死了，正赶上周武王用车子载着西伯的牌位，称他为文王，向东进发征讨纣王。伯夷、叔齐拦路拉着武王的马缰绳劝谏说："父亲死了不埋葬，竟然动起了干戈，能叫做孝吗？作为臣子却要去弑杀君王，能叫做仁吗？"武王左右的人想杀掉他们。太公吕尚说："这是有德义节操的人啊！"把他们搀扶走了。武王已经平定了乱天下的纣王以后，天下都归服了周朝，而伯夷、叔齐却认为归服周朝是可耻的，坚守节义不吃周朝的粮食，隐居在首阳山上，采集薇菜为生。等到他们饿得快要死了的时候，作了一首歌。那歌辞说："登上那座西山啊，采集那山上的薇菜。用暴虐去代替暴虐啊，还没认识到是错误的。神农、虞舜、夏禹的时代一下子就过去了啊，我到哪里去找归宿呢？哎呀呀，我们就要死了啊，命中注定要这样吧！"于是饿死在首阳山上。

由这歌辞来看，有怨恨呢？还是没有呢？

有人说："天对人并没有偏爱，总是帮助好人的。"像伯夷、叔齐可以说是好人呢？还是不是呢？有着高尚的仁德，洁白的品行，竟这样饿死了！还有，在孔子的七十弟子中，仲尼独独称誉颜渊是最好学的人，然而他经常穷困，连糟糠都吃不饱，终于年纪轻轻地早死了。上天对好人的报施，又怎么样呢？盗跖成天杀害无罪的人，吃人心肝，残暴凶狠，肆意妄为，纠合了几千歹徒，横行天下，竟然得到了寿终，这是遵守哪家的道德呢？这是特别明显而重大的事情。至于到了近代，有的人操行不守规范，专作犯法之事，却一辈子安享快乐，钱财富有，一代一代享用不完。有的人看好地方才走路，到适当时候才说话，走路从不抄便道，不是公正的事决不奋发去做，却总是遇到灾祸，真是说不完这样的事例。我确实困惑不明白，假若这就叫天道的话，那么，天道到底是对呢？还是错呢？

孔子说："主张不同，不能互相商量。"也就只好各行其是了。所以又说："假使富贵是可以求得的，哪怕替人赶车，我也去干；假如是求不到的，还是按我自己的心愿去做。"又说："到了严冬季节，才能知道松柏是最后落叶的。"整个社会都混浊了，清洁高尚的人才能显现出来。难道不是因为他们把道德看得那样重，才能把富贵看得如此之轻吗！

"君子所怕的，就是死后不能把好的名声留传到后世。"贾子说得好："贪鄙的人为财而死，好义的人为名节牺牲，夸耀权势的人因争权丧身，一般的人只顾惜自己的生命。"《易经》上说："同是发光的互相照映，同是一类的互相依存；云伴随着龙，风伴随着虎，圣人出现则世间万物都会随之兴起。"伯夷、叔齐固然有贤德，由于有孔子的称赞而声名更加显著，颜渊虽然专心好学，因为附在千里马的尾巴上而德行越发高尚。隐居山林的高士，有的成名于世，有的堙没无闻，全凭时运，就是这样的。具有这样声名的人，如果被埋没而得不到称扬，真是令人悲叹啊！想要修养品德，建立声名，但又没有地位的普通人，如果不依附于德高望重的人，怎么可能把声名留传到后世呢！

【简论】《伯夷列传》全文不足千字，而内容却极其丰富，论列历史人物达十余人之多。列传虽以伯夷命篇，而记载伯夷、叔齐行事的"其传曰"云云一节只有二百一十五字，四分之三是感慨议论。其实质是一篇序赞论文，故其体与十表序，类传序相同，冠于七十列传之首，用以提示义例，也就是七十列传的一篇序论。

既是一篇序论，所以有多层次的义例，主要有以下三个方面的思想内容。

（一）对天道质疑，强调重人事。本来“究天人之际”是司马迁“一家之言”的组成部分。《史记》五体，各有重心。八书重在究天人之际，七十列传重在讲人事功利。按传统的天道观念，是惩恶佑善。但现实社会却往往是好人遭殃，坏人享福，对这不公平的世道，司马迁提出了愤怒的质问。苍天佑善吗？像伯夷、叔齐那样的人，“积仁絜行如此而饿死”，“天之报施善人，其何如哉？”苍天惩恶吗？“盗跖日杀不辜，肝人之肉，暴戾恣睢，聚党数千人，横行天下，竟以寿终。”司马迁对苍天发出了尖锐的质问：“余甚惑焉，傥所谓天道，是邪？非邪？”这一质问，表明七十列传载述人物，重在行事，论其功利，在这里是看不到天道的影子的。又，“考信于六艺”，“折中于夫子”，这本是司马迁述史的取材原则。但《伯夷列传》对经典所载，圣人之言，也提出了质疑。孔子称道伯夷、叔齐，求仁而得仁，不念旧恶，“怨是用希”。可是伯夷、叔齐留下的《采薇》之歌，充满了怨情，那伯夷、叔齐不食周粟而死，到底“怨邪非邪”？这一质问表明司马迁论载人物，将冲破传统的礼义规范，以实录他们的行事，进行全面的褒贬来反映复杂的社会。以上两层义例是司马迁是非颇谬于圣人的进步历史观，也是《伯夷列传》第二、三两段所蕴含的中心内容。

（二）颂扬“奔义”、“让国”，谴责“争利”、“争国”。《太史公自序》云：“末世争利，维彼奔义，让国饿死，天下称之，作《伯夷列传》第一。”故陈直曰：“世家首吴太伯，列传首伯夷，推崇让德，其意至微亦至显。”（《史记新证·自序》）伯夷、叔齐，视荣华富贵如浮云，他们不惜献出生命来立名立节。这和近世以来，尤其是汉代建国以来君臣、父子、兄弟、叔侄之间的“争利”、“争国”恰成鲜明对照，寓意良深。

（三）说明自己为历史人物树碑立传，使之留传后世的写作目的。《伯夷列传》明写伯夷，暗衬孔子，一明一暗，两条线索，交叉互证，阐明义例。伯夷和孔子两人都是本传的中心人物，而伯夷却又只是用来陪衬孔子，借以抒发议论的。全传五个自然段，可分为三大结构段，表达三层义理。第一自然段为第一大结构段，以“考信于六艺”起首议论，将伯夷、叔齐与许由、卞随、务光对照，提出了一个悬案，许由、务光义至高，而经传不载，其名不显，是什么原因呢？第二、第三两自然段，以“孔子曰”起论至“是邪非邪”止为第二大结构段，假借伯夷抒发牢骚愤懑，对天道，对不平的社会提出了尖锐的质问，行文跌宕起伏，夹叙夹议，悲叹、感慨、质问、反诘，扑朔迷离。乍看似无中心，仔细咀嚼，文章气势连贯，议论纵横，引人驰骋古今，浮想联翩。第四、五两自然为第三大结构段，回应篇首，得出结论，“闾巷之人，欲砥行立名者，非附青云之士，恶能施于后世哉！”以此示例，七十列传也将以得太史公之笔而名垂后世。也就是说，论载各类立名立节的历史人物是史官义不容辞的历史责任。所以司马迁十分注意砥行立名的闾巷之人。七十列传除载述辅佐帝王的功臣将相、贤士大夫之外，还记述了农民起义的领袖陈涉，下层社会的侠客、医卜、隐士、商贾、俳优、博徒、屠夫、妇女等等，呈现出绚丽多彩的丰富内容。司马迁有感于许由、卞随、务光不遇孔子而其名不显，托以自伤其不遇明主而蒙耻，故述往事，思来者。

如上分析，可知《伯夷列传》是一篇“明述作之本旨”的史论，可以看作是与《太史公自序》前后呼应的引言，若当人物传记读，则矛盾百出，百思不得其解。所以清梁玉绳《史记志疑》考列十大矛盾，认为“史所载，俱非也”。殊不知司马迁本来就视伯夷、叔齐同许由、卞随、务光一样，其事迹都在疑似之间，只不过是借题发挥罢了。

日者、龟策两列传

【说明】日者是察日占候的星占家，也是占候卜筮之人的统称。汉武帝迷信鬼神，日者云集太卜，国家大政及帝王起居都要借助日者占卜。褚少孙补《日者列传》记载，汉武帝娶妇聚会日者卜问，某日可娶妇。五行家曰可，堪舆家曰不可，建除家曰不吉，丛辰家曰大凶，历家曰小凶，天人家曰小吉，太一家曰大吉。辩讼不决，最后由汉武帝裁断，以五行为主。由此可见当时占卜之盛。所以司马迁作《日者》、《龟策》两列传。

《日者列传》载占卜之人，《龟策列传》载卜筮之物，所以两传为表里之文，不可分割，蝉联并编。但两传内容，既未载人，亦未载卜策祝辞，而是借题发挥以明志，婉约而旨微，寄意深远。

《日者》传分三个层次。第一层讲处危身之世，贤者隐于卜医之中。第二层以卜者与仕宦对比，论证卜者的贤德，揭露仕宦者的卑污。第三层引事实验证“道高益安，势高益危”的道理。《龟策列传》述蓍龟之灵，却揭露了贪富争宠的卜者丑行。两传主要用寓论于序事手法表现了司马迁政治思想的一个重要侧面。关于两传真伪，详后简论。

日者列传

自古受命而王，王者之兴何尝不以卜筮决于天命哉！其于周尤甚，及秦可见。代王之入，任于卜者①。太卜之起，由汉兴而有②。

司马季主者，楚人也，卜于长安东市。

宋忠为中大夫，贾谊为博士，同日俱出洗沐③，相从论议，诵《易》先王圣人之道术，究偏人情，相视而欢。贾谊曰："吾闻古之圣人，不居朝廷，必在卜医之中。今吾已见三公九卿朝士大夫，皆可知矣。试之卜数中以观采④。"二人即同舆而之市，游于卜肆中。天新雨，道少人，司马季主闲坐，弟子三四人侍，方辩天地之道，日月之运，阴阳吉凶之本。二大夫再拜谒。司马季主视其状貌，如类有知者，即礼之，使弟子延之坐。坐定，司马季主复理前语，分别天地之终始，日月星辰之纪，差次仁义之际⑤，列吉凶之符，语数千言，莫不顺理。

【注释】①代王句：代王即汉文帝刘恒，汉高祖八子中第三子，封代王。公元前179年，大臣诛诸吕，迎立代王即皇帝位。刘恒临行前占卜吉凶，兆得大横，就是龟背上灼得一大横纹，是大吉之兆，遂乘传诣长安。　②太卜句：太卜为太常属官，掌占卜，《周礼》已有太卜之官。此句说"由汉兴而有"，《索隐》云："谓汉自文帝卜大横之后，其卜官更兴盛焉。"译文本此。　③洗沐：汉制，百官五日一休假，称洗沐。　④卜数：卜筮之术，这里指卜筮之人。观采：物色，简选。采，风采。　⑤差次；渗入，穿插。

宋忠、贾谊瞿然而悟①，猎缨正襟危坐②，曰："吾望先生之状，听先生之辞，小子窃观于世，未尝见也。今何居之卑③，何行之污④？"

司马季主捧腹大笑曰："观大夫类有道术者，今何言之陋也，何辞之野也！今夫子所贤者何也？所高者谁也？今何以卑污长者⑤？"

二君曰："尊官厚禄，世之所高也，贤才处之。今所处非其地，故谓之卑。言不信，行不验，取不当[6]，故谓之污。夫卜筮者，世俗之所贱简也[7]。世皆言曰：'夫卜者多言夸严以得人情[8]，虚高人禄命以说人志[9]，擅言祸灾以伤人心，矫言鬼神以尽人财，厚求拜谢以私于己。'此吾之所耻，故谓之卑污也。"

司马季主曰："公且安坐。公见夫被发童子乎[10]？日月照之则行，不照则止，问之日月疵瑕吉凶，则不能理。由是观之，能知别贤与不肖者寡矣。

"贤之行也，直道以正谏，三谏不听则退。其誉人也不望其报，恶人也不顾其怨[11]，以便国家利众为务。故官非其任，不处也；禄非其功，不受也；见人不正，虽贵不敬也；见人有污，虽尊不下也；得不为喜，去不为恨；非其罪也，虽累辱而不愧也。

"今公所谓贤者，皆可为羞矣。卑疵而前[12]，孅趋而言[13]；相引以势，相导以利；比周宾正[14]，以求尊誉，以受公奉[15]；事私利，枉主法，猎农民；以官为威，以法为机[16]，求利逆暴，譬无异于操白刃劫人者也。初试官时，倍力为巧诈，饰虚功执空文以调主上[17]，用居上为右；试官不让贤陈功，见伪增实，以无为有，以少为多，以求便势尊位；食饮驱驰，从姬歌儿，不顾于亲，犯法害民，虚公家，此夫为盗不操矛弧者也，攻而不用弦刃者也，欺父母未有罪而弑君未伐者也。何以为高贤才乎？

"盗贼发不能禁，夷貊不服不能摄，奸邪起不能塞，官秏乱不能治[18]，四时不和不能调，岁谷不熟不能适[19]。才贤不为，是不忠也；才不贤而托官位，利上奉，妨贤者处，是窃位也；有人者进[20]，有财者礼，是伪也。子独不见鸱枭之与凤皇翔乎[21]？兰芷芎䓖弃于广野[22]，蒿萧成林[23]，使君子退而不显众，公等是也。

"述而不作[24]，君子义也，今夫卜者，必法天地，象四时，顺于仁义，分策定卦，旋式正棊[25]，然后言天地之利害，事之成败。昔先王之定国家，必先龟策日月，而后乃敢代。正时日，乃后入家。产子必先占吉凶，后乃有之[26]。自伏羲作《八卦》，周文王演三百八十四《爻》而天下治。越王句践放文王《八卦》以破敌国，霸天下。由是言之，卜筮有何负哉！

"且夫卜筮者，扫除设坐，正其冠带，然后乃言事，此有礼也。言而鬼神或以飨，忠臣以事其上，孝子以养其亲，慈父以畜其子，此有德者也。而以义置数十百钱，病者或以愈，且死或以生，患或以免，事或以成，嫁子娶妇或以养生：此之为德，岂直数十百钱哉！此夫老子所谓'上德不德，是以有德[27]'。今夫卜筮者利大而谢少，老子之云岂异于是乎？

"庄子曰：'君子内无饥寒之患[28]，外无劫夺之忧，居上而敬，居下不为害，君子之道也。'今夫卜筮者之为业也，积之无委聚，藏之不用府库，徙之不用辎车[29]，负装之不重，止而用之无尽索之时[30]。持不尽索之物，游于无穷之世，虽庄氏之行未能增于是也，子何故而云不可卜哉？天不足西北，星辰西北移；地不足东南，以海为池[31]；日中必移，月满必亏；先王之道，乍存乍亡。公责卜者言必信，不亦惑乎！

"公见夫谈士辩人乎？虑事定计，必是人也，然不能以一言说人主意，故言必称先王，语必道上古；虑事定计，饰先王之成功，语其败害，以恐喜人主之志，以求其欲。多言夸严，莫大于此矣。然欲强国成功，尽忠于上，非此不立。今夫卜者，导惑教愚也。夫愚惑之人，岂能以一言而知之哉！言不厌多。

"故骐骥不能与疲驴为驷，而凤皇不与燕雀为群，而贤者亦不与不肖者同列。故君子处卑隐以辟众[32]，自匿以辟伦[33]，微见德顺以除群害[34]，以明天性，助上养下，多其功利，不求尊誉。公之等喁喁者也[35]，何知长者之道乎！"

宋忠、贾谊忽而自失[36]，芒乎无色[37]，怅然噤口不能言。于是摄衣而起，再拜而辞。行洋洋也[38]，出门仅能自上车，伏轼低头，卒不能出气。

【注释】①瞿然：惊骇的样子。　②猎缨正襟句：整理衣冠。猎，整理。缨，冠带。危坐：正坐。　③卑：指地位低下，卑微。　④污：指职业低下。　⑤长者：品德高尚的人。　⑥取不当：谓卜者取酬不正当，以空言索重赏。　⑦贱简：贱视轻慢。　⑧多言：说大话。夸严：装腔作势，表现严肃的姿态。王念孙谓“严”读为“譀”，诞也。此解与“多言”重复，今不取。　⑨说：读“悦”。　⑩被发童子：幼小的儿童。古人不理发，幼小儿童披发，少年拢聚两角，成人束发加冠。　⑪恶（wù务）：厌恶，引申为批评。　⑫卑疵：形容佞人阿谀的形态。　⑬孅趋：谦恭过分的样子。孅（xiān先），《集韵》云“巧佞人”。　⑭比周宾正：朋比勾结，排斥正人。宾，同“摈”，排斥。　⑮奉：读“俸”，秩禄。　⑯机：机关，喻要手段。⑰调：诬罔。　⑱官秏乱：吏治昏乱。秏（mào冒），不明，昏暗。　⑲适：义同“调”。　⑳有人者进：有党与的人，得到升进。　㉑鸱枭句：喻小人与君子并立。鸱枭，猫头鹰，古人认为是不祥之凶鸟，这里喻小人。凤皇：吉祥之鸟，喻君子。　㉒兰芷芎䓖弃于野：喻君子失职。兰芷芎䓖，两种香草名。㉓蒿萧成林：喻小人得志。蒿萧，两种艾类草名。　㉔述而不作：阐述而不创作，这是孔子持重而严谨的精神。语见《论语·述而》第一章。　㉕旋式正棊：旋转栻盘，调整筮棊。式，同“栻”，上圆下方的测天仪器，用来测天象，推阴阳，占吉凶。棊，卜筮的象状。　㉖产子句：占卜不祥，产子不养，占卜吉祥才收养，所以说产子必先占而后有。　㉗上德不德，是以有德：语见《老子》第三十八章，见前《酷吏列传序》注。　㉘君子：对有德者或在高位者的尊称。　㉙辎车：载重货车。　㉚索：义同“尽”。　㉛天不足西北四句：《淮南子·天文训》：“昔者共工与颛顼争为帝，怒而触不周之山，天柱折，地维绝。天倾西北，故日月星辰移焉；地不满东南，故水潦尘埃归焉。”这里引用这个故事是说天地尚有缺陷，何以对卜者要求十全呢！　㉜辟：同“避”。　㉝伦：类，指德行学问同类的人。　㉞德顺：德义顺畅，喻政治清和。　㉟喁喁：承上仰风，如鱼口之向上。　㊱忽而：忽然。　㊲芒乎：芒然，自失的样子。　㊳洋洋：无精打采，无所依归的样子。

居三日，宋忠见贾谊于殿门外，乃相引屏语①，相谓自叹曰：“道高益安，势高益危。居赫赫之势，失身且有日矣。夫卜而有不审，不见夺糈②；为人主计而不审，身无所处。此相去远矣，犹天冠地屦也。此老子之所谓‘无名者万物之始’也③。天地旷旷④，物之熙熙⑤，或安或危，莫知居之。我与若，何足预彼哉[6]！彼久而愈安，虽曾氏之义未有以异也[7]。”

久之，宋忠使匈奴，不至而还，抵罪[8]。而贾谊为梁怀王傅[9]，王堕马薨，谊不食[10]，毒恨而死。此务华绝根者也[11]。

太史公曰：古者卜人所以不载者，多不见于篇。及至司马季主，余志而著之。

【注释】①屏语：避开人，在僻静之处说话。　②糈（xǔ许）：粮米，这里指卜者所得的谢仪。　③无名者万物之始：语见《老子》第一章，原文作“无名天地之始，有名万物之母”。其义即《老子》第四十章，“天下万物生于有，有生于无。”　④旷旷：宽广的样子。　⑤熙熙：众多的样子。　⑥预：通“与”。　⑦曾氏之义：庄子逍遥之义。“曾”，《集解》引徐广曰：“一作庄。”　⑧抵罪：当罪，判罪。　⑨梁怀王：文帝子刘揖。公元前169年，梁怀王入朝汉文帝，坠马死，贾谊为其太傅，自伤为傅无状，悲泣年余，不食而死。　⑩不食：吃不下饭。　⑪务华绝根：专注浮华，断送根本。华，指醉心于仕进。根，指生命。

【译文】自古以来都是承受天命的人才能做君王，而君王的兴起，没有不是通过卜筮来判断得天命的。这种方法在周代时更为盛行，到了秦朝还可以见到。代王入朝即位，就听从了卜者的意见。从这以后，太卜官的设置，随着汉朝的兴隆而日益扩大。

司马季主是楚地人，在长安东市开设卜馆。

中大夫宋忠、博士贾谊，有一天同时休假，结伴出行，两人议论起来。他们谈论诵读《易经》所包容的先王圣人的立身之道，以此来探究社会的人情世故，相对长叹。贾谊说：“我听说古代的圣人，如果不在朝廷上做官，就一定从事卜医之业。如今我已观察过三公九卿和朝士大夫，对他们都一一了解。现在试着到卜筮之中去物色吧。”两人立即同车到了长安东市，巡游在占卜的店铺中。天刚刚下过雨，街道上人很少，司马季主闲坐在那里，有三四个弟子侍立在身旁，正在谈论天地形成的奥秘，日月运动的规律，阴阳吉凶的本原。两位大夫郑重地行了两次见面礼。司马季主看他们的容貌举止，好像是有知识的人，就回了礼，叫弟子给他们让了座。坐定之后，司马季主重新接着先前的话头，分析天地的演变，日月星辰的运行轨迹，并不时穿插仁义与天道之间的关系，陈述吉凶的符应，洋洋数千言，没有不合情理的。

宋忠、贾谊骇然醒悟，整理好衣冠，端正地坐着说："我们看先生的状貌，听先生的言辞，私下观察当今世上的人，还没有遇上像先生这样有才学的人。可是现今先生为什么处在这卑微的地位，干这种下贱的职业呢？"

司马季主捧腹大笑说："看大夫像是有道德学问的人，为什么说话这么浅陋，语言这么粗野！现在先生们所认为的贤才是什么样子？所看重的高贵者又是谁？凭什么说一个品德高尚的人卑微和下贱呢？"

宋忠、贾谊回答说："高官厚禄，这是人们所崇拜的，贤才应处于这种地位。而今你所处的不是这一地位，所以说卑微。占卜时，说话不真实，行为不见效验，索取钱财不正当，所以说下贱。操卜筮之业的人，也为世俗百姓所轻视。人们都说：'占卜的人爱说大话，故作一本正经来骗取人们的信任，吹嘘和抬高人们的福分和命运，以取悦于心；或者擅自捏造人们将遭灾遇祸，以伤害人心；假托鬼神来索尽人们的钱财，苛求人们厚重的谢礼来为自己谋利。'这些都是我们所羞耻的，也就是我们所说的卑微和下贱。"

司马季主说："你们暂且安心坐一会儿。你们可曾看到那些披发童子吗？他们如同大人一样，随着日出月没而起居玩耍，但要问他们日蚀月蚀与吉凶之间的关系，那就说不出道理。由此看来，能够认识和分辨贤与不贤的人是很少的啊。

"贤才的行为，应是用刚正之道对人主进行匡正和劝谏，如再三劝谏而不被采纳，就辞官引退。他们称赞别人并不期望得到报偿，憎恶他人也不顾忌会招来怨恨，而是以怎样对国家、对民众有利为要务。所以自己不能胜任的官职就不做，不是由于自己的功劳而得到的俸禄就不接受；看到别人行为不端，虽然地位高贵也不敬重；知道此人品德龌龊，虽然官居显职也不屈就；得到官爵并不沾沾自喜，失去了也不以为恨；不是自己的罪过，虽一再牵连受辱也不羞愧。

“而今你所说的贤才，都是些可耻的人。对上司卑躬趋前，说话毕恭毕敬；凭借权势，互相利用以谋私利；朋比勾结排斥正人，用以谋取尊宠名誉；假公济私，歪曲法律，敲剥农民；以官位为威权，以法律为手段，为求取私利而行横逆暴虐之事。打个比方，他们与拿着锋利的武器去抢劫别人的人没有什么不同。他们在做官试职时，就加倍地施展机巧欺诈的伎俩，冒虚功，说空话，用以蒙骗君主，求取升迁。即使在试职时也不让真正贤能的人陈述功劳，而把假的说成真的，把无说成有，把少说成多，用以求取便利并获得权势和高位。他们吃喝玩乐，以姬妾歌妓相陪，不关心亲朋，违法害民，耗费公家财物。这可以说是不拿矛剑的强盗，不用弓刀的杀人犯。他们欺骗父母而不落罪名，杀害君主而不遭诛伐。凭什么说他们是品德高尚的贤才呢？

“盗贼发生不能禁止，夷貊反叛不能统驭，奸邪兴起不能杜塞，吏治坏乱不能整治，四时不和不能调理，年成不好不能调剂。有才干不去做官，这是不忠；没有才干反而占据官位，享受俸禄，妨碍贤者任职，这是窃据官位；有后台的人升迁，有钱财的人荣耀，这是不光明正大。你难道没看见猫头鹰与凤凰混在一起飞翔吗？兰芷、芎䓖这样的香草被遗弃在旷野之中，而蒿萧之类的野草却生长得漫山遍野，迫使君子隐退而不能显名于大众之中，在位诸公就是这样的人啊。

“阐述而不创作，君子认为是合宜的。而今卜筮之人，上必效法天地的定理，下必取象四时的变化，再配合仁义的原则，分别龟策定出卦象，旋转栻盘，调整筮棊，然后才断言天地自然的利与害，事情的成功与失败。古代先王登基建国，一定先要卜算日月吉凶，然后才敢登基。普通百姓，选定了吉日良辰，才娶媳妇过门。生孩子也一定先占一卦，大吉大利才收养这孩子。自从伏羲氏创立了《八卦》，到周文王时推演为三百八十四《爻》，才使得天下大治。越王句践仿效文王《八卦》行事，打败了敌国，称霸于天下。这样说来，卜筮有什么地方违背大道呢？

“况且卜筮之人，扫除干净才摆设坐位，整理好自己的冠带才讲说吉凶，这就是懂礼。正由于讲了吉凶，鬼神才有人去祭享，忠臣才辅佐君主，孝子才奉养尊亲，慈父才养育子嗣，这就是有德。卜筮者十分合理地收取了几十或百来文小钱，使得有病的人好起来，将死的人活下来，有祸患的人免除了灾难，办事的人得以成功，嫁女娶媳生儿育女得以顺利进行，像这样的大德，难道只值几十或百来文钱吗！这正如老子所说：'有最高道德的人并不宣扬自己的道德，因此才是真正有道德。'而今的卜筮之人，给人带来极大的利益而收取微薄的谢礼，老子所说的难道和这有什么不同吗？

"庄子说：'君子内无挨饿受冻的祸患，外无被人劫夺的忧虑，在高位时严肃谨慎，在台下时不做坏事，这就是君子的为人之道。'而今卜筮之人所操的职业，是一种永存的德性，积蓄它不见囤聚，贮藏它不用仓库，迁徙它不用车载，负装它也不沉重，安定下来永远也使用不完，拥有这取之不尽用之不竭的东西，周游于无穷无尽的世界，即使庄子的德行也不能比这更强了，您为什么说不可以干这占卜的职业呢？天倾西北，日月星辰就向西北移动；地陷东南，就形成了海洋；太阳过了正中一定向西倾移，月亮圆满了一定要亏缺；先王之道，忽存忽亡。您却要求卜筮之人的话句句落实，不也是很糊涂吗？

"您见过那些纵横游说之士吗？审时度势，设谋定计，一定是这些人干的，但他们也不能用一句话就使人主高兴起来，所以说话一定要称道先王，讲理一定要引据古事。在他们审时度势，设谋定计时，总是夸饰先王的成就功绩，讲说失败的祸害，用以使人主戒惧而高兴听自己的计谋，达到自己欲望的满足。爱说大话，故作一本正经的人，没有比这更厉害的了。然而想要国家强盛，功业成就，为主尽忠，不这样作就不成。而今卜筮之人，是启发糊涂的人，教导愚昧的人。愚昧而糊涂的人，哪能只用一句话就使得他们聪明起来呢！因此讲说就不能不啰嗦。

"所以千里骏马不能与瘦弱小驴同拉一车，凤凰不与燕雀结伴同群，而贤才也不与不才的人为伍。因此君子屈居在低下的地位以避开世人，故意隐匿起来以回避与自己不相上下的同类，只要稍微见到政治清明的苗头，就挺身而出排除群凶，用以表明自己的本性，辅佐主上养育下民，虽然取得很多的功绩，但不追求崇高的声誉。你们都是些随波逐流的人，怎能懂得品德高尚之人的所作所为呢！”

宋忠、贾谊忽然间像失魂落魄一样，不知所措，脸色大变，怅惘地闭着嘴巴说不出话。于是提起衣服站了起来，拜了两拜才告辞而去。他们走起路来无精打采，出门后勉强能自己上车，低头伏在车轼上，始终没有提起精神。

过了三天，宋忠在殿门外遇到贾谊，于是两人相跟着到了一个僻静的地方悄悄谈话，相对叹息说：“道德越高越安稳，权势越高越危险。据有显赫的权势，就离杀身的日子不远了。替人算卦而不灵验，不会被人打掉饭碗；为人主谋划如果收不到预期的效果，就没有容身之地。这两者之间的差距太远了，就如头顶上的天和脚底下的地一样悬远。这就像老子所说的那样：‘无名者万物之始’也。天地空旷，万物繁多，有的安居，有的危殆，没有人能知道是否处在最安全的地方。我和你，哪能和他司马季主相比呢！他越往后越安稳，即使是庄子的道义，也没有什么不同的。”

过了很久，宋忠出使匈奴，没有到达就返回了，被判了罪。贾谊做了梁怀王的师傅，梁怀王从马上摔下来死了，贾谊因之吃不下饭，痛苦伤恨而死。这两人可以说是醉心于浮华仕进而断送了性命。

太史公说：古代的许多卜人，我之所以没有记载，是因为他们的事迹大多不见于典籍。至于司马季主这个人，我把他记载下来编列为一篇。

龟策列传

太史公曰：自古圣王将建国受命，兴动事业，何尝不宝卜筮以助善[①]！唐虞以上，不可记已。自三代之兴，各据祯祥[②]。涂山之兆从而夏启世[③]，飞燕之卜顺故殷兴[④]，百谷之筮吉故周王[5]。王者决定诸疑，参以卜筮，断以蓍龟，不易之道也。

蛮、夷、氐、羌虽无君臣之序，亦有决疑之卜。或以金石，或以草木，国不同俗。然皆可以战伐攻击，推兵求胜，各信其神，以知来事。

略闻夏、殷欲卜者，乃取蓍龟，已则弃去之，以为龟藏则不灵，蓍久则不神。至周室之卜官，常宝藏蓍龟；又其大小先后，各有所尚，要其归等耳[6]。或以为圣王遭事无不定，决疑无不见。其设稽神求问之道者，以为后世衰微，愚不师智，人各自安，化分为百室，道散而无垠[7]，故推归之至微，要絜于精神也。或以为昆虫之所长，圣人不能与争。其处吉凶，别然否，多中于人。至高祖时，因秦太卜官。天下始定，兵革未息。及孝惠享国日少，吕后女主，孝文、孝景因袭掌故，未遑讲试[8]，虽父子畴官[9]，世世相传，其精微深妙，多所遗失。至今上即位，博开艺能之路[10]，悉延百端之学[11]，通一伎之士咸得自效[12]，绝伦超奇者为右[13]，无所阿私，数年之间，太卜大集。会上欲击匈奴，西攘大宛，南收百越，卜筮至预见表象，先图其利。及猛将推锋执节[14]，获胜于彼[15]，而蓍龟时日亦有力于此[16]。上尤加意，赏赐至或数千万。如丘子明之属[17]，富溢贵宠，倾于朝廷[18]。至以卜筮射蛊道[19]，巫蛊时或颇中。素有眦睚不快[20]，因公行诛，恣意所伤，以破族灭门者，不可胜数。百僚荡恐，皆曰龟策能言。后事觉奸穷[21]，亦诛三族。

夫揲策定数[22]，灼龟观兆，变化无穷，是以择贤而用占焉，可谓圣人重事者乎！周公卜三龟，而武王有瘳[23]。纣为暴虐，而元龟不占[24]。晋文将定襄王之位，卜得黄帝之兆，卒受彤弓之命[25]。献公贪骊姬之色，卜而兆有口象，其祸竟流五世[26]。楚灵将背周室，卜而龟逆，终被乾溪之败[27]。兆应信诚于内，而时人明察见之于外，可不谓两合者哉！君子谓夫轻卜筮，无神明者，悖[28]；背人道，信祯祥者，鬼神不得其正。故《书》建稽疑[29]，五谋而卜筮居其二[30]，五占从其多[31]，明有而不专之道也。

余至江南，观其行事，问其长老，云龟千岁乃游莲叶之上，蓍百茎共一根。又其所生，兽无虎狼，草无毒螫[32]。江傍家人常畜龟饮食之，以为能导引致气，有益于助衰养老，岂不信哉！

【注释】①卜筮：卜，灼龟见兆，即钻灼龟甲而呈现裂纹，观察它来判断吉凶。龟甲也用兽骨代替。筮，指蓍草，观察蓍草数目推占吉凶。　②祯祥：祥瑞之兆。　③涂山：指涂山氏，即居住在涂山的部落。禹娶涂山氏之女生启。涂山为传说之地，有四说：一、会稽，二、渝州，三、濠州，四、当涂。　④飞燕句：飞燕即玄鸟。传说帝喾次妃简狄，吞玄鸟卵而生契。契佐禹治水有功；封于商，是为殷祖。　⑤百谷句：后稷播种百谷，其后裔子孙为周王。后稷名弃。传说其母姜原，为帝喾元妃，践巨人迹而生弃。弃为帝尧农师，教民种百谷，天下得其利。　⑥要：关键。归等：目的一致。归，旨归，目的。　⑦垠（yín 银）：界限，边际。　⑧遑：闲暇。　⑨畴官：世代职掌律历天官的人，参阅《历书序》“畴人”条注。　⑩艺能：技能。　⑪延：引荐。　⑫咸得自效：都能得到施展自己才能的机会。汉武帝求贤，有一技之长的人都可以上书自荐，于是各种人才都涌现了出来。　⑬绝伦超奇：才技优异之人。　⑭执节：持节，指挂帅。节，符节。　⑮彼：那边，指战场。　⑯此：这里，指庙堂。　⑰丘子明：汉武帝时的卜者。　⑱倾：压倒。　⑲射：猜度。蛊道：巫祝诅咒害人之术。蛊，一种害人之物。汉武帝迷信方士，女巫往来宫中，教宫人埋木人祭祀，说是可以免灾，可以咒杀仇人。武帝一朝有两次重大的巫蛊案。第一次在元光五年（前 130 年），陈皇后废，捕为巫蛊者枭首，相连及诛者三百余人。第二次在征和二年（前 91 年），绣衣使者江充与太子刘据有隙，诬枉太子为蛊道，太子惧不能自明，于是发兵诛江充。汉武帝命丞相刘屈氂讨太子，太子兵败自杀。长安城中械斗死者数万人，史称巫蛊之狱。　⑳眦睚：瞪眼睛，翻脸。眦（zì 字），眼眶。睚（yá 厓），眼角。《范雎列传》载，范雎为秦相，“一饭之德必偿，睚眦之怨必报”。　㉑奸穷：为奸之事败露。㉒揲策定数：即用蓍草卜筮。揲（féng 冯）策，两手分蓍。定数，计算蓍草的阴阳数目，用以推占。　㉓周公二句：周武王克商的第二年得了重病，周公祈求太王、王季、文王三位祖先的在天之灵，要求保佑武王，打算以自己的性命作质。周公在三王的祭坛前各置一龟，进行占卜，三占都是吉兆，第二天武王的病就好了。事见《尚书·金縢》。据今人研究，《金縢》为战国中期人追记的传说。瘳（chōu 抽）：病愈。　㉔元龟不占：元龟，大龟。不占，指不得好的吉兆。《尚书·西伯戡黎》记载纣大臣祖伊警告纣王，若沉湎淫乐，天命就要离开。祖伊说：“格人元龟，罔敢知吉。”王充《论衡·卜筮》云：“纣至恶之君也，当时灾异繁多，七十卜而皆凶。”　㉕晋文三句：鲁僖公二十五年（前635年），晋文公迎周襄王复位，杀襄王弟带。事前命卜偃占卜，得“遇黄帝战于阪泉之兆”。传说阪泉之战，黄帝杀蚩尤，安定了天下。晋文公得此兆，大吉，于是出兵迎纳襄王。鲁僖公二十八年（前632年），晋楚城濮之战，晋文公获胜，周襄王策命晋文公为侯伯，赐彤弓。彤弓：红色的弓。诸侯得赐彤弓则掌有征伐之权。㉖献公三句：晋献公五年（前672年）伐骊戎，晋大夫史苏占卜，遇兆有口，挟以衔骨、齿牙，是“胜而不吉”之兆。晋献公此役得骊姬。骊姬，以色媚献公，害死太子申生，迫使重耳流亡。晋献公死后，诸公子争位，历经奚齐、悼子、夷吾、怀公、重耳五君，社会才安定下来，所以说“其祸竟流五世。”　㉗楚灵将背周室三句：楚灵王十一年（前530年），屯驻乾溪，欲遣使求周鼎，久驻不归。十二年夏四月，公子比杀灵王太子禄自立为君。灵王众溃，五月死难。乾溪：楚邑，在今安徽亳县东南七十五里。　㉘悖：惑乱。　㉙《书》建稽疑：《书》指《尚书·洪范》。《洪范》第七条“稽疑”，讲怎样用卜筮解决疑难。㉚五谋：重大疑难由王、卿士、龟卜、筮占、庶民共同商量，叫五谋。　㉛五占从其多：这是《洪范》“稽疑”最光辉的民主性决策思想，少数服从多数，重大决策五占均要三占一致才吉利，五占一致谓之大同。《洪范》的“稽疑”方法列表于下。

（一）		（二）		（三）		（四）		（五）		（六）	
大同 （大吉）		吉		吉		吉		做内事吉 做外事凶		不行动吉 行动凶	
赞同	反对	赞同	反对	赞同	反对	赞同	反对	赞同	反对	赞同	反对
王 龟 筮 卿士 庶民		王 龟 筮	卿士 庶民	龟 筮 卿士	王 庶民	龟 筮 庶民	王 卿士	王 龟	筮 卿士 庶民	王 卿士 庶民	龟 筮

㉜毒螫：蛇或蝎子，这里指针刺一类的毒草。

【译文】太史公说：从古以来的圣明君王，将要建立国家以承受天命，行动起来干一番事业的时候，没有不尊重卜龟蓍草来推动善事的。唐、虞以前，不可查考了。从夏、殷、周三代的兴起来看，分别有祥瑞来显示。大禹遵照卜兆娶涂山氏之女，而有夏启的降世；简狄吞玄鸟卵而生契，龟卜大顺，所以有殷朝的兴起；善于播种百谷的后稷蓍筮大吉，所以有周朝的建立。帝王解决各种疑难，都要参照卜筮的结果，也就是用蓍草和灵龟来做决断，是不可改变的道理。

蛮、夷、氐、羌虽然没有君臣上下的序列，但也有解决疑惑的占卜方法。有的用金石，有的用草木，表现了各个国家的不同习俗。然而都可以借它来征战攻伐，驱动士兵去争取胜利，各自相信自己的神灵，用来推占未来的事情。

我大略地听说夏殷之时，人们遇到应该占卜的事，就取来蓍草和龟甲，用后就丢弃了。他们认为龟甲收藏以后就不灵验，蓍草搁久了就不神明。到了周朝，卜官却总是珍藏蓍草和龟甲，并根据龟甲的大小，蓍草的老嫩，而各有不同的用途，关键是与所要决疑的目的相一致罢了。有的人认为圣明的君王遇到事情没有不能解决的，决断的疑难没有不能显现的。至于设置卜筮，求神稽疑，无非是恐怕后世衰微，人们愚昧而又不追求智慧，各人只顾及自己的安乐，以至于使教化分散至百家，道义扩散而没有边际，所以特地使推占的事理达到精微，但关键还是要保持精神的纯洁。有的人则认为灵龟所擅长的，圣人也不能和它相争。它所显示的吉凶，分辨的是非，往往比人的预测还要灵验。

汉高祖即位后，留用了秦朝的太卜官。当时天下刚刚安定，战火还没有完全停息。汉惠帝在位时间短，吕后女主临朝，文帝、景帝也只是因袭旧规，都没来得及深入研究，因此，即使是父子相继的卜官，世代相传的技艺，其精细、隐微、深厚、绝妙的占卜，也大多失传。当今皇上继位以后，广开技能之路，尽量引荐百家学说，精通一技之长的人都能得到效力的机会，优异特出的人受到尊重，不徇私情，仅仅几年光景，太卜官署就聚集了众多的人才。恰逢皇上想抗击匈奴，西征大宛，南并百越，故首先运用卜筮来预测形势，谋划有利的结局。猛将挂帅冲锋，在战场那边获得胜利；而蓍龟时时占卜，也在朝廷这里出了力气。皇上因此更加提倡，赏赐卜官之钱有的达到数千万。像丘子明等人，财富超过了贵幸的宠臣，倾动了朝廷。至于用卜筮猜度哪里有巫蛊，经过发掘有时很灵验。而平时有点小怨不快，则假此公报私仇，肆无忌惮地伤害他人，以至于破灭宗族，满门抄斩的，也无法统计。朝廷百官惶恐不安，只得都说龟甲蓍草真灵，能够说话。后来卜官弄虚作假的事情败露，也被灭了三族。

分开蓍草计算阴阳数目，烧灼龟甲察看裂纹兆头，变化无穷，因此要选用贤才来进行占卜，真可以说是圣人所十分重视的事啊！周公连卜三龟，武王的病就好了。殷纣王为政暴虐，因而用最大的龟甲也占不到吉兆。晋文公将要把周襄王重新扶上王位，卜得黄帝战于坂泉的吉兆，终于获得了周王授予的彤弓。晋献公贪恋骊姬的美色，占卜得了"胜而不吉"的口象之兆，那祸乱竟流害五君。楚灵王将要背叛周王室，占卜不吉，终于有乾溪的败亡。这些例证说明龟兆显示了内在的徵信，而时人洞察了外部的表象，能说不是两相符合吗！君子认为轻视卜筮，不相信神明的人，昏聩糊涂；违背人道，只相信祥瑞的人，鬼神也不能得到正位。所以《尚书·洪范》建立了决疑的方法，由王、卿士，龟卜、筮占、庶民五种意见共同协商，而龟卜、筮占就占去两种，五占要从其多数，这是保证圣明而避免专断的方法啊。

我到江南旅游时，考察过蓍龟的事，访问了当地的老人。他们说，一千岁的灵龟可以在荷叶上行走。生长了一百年的蓍草一条根长百枝茎。又说生长了灵龟蓍草的地方，没有虎狼这样的猛兽，草丛里也没有毒虫。沿长江边居住的人家有养龟作食的习惯，认为吃了龟肉可以导引顺气，有助于防止衰老，延年益寿，难道能不信吗？

【简论】《太史公自序·索隐》引张晏所列十篇亡书目录有《日者列传》、《龟策列传》两篇列传。于是两传真伪成为众说纷纭的悬案。

司马贞认为两传为褚少孙所补，主要论据有两条。一曰《日者列传》只载司马季主，"无以知诸国之俗"，《龟策列传》只载蓍龟，"无以纪其异"。二曰两传文词率略烦芜，不能裁剪。

按诸事实，司马贞的两条论据似是而实非，不能成立。

《太史公自序》所述两传序目云："齐、楚、秦、赵为日者，各有俗所用。欲循观其大旨，作《日者列传》第六十七。""三王不同龟，四夷各异卜，然各以决吉凶。略窥其要，作《龟策列传》第六十八。”《日者列传》只载楚人司马季主，《龟策列传》仅载灵龟，都只是借题发挥，其旨不在传人载物。序目也交代得很清楚，对诸国之俗，四夷之卜，只是“欲循观其大旨”，“略窥其要”。《龟策列传》云：“蛮、夷、氐、羌虽无君臣之序，亦有决疑之卜。或以金石，或以草木，国不同俗。然皆以战伐攻击，推兵求胜，各信其神，以知来事。”这就是“大旨”，就是“其要”，所以两传不详载各国日者及四夷之异卜。至于文辞率略烦芜，刘知几《史通》卷六《叙事》篇云：“人之著述，虽同自一手，其间则有善恶不均，精粗非类。若《史记》之苏、张、蔡泽等传，是其美者，至于三（《三王世家》）五本纪（指《五帝本纪》），日者、太仓公、龟策传，固无所取焉。”这是说一人之作，出现善恶不均，精粗非类是正常现象，不必篇篇精美。刘氏用此理论《日者列传》、《龟策列传》，结论虽未允，而其理却公。《日者列传》、《龟策列传》宛然俱在，考其文词简练有法，议论汪洋，畅达雅正，何率略烦芜之有！黄震《古今纪要》卷二言，欧阳修每作文，必先取《日者列传》传读数过，然后下笔。言或夸张，而称赞两传练达，却是笃论。

《日者列传》、《龟策列传》两传为司马迁所作，显证有八。两传褚补均标有“褚先生曰”，恰恰反证原传之存。因褚少孙续史在元、成之际，去司马迁未远，他既续在后，则两原传自当在元、成之前，非司马迁作而为何！此其一证。《日者列传》褚补云：“夫司马季主者，楚贤大夫，游学长安，通《易经》，求黄帝、老子，博闻远见。观其对二大夫贵人之谈言，称引古明王圣人道，固非浅闻小数之能。”此言可证司马季主确有其人，贾谊、宋忠游观卜市确有其事。此其二证。两传行文多与司马迁用语、身世、思想意趣相合。《封禅书》卷首曰：“自古受命帝王，曷尝不封禅？”《日者列传》起论云：“自古受命而王，王者之兴，何尝不以卜筮决于天命哉！”《龟策列传》起句云：“自古圣王，将建国受命，兴动事业，何尝不宝卜筮以助善！”三传起论用语相同，因三传大旨相类，均讲天人关系。《日者列传》又云：“述而不作，君子义也。”《太史公自序》云：“余所谓述故事，整齐其世传，非所谓作也。"此其三证。两传隐微之语与司马迁身世相应。《日者列传》云，"为人主计而不审，身无所处"，可为《报任安书》注脚。司马迁推言李陵之功，"欲以广主上之意，塞睚眦之辞"，以"效其款款之愚"，而事乃大谬不然，武帝却认为司马迁的目的是沮坏贰师，"遂下于理"，"因为诬上，卒从吏议"。此其四证。两传思想意趣与司马迁他传旨意若合符契。《日者列传》云："道高益安，势高益危，居赫赫之势，失身且有日矣。"《将相表》倒书丞相、御史一个个悲惨下场，不就是这样的现实吗？这段话可为读淮阴侯等传注脚。此其五证。《龟策列传》涉及巫蛊案事，论者囿于《史记》讫于麟止、太初成说，以为伪作之证。《史记》断限太初，而李陵案、巫蛊案等重大事件讫于武帝之末，此恰为司马迁作《龟策列传》之证，传中揭露丘子明之属的虚妄，与《封禅书》揭露齐方士文成、栾大的奸伪一脉相承。此其六证。《龟策列传》载"今上即位"云云，又载"余至江南"云云，尤为司马迁原作之证。此其七证。两传评击时政，词锋锐利，讥切刻深，非司马迁不能作。此其八证。

总上所论，《日者列传》、《龟策列传》，并未亡缺，亦非草创，率略烦芜云云，皆失察妄议，不可为据。褚少孙补《日者列传》云："及卜筮立名声千里者，各往往而在。"可见西汉之世，占卜之盛。司马迁一概不取。他在《日者列传赞》中说："古者卜人所以不载者，多不见于篇。及至司马季主，余志而著之。"只载司马季主，借以立论，讥评时政，婉约其文辞，深蓄其思想，所以不载卜者的虚诞事迹。褚少孙不明此旨，求其龟策传不得，乃续补龟策，连篇累牍录列那些无稽占策，平庸冗赘，司马贞谓之率略烦芜，主要指此。但是正由于有褚补，反衬原传之存。褚补作为考证资料，却具有旁证的价值。

太史公自序

【说明】《太史公自序》是《史记》一书的总序，《史记》原名《太史公书》，故称《太史公自序》。

《太史公自序》概述了司马氏世系、家学渊源、《史记》成书经过、著述动机和全书意旨，是一篇内容丰富、学术价值很高的自传自注体论文。《太史公自序》对于我们研究《史记》成书的历史条件和司马迁的“一家之言”，是极其重要的资料。

《太史公自序》追溯祖先世典天官和职掌周史，旨在揭示作者的胸襟和历史使命，自觉地以继承周公、孔子为己任。《太史公自序》对《春秋》竭力赞颂，称《春秋》“上明三王之道，下辨人事之纪”、“别嫌疑”、“明是非”、“拨乱世，反之正”的伟大功用，借以阐明《史记》的宗旨。为了完成这样一部伟大著述，司马谈、司马迁父子两代相继为史官，努力学习，积累了渊博的知识，综合百家学说以成其“一家之言”。司马迁还壮游全国，网罗天下放失旧闻。司马谈临终遗命司马迁以最高的忠孝道德作保证，完成《史记》的创作。司马迁承继父命，勤奋创作，中途虽遭遇巨大不幸，但经过了生与死的思想斗争，最后还是决心忍辱负重，发愤写作，终于完成了一部贯通古今的纪传体通史。

《太史公自序》全文七千八百一十二字，是一篇大论，内容可分为七个部分。为了保持《自序》全文形式上的连贯性，又便于分析内容的层次，故注释与译评采取了变通的形式。正文注释按七个部分划段落，用（一）（二）（三）（四）（五）（六）（七）七个数码划开。第（七）部分“史记序目”注文分散在每条序目之下以便阅览。译文与简论另成系统，分为七个段落，并分段加标题，分段作简论，以加深对《自序》思想内容的理解。

（一）

昔在颛顼①，命南正重以司天②，北正黎以司地③。唐虞之际，绍重黎之后④，使复典之，至于夏商，故重黎氏世序天地。其在周，程伯休甫其后也⑤。当周宣王时⑥，失其守而为司马氏⑦。司马氏世典周史⑧。惠、襄之间⑨，司马氏去周适晋。晋中军随会奔秦⑩，而司马氏入少梁⑪。

自司马氏去周适晋，分散，或在卫，或在赵，或在秦。其在卫者，相中山⑫。在赵者，以传剑论显，蒯聩其后也⑬。在秦者名错⑭，与张仪争论，于是惠王使错将伐蜀，遂拔，因而守之。错孙靳⑮，事武安君白起⑯。而少梁更名曰夏阳。靳与武安君坑赵长平军，还而与之俱赐死杜邮⑰，葬于华池⑱。靳孙昌，昌为秦主铁官。当始皇之时⑲，蒯聩玄孙卬为武信君将⑳而徇朝歌㉑。诸侯之相王㉒，王卬于殷。汉之伐楚，卬归汉，以其地为河内郡。昌生无泽，无泽为汉市长㉓。无泽生喜，喜为五大夫㉔，卒，皆葬高门㉕。喜生谈，谈为太史公㉖。

【注释】①颛顼（zhuān xū 专需）：传说中的上古五帝之一，号高阳氏，黄帝的孙子。　②南正重：南正，传说中的上古天官，职掌天文，观星象，定历法。重为天官。《左传》昭二十九年史墨说，重，少昊氏之子。　③北正黎：北正，地官，职掌农事。《史记·历书》、《汉书·司马迁传》、《左传》、《国语》均作“火正黎”。史墨说，黎，颛顼之子。　④重黎：《史记·楚世家》云：“高阳生称，称生卷章，卷章生重黎。”上文以重、黎为二人，此以重黎为一人。《史记志疑》卷二十六，梁玉绳认为，黎之后以地官兼天官，故号重黎氏。⑤程伯休甫：程，古国名，在今洛阳东。伯，周封诸侯公、侯、伯、子、男五等爵之第三等。休甫，人名。　⑥周宣王：姬静，西周第十代国君，在位四十六年。　⑦司马氏：司马，掌军事的官。司马氏以官为氏。　⑧世典周史：世世代代职掌周王室国史。　⑨惠襄之间：指周惠王姬阆、周襄王姬郑，东周第五代、第六代国君。惠王时有子颓作乱，襄王时有叔带作乱。史官职掌机要，卷入宫廷政变，故司马氏在惠、襄之间的王室内乱中去周适晋。　⑩晋中军随会奔秦：随会，晋大夫。公元前621年晋襄公卒，随会入秦迎立公子雍。赵盾立襄公子夷皋，是为晋灵公，发兵拒公子雍。随会奔秦避难，后来回到晋国作了中军统帅。这里称“中军”是追书。　⑪司马氏入少梁：卷入晋公室内乱的司马氏入秦避难，其后为秦民。少梁，古梁国，公元前641年秦灭梁，改称少梁。过了四年，前617年，晋伐秦，取少梁，三家分晋属魏。至前328年，秦人又从魏国手中夺回少梁，更名夏阳，即今陕西韩城县。　⑫其在卫者，相中山：司马氏流入卫国的一支，后代中有人做了中山国的相，指司马喜。《战国策·中山策》云：“司马喜三相中山”。卫，周成王所封康叔姬姓之国，其地在今河南安阳以南地区，战国时属魏。1974年至1978年在河北平山县出土了带有长篇铭文的铁足大鼎，是中山王赐给国相司马贮的，从而证实了司马迁的记载。　⑬在赵者……蒯聩其后也：司马氏分散时，赵国还没有建立，这里是说后代在赵。《史记·刺客列传》载荆轲在赵国榆次与盖聂论剑。《自序正义》引如淳说，盖聂就是蒯聩。⑭在秦者名错：司马错，秦惠王将，公元前316年为秦灭蜀，并留守在蜀。司马错与张仪的辩论就是关于伐蜀的利弊，事详《史记·张仪列传》。　⑮靳（jìn近）：《汉书·司马迁传》作“蕲”，二字音近互转。　⑯白起：秦名将，封武安君，传见《史记》卷七十三。公元前260年，白起在长平（今山西高平县西北）大破赵军，坑杀降卒四十余万。　⑰赐死杜邮：杜邮，地名，在今陕西咸阳市东。长平战后，秦昭王命令白起进兵邯郸。白起认为灭赵的条件尚未成熟，不肯为将。公元前259年，白起与司马靳一同被赐死杜邮。　⑱华池：地名，在夏阳西南十七里。　⑲当始皇之时：应作“当始皇死时”解，指公元前209年秦末农民起义之时。西汉人认为，秦之亡，祸成始皇，故云“当始皇之时”。　⑳卬为武信军将：武信军，武臣的封号，陈胜起义派他北定赵地，他又派司马卬攻取了朝歌。　㉑徇朝歌：徇（xún巡），攻取。朝歌，古为殷都，在今河南淇县东北。　㉒诸侯相王：诸侯互相称王，指公元前206年项羽封十八王，卬为殷王，都朝歌。　㉓无泽为汉市长：无泽，《汉书·司马迁传》作“毋泽”。“毋”与“无”，古字通。市长，汉高祖六年（前201年）改咸阳为长安，立大市，管理商业运输，司马无泽做了这个官。　㉔喜为五大夫：五大夫是秦汉二十级封爵制的第九级。汉文帝十二年（前168年）推行卖爵制，五大夫售价为入粟四千石。《汉书·食货志》载，五口之家，耕地百亩，正常一年收入一百石。四千石相当于四十户自耕农的全年收入。《自序》未叙司马喜做官或其他功劳，他的爵位当是买来的。 ㉕高门：地名，是高门原的简称，又叫马门原，在华池西三里。 ㉖谈为太史公：《史记》全书称“太史公”凡一百五十二见，为司马谈、司马迁父子相共。《汉书·百官公卿表》有太史令，为太史府之长官，秩六百石。《自序集解》引臣瓒曰：“《茂陵中书》司马谈以太史丞为太史令。”《索隐》引《博物志》云：“太史令茂陵显武里大夫司马迁，年二十八，三年六月乙卯除，六百石。”据此，“太史公”不是官名，此称“太史”为官名，“公”字为尊称，乃是司马迁尊称其父，署官以名其书曰《太史公书》，意为太史公所著之书，用以祭奠父亲，因《史记》是司马谈发凡起例的。书名既为《太史公书》，故一百三十篇论赞皆称“太史公曰”，而“太史公”遂为父子共名。旧解多以“太史公”为官名，殊误。《茂陵中书》，乃茂陵县的户籍档案簿。茂陵，在长安西北八十里，今陕西兴平东北，为汉武帝陵。元朔二年（前 127 年），武帝徙郡国豪杰及家资三百万以上者实茂陵，司马迁一家徙置茂陵，故《茂陵中书》记载了司马谈、司马迁事迹，为不容置疑之信史。

（二）

太史公学天官于唐都[①]，受《易》于杨何[②]，习道论于黄子[③]。太史公仕于建元、元封之间，愍学者之不达其意而师悖[④]，乃论六家之要指曰[⑤]：

《易大传》[⑥]：“天下一致而百虑，同归而殊涂”。夫阴阳、儒、墨、名、法、道德，此务为治者也，直所从言之异路，有省不省耳[⑦]。尝窃观阴阳之术[⑧]，大祥而众忌讳[⑨]，使人拘而多所畏[⑩]；然其序四时之大顺，不可失也[⑪]。儒者博而寡要，劳而少功，是以其事难尽从[⑫]；然其序君臣父子之礼，列夫妇长幼之别，不可易也。墨者俭而难遵，是以其事不可遍循；然其强本节用[⑬]，不可废也。法家严而少恩；然其正君臣上下之分[⑭]，不可改矣。名家使人俭而善失真[⑮]；然其正名实[⑯]，不可不察也。道家使人精神专一，动合无形[⑰]，赡足万物。其为术也，因阴阳之大顺，采儒墨之善，撮名法之要[⑱]，与时迁移，应物变化，立俗施事，无所不宜，指约而易操，事少而功多。儒者则不然。以为人主天下之仪表也，主倡而臣和，主先而臣随。如此则主劳而臣逸。至于大道之要，去健羡，绌聪明[19]，释此而任术[20]。夫神大用则竭，形大劳则敝。形神骚动[21]，欲与天地长久，非所闻也。

夫阴阳四时、八位、十二度、二十四节各有教令[22]，顺之者昌，逆之者不死则亡。未必然也。故曰："使人拘而多畏"。夫春生夏长，秋收冬藏，此天道之大经也[23]，弗顺则无以为天下纲纪，故曰："四时之大顺，不可失也"。

夫儒者以《六艺》为法。《六艺》经传以千万数[24]，累世不能通其学[25]，当年不能究其礼[26]，故曰"博而寡要，劳而少功"。若夫列君臣父子之礼，序夫妇长幼之别，虽百家弗能易也。

墨者亦尚尧舜道，言其德行曰："堂高三尺，土阶三等，茅茨不翦，采椽不刮[27]。食土簋，啜土刑[28]，粝粱之食，藜藿之羹[29]。夏日葛衣，冬日鹿裘[30]。"其送死，桐棺三寸[31]，举音不尽其哀。教丧礼，必以此为万民之率。使天下法若此，则尊卑无别也。夫世异时移，事业不必同[32]，故曰"俭而难遵"。要曰强本节用，则人给家足之道也。此墨子之所长，虽百家弗能废也。

法家不别亲疏，不殊贵贱，一断于法，则亲亲尊尊之恩绝矣[33]。可以行一时之计，而不可长用也，故曰"严而少恩"。若尊主卑臣，明分职不得相逾越，虽百家弗能改也。

名家苛察缴绕[34]，使人不得反其意，专决于名而失人情，故曰"使人俭而善失真"。若夫控名责实[35]，参伍不失[36]，此不可不察也。

道家无为，又曰无不为[37]，其实易行，其辞难知。其术以虚无为本，以因循为用[38]。无成势，无常形，故能究万物之情[39]。不为物先，不为物后[40]，故能为万物主。有法无法，因时为业；有度无度，因物与合[41]。故曰“圣人不朽，时变是守。虚者道之常也，因者君之纲”也[42]。群臣并至，使各自明也。其实中其声者谓之端，实不中其声者谓之窾。窾言不听，奸乃不生，贤不肖自分，白黑乃形。在所欲用耳，何事不成。乃合大道，混混冥冥。光耀天下，复反无名[43]。凡人所生者神也，所托者形也。神大用则竭，形大劳则敝，形神离则死[44]。死者不可复生，离者不可复反，故圣人重之。由是观之，神者生之本也，形者生之具也[45]。不先定其神［形］[46]，而曰“我有以治天下”，何由哉[47]？

【注释】①太史公学天官于唐都：指司马谈向唐都学习天文学。天官，天文星象之学。唐都，汉代方士，精通天文学，太初元年他还和司马迁等人共同制定了太初历。　②杨何：字叔元，是孔子学生商瞿的第八世弟子，汉初的《易》学专家。武帝元光中，官至太中大夫。　③黄子：《儒林传》称黄生，即黄老先生，史失其名。黄生是汉初研习道家理论的权威，景帝时为博士，主张无为。黄生曾和治《诗》大儒博士辕固生在景帝面前争论汤、武非受命而王，轰动朝野。　④愍：忧伤。师悖：师法惑乱之言。　⑤要指：核心思想。指，亦作“旨”，意趣，引申为学说、主张。　⑥易大传二句：引自《易系辞》，原文作“天下同归而殊涂，一致而百虑”。《易》谈哲理，司马谈借用这两句话谈政治，暗含一个“治”字。意思是说，百家学说虽然主张不同，都是为了治天下。所以司马谈评价六家学说，是从治理天下的利弊这一立场出发的。　⑦夫阴阳三句：这三句是说，各家学说的要旨都是为了治理天下，不过他们提出的方案各不相同，各有议论精审可取和不精审两部分。这是司马谈针对汉武帝“罢黜百家，独尊儒术”所发的议论，也即是《要指》一文的中心思想。直：不过。省：善，《汉书·司马迁传》作“察”。　⑧术：法、道，引申为学说。　⑨祥：吉凶的征兆。忌讳：禁忌。古代对死不直言叫忌，对尊者、亲者、长者不直呼其名叫讳。后来凡是对所有回避的事，或不便直说的话，统称忌讳。这里指阴阳家讲究吉凶征兆的禁忌。　⑩拘而多所畏：阴阳家每一行动都要择时日，择方向，时日方向不吉利就不敢动。　⑪不可失也：不可违背，不可改变。下文“不可易也”，“不可废也”，“不可改也”，“不可察也”，都是这个意思。“失”、“易”、“废”、“改”、“察”等字是变文，与“有省不省”的“省”字相照映，指各家学说的长处部分是不可排斥的。　⑫尽从：全部跟从、实行之意，与下文“遍循”同义。遍循，一一遵循。　⑬强本节用：注重发展生产，节制用度。本，指农耕蚕织。　⑭正君臣上下之分：整肃君臣上下的职守，使等级秩然。儒家也宣扬君君臣臣之道，主张用礼节制，而法家更加强调尊君卑臣学说，用法来维系，强化中央集权。　⑮名家：以邓析、尹文、公孙龙等人为代表，主张循名责实的学派。俭而善失真：俭，通“检”，咬文嚼字。这句是说名家纠缠在概念上打圈子，把人们的思想弄糊涂了，而不能掌握实际。　⑯正名实：指名称和实际相符合。正，循名责实，使二者符合。　⑰动合无形：一切举措，都丝毫不露痕迹，合于自然。　⑱其为术也四句：因，遵循。采，吸收。撮，摄取。先秦道家是老庄学说，并没有吸收儒、墨、名、法、阴阳各家之长，而这里司马谈所总结的则是以杂霸王道的汉初黄老为基础的新道家思想。严格地说，熔铸各家之长的道论，正是司马谈的“一家之言”。　⑲去健羡，绌聪明：去掉刚强和贪欲，不用智慧和聪明，而以柔弱和知足自守。《老子》第二十八章，“知其雄，守其雌，为天下溪”；第三章，“不尚贤，不使民争”；第十九章，“绝圣弃智，民利百倍”。这些思想就是汉初无为学说“去健羡，绌聪明”的依据和渊源。⑳释此而任术：抛弃迂阔寡要而归于大道。此，指儒家学说。术，指道家的任自然之术。　㉑形神骚动：骚动，分散动摇，这里作消耗讲。《汉书·司马迁传》作“形神蚤衰”。道家认为国君应无为静守，若竭智用神，其年不永，故曰“形神骚动”。　㉒四时：春夏秋冬四季。八位：八卦方位。十二度：十二次星躔，这里指十二个月序。二十四节：就是农历的二十四节气。教令：戒律。　㉓天道之大经：自然界的主要规律。　㉔六艺经传以千万数：六艺，即儒家的《诗》、《书》、《礼》、《乐》、《易》、《春秋》六经。经传，经指六经本文，传指解经文字。汉代解经的章句十分繁琐，有些经家对一经的解释达一百多万字。例如《书经》大师秦延君解《尚书》的“尧典”二字就写了十余万言，所以说“千万数”。　㉕累世：一辈子。　㉖当年：丁壮之年，即青春时代。当，通“丁”。　㉗采椽：柞木为椽。　㉘食土簋，啜土刑：簋（guǐ 轨），椭圆形食器。刑，盛汤的鼎器。这两句是说食饮器具均用陶器。　㉙粝粱：当作“粝粢”，即粗糙的粮食。粱，精米。《李斯列传》：“尧之有天下也，粢粝之食，藜藿之羹”。藜藿，泛指野菜。藜，蓬类一年生草本植物，又名莱，嫩叶可食。藿，豆叶。这两句是主张过俭朴的生活，吃粗茶淡饭。　㉚葛衣、鹿裘：葛衣与丝帛相对，鹿裘与轻裘相对，指衣着要简陋。葛，一种野生纤维植物，可用来织布。　㉛桐棺三寸：以桐木为棺，厚三寸，这是墨家主张的节用理论之一，送死薄葬。儒家主张厚葬，棺用贵重木材，还要有椁，即外棺。　㉜事业：这里指社会的一切礼俗制度。　㉝亲亲尊尊：亲爱亲者，尊崇尊者，这是儒家提倡的等级礼制。　㉞苛察缴绕：烦琐的考究，在枝节上纠缠。　㉟控名责实：即循名责实。控，引，引申为依据、遵循。　㊱参伍：参错交互，即综合各方面进行考察的意思。 ㊲无为无不为：老子说："道法自然"，"道无为而无不为"。自然界的万事万物都在变化、消长，这是无不为。但是这种无不为并没有什么东西去主宰它，所以它的消长是无为的。应用在政治上就是君人南面之术。老子说："为无为，则无不治"，"我无为而民自化"。意思是说，国君不主观的强制臣民该作什么或不该作什么，而是引导和保证臣民各适其自然而作，国君只如牧马人的"去其害马者而已"。这样，臣民兢兢业业有所为均是国君之成绩，所以国君无为，就能无不为。 ㊳虚无为本，因循为用：指人的修养要以清心寡欲为根本，不要劳倦形神。应用到政治上，就是要根据自然趋势，与时推移，无为而治。 ㊴无成势，无常形，故能究万物之情：势，指运动变化的发展趋势。形，固定格式。这三句是说道家之术没有一成不变的变动方向和固定格式，所以它能适应万物的规律。 ㊵不为物先，不为物后：《淮南子·原道》，"所谓无为者，不先物为也；所谓无不为者，因物之所为。"可为这两句作注脚。 ㊶有法无法四句："有法无法，因时为业"与"有度无度，因物与合"相对成文，指道家不是不要法度，而是随时应变，顺物秩序，自成法度，归于无为。"因无与合"，《汉书》作"因物与舍"。舍，居也。言因物与居，而无成心。四句"法"与"业"为韵，"度"与"舍"为韵。 ㊷故曰四句：引自《鬼谷子》佚文。"圣人不朽"《汉书》作"圣人不巧"。颜师古注曰"无机巧之心"。王念孙考证，认为作"巧"字是《史记》原文。但古书很少有这种用法，疑是《汉书》改字，或形近而讹。《索隐》、《正义》都作"朽"，指圣人顺时变化，故能成不朽之功。 ㊸复反无名：复归于自然。名，指具体的事物，有形有象。道是无形无象的东西，所以叫无名。道生成天地万物，即有名，但它最后循环往复为无名。 ㊹形神离则死：神，指人的精神、声气。形，指形体。司马迁父子认为，形神可以分离，但形神分离均要衰敝。 ㊺神本形具：本，根本。具，体现。精神虽为生存之根本，但要形来体现，故二者不可分离。 ㊻先定其神［形］："形"字据《汉书·司马迁传》补。这句是说首先要稳定形与神的关系，即不能过度使用形或神，而造成二者的分离。 ㊼而曰两句：意思是说，若不懂得神本形具而稳定形神关系这个道理，是不能够走上治天下之路的。《要指》以一"治"字贯通首尾，反映了司马氏父子主张崇尚无为政治的思想倾向，因而对汉武帝政治多所批评，这正是《史记》成为异端史学的哲学基础。

（三）

太史公既掌天官，不治民。有子曰迁①。

迁生龙门[②]，耕牧河山之阳[③]。年十岁则诵古文[④]。二十而南游江、淮，上会稽，探禹穴[⑤]，窥九疑[⑥]，浮于沅、湘[⑦]；北涉汶、泗[⑧]，讲业齐鲁之都[⑨]，观孔子之遗风，乡射邹、峄[⑩]；厄困鄱、薛、彭城[⑪]，过梁、楚以归[⑫]。于是迁仕为郎中[⑬]。奉使西征巴、蜀以南，南略邛、笮、昆明[⑭]，还报命[⑮]。

【注释】①有子曰迁：司马迁，字子长，《太史公自序》和《汉书》本传都失载，也没载生卒年。司马迁之字见于扬雄《法言》和王充的《论衡》。关于司马迁的生卒年，学术界一般用王国维的考证，生于汉景帝中元五年，即公元前145年，卒年在武帝末或昭帝初。司马迁的一生大致与武帝相终始。见《太史公行年考》。　②迁生龙门：龙门，山名，在今陕西韩城县东北五十里，横跨黄河两岸。迁生在韩城南二十二里的芝川镇，两者相距七十里。迁生龙门是举家乡名胜而言，是一个大略的说法。　③耕牧河山之阳：指司马迁童年在家乡度过。耕牧，一般用以表示未仕宦，家居。河山之阳，指司马迁的故乡所在，即龙门山南麓河曲。　④古文：先秦历史典籍用古体字书写，故《史记》称其为古文。如《五帝本纪赞》称《春秋》、《国语》、《五帝德》、《帝系姓》为古文。《太史公自序·索隐》引刘伯庄说：古文指《左传》、《国语》、《世本》等。　⑤禹穴：在浙江绍兴县东南会稽山上，传说夏禹南巡时曾大会诸侯于此。　⑥窥九疑：窥（kuī亏），考察。九疑，山名，在今湖南宁远县境。传说舜南巡，死后葬九疑。　⑦沅、湘：湖南境内的两条大江，注入洞庭湖。屈原放逐，曾在两江上漫游。　⑧汶、泗：山东境内水名，古代注入淮河，今注入运河。孔丘的出生地曲阜就在泗水中游的南岸。　⑨讲业齐鲁之都：讲业，研究学问。业，是大书板，代指书籍。齐都临淄，古代学术发达，齐稷下学派就因学者聚会讲学于临淄城的稷门学馆而得名。鲁都即曲阜。这句是说，司马迁壮游，在齐鲁之都，研究学问。　⑩乡射邹峄：乡射，是古代练武选贤的一种礼仪活动。一是地方官于春秋二季召集人民练武习射。一是举行选贤习射。邹，古国名，今山东邹县，孟轲的出生地。峄，山名，在邹县南，秦始皇东巡，在峄山刻石颂功。　⑪鄱、薛、彭城：鄱，《史记志疑》认为是“蕃”（fān凡）字之误，汉县名，在今山东滕县东南四十四里。薛，齐孟尝君田文的封邑，故城在今山东滕县东。彭城，即今江苏徐州市，是西楚霸王项羽的都城。司马迁在蕃、薛、彭城如何受厄困，史事不详。　⑫过梁、楚以归：梁，今河南开封，魏国后期的都城。楚，泛指楚地。司马迁从彭城向西经沛、丰、砀（刘邦的出生地及起义地区）到梁，回长安。　⑬迁仕为郎中：郎中，郎官之一，秩比三百石。郎官分四级：议郎、中郎、侍郎、郎中，是皇帝身边的侍从兼仪仗队，掌守宫门，出充车骑。汉制，二千石高级官僚子弟得恩荫为郎。司马谈为太史令，秩六百石，迁得仕为郎，是特殊恩宠。《报任安书》云："主上幸以先人之故，使得奉薄技出入周卫之中。"可为注脚。司马迁二十壮游，在元朔三年（前126年）。何时回到京师，又何年为郎，其年不可考。　⑭巴、蜀、邛、笮、昆明：巴，今四川重庆以东地区。蜀，成都地区。邛（qióng穷），四川西昌县东南一带。笮（zuó昨），今四川邛崃山西部的汉源一带。昆明，今云南保山、腾冲、顺宁一带。元鼎六年（前111年）春，武帝命驰义侯遗率巴、蜀之兵平定西南夷，以为牂牁、越嶲、沈黎、汶山、武都五郡。司马迁奉命监军，并设郡置吏。　⑮还报命：司马迁奉使还报，是在元封元年（前110年）春。是时汉武帝东巡泰山封禅，司马迁于是东赴行在所，于洛阳见到垂危的父亲。

（四）

是岁，天子始建汉家之封，而太史公留滞周南①，不得与从事，故发愤且卒。而子迁适使反，见父于河洛之间。太史公执迁手而泣曰："余先周室之太史也。自上世尝显功名于虞夏，典天官事。后世中衰，绝于予乎？汝复为太史，则续吾祖矣②。今天子接千岁之统③，封泰山，而余不得从行，是命也夫，命也夫！余死，汝必为太史；为太史，无忘吾所欲论著矣。且夫孝始于事亲，中于事君，终于立身。扬名于后世，以显父母，此孝之大者④。夫天下称诵周公，言其能论歌文、武之德，宣周、邵之风，达太王、王季之思虑，爰及公刘，以尊后稷也⑤。幽厉之后⑥，王道缺⑦，礼乐衰，孔子修旧起废，论《诗》《书》，作《春秋》，则学者至今则之⑧。自获麟以来四百有余岁⑨，而诸侯相兼，史记放绝。今汉兴，海内一统，明主贤君忠臣死义之士，余为太史而弗论载，废天下之史文，余甚惧焉，汝其念哉！"迁俯首流涕曰："小子不敏⑩，请悉论先人所次旧闻，弗敢阙。"

卒三岁而迁为太史令⑪，䌷史记石室金匮之书⑫。五年而当太初元年⑬，十一月甲子朔旦冬至，天历始改，建于明堂⑭，诸神受纪。

太史公曰⑮："先人有言⑯：'自周公卒五百岁而有孔子⑰。

孔子卒后至于今五百岁，有能绍明世，正《易传》，继《春秋》，本《诗》、《书》、《礼》、《乐》之际？’意在斯乎！意在斯乎！小子何敢让焉。”

【注释】①周南：洛阳一带地方，即下文的“河洛之间”，实指洛阳。西周成王时，周公与召公分陕（今河南三门峡市）而治，陕以东为周南，陕以西为召南。这里指司马谈从巡武帝东上泰山至周南地方病倒而停滞下来。　②则续吾祖矣：就可以继续我祖上的事业了。　③接千岁之统：据《封禅书》载西周成王曾登封泰山，下距武帝其间九百余年，此云“千岁”，是约举成数。本来秦始皇亦上泰山封禅，不得言“接千岁之统”。由于汉人自视上接周朝，视秦为闰统，故不承认秦始皇的封禅。　④此孝之大者：《孝经》云：“身体发肤，受之父母，不敢毁伤，孝之始也。立身行道，扬名于后世，以显父母，孝之终也。夫孝始于事亲，中于事君，终于立身。”　⑤天下称诵周公至以尊后稷等句：这里略举的人物都是对周代的兴起作出了贡献的历史人物，事迹详《周本纪》和《鲁周公》、《燕召公》两世家。后稷是周始祖，为帝尧农师，三传至公刘，公刘九传至太王古公亶父。太王传季历，即王季。季历传周文王姬昌，姬昌传武王姬发而有天下。周公姬旦武王之子，召公姬奭周之宗室。周公、召公是西周开国时的两个辅政大臣，二公并为周王室世卿。“宣周邵之风”，意谓周公，召公能使自己的风教大行于天下。邵，同“召”。　⑥幽厉：即周幽王和周厉王，西周的两个荒淫暴虐之君。厉王在幽王之前，公元前 878 年至前 842 年在位，为政贪利暴虐被国人所逐。幽王为西周末主，公元前 781 至前 771 年在位，为政荒淫被犬戎所杀，西周亡。史称二王，连举时往往幽王在前，不云“厉幽”而称“幽厉”，是强调幽王灭国的历史教训。幽厉之后，即为东周之世。　⑦王道缺：指文武之道衰微。　⑧则之：效法它。　⑨自获麟以来四百有余岁：鲁哀公十四年获麟至武帝元封元年只有三百七十一年（前 481—前 110 年），而说“四百有余岁”是概略的说法，为的是与下文“五百岁”相呼应。按五行学说，五百年为历史变化的一个小周期。　⑩小子：下对上的自称。　⑪卒三岁而迁为太史令：卒三岁，指司马谈死后的第三年，元封三年，前 108 年。六月初二，司马迁任太史令。　⑫紬史记石室金匮之书：紬（chōu 抽），阅读、缀集、抄撮。石室、金匮，均指国家藏书馆、档案室。　⑬太初元年：即元封七年，公元前 104 年。这年十一月甲子日朔（即初一）冬至，颁布了太初历，于是改元封七年为太初元年。太初历的颁布仪式在明堂举行，历中明确规定了山川鬼神的祭祀日历，故下文说“建于明堂，诸神受纪”。　⑭明堂：天子举行隆重庆典的礼堂。⑮太史公：至此以下太史公指司马迁。　⑯先人有言：前辈说过。这里先人指司马谈。　⑰五百岁云云：周公生卒年不可考，但他是西周初人，从公元前十一世纪，至孔子卒年（前 479 年）超过了五百年。孔子卒年（前 479 年）至司马谈卒年（前108）只371年。《孟子·尽心下》云："由尧至于汤五百有余岁，由汤至于文王五百有余岁，由文王至于孔子五百有余岁……"云云，以继承孔子自居，所说五百并非确数。司马谈祖述其意，鼓励司马迁继《春秋》作《史记》。意思是历史已经过了几百年了，应该作总结了。

（五）

上大夫壶遂曰[①]："昔孔子何为而作《春秋》哉?"太史公曰："余闻董生曰[②]：'周道衰废，孔子为鲁司寇，诸侯害之，大夫壅之。孔子知言之不用，道之不行也，是非二百四十二年之中[③]，以为天下仪表，贬天子，退诸侯，讨大夫[④]，以达王事而已矣。'子曰[⑤]：'我欲载之空言，不如见之于行事之深切著明也。'夫《春秋》，上明三王之道，下辨人事之纪，别嫌疑，明是非，定犹豫，善善恶恶，贤贤贱不肖，存亡国，继绝世[⑥]，补敝起废，王道之大者也。《易》著天地阴阳四时五行，故长于变；《礼》经纪人伦，故长于行；《书》记先王之事，故长于政；《诗》记山川溪谷禽兽草木牝牡雌雄，故长于风；《乐》乐所以立，故长于和；《春秋》辨是非，故长于治人。是故《礼》以节人，《乐》以发和，《书》以道事，《诗》以达意，《易》以道化，《春秋》以道义[⑦]。拨乱世反之正，莫近于《春秋》。《春秋》文成数万，其指数千[⑧]。万物之散聚皆在《春秋》[⑨]。《春秋》之中，弑君三十六，亡国五十二[⑩]，诸侯奔走不得保其社稷者不可胜数。察其所以，皆失其本已。故《易》曰[⑪]'失之毫厘，差以千里'。故曰'臣弑君，子弑父，非一旦一夕之故也，其渐久矣'。故有国者不可以不知《春秋》，前有谗而弗见，后有贼而不知。为人臣者不可以不知《春秋》，守经事而不知其宜，遭变事而不知其权。为人君父而不通于《春秋》之义者，必蒙首恶之名。为人臣子而不通于《春秋》之义者，必陷篡弑之诛，死罪之名。其实皆以为善，为之不知其义，被之空言而不敢辞。夫不通礼义之旨，至于君不君，臣不臣，父不父，子不子。夫君不君则犯，臣不臣则诛，父不父则无道，子不子则不孝。此四行者，天下之大过也。以天下之大过予之，则受而弗敢辞。故《春秋》者，礼义之大宗也。夫礼禁未然之前，法施已然之后；法之所为用者易见，而礼之所为禁者难知。”

壶遂曰：“孔子之时，上无明君，下不得任用，故作《春秋》，垂空文以断礼义⑫，当一王之法。今夫子上遇明天子，下得守职，万事既具，咸各序其宜，夫子所论，欲以何明？”

太史公曰：“唯唯，否否，不然。余闻之先人曰：‘伏羲至纯厚⑬，作《易·八卦》。尧舜之盛，《尚书》载之，礼乐作焉。汤武之隆，诗人歌之。《春秋》采善贬恶，推三代之德，褒周室，非独刺讥而已也。’汉兴以来，至明天子，获符瑞⑭，封禅⑮，改正朔⑯，易服色⑰，受命于穆清⑱，泽流罔极⑲，海外殊俗，重译款塞⑳，请来献见者，不可胜道。臣下百官力诵圣德，犹不能宣尽其意。且士贤能而不用，有国者之耻；主上明圣而德不布闻，有司之过也。且余尝掌其官，废明圣盛德不载，灭功臣世家贤大夫之业不述，堕先人所言，罪莫大焉。余所谓述故事，整齐其世传，非所谓作也㉑，而君比之于《春秋》，谬矣。”

于是论次其文㉒。

【注释】①上大夫壶遂：壶遂，天文学家，是司马迁推重的好朋友。太初元年他和司马迁等人一起制定太初历。当时壶遂任太中大夫，秩千石，相当于古制的上大夫。　②董生：对西汉大儒董仲舒的尊称，他是今文经学《公羊春秋》的大师。　③是非二百四十二年：指《春秋》总结了二百四十二年的历史。《春秋》上起鲁隐公元年，下讫鲁哀公十四年，即公元前 722 年至公元前 481 年，共 242 年。是非，是则是之，非则非之，即按照善善恶恶的原则进行褒贬。④贬天子、退诸侯、讨大夫：贬、退、讨，都是批判、贬抑的意思。《汉书·司马迁传》作“贬诸侯、讨大夫”，删去“天子”、“退”三字，这不符合司马迁的思想。班固认为天子不可贬，司马迁认为天子有过亦可贬。这里反映了两个史学家思想境界的差异。　⑤子曰二句：转引自董仲舒《春秋繁露·俞序篇》，原文作“仲尼之作《春秋》也，……子曰‘吾因其行事而加乎王心焉’，以为见之空言，不如行事情深切明”，这是董仲舒的思想，认为《春秋》不发空论，推尊天子是在记事之中运用笔削（褒贬）来维护礼义的。司马迁在《孔子世家》中作了具体发挥："（《春秋》）上至隐公，下讫哀公十四年，十二公。据鲁，亲周，故殷，运之三代，约其文辞而指博。故吴楚之君自称王，而《春秋》贬之曰'子'；践土之会实召周天子，而《春秋》讳之曰'天子狩于河阳'：推此类以绳当世。贬损之义，后有王者举而开之。《春秋》之义行，则天下乱臣贼子惧焉"。⑥存亡国，继绝世：《论语·尧曰》："兴灭国，继绝世，举逸民，天下之民归心焉。"司马迁受到这一思想影响，在《高祖功臣侯者年表序》和《惠景间侯者年表序》中主张保留分封制的形式，广树宗藩，使统治阶级内部团结起来。⑦礼、乐、诗、书、易、春秋：六经次序，古文家按时代排列为：易、书、诗、礼、乐、春秋；今文家按内容深浅排列为：诗、书、礼、乐、易、春秋。司马迁这里的排列异于今古文两家，表明他不墨守一家，自立义例。　⑧春秋文成数万，其指数千：《春秋》原有一万八千字。今本《春秋》一万六千五百零十二字，记事一千八百五十条。《公羊春秋》合经传四万四千余字。指，事例，其指数千，指《春秋》褒贬的事例多。　⑨万物之聚散皆在春秋：清郭嵩焘《史记札记》说："物犹事也。万物之聚散，谓会盟侵伐，散见各国，合而聚之，其事皆可观，而其义皆有可寻。下云弑君亡国，举其重者。"　⑩弑君三十六，亡国五十二：引自《春秋繁露·灭国》的成语，与实数不合。清梁玉绳《史记志疑》考证，《春秋》及《左传》记载弑君三十七，亡国四十一。　⑪易曰云云：《礼记·经解》云："《易》曰：君子慎始，差若毫厘，缪以千里。"孔颖达疏云，《易》曰云云者，"此《易系辞》文也"。但今本系辞无此文。裴骃以为引自《易纬》，见《易纬·通卦验》。故曰四句引自《易·坤卦·文言》。　⑫空文：与纪实文字相对，用今天的话说，空文，即是论理之文。　⑬伏羲：传说的古代圣人，作《易·八卦》。　⑭获符瑞：公元前122年武帝至雍，获得一只麒麟（传说仁兽），作《获麟之歌》，改元元狩。前116年，在汾水上得一出土的古鼎，改元元鼎。获符瑞就是指获麟及得鼎。　⑮封禅：封泰山禅梁父，即在泰山上祭天，在梁父山祭地，表示皇帝顺应天命。公元前110年，汉武帝登泰山祭告天帝，表示汉家政权受命于天，改元元封。　⑯改正朔；改历象征改朝换代。夏以正月为正，殷以十二月为正，周以十一月为正，秦以十月为正。公元前104年汉武帝颁布太初历，改元太初，以正月为正。　⑰易服色：改易服用器物的颜色。按五德终始说，秦得水德，尚黑色。汉初承秦制，未改服色。汉武帝封禅，按土克水，汉应土德，易服色为黄色。　⑱穆清：深蓝清澄的太空，这里代指上天。　⑲泽流罔极：汉家盛德流布到无边的四极。　⑳重译款塞：重译，辗转翻译。款塞，叩关服从之意。这句是说遥远的外国也派使臣来交通中国。㉑述与作：古人著述对"述"与"作"区别很严。述，是编述，将前人和他人的资料加以改造制作成为新的著作叫"述"。孔子整理六经，自称是"述而不作"。

"作"是创作，发前人所未发。司马迁称《史记》为"述"，王充称他的《论衡》为"论"，说是"论"更在"述"之下，其实都是谦词。因为封建时代推尊《六经》，以它为最高创作，故其他著作的作者都不言"作"，只言"述"或"论"。《史记》是历史书，取资有所本，故云"述"，而又有意与《春秋》相提并论，实当谓之"作"。 ㉒于是论次其文：指太初元年，司马迁修订了讫于麟止的计划，延伸至于太初，并和壶遂讨论了撰写宗旨，于是按计划编纂《史记》，并非指《史记》的写作从太初元年才开始。

（六）

七年而太史公遭李陵之祸①，幽于缧绁②。乃喟然而叹曰："是余之罪也夫！是余之罪也夫！身毁不用矣。"退而深惟曰："夫《诗》、《书》隐约者，欲遂其志之思也。昔西伯拘羑里③，演《周易》；孔子厄陈蔡④，作《春秋》；屈原放逐⑤，著《离骚》；左丘失明⑥，厥有《国语》；孙子膑脚⑦，而论兵法；不韦迁蜀⑧，世传《吕览》；韩非囚秦⑨，《说难》、《孤愤》；《诗》三百篇，大抵贤圣发愤之所为作也⑩。此人皆意有所郁结，不得通其道也，故述往事，思来者。"于是卒述陶唐以来，至于麟止，自黄帝始⑪。

【注释】①七年：指上距太初元年为七年，即天汉三年，前 98 年。 ②缧绁：捆绑犯人的绳索，借指监狱。 ③西伯拘羑里：西伯，即周文王姬昌，他曾被殷纣王拘囚于羑（yǒu 酉）里，据说他在此时推衍了六十四卦。 ④孔子厄陈蔡：孔子周游列国，曾在陈国、蔡国遭受过饥困。 ⑤屈原：（前 340？—前 278 年），名平，字原，是我国古代伟大的爱国诗人。屈原在楚国做左徒，主张改革，富国强兵，联齐抗秦，遭到亲秦派官僚的谗毁，被顷襄王放逐。 ⑥左丘明：鲁国史官，与孔子同时代人，虽然失明，却以顽强的毅力著《春秋左氏传》，简称《左传》。他还著了一部国别史《国语》，可与《左传》相互参证，故有《春秋外传》之称。 ⑦孙子：先秦有两个孙子。春秋时孙子名孙武，著有《孙子兵法》。膑脚的孙子是战国时齐人孙膑，孙武之后，著有《孙膑兵法》，汉后失传。1972 年在山东临沂银雀山出土的汉简中重新发现了《孙膑兵法》，已由文物出版社整理出版。 ⑧不韦：秦相吕不韦，他召集门客撰《吕氏春秋》，又称《吕览》，熔铸诸子百家学说于一炉，为秦国的统一事业打下舆论基础。秦王亲政以后，吕不韦受到嫪毐谋反案的株连，被免相，公元前235年被判流放到蜀，忧惧自杀，《吕览》更见重于世。　⑨韩非：（前280—前233年），战国末期的韩国诸公子，著有《韩非子》。《说难》、《孤愤》是其中的篇名。　⑩发愤：吐发自己的思想和不平，指为实现成一家之言的理想而努力著书。　⑪卒述陶唐至麟止黄帝始三句：这里是交代司马谈发凡起例的《史记》断限计划，为上起陶唐，下讫麟止；后来司马迁修正为上限从黄帝起。陶唐，帝尧的号。麟止，至获麟而止。获麟，即汉武帝元狩元年，前122年。司马迁修正《史记》断限均有明确交代。《五帝本纪赞》交代了对上限的修正，关于下限的修正，前已在《十表序·说明》中作了说明，具体事例详篇末“至太初而讫”条注。

（七）

维昔黄帝，法天则地①，四圣遵序②，各成法度；唐尧逊位，虞舜不台③；厥美帝功④，万世载之。作《五帝本纪》第一。

【注释】①法天则地：指黄帝初创制度，以天尊地卑为法，并依据天时寒暑的变化和地利来安排人民四季的生产活动和祭祀山川鬼神，以教化人民。法，同“则”，变换用字，都是效法，遵循的意思。　②四圣：《五帝本纪》以黄帝、颛顼、帝喾（kù酷）、唐尧、虞舜为五帝。四圣，指黄帝以下四帝而言。③唐尧逊位，虞舜不台：逊位，禅位。台，读“怡”（yí移），和气，高兴。这两句是说，帝尧禅位给舜，舜以承担重任而忧思，表明他以天下为公的思想感情。　④厥（jué决）：同“其”。

维禹之功，九州攸同①。光唐虞际，德流苗商；夏桀淫骄，乃放鸣条②。作《夏本纪》第二。

【注释】①维禹二句：禹，夏代开国之君，名文命，姓姒氏。禹治水，划定九州：冀、兖、青、徐、扬、荆、豫、梁、雍，始征贡赋。禹定九州，经考证是战国时人的地理区划，不是行政区划。攸（yōu悠），同“所”。　②夏桀二句：桀，夏朝末代的君主，名履癸。桀骄淫乱政，被商汤王放逐到鸣条而死，夏亡。鸣条，在今山西安邑县北。

维契作商，爰及成汤①；太甲居桐②，德盛阿衡③；武丁得说，乃称高宗④；帝辛湛湎⑤，诸侯不享⑥。作《殷本纪》第三。

【注释】①维契二句：契，商的始祖，佐禹治水有功，封于商，即今陕西商县。作，兴起于，创基于的意思。爰（yuán员），连词，于是。汤，商朝开国君主，契的第十四代孙。　②太甲居桐：太甲，汤的嫡长孙，即位后昏庸暴虐，宰相伊尹把他放逐到桐宫反省。桐宫是汤的坟墓，其地说法不一，此采河南偃师商城说，在今河南偃师南。三年后，太甲改过自新，伊尹复迎为帝，商朝大治。③阿衡：官名，相当于宰相。伊尹是商朝第一任阿衡，以后成了他的代词。④武丁二句：武丁，商朝第二十二帝，他任用奴隶出身的傅说（yuè悦）为相，商朝由衰复兴，史称高宗。　⑤帝辛湛湎：辛，殷纣王的名字，又称受，也合称受辛，字受德，商朝的末代君主。湛湎（zhàn miǎn站免），沉迷酒色。　⑥不享（xiǎng响）：不来朝贡，不臣属。

维弃作稷①，德盛西伯；武王牧野②，实抚天下；幽厉昏乱，既丧酆镐③；陵迟至赧④，洛邑不祀。作《周本纪》第四。

【注释】①作稷：创基于树艺五谷。　②牧野：武王伐纣，在牧野誓师，打败了纣王的军队。《尔雅・释地》：邑外谓之郊，郊外谓之野。牧野是殷都朝歌郊外的总称。朝歌在今河南淇县一带。　③既丧酆镐：酆，亦作“丰”，西伯居邑。故址在今陕西户县东。镐，亦作“鄗”，武王灭殷后建立的新都。故址在今陕西长安县西南。公元前770年，犬戎攻杀幽王，平王东迁洛邑，是为东周。“既丧酆镐”，即指这一事件。　④赧（nǎn难上）：周赧王，名诞，东周末代君主。

维秦之先，伯翳佐禹①；穆公思义，悼豪之旅②；以人为殉，诗歌《黄鸟》③；昭襄业帝④。作《秦本纪》第五。

【注释】①伯翳（yì意）：又作“伯益”，秦始祖，佐禹治水，又佐舜调驯鸟兽，赐姓嬴氏。　②穆公二句：穆公，秦襄公第五代孙，名任好，春秋五霸之一。公元前627年，秦穆公兴师袭郑，在崤山被晋军击败。穆公引以自责，哭祭阵亡将士，遂发愤图强，称霸西戎。豪，读作“崤”（yáo摇），借字。崤山在今河南洛宁县西北六十里。　③黄鸟：《诗・秦风》篇名。公元前621年秦穆公死后用170人殉葬，秦人作这首诗来哀悼死者，谴责穆公“死而弃民”。　④昭襄业帝：秦昭襄王嬴则，公元前306—前251年在位，他于公元前255年取周九鼎，意味着秦已奠定了帝业。司马迁认为战国之世，秦称雄诸侯，所以把秦世系列为《本纪》。

始皇既立，并兼六国，销锋铸鐻①，维偃干革②，尊号称帝，矜武任力③；二世受运④，子婴降虏⑤。作《始皇本纪》第六。

【注释】①销锋铸鐻：销熔兵器，铸造大钟。锋，兵锋，指兵器。鐻，钟名。始皇统一六国后收天下兵器铸成金人和鐻，以防人民反抗。 ②维偃干革：永远停止战争。干，借作进攻的兵器总名。革，甲胄，借作防守兵器的总名。干革，借指战争。 ③矜（jīn今）：夸耀，仗恃。 ④二世：秦始皇少子胡亥即位称二世皇帝。秦始皇妄想传位无穷，自称始皇帝，欲子孙为帝者以数计，二世、三世至于万世。 ⑤子婴降虏：公元前207年赵高杀二世，立子婴为秦王。子婴即位只六十天，刘邦入关，他就做了俘虏。公元前206年被项羽所杀。子婴，《始皇纪》作“二世兄子”，即始皇之孙。《李斯传》作“始皇弟”。以年龄考之，始皇生于公元前259年，死于公元前209年，51岁。子婴在公元前207年与二子谋杀赵高，则有四十左右，只比始皇小十二三岁，应是始皇之弟。

秦失其道，豪桀并扰；项梁业之①，子羽接之②；杀庆救赵③，诸侯立之；诛婴背怀④，天下非之。作《项羽本纪》第七。

【注释】①项梁业之：项梁，楚将项燕之子。楚亡，项梁隐身吴中，公元前209年起兵反秦，虽然在定陶被秦将章邯所击杀，但他奠定了楚国的基业。业，创始，缔造。 ②子羽接之：子羽是项籍的字。接，继承，接续。 ③杀庆救赵：庆，“卿”之借字，指卿子冠军宋义。章邯围赵，楚怀王派宋义救赵，他屯兵安阳，观望不进。项羽杀了宋义，带兵救赵，在河北巨鹿大破秦兵，威振诸侯。 ④诛婴背怀：诛杀秦王子婴，背叛楚怀王。怀，指楚怀王熊心，公元前208年项梁所立。项羽违背了先入关者为王之约，自称西楚霸王，大封十八王，迁刘邦为汉中王，又杀了怀王，这一系列背约措施使他失去了人心。

子羽暴虐，汉行功德；愤发蜀汉，还定三秦①；诛籍业帝，天下惟宁，改制易俗②。作《高祖本纪》第八③。

【注释】①愤发蜀汉，还定三秦：三秦，公元前206年，项羽分关中地为三国，王三个秦朝降将。章邯为雍王，都废丘（今陕西兴平县东南）；司马欣为塞王，都栎阳（今陕西临潼县东北）；董翳为翟王，都高奴（今陕西省延安县东北），号三秦，以监视汉王。汉王刘邦都南郑（今陕西汉中市），领汉中、巴蜀。公元前206年四月，诸侯就国，八月，汉王东出陈仓击破三秦。 ②改制易俗：指汉高祖约法三章，以及崇尚黄色，行车旗帜竖左等礼俗制度。 ③高祖本纪：司马迁详近略远，汉朝每帝一纪。《高祖本纪》，写开国皇帝刘邦。

惠之早霣①，诸吕不台②；崇强禄、产，诸侯谋之；杀隐幽友③，大臣洞疑④，遂及宗祸。作《吕太后本纪》第九。

【注释】①惠之早霣：汉惠帝刘盈，汉朝第二代皇帝，软弱无能，即位八年死亡，吕太后称制。故司马迁作《吕太后本纪》而不作《惠帝本纪》。霣，读“陨”，死亡。 ②诸吕不台：诸吕，指吕禄、吕产、吕台等人，他们凭仗吕太后而执政，臣民都不喜欢。台，读“怡”。 ③杀隐幽友：隐，赵隐王如意，高帝少子。高帝曾打算立他为太子，因此吕太后怀恨在心。高帝死后，吕太后酖杀了赵王。幽友，淮南王刘友，亦高帝子，隐王被杀后徙为赵王。吕太后恐他生变，把他幽囚在京师饿死，谥为幽王。 ④大臣洞疑：大臣人人自危。洞，“恫”之借字，恐惧。吕太后欲王诸吕，恐大臣不服，欲尽诛大臣。陈平、周勃用张辟疆计，尊诸吕为王，吕太后心安。可是却种下了诸吕灭门的祸患，故下文云“遂及宗祸”。

汉既初兴，继嗣不明①，迎王践祚②，天下归心；蠲除肉刑③，开通关梁④，广恩博施，厥称太宗。作《孝文本纪》第十。

【注释】①继嗣不明二句：按封建宗法，立嫡不立庶，立长不立贤。惠帝为吕后所生，是嫡子，故承大位，诸吕诛除后，惠帝子非真，大臣议立高祖子，依长当立刘肥。刘肥早死，应立其子刘襄。大臣周勃等认为刘襄舅父驷钧暴戾，恐立刘襄重演吕氏之祸，于是打破宗法，改立贤者，迎代王刘恒即位，是为文帝。继嗣不明，指惠帝子非真，大臣议立高祖子事。 ②践祚：祚（zuò 坐），天子祭祀时所立之位，借作帝位。践祚，就是继位。 ③蠲除肉刑：文帝十三年（前 167 年），免除田租，又颁布了废除黥面、割鼻、刖脚三种肉刑。蠲（juān 捐），免。 ④开通关梁：文帝十一年（前 169 年），解除关禁，行旅不须用传（通行证），这就是开关。废除山禁，供人樵采，就是通梁。

诸侯骄恣，吴首为乱，京师行诛，七国伏辜，天下翕然①，大安殷富。作《孝景本纪》第十一。

【注释】①七国二句：公元前 154 年，吴王刘濞为首，纠合济南、菑川、胶西、胶东、楚、赵等共七诸侯国反汉，景帝派周亚夫讨平了叛乱，天下出现了太平景象。翕（xī 西），和谐。翕然，天下平静的样子。

汉兴五世[①]，隆在建元[②]，外攘夷狄，内修法度，封禅，改正朔，易服色。作《今上本纪》第十二[③]。

【注释】①五世：指高帝、惠帝、文帝、景帝、武帝五代皇帝。　②建元：汉武帝初即位的年号，用以代表武帝之世。　③今上本纪：今上，等于说当今皇帝。《今上本纪》早佚，今本《史记》题为《孝武本纪》，乃截自《封禅书》补。

维三代尚矣[①]，年纪不可考，盖取之谱牒旧闻[②]，本于兹[③]，于是略推[④]，作《三代世表》第一[⑤]。

【注释】①尚：年代久远。　②谱牒：记载世系谥号的书册。　③兹：此，指上述谱牒旧闻。　④略推：大略的排列，粗线条的反映。　⑤三代世表：三代，指夏、商、周三代。由于三代年久事略，又都出自黄帝，故三代世表，起自黄帝，包括了五帝、三代，讫于西周共和元年（前841年）。

幽厉之后，周室衰微，诸侯专政，《春秋》有所不纪[①]；而谱牒经略[②]，五霸更盛衰，欲睹周世相先后之意，作《十二诸侯年表》第二[③]。

【注释】①不纪：纪，通“记”。不记，指记载疏略。　②经略：记载简略。经，指记事的线索。　③十二诸侯年表：起西周共和元年，讫孔子卒后两年（公元前841年至前477年），谱列十三诸侯：鲁、齐、晋、秦、楚、宋、卫、陈、蔡、曹、郑、燕、吴。第一栏为周史，因周为共主。第二栏即鲁史，日蚀、灾异均记在鲁史栏内。表名“十二诸侯”是因为未计鲁。《十二诸侯年表序》云：“谱十二诸侯，自共和讫孔子，表见《春秋》、《国语》，学者所讥盛衰大指著于篇，为成学治古文者要删焉”。即《十二诸侯年表》是《春秋》、《国语》的缩编。《春秋》是鲁国国史，当一王之法，因此不计鲁在十二诸侯之内。

春秋之后，陪臣秉政，强国相王；以至于秦，卒并诸侯，灭封地，擅其号[①]。作《六国年表》第三[②]。

【注释】①擅其号：指独用皇帝称号。擅，专断，独占。　②六国年表：实谱七国：秦、魏、韩、赵、楚、燕、齐。第一栏，周史，第二栏秦史。记事起公元前476年至秦二世之亡前206年。日蚀、灾异记于秦史栏内。因战国时代，秦雄诸侯，既列本纪，故年表以秦为纪，不计入六国之内。

秦既暴虐，楚人发难，项氏遂乱，汉乃扶义征伐；八年之间，天下三嬗[①]，事繁变众，故详著《秦楚之际月表》第四。

【注释】①天下三嬗：嬗（善 shàn），同“禅”。秦汉之际发号施令的主子更换了三次：即陈胜、项羽、刘邦。

汉兴已来，至于太初百年[①]，诸侯废立分削[②]，谱纪不明，有司靡踵[③]，强弱之原云以世[④]。作《汉兴已来诸侯年表》第五。

【注释】①汉兴至太初百年：西汉建国在公元前206年，而刘邦灭项籍，统一中国是前201年。太初是前104年至前101年，汉兴至太初正好一百年。②诸侯废立分削：刘邦在楚汉相争中封了九个异姓王，全国统一后废异姓王，立同姓王，即废与立。同姓王壮大以后发生了七国之变，于是汉王室决心削弱诸侯，齐分为七，赵分为六，梁分为五，淮南分为三。　③有司：执事人、主管部门。这里指尚书署、太史令等掌管档案的部门。　④以世：以，通“已”。世，当作“也”，形近而误。已、也、皆语辞。（依司马贞说）

维高祖元功[①]，辅臣股肱，剖符而爵，泽流苗裔，忘其昭穆[②]，或杀身陨国。作《高祖功臣侯者年表》第六[③]。

【注释】①元功：开创之功。　②昭穆：祖先。封建时代的宗庙，始祖居中，子孙分世次立于左右，父居左为昭，子居右为穆，依次下推。　③高祖功臣侯表：谱列高祖功臣143侯。

惠景之间，维申功臣宗属爵邑，作《惠景间侯者年表》第七[①]。

【注释】①惠景间侯者年表：谱列惠、文、景时代所封侯93人。

北讨强胡[①]，南诛劲越[②]，征伐夷蛮[③]，武功爰列。作《建元以来侯者年表》第八[④]。

【注释】①强胡：指北方的匈奴。　②劲越：包括东粤、南粤。　③夷蛮：古代泛指东方少数民族叫夷，南方民族叫蛮。这里是总称匈奴、西南夷、两粤及朝鲜。　④建元以来侯者年表：专谱武帝时代所封侯149人，主要是军功侯。

诸侯既强，七国为从，子弟众多，无爵封邑，推恩行义[①]，其势销弱，德归京师。作《王子侯者年表》第九[②]。

【注释】①推恩行义：这是汉武帝元朔二年（前128年）采纳主父偃之策削弱诸侯王的一种措施。诸侯众子弟均得为侯，打破了诸侯长子独据侯国的局面，使诸侯国日益分割削弱，但名义上却是天子推恩行义。　②王子侯者年表：此表专谱武帝推恩所封的刘姓侯爵162人。

国有贤相良将，民之师表也。维见汉兴以来将相名臣年表，贤者记其治，不贤者彰其事。作《汉兴以来将相名臣年表》第十[①]。

【注释】①汉兴以来将相名臣年表：此表无序特创正文、倒文两种形式，正文载事，倒文载将相的废置死免。这种特创，实质是将正倒两表内容合于一表之中，强烈衬托倒书所载将相的可悲下场，讥刺武帝之世的苛酷。后元以后事，为后人所续。

维三代之礼，所损益各殊务[①]，然要以近性情，通王道，故礼因人质为之节文[②]，略协古今之变。作《礼书》第一。

【注释】①损益：前代礼义不合后代需要的部分，予以裁革叫损。相反，增添的部分叫益。各殊务：所追求者各不相同。　②礼因人质为之节文：礼仪是依据人的性情制定的。质，本质，情性。节文，节制文饰。

乐者，所以移风易俗也。自《雅》、《颂》声兴，则已好《郑》、《卫》之音，《郑》、《卫》之音所从来久矣[①]。人情之所感，远俗则怀。比《乐书》以述来古[②]，作《乐书》第二。

【注释】①雅、颂、郑、卫：《诗》三百篇，原都是配乐歌唱的诗，分为《风》、《雅》、《颂》三个部分。《风》是民歌，《雅》是士大夫所作，《颂》是祭祀的乐歌。《风》按国分编，共有十五国风，郑、卫两国的抒情诗最有特色，儒家认为是淫乐。这里，司马迁以《雅》、《颂》代表庙堂的诗，《郑》、《卫》代表民间的诗，并认为流风遥远，与《雅》、《颂》相提并论，反映了他的进步历史观。　②比：编列。来古，往古。

非兵不强，非德不昌[①]，黄帝、汤、武以兴，桀、纣、二世以崩，可不慎欤？《司马法》所从来尚矣[②]，太公、孙、吴、王子能绍而明之[③]，切近世，极人变。作《律书》第三[④]。

【注释】 ①非兵不强，非德不昌：兵，指战争及国家各种暴力的总称。德，指统治人民的各种政治措施的总称。　②司马法：即是《司马穰苴兵法》的省称。司马穰苴，齐威王时人。　③太公、孙、吴、王子：四位兵家人物，即吕尚、孙武、吴起、王子成甫。绍而明之：继承而发扬之。　④律书：应作《兵书》。《兵书》亡，好事者分《史记·律历书》为《律书》、《历书》以补《兵书》之缺，回改《自序》作《律书》。

律居阴而治阳，历居阳而治阴，律历更相治，间不容翲忽[①]。五家之文怫异[②]，维太初之元论。作《历书》第四[③]。

【注释】 ①律居阴而治阳四句：古人解释宇宙生存和万物变化均用阴阳二气来加以说明。律历也是一阴一阳相辅为用的。一年的十二月和十二律相配合，律以候气使人预知气候的变化（居阴治阳），历观察推步日月五星的运行使人知道季节的到来（居阳治阴）。律历配合为用，使人掌握季节气候的变化没有丝毫的差错。间不容翲（miǎo 渺）忽：不差丝毫。　②五家之文怫异：指黄帝、颛顼、夏、殷、周五家历都有误差。怫（bèi 倍），同“悖”，矛盾。　③历书：这里是律历并论，因此，《历书》原名应是《律历书》。好事者分出《律书》以补《兵书》之缺，故更名《历书》。

星气之书[①]，多杂禨祥[②]，不经[③]；推其文，考其应，不殊[④]。比集论其行事，验于轨度以次[⑤]，作《天官书》第五。

【注释】 ①星气之书：研究星象云气变化与人事关系的书，即古代天文学。②禨祥：讲吉凶的预兆。　③不经：违反常道，不足凭信。　④推其文，考其应，不殊：指某些天象与人事变化确实又有联系。　⑤验于轨度以次：轨度，日月星辰运行的经度。次，编次，记载。

受命而王，封禅之符罕用，用则万灵罔不禋祀[①]。追本诸神名山大川礼，作《封禅书》第六。

【注释】 ①受命三句：改朝换代，封禅的符应很少徵现，只有真命天子当位才出现封禅的符应。出现符应就要举行封禅典礼，举行封禅，则所有山川诸神都得到祭祀。罔：通“无”。禋祀：享受祭祀。

维禹浚川，九州攸宁；爰及宣防[①]，决渎通沟。作《河渠书》第七。

【注释】①宣防：宫名，这里兼指代汉武帝时代的水利工程。宣，通也；防，堤也。公元前109年，汉武帝率领百官视察黄河瓠子口塞河工程，命百官负薪塞河，终于堵塞了河堤决口。为了纪念这一伟大工程的胜利，在河堤上筑宣防宫以为标志。瓠子口在今河北濮阳县南。

维币之行，以通农商；其极则玩巧，并兼兹殖[①]，争于机利[②]，去本趋末。作《平准书》以观事变[③]，第八。

【注释】①兹殖：滋增利息。 ②机利：投机取巧以获利。 ③平准书：平准，武帝设置的管理物价的官名，隶属大农令。《平准书》是记载币制变迁、物价变化的专书，特详武帝一朝事迹，暴露汉武帝如何制造通货膨胀聚敛民财，故取官名为书名。《汉书》改称《食货志》。

太伯避历[①]，江蛮是适；文武攸兴，古公王迹。阖庐弑僚[②]，宾服荆楚；夫差克齐，子胥鸱夷[③]；信嚭亲越[④]，吴国既灭。嘉伯之让，作《吴世家》第一[⑤]。

【注释】①太伯避历：太伯，等于说老大，史失其名。太伯是古公亶父的长子。季历是古公亶父的小儿子，周文王的父亲。古公亶父想传位给文王姬昌，太伯知道后与二弟仲雍逃奔到了江南，史称“太伯避历”。 ②阖庐弑僚：太伯建吴，十九传至寿梦。寿梦有四子：诸樊、馀祭、馀眛、季札。季札最贤，寿梦想传位给他，遗嘱兄终弟及。诸樊等依次禅位至季札，但他不肯即位，于是吴大臣立馀眛之子僚即位。诸樊之子公子光不服，与伍子胥等密谋，杀僚夺位，称阖庐。阖庐替伍子胥报仇，曾一度攻破楚国郢都。 ③夫差克齐，子胥鸱夷：夫差，阖庐的儿子，他做了吴王以后，任用伍子胥等打败了越国而北伐齐与晋争霸。越王句践用反间计收买伯嚭谗害伍子胥。夫差听信谗言杀死伍子胥，把尸体装在盛酒的皮袋里沉入江中。鸱（chī 痴），猫头鹰。鸱夷，形状像鸱的盛酒皮袋。 ④信嚭亲越：嚭，伯嚭，楚大夫伯州黎的孙子。阖庐元年，楚杀伯州黎，伯嚭逃到吴国做了大夫，后来被越王收买做了吴国的内奸。夫差信嚭亲越，终于亡国。越王认为伯嚭为臣不忠而杀了他。 ⑤嘉伯之让句：赞美太伯让国的美德，所以把吴世家排为第一。嘉某云云，是提示篇目大旨。

申、吕肖矣，尚父侧微[①]，卒归西伯，文武是师；功冠群公，缪权于幽[②]；番番黄发[③]，爰飨营丘[④]。不背柯盟，桓公以昌[⑤]，九合诸侯[⑥]，霸功显彰。田、阚争宠，姜姓解亡[⑦]。嘉父之谋[⑧]，作《齐太公世家》第二。

【注释】①申、吕肖矣，尚父侧微：申、吕，尧舜时代所封之国。肖，衰亡，本“削”字之残。尚父，即姜尚，他是吕国的后代，所以又称吕尚，周尊称他为师尚父。侧微，出身低微。　②缪权于幽：深思熟虑的谋略十分周密。缪，通“谋”，深思。　③番番黄发：番番（pópó 婆婆），精神抖擞的样子。黄发，老人黑发变白而呈黄色，高龄之征。　④爰飨营丘：于是受封在营丘。飨，同“享”，指受封。营丘，吕尚封地，后来发展成为临淄，故址在临淄北外城中。⑤不背柯盟，桓公以昌：柯，齐邑，即今山东阳谷县东北五十里的阿城镇。公元前 681 年，齐桓公与鲁庄公会盟于柯，鲁将曹沫劫持桓公答应退还所侵鲁国之地，桓公如约退地，以恪守信用而赢得了诸侯的信任成为霸主。　⑥九合诸侯：多次会盟诸侯。据《左传》记载，齐桓公会盟诸侯共十一次。九，表示多数。　⑦田、阚二句：田恒、阚止，齐国两大夫，互相争权。齐简公想利用他们的矛盾，让阚止去消灭田恒。结果田恒先下手杀了阚止和简公，执掌大权，姜齐从此逐步衰亡。　⑧嘉父之谋：赞美师尚父的谋略。

依之违之，周公绥之[①]；愤发文德，天下和之；辅翼成王[②]，诸侯宗周。隐桓之际，是独何哉[③]？三桓争强，鲁乃不昌[④]。嘉旦《金滕》[⑤]，作《周公世家》第三。

【注释】①依之违之，周公绥之：依之，诸侯归服。违之，诸侯反叛。绥之，安抚平定。武王死后，管叔、蔡叔联合武庚叛周，淮夷响应，周公东征，用了三年的时间才平定了祸乱。　②成王：西周第二代国君姬诵，年幼登位，周公代行政令。　③隐桓之际，是独何哉：周公长子伯禽封于鲁，八代十四传至鲁隐公姬息，被弟弟姬允篡弑。姬允立，是为桓公。桓公篡夺与周公辅成王相比较，简直是大背祖德，所以司马迁发出“是独何哉”的感叹！　④三桓二句：鲁桓公有四子：姬同、庆父、叔牙、季友。姬同继位为鲁庄公。庆父之后为孟孙氏，叔牙之后为叔孙氏，季友之后为季孙氏，合称鲁三桓。三桓执政，鲁公室衰微。　⑤嘉旦《金滕》：赞美周公旦祝策《金滕》。《金滕》，《尚书》中篇名，是周公旦祝策请命之辞，藏之于匮，缄之以口金，故名《金滕》。

武王克纣，天下未协而崩[①]。成王既幼，管蔡疑之，淮夷叛之，于是召公率德[②]，安集王室，以宁东土。燕哙之禅，乃成祸乱[③]，嘉《甘棠》之诗[④]，作《燕世家》第四。

【注释】①天下未协：天下还没有安集，即政权还不巩固。　②召公：姬姓支族名奭（shì 式），封于燕，又食邑于召，今陕西岐山之西，所以称召公。召公与周公共同辅政，称为二卿。周公东征，召公安集后方。　③燕哙二句：燕王哙，公元前320年至前311年在位。五年，王哙禅位于子之，太子姬平不服，引齐为援，发动政变，齐国趁机袭燕，燕几乎亡国。 ④嘉《甘棠》之诗：指赞美召公之美德。《甘棠》见《诗·召南》。相传召公巡行乡邑，常在棠树下决狱听事，方便百姓，办事公正，故百姓歌咏之。

管蔡相武庚，将宁旧商[①]；及旦摄政，二叔不飨[②]；杀鲜放度，周公为盟[③]；大任十子[④]，周以宗强。嘉仲悔过[⑤]，作《管蔡世家》第五。

【注释】①管蔡相武庚，将宁旧商：武庚，名禄父，纣王之子。武王伐纣，封武庚于殷旧地，又封两子姬鲜于管、姬度于蔡，兼相武庚，实际是监督武庚，想用此办法来安集殷遗民。宁，安集，安宁。 ②及旦摄政，二叔不飨：管、蔡二人是周公兄弟，成王之叔，所以史称管叔、蔡叔。武王崩，成王年少，周公辅政，二叔不服，反而联合武庚叛周。周公东征，杀了管叔，流放了蔡叔，所以说“二叔不飨”。不飨，指失国，死后不得血食，无人祭享。 ③周公为盟：管、蔡起兵，流言周公将篡政，所以周公东征，立盟效忠王室。 ④大任十子：大任，文王之妻太似。大，读“太”。太似生十子，长子伯邑考，依次为武王发、管叔鲜、周公旦、蔡叔度、曹叔振铎、成叔武、霍叔处、康叔封、冉季载。伯邑考为纣王所害，武王发继位。武王伐纣封霍叔以上六弟，康叔、冉季载年少未封。 ⑤嘉仲悔过：赞美蔡仲能改过自新。周公流放蔡叔度，其子姬胡改过，率德驯善，周公荐于成王，复封胡于蔡，是为蔡仲。

王后不绝，舜禹是说[①]；维德休明，苗裔蒙烈。百世享祀，爰周陈杞[②]，楚实灭之。齐、田既起，舜何人哉[③]？作《陈杞世家》第六。

【注释】①说：这里作证据、证明讲。 ②陈杞：陈国、杞国，周初所封。陈为大舜之后，杞为大禹之后。因舜、禹有德于民，故百代子孙得以受封。 ③齐田既起，舜何人哉：春秋时，楚灭陈、杞。陈完到了齐国，改姓田，却夺了姜齐而有之。舜禅位于人，而其后田氏夺人之国，两相对照，舜是多么伟大的一种人啊！“舜何人哉”语意双关，同时也是说舜之德泽流及苗裔，田氏因此以兴。

收殷余民，叔封始邑，申以商乱，《酒》、《材》是告[①]，及朔之生，卫顷不宁[②]；南子恶蒯聩，子父易名[③]。周德卑微，战国既强，卫以小弱，角独后亡[④]。嘉彼《康诰》[⑤]，作《卫世家》第七。

【注释】①酒材是告：《尚书》中有《酒诰》《梓材》两篇，是周公告诫康叔封，殷亡于酒色残民，应吸取教训，戒酒、爱民。《酒诰》谈戒酒，《梓材》意在“告康叔以为政之道，亦如梓人之治材也”，不要“罔厉杀人”。　②及朔之生，卫顷不宁：卫宣公生了太子朔，卫国顷危不安宁。卫宣公淫乱，他为太子伋娶妇，见妇美而夺之，生子朔。朔谗害太子伋，宣公杀伋，朔继承了君位，是为惠公，国人不服，卫国大乱。　③南子恶蒯聩，子父易名：南子，卫灵公夫人，她与太子蒯聩不合，迫使蒯聩出亡。灵公死，蒯聩之子辄以孙继位，是为出公。蒯聩借晋援争位，逐走出公，自立为庄公。出公奔齐，四年后借齐兵复国，又逐走庄公。父子交兵，如异姓攻伐，所以说“父子易名”。名，名分，指君位。辄以子夺父位是乱名，蒯聩以父夺子位是臣篡君，均非礼也。　④角独后亡：姬角，卫国的末代之君。战国时，卫为魏附庸。秦并天下，单单保留卫君角，直到公元前209年陈涉起义，秦二世才废角为庶人。　⑤康诰：《尚书》篇名，亦是周公告诫康叔的文告。

嗟箕子乎[①]！嗟箕子乎！正言不用，乃反为奴。武庚既死，周封微子[②]。襄公伤于泓，君子孰称[③]。景公谦德，荧惑退行[④]。剔成暴虐[⑤]，宋乃灭亡。嘉微子问太师[⑥]，作《宋世家》第八。

【注释】①箕子：纣王叔父，名胥余，封于箕，子爵，故称箕子。箕子见纣王荒淫暴虐，为了避祸，佯狂为奴，出亡到朝鲜做了朝鲜王。他的事迹附《宋世家》。　②微子：纣王同母兄弟庶兄，名启，启生时，其母为妾，及其母为正妻时生纣王。武庚禄父叛周后，周改封微子于宋，都商丘。　③襄公二句：宋襄公名兹甫，春秋五霸之一。公元前638年，襄公亲率宋军在泓水岸上与强大的楚军打仗，他不趁楚兵半渡时发动进攻，而要堂堂正正地打阵地战，结果寡不敌众，全军覆灭，自己也受了重伤而死。　④景公谦德，荧惑退行：宋景公，名头曼，公元前516至前477年在位。荧惑，火星。公元前480年，火星侵入宋之分野心宿的星空区，掌管天文的官员子韦说：天示警，人君有祸，但可转移给臣民。景公说：移祸臣民，谁还奉我为君？他的善言感动了上天，火星退行三度。这里应用天人感应学说以表彰宋景公之谦德。　⑤剔成暴虐：剔成，宋辟公之子。公元前369至前328年在位，为弟偃逐出，奔齐。君偃立，为桀纣之行，宋为齐、楚、魏三国所灭。“剔成暴虐”，疑有误，当为“君偃暴虐”。　⑥嘉微子问太师：赞扬微子问太师之事。微子谏纣，纣不听，微子欲去纣而犹豫不决，于是问太师、少师。太师、少师说，国治身死不恨，纣王不听，不如亡去。周伐纣，封微子于宋以奉商祀。所以司马迁嘉微子问太师，以义定去就，表明是纣王弃微子，而不是微子弃纣王。

武王既崩，叔虞邑唐①。君子讥名，卒灭武公②。骊姬之爱，乱者五世③；重耳不得意，乃能成霸④。六卿专权⑤，晋国以秏⑥。嘉文公锡珪鬯⑦，作《晋世家》第九。

【注释】①叔虞邑唐：叔虞，成王弟，封于唐，在今山西翼城县西，这就是晋的前身。　②君子讥名，卒灭武公：晋穆公生二子，太子名仇，少子名成师。晋人师服说，太子名“仇”，“仇”是“雠”的意思，是死对头；少子名“成师”，“成师”是“成功”的意思，晋国一定要出乱了。后来成师的孙子称夺取了太子仇的后代晋侯缗的君位，是为武公。　③骊姬之爱，乱者五世：晋武公之子晋献公宠爱骊姬，骊姬生子奚齐。骊姬谗害死太子申生，申生两弟重耳、夷吾出亡。骊姬女弟又生悼子。献公死后，奚齐、悼子、夷吾、夷吾子圉、重耳五人先后争位，晋国内乱。五世，即指此五君。　④重耳两句：重耳出亡19年，周游列国，备尝艰苦，六十二岁时才回国立为晋君，励精图治，成为霸主，这就是有名的晋文公。公元前636至前628年在位。　⑤六卿：指晋国的智、范、中行、韩、魏、赵六卿。六卿擅权，互相火并，后来只剩下韩、赵、魏三家。公元前453年，三家分晋，晋亡。　⑥秏（mào冒）：耗损、衰乱。　⑦文公锡珪鬯：珪（guī归），瑞玉。鬯（chàng唱），香草，酿制香酒的原料。珪鬯，是诸侯朝贡给周天子用于享礼和祭礼的用品。公元前632年，晋文公在城濮之战中大败楚军，献俘于周。周襄王命文公为伯，并赐珪鬯。于是晋文公取得了合法的伯主地位。

重黎业之，吴回接之①；殷之季世，粥子牒之②。周用熊绎③，熊渠是续④。庄王之贤，乃复国陈；既赦郑伯，班师华元⑤。怀王客死⑥，兰咎屈原⑦；好谀信谗，楚并于秦。嘉庄王之义⑧，作《楚世家》第十。

【注释】①吴回接之：重黎为帝喾火正，重黎死后，吴回接替了火正。吴回，重黎之弟，楚之始祖。　②粥子牒之：粥子，吴回之后，事周文王，名鬻熊。牒之，指从粥子起，才有了可靠的谱系。　③熊绎：粥子曾孙，事周成王，封为子爵。　④熊渠：熊绎玄孙，在江汉一带扩展势力，称王。其后在周厉王时去王号。　⑤庄王之贤四句：楚庄王熊侣，春秋五霸之一，公元前613年至前591年在位。前598年，庄王平陈乱，复兴了陈国。前597年楚破郑，郑伯请罪，庄王释放了他。前594年楚围宋五月，宋大夫华元出城见楚庄王说，城中食尽，人们易子而食，析骨为薪。庄王解除了对宋的围困。　⑥怀王客死：楚怀王熊槐，公元前328年至前299年在位。公元前299年怀王入秦会盟，被秦劫持要挟割地，怀王不肯，被秦拘留，前296年死在秦国。客死，死在异乡、异国。⑦兰咎屈原：兰，怀王少子令尹子兰。怀王之秦，屈原谏阻，子兰劝行。怀王不反，国人怨子兰。子兰迁怒屈原，于是谗毁屈原，使之被放逐。楚国日益削弱。⑧嘉庄王之义：赞美楚庄王的仁义。

少康之子，实宾南海①，文身断发②，黿鱓与处③，既守封禺④，奉禹之祀。句践困彼，乃用种、蠡⑤。嘉句践夷蛮能修其德，灭强吴以尊周室，作《越王句践世家》第十一。

【注释】①少康二句：相传越的始祖是夏帝少康的庶子，封于会稽，临近南海，远离中原，故云“实宾南海”。宾，排斥。　②文身断发：越俗，人们在身上刺花纹，把头发剪短。古代中原人民蓄长发，故以越俗为陋。　③黿（yuán元）：鳖类动物，可食。鱓（shàn善）：也写作“鳝”，即鳝鱼。　④封禺：封山、禹山，在浙江永康县东。　⑤句践用种、蠡二句：春秋末期称霸东南的越王句践，公元前494年被吴王夫差围困在会稽山上，卒用范蠡计屈身向吴求和。和成，句践发愤图强，用文种、范蠡二人为臣，卧薪尝胆二十年，终于在公元前477年灭亡了吴国。

桓公之东，太史是庸①。及侵周禾，王人是议②。祭仲要盟，郑久不昌③。子产之仁④，绍世称贤。三晋侵伐，郑纳于韩⑤。嘉厉公纳惠王⑥，作《郑世家》第十二。

【注释】①桓公之东二句：郑桓公姬友，周厉王的少子，周宣王封于郑。幽王时，桓公用太史伯之言，迁都新郑，虢、郐献十邑，郑国从而壮大起来。庸，同“用”。　②及侵周禾，王人是议：公元前720年，郑庄公取成周之禾，周郑交恶。前717年郑庄公朝周。周桓王怒其取禾，怠慢庄公。周桓公姬黑肩对桓王说：平王东迁，靠晋、郑相助，要搞好周郑关系来影响诸侯宗周，今怠慢郑庄公，从此郑国不来朝周了。庄公回国果然不朝周。　③祭仲要盟，郑久不昌：祭仲，郑大夫。庄公死，祭仲立公子忽，是为昭公。昭公弟姬突，其母宋雍氏女，故宋人助突争位。宋庄公诱召祭仲，胁迫祭仲立突。昭公奔卫，姬突立，是为厉公。从此，郑诸公子争位，郑国削弱。要盟，被迫立盟。　④子产：郑大夫，春秋末期著名政治家。执政二十余年，晋楚两大国不敢伐郑。　⑤三晋二句：三晋，指韩、赵、魏三国，也可指称其中一国，这里指韩。公元前464年韩灭郑。　⑥厉公纳惠王：公元前675年，周王室子颓作乱，周惠王出奔郑。郑厉公与虢公连兵平定了周乱，周惠王得以复位。

维骥騄耳，乃章造父①。赵夙事献②，衰续厥绪③。佐文尊王，卒为晋辅。襄子困辱，乃禽智伯④。主父生缚，饿死探爵⑤。王迁辟淫，良将是斥⑥。嘉鞅讨周乱⑦，作《赵世家》第十三。

【注释】①维骥二句：骥（jì 记），千里马的共名。騄（lù 录）耳，周穆王的一匹千里马名。造父，赵国始祖，善相马，事周穆王。騄耳就是造父相中的，于是得封赵城，姓赵氏。赵城在今山西赵城镇西南。　②赵夙事献：赵夙，造父的第十一代孙，事晋献公，得封于耿，在今山西河津县境。　③衰续厥绪：赵夙孙赵衰继承了赵夙的绪业，辅佐晋文公，成为晋大夫。　④襄子困辱，乃禽智伯：赵襄子名毋恤，赵衰第六代孙。智伯，晋六卿之一。公元前 453 年，智伯逼使韩、魏共围赵襄子于晋阳。襄子用张孟谈计，策动韩、魏反攻智伯。智伯灭，三家三分其地。　⑤主父生缚，饿死探爵：主父，即赵武灵王赵雍。公元前 298 年，他传位给少子惠王何，自称主父。长子章争位作乱，兵败投奔主父。赵惠王将李兑围主父于沙丘宫三月，宫中食尽，主父取雀充饥，饿死在沙丘宫。缚，被围困的意思。爵，借作“雀”。　⑥王迁二句：赵幽王迁，赵国末代国王，信谗杀良，公元前 228 年被秦所虏。良将，指李牧，他多次打败秦兵。赵王杀李牧，秦兵长驱直入破邯郸，赵亡。　⑦鞅讨周乱：公元前 503 年，赵鞅率兵讨平周室王子朝的叛乱，恢复了周敬王的王位。

毕万爵魏，卜人知之①。及绛戮干，戎翟和之②。文侯慕义，子夏师之③。惠王自矜，齐秦攻之④。既疑信陵，诸侯罢之⑤。卒亡大梁，王假厮之⑥。嘉武佐晋文申霸道⑦，作《魏世家》第十四。

【注释】①毕万二句：周武王封同姓姬高于毕，姓毕氏。毕高后代毕万事晋献公，受封于魏，卜偃说：万是满数，魏是大名，毕万之后一定昌盛。魏，取义巍巍，所以说是大名。其地在今山西芮城县东北。　②及绛戮干二句：绛，魏绛，毕万第三代孙，事晋悼公。公元前 570 年，晋悼公与诸侯会盟，悼公弟弟杨干扰乱了秩序，魏绛杀了杨干的仆人以示惩罚。悼公仍然信用魏绛，戎翟归服。　③文侯慕义，子夏师之：魏文侯名都，一说名斯，公元前 446 年至前 397 年在位。子夏，孔子弟子卜商，《仲尼弟子列传》说他小孔子 44 岁，当生于公元前 507 年。史称子夏居西河，为魏文侯师。　④惠王二句：魏惠王名罃（yīng 英），公元前 370 至前 335 年在位。惠王欲称霸，攻伐韩、赵，而秦、齐乘机夹击魏国，魏于是削弱。　⑤既疑信陵，诸侯罢之：信陵君无忌，魏安釐王之弟。公元前 257 年他率魏兵解救了赵国的邯郸之围，接着又率五国之师大破秦兵。但是魏安釐王猜忌信陵君，于是合纵之盟解散。　⑥王假厮之：魏王假，魏最后一代国王。公元前225年，秦灭魏，王假被俘作了养马卒。厮，养马人之称。　⑦武佐晋文：魏武子犨（chōu抽），追随重耳出亡十九年，重耳即位为晋文公，犨列为大夫。犨，魏绛的祖父。

韩厥阴德，赵武攸兴。绍绝立废，晋人宗之[1]。昭侯显列，申子庸之[2]。疑非不信，秦人袭之。嘉厥辅晋匡周天子之赋，作《韩世家》第十五。

【注释】①韩厥阴德四句：韩厥，号献子，晋六卿之一，历事晋景公、厉公、悼公三朝。赵武，即赵氏孤儿。公元前597年，晋景公三年，晋司寇屠岸贾灭赵族，程婴、公孙杵臼藏匿赵武，韩厥暗中保护。赵武壮大。韩厥言于景公，赵武复为晋大夫。韩厥存亡继绝，很得人心，晋人都归服他。　②昭侯显列，申子庸之：韩昭侯名武，公元前358年至前333年在位。申子，即申不害，公元前351年至前337为韩相。昭侯信用申子变法，韩国一度强盛，名显诸侯。庸之，为所用。

完子避难，适齐为援，阴施五世，齐人歌之[1]。成子得政[2]，田和为侯[3]。王建动心，乃迁于共[4]。嘉威、宣能拨浊世而独宗周[5]，作《田敬仲完世家》第十六[6]。

【注释】①完子避难四句：完子，即陈完，陈厉公之子。陈内乱，陈完奔齐，改姓田，为齐大夫。田完在齐施惠百姓，至第五代孙田乞用小斗收税，大斗放贷，收买民心，齐人颂之。　②成子：即田恒，汉人因避汉文帝刘恒之讳，又写作田常。田常弑齐简公，立平公，自为相，遂专齐政。　③田和：田常的曾孙。公元前386年，田和迁齐康公于海上，周天子命田和为齐侯，姜齐亡，田齐立。　④王建动心，乃迁于共：齐王建，田齐末代国王。公元前221年秦伐齐，王建听齐相后胜计，不战降秦。秦始皇迁王建于共，齐亡。共，今河南辉县。　⑤威、宣宗周：威，齐威王因齐，公元前378年至343年在位。宣，齐宣王辟疆，公元前342年至前324年在位。威、宣时代齐国最为强大，仍一度宗周，见《战国策·赵策》“鲁仲连义不帝秦”章。　⑥田敬仲完世家：敬仲，田完的谥号。此以谥号和名并举名篇。

周室既衰，诸侯恣行。仲尼悼礼废乐崩[1]，追修经术，以达王道，匡乱世反之于正，见其文辞，为天下制仪法，垂《六艺》之统纪于后世[2]。作《孔子世家》第十七。

【注释】①仲尼：孔丘的字，又写作仲尼父。父，又写作甫，是对男子的敬称。　②垂：留下。《六艺》：即六经。

桀、纣失其道而汤、武作，周失其道而《春秋》作。秦失其政，而陈涉发迹[1]，诸侯作难，风起云蒸，卒亡秦族。天下之端，自涉发难。作《陈涉世家》第十八。

【注释】①陈涉发迹：陈涉，名胜，字涉，阳城人。阳城，即今河南省登封县东南三十五里的告城镇。公元前209年他首倡起义。

成皋之台[1]，薄氏始基[2]。诎意适代[3]，厥崇诸窦[4]。栗姬偩贵[5]，王氏乃遂[6]。陈后太骄[7]，卒尊子夫[8]。嘉夫德若斯[9]，作《外戚世家》第十九。

【注释】①成皋之台：成皋，汉县，在今河南荥阳县西北。汉高祖在成皋所建行宫，即成皋台，又称河南宫。　②薄氏始基：薄氏，高祖美人薄姬。楚汉相争时，高祖在成皋台召幸薄姬，一幸生男刘恒，封代王，后为文帝。始基，指薄姬始受宠。　③诎意适代：指汉文帝皇后窦氏，违背心愿出嫁代王。高祖死后，吕太后出宫人赐配诸侯王。窦姬是赵清河人，家贫，不知失散的两弟下落，心欲还乡，愿配赵王。主持其事的宦官忘了窦姬的嘱告，误配代王，窦姬涕泣不肯行，被强迫适代。文帝即位，窦姬为皇后。诎意，心愿受屈。④诸窦：即窦皇后之弟窦长君、窦广国，族弟窦婴等，因皇后之尊而封侯。⑤栗姬偩贵：栗姬：景帝夫人，生子荣，立为太子，她因此骄贵，触怒了景帝，太子被废，栗姬忧死。偩（fù负），仗恃。　⑥王氏乃遂：王氏，王夫人，汉武帝之母。栗姬失宠，王夫人尊贵，终得遂心愿而立为皇后。⑦陈后：汉武帝之皇后，无子失宠又使性，被废忧死。　⑧子夫：汉武帝皇后卫子夫，由于生男刘据被立为皇后。征和二年巫蛊案起，太子死，卫皇后自杀。　⑨嘉夫德若斯：赞美像薄姬这样贤淑的后妃之德。夫，语词。

汉既谲谋，禽信于陈；越荆剽轻[1]，乃封弟交为楚王[2]，爰都彭城，以强淮泗，为汉宗藩。戊溺于邪[3]，礼复绍之[4]。嘉游辅祖，作《楚元王世家》第二十。

【注释】①越荆剽轻：指越楚之民勇猛轻躁。　②交为楚王：刘交，高祖弟，字游。高祖擒韩信后，封刘交为楚王。　③戊溺于邪：刘戊，刘交之孙。公元前154年，刘戊被邪谋所迷惑，与吴王濞等七国合纵叛汉，兵败被杀。溺（nì腻），沉迷。　④礼复绍之：刘礼，刘交次子。刘戊被杀后，景帝复封刘礼为楚王。绍，继承。

维祖师旅，刘贾是与[①]；为布所袭，丧其荆、吴。营陵激吕，乃王琅邪[②]；怵午信齐，往而不归，遂西入关，遭立孝文，获复王燕[③]。天下未集，贾、泽以族，为汉藩辅。作《荆燕世家》第二十一。

【注释】①刘贾：刘氏宗人，追随高祖起兵，被封为荆王。公元前 196 年，黥布反汉，攻荆，刘贾被杀。　②营陵激吕，乃王琅邪：营陵侯刘泽，高祖远族宗人。吕太后当权，刘泽亲近吕太后宠臣大谒者张卿，讽喻大臣尊诸吕为王。于是吕太后封刘泽为琅邪王。　③怵午信齐五句：怵（chù 触），“祝”之借字。祝午，齐哀王刘襄的内史。吕太后崩，刘襄以诛诸吕为名起兵欲夺帝位，派祝午诈说刘泽至齐议事。刘泽至齐被拘留，祝午夺了琅邪国之兵。刘泽将计就计，诈说他到长安观变，欲迎立齐王为帝。于是齐王释放了他。他到长安后与大臣共谋，立代王刘恒为帝，刘泽也得封燕王。

天下已平，亲属既寡；悼惠先壮，实镇东土[①]。哀王擅兴，发怒诸吕，驷钧暴戾，京师弗许[②]。厉之内淫，祸成主父[③]。嘉肥股肱，作《齐悼惠王世家》第二十二。

【注释】①悼惠先壮二句：齐悼惠王刘肥，高祖外妇曹氏之子，孝惠帝刘盈的庶兄，所以说“先壮”。高祖封肥为齐王，以镇抚山东七十三城为藩。　②哀王擅兴四句：哀王刘襄，刘肥之子。吕太后崩，刘襄自以为依次当立，因此发难兴兵讨诸吕。刘襄起兵，未与京师大臣通谋，所以称“擅兴”。诸吕既平，大臣计议，刘襄舅驷钧暴戾，若迎襄为帝，势必权落外家，重演诸吕之祸，于是迎立代王刘恒为帝，令齐罢兵，故云“京师弗许”。　③厉之内淫二句：厉王刘次景与其姐通奸，齐相主父偃案治，厉王自杀，无后国除。

楚人围我荥阳，相守三年；萧何镇抚山西[①]，推计踵兵[②]，给粮食不绝，使百姓爱汉，不乐为楚。作《萧相国世家》第二十三。

【注释】①萧何镇抚山西：萧何，秦沛县监狱长，随刘邦起兵。楚汉相争，何坐镇关中。天下平定，以何功第一，封酂侯，为相国。山西，华山以西，即关中。　②推计踵兵：运输粮饷叫推计，补充兵员叫踵兵。

与信定魏，破赵拔齐，遂弱楚人。续何相国，不变不革，黎庶攸宁。嘉参不伐功矜能①，作《曹相国世家》第二十四。

【注释】①参不伐功矜能：曹参，沛人，秦时为沛县狱吏，随刘邦起兵。楚汉相争，参与韩信灭魏、破赵、下齐，诸将封侯，曹参被推为侯功第一，高祖以萧何为第一，参不与之争，是为不伐功。又，参与萧有隙，及何死，参为相，出入三年，不变萧何约束。百姓歌曰："萧何为法，颟若画一；曹参代之，守而勿失。载其清净，民以宁一"。由于曹参不伐功矜能，故成为汉初推行无为政治的著名丞相。

运筹帷幄之中①，制胜于无形，子房计谋其事，无知名，无勇功，图难于易，为大于细。作《留侯世家》第二十五②。

【注释】①运筹帷幄：在军帐中策谋。运筹，以筹码代指对敌我各种力量进行对比运算。帷幄，帐篷，指三军司令部。　②留侯世家：留侯张良，字子房，先世五世为韩相。秦灭韩，张良从贵族破落为庶人，因此反秦意识很强烈。公元前218年，张良使力士刺秦始皇于博浪沙，未遂，流亡。后为刘邦谋臣，汉封留侯。留，秦县名，在今江苏沛县东南。

六奇既用①，诸侯宾从于汉；吕氏之事，平为本谋，终安宗庙，定社稷。作《陈丞相世家》第二十六②。

【注释】①六奇：指陈平多次为汉策划的奇谋秘计，如离间楚君臣，擒韩信，解平城之围等。　②陈丞相世家：记陈平事迹。平，阳武户牖乡人，在今河南兰考县东北。平本为项羽部属，后投奔刘邦，因功封为曲逆侯。孝惠六年（前189年）曹参死，平继为丞相，与周勃等定议，擒灭诸吕，有大功于汉。

诸吕为从，谋弱京师，而勃反经合于权①；吴楚之兵，亚夫驻于昌邑②，以厄齐赵，而出委以梁③。作《绛侯世家》第二十七。

【注释】①勃反经合于权：太尉周勃为人刚强。吕太后当政，崇强诸吕，违反高祖非刘氏而王的誓约封诸吕为王。周勃一反刚强性格，随机应变迎和吕太后，原来是安刘的权宜之计。　②亚夫驻于昌邑：吴楚七国反汉，景帝拜周勃之子周亚夫为将，带兵平叛。周亚夫一战获胜，三个月就平定了七国之乱。昌邑，县名，在今山东金乡西。　③厄齐赵委梁：指周亚夫不直接救齐、梁，而是驻兵昌邑，让两国受到围困。梁王上书景帝，周亚夫仍不奉诏，坚壁不出。相守三月后，一战而吴楚军破，诸将才认识到周亚夫的计谋很高，但是梁王怒恨亚夫，认为是有意以梁为饲饵。委，丢弃。按，厄齐赵句，疑“赵”字衍，因赵从吴楚反汉，是七个叛国之一。

七国叛逆，蕃屏京师，唯梁为扞；偩爱矜功，几获于祸。嘉其能距吴楚，作《梁孝王世家》第二十八①。

【注释】①梁孝王世家：梁孝王刘武，景帝之弟，他仗恃母亲窦太后的宠爱，加上扞拒吴、楚的功劳，骄恣犯禁，行动之间拟比天子，又妄杀朝廷大臣，触怒景帝，亏太后护持乃得全。

五宗既王①，亲属洽和，诸侯大小为藩，爰得其宜，僭拟之事稍衰贬矣②。作《五宗世家》第二十九。

【注释】①五宗：同母所生之子为一宗。汉景帝十四子为五母所生，故称五宗。《五宗世家》就是述景帝子封王事迹。　②僭拟之事稍衰贬矣：封建时代，礼有差等，下比同于上叫僭拟。僭，超越，拟，比同。僭拟一般指下比拟天子。吴楚七国之乱以后，诸侯国化小，治理权得以收归中央，王侯只食禄而已，故僭拟反叛的事日益消失。

三子之王①，文辞可观②。作《三王世家》第三十。

【注释】①三子之王：三子，指汉武帝的三个儿子：齐王刘闳、燕王刘旦、广陵王刘胥。《三王世家》载三王事。汉武帝共六子，少子刘弗陵继位为昭帝，故《汉书》作《武五子传》。司马迁作史时，戾太子刘据尚在，不应入《世家》；昌邑王刘髆，天汉四年六月封王，在太初以后，亦不入《世家》，故作《三王世家》。　②文辞可观：武帝三子于元狩六年四月乙巳同日封王。齐王刘闳死于元封元年，无后。燕王、广陵王终武帝之世尚在。故三王无事可传，司马迁谨取封王章奏册文编为《世家》，所以说“文辞可观”。

末世争利①，维彼奔义；让国饿死②，天下称之。作《伯夷列传》第一。

【注释】①末世：衰世，这里指殷代末年。　②让国饿死：伯夷、叔齐兄弟二人让国，不食周粟而死，事详《伯夷列传》。

晏子俭矣①，夷吾则奢②；齐桓以霸，景公以治。作《管晏列传》第二③。

【注释】①晏子：春秋时齐大夫名婴。晏子历仕灵公、庄公、景公三朝，他身为齐相，食不兼味，妻妾不穿绸缎，以俭著称。 ②夷吾：管仲的字。管仲辅佐齐桓公称霸诸侯，为齐相，被桓公尊为亚父，生活豪侈，但治国以强，孔子许之以“仁”。 ③管晏列传：管仲、晏婴二人同为齐贤相，一奢一俭，对比强烈，因此二人同传。

李耳无为自化，清净自正①；韩非揣事情，循势理②。作《老子韩非列传》第三③。

【注释】①无为自化，清净自正：《老子》第三十七章：“道无为而无不为，侯王若能守之，万物将自化。……无欲以静，天下将自定”。司马迁认为这一章是老子哲学的核心，这两句就是撮述这一章的要旨。 ②揣事情，循势理：揣，忖度；循，遵循。这里“揣”和“循”都是探求、掌握的意思。事情、势理，指各别具体事物的规律。 ③老子韩非列传：司马迁认为韩非“喜刑名法术之学，而其归本于黄老”，所以将老子、韩非合传。庄周、申不害二人附见。

自古王者而有《司马法》，穰苴能申明之。作《司马穰苴列传》第四①。

【注释】①司马穰苴；穰苴，田完之后，事齐景公为大司马，故称司马穰苴。

非信廉仁勇不能传兵论剑，与道同符，内可以治身，外可以应变，君子比德焉。作《孙子吴起列传》第五①。

【注释】①孙子吴起列传：本篇孙武、孙膑、吴起为正传，庞涓附见。孙子为孙武、孙膑二人共称。

维建遇谗，爰及子奢，尚既匡父，伍员奔吴①。作《伍子胥列传》第六。

【注释】①维建遇谗四句：建，楚平王太子熊建。奢，伍奢，楚大夫，为太子建太傅。尚，伍尚，奢之长子。伍员，奢之次子。太子建的少傅费无忌阿谀平王，谗害太子建，建奔宋。平王杀伍奢，伍尚从父遇难，伍员奔吴报仇。匡父，救父，此指伍尚从难。

孔氏述文，弟子兴业，咸为师傅①，崇仁厉义②。作《仲尼弟子列传》第七③。

【注释】①咸为师傅：咸，都，皆。孔门弟子，有的早丧，如颜回；有的经商，如子贡；有的从政，如冉求、子游、子路等，并不是人人都在传道授业。“咸为师傅”，意思是说孔门学生人人“崇仁厉义”，都可为人师表。 ②崇仁厉义：崇尚仁德，以义相磨砺。厉，通“砺”。 ③仲尼弟子列传：孔子弟子，传说有三千，贤者七十二。本篇列传载孔门弟子七十七人，泛称七十子。

鞅去卫适秦①，能明其术②，强霸孝公，后世遵其法。作《商君列传》第八。

【注释】①鞅去卫适秦：鞅，商鞅（约公元前390—前338年），卫公室疏族公子，因此叫公孙鞅，又称卫鞅，入秦变法有功，封为商君，史称商鞅。战国时卫为魏国附庸，魏不用卫鞅。公元前359年，秦孝公下令求贤，卫鞅入秦。“去卫适秦”，实际是离开了魏国，到了秦国。 ②能明其术：能发扬变法图强的王霸之术。

天下患衡秦毋餍①，而苏子能存诸侯②，约从以抑贪强。作《苏秦列传》第九。

【注释】①患衡秦毋餍：患苦以连横称霸的秦国太贪。衡，通“横”。餍（yàn燕），饱，引申为满足。毋餍，指与秦联和，秦要求割地，没有满足的时候。②苏子：苏秦，东周洛阳人。苏秦游说东方六国合纵抗秦，是战国时著名的合纵家。

六国既从亲，而张仪能明其说①，复散解诸侯。作《张仪列传》第十。

【注释】①张仪：魏人，因在六国不得任用，西入关做了秦相，用软硬兼施的策略游说东方六国与秦和亲，史称连横。

秦所以东攘雄诸侯①，樗里②、甘茂之策③。作《樗里甘茂列传》第十一。

【注释】①东攘：用武力侵略东方诸侯。雄诸侯：在诸侯中称雄。 ②樗里：秦惠王弟嬴疾，居住在渭南阴乡的樗里，因此号樗里子。樗里子足智多谋，外号“智囊”。 ③甘茂：下蔡人，历事秦惠王、武王。惠王时甘茂为秦将，佐魏章取楚汉中，又平定蜀乱。武王立，以甘茂为左丞相，樗里子为右丞相。二人并显于秦，故合传。甘茂孙甘罗，附甘茂传。

苞河山①，围大梁②，使诸侯敛手而事秦者，魏冉之功③。

作《穰侯列传》第十二。

【注释】①苞河山：河，黄河；山，华山。苞河山，指魏冉为秦将，夺取了魏国的河东之地，包举黄河、华山成为秦国境内之地。　②围大梁：秦昭王三十二年（前275年），魏冉为秦相，将兵攻魏，连破魏军，遂围大梁，威震诸侯。③魏冉：秦昭王母宣太后的异父弟，为秦昭王相，封于穰，称穰侯。穰（ráng 瓤），本韩邑，为秦所并，即今河南邓县。

南拔鄢郢[①]，北摧长平[②]，遂围邯郸[③]，武安为率；破荆灭赵，王翦之计[④]。作《白起王翦列传》第十三。

【注释】①南拔鄢郢：鄢（yān 烟），楚重镇，在今湖北宜城县西南。郢（yǐng 影），楚都城，在今湖北江陵东南。公元前278年，白起破楚都郢，迫使楚东迁于陈。　②北摧长平：见前武安君白起注。　③遂围邯郸：长平战后，秦将王陵围邯郸，武安君称病不行而被赐死。这里是说，秦围邯郸，奠基于长平之战。　④王翦：关中频阳人，为秦始皇将，灭楚、亡赵。

猎儒墨之遗文，明礼义之统纪，绝惠王利端，列往世兴衰[①]。作《孟子荀卿列传》第十四。

【注释】①猎儒墨之遗文四句："猎儒墨之遗文"与"列往世兴衰"两句总括诸子百家学说，意谓春秋时只有孔墨两家，发展到战国为诸子百家，他们都不过是采摭孔墨遗教以著书立说，而总结历史经验，最后总归于儒家，故以孟荀二人标传名。"明礼义之统纪"句概括荀子学说。《荀子》32篇，其中有《礼论》，集先秦礼仪研究之大成。"绝惠王利端"句概括孟子学说。《孟子》七篇，第一篇《梁惠王》的第一章就是孟子对梁惠王问，明利义之辨。

好客喜士，士归于薛，为齐扞楚魏。作《孟尝君列传》第十五[①]。

【注释】①孟尝君：田文，齐威王少子田婴之子，战国四公子之一。

争冯亭以权[①]，如楚以救邯郸之围，使其君复称于诸侯。作《平原君虞卿列传》第十六。

【注释】①争冯亭以权：指平原君与秦争利，中了冯亭嫁祸于赵的权变之计。参见《平原君虞卿列传赞》注。

能以富贵下贫贱，贤能诎于不肖[①]，唯信陵君为能行之。

作《魏公子列传》第十七②。

【注释】①贤能诎于不肖：指魏公子信陵君能放下架子，自己贤能反而向不如自己的人学习。　②魏公子列传：战国四公子以信陵君最贤，司马迁特以“魏公子”之名命篇，以尊贤者。

以身徇君，遂脱强秦①，使驰说之士南乡走楚者，黄歇之义。作《春申君列传》第十八。

【注释】①以身徇君，遂脱强秦：春申君奉楚太子完于秦为质，秦留之数年不得归。楚顷襄王三十六年（前263年），顷襄王病，春申君用计归太子，自己决心以死对秦王。秦王见太子已归，亦遣春申君返国。

能忍诟于魏齐，而信威于强秦①，推贤让位，二子有之②。作《范睢蔡泽列传》第十九。

【注释】①信：读“伸”。　②推贤让位，二子有之：二子，即范睢、蔡泽。蔡泽入秦，范睢让相位。蔡泽为相数月归相印，仍留事秦昭王、孝文王、庄襄王及秦始皇。这里说“推贤让位”，不过是指范、蔡二人能识时务，趁势下台。秦军败于邯郸，武安君死，都牵连范睢，睢惧诛而让相位。后蔡泽亦惧诛归相印。据《云梦秦简》记载，秦昭王五十二年（前255年），范睢死。

率行其谋，连五国兵，为弱燕报强齐之仇，雪其先君之耻①。作《乐毅列传》第二十②。

【注释】①先君：指燕王哙。　②乐毅：常山人，战国时代著名将领。他事燕昭王，联合三晋及楚，率五国之兵，取齐七十二城，几乎灭掉了齐国。

能信意强秦，而屈体廉子，用徇其君，俱重于诸侯①。作《廉颇蔺相如列传》第二十一②。

【注释】①能信意强秦四句：蔺相如，赵人，他奉使秦国，敢在秦廷上谴责秦王，完璧归赵。他又在渑池会上以理屈秦昭王。因此赵惠文王用为上卿，位在廉颇之右。廉子，即廉颇，赵大将，有攻城野战之功，不愿屈居蔺相如之下，扬言要侮辱他。相如知道后避让廉颇，先国家而后私仇。廉颇负荆请罪，将相和，秦兵不敢攻赵。徇，效忠。　②廉颇蔺相如列传：廉、蔺合传，表彰他们共同的爱国思想感情。马服君赵奢，其子赵括，良将李牧传附见。

缗王既失临淄而奔莒①，唯田单用即墨破走骑劫，遂存齐社稷[2]。作《田单列传》第二十二。

【注释】①缗王奔莒：齐缗王名田地，公元前323至前284年在位。缗王好大喜功，在公元前288年与秦争称帝，自称东帝两个月。缗王又北伐燕，南伐楚，西败魏、赵，结怨诸侯。前284年，燕将乐毅纠合五国之兵击齐，破临淄。缗王退保莒城，被楚将淖齿所杀。莒，今山东莒县。　②田单破走骑劫二句：骑劫，代替乐毅统帅燕军的燕将，有勇无谋。田单，齐王室疏族，做临淄市掾。乐毅破齐，他率宗人退保即墨城数年，用火牛阵破杀骑劫，复兴了齐国。

能设诡说解患于围城，轻爵禄，乐肆志[1]。作《鲁仲连邹阳列传》第二十三[2]。

【注释】①能设诡说解患三句：这三句都是赞扬鲁仲连的德行，参本书《鲁仲连邹阳列传赞》注。诡说：机智善辩。乐肆志：以自由自在为乐。　②鲁仲连邹阳列传：邹阳，西汉初齐人，为梁孝王宾客，曾被下狱。邹阳在狱中上书自明得解。司马迁认为邹阳同鲁仲连一样具有耿直不屈的精神，所以打破时代界限，作了合传。

作辞以讽谏，连类以争义[1]，《离骚》有之[2]。作《屈原贾生列传》第二十四[3]。

【注释】①连类以争义：用事物取譬以见义。《离骚》以莠草比譬小人，香草比君子就是"连类以争义"。　②离骚：屈原写的长篇抒情叙事诗，带自传性质。诗篇以奔放的感情抒写了屈原的人格、思想感情和斗争精神，是《楚辞》的代表作。《屈原列传》评论说："其辞微，其志洁，其行廉，其称物小而其指极大，举类迩而见义远。其志洁，故其称物芳；其行廉，故死而不容自疏"。③屈原贾生列传：屈原（前340—前278年），是古代最伟大的爱国诗人，著有《屈原赋》二十五篇。贾生，即西汉初年政论家贾谊（前200—前168年），洛阳人，为文帝博士，出为长沙王太傅，后为梁怀王太傅。贾谊著有《新书》十卷，评论汉初政治得失。两人时代、气质均不相同。但两人都主张政治革新，命运相似，仕途不亨而未尽其才。贾生过湘水作赋吊屈原。司马迁亦南游沅湘，故将二人合传并以自况。

结子楚亲[1]，使诸侯之士斐然争入事秦[2]。作《吕不韦列传》第二十五。

【注释】①结子楚亲：指吕不韦自结交子楚而得为秦相。子楚，即秦庄襄王，秦始皇之父，本秦昭王之庶孙，为质于赵。秦昭王太子安国君无子。吕不韦于是以子楚为奇货可居，出千金与子楚相交，并替子楚买玩物珍奇献给安国君夫人华阳夫人，愿过继为嗣。华阳夫人十分高兴，立子楚为嫡子。因此子楚后来得立为秦王，吕不韦遂为秦相。　②斐然：本义是文采灿烂，这里是形容东方士人踊跃入秦的样子。吕不韦为秦相，效仿四公子招士，门客三千人，李斯等就是吕不韦的门客。

曹子匕首[①]，鲁获其田，齐明其信；豫让义不为二心[②]。作《刺客列传》第二十六[③]。

【注释】①曹子：即鲁将曹沫，用匕首劫齐桓公退还所侵鲁国之地。　②豫让：晋卿智伯家臣。赵襄子灭智伯，豫让漆身变形为智伯报仇而死，守义不事二君，名闻诸侯。　③刺客列传：历载春秋至战国刺客五人事迹。即：鲁曹沫、吴专诸、晋豫让、韩聂政、卫荆轲。燕高渐离附见。

能明其画，因时推秦，遂得意于海内，斯为谋首。作《李斯列传》第二十七[①]。

【注释】①李斯：（？—公元前207年），楚上蔡（今河南上蔡县西）人。李斯出身微贱，青年时代作过基层官吏。公元前246年入秦为客卿。秦始皇并六国，李斯是得力的助手，为丞相。前207年与赵高争权，被赵高陷害，为秦二世所杀。

为秦开地益众，北靡匈奴[①]，据河为塞，因山为固，建榆中[②]。作《蒙恬列传》第二十八[③]。

【注释】①靡：披靡，引申为征服。　②建榆中：蒙恬北伐匈奴，开拓河套地，置榆中等四十四县。　③蒙恬：秦大将，为始皇将兵伐匈奴，筑长城，公元前209年为秦二世所杀。

填赵塞常山以广河内[①]，弱楚权[②]，明汉王之信于天下[③]。作《张耳陈馀列传》第二十九[④]。

【注释】①填赵塞常山以广河内：楚汉相争于成皋，关中是刘邦的大后方，河内是关中的侧翼。为了巩固根本，刘邦封张耳为赵王，填守赵地，以常山为塞，张大河内形势。　②弱楚权：张耳本是项羽所封常山王。耳降汉，削弱了楚国的形势。　③明汉王之信于天下：张耳、陈馀两人均大梁人，为刎颈交。张耳为赵相，陈馀为赵将。后两人争权，张耳投刘邦，陈馀要求汉杀张耳为汉击楚，刘邦却封张耳为赵王，进兵击杀陈馀。“明信于天下”即指此。　④张耳陈余列传：司马迁以张耳、陈馀两个初友后仇的人合传，刻画了一对势利相交的典型。武臣、赵王歇、张耳子敖附见。

收西河、上党之兵①，从至彭城②；越之侵掠梁地以苦项羽③。作《魏豹彭越列传》第三十。

【注释】①上党：今山西省晋东南高原以长治盆地为中心的一带地方。 ②从至彭城：指魏豹。豹，六国魏室后裔，秦末据魏旧地称王。刘邦东出，他引兵为其部属。刘邦彭城战败，他又投项羽。公元前 205 年为淮阴侯韩信所虏，在荥阳保卫战中被汉将周苛所杀。 ③越侵梁地：彭越，昌邑人，字仲，秦末起兵据有梁地。楚汉相争，越助汉击楚，侵扰项羽后方，夺其粮饷，得封梁王，公元前 197 年被高祖所杀。

以淮南叛楚归汉，汉用得大司马殷①，卒破子羽于垓下②。作《黥布列传》第三十一③。

【注释】①大司马殷：九江王英布归汉，项羽用周殷为大司马守九江。公元前 201 年，英布诱召周殷，殷归汉。 ②垓下，聚落名，在今安徽灵璧县东南。 ③黥布：春秋时诸侯英国后裔，因受过黥刑，史称黥布。秦末，布随项梁起兵，常为项羽先锋将，得封九江王。公元前 204 年布归汉，为高祖诱降周殷，定九江地，围羽垓下，封淮南王。公元前 195 年布反汉被诛。

楚人迫我京索①，而信拔魏赵，定燕齐，使汉三分天下有其二，以灭项籍。作《淮阴侯列传》第三十二②。

【注释】①京索：京，春秋时郑邑，故城在今河南荥阳县东南。索，京邑境内的索亭，又称大索城或大栅城，即今荥阳县治。京索为军事要地，楚汉相争长期相持于此。 ②淮阴侯：即楚王韩信，佐刘邦灭楚的大将，自立为齐王。公元前 201 年汉定，徙信为楚王，又废为淮阴侯，软禁于长安。公元前 196 年谋反，被吕后所杀。

楚汉相距巩洛①，而韩信为填颍川②，卢绾绝籍粮饷③。作《韩信卢绾列传》第三十三。

【注释】①巩洛：巩县，洛阳。 ②韩信填颍川：此为韩王信，六国韩室后裔，秦末追随刘邦起兵。公元前 205 年，信攻略韩旧地，刘邦封他为韩王，镇守颍川。公元前 202 年信被徙王太原以北，都晋阳以备匈奴，前 200 年反汉，兵败投匈奴。颍（yǐng 影）川，郡名，韩国故地，当今河南中部、南部。 ③卢绾：丰人，与高祖同乡同日生，自幼交好，随刘邦起兵，公元前 202 年得封为燕王。前 195 年绾反汉投匈奴。

诸侯畔项王，唯齐连子羽城阳①，汉得以间遂入彭城。作《田儋列传》第三十四②。

【注释】①齐连子羽城阳：城阳，西周郕国，汉置城阳县，故治在今山东荷泽县东北六十里。公元前 206 年，齐田荣反楚，项羽与战城阳，汉王乘机东出直破彭城。连，牵制的意思。　②田儋列传：田儋，六国时齐王宗族后裔，秦末起兵自立为齐王，被秦将章邯所击杀。儋弟田荣、田横继起定有齐地，荣为齐王。故荣、横附儋传。

攻城野战，获功归服，哙、商有力焉，非独鞭策，又与之脱难①。作《樊郦列传》第三十五②。

【注释】①哙、商脱难三句：哙，舞阳侯樊哙；商，曲周侯郦商。哙，沛人，狗屠出身。商，陈留高阳人。哙、商随刘邦起兵，十分忠诚于汉王。公元前 206 年刘邦与项羽会鸿门，樊哙闯军门闹宴，保护刘邦脱险。　②樊郦列传：本传合樊哙、郦商、夏侯婴、灌婴四人为传，当为《樊郦滕灌列传》。夏侯婴，沛人，为沛厩司御，主管养马，随高祖起兵，封滕公，益封汝阴侯。灌婴，睢阳贩缯者，从高祖起兵，封颍阴侯。

汉既初定，文理未明，苍为主计①，整齐度量，序律历。作《张丞相列传》第三十六。

【注释】①苍为主计：苍，即张苍，阳武人，善律历，为秦御史，掌管图籍。因罪逃亡而随刘邦起兵。汉初定，萧何为丞相，刘邦特置计相之职安置张苍，助丞相整齐制度，定律历。文帝即位，前 176 年用为丞相。周昌、任敖、申屠嘉三人附见。

结言通使，约怀诸侯；诸侯咸亲，归汉为藩辅。作《郦生陆贾列传》第三十七①。

【注释】①郦生陆贾列传：郦生，郦商之兄郦食其。食其，古读“衣基”，今读如字。陆贾，楚人，以幕客身份从高祖定天下。郦生、陆贾两人都是儒生，善言谈，为高祖办外交。公元前 204 年，郦生使齐，说田广降汉。韩信偷袭齐国，郦生被齐烹杀。陆贾为高祖总结秦所以亡，汉所以兴的经验十二篇，号《新语》。公元前 196 年，陆贾使南越，说服尉佗附汉，返国后拜为太中大夫。本传平原君朱建及其子附见。

欲详知秦楚之事，维周緤常从高祖，平定诸侯。作《傅靳蒯成列传》第三十八[①]。

【注释】①傅靳蒯成：傅，阳陵侯傅宽；靳，信武侯靳歙（xì 隙）；蒯成，即蒯成侯周緤。三人为高祖近卫随从，常在左右，故合传。

徙强族，都关中，和约匈奴；明朝廷礼，次宗庙仪法。作《刘敬叔孙通列传》第三十九[①]。

【注释】①刘敬叔孙通列传：刘敬，齐人，本姓娄，高祖时陇西戍卒。他向高祖建言都关中、与匈奴结和亲、徙六国后裔及豪强于关中，一一为刘邦所采纳。赐姓刘，拜郎中，封关内侯。叔孙通，薛人，为秦博士，后从汉高祖。汉定，叔孙通为太常，制汉礼仪。刘敬、叔孙通两人佐高祖建国，发挥了重要作用，故二人合传。

能摧刚作柔，卒为列臣[①]；栾公不劫于势而倍死[②]。作《季布栾布列传》第四十[③]。

【注释】①摧刚作柔二句：指季布抑节刚强之气屈柔顺时，终为汉臣。季布，楚任侠，为项羽将。汉定天下，悬赏通缉他。他一扫侠客之气而为大侠朱家奴仆。朱家运动高祖太仆夏侯婴替季布关说得释，拜郎中，孝文时官至河东太守。　②栾公不倍死：栾公是对栾布的尊称。栾布为梁王彭越大夫。高祖杀彭越示众，栾布不顾杀头禁令哭祭彭越，高祖认为他是一个义士，拜为都尉。倍，“背”之借字。　③季布栾布列传：二人皆高祖之仇，一为敌将，一犯禁令，都有尽忠旧主的品节，故合传。曹丘生、季心、丁公三人附季布传后。丁公为臣不忠，在彭城之战中纵放汉王刘邦。汉定天下后，高祖斩丁公，与季布栾布适成鲜明对比。

敢犯颜色以达主义[①]，不顾其身，为国家树长画[②]。作《袁盎晁错列传》第四十一。

【注释】①犯颜色句：封建时代的忠臣，为了朝廷的长远利益而谏诤皇帝，不计个人安危，叫犯颜色，即冒犯皇上。这一句是指袁盎谏文帝。盎，楚人，字丝，文帝时为郎中。宦官赵同常与文帝共辇，袁盎当众谏文帝，赶赵同下车，维护了礼法的尊严。　②不顾其身二句：指晁错冒死为国家的长治久安出谋划策。错，颍川人，景帝即位用为御史大夫。当时诸侯王强大，为了扭转汉朝廷尾大不掉之势，晁错建言削割诸侯，加强中央集权。晁错父亲劝阻说，“刘氏安而晁氏危矣”。后吴楚七国果以诛错为名反汉，晁错被杀。

守法不失大理①，言古贤人，增主之明②，作《张释之冯唐列传》第四十二。

【注释】①守法句：指张释之为廷尉用法持平。张释之，字季，阳城人，为汉文帝廷尉。　②言古贤人二句：指冯唐论将。冯唐，赵人，为文帝中郎署长，论古赵将廉颇、李牧之贤，讽谏文帝赦云中太守魏尚复官。文帝迁冯唐为车骑都尉。

敦厚慈孝①，讷于言②，敏于行，务在鞠躬③，君子长者。作《万石张叔列传》第四十三④。

【注释】①敦厚：大厚。笃厚。　②讷于言：不善于言谈。讷：口笨。③务在鞠躬：注重礼节而能身体力行。　④万石张叔列传：万石，指石奋父子五人。石奋，赵人，年十五为高祖侍从小吏，虽不通经学，但以恭谨愚忠得升高官。至孝景时，石奋及其四子石建、石甲、石乙、石庆都为二千石，父子五人合万石，号万石君。石甲，石乙，史失其名而以序次代名。建陵侯卫绾，塞侯直不疑、郎中令周文，御史大夫张叔等四人与万石君合传。

守节切直，义足以言廉，行足以厉贤，任重权不可以非理挠。作《田叔列传》第四十四①。

【注释】①田叔列传：田叔，赵人，为汉中郡守十余年，孝文时官至鲁相，是一个刚直护法的廉吏。少子田仁附见。

扁鹊言医，为方者宗，守数精明①；后世循序，弗能易也，而仓公可谓近之矣。作《扁鹊仓公列传》第四十五②。

【注释】①守数：所守之数，即医数。　②扁鹊仓公列传：扁鹊，春秋时名医，仓公，西汉名医。二人合传，此为司马迁所首创的医学史传。

维仲之省，厥濞王吴，遭汉初定，以填抚江淮之间。作《吴王濞列传》第四十六①。

【注释】①吴王濞列传：吴王刘濞，高祖兄刘仲之子，王吴辖三郡五十三城。景帝三年（前154年），吴王濞纠合楚赵等七国反汉，兵败被杀，故降为列传。

吴楚为乱，宗属唯婴贤而喜士，士乡之，率师抗山东荥阳[①]。作《魏其武安列传》第四十七[②]。

【注释】①山东：这里指吴楚七国。 ②魏其武安侯列传：魏其侯窦婴，武安侯田蚡，两人都是外戚。本传以两外戚合传，用以反映武帝时统治阶级上层争权夺利的斗争。

智足以应近世之变，宽足用得人。作《韩长孺列传》第四十八[①]。

【注释】①韩长孺：韩安国的字。安国曾任梁王相及内史，因犯罪失官。安国贿赂太尉田蚡，得任北地都尉，升大司农。田蚡任丞相，安国为御史大夫。列传里说："安国为人多大略，智足以当世取合，而出于忠厚焉"。可见他是一个极圆滑的官吏。

勇于当敌，仁爱士卒，号令不烦，师徒乡之。作《李将军列传》第四十九[①]。

【注释】①李将军列传：李将军，名广，陇西成纪人，孝景时为陇西都尉，吴楚反汉为骁骑将军，因善战而显名。武帝即位，广历任陇西、北地、雁门、代郡、上郡太守，多次为大将军卫青部属出征匈奴，骁勇善战，匈奴畏之。元狩四年（前119年）大出击匈奴，广误道失期，自杀。其孙李陵附见。

自三代以来，匈奴常为中国患害；欲知强弱之时，设备征讨，作《匈奴列传》第五十[①]。

【注释】①匈奴：北方的游牧民族，从殷周以来，一向是侵扰中原的北方强敌。西汉时代，匈奴盛强，时常犯边。汉初用和亲之策，但不能约束匈奴。汉武帝即位后，以武力反击，从公元前133年至公元前119年经过多次主力决战，打败了匈奴，基本上解除了北方的边患。直到宣帝甘露三年（公元前51年），匈奴呼韩邪单于来朝，汉匈两族才结束了战争状态。《匈奴列传》记事讫征和三年。

直曲塞，广河南[①]，破祁连，通西国[②]，靡北胡[③]。作《卫将军骠骑列传》第五十一[④]。

【注释】①直曲塞，广河南：直，取直，打通。广，开拓。这两句是表彰卫青公元前127年将匈奴赶到阴山以北，把犬牙交错的国境打通取直，收复了河南地。河南，指河套地方，当今内蒙古自治区河曲南的鄂尔多斯地区。 ②破祁连，通西国：祁连，甘肃境内之天山，即河西走廊南山，为匈奴西部根据地。公元前121年霍去病出击祁连山，降浑邪王，取河西地，打通了通往西域的道路，自金城（即今兰州）以西至盐泽（今罗布淖尔），匈奴绝迹。西国，即西域各国。　③靡北胡：征服了匈奴。　④卫将军骠骑列传：卫将军，即卫青，六次出击匈奴，拜大将军，封长平侯。骠骑，即骠骑将军霍去病，是威震匈奴的名将，封冠军侯。公孙贺等十六人为卫青、霍去病部将，传附见。

大臣宗室以侈靡相高，唯弘用节衣食为百吏先。作《平津侯列传》第五十二①。

【注释】①平津侯：即公孙弘，菑川人，字季，习《春秋》，元光五年对策为贤良举首，元朔五年为丞相封平津侯。平津邑在今河北盐山县南。

汉既平中国，而佗能集杨越以保南藩①，纳贡职。作《南越列传》第五十三。

【注释】①佗保南藩：佗，赵佗，秦真定（今河北正定县）人，为龙川令。龙川在今广东博罗县境。秦末佗割据南海、桂林、象郡称南越王。武帝元鼎五年（前112年）灭南越置南海、苍梧、郁林、合浦、儋耳、珠崖、交趾、九真、日南九郡。集，安集。杨越，即岭南地，古属扬州，故称杨越。杨，扬之借字。

吴之叛逆，瓯人斩濞①，葆守封禺为臣②。作《东越列传》第五十四。

【注释】①瓯人斩濞：瓯人，聚居浙江境内的越人，建都东瓯，又称东越。吴王濞反汉，东越王暗中助吴王，持两端。吴王兵败走东瓯，东越王杀濞报汉。东瓯（ōu欧），今浙江永嘉县。　②葆守封禺：武帝建元三年（前138年），闽越攻东越，东越保守封山、禺山反抗，求救于汉。武帝救东越，并应东越内附的请求，迁移一部分东瓯人于江淮。

燕丹散乱辽间①，满收其亡民，厥聚海东，以集真藩，葆塞为外臣②。作《朝鲜列传》第五十五。

【注释】①燕丹散乱辽间：燕丹，即战国末年的燕太子丹。辽，即今辽河，古称辽水，又称句骊河。太子丹遣荆轲刺秦王未遂，秦攻燕，太子丹逃避辽水中，故又称太子河。秦灭燕，丹宾客散乱，亡入辽水中及朝鲜避难。　②满收其亡民四句：满，卫满，燕人，为燕王卢绾部将。绾反汉亡入匈奴，卫满率千余人入朝鲜，在王险建都为朝鲜王，与汉辽东太守约，保塞外为汉外臣。因此卫满得以打着汉家旗号安集真番等小邑。王险，即今朝鲜平壤市。真番，当今朝鲜开城一带。外臣，塞外之臣，即附属国。

唐蒙使略通夜郎①，而邛笮之君请为内臣受吏。作《西南夷列传》第五十六②。

【注释】①唐蒙通夜郎：唐蒙，武帝建元六年（前 135 年）带兵通西南夷的郎中将。夜郎，古国名，当今贵州西部北盘江一带。北盘江，又称牂牁江。　②西南夷：西夷、南夷之总名。西夷，当今川西南、云南；南夷，当今贵州。西南夷有几十个君长，以夜郎为最大。其次大国有贵州西部的且兰，云南滇池地区的滇，洱海地区的嶲、昆明，川西的邛、笮等。武帝元鼎六年，平西南夷，置牂牁、越嶲、沈黎、汶山、武都、犍为、零陵、益州八郡。

《子虚》之事，《大人》赋说，靡丽多诗①，然其指风谏②，归于无为。作《司马相如列传》第五十七③。

【注释】①靡丽多诗：《子虚赋》和《大人赋》，是司马相如的两篇代表作，辞采艳丽，虚构夸张。《子虚赋》托名子虚、乌有先生、无是公三人的应对，极意夸张诸侯、天子游猎之盛。子虚、乌有、无是，均虚构的意思。《大人赋》写仙人生活。　②风谏：讽喻诤谏。司马相如赋的特点是“劝百讽一”，只是在赋的末章点缀几句门面话。传中司马迁强调指出，读相如赋要“删取其要”，即“卒章归之于节俭，因以风谏”。　③司马相如：字长卿，蜀郡成都人，西汉大赋家。公元前 135 年，司马相如出使西南夷，作《谕巴蜀檄》、《难蜀父老》，主张通西南夷。因此，《司马相如传》与《西南夷列传》紧相接。

黥布叛逆，子长国之①，以填江淮之南，安剽楚庶民②。作《淮南衡山列传》第五十八③。

【注释】①子长国之：子长，高帝子刘长。黥布反汉被平定后，高祖以少子刘长为淮南王。文帝六年（前 174 年），淮南王谋反被废，徙蜀，于半道自杀，国除。　②安剽楚庶民：安集轻操竞勇的楚地众民。剽，轻疾勇猛。　③淮南衡山列传：文帝十六年（前 164 年），复封刘长三子为王，长子刘安为淮南王，次子刘勃为衡山王，少子刘赐为庐江王，三分淮南地。孝景时衡山王刘勃徙济北王，刘赐徙为衡山王。后刘安、刘赐均因谋反被诛，国除，故司马迁不为淮南、衡山立世家，而立“淮南衡山列传”，以示贬抑。

奉法循理之吏，不伐功矜能，百姓无称，亦无过行。作

《循吏列传》第五十九[①]。

【注释】①循吏列传：循吏，即称职守法、敦厚、不贪不暴之吏。传序说："奉职循理，亦可以为治，何必威严哉?"这是针对武帝时代的酷吏政治而发出的批评。故《循吏列传》排列在武帝之世与《儒林列传》、《酷吏列传》并列，而传中人物皆先秦人，共五人合传：（一）楚庄王令尹孙叔敖；（二）郑国相子产；（三）鲁国相公孙仪；（四）楚昭王相石奢；（五）晋文公理李离。

正衣冠立于朝廷，而群臣莫敢言浮说，长孺矜焉[①]；好荐人，称长者，壮有溉[②]。作《汲郑列传》第六十。

【注释】①长孺矜焉：长孺，汲黯的字。汲黯，濮阳人，学黄老之学，为东海太守，"治官理民，好清静"，卧闺阁内不出而东海大治。黯敢直谏，官至主爵都尉。后出为淮阳太守，死在任上。矜，自持，坚守刚正之气不曲挠。　②壮有溉：壮，当为"庄"字之残。庄是郑当时的字。溉，徐广曰，一作"概"，气概，气节。郑当时官至大司农，为官清正，好言人之善，称长者。

自孔子卒，京师莫崇庠序[①]，唯建元元狩之间，文辞粲如也[②]。作《儒林列传》第六十一[③]。

【注释】①庠序：上古乡里集会习学之所，这里指京师太学。　②文辞粲如：经学昌盛灿烂的样子。　③儒林列传：专载儒家学说发展的情况以及学术师承的一篇类传。

民倍本多巧，奸轨弄法，善人不能化，唯一切严削为能齐之[①]。作《酷吏列传》第六十二[②]。

【注释】①严削齐之：孔子说，导之以政，齐之以礼。这里却说善人不能化。只有用严酷的刑杀才能统一百姓。而传中却着重渲染酷吏的暴行。因此"严削齐之"是一句以褒为贬的话，是对武帝政治的一种讥评。　②酷吏列传：本传载十一个酷吏，除郅都外，有十人为汉武帝之吏。十一人有郅都、宁成、周阳由、赵禹、张汤、义纵、王温舒、尹齐、杨仆、减宣、杜周。酷吏杀人愈多，武帝愈以为能，寓有深刻的讽刺。

汉既通使大夏[①]，而西极远蛮，引领内乡[②]，欲观中国，作《大宛列传》第六十三[③]。

【注释】①大夏：葱岭之西阿姆河南岸的西域国家。汉武帝时，张骞两次出使西域，在乌孙分遣副使到达大夏等国。　②引领内乡：领，脖子。乡，同

"向"。这句是说西域各国极愿意和中国交通。　③大宛列传：大宛，当今中亚的乌兹别克斯坦共和国境，是当时西域的强国。《大宛列传》总叙西域各国的风土、人情、物产及社会生活礼俗，实为《西域列传》。汉代称玉门关、阳关以西叫西域，与汉朝通关系的有三十六国。公元前 104 年，汉武帝求大宛汗血马而派贰师将军李广利远征，经过三年多的激战，大宛降汉，西域各国才争相朝汉，斩除了匈奴的右臂，所以标题《大宛列传》。乌孙、康居、奄蔡、大月氏、安息、条支、大夏等葱岭以西列国附见。

救人于厄[①]，振人不赡[②]，仁者有乎；不既信[③]，不倍言[④]，义者有取焉。作《游侠列传》第六十四[⑤]。

【注释】①厄：患难。　②赡（shàn 善）：丰足。　③不既信：不失信。既，通"已"，失也。　④倍：通"背"。　⑤游侠列传：汉代游侠是继承先秦刺客传统以打抱不平和报恩酬知己为己任的一类人。司马迁颂游侠有严格的界限。横行乡里的豪暴之徒，为王侯公子效命的刺客与布衣之侠不是同一类人。所谓布衣之侠，如朱家、田仲、王公、剧孟、郭解等，不失信，不背言，勇于扶危济困，而且私义廉洁退让，司马迁认为是应该称赞的，所以作《游侠列传》。

夫事人君能说主耳目[①]，和主颜色，而获亲近，非独色爱，能亦各有所长。作《佞幸列传》第六十五[②]。

【注释】①说：读"悦"。　②佞幸列传：巧言令色叫佞，得到皇帝宠爱叫幸。佞幸，即弄臣。弄臣日与皇帝嬉游，对政治有很大的影响。弄臣亦有贤者，故司马迁为这类人写了类传。

不流世俗，不争势利，上下无所疑滞，人莫之害，以道之用。作《滑稽列传》第六十六[①]。

【注释】①滑稽列传：滑稽（gǔ jì 骨计），有如舞台上的小丑，其说话和动作都能引人发笑，而于笑声中劝善惩恶。《滑稽列传》写了淳于髡、优孟、优旃三人，他们的共同特点是善于随机应变，会说反话讽谏。

齐、楚、秦、赵为日者[①]，各有俗所用。欲循观其大旨，作《日者列传》第六十七。

【注释】①日者，占候时日的人，又为占卜家之通称。

三王不同龟，四夷各异卜，然各以决吉凶。略窥其要，作

《龟策列传》第六十八[①]。

【注释】①龟策列传：专载蓍草、灵龟作占卜的传，实质是一篇借题发挥的论传。

布衣匹夫之人，不害于政，不妨百姓，取与以时而息财富，智者有采焉。作《货殖列传》第六十九[①]。

【注释】①货殖列传：货，财货；殖，增殖。将本求利就叫货殖。因此《货殖列传》是记载商人、手工业者的类传。

维我汉继五帝末流，接三代绝业[①]。周道废，秦拨去古文[②]，焚灭《诗》、《书》，故明堂石室金匮玉版图籍散乱。于是汉兴，萧何次律令[③]，韩信申军法，张苍为章程[④]，叔孙通定礼仪，则文学彬彬稍进，《诗》、《书》往往间出矣。自曹参荐盖公言黄老[⑤]，而贾生、晁错明申、商，公孙弘以儒显，百年之间，天下遗文古事靡不毕集太史公。太史公仍父子相续纂其职。曰："於戏！余维先人尝掌斯事，显于唐虞，至于周，复典之，故司马氏世主天官。至于余乎，钦念哉！钦念哉！"网罗天下放失旧闻，王迹所兴，原始察终，见盛观衰[⑥]。论考之行事，略推三代[⑦]，录秦汉，上记轩辕[⑧]，下至于兹，著十二本纪[⑨]，既科条之矣。并时异世[⑩]，年差不明，作十表[⑪]。礼乐损益[⑫]，律历改易[⑬]，兵权山川鬼神[⑭]，天人之际[⑮]，承敝通变[⑯]，作八书[⑰]。二十八宿环北辰，三十辐共一毂，运行无穷，辅拂股肱之臣配焉，忠信行道，以奉主上，作三十世家[⑱]。扶义俶傥[⑲]，不令己失时，立功名于天下，作七十列传[⑳]。凡百三十篇，五十二万六千五百字，为《太史公书》。序略[㉑]，以拾遗补艺[㉒]，成一家之言，厥协《六经》异传，整齐百家杂语[㉓]，藏之名山[㉔]，副在京师[㉕]，俟后世圣人君子[㉖]。第七十[㉗]。

太史公曰[㉘]：余述历黄帝以来至太初而讫[㉙]，百三十篇。

【注释】①汉继五帝末流二句：末流，遗流。绝业，原作统业，据《汉书·司马迁传》校改。绝业与末流，互文见义。这两句是说，汉朝兴起，使快要断绝的五帝三代的文化传统得以复兴。因秦灭《诗》、《书》，中断了五帝三代的文化发展。　②秦拨去古文：古文，即籀书，又称大篆，是先秦文字。秦始皇统一文字，废去古文，改行小篆。李斯作《仓颉篇》，赵高作《爰历篇》，胡毋敬作《博学篇》，就是推行文字改革的蒙童课本。　③次律令：制定法令。次，编次，引申为制定。下文的"申军法"、"为章程"、"定礼仪"，其中动词都是制定的意思。　④章程：章，章法，指历法。古代历法分章。程，程式，量度，指权衡丈尺斛斗等度量衡制度。　⑤盖公：齐胶西人，精通黄老之学。曹参为齐相，拜盖公为师。后来参为丞相，大力推行无为政治。　⑥原始察终，见盛观衰：原始察终，研究历史要考察事件的原委。见盛观衰，总结盛衰变迁的经验。⑦略推三代：大略地勾勒了三代的发展线索。　⑧轩辕：古地名，黄帝居此，因以为号。　⑨本纪：帝王事迹称《本纪》，有两层意思：第一层，从组织材料的体例上说，《本纪》编年，为全书之纲；第二层，从思想上说，"帝王称纪，言为后代纲纪也"。　⑩并时异世：指诸侯列国历史，同一时代，有不同的国家。　⑪十表：表，表明之意。《十表》分世表、年表、月表三种形式，略古详今，勾勒历史发展的阶段，记载历史大事和王侯将相世系，将错综复杂的内容有条理地纳入一尺幅之中，使人一目了然。　⑫礼乐损益：记载礼仪、乐律的增减变化，即作《礼书》、《乐书》。　⑬律历改易：指作《律历书》。今本分作《律书》、《历书》以补《兵书》之缺。　⑭兵权山川鬼神：指作《兵书》、《河渠书》、《封禅书》。　⑮天人之际：探讨天和人的关系，指作《天官书》。　⑯承敝通变：指作《平准书》记载货币及经济的演变。　⑰八书：书为五经百家语的总名，所以古代的档案汇编称《尚书》。《史记》八书概括地叙述了从古至今的社会经济、文化、礼法制度等各个方面的知识。所以司马贞说："八书，记国家大体。"　⑱世家：用写本纪的编年体例写诸侯历史，谱列世系，称世家。⑲扶义俶傥：指立大节有作为的人臣。俶傥（tì tǎng 惕倘）：卓越，杰出。　⑳列传：传，转也，即流转传世的意思。故先秦凡记事立论和解经的书都称"传"。司马迁认为有功于天下的历史人物，他们的言行可以传世，所以称人物为传。列传，众传。《史记》七十列传分三类，专传，一人一传；合传，两人以上并传；类传，以事类名传。此外，那些未列标题的附见人物，称附传。　㉑序略：指《太史公自序》对全书内容作了概括。　㉒拾遗补艺：艺，指《六艺》。拾取遗文以补六经之义。　㉓厥协《六经》异传，整齐百家杂语：协，合也，与整齐同义。司马迁认为，《六经》及百家之言皆为历史，《史记》综合整齐《六经》及百家之言自成一家。　㉔藏之名山：《史记索隐》引《穆天子传》郭璞注云："古帝王藏策之府，则此为藏之名山是也。"《汉书·司马迁传》颜师古注则说："藏于山者，备亡失也。"按：郭璞说是也。藏之名山，指收藏于国家府库。　㉕副在京师：副本留在京师，即抄一副本在家中。宣帝时为杨恽所宣布。　㉖俟后世圣人君子：即留待后世贤明的人来评论。　㉗第七十：指《太史公自序》为列传的第七十篇。　㉘太史公曰：这节文字是《太史公自序》之评赞，总括《太史公书》的最后断限和总的篇数。　㉙至太初而讫：司马迁第一次扩展《史记》下限至太初元年，但在实际创作中再次扩展至太初四年，故太初以后封侯不列入年表，太初以后显赫人物不予立传。重大事件如巫蛊案、李陵案则事尽武帝之末。不过太初后记事只是为了“综其终始”的简略附记，与作为时代断限的太初并不矛盾。

太史公自序〔译文·简论〕

【说明】七千八百一十二字的《太史公自序》，其中记叙司马氏世系及司马迁传略的部分只有四百四十字，约占全文的百分之五点六。《自序》主要篇幅是对《史记》一书的自注和提要，但却计数在一百三十篇内，并作为人物传记编列为列传第七十。这是怎么一回事呢？原来司马迁序列人物，记言与记行并重，而对于社会无多大影响的秩禄并不重视。例如《司马相如列传》全文九千一百一十一字，直接记事的传记部分不足一千字，而引载的司马相如赋及文章共有八篇，达七千二百五十七字。所以《太史公自序》全文引载了《论六家要指》，摘载了《史记》一百三十篇之目，这都是司马氏父子之言。班固作《司马迁传》，亦本此精神，所以传中又引载了《报任安书》，亦详载了《史记》序目。因为司马迁对于历史的重大贡献，就是他留下了成一家之言的《史记》。故《太史公自序》这一学术论著，即是太史公书之序传，也就是作者自述的思想体系。译文分段加了七个标题来概括《太史公自序》的主要内容，条理司马迁的思想。

（一）司马迁的家世

【译文】远古的颛顼，任命重为南正，掌管天文；任命黎为北正，掌管农政。尧舜之时，任命重、黎的后代继续掌管这两个职务，直到夏、商，所以重黎氏世世代代职掌天文、农政。到了周代，封于程为伯爵的休甫这个人就是他们的后代。周宣王时，重黎氏失去了原来的职守做了管军事的司马，于是姓司马氏。后来司马氏又一代一代职掌周史。周惠王、周襄王时，司马氏离开周王室到了晋国。当晋国内乱，大夫随会逃往秦国避难之时，司马氏也逃往秦国的少梁。

自从司马氏离周到晋后，家族分散，有的在卫，有的在赵，有的在秦。在卫地的一支，有个司马喜，做了中山国的相。在赵国的一支，有个司马凯因传授剑术而扬名，战国后期那著名的司马蒯聩就是他的后代。在秦国的一支，有个司马错与秦惠王相张仪争论伐蜀，于是被秦惠王委为伐蜀大将，攻下蜀国后做了那里的留守。司马错的孙子司马靳，做了武安君白起的部将。少梁早已改名夏阳。司马靳和武安君在公元前 260 年打败赵长平军，坑杀了降卒四十余万人。班师后，靳和白起同时在杜邮被赐死。靳埋葬在夏阳西南的华池。靳的孙子叫司马昌，做了秦朝的铁官。秦始皇死后，司马蒯聩的玄孙司马卬做了武信君武臣的部将，攻取了朝歌一带地方。项羽封诸侯为王，司马卬被封为殷王。汉王刘邦伐楚，司马卬投靠汉王，把他的封地改为河内郡。司马昌生司马无泽，他做了汉长安交易市长。无泽生司马喜，爵为五大夫。昌、无泽、喜三代都埋葬在华池西面的高门原。司马喜生司马谈，谈做了太史公。

【简论】司马迁追叙远祖至唐虞之际的重黎氏。颛顼之世，重为南正司天，黎为北正司地。《左传》、《国语》、《山海经》等书都有关于重、黎司典天地的传说。重为少昊之后，黎为颛顼之后，本是两个人。到了唐虞时代，黎之后兼管天地，号重黎氏，周代的程伯休甫就是重黎氏的后代，为司马，于是姓司马氏。所以《正义》引《司马彪序》云："南正黎，后世为司马氏。"也就是说司马氏为帝颛顼高阳氏之后。屈原《离骚》自述其祖先也说："帝高阳之苗裔兮，朕皇考曰伯庸。"《史记·楚世家》也记载了楚为颛顼之后。颛顼，黄帝之孙，是继黄帝统治天下的上古五帝之一。追叙祖先出颛顼之后，是一个光荣的家谱。至于这一传说是否为可靠的信史，则是无须考实的，也是不可能考实的。

司马氏世典周史，因惠襄之间，王室内乱，司马氏分散到三晋、卫、中山、秦。在秦国的一支，秦惠王时出了一个司马错，为秦伐蜀并留守在那里。其后代转化为官僚地主世家，建功立名。到了汉代，武帝时司马谈为太史令，重新职掌天文地理，继承了祖先世守的事业。

在古代，卜史巫祝是天子的侍从。许慎《说文》云："史，记事者也。从又，持中。中，正也。""史"字的构造就是象征手持中正之德以记事的人。手所持应为具体事物，而中正之德是抽象的事物，为心之所有而非手之所持。后世学者产生了怀疑。江永撰《周礼疑义举要》，解释中为官府簿书，史象征手持簿书。吴大澂《说文古籀补》则谓"史象手执简形。"章太炎、范文澜申证此说，两人均谓中为简策之省形。因此，范文澜在《正史考略》绪言中说："'史'则仅从一'又'，示执简侍君，记言记动之义，盖'册'与'中'二形以繁省见义，非别有一物象中也。"近世学者虽然通过地下文物考证，纠正了许慎释字构造的错误，但是不能否定许慎所记录的古人观念。"中，正也"，这是对史官的要求。也就是说，记事的史官是公正无私的。司马谈以祖先世世代代为史官而自豪，他以这一"光荣家谱"教导司马迁，希望他发扬祖德，确立修史壮志。司马迁慎重其事地记载了祖先世为史官的传说，也就意味着对他们父子来说修撰一部贯通古今的通史是义不容辞的历史使命。

（二）司马氏论六家要指

【译文】太史公向唐都学习天文，向杨何学习《易》理，向黄子学习道家理论。从建元到元封之间，司马谈做了三十年的太史令。他痛心讲学的人都不懂得深微的意义，各守师承而囿于见闻，于是著《论六家要指》，总结六家学说如下：

《易大传》说："治理天下这样一个道理，可以有各种方案；走向一个目的地，可以有不同的道路。"阴阳、儒、墨、名、法、道德，这六家学说都致力于治天下，只是所主张的原则却不同，互相有长有短。我曾经考察过阴阳家的学说，太重视吉凶的预兆，禁忌繁多，束缚人的思想，什么也怕动。然而它所推定的四时顺序，是不可丢掉的。儒家务求广博而不得要领，费力不少而成绩很小，因此儒家学说难于信从。然而它所序定的君臣、父子的礼节，夫妇、长幼的分别，是不可以改变的。墨家倡导的节俭叫人难以遵行，因此墨家的主张，是不可以一一施行的。然而它所强调的务本和节用，是不可以丢弃的。法家的主张太严厉苛刻，缺乏恩情。然而它所整齐的君臣上下的名分，是不可以改动的。名家过于纠缠概念，反而常常失掉了真理。然而它阐明名和实的关系，是不可以不加研究的。道家使人精神专一，主张适应自然来满足万物的要求。它的精义和方法是：依据阴阳家所推行的四时顺序掌握天时运行，采取儒、墨两家的长处，吸收名家和法家的精华，随着时间来转移，顺着事物而变化，这样来立定常规和处理事务，绝对没有不相宜的地方。并且宗旨简单，容易掌握，做得少而收获多。儒家就不是这样。他们认为君主是天下的仪表，应该在上面倡导，臣子只能在下面附和，事事都要君主走在前边，臣子只能跟随在后边。像这样，君主就很辛苦，臣子却很安逸。至于伟大的道家精髓，就是丢掉个人的刚强和欲望，抑制自以为是的智慧和聪明，不逞才恃能而顺其自然。殊不知精神用得太多就要枯竭，身体过分劳苦就要损坏。精神和形体都不安定，要想和天地一样长久，没有听说有这样的事。

阴阳家对于春夏秋冬四季、八卦方位、十二度星次、二十四节气，都规定了禁忌，说什么“顺之者昌，逆之者亡”，不一定是这样。所以说阴阳家“使人的思想受到束缚，什么也怕动”。至于春天生育，夏天滋长，秋天收获，冬天收藏，这是自然的常规，不遵循它就没有别的东西可以作为自然法则。所以说“它所推定的四时顺序，是不可丢掉的。”

儒家把《易》、《礼》、《书》、《诗》、《乐》、《春秋》这六艺作为经典，它的经文、传文累千累万，积累一辈子也精通不了那些学问，耗费青春也弄不懂那些繁琐礼节。所以说“儒家务求广博而不得要领，费力不少而成绩很小。”至于序定君臣、父子的礼节，夫妇、长幼的分别，即使是百家都不能改变的。

墨家也尊崇尧舜，称颂他们的德行说：“正堂房基三尺高，土筑台阶才三级，茅草房顶不修剪，柞木屋椽不雕饰。盛饭用陶簋，盛汤用瓦盆。粗粮做饭、豆叶熬汤。夏天穿葛衣，冬天披鹿皮。”墨家送葬，用桐木棺材只三寸厚，哭得也不悲哀。主张举行这样的丧礼，一定要用它来作为万民的榜样。假使全天下都效法这样做，那么尊卑就没有差别了。不同的风俗习惯随着时代在转移，事业也就必然不同。所以说“墨家倡导的节俭叫人难以遵行”。但它的要点是强调务本和节用，这是引导家家户户走向富足的办法，这是墨家的长处，即使是百家都不能丢弃的。

法家不别亲疏关系，不分地位尊卑，都一概用法来约束，这就把爱亲、尊长的恩情断绝了。它可以作为非常时期的临时措施，但决不可以长期实行。所以说“法家的主张太严厉苛刻，缺之恩情”。至于主张尊重君权，压抑臣下，明确职分的界限不得互相逾越，即使是百家都不能更改的。

名家过于在概念上纠缠不休，使人不能融会贯通掌握真理，专注于名词概念的推理，反而失去了容易理解的常情。所以说“名家过于纠缠概念，反而常常失掉了真理。”至于循名贵实，参错交互综合考察事物的本质，不迷失方向，这一点也是不可以不加研究的。

道家学说是无为又无不为，其实很容易实行，不过表达的言辞却难以理解。它的精神是以虚无的道为本体，遵循自然为功用，没有一成不变的发展动向，没有固定的形体格式，所以能够适应万物的规律。自己不走在事物的前边，也不落在事物的后边，所以能够做万物的主宰。法则的有无，顺应时势来确定；度数的有无，迎合外物起变化。古书上说：“圣人永垂不朽，因他顺时而行。虚无是道的核心，因循是君主的纲领。”把群臣召集起来，务必使人人明白。行为与言论相符叫做真实，行为与言论不符叫做虚假。虚假的话不听，奸伪就不发生。好人与坏人自然区分，黑白也就分明。问题在于如何运用罢了，任何事情都是能够成功的。与大道符合的，看起来混混沌沌，而光明却照耀天下，回返到无名的境界。人所赖以生存的是精神，精神所依托的是身体。精神用得太多就要枯竭，身体过分劳苦就要损坏，精神和形体分离，人就死亡。死了的不能再生，分离的不能再合，所以圣人特别重视。由此可见，精神是生存的根本，形体是生存的体现。如果不首先稳定自己的神形，却说“我有办法治理天下”，那有什么根据呢？

【简论】《论六家要指》是一篇杰出的历史哲学论文，它反映了汉初黄老哲学占统治地位的情况。司马谈主张用“道家”的精神统一思想，认为无为政治是长治久安的法宝。

秦汉时期，封建政治归于一统，要求文化思想与它相适应。所以综合百家之说，建立统一的新思想体系是时代提出的要求。秦始皇相吕不韦集门客撰述《吕氏春秋》做的就是这种统一工作。董仲舒治《公羊春秋》，倡独尊儒术，得到了汉武帝的支持，原因亦在于此。司马迁成“一家之言”，也是应运而生。

司马谈仕于建元、元封之间。他发凡起例的述史计划是上起陶唐，下迄获麟。获麟即元狩元年。这一断限计划说明司马谈着手述史是在元狩年间。他的《论六家要指》，就是述史的宗旨和宣言，当作于元狩之初。当时，汉武帝“罢黜百家，独尊儒术”的思想体制已经确立。儒生公孙弘以布衣为丞相，封平津侯，在社会上也产生了很大的冲击波，竟致于“靡然向风矣”。尊儒崇儒，从上到下成了一边倒。汉武帝外伐四夷，内兴功作，文景时代的无为政治为汉武帝的多欲政治所代替。全国的宁静生活被打破了，而且翻江倒海似地沸腾起来。司马谈预感到“物盛而衰，固其变也”，他为了矫弊，也为了及时地提出警告，所以写了《论六家要指》。

《论六家要指》总括百家学说为六家：阴阳、儒、墨、名、法、道。司马谈在评论中全面肯定道家使人精神专一，与时迁移，应物变化，遵循自然，随俗办事，无所不宜。道家言“无为”又言“无不为”，吸收各家的长处，以“虚无”为本，以“因循”为用，“指约而易操，事少而功多”。其他五家各有长短。阴阳家言吉凶禨祥，“未必然也”；但言春夏秋冬四时之大顺，“不可失也”。儒家以六艺为教条，繁文缛节，“博而寡要，劳而少功”；但言君臣父子之礼，序夫妇长幼之别，“虽百家弗能易也”。墨家言俭朴，过分吝啬，尊卑无别，“俭而难遵”；但言强本节用，人给家足之道，“虽百家弗能废也”。法家不别亲疏贵贱，一断于法，“严而少恩”；但言尊主卑臣，职责分明，“虽百家弗能改也”。司马谈的这些评论，把独尊的“儒术”与罢黜的“百家”等列，论长道短，又独尊了道家，简直是离经叛道，受到了班彪、班固父子的批评，也引起了后世学者的纷纭争论。有的人认为司马迁尊奉黄老学说，以班氏父子之言为经典：“其论术学，则崇黄老而薄《五经》。”反之，有的论者辟班正名，论证司马迁是尊儒的。或为折衷，说司马谈、司马迁父子思想异趣，父子分途，司马谈尊黄老，司马迁崇儒，《论六家要指》乃司马谈之作，与司马迁无涉。这些论点，按诸《史记》，各自都能找到立说的论据，但都不符合司马迁父子之言。

《论六家要指》是司马氏父子两人的共同宣言。首先，《论六家要指》发表之时，司马迁已壮游归来，成为司马谈述史的得力助手，日渐成熟。再看《论六家要指》内容，全文分前后两个部分。前半篇概述各家学说的要点，当是司马迁对父谈手稿的精言摘要；下半篇是用传体对前半篇所提论点加以解说，应是司马迁的发挥和阐释。因此班氏父子直接把《论六家要指》当作司马迁之言加以评论。所以本节标题"司马氏论六家要旨"，而不作"司马谈论六家要旨"，用意在此。不错，谈、迁父子两人思想存在着差异，这当是《史记》内容呈现矛盾性的原因之一。马司谈偏重于崇道，司马迁偏重于尊儒，表现了两个时代人的思想异趣。但是这种差异，并不是两种思想体系的对立，而是"一家之言"的发展，从偏重道家的色彩转向偏重儒家。《史记》效《春秋》而作是司马谈定下的义例。司马迁拜孔安国和董仲舒两个儒学大师为师也是司马谈指导的。可见司马谈并非不尊儒。司马迁评论老子的学说是"无为自化，清静自正"；评孟子的学说是"迂阔"；评司马相如的思想是"归于无为"；讥刺公孙弘而褒扬汲黯、郑庄，这些都和《论六家要指》的精神相合。这说明作《孔子世家》的司马迁并非不崇道。其实《论六家要指》所论的"道"，"其为术也，因阴阳之大顺，采儒墨之善，撮名法之要"，这样的"道"，尚贤、尚法、尚刑名，不非毁礼义，不排斥儒学，既非先秦老庄，亦非汉初黄老。《论六家要指》开宗明义，"夫阴阳、儒、墨、名、法、道德、此务为治者也"。可见，司马谈是以赞"道"为名，论"治"为实，融会贯通百家学说以自成其"一家之言"的。在儒道互绌的激烈斗争时代，司马谈的立场表现出一个先进思想家的博大胸怀。司马迁继承了这一家学传统，提出"六艺于治一也"的论点，"厥协《六经》异传，整齐百家杂语"，完成了包容百家和百科知识的《史记》，毫无疑义是得益于司马谈的方略教导的。至于《论六家要指》将儒道两家对比评论，实质是将汉初政治与武帝时期政治对比评论，认为无为政治比多欲政治好。这对于司马迁最后定稿《史记》是有很大影响的。

在哲学上，《论六家要指》集中地反映了司马谈的朴素唯物主义思想，特别表现在对阴阳家的评论上。阴阳家的众多忌讳只不过是束缚人们思想的糟粕，是不可取的。但阴阳家所讲的四时之大顺，乃是自然规律，并不是神秘的东西。司马谈又认为神形离则死，反映了他的无神论思想。但是司马谈并没有把唯物主义坚持到底。他认为神、形是两个东西，神是根本，形是器具，这是二元论的观点。司马迁发展了二元论的观点，他的历史观基本是二元论。例如司马迁究天人之际，却又对占星术的荒诞迷信表示怀疑；司马迁认为"天"能支配人事，但又对"天道无亲"提出了质疑；司马迁认为历史是英雄创造的，但又承认人心向背起最后的决定作用；司马迁认为历史是循环的，却又认为求利的欲望是历史发展的动力。由此可见，《论六家要指》的二元论对司马迁历史观的形成，也产生了重大的影响。

司马谈学识渊博。他学天官于唐都，受《易》于杨何，习道论于黄子。故司马谈《论六家要指》言约义丰，能够准确地把握各家学说的要领，提出自己的独到见解。司马迁受父薰陶，学识博大思精，议论宏阔，驰骋古今，他之所以能自成一家之言，家学渊源的育养是一个重要条件。

（三）司马迁二十壮游

【译文】太史公职掌天文，不管民事。他的儿子叫司马迁。

司马迁出生在龙门，童年在龙门山南麓的家乡度过。司马迁十岁时就能识读古文，二十岁壮游江淮。上会稽探访禹穴，到九疑山考察舜的遗迹。浮游沅水、湘水，寻踪屈原漫游的路径。北上汶、泗，到临淄、曲阜去研习学问，观察孔子教化的遗风流俗，还到邹县、峄山去学习乡射礼节。在游历鄱、薛、彭城的时候，一度遭到危困，然后取道沛县，经过砀、睢阳到达大梁，由那里回到长安。于是做了郎中官。元鼎六年奉使监军，西征巴、蜀以南，平定了邛、笮、昆明。元封元年，回到长安报告使命。

【简论】司马迁自幼刻苦学习，十岁时就能诵读古文。幼年的司马迁住在家乡龙门之阳。龙门山两岸壁立，激流怒涛奔腾其间，岩鸣谷应，气势雄伟，这一大自然的壮丽景色、磅礴气势，培养了他热爱祖国河山的感情。汉武帝元朔三年（前126年），在司马迁二十岁的盛壮之年，他胸怀凌云之志，进行了一次漫游全国的学术旅行。司马迁壮游是走出书斋、面向社会做调查，“网罗天下放失旧闻”，了解和搜求古代和近现代的历史传说故事及各种史料。此行是在司马谈的决定和指导下进行的，也是父亲对儿子的一场考验。司马迁圆满地完成了这次学术旅行，求得了许多闻所未闻的知识，他在《史记》许多篇章的论赞中一再论及旅游的收获。这次壮游标志着司马迁已经成长为一个成熟的青年史学家，是父亲的好帮手了。

司马迁壮游的范围重点在南方，故自述为“二十而南游江、淮”。司马迁从京师长安出发东南行，出武关至宛。南下襄樊到江陵。渡江，溯沅水至湘西，然后折向东南到九疑。窥九疑后北上长沙，到汨罗屈原沉渊处凭吊，越洞庭，出长江，顺流东下。登庐山，观禹疏九江，辗转到钱塘。上会稽，探禹穴。还吴，游观春申君宫室。上姑苏，望五湖。之后，北上渡江，过淮阴，至临淄、曲阜，考察了齐鲁地区的文化，观察了孔子留下的遗风。然后沿着秦汉之际叱咤风云的历史人物的故乡，楚汉相争的战场，经彭城，历沛、丰、砀、睢阳至梁（今开封），回到长安。

这次壮游是司马迁一生中的一件大事，他不满足于“天下遗文古事，靡不毕集太史公”的书本知识，有目的、有计划地到全国各地去作实地考查，去接触伟大祖国壮丽的河山和勤劳的人民。司马迁“浮于沅、湘”，追寻屈原的足迹，思考古往今来的历史变迁，想着屈原的为人，禁不住悲伤流涕。司马迁在长沙还凭吊了贾谊的遗迹，感到他的遭遇和屈原有些相似，后来写了《屈原贾生列传》，创造了把不同时代人物合传的形式，这是历史比较法的雏形。《史记》中的类传则是历史比较法的集中表现。这种方法使《史记》别开生面，大约就是司马迁在壮游过程中受到民间传说的启发而孕育成的。司马迁“上会稽，探禹穴，窥九疑”，搜集了关于五帝三代的古史传说，为他后来写《五帝本纪》和《夏本纪》作了准备。最值得称赞的是，司马迁在淮北对近现代史作了深入细致的寻访调查，比如陈涉少时为人庸耕即有鸿鹄之志的慨叹，樊哙屠狗，曹参为狱掾，萧何为主吏，张良亡下邳，陈平为社宰，周勃织薄曲，韩信贫居葬母高敞地，刘邦好酒色等等，都是书本上没有的知识。两千年前的司马迁具有这样的实践精神，真是难能可贵。

司马迁的游历考察，兼有历史家和文学家的兴趣。对于历史事件，大至秦始皇的破魏战争，小至战国时的一个城门名字，他都要力求掌握第一手资料。除历史事件外，对于有关人物遗事，生动的民间歌谣俚语，他也都广泛地作了记载。至于山川地理，古今战场更是了如胸中。顾炎武评论说：“秦楚之际，兵所出入之途，曲折变化，唯太史公序之如指掌。山川郡国不易明，故曰东曰西曰南曰北，一言之下，而形势了然。盖自古史书兵事地形之详，未有过此者。太史公胸中固有一天下之势，非后代书生之所能讥也。”这是司马迁在史事方面所得到的游历之助。苏辙云：“太史公行天下，周览四海名山大川，与燕赵间豪俊交游，故其文疏荡，颇有奇气。岂尝执笔学为如此之文哉？其气充乎其中而溢乎其貌，动乎其言，见乎其文，而不自知也。”这是司马迁在文章辞采风格方面所得到的游历之助。总之，司马迁二十壮游，带着问题去按查山川，接触社会，实地考察古今历史，这种考信精神，在两千多年前是难能可贵的，在今天也是值得我们学习的。此外，司马迁还有奉使巴、蜀以南之游，以及几十年的扈从之游。司马迁的这些游历，不仅使他获得了广博的社会知识，搜求了遗文古事；而且使他开阔了视野，扩展了胸怀，增长了他的见识和才干。这是《史记》成功的条件之一。司马迁详今略古的述史原则，幽明深微的历史见解，生动翔实的文章辞彩，褒贬人物的鲜明感情，都与司马迁的游历，特别是二十壮游有着密切的联系。毫不夸张地说，二十壮游是司马迁青年时代所谱史诗中最壮丽的一章。

（四）司马迁受父遗命

【译文】就在司马迁回到长安报告使命的这一年，汉武帝东巡泰山举行封禅。太史公留滞洛阳未能参与泰山封禅，所以十分愤懑，眼看就要死了。这时，他的儿子司马迁正奉使回来，在洛阳会见了父亲。太史公拉着他的手，伤心地流着眼泪说："我们的祖先是周王室的太史。在上古的虞、夏时代曾经有过显赫的功名，职掌天官。后来衰落了，难道断送在我这里吗？你一定要再做太史，这就可以继续我们祖祖辈辈的事业了。当今皇帝，承接千秋万代的大业，到泰山封禅，我不得随从，是命里注定的啊！是命里注定的啊！我死了，你一定要做太史，做了太史，千万不要忘记我想要论著的事业啊！况且孝道是从侍奉父母开始到侍奉皇帝，最终是本身扬名后世，光耀父母，这才达到孝道的最高点。天下称颂周公，就是说他能够歌颂文王、武王的功德，发扬光大使风教大行于天下，追述太王、王季的思想直到公刘，上尊始祖后稷。周厉王、周幽王时王道衰落了，礼乐损坏了，孔子整理旧时文献，编纂了《诗》、《书》，写作了《春秋》，直到今天还是学者们遵守的准则。自鲁哀公获麟以来，有四百多年了，由于诸侯兼并，各国的史书没有传下来。当今汉朝建立以来，全国统一，圣明皇帝、忠贤臣子、赴义死难君子的事迹，我当太史的没有记载下来，断绝了历史文献，我非常恐惧，你好好记着这件事情啊！"司马迁低着头，流着眼泪诚恳地说："小子虽然不聪明，一定把父亲编纂历史的计划全部完成，不敢有丝毫遗漏。"

司马谈死后的第三年，司马迁做了太史令，阅读和采摭石室金匮收藏的图书档案。又过了五年，太初元年，十一月甲子初一凌晨冬至，这一天宣布了新历，在明堂举行了庆典，这就是太初历。山川鬼神的祭仪活动，新历中作了明确的规定。这时候，司马迁回顾了父亲的遗命，说："父亲说过：'自从周公卒后，隔了五百年生了孔子。孔子死后到今天又是五百年了，有谁能够继承孔子宣扬清明盛世的教化，修正《易传》，续作《春秋》，依据《诗》、《书》、《礼》、《乐》来衡量一切呢？’意思就在这里！意思就在这里！我怎么敢谦让这一时代所给予的使命呢！”

【简论】元封元年，司马谈从巡武帝东上泰山封禅，因病留滞周南，不得与从事。恰好司马迁奉使回来要向武帝报告，追随而来，见父于洛阳。司马谈临终嘱命司马迁继承他的事业。司马迁垂泣听教。司马谈的遗命有两个重大的内容：一、用家谱和封建伦理的孝道来教育司马迁，勉励他一定要继承自己的著述事业。二、阐明自己的写作理想是继承《春秋》，以历史人物为中心内容总结历史。司马迁承受了父命。当他后来从事写作遇到困难的时候，就想到了父亲的遗命，从而鼓起了勇气。元封三年（前 108 年），司马迁继父为太史令，“紬史记石室金匮之书”，创造了继承父志的条件。当时汉武帝的事业正在发展，司马迁处于得意之秋，“务一心营职，以求亲媚于主上”（《报任安书》）。宏阔昂扬的时代精神，“事亲”、“事君”、“立身”的父教，建功立名的青年壮志，这些都是司马迁的创作动力。太初元年改历，司马迁亲自参与了这一工作，这是一个划时代的大事件，它标志着汉武帝事业的鼎盛，象征天下一统。司马迁决定以太初元年为述史的下限，加速了《史记》的撰写工作。

（五）司马迁答壶遂问

【译文】上大夫壶遂说：“从前孔子为什么要作《春秋》呢？”司马迁回答说：“我听董仲舒先生说过，‘周室的王道衰微了，孔子做了鲁国的司寇想振兴它，诸侯就陷害他，大夫就阻隔他。孔子知道自己的主张不被采用，王道不能推行，于是作《春秋》，在二百四十二年的记事中表明是非，作为天下的法则。他批评无道的天子，贬斥僭礼的诸侯，声讨犯上的大夫，用口诛笔伐来执行王道罢了。’孔子说：‘我想发表自己的议论，还不如记载历史事件，因事见义，更确切明显。'《春秋》这部书，上能阐明夏、商、周三代的王道，下能分辨人们行事的伦理纲纪，判别嫌疑，辨明是非，决断疑惑，赞美善良，贬抑丑恶，颂扬贤人，谴责坏人，保存已灭亡国家的史料，继续载述已绝代的世系，修补残缺，振兴衰废，这一切都是王道的要点。《易》这部书，是专门讲说天地四时，阴阳五行的，所以特点在于说明变化；《礼》这部书，是治理人们的纲常，所以其特点在于指导行动；《书》这部书，是记载先王事业的，所以特点在于施行政事；《诗》这部书，记载山川溪谷、禽兽草木、牝牡雌雄，所以特点在于表现风俗；《乐》这部书，是讨论快乐如何兴起，所以特点在于使人和谐；《春秋》这部书，辨别是非，所以特点在于陶冶人民。因此，《礼》用以节制人欲，《乐》用以发扬和气，《书》用以指导政事，《诗》用以表达思想感情，《易》用以阐明物理变化，《春秋》用以引导人们遵守道义。治理乱世，使它走上正轨，没有比《春秋》更切合需要的了。《春秋》这部书，字数有几万，事例有数千，万事万物分散或聚合的道理都包括在《春秋》里面了。《春秋》书里记载着三十六起弑君事件和五十二个亡国事例，诸侯奔走逃亡，不能保有他的国家的，简直无法统计。考察它的原因，都是由于失掉了礼义这个根本。所以，《易经》上说，'失之毫厘，差以千里'。《易经》又说，'臣犯上弑君，子犯上杀父，不是一朝一夕所致，而是逐步发展起来的。所以做国君的人，不可以不通晓《春秋》，否则，面前有进谗言的人，却不能看见，背后有叛逆作乱的人，也不能发觉。做人臣的人，也不可以不通晓《春秋》，否则，处理日常事务也不知道怎样做才合理，遭遇突然事变更不知道采取权宜措施。作为君、父的人，如果不通晓《春秋》大义，一定招致蒙受首恶的名声。作为臣、子的人，如果不通晓《春秋》大义，一定陷于篡弑而被诛杀，落个死罪的恶名。其实，他们都以为自己在做善事，只是由于不知道怎样做才合于义理，以致办错事而受到议论又不敢推辞。不通晓礼义的宗旨，就要堕落到君不像君，臣不像臣，父不像父，子不像子的地步。君不像君的，臣下就要干犯；臣不像臣的，君上就要诛戮；父不像父的，就没有德行；子不像子的，就没有孝行。这犯上、诛下、无德、不孝四种行为，是天下最大的罪恶。用天下最大的罪名加在犯了这种罪恶的人身上，他们只能接受而不敢推辞。所以《春秋》这部书，是礼义的源泉和归宿。礼义的作用，是防范坏事的发生；法律的施行，是在坏事发生之后执行。所以法律的功效显而易见，礼教的作用一般人很难知道。"

壶遂又问道："孔子的时代，上面没有圣明的君主，下面的人得不到任用，所以才作《春秋》，以留下议论来裁断礼义之分，作为统一的王法。如今，先生上遇圣明的天子，下面得以尽职，万事俱备，都各得其所，先生的论著，想要阐明些什么呢？"

司马迁回答说："啊啊，不不，不是这个意思。我听父亲说过：'伏羲最纯朴，他作了《易·八卦》。尧舜的盛德，《尚书》加以记载，礼乐因之兴起。商汤王、周武王的兴隆，得到诗人的歌颂。《春秋》有两方面的作用，一是扬善，二是抑恶，推崇夏、商、周三代的盛德，褒扬周朝，并不只是讽刺就完了。'自从汉朝建立以来，直到当今皇帝，获得了吉祥的符瑞，举行了祭告天地的封禅大典，改定历法，变易器物的颜色，受天命于上天，天子的恩泽广大无边。国外不同风俗语言的民族，虽然语言不通，但他们也叩着边塞的关门，请求朝见献礼，而且多得说不完。臣下百官，极力颂扬圣德，仍然不能完全表达自己的心意。况且天下有贤能的人得不到重用，是国君的耻辱；皇帝有圣明的功德而没有传布四方，那就是主管官吏的过失。何况我曾担任过史官的职务，如果废弃明圣的功德而不去记载，湮没功臣、世家、贤大夫的功业而不去论述，忘却父亲的遗嘱，那罪过就太大了。我所写的不过是叙述历史故事，把传世的资料进行了一番整理，算不了什么创作，而您比作《春秋》，那就错了。"

于是按计划进行论定编次，写成文章。

【简论】壶遂，西汉著名的天文学家，官至詹事，职掌宫内皇后、太子的事务，秩二千石。汉武帝拟用壶遂为丞相，会病卒，司马迁深深惋惜，称他是“深中隐厚”、“内廉行修”的君子。太初元年时，壶遂尚为中大夫，秩千石，相当于古制上大夫。壶遂和司马迁是互相推重的好朋友，所以他们在共同完成了新历的制定后，讨论了《史记》的创作宗旨和历史观。主要内容是阐明《史记》效《春秋》，“述往事，思来者”，明世教以当一王之法。司马迁高度评价《春秋》，认为它是一部集礼义之大成的历史书。《春秋》别嫌疑，明是非，善善恶恶，贤贤贱不肖，明君臣父子之道，辨人伦行事之则，成为天下之人的必读书。这是借题发挥以论《史记》。因为《春秋》的价值没有这么高，而《史记》的内容却恰然是这样。司马迁答壶遂问，自称“余所谓述故事，整齐其世传”，与后文所说“述往事，思来者”是一个意思，即《高祖功臣侯者年表序》中说的“志古自镜”。“述往事”，即“志古”，指《史记》所包容的全部历史内容。“思来者”，即“自镜”，是司马迁熔铸在《史记》中的理想，即洞察历史未来的变化。司马迁认为，通过总结历史经验，洞察事势变化，借前车之鉴，可以避免覆败之祸。《史记》着重写变革的历史，并以人物为中心，在“治乱”二字上下功夫，意义在此。《春秋》之中，弑君三十六，亡国五十二，不是一朝一夕突然发生的，而是早就有征兆，这就是“渐”。所谓“渐”，既是指未然之事的征兆，也即是已然之事的发展过程。司马迁通“古今之变”，就是要把握这个“渐”，预察未来，思补救敝。正因如此，司马迁对已往历史的“述”和对未来变化的“思”，都是一丝不苟，很动感情的。他经常废书而叹，叹极而垂涕。他读《春秋历谱谍》，至周厉王，“废书而叹”；他每读《虞书》，看到古代明君贤相互相鼓励，情不自禁，“未尝不流涕也”；他读孔子书，“想见其为人”；他写晏子传，愿为之“执鞭”；他读屈原赋，“悲其志”；他读功令，至于广厉学官之路，“未尝不废书而叹”。由此可见，司马迁忧民之深，悲时之切。他以人物为中心记述历史的治乱之变，载其恶以诫世，书其善以劝后。这正是他父亲司马谈临终遗言所留下的遗嘱：“今汉兴，海内一统，明主贤君忠臣死义之士，余为太史而弗论载，废天下之史文，余甚惧焉，汝其念哉!”所以唐刘知几在《史通》卷八《人物》中评论说:“夫善人少而恶人多,其书名竹帛者,盖唯记善而已。故太史公有云:‘自获麟以来四百余年,明主坚君忠臣死义之士,废而不载,余甚惧焉。’即其义也。至如四凶列于《尚书》,三叛见于《春秋》,西汉之记江充、石显、东京之载梁冀、董卓,此皆干纪乱常,存灭兴亡所系,既有关时政,故不可阙书。”可见惩恶劝善是我国古代史家的一个优秀传统。《春秋》的褒贬笔法“使乱臣贼子惧”,固然这是为了维护统治者的秩序,但贬斥乱臣贼子,褒奖圣君贤相,难道不也是古代人民的愿望吗?一个正直的史家要做到这一点是要有牺牲准备的。齐太史书“崔杼弑庄公”,兄弟见杀,少弟继之,这就是生动的例证。司马迁继承了这一优良传统,“不虚美,不隐恶”,他后来虽身遭腐刑而其志不屈,因为他早已作好了牺牲的准备。司马迁答壶遂问这段议论插书在“五年而当太初元年,……于是论次其文”之中,可以肯定这次讨论在太初元年。司马迁修正了《史记》断限,正式定稿《史记》,编次其文,标志着他的成熟。

(六)司马迁发愤著书

【译文】司马迁编纂《史记》的第七年,遭受李陵之祸,被关进了监狱,于是长叹说:“是我的罪过吗?是我的罪过吗?身体毁伤,不能用世了。”转而深思说:“《诗》、《书》之所以写得隐约,是作者借以更好地表现自己深沉的思想。从前西伯囚禁在羑里,却推演了《周易》;孔子在陈蔡遭受到厄困,便作了《春秋》;屈原被放逐,著作了《离骚》;左丘失明,这才写了《国语》;孙子受了膑刑,论著了《兵法》;吕不韦流放西蜀,《吕览》更加流传;韩非被囚于秦,世间更重视《说难》、《孤愤》;《诗》三百篇,大都是圣贤发泄愤懑的作品。这些人都是因心里有郁结,又得不到通达,所以才叙述往事,寄情后人。”于是终于完成了父亲计划的通史,从唐尧以来到汉朝获麟为止,但上古史的开头，实际从黄帝写起。

【简论】太初历颁布后第七年，司马迁的撰述工作进入了高潮，正当“草创未就”之时，突然飞来了横祸，司马迁遭受李陵案的株连，而被下狱受腐刑。这场灾祸，对司马迁来说，是他个人生活的悲剧，但却是《史记》增色的新起点，也就是司马迁思想发生飞跃的转折点，他从“以求亲媚于主上”的立场，转而“发愤著书”。司马迁在《报任安书》中有着生动翔实的自述。关于司马迁如何发愤著书，将在《报任安书》的《简论》中详述，兹从略。

（七）史记序目

【译文】远古的黄帝，取法天地。四圣遵循，而又各有自己的法度。唐尧禅位给虞舜，舜因肩负重任而十分忧虑。光芒万丈的五帝功德，千秋万代都赞美。作《五帝本纪》第一。

大禹的功绩是划定九州，功成在唐虞时代，德泽遗留给后世子孙。夏桀骄奢淫逸，于是被汤放逐到鸣条。作《夏本纪》第二。

契封于商，传代到成汤。有德的伊尹，流放太甲到桐宫反省。武丁得到傅说，复兴商朝，史称高宗。纣王沉溺淫乱，诸侯不来朝贡。作《殷本纪》第二。

弃为农官封于邰，传至西伯德业盛。武王伐纣战牧野，建立周朝安天下。厉幽二王都昏乱，丧失国都丰、镐京。日渐衰微至赧王，秦并洛邑祭祀绝。作《周本纪》第四。

秦国的祖先，就是辅佐夏禹的伯翳。秦穆公思慕仁义，追悔殽战深自责，哭祭阵亡诸将士；死后却用人殉葬，秦人悲痛而赋《黄鸟》。昭襄奠定皇帝业。作《秦本纪》第五。

秦政即位，兼并六国，销毁兵器铸大钟，指望用以绝战祸。上尊号，称皇帝，夸耀武功，暴力专政。二世继位，革命兴起，子婴投降，秦朝遂亡。作《始皇本纪》第六。

秦朝不行王道，豪杰一齐反抗。项梁创业，项羽继承，他杀了卿子冠军，挽救了赵国，分封诸侯十八王。后来他杀了降王子婴，又背叛了楚怀王，全天下都谴责他。作《项羽本纪》第七。

项羽残暴，汉王仁德。发愤起兵蜀汉，还师平定三秦。诛杀项羽创帝业，从此天下享太平。改革制度，变易风俗。作《高祖本纪》第八。

惠帝早死，诸吕当权，百姓不安；加强吕禄、吕产的权力，千方百计铲除诸侯；杀害隐王，囚禁幽王，大臣恐惧，吕党族灭。作《吕太后本纪》第九。

汉朝新造，继嗣不明，代王即位，天下归服。废除肉刑，取消关卡。普施恩惠，史称太宗。作《孝文本纪》第十。

诸侯叛乱，吴为谋首，京师征讨，七国服罪。全国稳定，国殷民富，作《孝景本纪》第十一。

汉朝建立传五代，建元时期最繁盛，对外征服了夷、狄，对内创新了制度，举行封禅，改定历法，变易服色。作《今上本纪》第十二。

夏、商、周三代，距离今天很久远了。历史记载，年月不可查考，根据谱表简策和传说，于是考核推算出一个大略的世系，作《三代世表》第一。

周厉王、周幽王以后，王室衰微，诸侯专政，《春秋》的记载有所疏漏，谱表世系更加简略。要想知道春秋五霸更替兴衰以及诸侯的情况，作《十二诸侯年表》第三。

春秋以后，陪臣执政，强国互相称王。直到秦国统一华夏，才消灭了封建诸侯，建立了皇帝名号，作《六国年表》第三。

秦朝政治既然暴虐，楚人陈涉首倡起义。项羽横行，天下大乱，汉王扶持正义，出兵征讨。八年之间，天下的主宰换了三次，事情繁多，演变剧烈，所以详作《秦楚之际月表》第四。

汉朝建立到太初，整整一百年，诸侯废置分国的情况，谱系记载不详，主管部门也没有连续的记载，只写了些空洞的强弱原因。作《汉兴已来诸侯年表》第五。

高祖开创基业，辅佐大臣，剖符封爵，恩泽流及子孙。后代忘了祖宗创业的艰难；有的遭到杀身亡国的灾祸。作《高祖功臣侯者年表》第六。

从惠帝到景帝，这期间许多功臣的宗室子弟得封爵邑，作《惠景间侯者年表》第七。

北伐严惩强暴的匈奴，南征平定骄悍的两越，为了表彰征伐夷蛮的武功，作《建元以来侯者年表》第八。

诸侯强大以后，七国联合为纵，诸侯子弟众多，他们没有爵禄和封邑，实行推恩政策，分裂诸侯国土地封众子弟为侯，削弱了诸侯的势力，恩德却归皇帝。作《王子侯者年表》第九。

国家的贤相良将，他们是老百姓的师表。考察汉朝建立以来的将相名臣纪事年谱，好的记下他们的政绩，不好的暴露他们的坏事。作《汉兴以来将相名臣年表》第十。

夏、商、周三代的礼仪增损，各自有不同的目的，然而原则都是为了切合调节人的性情，通达王道，所以礼是适应人的本质需要而产生的，为了总结贯通古今的演变，作《礼书》第一。

音乐是用来移风易俗的。自从兴起了《雅》、《颂》那样的庙堂诗，同时就流行着《郑》、《卫》那样的民间诗。《郑》、《卫》音乐也有着悠久的历史。音乐可以感发人们的共同思想，远方的少数民族也会怀德感化。综合《乐书》的研究，叙述从古以来音乐的发展，作《乐书》第二。

没有武力不盛强，没有仁德不繁昌。黄帝、商汤、周武王得天下，夏桀、殷纣、秦二世遭灭亡，难道还能不慎重地引为借鉴吗？《司马法》形成的历史很悠久了，吕尚、孙子、吴起、王子成甫等人继承并发展了兵法理论，切合近代情况，穷究了人事变化，作《律书》第三。

万物变化由阴阳，律以候气使人知道气候的变化，历以推出日月五星的运行使人知道季节的到来。要探究律历间的奥妙，不能有丝毫疏忽。黄帝、颛顼、夏、殷、周五家历法都有误差，只有太初历最准确。作《历书》第四。

研究天文知识的书，夹杂许多吉凶预兆，怪诞不经，有些是经过推算作出的预言，考察效果，应验不错。因此，收集那些有应验又符合运行轨道的部分，加以整理，作《天官书》第五。

受天命统一天下的皇帝才能封禅，因此封禅的符瑞很稀罕。一经封禅，所有的神灵莫不受到祭祀。追溯祭祀众神、名山、大川的礼仪，作《封禅书》第六。

大禹导河，九州安宁。逮及宣防，开沟凿渠。作《河渠书》第七。

钱币的流通是为了便于农商。但通货膨胀就要生奸巧，同时也会出现争夺兼并，牟取暴利，投机取巧的事，使人们离开农业而从事工商业。作《平准书》以考察经济的演变，第八。

太伯避位让给季历，于是远去江南蛮荒之地。因此，季历的后代周文王、周武王得以嗣位，发展了先人古公亶父的王业。太伯的后代吴王阖庐杀吴王僚自立，一度征服了强大的楚国。阖庐的儿子夫差继位，打败齐国以后，把贤臣伍子胥赐死，并把他的尸体装在鸱夷袋中沉在江里。夫差信用谗臣伯嚭与越结和，吴国终于灭亡。赞美吴太伯的谦让之德，作《吴世家》第一。

申、吕衰落了，尚父出身微贱。但他终于投归西伯，做了周文王、武王的老师。他功劳越过群公，谋划深思远虑，这个披满黄头发的老人，受封在营丘。齐桓公不背弃柯盟的誓约，退还了侵夺鲁国的地方，因此繁荣昌盛，多次会盟诸侯，霸业辉煌。田恒和阚止争权，姜齐一天天瓦解灭亡。赞美尚父的谋略，作《齐太公世家》第二。

周初灭殷，诸侯有的归顺，有的反叛，是周公把他们安抚了，他又努力治国，于是天下和平。他辅佐成王，使诸侯都朝宗于周。他的后代鲁桓公却杀了哥哥鲁隐公而自立，这种背叛祖德的行为，是怎么产生的呢？三桓的子孙争夺权利，鲁国于是不昌。赞美周公旦祷告以身代武王，祝策《金縢》，作《周公世家》第三。

武王灭纣，天下还没安定就死了。成王年幼，管叔、蔡叔怀疑周公擅权，起兵叛周，淮夷响应。依靠了召公的威德，安定王室，削平了东方诸侯的叛乱。燕王哙禅让子之，造成祸乱。赞美

《甘棠》诗的精神，作《燕召公世家》第四。

周武王封两弟姬鲜于管、姬度于蔡，并为武庚相，是希望他们安定殷代的遗民。等到周公摄政，两叔不服。周公东征，杀了管叔，流放了蔡叔，并宣誓忠于王室。文王妃太任生有十子，因此周王室宗族盛强。赞美蔡叔之子蔡仲能改过自新，复封于蔡，作《管蔡世家》第五。

王者的后代不会湮灭不闻，舜、禹两人后世有国就是证明。只要功德光明，子孙就蒙受福业，历世百代仍能享受祭祀，如周封舜后于陈、禹后于杞，陈杞两国直到春秋后期才被楚国灭掉。陈完入齐，改姓田氏，竟代姜齐，他的祖先舜是多么伟大的人啊！作《陈杞世家》第六。

为了管理殷代遗民，康叔姬封受封于卫，为了陈说商朝的政乱以作借鉴，周公写了《酒诰》、《梓材》来警告他。到了宣姜生姬朔，她谗杀太子姬伋，卫国因此倾危不安宁。卫灵公夫人南子不喜欢太子蒯聩，造成了蒯聩父子相争的局面，颠倒了君臣的名分。周王室衰微了，战国七雄争强，卫国小弱而独最后灭亡，卫君姬角直到秦二世元年才被废为庶人。表扬《康诰》的精神，作《卫康叔世家》第七。

箕子啊！箕子啊！纣王不用你的忠正之言，反而迫使你为奴隶。武庚反叛被杀，周代复封殷后微子于宋。宋襄公在泓水与强敌楚国硬拼，兵败受伤，君子们谁也不敢称颂他。宋景公有谦让的公德，火星倒行。剔成君暴虐无道，宋终于灭亡。赞美微子离开纣王时先请教太师，作《宋微子世家》第八。

武王死后，成王封弟叔虞于唐。君子批评晋穆公给太子取名仇，少子取名成师。果然仇的后代晋侯缗被成师的后代晋武公所灭。晋献公宠爱郦姬，杀太子申生，造成了五世混乱。重耳不得志而逃亡国外，他备尝艰苦后，回国成了霸主。六卿专政，晋国衰亡。赞美晋文公得周襄王赐珪玉和鬯草，作《晋世家》第九。

重黎在帝喾时以火正为业，弟弟吴回接替了他。殷朝末年，从粥子开始有了谱系记载。周成王封熊绎于楚，他的玄孙熊渠扩张了楚国。楚庄王有贤德，复兴陈国，释放郑伯，解除了对宋包围。楚怀王客死在秦国，令尹子兰反倒归咎屈原。顷襄王喜欢奉承，爱听谗言，于是楚国终灭于秦。赞美楚庄王的仁义，作《楚世家》第十。

夏帝少康的庶子封于会稽，实际是被摈弃在南海。这个地方的风俗，人们在身上刺花纹，剪短头发，捕食鼋鱼、鳝鱼。越王保守封山、禺山，祭祀大禹。句践在会稽山上被吴国围困，于是用文种和范蠡。赞美句践统率夷蛮能行德政，灭亡了强大的吴国，尊宗周朝，作《越王句践世家》第十一。

郑桓公东迁得虢、郐十邑的奉献，是听从了周太史伯的话。郑庄公夺取了成周的禾，被周桓王记恨并受到君子的批评。宋庄公要挟蔡仲定盟、立公子姬突为郑君，驱逐了昭公姬忽，造成了郑国长久的内乱。子产仁惠，屡世称贤，三晋侵犯，郑灭于韩。赞美郑厉公接纳周惠王平定了周乱，作《郑世家》第十二。

造父为周穆王寻得了千里马騄耳，于是得到表扬，赐封赵城。他的后代赵夙事奉晋献公得封耿地，赵衰继承赵夙的绪业，辅佐晋文公尊重周王室，终于成为晋国的辅弼大夫。赵襄子在晋阳受辱，于是擒灭智伯。赵武灵王被围困在沙丘宫，只好采食鸟卵，最后被活活饿死。赵王迁信谗淫乱，良将李牧受到排斥。赞美赵鞅讨平周王子朝的叛乱，作《赵世家》第十三。

晋献公封毕万于魏，卜偃预言他的后代必定壮大。魏绛惩罚了晋悼公的弟弟杨干，悼公仍然用他为臣，和好戎翟。魏文侯趋向仁义，以子夏为师。梁惠王好大喜功，遭秦、齐的攻击。魏安厘王怀疑信陵君，使得诸侯罢止。大梁终于被秦国军队攻破，魏王假被俘虏作了养马卒。赞美魏武子辅佐晋文公完成霸业，作《魏世家》第十四。

韩厥暗中帮助赵武，使废绝的赵氏重又兴起。因此，晋人都归向他。韩昭侯用申子变法，显列诸侯。韩王安不信用韩非，秦王政却攻韩索非。赞美韩厥辅佐晋朝、维护周天子的贡赋，作《韩世家》第十五。

陈完避难，去到齐国立脚。暗中施惠人民，一连持续五代，赢得了齐人的讴歌。田成子专政，田和始列为诸侯。齐王建听信奸臣后胜的话，不战降秦，于是流放到共。赞美齐威王、齐宣王独能在混浊的时代，尊崇周朝，作《田完世家》第十六。

周王室已经衰微，诸侯则为所欲为。孔仲尼痛惜礼乐损坏，故整理经籍文献，用以宣扬王道，使乱世回复到正路上来。看他写作的文章，都是为了给天下制定仪法，让《六经》作为后代的纲纪而世代留传。作《孔子世家》第十七。

夏桀、商纣无道，兴起了商汤王、周武王；周朝失去了王道，孔子编述了《春秋》；秦朝不行仁政，陈涉发动了起义。诸侯响应他的号召，一齐兴起，就像风卷残云一般，终于推翻了秦朝的统治。天下起义，是陈涉首倡，作《陈涉世家》第十八。

高祖在河南宫成皋台召幸薄姬，生了代王。窦姬委曲去代，后来却做了皇后使窦氏宗族得到尊宠。栗姬骄贵被废，王夫人作了皇后。陈皇后骄宠失爱，卫子夫得以尊贵。赞美像薄姬这样贤淑的后妃之德，作《外戚世家》第十九。

汉高祖用诡计在陈逮捕了韩信。荆越的地方民风强悍，于是封弟刘交为楚王，定都彭城，以加强对淮水、泗水流域的控制，屏卫汉室。刘交的孙子刘戊沉湎淫乱，造反被杀，汉复封刘交的小儿子刘礼为楚王。赞美刘交辅佐高祖，作《楚元王世家》第二十。

高祖起兵，刘贾随从，得封荆王。英布反汉，袭荆杀贾。营陵侯刘泽智激吕太后，得封为琅邪王。他听信了祝午的欺骗，被扣留在齐国，后又设计脱身，西入长安拥立了孝文帝，重新被封为燕王。当天下还没巩固的时候，刘贾、刘泽因皇室关系得封为王，为汉藩辅。作《荆燕世家》第二十一。

天下平定以后，刘氏亲属不多。高祖庶长子刘肥被封为齐王，镇抚汉家东部疆土。齐哀王刘襄擅自起兵，讨伐诸吕，但由于舅父驷钧暴戾，京师大臣都不拥立。厉王刘次景与姐奸淫，被齐人主父偃告发成祸。表扬刘肥为汉肱股，作《齐悼惠王世家》第二十二。

项羽把高祖围困在荥阳，双方对峙了三年。萧何镇抚关中，运筹计划，补充兵源，输送粮食，使老百姓爱戴汉王，不喜欢楚王。作《萧相国世家》第二十三。

和韩信一起平定了魏地，攻破赵军，又灭了齐国，因此削弱了楚王项羽的力量。继承萧何作丞相，不标新，不立异，百姓得到安宁。赞美曹参不夸功逞能，作《曹相国世家》第二十四。

定计设谋于军营之中，制胜强敌而不露形迹，张子房主持参谋工作，他没有人所共知的声名，也没有由于勇敢而得来的功劳，但是他能把难事变为易，处理大事的措施极其细密。作《留侯世家》第二十五。

陈平六出奇计，天下诸侯臣服汉朝。封诸吕为王，本是陈平定下的权宜计谋，终于安定了宗庙，巩固了汉家政权。作《陈丞相世家》第二十六。

诸吕合谋，削弱京师，周勃一反他的刚直性情而随机应变。吴楚联兵反汉，周亚夫驻兵昌邑，他采取了牺牲齐、梁，拖垮叛军的策略，削平了诸侯。作《绛侯世家》第二十七。

七国叛乱，只有梁为京师屏藩，抵抗吴楚。梁孝王刘武因而夸功，又依仗窦皇后的宠爱而自负，几乎招致大祸。赞美他能抗拒吴楚，作《梁孝王世家》第二十八。

景帝的五宗皇子都封为王，亲属融洽。诸侯大大小小都为汉藩辅，各得其所，僭拟反叛的事件日益减少。作《五宗世家》第二十九。

当今皇帝三子封王，诰策文辞值得观赏。作《三王世家》第三十。

衰乱之世，大家争权夺利，只有伯夷、叔齐，仗义让国，饿死首阳，全天下人民都称赞他。作《伯夷列传》第一。

晏子简朴，管仲奢侈。管仲辅齐桓公称霸，晏子佐齐景公称治。作《管晏列传》第二。

李耳主张无为，认为万物将自然变化，天下将自然安定。韩非善于推度事理，遵照形势和事物的规律办事。作《老子韩非列传》第三。

从古以来统治天下的人都保有《司马法》，只有司马穰苴才能发扬光大。作《司马穰苴列传》第四。

没有具备信、廉、仁、勇这些品德的人，就不能传给他兵法和剑术；这样才符合用兵使剑的原则，内可以修身，外可以应变，这才可以和君子相提并论。作《孙子吴起列传》第五。

楚太子建被谗害，祸患连累了伍奢。他的两个儿子，伍尚殉父，伍员奔吴，终于报了仇。作《伍子胥列传》第六。

孔子编述文献经籍，弟子发扬他的事业。他们都可为人民的师表，崇尚仁义，作《仲尼弟子列传》第七。

商鞅离开了卫国到了秦国，发挥了自己的政治主张，使秦孝公成为强大的霸主，后世也遵守他的法规，作《商君列传》第八。

天下诸侯害怕与秦连横，满足不了他的贪欲。而苏秦能号召诸侯合纵抗秦，抑制了他的贪强，作《苏秦列传》第九。

东方六国已经合纵相亲，而张仪懂得纵横之术，重新使诸侯解散，连横事秦。作《张仪列传》第十。

秦之所以东出函谷关，扰乱天下，称雄诸侯，是靠樗里子和甘茂的策略。作《樗里甘茂列传》第十一。

使秦国的实力扩张到西河之外，囊括了黄河、华山，围攻大梁，使东方诸侯拱手事秦，这是魏冉的功劳。作《穰侯列传》第十二。

南面攻取了楚国的鄢、郢，北面摧毁了赵长平军，于是创造了围困邯郸的条件，是武安君白起作统帅。秦灭楚、赵，是王翦的计谋。作《白起王翦列传》第十三。

采摭儒墨两家遗文以著书立说，荀子申明了礼义的统纪，孟子断绝了梁惠王崇利的苗头，同时又都总结了历史兴衰的经验。作《孟子荀卿列传》第十四。

孟尝君好客喜士，士人归聚在薛，为齐国抗御了楚魏的侵略。作《孟尝君列传》第十五。

平原君利令智昏，中了冯亭嫁祸于赵的权变之计。但是，秦围邯郸，平原君能入楚求救，使他的君王免遭灭亡而仍为诸侯。作《平原君虞卿列传》第十六。

能以富贵之身与贫贱之士相交，能以贤德之才与没有才能的人来往，只有信陵君真能做到。作《魏公子列传》第十七。

春申君黄歇用自己的身体为主子御难，于是楚太子熊横得以脱祸于强秦，能说会道的士人纷纷南向归楚，他们是爱慕黄歇的义。作《春申君列传》第十八。

能够忍受魏齐的侮辱，而树威于强秦，推荐贤才，让出相位，有范睢、蔡泽两人。作《范睢蔡泽列传》第十九。

乐毅遵循自己的谋划去实行，联合赵、楚、韩、魏、燕等五国的军队，为弱燕报仇与强齐作对头，洗刷了先君燕王哙蒙受的耻辱。作《乐毅列传》第二十。

蔺相如敢于与强秦分庭抗礼，而他却向廉颇屈服，这是牺牲个人，效忠国君。廉颇受感动负荆请罪，与蔺相如两人并重于诸侯。作《廉颇蔺相如列传》第二十一。

齐湣王因乐毅攻齐而丢了都城临淄，逃亡到莒，独有田单依靠即墨孤城为据点，击退燕将骑劫，于是保存了齐国的社稷。作《田单列传》第二十二。

能用外交辞令使围城解难，轻视爵禄而以驰骋其意志为快乐。作《鲁仲连邹阳列传》第二十三。

用写文章的办法进行讽谏，用连类比喻的形式辩明正义，《离骚》是这样的作品。作《屈原贾生列传》第二十四。

吕不韦结交赵国的秦质子公子子楚，终于做了秦相，使六国之士纷纷入关事秦。作《吕不韦列传》第二十五。

曹沫用匕首劫齐桓公，既使鲁国获得了失去的土地，也使齐国遵守了信义。豫让不事二主，竭尽忠诚为智伯报仇。作《刺客列传》第二十六。

有自己明确的计划，推动秦国适应时势采取策略，终于使秦国灭诸侯而统一天下，这主要是李斯的谋略。作《李斯列传》第二十七。

为秦开拓土地、增加百姓，北边征服了匈奴，据守黄河之险为边塞，凭借阴山之固为屏障，建置榆中四十四县。作《蒙恬列传》第二十八。

削平赵国，以常山为塞扩充河内地方，从而削弱了楚国的威势，使汉王的信义明于天下。作《张耳陈馀列传》第二十九。

魏豹收聚西河及上党的军队，随从高祖攻打项羽到了彭城。彭越攻略梁地乱楚后方，牵制项羽使他受到困苦。作《魏豹彭越列传》第三十。

淮南王英布，以其地叛楚投汉。汉王又用英布劝降了楚大司马周殷，终于在垓下打败了项羽。作《黥布列传》第三十一。

当刘邦被项羽围困在京、索地区的时候，韩信攻取了魏、赵，平定了燕、齐，使汉王占有天下三分之二的地方，因此灭掉了项籍。作《淮阴侯列传》第三十二。

当楚、汉在巩、洛地区相争的时候，韩王信镇抚颍川为韩王，卢绾助汉切断了项籍的粮饷。作《韩信卢绾列传》第三十三。

诸侯都背叛了项王，只有齐才真正在城阳牵制了项羽。汉王于是乘机攻破了彭城。作《田儋列传》第三十四。

攻取城池，带兵打仗，有了战绩就向汉王报功，樊哙，郦商贡献了很大的力量。他们不但受汉王驱使，而且还替他解脱过危难。作《樊郦列传》第三十五。

汉朝刚刚建立，典章制度还没明确规定，张苍为计相，整齐了度量衡制度，又订正了历法和音乐。作《张丞相列传》第三十六。

擅长外交为汉通使，结约诸侯感怀汉德，使他们归顺汉朝，为屏藩辅佐。作《郦生陆贾列传》第三十七。

想详细知道秦亡楚灭的经过，只有问周緤等人，他们经常跟随高祖，平定诸侯。作《傅靳蒯成列传》第三十八。

刘敬建议徙豪强于关中，建都长安，与匈奴结和亲。叔孙通制定了朝廷礼仪，编撰了宗庙仪法。作《刘敬叔孙通列传》第三十九。

季布能够抑制刚强的气性而变得柔顺，终于做了汉朝的大臣。栾布重义气不惧威势，不逃避死亡。作《季布栾布列传》第四十。

袁盎敢于犯颜直谏，维护礼义的尊严；晁错不顾自己的安危，为国家的长治久安谋划。作《袁盎晁错列传》第四十一。

严格执行法律而不违背大理；借古喻今，使皇帝更加贤明。作《张释之冯唐列传》第四十二。

为人敦厚慈孝，说话谨慎，但办事敏捷，很讲礼节，具有君子长者的风度。作《万石张叔列传》第四十三。

谨守人臣之礼，为人直率，作风廉洁，行为高尚，委之以重权就不能非法去阻挠。作《田叔列传》第四十四。

扁鹊讲医道，为医家所宗。医术高超卓绝，使后世遵循而难以有所改易。仓公的医术接近了他的水平。作《扁鹊仓公列传》第四十五。

由于代王刘仲被废，他的儿子刘濞得封为吴王。也是由于汉朝的初定，让他去镇抚江、淮地区。作《吴王濞列传》第四十六。

吴、楚反叛汉朝，皇亲中只有窦婴贤能而又喜欢士人，士人都归附他。于是皇帝派他驻守荥阳督军，以平定吴楚七国之乱。作《魏其武安侯列传》第四十七。

才智能够应付近代的各种变化，性情宽厚能够得人心。作《韩长孺列传》第四十八。

勇敢地和敌人作战，爱护士兵，号令简约，得到军队的爱戴。作《李将军列传》第四十九。

自夏、商、周三代以来，匈奴经常是中国的边患。想要了解敌人的强弱，以便决定防守或是进攻，作《匈奴列传》第五十。

拓直了曲折的边塞，开拓了河套以南的地方，攻破祁连山，交通西域各国，横扫北方匈奴。作《卫将军骠骑列传》第五十一。

文武大臣和皇亲国戚都以奢侈豪华为尊荣，只有公孙弘提倡节衣缩食，成为百官的表率。作《平津侯列传》第五十二。

汉朝既然统一了中国，而赵佗能安定杨越，为汉南方属国，纳贡称臣。作《南越列传》第五十三。

吴王刘濞反叛汉朝，东瓯王杀了他，保封禺之山，为汉藩臣。作《东越列传》第五十四。

燕太子丹的宾客部属流散到辽东，卫满把他们组织起来，聚集在渤海之东，又占据了朝鲜的真番等地，据守在塞外为汉朝的属国。作《朝鲜列传》第五十五。

唐蒙为汉使，开通了夜郎国，因而邛、筰这些国家的君长，都请求为汉内臣接受郡县官的约束。作《西南夷列传》第五十六。

《子虚赋》和《大人赋》中，虽然堆砌了很多华丽的词藻，作了过度的夸张，然而它的目的是为了讽谏，使皇帝施政归于无为。作《司马相如列传》第五十七。

由于黥布叛汉，高祖封自己的儿子刘长做了淮南王，用以镇抚江、淮以南地方，安定强悍的楚地人民。作《淮南衡山列传》第五十八。

严格遵照法律认真办事的官吏，不夸耀自己的功劳，不表现自己的能干，虽然得不到老百姓的称颂，但也没有什么过失。作《循吏列传》第五十九。

严整衣冠立于朝廷，文武百官就没有人敢说华而不实的言论，因为汲长孺态度端正；喜欢推荐别人，被称颂为有德长者，郑庄很有气量。作《汲郑列传》第六十。

自从孔子死后，京师不注重学校教育，只有建元到元狩年间，文学才发扬了光彩。作《儒林列传》第六十一。

老百姓背弃仁义而生巧诈，作奸犯法，善人不能感化他们，只有用严厉的措施才能制裁他们。作《酷吏列传》第六十二。

既然汉朝通使大夏，因而西域各国都渴望了解中国，想来观光。作《大宛列传》第六十三。

救人于危难，助人于穷困，大概仁人有这样的德行吧！不失信约，不违诺言，只有讲义的人才具有这种品德。作《游侠列传》第六十四。

善于揣度皇帝的好恶，取得皇帝的欢心，从而得到亲近和宠幸，这不单单是凭他们的相貌，也由于他们各有所能，发挥了自己的长处。作《佞幸列传》第六十五。

不与世俗同流合污，不争势夺利，上下没有阻碍，别人也不会陷害，因他擅长滑稽之道。作《滑稽列传》第六十六。

齐、楚、秦、赵各国的日者，都各有一套适合当地习惯的占卜术。想要综合观察他们的要旨，作《日者列传》第六十七。

夏禹、商汤、周武王占卜的方法不同，四方各民族的卜筮也不一样，然而目的都是用来判断吉凶。略谈其要点，作《龟策列传》第六十八。

不登仕途的布衣匹夫，不损害政治，不妨碍百姓，顺应时机买进卖出以增加财富，聪明的人都这么办。作《货殖列传》第六十九。

我们汉朝是诞生在五帝三代的文化传统快要断绝的时候。由于周朝王道衰微，秦朝废去古文，烧毁《诗》、《书》典籍，国家的藏书散乱了。在这时候，汉朝建立了，萧何编次了律令，韩信整理了兵法，张苍草拟了章程，叔孙通制定了礼仪，这么一来，文化才有了一些发展，并显示了它的特色，流散在民间的《诗》、《书》典籍，不断地捐献出来了。自从曹参推荐盖公，提倡黄老学说以来，精通申、商之学的贾谊、晁错，擅长儒学的公孙弘都很有名气。建国百年之间，天下所有的遗文古事，没有不集中在太史署里的。太史公父子相继担任编述历史的职务。太史公说："啊！我们的祖先曾经是史官世家，在唐尧虞舜时代就很显赫。到了周代，重做史官，所以司马氏世世代代职掌天官，难道断送在我这一代吗？要牢牢地记住它。要牢牢地记住它"。司马迁牢记父亲这一遗嘱，收罗天下遗散的历史传闻及帝王兴起的事迹，考察事件的发生根源，研究它的发展过程，观察朝代兴衰原因，考核事实，略述三代，详录秦、汉，从黄帝写起，直到当今，作十二本纪，科分条列为全书之纲。同一时代或不同时代的纷繁历史事件，年月记载不清，因此，作十表。为了论述历代的礼乐增损，律历改革，征伐谋略，山川形势及鬼神的祭祀，天与人的关系，经济的演变，作八书。像二十八宿环绕北辰，像三十根车辐共聚一毂，永远运行一样，作为朝廷的辅弼，忠诚行道，奉卫皇上，作三十世家。扶持大义，风流不羁而有卓越才干的人，趁着时机立了功名，为他们作了七十列传。总计一百三十篇，五十二万六千五百字，定名《太史公书》。本篇《自序》概略地阐明述作宗旨。简括地说，《太史公书》就是搜辑遗文以补充《六艺》，以自成一家之言的著作。它调协了《六经》各家的不同解释，整齐了百家互相对抗的异论。正本藏在名山，副本留在京师，等待后代圣人君子的审察。作列传第七十。

司马迁说：我叙述了从黄帝以来到太初年间的历史，共一百三十篇。

【简论】这是《太史公自序》的后半篇，它是全书一百三十篇的序目提要。提要内容丰富，形式多样，有的是对一篇史传的内容作撮述，有的则是作补充，有的又是对历史人物的行事提出某一点来加以强调等等。总括起来说，序目是用极简练的文字来概括为什么要写某篇某传的理由，夹叙夹议，集中地反映了司马迁对历史事件和人物的褒贬观点，对《史记》全书作了很有价值的自注和补充。

若将序目提要与各篇之论赞作比较，就可鲜明地看出，论赞带有强烈的感情色彩，序目更富于理性。例如《商君列传赞》批评商君"其天资刻薄人也"，而在序目中却称赞商鞅"能明其术"，"强霸孝公"，"后世遵其法"。《晁错列传赞》批评晁错"擅权"，"多所变更"，而在序目中却高度称扬晁错"不顾其身，为国家树长画"。不认真研究序目提要，就不能正确地评价司马迁笔下的人物，也不能正确地揭示司马迁的思想。《史记》各篇论赞与序目提要是互补互见之文。可以说，这是司马迁用互见法处理感情与史实之间的关系，既做到爱憎鲜明，而又能褒贬公允，使二者得到了和谐的统一。

司马迁是我国历史上最有创造天才的历史家和文学家。创新就是司马迁品格的集中反映，也是《史记》的最大成功。"史记序目"是《史记》全书的缩影。浏览序目，可以鲜明地感受到司马迁的创新精神。《史记》之所以是一部划时代的伟大著作，就是因为这部巨著从内容到形式都是划时代的创新。如果把司马迁的创新加以具体的罗列，至少可以列举出以下十个最主要的方面。一、首创纪传体，形象地表现了封建社会的等级序列。二、首创贯通古今的通史，建立了历史发展断限理论的年代学。三、首创“太史公曰”的史论形式，提出了系统的史学理论。四、首创经济史传，发展了古代朴素的唯物史观。五、首创军事史传，系统地总结了古代的战争理论和叙述了战史内容。六、首创学术史传，考辨了学术源流。七、首创民族史传，提出了民族一统的思想。八、首创各色人物的类传，全面地反映社会生活。九、首创语译古文，使艰深古奥的语言通俗化。十、首创历史文学，把历史人物的事迹塑造成典型形象。我们还可以继续罗列。例如司马迁首创礼、乐、历、星等各种专题的文化史传，扩大了历史记叙的范围。司马迁首创《大宛列传》，载述外国史事，远及西亚，使《史记》具有世界史的性质。这些创新，总括成一句话，就是司马迁创造了“纪传体通史”，因为这五个字集中地表述了司马迁的创新内容。

司马迁创造的“纪传体通史”——《史记》，开创了中国史学发展的新纪元，所以，司马迁的创造又是划时代的。自从《史记》问世以后，才奠定了中国史学的独立地位。在司马迁以前，史学只是经学的附庸。《春秋》是六经之一，《左传》是解经述史。《春秋》别嫌疑，明是非，寓褒贬，以当一王之法。司马谈、司马迁都十分推崇这部书，并把自己的著作看成是继《春秋》的事业。但《春秋》仅仅是记载了一些历史事件的标题，用咬文嚼字的方式以一字寄寓褒贬，读《春秋》如读无字天书，被宋人讥为断烂朝报，算不得一部真正的历史书。《左传》详载历史事件，但记载的范围和时间都是有局限的，它的内容也只是偏重于春秋各国间的会盟和征伐，而很少有社会各阶级、各阶层代表人物的活动，也缺乏制度沿革和经济、地理、天文、历法等知识的系统叙述。《国语》在很大程度上是一部资料汇编，远不及《左传》有深度。《战国策》记载了战国时期的阶级矛盾和社会内容，而重点却是记录纵横家的说词，既不是系统的战国史，也不完全是信史。而系统的战国史内容则首次载于《史记》中。至于其他先秦典籍，除《尚书》以外，更说不上是历史书。司马迁的《史记》，第一次综合古今典籍以成一书，汇总百科知识成一体系，是一部真正体大思精的历史著作。所谓体大，是指《史记》的五体形式；思精是指《史记》内容的全面性和系统性。《史记》五体纪、表、书、世家、列传，分开来看各自成为一个独立的系统，各有不同的侧面和重心。五体合起来看又是组织严密、互相交融的一部著作，自成一家之言。“史记序目”的扼要归纳就鲜明地反映了《史记》内容的系统性。正因为《史记》体例完备，它才能容纳丰富的历史素材，在有限的篇幅之内使政治、文化、学术、民族、社会以及自然界的星象、历法、地理等各方面的知识无所不备。所以晋人张辅说，司马迁作史，“辞约而事举，叙三千年事，唯五十万言”（《晋书·张辅传》）。清赵翼称它为“全史”，并说：“自此例一定，历代作史者遂不能出其范围。”（《廿二史劄记》卷一）这些评论是十分中肯的。

司马迁之所以能够创新，核心思想就是他立意高远，能够坚持实录的写作精神。西汉一代的大儒都推尊《史记》为实录。班固说：“自刘向、扬雄博极群书，皆称迁有良史之才，服其善序事理，辨而不华，质而不俚，其文直，其事核，不虚美，不隐恶，故谓之实录。”（《汉书·司马迁传》）坚持“实录”是司马迁的崇高史德，也是为他高远的述史理想服务的。“史记序目”的简要概括，字字句句均是对史事人物的质朴评价，高度体现了司马迁的实录精神，是值得深入研究的。

司马迁的述史理想是“究天人之际，通古今之变，成一家之言”，拿出自己的独到见解来回答历史是怎样变化发展的。所以他突破了旧的思想传统和官方哲学的框架，不与圣人同是非。司马迁不同于圣人是非的异端思想，集中地表现在赞扬道家以及为商人、游侠立传这几个方面。班固说：“是非颇谬于圣人，论大道则先黄老而后六经，序游侠则退处士而进奸雄，述货殖则崇势利而羞贱贫，此其所蔽也。”（《汉书·司马迁传》）班固所批评的司马迁之“蔽”，恰恰是司马迁思想中光彩夺目之“长”。司马迁“论大道则先黄老而后六经”，是肯定文景之治的升平而否定汉武帝的多欲所造的衰败；司马迁述货殖为商人立传，是肯定商人促进生产发展，对社会经济的繁荣所作的贡献；司马迁颂游侠，是肯定这一类人能够牺牲自己，救人之急的高尚道德。实际上，司马迁是通过颂黄老、商人、游侠来表达他对开明政治的向往，对人民追求生活富裕和反强暴思想的肯定。司马迁的这些异端思想表现了《史记》的人民性，他褒贬人物和历史事件的尺度不完全受统治阶级正统思想所支配，而是在一定程度上从被压迫人民的利益来立论，这无疑是那个时代最进步的思想。

《史记》完成后，司马迁定名为《太史公书》，用以祭奠父亲发凡起例之功。司马迁尊称父谈之官“太史令”为“公”并以为书名。司马迁还把自己的工作看作是继承父亲完成了未尽之功，所以在论赞中均标为“太史公曰”。从这里可以看出司马迁对父亲充满了尊敬。但是司马迁的伟大就在于他不是一个墨守成规的教条主义者，他大胆创新以成“一家之言”。司马谈发凡起例，“述陶唐以来，至于麟止”，司马迁修正了这一断限，使《史记》的主题更加鲜明，故在《自序》中特地加以说明。最后在全书的结尾中说：“太史公曰：余述历黄帝以来至太初而讫，百三十篇。”

报任安书

【说明】《报任安书》录自《汉书》卷六十二《司马迁传》。这是司马迁在汉武帝太始四年（公元前93年）十一月写给朋友任安的信。这封信是了解司马迁发愤著书和为人的第一手史料。与《太史公自序》为表里之文，故选录以备参考。

任安，字少卿，本是荥阳一贫士，做大将军卫青的门客，被汉武帝破格录用，官至北军使者护军，曾一度任益州刺史。《史记》卷一百四《田叔列传》附有褚少孙所补《任安传》。他在益州刺史任上，曾给司马迁写信，要司马迁"推贤进士"。司马迁因李陵祸而受腐刑，出狱为中书令。中书令是皇帝身边的机要秘书，被目为尊宠任职。司马迁认为，中书令本由宦官充任，自己因受腐刑而得此职是蒙受了奇耻大辱，故迟迟不给任安回信。由于任安获罪当死，司马迁才写了这封信，诉说衷肠。

司马迁在这封信里详细述说了因李陵案而受腐刑的本末，揭露和批判了封建最高统治者汉武帝喜怒无常，是非不明，贤愚不分，专断不公的残暴本质，倾诉了自己为完成《史记》而不得不隐忍苟活的痛苦和悲愤。全信内容可分三个结构段落：第一层叙自己的立场转变；第二层叙受害经过及思想斗争；第三层叙化悲痛为力量而发愤著书。全信以"罪至罔加而受辱，刑余之人不可推贤进士”为主线，反复致意，三引历史人物和现实生活为例证，一正一反，层层深化感情，痛愤欲绝，不能自已。语言悲婉凄凉，慷慨深沉，具有感人的艺术魅力。

关于《报任安书》的写作时间，赵翼在《廿二史劄记》中认为写于汉武帝征和二年（公元前91年），晚于太始四年两年。征和二年巫蛊事发，太子刘据起兵讨权臣江充。当时任安任北军使者护军，太子授节给他，命令出兵助战。任安受节却闭门不出，首鼠两端。当汉武帝在征和二年讨诛太子时，十分赞赏任安，认为他忠于皇上。当汉武帝在征和三年为太子平反后，却又十分憎恶任安的行为，大怒，说他老奸巨猾有两心，处腰斩。赵翼根据“今少卿抱不测之罪”等语，认为任安在巫蛊案中下狱，于狱中写信给司马迁，要他“推贤进士”，援救自己，司马迁才写了这封回信。王国维《太史公行年考》则根据书中“书辞宜答，会东从上来，……仆又薄从上上雍”这几句话推定《报任安书》作于太始四年。因为《武帝纪》载，武帝出巡，在一年中既东巡，而后又西上雍，只有太始四年。又据《任安传》载汉武帝语“安有当死之罪甚众，吾常活之”云云，任安于太始四年另犯有“不测之罪”，故《报任安书》所云并不是指的巫蛊案。按核事实，任安当死于田千秋上书讼太子冤的征和三年春夏之交，与讨太子的丞相刘屈氂同时被腰斩，而不是征和二年。任安在太始四年所犯“不测之罪”，终因司马迁营救而获免。正由于司马迁营救了任安，所以才在《报任安书》中诉说衷肠，让任安做两手准备，对喜怒无常的汉武帝不抱幻想。故此从王氏说。

少卿足下①：曩者辱赐书②，教以慎于接物③，推贤进士为务④，意气勤勤恳恳⑤，若望仆不相师用⑥，而流俗人之言。仆非敢如是也。虽罢驽⑦，亦尝侧闻长者遗风矣⑧。顾自以为身残处秽⑨，动而见尤⑩，欲益反损⑪，是以抑郁而无谁语。谚曰：“谁为为之？孰令听之⑫！”盖钟子期死，伯牙终身不复鼓琴⑬。何则？士为知己用，女为悦己容。若仆大质已亏缺⑭，虽材怀随、和⑮，行若由、夷⑯，终不可以为荣，适足以发笑而自点耳[17]。

书辞宜答。会东从上来，又迫贱事[18]，相见日浅，卒卒无须臾之间得竭指意[19]。今少卿抱不测之罪[20]，涉旬月[21]，迫季冬[22]，仆又薄从上上雍[23]，恐卒然不可讳，是仆终已不得舒愤懑以晓左右[24]，则长逝者魂魄私恨无穷[25]。请略陈固陋[26]。阙然不报[27]，幸勿过。

仆闻之，修身者，智之府也[28]，爱施者，仁之端也；取予者，义之符也[29]，耻辱者，勇之决也[30]，立名者，行之极也[31]。士有此五者，然后可以托于世而列于君子之林矣。故祸莫憯于欲利[32]，悲莫痛于伤心，行莫丑于辱先，而诟莫大于宫刑。刑余之人[33]，无所比数[34]，非一也，所从来远矣。昔卫灵公与雍渠载，孔子适陈[35]；商鞅因景监见，赵良寒心[36]；同子参乘，爰丝变色[37]：自古而耻之。夫中材之人，事关于宦竖，莫不伤气[38]，况慷慨之士乎？如今朝虽乏人，奈何令刀锯之余荐天下豪俊哉[39]！仆赖先人绪业[40]，得待罪辇毂下[41]，二十余年矣[42]。所以自惟：上之，不能纳忠效信[43]，有奇策材力之誉，自结明主；次之，又不能拾遗补阙[44]，招贤进能，显岩穴之士[45]；外之，不能备行伍[46]，攻城野战，有斩将搴旗之功[47]；下之，不能累日积劳，取尊官厚禄，以为宗族交游光宠。四者无一遂[48]，苟合取容[49]，无所短长之效[50]，可见于此矣！乡者，仆亦尝厕下大夫之列[51]，陪外廷末议[52]，不以此时引维纲[53]，尽思虑，今已亏形为埽除之隶[54]，在阘茸之中[55]，乃欲卬首信眉[56]，论列是非，不亦轻朝廷、羞当世之士邪！嗟乎！嗟乎！如仆，尚何言哉！尚何言哉！

【注释】①少卿足下：少卿，任安的字。益州刺史任安写信给司马迁责以进贤之意，司马迁写了这封回信。足下，书信中对同辈对方的敬称。《昭明文选》卷四十一《报任少卿书》起首有一句套语："太史公牛马走司马迁再拜言。"牛马走，乃"先马走"之误，意为马前走卒，自谦之词。　②曩（nǎng 囊）：从前，过去。辱赐书：客套语，表示对方赐书是委曲身份下就。　③接物：交接人物。　④为务：做应当做的事。中书令在皇帝身边职掌文书，所以任安要司马迁把推贤进士当作分内事。　⑤意气：情意，心意。　⑥望仆不相师用：责备我不接受你的意见。望，怨望。相师用，指接受对方的意见。 ⑦罢驽：罢，同“疲”。驽（nú奴），劣马。罢驽，表示自己才能低下。 ⑧侧闻：从旁听说，自谦语。 ⑨身残处秽：身残，指受腐刑。处秽，指中书令之职。因中书令由宦官充任，司马迁受宫刑得此职，势利者认为是因祸得福，而司马迁却认为是极大的耻辱。 ⑩尤：过错，用如动词，指责。 ⑪欲益反损：指行事效果与主观愿望相违背。 ⑫谁为为之？孰令听之：为谁推贤进士？叫谁来听从？这两句谚语表现了司马迁的无比愤懑。 ⑬钟子期死，伯牙终身不复鼓琴：钟子期、伯牙，都是春秋时楚人。伯牙善弹琴，钟子期最知音。后来钟子期死了，伯牙终身不再弹琴以报知音。见《列子·汤问》。司马迁用这个典故是感慨难遇知音。 ⑭大质：身体。 ⑮随和：指随侯珠、和氏璧。随，春秋时的国名，传说随侯曾救活过一条受伤的大蛇，后来大蛇衔来一颗夜明珠报答他。和，楚人卞和，他得到一块未经治理的宝玉献给楚武王，武王的玉匠说是石头，于是武王砍了卞和的右脚。武王死，文王即位，卞和第二次献宝，被砍掉了左脚。到成王即位，卞和抱宝哭于郊，成王派玉人治理，果得宝玉。后世用随侯珠、和氏璧来比喻稀世之宝。 ⑯由夷：许由、伯夷，古时贤人。两人事迹均见《史记·伯夷列传》。 ⑰自点：自招耻辱。 ⑱迫贱事：被繁琐的事务缠绕。贱事，指个人琐事，谦词。 ⑲卒卒：读“猝猝”，匆匆忙忙。 ⑳不测之罪：深不可测之罪，喻死罪。 ㉑涉旬月：再过一个月。旬，循，满。 ㉒迫季冬：挨近十二月。汉律，十二月处决犯人，故酷吏王温舒说：“嗟乎，令冬月益展一月，足吾事矣！”征和二年巫蛊案，起事于征和元年十一月，解冻于后元二年二月，长达五年，死者数十万人。凡坐巫蛊案之要犯，随发随斩，并不在十二月决狱。任安受太子节而不佐助太子，最初受到武帝称赞。征和三年春夏之交，田千秋上书讼太子冤，武帝平反太子，怨恨任安，钱官小吏乘机告发任安，任安才被腰斩。此为《报任安书》不作于征和二年的一铁证。 ㉓又薄从上上雍：又临近从巡皇上到雍。薄，迫近。从上，从巡皇上。上雍，到雍。雍，地名，在今陕西凤翔县南，那里筑有祭祀五天帝的坛，汉武帝常到那里祭五帝。 ㉔晓左右：告诉给您。左右，指任安，不直称对方，表示尊敬。 ㉕长逝者：永远过去的人，指任安将被处死。 ㉖略陈固陋：稍稍说说我的心意。固陋，固塞鄙陋之见，谦词。 ㉗阙然不报：指回信很晚。 ㉘府：府库，聚积之所，引申为凭证。 ㉙符：信，表现。 ㉚决：裁判，断决。 ㉛行：品德，操守。 ㉜憯：读“惨”。 ㉝刑余之人：指宦者。 ㉞无所比数：指士与宦者无法放在一起来比较计算高低，即不能相提并论。数（shǔ暑），计算，这里是评价的意思。 ㉟卫灵公与雍渠同载二句：《孔子世家》载，卫灵公和他的夫人南子同车出游，让宦官雍渠赶车，孔子作陪。孔子感到耻辱说：“我没有见过像好色那样好德的人”，於是离开了卫国，到了陈国。 ㊱商鞅因景监见二句：商鞅依靠秦孝公宠信的宦官景监引见得到重用。当时秦国的贤士赵良认为商鞅得官不正派，又用刑严苛，伤害王族，曾劝他引退，商鞅不听，终被杀头。司马迁是信手引喻以抒愤。商鞅遇害不是得官不正，而是由于秦国旧贵族反对变法。事详见《商君列传》。　㊲同子参乘，爰丝变色：同子，汉文帝亲信的宦官赵同，本名谈，司马迁为避父讳，改称赵同。爰，即“袁”之借字。丝是袁盎的字，汉文帝时敢直谏的官僚，官至太常。袁盎任中郎时，有一次见赵同参乘，就伏在车前谏阻文帝说：“我听说天子只和天下的英雄同车。现在汉虽缺乏人才，陛下怎么偏偏和宦官同车呢！”文帝立即赶赵同下车。事详《袁盎列传》。㊳伤气：挫伤志气。　㊴刀锯之余：司马迁愤然自称。　㊵绪业：事业。㊶待罪辇毂下：在京师做官。待罪，做官的谦称。辇毂下，京师的代称。皇帝的坐车叫辇。　㊷二十余年：从太始四年上推二十年是元鼎五年。司马迁仕为郎中应在元鼎五年之前。司马迁在《五帝本纪赞》中说：“余尝西至空桐”。考《汉书·武帝纪》，武帝西巡至空桐，事在元鼎五年。司马迁在元鼎五年从巡武帝，可见出仕在这之前，与《报任安书》这里所说完全吻合。据考证，司马迁出仕为郎在元狩五年，公元前118年，司马迁28岁。　㊸纳、效：二字同义，都是杰出的意思。㊹拾遗补阙：拾人君之所遗亡，补人君之所阙失，即讽谏。　㊺岩穴之士：隐士。　㊻备行伍：指参加军队效力。古代军队，五人为伍，五伍为行。　㊼搴(qiān牵)：拔取。　㊽遂：成就。　㊾苟合取容：苟且偷安之意。　㊿无所短长：无有所长，没有建树。短长，偏义复词，取义“长”字。　51厕下大夫之列：指太史令官秩低微。厕，夹杂、参与，谦词。下大夫，王国维说：“汉时官秩，以古差之，则丞相、太尉、御史大夫当古三公；中二千石、二千石、比二千石当古上、中、下三卿；千石、八百石、六百石当上、中、下三大夫；五百石以下至二百石当上、中、下士”。太史令秩六百石，相当古制下大夫。　52外廷：皇帝与大臣议事的朝堂。　53引维纲：伸张法令，这里指发扬国威。　54埽除之隶：中书令本由宦官充任，司马迁故作愤激语。　55阘茸（tà róng 踏荣）：卑贱、不肖的意思。　56卬：古“昂”字。

且事本末未易明也。仆少负不羁之才[①]，长无乡曲之誉[②]，主上幸以先人之故，使得奉薄技，出入周卫之中[③]。仆以为戴盆何以望天[④]，故绝宾客之知[⑤]，忘室家之业，日夜思竭其不肖之材力，务壹心营职，以求亲媚于主上。而事乃有大谬不然者。夫仆与李陵俱居门下[⑥]，素非相善也，趣舍异路[⑦]，未尝衔杯酒接殷勤之欢。然仆观其为人自奇士[⑧]，事亲孝，与士信，临财廉，取予义，分别有让[⑨]，恭俭下人[⑩]，常思奋不顾身以徇国家之急⑪。其素所畜积也，仆以为有国士之风。夫人臣出万死不顾一生之计，赴公家之难，斯已奇矣。今举事壹不当，而全躯保妻子之臣随而媒孽其短⑫，仆诚私心痛之。且李陵提步卒不满五千，深践戎马之地，足历王庭⑬，垂饵虎口⑭，横挑强胡⑮，卬亿万之师⑯，与单于连战十余日，所杀过当⑰，虏救死扶伤不给。旃裘之君长咸震怖⑱，乃悉征左右贤王⑲，举引弓之民⑳，一国共攻而围之。转斗千里，矢尽道穷，救兵不至㉑，士卒死伤如积。然李陵一呼劳军，士无不起，躬流涕，沫血饮泣㉒，张空弮㉓，冒白刃，北首争死敌。陵未没时，使有来报，汉公卿王侯皆奉觞上寿。后数日，陵败书闻，主上为之食不甘味，听朝不怡。大臣忧惧，不知所出。仆窃不自料其卑贱，见主上惨凄怛悼㉔，诚欲效其款款之愚。以为李陵素与士大夫绝甘分少㉕，能得人之死力，虽古名将不过也。身虽陷败，彼观其意，且欲得其当而报汉㉖。事已无可奈何，其所摧败，功亦足以暴于天下㉗。仆怀欲陈之，而未有路。适会召问，即以此指推言陵功㉘，欲以广主上之意，塞睚眦之辞㉙。未能尽明，明主不深晓，以为仆沮贰师㉚，而为李陵游说，遂下于理㉛。拳拳之忠㉜，终不能自列㉝，因为诬上㉞，卒从吏议㉟。家贫，财赂不足以自赎㊱，交游莫救，左右亲近不为壹言㊲。身非木石，独与法吏为伍，深幽囹圄之中㊳，谁可告诉者！此正少卿所亲见，仆行事岂不然邪？李陵既生降，隤其家声㊴，而仆又茸以蚕室㊵，重为天下观笑㊶。悲夫！悲夫！

事未易一二为俗人言也。

仆之先人非有剖符丹书之功㊷，文史、星历近乎卜祝之间㊸，固主上所戏弄，倡优畜之㊹，流俗之所轻也。假令仆伏法受诛，若九牛亡一毛，与蝼蚁何异？而世又不与能死节者比，特以为智穷罪极，不能自免，卒就死耳。何也？素所自树立使然㊺。人固有一死，死有重于泰山，或轻于鸿毛，用之所趋异也。太上不辱先，其次不辱身，其次不辱理色㊻，其次不辱辞令，其次诎体受辱㊼，其次易服受辱㊽，其次关木索被箠楚受辱[49]，其次剔毛发婴金铁受辱[50]，其次毁肌肤断支体受辱[51]，最下腐刑，极矣。传曰[52]，“刑不上大夫”，此言士节不可不厉也。猛虎处深山，百兽震恐，及其在阱槛之中[53]，摇尾而求食，积威约之渐也[54]。故士有画地为牢势不入，削木为吏议不对，定计于鲜也。今交手足，受木索，暴肌肤，受榜箠，幽于圜墙之中[55]，当此之时，见狱吏则头枪地[56]，视徒隶则心惕息[57]。何者？积威约之势也。及已至此，言不辱者，所谓强颜耳[58]，曷足贵乎！且西伯，伯也，拘牖里；李斯，相也，具五刑[59]；淮阴，王也，受械于陈[60]；彭越、张敖南乡称孤[61]，系狱具罪；绛侯诛诸吕，权倾五伯[62]，囚于请室[63]；魏其，大将也，衣赭，关三木；季布为朱家钳奴；灌夫受辱居室[64]。此人皆身至王侯将相，声闻邻国，及罪至罔加[65]，不能引决自财[66]。在尘埃之中，古今一体，安在其不辱也！由此言之，勇怯，势也；强弱，形也。审矣，曷足怪乎！且人不能蚤自财绳墨之外[67]，已稍陵夷至于鞭箠之间[68]，乃欲引节[69]，斯不亦远乎！古人所以重施刑于大夫者[70]，殆为此也。夫人情莫不贪生恶死，念亲戚[71]，顾妻子，至激于义理者不然，乃有不得已也[72]。今仆不幸，蚤失二亲[73]，无兄弟之亲，独身孤立，少卿视仆于妻子何如哉？且勇者不必死节，怯夫慕义，何处不勉焉[74]！仆虽怯耎欲苟活，亦颇识去就之分矣[75]，何至自湛溺累绁之辱哉！且夫臧获婢妾犹能引决[76]，况若仆之不得已乎！所以隐忍苟活，函粪土之中而不辞者，恨私心有所不尽，鄙没世而文采不表于后也[77]。

【注释】①负：同“无”，缺少。不羁：才质高远不可羁系，即不平庸。　②乡曲之誉：乡里的称誉。这是得举为孝廉的条件。　③周卫：宿卫，即宫禁。④戴盆望天：戴盆与望天二者不可得兼，喻自己丢掉个人私事，一心尽职。⑤绝宾客之知：断绝朋友来往，即无暇应酬。知，了解。　⑥仆与李陵俱居门下：李陵，汉名将李广之孙，善骑射，初为建章监，后为骑都尉驻守酒泉，天汉二年率兵入匈奴，兵败降敌。门下，此为近卫官职之通称。李陵为建章监、侍中，司马迁为郎中，同宿卫宫中，所以说“俱居门下”。　⑦趣舍异路：喻志趣不同，各走各的路。趣，趋向。舍，停止。　⑧自奇士：《文选》作“自守奇士”，指能够守住自己的节操。 ⑨分别有让：指有礼貌和谦虚之德。分别，分别尊卑长幼，即知礼。 ⑩恭俭下人：谦虚没架子。恭俭，偏义复词。下人，甘居人下。 ⑪徇国家之急：勇赴国家之急。徇，以身从物，这里指响应号召。 ⑫媒孽其短：夸大李陵的过失。孽（niè 镍），酒曲。 ⑬王庭：匈奴君长所居之所。 ⑭垂饵虎口：这次出击匈奴，贰师将军李广利率主力出酒泉击右贤王于天山，李陵率步卒五千出居延为支军以牵引匈奴，如诱虎之饵，本来就是要牺牲的。 ⑮横挑强胡：指李陵主动出击，四处挑战。 ⑯卬亿万之师：仰攻强大的敌人。李陵深入浚稽山迎击居高临下的敌人。 ⑰所杀过当：李陵率兵五千，杀敌一万，因此所杀已超过了自己的损失。 ⑱旃裘之君：指匈奴的大小头目。旃（zhān 毡），同“毡”。旃裘，匈奴人穿的毛毡皮裘。 ⑲左、右贤王：匈奴头人，仅次于单于的王号。 ⑳举引弓之民：征发所有能拉弓的人，指匈奴围攻李陵作了总动员。 ㉑救兵不至：李陵出征，汉武帝派路博德为后援。路博德是一员老将，耻为李陵后援，故意失约不救。 ㉒沬血：血流满面。沬，洗脸。 ㉓弮（quān 全）：弩弓。 ㉔惨凄怛悼：形容忧劳伤痛的情绪。 ㉕绝甘分少：自己不沾甘美的东西，很少的东西也分与别人共享。㉖得当报汉：想得到一个抵罪的机会，立功报汉。 ㉗暴：暴露，等于说昭著、显明。 ㉘推言陵功：阐明、强调李陵之功。 ㉙睚眦之辞：诬陷的言辞。睚眦（yá zì 涯字），怒目而视，指对李陵的气愤。 ㉚沮贰师：中伤、打击贰师。贰师，即贰师将军李广利，汉武帝李夫人之兄。太初元年，武帝拜李广利为大将征大宛，其都为贰师城，因以为号。这次出征，李广利的主力未遇强敌而败归，故汉武帝以为司马迁有意诋毁李广利。 ㉛理：大理，刑狱之官，九卿之一。秦名廷尉，汉景帝改称大理，武帝又改为廷尉，这里用旧名。 ㉜拳拳：忠诚的样子。 ㉝自列：自陈，自我辩白。 ㉞诬上：欺君之罪。 ㉟卒从吏议：指汉武帝最后批准了司法官吏的判处，以诬上之罪处以腐刑。 ㊱财赂自赎：汉律规定，可用钱赎罪。武帝时赎死罪五十万，无钱可以用腐刑代替。㊲左右亲近：指武帝身边的亲信。 ㊳囹圄：牢狱。 ㊴隤：败坏。 ㊵茸以蚕室：被打入蚕室。茸，次也，安置，打入。蚕室，养蚕之温室。受腐刑之人怕风寒，居于严密的温室内养伤，称蚕室。 ㊶重（chóng 从）：深深地。㊷剖符丹书：符，帝王封功臣爵邑时所给的一种文约凭信。君臣各执其半，以示信守，所以叫剖符。丹书，又称丹书铁券，是在铁券上用硃砂写的誓词，帝王恩赏给特大功臣，凭着它可以使本人及后世子孙在犯罪时减免罪行。 ㊸文史星历近乎卜祝之间：星，指天文。历，历算。卜，太卜。祝，太祝，祭祀之官。文史星历是太史令职掌的事。卜占吉凶，宗庙祭仪是太仆、太祝的事。卜祝和太史令都属太常，秩六百石。 ㊹倡优畜之：指君主视卜史巫祝如倡优一般。倡，乐人。优，戏人。在封建社会，倡优被视为供人玩弄的下贱人。 ㊺所自树立：指自己所处的职业地位。　⑯辱理色：理色，指脸面。这里是说不受别人变脸的侮辱。　⑰诎体受辱：指受审判。诎，同“屈”。诎体，指对人长跪。　⑱易服受辱：被判有罪，穿上罪人的赭衣。　⑲关木索被箠楚：关木索，给重犯戴上木枷绳索。被箠楚，遭受拷打。　⑳剔毛发婴金铁：剔毛发，受髡（kūn 坤）刑，剃去头发。婴金铁，在脖子上拴绕铁圈，叫受钳刑。婴，绕。　㉑毁肌肤断支体：指黥面、割鼻、断左、右腿等肉刑。　㉒传曰：见《礼记·曲礼上》。　㉓穽槛：穽（jǐng 井），陷阱。槛（jiàn 舰），木栏，这里指养兽的木圈。　㉔渐：浸渍，作动词用，指逐步发展之结果。　㉕圜墙：指牢狱。　㉖头枪地：叩头。枪，触。　㉗徒隶：狱卒。心惕息：战战兢兢，恐惧喘息。　㉘强颜：打肿脸充胖子，厚着脸皮。　㉙具五刑：具，具备。五刑，《汉书·刑法志》载夷三族之令说：“当三族者皆先黥劓，斩左右趾，笞杀之，枭其首，菹（剁成肉泥）其骨于市，其诽谤詈诅者又先断舌。”所以叫具五刑。汉承秦制，李斯被夷三族，当受此五刑。　㉚受械：被绑上刑具。械，系于手脚的刑具。　㉛张敖：赵王张耳之子，汉高祖女婿。高祖九年（前198年），高祖过赵，对赵王张敖不礼遇，赵相贯高等谋杀高祖，事发，赵君臣均被捕下狱。　㉜倾：超过。　㉝请室：官署名。请室令为皇帝出巡戒严先驱。故请室令有捕人之权，请室有特设监狱。周勃犯罪，曾被禁请室。　㉞灌夫受辱居室：灌夫，颍阴豪强，武帝时官至太仆，他与魏其侯窦婴结党反对丞相田蚡被杀。事详《魏其武安侯列传》。颍阴，汉县名，当今河南许昌市。居室，少府下所属的官署之一，后更名保宫。　㉟罪至罔加：犯罪受到法律制裁。罔，同“网”，喻法律。　㊱引决自财：下决心自杀。财，“裁”之借字。　㊲绳墨：喻法律。　㊳陵夷：衰颓，这里指意志受挫折。　㊴引节：死节。　㊵重（zhòng 仲）：难，慎重。　㊶念亲戚：念顾父母。　㊷激于义理者不然，乃有不得已也：这两句是司马迁自况。意思是取义的人，能够舍生，自然不为父母妻子所累，但有时亦迫不得已苟活下来。　㊸蚤失二亲：蚤，即“早”之借字。司马迁母亲卒年不可考。父亲死于元封元年，上距司马迁之生汉景帝中元五年是三十六年。“早”之义有二：其一，古人习惯，无论多大年数，死父母都说早孤，以示怀念之情；其二，早就死了双亲，即双亲已离世多年。有人解释“早失二亲”为青少年失去双亲是没有根据的。　㊹勇者不必死节三句：勇敢的人并不意味着轻生；反之，怯懦的人，如仰慕节义，也可以勇敢地献身，看在什么场合罢了。　㊺去就之分：死生的分界，即舍生取义的界限。　㊻臧获：古人骂奴婢的贱称。　㊼没世：谢世，即死。

古者富贵而名摩灭[①]，不可胜记，唯俶傥非常之人称焉[②]。盖西伯拘而演《周易》；仲尼厄而作《春秋》；屈原放逐，乃赋

《离骚》；左丘失明，厥有《国语》；孙子膑脚，《兵法》修列；不韦迁蜀，世传《吕览》；韩非囚秦，《说难》、《孤愤》。《诗》三百篇，大氐贤圣发愤之所为作也。此人皆意有所郁结，不得通其道，故述往事，思来者。及如左丘无目，孙子断足，终不可用，退论书策以舒其愤，思垂空文以自见③。仆窃不逊，近自托于无能之辞，网罗天下放失旧闻，考之行事，稽其成败兴坏之理④，[上计轩辕，下至于兹，为十表，本纪十二，书八章，世家三十，列传七十⑤]，凡百三十篇，亦欲以究天人之际⑥，通古今之变，成一家之言。草创未就，适会此祸，惜其不成，是以就极刑而无愠色。仆诚已著此书，藏之名山，传之其人，通邑大都⑦，则仆偿前辱之责，虽万被戮，岂有悔哉！然此可为智者道，难为俗人言也。

且负下未易居⑧，下流多谤议⑨。仆以口语遇遭此祸，重为乡党戮笑，污辱先人，亦何面目复上父母之丘墓乎？虽累百世，垢弥甚耳！是以肠一日而九回，居则忽忽若有所亡⑩，出则不知所如往。每念斯耻，汗未尝不发背沾衣也。身直为闺阁之臣⑪，宁得自引深藏于岩穴邪⑫！故且从俗浮湛，与时俯仰，以通其狂惑⑬。今少卿乃教以推贤进士，无乃与仆之私指谬乎⑭。今虽欲自彫瑑⑮，曼辞以自解⑯，无益，于俗不信，只取辱耳。要之死日⑰，然后是非乃定。书不能尽意，故略陈固陋，〔谨再拜〕⑱！

【注释】①摩：同“磨”。　②俶傥（tì tǎng 惕倘）：卓越，杰出。　③垂空文：留下文章，空文，是与具体的功业相对而言，即文章、理论。　④稽：考察。　⑤上计轩辕七句：据五臣注《文选》本补入。这几句极为重要，说明司马迁写《报任安书》时，《史记》已基本完成，但还未定稿。因这里所列五体顺序与传本《史记》不合。计，借为“记”。　⑥天人之际：天道与人事的关系。　⑦传之其人通邑大都：传给志同道合的人使之在大都传布。通邑，大邑，即大都，重文加强语气。　⑧负下未易居：犯过罪的人不容易处世。负下，负罪之下，指犯过罪。　⑨下流：水的下游，喻地位低下的人。　⑩忽忽：恍恍惚惚，形容精神呆痴的样子。　⑪直：但，只是。闺阁之臣：指宦官。闺阁，都是宫中的小门，宫禁的代称。这里司马迁以闺阁自称，表示愤慨。　⑫自引：自己引退。　⑬狂惑：指做一个傲世的狂放之人。李善注引《鬻子》说："吾闻之于政也，知善不行者谓之狂，知恶不改者谓之惑。夫狂与惑者，圣人之戒也。"司马迁以狂惑自喻，亦是愤激语，表明他要坚强地活下来完成《史记》。　⑭无乃：只怕、恐怕。　⑮自彫瑑：自我修饰。瑑(zhuàn 篆)，刻也。雕瑑，《文选》作彫瑑。　⑯曼辞：美辞。　⑰要之死日：要之，总之。这句话是盖棺论定的意思，表明自己无罪。　⑱谨再拜：拜是古代表示敬意的一种礼节，等于说敬礼。此据《文选》本补。

【译文】少卿足下：早先承蒙写给我一封信，教我要谨慎地结交朋友，并说推荐贤士是首要责任。你的情意十分恳切，好像是责备我不遵从你的话，而听信世俗流言。我是不敢这样做的！我虽然才能菲薄，也曾经从旁听到过有德行的人遗教。只是自己认为身体残废，处在下贱的地位，动不动就有罪过，有时想要有所作为，反而遭到损害。因此我孤独苦闷，找不到知心朋友尽情倾吐。俗话说："为了谁去这样做，又有谁来听我的呢？"所以钟子期死了，伯牙一辈子不再弹琴。为什么呢？因为士人是替尊重自己的人效力；女子是为喜爱自己的人打扮。像我这样，身体已经残废的人，即使怀抱着随侯珠、和氏璧那样的珍贵财宝，有许由、伯夷一般的德行，也始终不会得到光荣，恰好遭人耻笑使自己更加污秽罢了。

你的信我早该回答了，适逢刚刚随从皇帝东巡回来，又忙着繁琐的事务，彼此相见的日子很少，整天匆匆忙忙没有片刻的空闲时间以详尽地表达我的心意。现在你身遭大罪，而且再过一个月就接近行刑的十二月了，我又将随从皇帝到雍，恐怕转眼之间你就会遭到不幸。那样，我将终生不可能向你抒发心中的愤懑，你在地下的魂灵也会永远埋怨我。现在，请允许我说说不高明的见解吧。好久没有回信，请你原谅。

我听说过：修养高尚的人，是有智慧的证明；博爱施舍的人，是有仁德的开端；懂得舍取的人，是有道义的表现；正确对待耻辱的人，是判断勇敢的标准；能够成名的人，是操行的最高准则。士人有这五种德行，然后才可以在社会上立足，从而进入君子的行列。所以，最惨的灾祸，莫过贪图私利；最痛苦的悲哀，莫过于刺伤了心；最丑恶的行为，莫过于辱没祖先；最大的耻辱，莫过于遭受宫刑。受过这种刑法的人，就没有人愿意和他在一起，这不是一朝一代的事，而是由来很久远了。从前卫灵公和阉人雍渠同坐一辆车，孔子感到耻辱就离开了卫国到陈国；商鞅依靠阉人景监的引荐，得到秦孝公的宠信，赵良替他胆寒；宦官赵同坐在文帝的车上，袁丝变色争谏。这样看来，宦官从古以来都被看作可耻是下贱的人。就是一般人，办事涉及到宦官，也没有不挫伤志气的，何况是慷慨激昂的士人呢！当今朝廷上虽然缺乏人才，但怎么能叫一个受过宫刑的人去推荐天下的英雄豪杰呢！我是靠着父亲的事业，才得以在京师供职，已经二十多年了。因此自己时常思量：对上呢，我没能够竭尽忠诚，得到奇策高材的美誉，也没有主动地去亲近圣明的皇帝；其次呢，我又没能替皇帝拾遗补缺，招贤进能，推举隐居的士人；在外呢，我也没有参加军队，没能在攻城野战中，立下斩将拔旗的汗马功劳；对下呢，我也没有能够用积年的劳苦，取得尊荣的官职和丰厚的俸禄，使宗族朋友得到光荣。这四者中间，没有一件取得成功，只不过是得过且过，受到皇帝的收容。我没有一点可称道的长处，从这里就可以看出来了。过去我也曾居于下大夫的行列，忝列在朝廷上发表些微不足道的议论，但没在那个时候发扬国威，竭尽思虑。现在，身体已经残废，做一个扫除的奴隶，处于轻贱的地位，反而想要扬眉吐气，议论是非，这难道不是轻视朝廷，羞辱当代的人士么！唉！唉！像我这样的人，还有什么可说呢！还有什么可说呢！

再说事情的原委不是容易说明白的。我年轻的时候，没有突出的才学，到了成年，仍没有得到乡里的称誉。幸好，由于皇帝看承父亲的缘故，使我得以奉献浅薄的才技，出入禁卫森严的宫中。我以为顶着盆子是不能够看到天空的，所以断绝了朋友的交往，抛弃了家室事业，日日夜夜想竭尽我微薄的才学，专心供职，以博得皇帝的欢心。谁料这样做却是大错特错！我和李陵同在宫中任职，平常并没有什么交情，思想志趣也不同，也没有在一起饮过酒、交过朋友。然而我观察他的为人，确实是一个自爱而有操守的奇士！他侍奉父母极孝顺，和朋友交往很忠信，对待金钱十分廉洁，取舍之间重德义，分别尊卑懂礼节，虚心简朴没有架子，经常想着为国家的急难而献身。从他平时的修养来看，我认为他具有国士的风度。作为一个臣仆，敢于出入万死之中，去奔赴国家的急难，而不考虑个人的安危，这实在是可贵的啊！现在因他一件事情做得不好，那些只顾保全自身和妻儿的人，就随势构陷，夸大罪名，我心里十分痛恨。况且李陵只带领不到五千步兵，就长驱直入，足迹到达匈奴的王庭。他这支部队，虽然不过是诱虎之饵，但他却主动出击，四处挑战，仰攻居高临下的强大敌人，和单于接战了十多天，杀死的敌人超过了自己的损失。敌人连救死扶伤都来不及，匈奴的君长都震惊了，于是调动了左右贤王，征发全部能够拉弓打仗的人，用全国的力量对他进行围攻。李陵且退且战一千余里，弓矢用完了，退路被截断了，救兵不来，士卒也死伤成堆。然而，在这样的情况下，李陵一声号召，军士无不奋起，噙着眼泪，血流满面，把泪水吞下肚里，咬紧牙关，举着空弩，冒着白刃，转身与匈奴死战。李陵没有溃败时，派人回朝报告，朝廷的公卿王侯没有不敬酒祝贺的。过了几天，李陵战败的消息传来，皇帝吃饭没味，听朝不乐，大臣忧惧，不知如何是好。我看到皇上凄惨悲伤，就不顾自己的卑贱，想真心地对皇帝竭忠尽智。我认为李陵平时和士大夫相处，甘美的东西不沾边，倒把自己不多的物品分与大家共享，因而能够得到部下的死力，虽然是古代的名将也不能超过他。现在，他虽然陷身敌人，我看他的心意，是要在将来适当的时机报效汉朝。事情已经无法收拾了，但他深入敌后摧败匈奴的功劳，也足以光耀于天下。我抱着这些想法正要陈述而没有机会，恰好皇上召问，我就本着这个意思，赞扬了李陵的功劳，想用它来宽慰皇上的心思，阻塞陷害者的谗言。但是由于没能说清楚，圣明的皇上，又不深入推究，就认为我是在毁谤贰师，而替李陵开脱，于是把我关进了监狱。我竭尽恭谨的忠心，始终得不到表白，落了个欺君的罪名，皇上终于批准了法官的判决。家庭贫困，没钱赎罪，又没有一个朋友相助，皇帝的亲信也不替我说一句话。我的身体又不是木头石块，却单单要和狱吏做伴，深深地关在监狱里，这苦处去向谁诉说呢！这正是少卿您亲眼看到的，我的遭遇难道不是这样的吗？李陵既然投降了敌人，败坏了他家的名声，而我则被处宫刑住在蚕室里，着实被天下的人耻笑。可悲呀！可悲呀！这些原委是不容易对世俗的人说明白的。

我的祖先没有立下过得赐剖符丹书的功劳，而掌管文献、历史、天文的官，与卜官、祝官是同一地位的人，本来就是供皇上驱使，如同豢养的乐师、优伶一样，是被流俗所轻视的啊！假使我伏法就死，不过像九牛身上掉下的一根毫毛那样微不足道，和一只被踩死的蝼蛄蚂蚁有什么区别呢？而社会舆论也不会把我和死节的人相提并论，不过认为我是智虑穷尽，犯了大罪，自己不能解脱，只好去死罢了。为什么呢？平时自己所从事的职业必然使人有这样的看法。人总是要死的，但有的重于泰山，有的轻于鸿毛，看是否死得其所罢了。最上的人不辱没祖先，其次的人不侮辱自身，再其次的人不受别人变脸的侮辱，又其次的人不被招致言辞侮辱，更其次的人则遭受屈膝下跪的耻辱，更要次一等的人遭受穿犯人衣服的耻辱，比这还次的人遭受剔去头发，在脖子上拴上铁链的耻辱，还比这更次的人要遭受在脸上刺字、割掉鼻子、砍断手脚的耻辱，最没用的人遭受宫刑，达到耻辱的极点。《礼记》上说，“刑法不加到大夫身上”，这就是说士人不能不严格保持操守。猛虎在深山里，百兽都惧怕它，等到落入陷阱，关进铁栅，只有摇头摆尾向人求食，这种屈服于威力的习性是逐渐积累起来的。所以士人，不肯走进地上画的牢房，不和法官狱吏相对，果断地自裁也决不肯接受审讯的侮辱。现在，我却被捆缚手脚，带上刑具，剥掉衣服，重重鞭打，关在四面是高墙的监狱里，这个时候，看见了狱吏就要叩头，碰上狱卒也胆颤心惊。为什么呢？因为逐渐积累了对狱吏威势的恐怖。到这地步，还硬不说是受了侮辱，那才真正是假装出来的厚脸皮，有啥可贵呢？况且西伯，作为一个诸侯，还曾被关在羑里；李斯是一个丞相，却遭受五刑；淮阴侯韩信受封为王，在陈被逮捕；彭越、张敖，也是王侯，一样被关在监狱受罪；绛侯周勃诛除了吕党，权力超过五伯，结果被关在请室；魏其侯是个大将，也穿上了犯人的赭色衣服，戴上木枷、手铐和脚镣；季布髡钳为朱家当奴隶；灌夫得罪田蚡被下监狱。这些人都是王侯将相，名声传遍外国，等到犯罪法办时，不能够及早自杀，只好落在尘土中了。从古到今，都是一样，哪里能够不受耻辱呢？这样说来，勇敢和懦夫，强大和弱小，都是由形势决定的，这是明摆着的道理，有什么奇怪的呢！一个人如果不趁早自杀，跳出法律制裁的圈子之外，稍一迟疑，等到鞭子已经落在身上，才想到死节，这不是太晚了吗！古人对大夫施刑之所以十分慎重，大概就是这个缘故吧。说到人之常情，没有一个不是贪生怕死，怀恋父母、妻子、孩子的。只有那些被义理激发的人是例外，然而也有不得已的情况。现在我很不幸，父母早已死了，又没有兄弟，孤独只身。少卿，你看我是一个怀恋妻子、孩子的人吗？况且，勇敢的人虽视死如归，但不一定死于名节；懦夫如果倾向节义，也随时可以献出生命。我即使想要苟且偷生，到底也还懂得一点生死的界限，为什么要遭受坐监牢的侮辱呢？再说，奴仆婢妾，尚能够赴义死节，何况像我这样处于迫不得已的环境之中呢！我之所以忍辱负重活下来，甚至于陷入粪土之中也不推辞，是恨自己的意志还没有表达出来，如果默默地死去，那么我的文采就不能流传到后世了。

古代有许多富贵而其名堙没不闻的人，是无法统计的，只有卓越非凡的人物才垂名后世。西伯被囚，才推演了《周易》；孔子困穷，方写出《春秋》；屈原遭到放逐，于是作《离骚》；左丘成了盲人，还著有《国语》；孙子受了膑刑，论著《兵法》；吕不韦流放迁蜀，他的《吕览》更加得到传布；韩非被秦王囚禁，他的《说难》、《孤愤》更为人们重视。《诗》三百篇，大都是圣贤发泄愤懑的作品。这些人都因为心里有所郁结，又得不到通达，所以才叙述往事，寄情后人。尤其是左丘明眼睛失明，孙膑被刑断足，终生不能再用世了，还引退著书以抒发愤懑，想留下文章议论来表明自己。我自不量力，现在也把自己表现在浅薄的文章中，搜罗天下散失了的遗闻旧事，考核历史事实，研究事业成败的原因，探索朝代兴衰的道理，从黄帝写起，直到现代为止，分为《表》十篇，《本纪》十二篇，《书》八篇，《世家》三十篇，

《列传》七十篇，总计一百三十篇，想用它来反映天道和人事的关系，贯通从古以来的演变，成为一家的言论。书稿还没有完成，恰恰遭了这场灾祸，我痛惜著作没有完成，因此受了极刑而没有怨恨的表现。我想完成这部书，收藏在名山之中，传给志同道合的人，流传在通都大邑，那么就可以补偿我过去遭受的耻辱，即使招来万死，我也决不后悔！然而，这只可以和有知识的人讲，很难对浅薄的俗人诉说。

而且，背负着因罪受刑的坏名声，在社会上不容易立足，自己卑贱的地位也常常遭到毁谤。我由于发表议论遭受这场灾祸，着实被乡亲们所讥笑，污辱了祖先，还有什么面目到父母坟墓上去祭奠呢？即使经过一百代，污辱也只会更加深重！因此，我整天心绪不宁，住在家里恍恍惚惚像丢了什么似的，走到外边，不知到哪里去才好。每当想起这一耻辱，冷汗就浸透了衣裳。我简直是做了宦官，难道还有资格去归隐山林吗？所以暂且随波逐流，得过且过，做一个狂夫傻瓜。现在少卿你反倒教我推荐贤士，这恐怕是和我的想法相违背的吧！如今我虽然想奋进，并用美好的言词来掩饰自己，也是没有益处的，大家不会相信，恰恰是招来耻辱罢了。总之，只有到了死的那一天，是非才有定论。这封信说不完我的心愿，只是略略陈述我浅薄的见解而已。再次向你致敬！

【简论】李陵是名将李广的孙子，少为建章监，骑射有祖父李广之风，谦虚下士，甚得战士心。天汉二年，汉武帝派贰师将军李广利率三万骑兵出酒泉，击匈奴右贤王于天山。李陵率五千步卒出居延，北行三十天，直达浚稽山（约在今蒙古人民共和国图拉河与鄂尔浑河间），以吸引单于的注意力，保证贰师将军的出击。李陵的担子很重，汉武帝派老将路博德率领一万骑兵为他的后援。李陵长驱直入，到达目的地后派陈步乐回朝廷报告。汉武帝十分高兴，朝中诸大臣无不举杯祝贺。正在这时，孤军深入的李陵却遭到匈奴单于亲自率领的重兵包围。匈奴骑兵从三万增加到八万，李陵且战且退，经过了十几天的激战，汉兵歼敌一万多，但终因寡不敌众，在离边塞仅有一百多里的地方，李陵全军覆没，投降了匈奴。老将路博德耻为李陵后援，坐视不救，这是汉武帝用人的错误。

贰师将军李广利是一个庸才，因为他是汉武帝宠姬李夫人的哥哥，所以汉武帝把重兵交给他。贰师，本是大宛的都城。太初年间李广利兵征大宛，拜为贰师将军，封海西侯。这次出征匈奴，汉武帝想让贰师立功增封，但这个庸将率领的三万骑兵未遇匈奴主力，却打得大败亏输，损兵折将而返。汉武帝见两路兵败，食不甘味，听朝不怡。阿谀逢迎之徒，猜中了汉武帝的心事，讳言贰师之败，全委过于李陵。司马迁十分气愤，认为这是极不公平的。当汉武帝召问司马迁的时候，他便以自己对汉武帝的"拳拳之忠"坦率地说了他的看法。司马迁说：

> 李陵事亲孝，与士信，一向怀着报国之心。他只带领了五千步兵，吸引了匈奴全国的力量，杀敌一万多，虽然战败降敌，其功可以抵过，我看李陵并非真心降敌，他是活下来想找机会回报汉朝的。

李陵兵败降敌，成了叛徒，这个案是不能翻的。司马迁为李陵辩护，这个短我们也不必讳言而曲为之开脱。但是，司马迁谏劝武帝，主要用意并不在替李陵辩降，而是站在历史家的立场上讲了事实真相，一方面是宽武帝之心，另方面是希望汉武帝公正地对待将士的成败。最初汉武帝听进了司马迁的意见，派公孙敖到边界迎接李陵回归。一年后，公孙敖谎报军情，说李陵投降匈奴，为单于练兵以攻汉。汉武帝闻讯大怒，族灭了李陵全家，无辜的老母也上了法场。司马迁遭株连。汉武帝一下子翻过脸来，认为司马迁替李陵游说，败坏贰师，全不看他多年侍从尽职的分上，怪罪下来，囚禁了司马迁，使之受了腐刑。司马迁平时的亲友，武帝身边的显贵，没有一个人出来营救他。这使司马迁看到了封建社会的世态炎凉和人情冷暖，更看出了一些专制主义的弊端，使他的立场发生了重大的转变。司马迁受尽了酷吏的凌辱之后，认识到"以求亲媚于主上"的思想是"大谬不然"，从而发扬了批判的精神，同情人民的苦难，揭露专制主义的黑暗。这场灾祸，对司马迁个人是一场悲剧，而对《史记》的完成却是一个动力和新起点，这是加害于司马迁的统治者们始料不及的。

封建专制社会的世态炎凉、人情冷暖与权势浮沉密切关联，人处逆境才能有亲身的体会。主父偃当路，士大夫都称誉他；等到主父偃被杀，士大夫都争说他的坏话。翟公为廷尉，宾客阗门；等到被废，门可罗雀。司马迁身陷囹圄，体味三重，人主的喜怒无常，便意味着人臣的祸福莫测。本来司马迁推言李陵之功，“欲广主上之意”，是怀着一片忠心，想不到盛怒的汉武帝发生了误解，以为司马迁有意中伤贰师将军李广利，替李陵游说，“遂下于理”。司马迁饱尝了专制的毒害，思想发生了巨变，使他从一个“以求亲媚于主上”的人，转变为一个发愤著书的人。所谓发愤，有两层意思。第一层，就是用更加坚韧的毅力来完成这部传世之作。司马迁说：“我之所以忍辱负重活下来，甚至于陷入粪土之中也不推辞，是恨自己的意志还没有表达出来，如果默默地死了，那么我的文采就不能流传到后世了。”第二层，就是揭露和抨击统治者的荒淫和横暴，同情社会的下层人民，歌颂敢于反抗、敢于斗争的历史人物，把个人的不平和愤懑，宣泄在对历史人物的褒贬上。司马迁谴责酷吏，歌颂循吏，颂游侠，颂货殖，为社会底层人物立传，这都是他思想飞跃之后的产物。唐韩愈评论柳宗元的文章说：“子厚前时少年，勇于为人，不自贵重顾藉，谓功业可立就，故坐废退。既退，又无相知有气力得位者推挽，故卒死于穷裔。材不为世用，道不行于时也。使子厚在台省时，自持其身，已能如司马刺史时，亦自不斥。斥时有人力能举之，且必复用不穷。然子厚斥不久，穷不极，虽有出于人，其文学辞章，必不能自立以致必传于后如今无疑也。虽使子厚得所愿，为将相于一时，以彼易此，孰得孰失，必有能辨之者。”（《韩昌黎集·柳子厚墓志铭》）这段话移来比况司马迁也是十分恰当的。假如司马迁仕途上一帆风顺，实现了早年的“以求亲媚于主上”的理想，那么，《史记》决不会成为“无韵之离骚”和“史家之绝唱”。

司马迁在狱中经历了一场严重的生与死的斗争。他说：

祸莫憯于欲利，悲莫痛于伤心，行莫丑于辱先，而诟莫大于宫刑。

司马迁认为“最下，腐刑极矣”，曾多次想到自杀。但是《史记》还没有完成，父亲的遗愿还没有实现，他的身躯是属于《史记》的，也是属于父亲和自己的理想的。“人死或重于泰山，或轻于鸿毛”，一个人若不能对社会作出贡献待后人评说，而仅仅以一死来对黑暗进行抗争，岂不是“若九牛亡一毛，与蝼蚁何异！”司马迁在痛苦中懂得了人生的意义，他坚强地活了下来，决心以最大的毅力来完成《史记》。他引古人自况，认为只有那些能够经受得起艰难环境磨炼的人才能做出一番事业来。西伯拘羑里演《周易》，孔子厄陈蔡作《春秋》，屈原放逐赋《离骚》，左丘失明著《国语》，孙子膑脚论《兵法》，不韦迁蜀传《吕览》，韩非囚秦有《说难》、《孤愤》，《诗》三百篇，大都是圣贤发泄愤懑的作品。这些人都是因为心里有所郁结，又得不到通达，所以才叙述往事，寄情后人。司马迁引述的这些古人的事迹与历史事实有出入，例如韩非的《说难》、《孤愤》作于入秦之前，吕不韦的《吕览》写成在放逐之先，这都是《史记》在他们的本传中明白地作了记载的，我们不能钻牛角。司马迁引述古人旨在说明他发愤著书。他效法古人，把自己全部的精力和热血倾注在《史记》之中，成为“一家之言”，表达了鲜明的爱憎感情。《史记》的人物有个性，有血有肉，栩栩如生。《史记》的议论寓于序事之中，不虚美，不隐恶，据事实录，闪耀着民主性的光辉，具有深厚的人民性。鲁迅称誉《史记》是“史家之绝唱，无韵之《离骚》”，是十分中肯的。《史记》之所以获得这样高的成就，正因为它是司马迁发愤所著之书，字字句句都用血和泪写成。

司马迁出狱后，被用为中书令。中书令是皇帝身边的秘书，被目为“尊宠任职”。但此职系宦官充任，司马迁因受腐刑，得以充任此职，他认为是一种无法忍受的侮辱，“肠一日而九回，居则忽忽若有所亡，出则不知所如往”，真是坐卧不宁了。但司马迁终于从个人的悲怨中解脱出来，忍辱著书，献身于《史记》，留下了宝贵的实录作品。这种精神体现了中华民族的脊梁，是值得我们敬仰的。司马迁的人格是崇高的，他认为只有那些能够经受得起艰难环境磨炼的人，才能做出一番大事业来，这一认识不但激励了自己，而且也启迪后人深思。

附编：《史记》的语言艺术

文学的第一要素是语言。《史记》之所以能产生强烈的美感效应，它的语言美具有举足轻重的作用。司马迁善于对社会、人生进行细致的观察、分析，善于抓住人或事物的本质特征进行描绘，在语言运用方面取得了惊人的成就，使《史记》成为中国文学语言的宝库。司马迁是中国古代最伟大的语言巨匠。

一、典范的叙事散文语言

《史记》人物传记的本质是一种散文叙事，其中非人物传记的篇章大都带有政论色彩，更是典型的散文叙事。司马迁散文的艺术成就，代表了汉代文学的高峰。语言锤炼和章法结构是撰写优秀散文的重要因素。司马迁在《史记》中创作出了自己富于时代特色和个性特色的接近口语的纯正散文语言，我们称之为“典范的叙事散文语言”。

1.《史记》语言的散文化和口语化

众所周知，汉赋是司马迁生活时代最流行的标准的文学语言。汉赋在句式上喜用骈句、偶句、排比，音韵上讲究抑扬谐妙。汉赋的作者，尤其是散体大赋的作者如司马相如等人，作为大汉帝国润色鸿业的辞赋家，他们对于大汉帝国的繁荣昌盛和大汉帝国的规模气象，对文、景、武几代皇帝迅速发展起来的高度物质文明和精神文明，抱有一种惊异、喜悦、赞叹、自豪的心理，一种不加以夸耀和展示便不足以餍心饫意的心理。正是这样一种心理，促使他们创作出了以“铺张扬厉”、“侈丽闳衍”为特点的汉大赋这种艺术形式。这种作品在语言上追求的是华丽、繁缛、铺陈、整饬，所谓“极声貌以穷文”。这种贵族化、形式主义化，并与口语分家的语言，是不能胜任记叙复杂的历史事件的，更不能用以描写人物，刻画形象。司马迁为了实现“究天人之际，通古今之变，成一家之言”的理想，在全面继承古代书面语言与学习民间语言的基础上，大胆创新，在《史记》中创作出了运用自如用以叙事的典型化散文语言。

这种语言有两大特征。其一，在叙事中坚持散句单行，按照语言的自然音节，屈折舒展，伸缩自如，句多长短相间，参差错落，形成一种灵活多变的流转句式，有意识地避免排句、偶句，避免散文的辞赋化。其二，是口语化，坚持汲取和吸纳民间的口头语言，坚持与当时群众语言的血肉联系，这也是散文语言的生机和发展的一大源泉。

司马迁遣词造句，句式灵活而多变化，句子长的可以长到几十个字，短的可以短到三两字，甚至一个字。长长短短，组成文章错落有致，分层举例如次：

先谈《史记》中的长句

例(1)：赐天下鳏寡孤独穷困及年八十以上孤儿九岁以下布帛米肉各有数。(《孝文本纪》28字)

例(2)：使壮士车令等持千金及金马以请宛王贰师城善马。(《大宛列传》21字)

例(3)：愚民安知市买长安中物而文吏绝以为阑出财物于边关乎？(《汲郑列传》24字)

像以上这类长句，在先秦的文字中是较为少见的，而《史记》在叙事中运用相当普遍，有多达四十余字的长句。长句中有着许多包孕的子句，或定语，或状语，或补语，或宾语，或兼语，用以描写复杂的事件和表达复杂的情感色彩，不一而足。多重长句的运用，表现了司马迁对语言的控驭能力。

那么《史记》里一般是在什么地方，什么场合用长句呢？大体有三种情况：一是帝王的诏告封赠，这属于朝廷文告，语言需要严密周详，故多长句，如例（1）“赐天下鳏寡孤独……”句；

二是叙及一些使令时喜欢用长句，如例句（2）“使壮士车令等持千金……”句；三，当然更多的是遇到情事委曲微妙，非长句不足以曲折达意、婉转尽情的时候来用，如例句（3）汲黯为长安商人诉冤屈、讨公道所用的句子。这些地方不用长句，只是平铺直叙，就带不出人物的感情，点染不出环境气氛。以句（1）为例，这是一个长宾语的句子，它在艺术上发挥了什么作用呢？析之如下：

例（1）：赐天下鳏寡孤独穷困及年八十以上孤儿九岁以下布帛米肉各有数

这是个省略了主语的陈述句（主语是汉文帝，承前省；谓＋宾）双宾式（间接宾语、直接宾语），这一长句的特点是把本来可以分开说的几句话合成了一个有双宾语的长句。这句话的谓语很简单，只有一个“赐”字，其余 27 字可以说全是宾语（“天下”是宾语的定语，“各有数”属于宾语的补语或说是定语后置）。这个宾语是由几个并列的词组充当，“鳏寡孤独穷困及年八十以上孤儿九岁以下”是间接宾语，“布帛米肉”是直接宾语。“天下”作为间接宾语的定语，表赐的范围；“鳏、寡、孤独、穷困及年八十以上、孤儿九岁以下”并列几种人，表赐的对象之众多、范围之广泛；“布、帛、米、肉”，表所赐物品之实惠与品种；“各有数”指受惠者有等差，而对赐者主体汉文帝则表达了他虑事之周到、细心表述无遗，同时从中也就把文帝的仁心德治给体现出来了。

例（2）：上 ‖ 使 王然于 以越破及诛南夷兵威 风谕 滇王入朝（《西南夷列传》20 字）

这是一句由名词主语打头，与“使”结合构成主谓句，然后再用兼语，而兼语之后又有兼语（主＋谓＋兼＋谓＋宾，兼语式），结构便越发复杂。为什么非要这么复杂的结构？先抛开

"以越破及诛南夷兵威"的状语不说，就其主干而论，就是"上使王然于风谕滇王入朝"——皇上派王然于讽喻滇王使之入朝。这里涉及了三个人，意思至少也有三层：皇上派王然于（一层）；叫王然于讽喻滇王（二层）；目的是要滇王入朝（三层）。为什么要用两个兼语？因为一个兼语只能管到"风喻滇王"为止，而讽喻滇王不是目的，讽喻的目的是使滇王"入朝"，所以"滇王"后边"入朝"两个字决不能少，而这两个字正是一谓（入）一宾（朝），与"风喻滇王"合在一起，正好又构成一个兼语："风喻滇王入朝"。光是主干句子就已经够复杂的了，还要加上讽喻手段——"以越破及诛南夷兵威"这个状语，如此，将几层意思凝结在一句话里，通过层折递接的结构，周密而又顺畅地传达出来。

通过以上两例长句的分析，由此可以看出长句的传情达意的妙用，以及司马迁大手笔驾驭语言的高超才能。

再看《史记》中的短句

例（1）：广令诸骑曰："前！"前，未到匈奴阵二里所，止。（《李将军列传》）

十六个字，分为五句，三个一字句。每个一字句，有如千钧之重。第一个"前"字，写口令，概括了李广如雷霆之声的命令，表示只有勇往直前，才能在气势上压倒敌军，争取死里求生。第二个"前"字写进行，表示全军整齐前进的豪壮气势。最后一个"止"字，显示全军岿然不动的意志。总计十六个字，长短五句话，就淋漓尽致地描绘出了汉军视死如归，一往无前的精神，刻画了一场两军交兵的大场面，真是精绝。三个一字句的使用提了精神。《史记》中还有二字句、三字句，不一一例举。

例（2）：使者惧而失谒，跪拾谒，还走，复入报曰："客，天下壮士也，叱臣，臣恐，至失谒。曰'走！复入言，而公高阳酒徒也'。"（《郦生陆贾列传》）

例（3）：项羽晨朝上将军宋义，即其帐中斩宋义头，出令军中曰："宋义与齐谋反楚，楚王阴令羽诛之。"当是时，诸将皆慴服，莫敢枝梧。皆曰："首立楚者，将军家也。今将军诛乱。"（《项羽本纪》）

例（2）是在通报和对话场合下的短句，一连串的短句，描写通报人急促情态可掬。例（3）叙写紧张激烈场面之中夹杂半句话。"今将军诛乱"就是半句话。诸将被突如其来的血腥场面吓破了胆，惟恐与宋义沾上边，赶紧表白项羽诛乱，应当为全军统帅，在紧张气氛中说不成整句话，司马迁用半句话的形式活生生地表现出来。

还有一种情况，是说话当中由于别人抢话而出现的半句话。《魏其武安侯列传》写灌夫极力讨好武安侯为魏其兜揽贵客一段："丞相（武安侯田蚡）从容曰：'吾欲与仲孺过魏其侯，会仲孺有服。'灌夫曰：'将军乃肯幸临况魏其侯，夫安敢以服为解！请语魏其侯帐具，将军旦日早临。'"这里武安说什么"欲与仲孺过魏其侯"云云，原是个卖人情的门面话，因为这里正值灌夫有丧服在身，他料想灌夫去不成才这么说的，所以那"会仲孺有服"后边明显的还有"惜不能成行"这种意思的后半句，可没曾想灌夫为魏其兜揽贵客心切，一见武安说出想去拜访魏其的话，不等武安把话说完就受宠若惊地把话抢了过去。这样武安那后半句话只好咽回去而随口应承。正是因此才导致第二天魏其夫妇备办下酒席而武安不到，灌夫登门去请，原来武安还在高睡，早把这个约会忘到九霄云外去了，出现了尴尬局面。

除此之外，《史记》还能写吞吞吐吐的话，写谈话中不知不觉转换称呼的话，写自言自语心口商度的话等等，我们就不一一去展开说了。

第三，句式长短相间，参差错落，增强语气的表现力

人们说话，随意吐词，连成句子，总是长长短短，参差错落。但是，战国时纵横家游说国君的说词，列国行人的外交语言，讲究辞章华丽，与口语产生距离。《左传》、《战国策》等书记载的行人外交辞令和策士的说辞，已经出现了一定程度的铺陈夸饰和排比对偶句式。到了汉代，辞赋盛行，铺陈夸张和骈偶化成为时尚。这对于推动纯文学语言的发展是有意义的，但不利于写史状人。司马迁为了增强语言的表现力，叙事简洁精练，有意识地不造排句偶句，行文总是长短不齐，参差错落，句式活泼生动，接近口语，富有生命力。如《项羽本纪》所写巨鹿之战，就长短句相间，错落有致。其文曰：

> 项羽乃悉引兵渡河，皆沉船，破釜甑，烧庐舍，持三日粮，以示士卒必死，无一还心。于是至则围王离，与秦军遇，九战，绝其甬道，大破之，杀苏角，虏王离。涉间不降楚，自烧杀。当是时，楚兵冠诸侯。

这一段大战描写的文字，句式多短章促句，它造成一种紧张气氛与激烈的战斗场面相照应，读者随着这短促的节奏，不觉加快了心率的跳动，大战场景历历如画，真是神来之笔。

但是对称是一种美感，是中华民族文化中的一种传统美感，而且司马迁也是一个辞赋家，对称的美感对司马迁也不能不是一种诱惑。《史记》中也有许多排比句子，不过司马迁自有他出神入化的点化手法，运用了一种“寓骈于散”以散统骈的方法①，造成对偶排句的散文化。清代批评家称之为意偶而笔不偶，或笔单而气双的说法。试以《史记·货殖列传》中的两段话来说明：

> “贵上极，则反贱；贱下极，则反贵；贵出如粪土，贱取如珠玉，财币欲其行如流水。”“其在闾巷少年，攻剽椎埋，劫人作奸，掘冢铸币，任侠并兼，借交报仇，篡逐幽隐，不避法禁，走死地如骛，其实皆为财用耳。”

---

① 这里的分析，参见李长之《司马迁之人格与风格》（三联书店 1984 年版）有关内容。

这两段话中的句子业已构成对偶句，但前者忽然加上‘财币欲其行如流水’，后者忽然把四字句改为‘走死地如骛’，这是故意破坏那太整齐的呆板，以构成一种不整齐的美。

有时连叙数事，司马迁也有意造出意义排比、句式不排比的散句，构成一种跌宕气氛，加深文意。如《秦楚之际月表序》写天下三嬗："初作难，发于陈涉；拨乱诛暴，平定海内，卒践帝祚，成于汉家。五年之间，号令三嬗，自生民以来，未始有受命若斯之亟也。"意义排比，加深了三嬗天下的对照；字句变化而不作排比，显示层层递进。吴见思《史记论文》对此评论说："《史记》凡用数句排比，无一句不变，而后人不复宗法，独用呆板。盖《汉书》一出，以匀齐整练四字害之也。"这的确是极为精练地概括出了《史记》散文语言的特点。

2. 典范散文语言得心应手的叙事功能

叙事最难，一是对复杂史事如何做到条理清晰，二是行文不呆板流畅生动。作为历史著作的《史记》，基本要求是线索清晰，前因后果，一目了然。作为人物传记的《史记》，要求文字神采飞扬，有可读性。司马迁得心应手地运笔，游刃有余地叙事，绚丽多彩的史传散文在他手里完成，聚为《史记》，千古传唱。《史记》载三千年史，而对每个事件、每个人物的出处经历都有明确交待，即使再复杂的矛盾也能写得一清二楚。如《魏其武安侯列传》揭露统治阶级内部的矛盾斗争，窦婴、田蚡、灌夫三人的矛盾纠织在一起，难解难分，但司马迁笔力不凡，"以魏其武安为经，以灌夫为纬，以窦王两太后为眼目，以宾客为线索，以梁王、淮南王、条侯……许多人为点染，以鬼报为收束，分合联络，错综周密，使恩怨相结，权势相倾，杯酒相争，情形宛然在目。"[1]《高祖本纪》写刘邦一生，既有本纪的纲领性，又有列传的生动细致性，大小事件纷繁多变，但司马迁写得有条不紊，"整中见乱，乱中见整，绝无痕迹。"[2]《李斯列传》通过李斯的一

① （清）李景星：《史记评议》。
② （清）吴见思：《史记论文》。

生，展现出秦王朝由盛到衰到亡的全过程，虽是列传却有本纪的特点，因此，明代茅坤说："学者读《李斯传》，不必读《秦纪》矣。"[①] 清代李景星说："《李斯传》以'竟并天下'、'遂以亡天下'句为前后关锁。'竟并天下'是写其前之所以盛，'遂以亡天下'是写后之所以衰，盛衰在秦，所以盛衰之故，则皆由于斯。……似秦外纪，又似斯、高合传，而其实全为传李斯作用。"[②]《史记》把复杂多变的历史写得眉目清晰，这是它叙事语言成功之一。

《史记》叙事语言还能做到生动传神。如《项羽本纪》中的巨鹿之战，是项羽一生的关键一仗，它打败了秦军的主力，为起义军在军事上的彻底胜利奠定了基础。前文已论及此役场面之壮观，这里再作全文引录以见作者对这场大战高潮全过程的叙述：

> 项羽已杀卿子冠军，威震楚国，名闻诸侯。乃遣当阳君、蒲将军将卒二万渡河，救巨鹿。战少利，陈余复请兵。项羽乃悉引兵渡河，皆沉船，破釜甑，烧庐舍，持三日粮，以示士卒必死，无一还心。于是至则围王离，与秦军遇，九战，绝其甬道，大破之，杀苏角，虏王离。涉间不降楚，自烧杀。当是时，楚兵冠诸侯。诸侯军救巨鹿下者十余壁，莫敢纵兵。及楚击秦，诸将皆从壁上观。楚战士无不一以当十，楚兵呼声动天，诸侯军无不人人惴恐。……诸侯将入辕门，无不膝行而前，莫敢仰视。

作者不仅将项羽破釜沉舟的过程、结果写得明了清晰，而且极为生动形象，"精神笔力，直透纸背，静而听之，殷殷阗阗，如有百万之军藏于隃糜汗青之中，令人神动。"[③]

又如信陵君，这是司马迁心目中敬仰的人物之一，《魏公子列传》写信陵君不耻下交、自迎侯生一段是这样写的：

① （明）茅坤：《史记钞》。
② （清）李景星：《史记评议》。
③ （清）吴见思：《史记论文》。

公子于是乃置酒大会宾客。坐定，公子从车骑，虚左，自迎夷门侯生。侯生摄敝衣冠，直上载公子坐，不让，欲以观公子。公子执辔愈恭。侯生又谓公子曰："臣有客在市屠中，愿枉车骑过之。"公子引车入市，侯生下见其客朱亥，俾倪故久立，与其客语，微察公子。公子颜色愈和。当是时，魏将相宗室宾客满堂，待公子举酒。市人皆观公子执辔，从骑皆窃骂侯生。侯生视公子色终不变，乃谢客就车。至家，公子引侯生坐上坐，遍赞宾客，宾客皆惊。酒酣，公子起，为寿侯生前。

这样的叙述语言，使读者有身临其境之感。作者从不同的角度来刻画信陵君的恭谦态度，虽是叙述，但人物的神态、形象却非常生动。这类例子在《史记》中俯拾皆是。有时候，作者结合环境情况，采用参差错落的句式，达到生动传神的目的，如《刺客列传》写"荆轲刺秦王"一节：

秦王发图，图穷而匕首见。因左手把秦王之袖，而右手持匕首揕之。未至身，秦王惊，自引而起，袖绝。拔剑，剑长，操其室；时惶急，剑坚，故不可立拔。荆轲逐秦王，秦王环柱而走。群臣皆愕，卒起不意，尽失其度。……秦王方环柱走，卒惶急，不知所为，左右乃曰："王负剑！"负剑，遂拔，以击荆轲，断其左股，荆轲废，乃引其匕首以擿秦王。不中，中铜柱。秦王复击轲，轲被八创。

由于刺秦王就在一刹那之间发生，极为紧张突然，因此，作者在叙述时也用极短促的语句，描绘出这个场面，带有力量、速度。

《史记》叙述性语言还常常带有作者的感情，或褒或贬，颇有韵味。我们先看《李将军列传》中一段：

广廉，得赏赐辄分其麾下，饮食与士共之。终广之身，为二千石四十余年，家无余财，终不言家产事。……广之将兵，乏绝之处，见水，士卒不尽饮，广不近水；士卒不尽食，广不尝食。宽缓不苛，士以此爱乐为用。

叙事看来很平常、淡然，但字里行间渗透着作者的感情，对于李将军的廉洁和爱护士卒的品格，作者是持褒扬态度的。

《史记》的叙述语言有时为了节省文字，也用概括性的语言来叙述，如攻、击、守、迫、围、战、下、破之、大破之等动词表明战争的过程，用定、得、取、斩、先登、陷阵等词语表示人的动作，《曹相国世家》即属此种情况。有时候则相反，为了加重语气，不惜用大量的重复词语，如《廉颇蔺相如列传》叙述“完璧归赵”故事，“璧”字反反复复出现，《魏公子列传》全文用了一百四十七个“公子”，这都是作者极用意之处。

《史记》叙述语言有时在交待人物身份、历史背景、地理环境等方面有重要作用。《史记》传记每篇开头总要介绍人物的出身、家世、职业等，看起来漫不经心，实乃是刻画人物很重要的一笔。就交待背景而言，有些事件十分复杂，它的发生原因、时间等都要有个来历。如司马迁写刘邦起义之事：“秦二世元年秋，陈胜等起蕲，至陈而王，号为张楚。诸郡县皆多杀其长吏以应陈涉。沛令恐，欲以沛应涉。”然后再写刘邦之事。这样，整个事件的来龙去脉就很清楚。就交待地理形势而言，“秦楚之际，兵所出入之途，曲折变化，唯太史公序之如指掌。以山川郡国不易明，故曰东、曰西、曰南、曰北，一言之下，而形势了然。……盖自古史书兵事地形之详未有过此者，太史公胸中固有一天下大势。”[①] 我们今天读《史记》中写战争的篇章，总会感到线索清晰，地理形势明了，这与司马迁的叙述语言有很大关系。

《史记》叙述语言有时在连贯事件的前后时间及因果关系方面也有重要作用。作者往往用“是时”、“当时是”、“久之”、“顷之”等词语来连缀事件的前后次序。如《刺客列传》写不同时代的刺客，在连缀上用“其后百六十有七年”、“其后七十余年”、“其后四十余年”、“其后二百二十余年”等主语句，使整个传记

① （清）顾炎武：《日知录》卷二六。

连为一个体系。

总之，叙述语言在历史著作中是最基本的语言，司马迁运用自如，取得了可喜的成就。

二、个性化的人物语言

一般的历史著作用作者的叙述语言把事件叙述清楚即可。而《史记》则不只如此，它还用人物自己的语言表情达意，这就由历史向文学迈进了一大步。《史记》的人物语言具有个性化，符合人物的身份、性格、心理等，不管是今人古人，是男是女，高低贵贱各色人物，谁的话就像谁，做到“口吻逼肖”。

1. 切合身份的个性语言

在《史记》里，我们读到专制帝王秦始皇的说话。这个专制皇帝发起话来是个什么口气呢？《秦始皇本纪》里写，他统一天下之后，曾经下了一道诏书，要群臣给他议帝号，当群臣向他报告说“古有天皇，有地皇，有泰皇，泰皇最贵”，因此拟给他上尊号为“泰皇”时，他发话道：“去‘泰’着‘皇’，采上古‘帝’位号，号曰‘皇帝’，他如议。”——这“去‘泰’着‘皇’”，一字一顿，凛凛然一派金口玉言，拍板定案的语气。

《史记》还写了策士说客的话。《淮阴侯列传》写蒯通说韩信叛汉，说词层层剖析，反复取譬，语势跌宕流转，通脱灵畅，最后促韩信快下决心，那话是：“夫听者事之候也，计者事之机也，听过计失而能久安者，鲜矣……故曰‘猛虎之犹豫，不若蜂虿之致螫，骐骥之跼躅，不如驽马之安步；孟贲之狐疑，不如庸夫之必至也。虽有舜禹之智，吟而不言，不如瘖聋之指麾也。’此言贵能行之。夫功者难成而易败，时者难得而易失也。时乎时乎，不再来。愿足下详察之。”一听就是善辩滔滔的策士腔口。

又如《张耳陈馀列传》记载了这样一段话：“蒯通说范阳令曰：‘窃闻公之将死，故吊。虽然，贺公得通而生。’”出口就是说客口吻。

《郦生陆贾列传》写郦生的“狂”，其言语绝对是一个“狂生”而非“儒生”。《淮阴侯列传》中写韩信被拜为大将后，给刘邦分析天下形势，一段言辞写得头头是道，那绝对是一个军事家的眼光，人称这段言辞为“汉中对”，可与诸葛亮的“隆中对”相媲美。上文举证蒯通劝韩信反叛，其言辞滔滔不绝，气势充畅，那绝对是纵横家的语言。又如吕不韦是商人出身，当他看到安国君的儿子子楚在赵国作人质时，就想利用他以“钓奇”，作政治赌注，说：“此奇货可居！”这绝对是商人的语言。

2. 捕捉场景、对话、心理独白，揭示人物个性的语言

言为心声，不同的人说不同的话，通过语言揭示人物的个性，这是司马迁写人艺术的一大特色。手法多多，常见的有场景的捕捉、对话、心理独白等。

捕捉场景。每一个人天天都在说话，并不是每一句话都能表现他的个性，要通过提炼、筛选，或突发的语言，或漫不经心的生活语言，作家要加以捕捉或营造一种环境，如同照相要抢镜头一样，特定的环境衬托人物语言，才能揭示人物的个性。司马迁最善于捕捉。《魏其武安侯列传》“灌夫使酒骂座”就是一个在特定场景下用人物语言揭示人物个性的典型列证。

饮酒酣，武安起为寿，坐皆避席伏。已，魏其侯为寿，独故人避席耳，余半膝席，灌夫不悦。起行酒，至武安，武安膝席曰：“不能满觞。”夫怒，因嘻笑曰：“将军贵人也，属之！”时武安不肯。行酒次至临汝侯，临汝侯方与程不识耳语，又不避席，夫无所发怒，乃骂临汝侯曰：“生平毁程不识不直一钱，今日长者为寿，乃效女儿呫嗫耳语！”武安谓灌夫曰：“程、李俱东西宫卫尉，今众辱程将军，仲孺独不为李将军地乎？”灌夫曰：“今日斩头陷胸，何知程、李乎！”坐乃起更衣，稍稍去。

灌夫的言辞，“是醉中事，怒中语，如闻其声”①，一个狂傲不羁的武夫形象展现在人们面前。

对话。对话是人物语言中很重要的一个方面。这是人物性格的直接外露。对话，可以体现出不同人物的个性特点，从艺术手法上说，明显带有对比的性质。如《平原君列传》写平原君准备与楚结盟，挑选文武双全者二十人一起去楚国，结果：

> 得十九人，余无可取者，无以满二十人。门下有毛遂者，前，自赞于平原君曰：“遂闻君将合纵于楚，约与食客门下二十人偕，不外索。今少一人，愿君即以遂备员而行矣。”平原君曰：“先生处胜之门下几年于此矣?”毛遂曰：“三年于此矣。”平原君曰：“夫贤士之处世也，譬若锥之处囊中，其末立见。今先生处胜之门下三年于此矣，左右未有所称诵，胜未有所闻，是先生无所有也。先生不能，先生留。”毛遂曰：“臣乃今日请处囊中耳。使遂蚤得处囊，乃颖脱而出，非特其末见而已。

这段对话，显示出两个人的性格特征及其矛盾冲突，一个是不得意的食客，一个是养士图虚名的贵族公子，而毛遂的语言，“英姿雄风，千载而下，尚可想见，使人畏而仰之。”②《史记》中这类对话是很多的，如《廉颇蔺相如列传》写蔺相如同他的舍人对话：“于是舍人相与谏曰‘臣所以去亲戚而事君者，徒慕君之高义也。今君与廉颇同列，廉君宣恶言而君畏匿之，恐惧殊甚，且庸人尚羞之，况于将相乎！臣等不肖，请辞去！’蔺相如固止之，曰：‘公之视廉将军孰与秦王?’曰：‘不若也。’相如曰：‘夫以秦王之威，而相如廷叱之，辱其群臣，相如虽驽，独畏廉将军哉！顾吾念之，强秦之所以不敢加兵于赵者，徒以吾两人在也。今两虎共斗，其势不俱生，吾所以为此者，以先国家之急而后私

① （清）吴见思：《史记论文》。
② （宋）洪迈：《容斋五笔》卷五。

仇也。'" 这段对话，既表现出舍人的目光短浅，又表现出蔺相如的大度，尤其是他"先国家之急而后私仇"的胸怀，深深地感动着人们。《留侯世家》写张良劝阻刘邦立六国后代的一段对话也极有特点：

> 汉王方食，曰："子房前！客有为我计桡楚权者。"具以郦生语告，曰："于子房何如？"良曰："谁为陛下画此计者？陛下事去矣。"汉王曰："何哉？"张良对曰："臣请藉前箸为大王筹之。"曰："昔者汤伐桀而封其后者于杞者，度能制桀之死命也。今陛下能制项籍之死命乎？"曰："未能也。""其不可一也。武王伐纣封其后于宋者，度能得纣之头也。今陛下能得项籍之头乎？"曰："未能也。""其不可二也。武王入殷，表商容之闾，释箕子之拘，封比干之墓。今陛下能封圣人之墓，表贤者之闾，式智者之门乎？"曰："未能也。""其不可三也。发钜桥之粟，散鹿台之钱，以赐贫穷。今陛下能散府库以赐贫穷乎？"曰："未能也。""其不可四矣。殷事已毕，偃革为轩，倒置干戈，覆以虎皮，以示天下不复用兵。今陛下能偃武行文，不复用兵乎？"曰："未能也。""其不可五矣。休马华山之阳，示以无所为，今陛下能休马无所用乎？"曰："未能也。""其不可六矣。放牛桃林之阴，以示不复输积。今陛下能放牛不复输积乎？"曰："未能也。""其不可七矣。且天下游士离其亲戚，弃坟墓，去故旧，从陛下游者，徒欲日夜望咫尺之地。今复六国，立韩、魏、燕、赵、齐、楚之后，天下游士各归事其主，从其亲戚，反其故旧坟墓，陛下与谁取天下乎？其不可八矣。且夫楚唯无强，六国立者复桡而从之，陛下焉得而臣之？诚用客之谋，陛下事去矣。"汉王辍食吐哺，骂曰："竖儒，几败而公事！"令趣销印。

郦食其建议刘邦分封六国后代，以此来牵制项羽。张良左一个"不可"，右一个"不可"，一连摆出八条理由，步步为营，使刘邦无言以对，体现出张良“王者师”的风度，而刘邦则文过饰非，将错误全推到郦食其身上。《李斯列传》写赵高同胡亥、李斯谋议夺权时，对话也极为传神，“如观相扑，如听面谈，文心文笔，两者兼之。”[①] 展现出三个人的卑劣个性。《淮阴侯列传》写刘邦和韩信谈论诸将将兵的才能，韩信以“善将将”和“将兵多多益善”概括刘邦和自己的个性、才能，也非常有神韵。而像《魏其武安侯列传》“廷辩”一场，各种矛盾在辩论中展示出来，面对同一事件，每个人有自己的语言，个性极为鲜明。

心理独白。心理独白既是人物自身语言的一种表现形式，也是心理描写的手法之一。《史记》描写人物的内心独白，往往三言两语，对于展示人物心理，表现人物个性却极为传神。《酷吏列传》写王温舒任河内太守时，捕郡中“豪猾”，连坐千余家，二三日内，大举屠杀，“至流血十余里”。汉朝惯例，春天不杀人，王温舒顿足曰：“嗟乎！令冬日益展一月，足吾事矣！”一句独白，就把一个杀人成瘾的酷吏形象展示出来。再如大家熟知的项羽、刘邦，他们二人在观看秦始皇时发出不同的感叹，项羽说：“彼可取而代也”，刘邦说：“嗟乎！大丈夫当如此也！”个性完全不同，“项之言悍而戾，刘之言则津津然不胜其歆羡矣”[②]。《万石张叔列传》有一处写石建的谨慎：“建为郎中令，书奏事。事下，建读之，曰：‘误书，马者与尾为五，今乃四，不足一，上谴死矣。’其惶然。”由于“馬”字的笔画少写了一点，就吓得要死，其人的个性就可想而知了。

3. 情态描写人的个性化语言

情态描写的人物语言，往往只言片语也能把人物灵魂深处的一些东西亮给读者，有时，一句话即可见出一个人。譬如庞涓在马陵道发现中了孙膑的埋伏计之后所说“遂使竖子成名”这句话，在一句之中，恨、惜、不平全在其中，一个嫉妒小人的灵魂于此逼现！又如霍去病在天子为其“治第”（建公馆），让他去看

① （清）吴见思：《史记论文》。
② （清）王鸣盛：《十七史商榷》卷二。

的时候，他回答说："匈奴未灭，无以家为也。"一句豪言，吐尽英雄壮志，凭这一句话，人们便可品味其为人。

情态描写，要因人因事因时而捕捉典型事例，惟司马迁能之。譬如司马迁写口吃、写醉汉语、写惶恐心急而语无伦次，都能托出人物个性与形象。

《张丞相列传》写了周昌的结巴话。刘邦一心想废掉太子刘盈（即后来的孝惠帝）而立戚姬所生的如意为太子。作为御史大夫的周昌坚决反对，便当廷强争。传中写：这时"上问其说，昌为人口吃，又盛怒，曰：'臣口不能言，然臣期期知其不可。陛下虽欲废太子，臣期期不奉诏。'"这句话里的四个"期"字，都是口吃的象声词，是模拟口吃者结结巴巴的声口的。这句话，由于用了象声词，就把一个耿正而口吃的大臣在盛怒之下坚持自己意见的神态声口，极为逼真地摹绘出来了。

《李将军列传》写了霸陵尉带有醉意的蛮话。李广失官赋闲在家的时候，有一次出猎晚归，路过霸陵亭，霸陵尉出来呵止李广，李广的随骑上前介绍、通融，说：这是前将军李广。霸陵尉拿腔使调说："今将军尚不得过，何乃故也！"这里倒没有象声词，可是因为用了"今将军尚不得"如何如何，"何乃"如何如何，听来便是带有醉意的侮慢之词。

《范雎蔡泽列传》写须贾语无伦次的赔罪话。须贾发觉被捉弄，得知范雎原来已经做了秦相，这一来吓得三魂出窍，慌了手脚，赶忙肉袒膝行，入门谢罪。他是这样说的："贾不意君能自致于青云之上，贾不敢复读天下之书，不敢复与天下之士。贾有汤镬之罪，请自屏于胡貉之地，唯君生死之！"这段谢罪之辞，一口气接连数语，说得心忙口急，杂乱无章，把须贾当时一片惊慌乞命之状的神态，活现纸上。

情态描写，对于同一个人在不同的场合，却有不同的声口，但都能揭示其人的个性。最典型的莫过于写汉高祖刘邦的语言。

刘邦是以豁达大度著称的，其性格的主调就是豁达。在《史记》当中所写刘邦的许多话，对表达其豁达本色来说，真是语语入情，句句传神。

比如他以亭长身份送民工去郦山，由于这些民工知道在郦山服劳役没有好下场，所以路上纷纷逃跑。刘邦意识到这些民工不等到达目的地就会逃光，没法交差；又看到当时全国反秦情绪如山雨欲来风满楼的形势，因而索性把民工都放跑。在放之前，他先和民工们喝了一顿酒，然后宣布："公等皆去，吾亦从此逝矣！"吴见思《史记论文》评论说："两句写得豪达磊落，酷似高祖气度。"

又如陈豨叛乱，赵相周昌奏请斩常山地区守尉，理由是"常山二十五城，豨反，亡其二十城"。然而刘邦问道："守尉反乎？"对曰："不反。"于是刘邦说话："是力不足也。"决定宽赦了守尉。这种做法、看法及他说出的一句诘问的话，鲜活地表现出多么通情达理！

为平定陈豨叛乱，刘邦要周昌举荐赵地四名壮士，马上任命为将，并"封之各千户"。跟随刘邦左右的人不服气，谏曰："从入蜀汉，伐楚，功未遍行，今此何功而封？"这时刘邦晓谕他们说："非若所知！陈豨反，邯郸以北皆豨有，吾以羽檄征天下兵，未有至者，今唯独邯郸中兵耳。吾胡爱四千户封四人，不以慰赵子弟！"① 从这话里，人们看到刘邦真真是高人几筹的大政治家的豁达胸怀。

写刘邦对生死看得透，他在临终前回答吕后问后事和谩骂医生的两段话极为传神。刘邦病危，吕后问他："陛下百岁后，萧相国即死，令谁代之？"他回答说："曹参。"又问曹参以后呢？刘邦回答说"王陵可以"，又说王陵"少憨"，可以叫陈平帮助他，周勃可以作太尉。吕后又问：再以后呢？刘邦回答说："此后亦非而所知也。"——意思是你用不着管那么长远，你也管不了那么长远。从这样的话里，你可领略到刘邦对整体看得多么透彻，为人又多么通达。他知道自己病已不治，又知医生欺瞒，谩曰"可治"。于是谩骂之曰："吾以布衣持三尺剑取天下，此非天命乎？命乃在天，虽扁鹊何益！"这种旷达语、负气语蛮有意味，

① 《史记》卷九三《韩信卢绾列传》。

实实在在透出他的豁达气概。

豁达固然是刘邦性格的主调，但这位小吏出身的“布衣皇帝”，品格脾性却是多侧面的，颇不单纯。他轻士善骂，什么“竖儒”、“鲰生”、“乃公”、“尔公”，几乎成了他的口头语。而在广武对峙中，当项羽以烹太公相要挟时，他和项羽竟要起无赖来，说：“吾与项羽俱北面受命怀王，曰‘约为兄弟’，吾翁即若翁，必欲烹而翁，则幸分我一杯羹。”地地道道一副流氓腔。可是，人们还记得，同一个刘邦，他率义军进入咸阳，安抚黎民百姓的话却是这样说的：“父老苦秦苛法久矣……凡吾所以来，为父老除害，非有所侵暴，无恐。”当秦人争持牛羊酒食献飨军士时刘邦辞谢说：“仓粟多，非乏，不欲费人。”这两段话却又是和煦如旭日，温暖似春风，完全是一位救民倒悬的义军领袖和慈爱长者的风度。

刘邦平时任性率情，好为大言，狎侮轻慢，无所矫饰，高兴了开开玩笑，搞个恶作剧都是常事。当着大臣的面揶揄调侃自己的父亲，说什么“始大人常以臣为无赖，不能治产业，不如仲力。今某之业所就孰与仲多?”因为大白天搂着戚姬调情被周昌碰见，就追出去骑在人家脖子上没皮赖脸地问：“我何如主也?”如此这般的话，这般的事刘邦居然说得出，做得出。然而在必要的场合，他又能很严肃、很庄重，甚至表现得十分深沉，说的话也极有分寸。例如，起义初，沛地父老子弟推他为沛令时，他很郑重地对大家讲：“天下方扰，诸侯并起，今置将一不善，一败涂地。吾非敢自爱，恐能薄，不能完父子兄弟。此大事，愿更推择可者。”话说得相当恳切。日本的泷川资言评这段话说：“词婉礼恭，不似平生大言。”[①] 消灭项羽不久，诸侯将相共请尊他为皇帝，他先逊辞：“吾闻帝贤者有也，空言虚语，非所守也，吾不敢当帝位。”群臣坚请，他不得已，乃曰：“诸君必以为便，便国家。”话也说得持重，得体。

刘邦为人处世，能屈能伸，在下层政权混够多年，又练就一

① 《史记会注考证》卷八《高祖本纪》。

套见情说话的本领，所以尽管平时倨傲谩骂，粗野得很，可有的场合又婉言卑词，语意蔼然。例如在鸿门宴前与项伯拉关系、释嫌疑的话：“吾入关，秋毫不敢有所近，籍吏民，封府库，而待将军；所以遣将守关者，备他盗之出入与非常也。日夜望将军至，岂敢反乎？愿伯具言臣之不敢倍德也。”《史记菁华录》评：“语气详慎卑抑之至，大英雄能屈处。”而鸿门宴上见到项羽后所说：“臣与将军戮力而攻秦，将军战河北，臣战河南，然不自意能先入关，破秦，得复见将军于此。”更是句句套近乎，灌迷魂汤，终于解除了项羽对他的思想警惕。

刘邦生性刚毅，不是那种好动儿女情肠的人，但他仍然有厚重的人情味。刘邦彭城败退，追兵紧急，为了快跑，竟从车上推堕孝惠、鲁元两个儿女下车，简直可以说他是个绝情的忍人。可是在太子废立和过沛还乡两件事上，刘邦的一言一行，又都充溢着无比浓重的人情味！当四皓随孝惠进见，他看到大势所趋，附保太子的势力不可动摇，决定放弃废立的打算之后，他把戚夫人找来，将四皓指示给戚夫人看，对他说：“我欲易之，彼四人辅之，羽翼已成，难动矣。吕后真而主矣！”说这话时，感慨唏嘘，凄凉哀伤，特别是最后一句，揪心撼脾，的是人间至情。《史记论文》评曰：“只一句，悲切之至，宛是当时口角，不知何以体贴至此！”

以上我们谈了《史记》人物语言的一些特点，由于这类语言是人物个性的直接展现，因此，在刻画人物时比叙述语言更为生动。

三、对民间语言的吸收与提炼

《史记》一书博大精深。为了丰富自己的著作，司马迁从民间文学中吸取了不少营养。唐代史学家刘知几曾指责司马迁“其所载多聚旧记，时插杂言”[①]。宋代郑樵也说：“迁书全用旧文，

① （唐）刘知几：《史通》卷一《六家》。

间以俚语，良由采摭未备，笔削不遑”，“所可为迁恨者，雅不足也”①。这些指责实际上是错误的。所谓“杂言”“俚语”，是司马迁对民间语言的吸收与融化，他们没有看到司马迁在吸收民间文学上的贡献。

《史记》中运用了大量的歌谣谚语，给《史记》增添了光彩。简析之如下。

> 一尺布，尚可缝，一斗米，尚可舂。兄弟二人不能相容。

这首歌谣见《淮南衡山列传》。淮南厉王刘长，自恃尊贵，起居“拟于天子”。汉文帝担心皇权旁落，采取手段逼刘长绝食而死。作者引歌谣来揭露最高统治者的无情面目，非常深刻。

这一类谣谚是很多的，《韩长孺列传》在描写汉家内部的倾轧时，引用了这样的两句俗谚：

> 虽有亲父，安知其不为虎？虽有亲兄，安知其不为狼？

它一针见血、入木三分地揭示了封建统治阶级内部在争夺权利时人们之间的畸形关系。

汉武帝时，贵族灌夫在颍川一带横行无忌，《魏其武安侯列传》在揭露灌夫“诸所与交通，无非豪杰大猾，……为权利，横于颍川”的罪行之后，引了当时流传于颍川的一首童谣：

> 颍水清，灌氏宁；颍水浊，灌氏族。

颍水不会长清，灌氏也不会永久横行！一旦颍水变浊之日，就是姓灌的灭族之时。这形象而又贴切、富有哲理的诅咒，深刻地表现了人民对称霸一方的豪强势力的反抗情绪。

---

① （宋）郑樵：《通志·总序》。

另外如《项羽本纪》引的“楚虽三户，亡秦必楚”，《赵世家》中的“赵为号，秦为笑，以为不信，视地之生毛”等等，都有着强烈的战斗性与鲜明的阶级性。

再如，《酷吏列传》的一首歌谣：

宁见乳虎，无值宁成之怒。

宁成是汉代有名的酷吏，本传说他“为人上，操下如束湿薪”，对待人民是“如狼牧羊”般地凶恶残暴。这首歌谣就活画出了他这个汉代统治者豢养的刽子手的狰狞面目。

有些歌谣谚语是对生活经验和处世哲学的总结。如

《鲁仲连邹阳列传》：规小节者，不能成荣名；恶小耻者，不能立大功。

《淮阴侯列传》：狡兔死，走狗烹；高鸟尽，良弓藏；敌国破，谋臣亡。

《春申君列传》：当断不断，反受其乱。

《孙子吴起列传》：能行之者未必能言，能言之者未必能行。

《范雎蔡泽列传》：鉴于水者见面之容，鉴于人者知吉与凶。

《魏世家》：家贫思良妻，国乱思良相。

《留侯世家》：忠言逆耳利于行，毒药苦口利于病。

《三王世家》：蓬生麻中，不扶自直，白沙在泥中，与之皆黑。

《乐书》：满而不损则溢，盈而不持则倾。

这些歌谣谚语，是从社会生活中体验、总结出来的，具有一定的辩证思想，能给人以启发，也能给人以警戒，它们虽然简单，运用于某一篇之中，但实际上已具有普遍意义，即使到今天，仍具有一定的现实意义和借鉴作用。如《赵世家》中有：

以书御者不尽马之情，以古制今者不达事之变。

《刘敬叔孙通列传》中有：

千金之裘，非一狐之腋也；台榭之榱，非一木之枝也，三代之际，非一士之智也。

前者强调的是理论与实践的结合，随着时代的变化，制定政策也应变化。后者强调的是要成就一项大的事情，必须依靠广大群众，必须有长期的积累。无疑对我们有借鉴意义。

有些歌谣谚语对历史上的人物进行热情赞颂。

萧何与曹参，是汉代开国初的两位相国。他们属于地主阶级中较为开明的政治家；在人们刚刚结束暴秦虐政压迫的情况下，恰当地采取了“休养生息”的政策，对农民作了某些让步，使人民在一定程度上得以恢复生产。老百姓为二人作歌说：

萧何为法，觏若画一；曹参代之，守而勿失。载其清净，民以宁一。（《曹相国世家》）

再如：

得黄金百斤，不如得季布一诺。

这是《季布栾布列传》中的一条楚人谚语。赞扬季布言必信、行必果的品德。表现了人们对真诚的期待。

《史记》中还有些民谚歌谣反映了一定的人情事理。如：“人貌荣名，岂有既乎？”（《游侠列传》）“不知其人，视其友”（《张释之列传》）等，还有一些表现经济状况的，如“天下熙熙，皆为利来；天下壤壤，皆为利往”（《货殖列传》）“长袖善舞，多钱善贾”（《范雎蔡泽列传》）等，内容十分丰富。

由于《史记》的记载，流传于民间的歌谣谚语在文字上得以固定，流传得更广泛和长远了，有许多至今活跃在群众的口语中。如“前事不忘，后事之师”（《秦始皇本纪》）、“养虎自遗患”（《项羽本纪》）、“唇亡齿寒”（《晋世家》）、“尺有所短、寸有所长”（《白起王翦列传》）、“利令智昏”（《平原君虞卿列传》）、“智者千虑，必有一失；愚者千虑，必有一得”（《淮阴侯列传》）等等。这些寓哲理的通俗成语，即使在今天，仍有它的生命力。谚语属于人民的口头文学创作，它来源于生活，也需要熟悉生活的人用它更深入地观察生活。司马迁行游万里路，发现并采撷它们，并将其应用到《史记》写作中去。它们或经书中某些人物之口出，或由作者直接引用，无论处于何种位置，它们都在发挥着论据的作用，支撑着传记的某一特定主题。由于谚语来自民间，它的哲理性与通俗性完美结合，有浓郁的生活气息。运用中又经司马迁筛选，因而在形成《史记》语言“博而肆”的独特风格方面起了强化、补益的作用。

司马迁对民间的方言俗语也都注意采用，而且与人的身份地位相符合。如《陈涉世家》写陈胜称王之后，当年与他一起庸耕的人来见他：

> 扣宫门曰：“吾欲见涉。”宫门令欲缚之。自辩数，乃置，不肯为通。陈王出，遮道而呼涉。陈王闻之，乃召见，载与俱归。入宫，见殿屋帷帐，客曰：“夥颐！涉之为王沈沈者！”楚人谓多为夥，故天下传之，夥涉为王，由陈涉始。

这里的一言一行，完全符合一个泥腿子农民的身份。“夥颐”是楚地方言，“沈沈”是俗语，司马迁加以采用，增添了作品的趣味性。像这类方言俗语在《史记》中也不少。《留侯世家》曰：“（张）良尝从容步游下邳圯上。”裴骃《集解》引徐广曰：“圯，桥也。东楚谓之圯，音怡。”可见“圯”字属方言。《张耳陈余列传》：“赵相贯高、赵午等……乃怒曰：‘吾王，孱王也。’”《集解》引孟康的话说：“冀州人谓懦弱为孱。”可见“孱”字属河北一带方言。《封禅书》："神君者，长陵女子，以子死，见神于先后宛若。宛若祠之其室，民多往祠。"这里的"先后"二字，据颜师古《古书·郊礼志》注引孟康云："兄弟妻相谓先后。"颜师古进一步说："先音苏见反（xiàn），后音胡构反（hòu）。古谓之娣姒，今关中欲呼为先后，吴楚俗呼之为妯娌。"可见"先后"二字属陕西关中方言。《大宛列传》："于是天子始种苜蓿、蒲陶肥饶地。""苜蓿"、"蒲陶"（即"葡萄"）这是西域一带的植物，张骞通西域时传入汉朝，可见这两个词是西域一带的词语。

《史记》运用方言、俗语，一般都与人物的出生地有密切联系。司马迁能够广泛搜集民间语言，并把它们写入《史记》中，这不只是语言运用问题，而是与作者的阶级出身、世界观有一定关系，司马迁能冲破一些文人偏见，吸收民间语言的精华，这种精神是值得肯定的。

《史记》还采用了各地大量的口语，这些口语经过司马迁的加工，基本符合书面语的规范。如《陈涉世家》中"苟富贵，毋相忘"，《外戚世家》"武帝择宫中不中用者，斥出归之"中的"不中用"，"帝及太子诸窦不得不读黄帝、老子"中的"不得不"等，这些口语直到今天还有生命力。

四、各色语言的技巧

作为语言巨匠的司马迁，在长期的写作实践中练就了种种语言的技巧，给《史记》传记文学增添了翅膀。

1. 韵味追求：动词连用、副词复用、特殊表数

（1）动词连用。两个动词连用的例句：

乃褒封神农之后于焦。（《周本纪》）

景驹走死梁地。（《项羽本纪》）

放杀义帝于江南。（《高祖本纪》）

吕禄信然其计。（《吕太后本纪》）

还，袭灭虞。（《晋世家》）

郤至射杀宦者。(《晋世家》)

独视伟平。(《陈丞相世家》)

令赵啖说秦以伐齐之利。(《乐毅列传》)

遂皆降平齐。(《淮阴侯列传》)

月氏遁逃而常怨仇匈奴。(《大宛列传》)

士以此爱乐为用。(《李将军列传》)

三个动词连用的例句:

胡甚信之,归而袭破走东胡。(《匈奴列传》)

梁客后曹辈果遮刺杀盎安陵东郭门外。(《袁盎晁错列传》)

荀卿嫉浊世之政,亡国乱君相属……于是推儒、墨、道德之行事兴坏,序列著万言而卒。(《孟子荀卿列传》)

"褒封"是又褒又封;"走死"是逃而且死(即逃跑且死在梁地);"放杀"是既放逐又杀害(先放逐后杀害);"信然"是既信其计又然(肯定)其计;"往袭辱"、"亡走保"、"遮刺杀"等等也都一样,每个字都是独立的动词而非复合词。当然,对这样句式可能还存在不同的看法,譬如不同的标点和不同的理解"景驹走死梁地",可标点为"景驹走,死梁地";"梁客后曹辈果遮刺杀盎安陵东郭门外",可标点为"梁客后曹辈果遮刺,杀盎安陵东郭门外"等等。或者把这种连用作为动补式理解,即把两个动词中后一个作为表示动作的结果或趋向,"弑代之"便是弑而代之、杀了之后取代它。其中有的后来就发展为复合词了,如"射杀"、"遁逃"等,并且成了常用词。但是,无论怎样理解法,司马迁喜欢动词连用总是个明显的事实,是《史记》中值得注意的一个语言现象。

(2)副词复用。例句如下:

上乃遂去。(《孝武本纪》)

张廷尉事景帝岁余,为淮南王相,犹尚以前过也。(《张释之冯唐列传》)

天下士郡诸侯愈益附武安。(《魏其武安侯列传》)

天下莫不咸服。(《匈奴列传》)

酒酣,(田生)乃屏人说赵卿曰:"臣观诸侯王邸第百余,皆高祖一切功臣。今吕氏雅故本推毂高帝就天下，功至大，又亲戚太后之重。太后春秋长，诸吕弱，太后欲立吕产为王，王代。”（《荆燕世家》）

这类副词复用，尚有“皆各”（《五帝本纪》、《大宛列传》）、“尚犹”（《秦本纪》、《货殖列传》）、“唯独”（《惠景间侯者年表序》）、“始初”（《历书》）、“仍在”（《历书》）、“咸各”（《太史公自序》）等等。

这里，“乃遂”、“犹尚”、“愈益”、“莫不”、“咸”等，都是副词，而且，“乃”与“遂”，都是“便”，是“就”的意思，本来用一个字就可以的，或者说“上乃去”，或者“上遂去”，都行，意思是一样的，可司马迁却把“乃”、“遂”两个副词并用。还有“莫不咸”是三个字两个词，“莫不”也就是“咸”，“咸”也就是“莫不”，只是一个反说，一个正说而已，本来两者用一个就可以，或者“天下莫不服”，或者“天下咸服”，司马迁却连用，其目的是为加强语气，同时也是作者的写作习惯。

（3）特殊的表数法。请看以下文字：

故曰陆地牧马二百蹄，牛蹄角千，千足羊，泽中千足彘，水居千石鱼陂，山居千章之材。安邑千树枣；燕秦千树栗；蜀、汉、江陵千树橘；淮北、常山以南，河济之间千树萩；陈、夏千亩漆；齐、鲁千亩桑麻；渭川千亩竹；及名国万家之城，带郭千亩亩钟之田，若千卮茜，千畦姜韭：此其人皆与千户侯等。（《货殖列传》）

通邑大都，酤一岁千酿，醯酱千瓨，浆千甔，屠牛羊彘千皮，贩谷粜千钟，薪稾千车，船长千章，竹竿万个，其轺车百乘，牛车千两，木器髤者千枚，铜器千钧，素木铁器若卮茜千石，马蹄躈千，牛千足，羊彘千双，童手指千，筋角丹沙千斤，其帛絮细布千钧，文采千匹，榻布皮革千石，漆千斗，糵麹盐豉千荅，鲐鮆千斤，鲰千石，鲍千钧，枣栗千石者三之，狐鼦裘千皮，羔羊裘千石，旃席千具，佗果菜千钟，子贷金钱千贯，节驵会，贪贾三之，廉贾五之，此亦比千乘之家，其大率也。它杂业不中什二，则非吾财也。（《货殖列传》）

方今大王之兵众不能十分吴楚之一。(《淮南衡山列传》)

这样的表数法可能不很规范，是表数方式还没趋于定型的一种表现，从语言的科学性上来说也没有什么值得称道的，但是它确实把汉语的丰富性、生动性，以及人民群众运用语言中的创造性都充分体现出来了。把如此绚烂多彩的表数法采集运用到自己作品当中，即反映出司马迁对群众语言的重视，也反映出他在语言运用上的创新精神。

无论是动词连用也好，副词复用也好，或者是特殊表数法，这些在遣词造句的灵活多变和创造性，并不是司马迁自己脑子里空想出来的，其中大多数是来自群众的语言或者是受群众的语言的启发。特殊表数法不必说了，就是动词连用和副词复用，也可以找到它与民间口语相互关联的痕迹，比如在汉乐府民歌《有所思》中："闻君有他心，拉杂摧烧之。摧烧之，当风扬其灰"，句子中的"拉杂摧烧"就是动词连用；又如《孤儿行》这首中："愿欲寄尺书，将与地下父母，兄嫂难与久居"，句子中的"愿欲"，就是副词复用。

2. 气势跌宕：重沓、加倍形容、用虚字传神

就语言的文学性而言，除遣词造句的创造性之外，司马迁还很讲究语言的气势，在造成语言的气势上，他经常使用的手法主要有三种：重沓、加倍形容、用虚字传神。

(1) 重沓。宋代洪迈在《容斋随笔》卷五中讲："然予每展读至魏世家，苏秦、平原君、鲁仲连传，未尝不惊呼击节，不知其所以然。魏公子无忌与王论韩事曰：'韩必德魏爱魏，重魏畏魏，韩必不敢反魏。'十余语之间，五用魏字。苏秦说赵肃侯曰：'择交而得则民安，择交而不得则民终身不安。齐秦为两敌，而民不得安，倚秦攻齐，而民不得安，倚齐攻秦，而民不得安。'平原君使楚，毛遂愿行，君曰：'先生处胜之门下，几年于此矣？'曰：'三年于此矣。'君曰：'先生处胜之门下，三年于此矣，左右未有所称诵，胜未有所闻，是先生无所有也。先生不能，先生留。'遂力请行，面折楚王，再言：'吾君在前，叱者何也?’……卒定从而归，至于赵，平原君曰：‘胜不敢复相士，胜相士多者千人，寡者百数，自以为不失天下之士，今乃于毛先生而失之也，毛先生一至楚，而使赵重九鼎大吕，毛先生以三寸之舌，强于百万之师，胜不敢复相士。秦围赵，鲁仲连见平原君曰：‘事将奈何?’君曰：‘胜也何敢言事！魏客新垣衍令赵帝秦，今其人在是，胜也何敢言事!’仲连曰：‘吾始以君为天下之贤公子也，吾今然后知君非天下之贤公子也。’鲁仲连见，新垣衍曰：‘吾视居此围城之中者，皆有求于平原君也。今吾观先生之玉貌，非有求于平原君者也。’又曰：‘始以先生为庸人，吾乃今日知先生为天下士也。’是数者，重沓熟复，如骏马下驻千丈坡，其文势正尔。风行于上而水波，真天下之至文也。”

吴见思《史记论文》于《平原君列传》之“平原君曰：‘夫贤士之处世也，譬若锥之处囊中，其末立见。今先生处胜之门下，三年于此矣，左右未有所称诵，胜未有所闻，是先生无所有也，先生不能，先生留’”，句下批曰：“连用三‘先生’作调。”又于“楚王谓平原君曰：‘客何为者也?’平原君曰：‘是胜之舍人也。’楚王叱曰：‘胡不下！吾乃与而君言，汝何为者也!’”句下批曰：“两‘何为’句，铿锵历落，如闻其声。”又于“毛遂按剑而前曰：‘王之所以叱遂者，以楚国之众也，今十步之内，王不得恃楚国之众也。’”句下批曰：“前两‘何为者也’，此两‘楚国之众也’，俱作两叠调写，怒时急语，气正勃勃，其妙如此。”又于“王之命悬于遂手，吾君在前，叱者何也?且遂闻汤以七十里之地王天下，文王以百里之壤而臣诸侯，岂其士卒众多哉，诚能据其势而奋其威，今楚地方五千里，持戟百万，此霸王之资也。以楚之强，天下弗能当。白起小竖子耳，率数万之众，兴师以与楚战，一战而举鄢郢，再战而烧夷陵，三战而辱王之先人。此百世之怨，而赵之所羞，而王弗知恶焉。合从者为楚，非为赵也。吾君在前，叱者何也?”句下批：“又点一句，与前句亦作两叠调，是章法。”

钱钟书先生《管锥编》于《项羽本纪》“诸将皆从壁上观，楚战士无不一以当十，楚兵呼声动天，诸侯军无不人人惴恐。于是已破秦军。项羽召见诸侯将，入辕门，无不膝行而前。”文下评论史公重沓叠词之妙云：

《考证》："陈仁锡曰：'叠用三无不字，有精神；《汉书》去其二，遂乏气魄。'"按陈氏评是，数语有如火如荼之观。……马迁行文，深得累叠之妙，如本篇末写项羽"自度不能脱"，一则曰："此天之亡我，非战之罪也"，再则曰："令诸君知天亡我，非战之罪也"，三则曰："天之亡我，我何渡为！"心已死而意犹未平，认输而不服气，故言之不足，再三言之也。又如《袁盎晁错列传》记错父曰："刘氏安矣！晁氏危矣！吾去公归矣！"叠三"矣"字，纸上如闻太息，断为三句，削去衔接之词（asyndeton），顿挫而兼急迅错落之致。《汉书》却作："刘氏安矣而晁氏危，吾去公归矣！"索然有底情味？王若虚《滹南遗老集》卷一五苛诋《史记》文法最疏、虚字不妥，举"诸侯军无不人人惴恐"为"字语冗复"之一例。王氏谭艺，识力甚锐而见界不广，当时友生已病其"好平淡"而不"尚奇峭"，以"经义科举法绳文"（刘祁《归潜志》卷八）。玩其月旦，偏主疏顺清畅，饰微治细，至若瑰玮奇肆之格，幽深奥远之境，皆所未识；又只责字句之直白达意，于声调章法，度外恝置。是故弹射虽中，尠伤要害，匹似逼察江河之挟泥沙俱下，未尝浑观其一派之落九天而泻千里也。即以《史记》此句论之。局于本句，诚如王氏所讥。倘病其冗复而削去"无不"，则三叠减，一声势随杀；苟删"人人"而不删"无不"，以保三叠，则它两句皆六字，此句仅余四字，失其平衡，如鼎折足而将覆悚，别须拆补之词，仍涂附之迹。宁留小眚，以全大体。经籍不避"重言"，《尚书》之"不遑暇食"，《左传》之"尚犹有臭"，孔颖达《正义》已道之。《汉书·项籍传》作"诸侯军人人惴恐"、"膝行而前"；盖知删一"无不"，即坏却累叠之势，何若径删两"无不"，勿复示此形之为愈矣。[1]

① 《管锥编》第一册，第 272—273 页。

有时为了追求感情的淋漓酣畅，常反复使用同一词语，来加强抒情成分，增强感染力量，这又是一种复沓，像《酷吏列传》的“何足数哉！何足数哉！”《楚元王世家》的“贤人乎，贤人乎！”《张释之冯唐列传》的“有味哉！有味哉！”《匈奴列传》的“唯在择任将相哉！唯在择任将相哉！”《太史公自序》的“意在斯乎！意在斯乎！”“是余之罪也夫！是余之罪也夫！”

(2) 加倍形容。司马迁在《史记》普遍地随意运用。《魏其武安侯列传》：“其游如父子然，相得欢甚，无厌，恨相知晚也。”这种极度形容，着意刻画的递接性语言，文意上是极力表现窦婴、灌夫二人的相得，文气上是求其畅足。

《平津侯主父偃列传》：“愿陛下详察之，少加意而熟虑焉。”“详察”、“少加意”、“熟虑”基本上是一个意思，都是希望武帝对他的上书引起注意，对他提出的主张认真加以考虑。换不同的说法加以重复，在于加重语气，表示郑重。

《外戚世家》：“欲其生子万方，终无子。”“欲连固根本牢甚，然而无益也。”这里的“万方”、“牢甚”，都是为了加倍形容。

《酷吏列传》：“其好杀伐行威不爱人如此。”“好杀伐”是一层，这是主意所在；好杀伐是为什么？为的是“行威”，这又是一层；以杀伐行威，够不人道的人，所以又加“不爱人”；“如此”是说竟然达到这种程度！一句话几层意思，层层递加，以达到加倍形容的目的。

又：“郡中毋声，毋敢夜行，野无犬吠之盗。”《史记菁华录》批：“叠三句，酷焰犹赫！”

《刘敬叔孙通列传》：“鲁有两生不肯行，曰：‘公所事者且十主，皆面谀以得亲贵。今天下初定，死者未葬，伤者未起，又欲起礼乐，礼乐所由起，积德百年而后可兴也。吾不忍为公所为，公所为不合古，吾不行，公往矣，无污我！”《史记菁华录》针对最后一段批曰：“连下五句，如见其掉头挥手，咄咄不屑之状。”

《高祖本纪》：“沛公……乃用张良计，使郦生、陆贾往说秦将，啖以利，因袭攻武关，破之。又与秦军战于蓝田南，益张疑兵旗帜，诸所过毋得掠卤，秦人喜，秦军解，因大破之。又战其北，大破之。乘胜，遂破之。”刘辰翁在《班马异同评》批：“两言‘大破之’，又言‘遂破之’，文如破竹。”吴见思《史记论文》评：“‘破之’，‘因大破之’，‘大破之’，‘乘胜遂破之’，接连写来，声势赫奕。”又于“秦人大喜，争持牛羊酒食，献享军士。沛公又让，不受，曰：‘仓粟多，非乏，不欲费人。人又益喜，惟恐沛公不为秦王。’”下批：“一句总收上数节，先言‘秦人喜’，后言‘秦人大喜’，又‘益喜’，步步紧入。”这后一例是写高祖刘邦进入咸阳后约法三章，安抚百姓，秦地百姓对高祖感恩戴德惟恐不及的许多话，所以要不厌其烦地讲那么多，是因为当时老百姓觉得非如此不足以表达其拥戴之情，作者也是极力传达出那种热乎劲，这便是极意形容语之所以出现的原因。

（3）用虚字传神。虚字造成语气，而语气是传达感情造成韵味的重要手段，然而这必得有深厚而强烈的内在感情和较高的语感素质方可达到。虚字的运用使得司马迁把他主观的感情态度、感情色彩找到了一种适当的载体，一种适当的体现方式。

洪迈说：“东坡作《赵德麟字说》云：汉武帝获白麟，司马迁、班固书曰：‘获一角兽，盖麟云。’‘盖’之为言疑之也。予观《史》《汉》所记事，或曰‘云’，或曰‘焉’，或曰‘盖’，其语舒缓含深意……”（《容斋随笔》续笔卷七“迁固用疑字”条）

焦竑则于《封禅书》评曰：“《书》中叠用‘盖’字、‘若’字、‘云’字、‘焉’字、‘矣’字，皆有意，当玩。”（《史记萃宝评林》）

《史记》的《封禅书》是揭露讽刺历代帝王，特别是秦始皇、汉武帝搞迷信，信神仙，求长生不老，其中用了许多“盖”、“若”、“云”等疑词，把事情写得迷离惝恍，似有若无，又用了许多“矣”、“焉”等拖长声的语气助词，便构成了强大的讽刺意味。比如：

“自威、宣、燕昭使人入海求蓬莱、方丈、瀛洲。此三神山者，其传在渤海中，去人不远；患且至，则船风引而去。盖尝有至者，诸仙人及不死之药皆在焉。……临之，风辄引去，终莫能至云。”

“及至秦始皇并天下……使人乃赍童男女入海求之。船交海中，皆以风为解，曰未能至，望见之焉。”

用“盖”、“焉”、“云”等疑词，表示所讲的事情都是迷离惝恍，根本不可凭信，不足凭信。“盖”、“焉”不必说了，“风辄引去，终莫能至云”——不加“云”就是肯定的叙述语，加“云”就把它的可靠性打消了，成为飘忽不定之词了。

“于是天子（武帝）始亲祠灶，遣方士入海求蓬莱安期生之属，而事化丹砂剂为黄金矣。”

“（栾）大见数月，佩六印，贵震天下，而海上燕齐之间，莫不扼腕而自言有禁方，能神仙矣。”

“其明年，齐人少翁以鬼神方见上。上有所幸王夫人，夫人卒，少翁以方盖夜致王夫人及灶鬼之貌云。天子自帷中望见焉。”

用“矣”、“焉”等拖长音的语气词，表示这些事引起的无可改变的消极后果和作者对这种事的深深慨叹和讽意。

所有这些虚字，都饱含讥讽，由于《封禅书》多用这类虚字，多用这种语气，所以全文造成了浓厚的讽刺情调。

还有，司马迁对武帝时外戚卫青、霍去病的靠山卫皇后很看不起，在《外戚世家》中写到卫皇后时，便用了“卫皇后，字子夫，生微矣，盖其家号曰卫氏！”——（他的）出身太微贱了，似乎他家自己号称姓卫。这句话，有了“号曰”，再加“矣”、“盖”两个虚词，似乎他家自己号称姓卫，那意思是到底姓什么只有天知道。这话里，鄙夷之情流露无遗。在提到卫皇后的姐姐时，还有一句“及卫皇后所谓姊卫少儿”，《史记论文》评：“‘所谓姊’，与‘盖其家号曰卫氏’，尖毒乃尔！”

《酷吏列传》：“是时赵禹、张汤以刻深为九卿矣！”《史记菁华录》评：“沉痛可味。”

又：“其治所诛杀甚多，然取为小治，奸益不胜，直指始出矣。吏之治以斩杀缚束为务，阎奉以恶用矣！”《史记菁华录》评：“两‘矣’字，有太息之声。”

无论是从遣词造句看，还是重沓、加倍形容、运用虚字传神来造成语言的韵味看，司马迁都不遗于力地追求语言的表现力，追求语言的文学性。人们在同时阅读《史记》和《汉书》以后，都明显地感到两书在语言风格上的差异，而且都在寻找恰切的字眼对这种差异加以说明，有的概括为《史记》雄浑酣畅，《汉书》富赡严整；有的概括为《汉书》“方以正”，《史记》“圆而神”。无论怎样概括，其中有一点大家的感受恐怕是共同的，即班固的追求趋向于语言的规范性和典雅性，而司马迁则追求表情达意的逼真性和鲜活性。就实质上说，这两种追求在某种程度上反映了语言趋向科学化与趋向文学化的两种不同倾向——与文史结合还是文史分家的两种倾向相适应。

3. 语译古文

创作历史要运用许多古史资料，这是不能回避的问题。司马迁极为重视书面语言的通俗化，与追求古奥典雅的班固绝然相反。所以司马迁引用先秦文献资料，对古奥难懂的古文进行汉代通行语的翻译。例如，我们将《尚书·尧典》与《五帝本纪》对照就可以发现司马迁作了全面的翻译，有的句子直译，有的为意译，有的变换了语序句式和转译了词汇，有的为熔铸改写，表现了司马迁在古语今译上积累了丰富的经验。例如《尧典》中的“允厘百工，庶绩咸熙”，十分“佶屈聱牙”；《五帝本纪》写作“信饬百官，众工皆兴”，这就明白畅达多了。宋人王观国在《学林》卷一中对司马迁转译先秦古籍词汇作了集中的统计，王氏说：

> 司马迁好异而恶与人同。观《史记》用《尚书》、《战国策》、《国语》、《世本》、《左氏传》之文多改其正文。改“绩用”为“功用”；改“厥田”为“其田”；改“肆觐”为“遂见”；改“宵中”为“夜中”；改“咨四岳”为“嗟四岳”；改“协和”为“合和”；改“方命”为“负命”；改“九载”为“九岁”；改“格奸”为“至奸”；改“慎徽”为“慎和”；改“烈风”为“暴风”；改“克从”为“能从”；改“浚川”为“决川”；改“恤哉”为“静哉”；改“四海”为“四方”；改“熙帝”为“美尧”；改“不逊”为“不训”；改“胄子”

为"稚子"；改"维绩"为"维静"；改"天工"为"天事"；改"底绩"为"致功"；改"降丘"为"下丘"；改"纳锡"为"入赐"；改"孔修"为"甚修"；改"夙夜"为"早夜"；改"申命"为"重命"；改"汝翼"为"汝辅"；改"敕天"为"陟天"；改"率作"为"率为"；改"宅土"为"居土"，如此类甚多。又用《论语》文分缀为《孔子弟子传》，亦多改其文，改"吾执"为"我执"；改"毋固"为"无固"；改"指诸掌"为"视其掌"；改"性与天道"为"天道性命"；改"未若"为"不如"；改"便便"为"辩辩"；改"滔滔"为"悠悠"；如此类又多。子长但知好异而不知反有害于义也。

王观国泥古，批评司马迁改字害意，这是完全错误的。但王氏的这番胪列比较是很有意义的，它生动地说明了司马迁语译古文是自觉的创新，系统的转译。司马迁师事孔安国，孔氏就以今文读古文《尚书》，在解说中必然用现代词汇转译古语。所以司马迁的古文今译工作也是有师承的。但是，把今译大量运用于书面语中，司马迁无疑是第一个取得了重大成就的人。

4. 直抒胸臆的评论语言

司马迁在《史记》中经常以"太史公曰"的形式，或评论历史事件，或褒贬历史人物，或对复杂的历史现象作出某种说明。放在篇首的称"序"，放在篇末的称"赞"，这是司马迁首创的一种史论形式，是《史记》内容不可缺少的一部分。

这些评论语言或长或短，大都直抒胸臆。如《李将军列传》："若此，其旨深矣。"①

《史记》评论语言有时曲折往复，极富变化。且看《项羽本纪赞》：

太史公曰：吾闻之周生曰："舜目盖重瞳子"，又闻项羽亦重瞳子。羽岂其苗裔邪？何兴之暴也！夫秦失其政，陈涉

① （明）凌稚隆：《史记评林》引。

首难，豪杰蜂起，相与并争，不可胜数。然羽非有尺寸，乘势起陇亩之中，三年，遂将五诸侯灭秦，分裂天下，而封王侯，政由羽出，号为“霸王”，位虽不终，近古以来未尝有也。及羽背关怀楚，放逐义帝而自立，怨王侯叛己，难矣。自矜功伐，奋其私智而不师古，谓霸王之业，欲以力征经营天下，五年卒亡其国，身死东城，尚不觉寤而不自责，过矣。乃引“天亡我，非用兵之罪也”，岂不谬哉！

清人吴调侯、吴楚材《古文观止》评此赞曰：

前后“兴”“亡”二字相照，“三年”“五年”，并见兴亡之速，俱关键。“过矣”“谬哉”，唤应绝韵。一赞中，五层转折，唱叹不穷，而一纪之神情已尽。

两吴氏对《项羽本纪赞》曲折往复的特点予以高度评价。我们再看《六国年表序》中的一段：

秦既得意，烧天下《诗》《书》，诸侯史记尤甚，为其有所刺讥也。《诗》《书》所以复见者，多藏人家，而史记独藏周室，以故灭。惜哉！独有《秦记》，又不载日月，其文略不具。然战国之权变亦有可颇采者，何必上古。秦取天下多暴，然世异变，成功大。传曰“法后王”，何也？以其近己而俗变相类，议卑而易行也。学者牵于所闻，见秦在帝位日浅，不察其终始，因举而笑之，不敢道，此与以耳食无异。悲夫！

这段评论，首先对秦国毁灭文化的政策表示惋惜，继而转到“何必上古”，以示战国之权变“亦有可颇采者”。再说秦国以暴力取天下，但又转到“成功大”上来，肯定秦统一天下的进步性。再转到现实，一些学者见秦国是短命王朝，就采取“举而笑之”的态度，不能对秦国历史进行公允评价，作者对此予以批评：“此与以耳食无异”，并以“悲夫”收束。一段评论，多次转折，极尽曲折之能事，表现了作者对秦国历史的全面而深刻的认识。

另外如《五帝本纪赞》、《秦楚之际月表序》、《游侠列传序》等，都是极有特色的论赞。限于篇幅，我们不引原文，只引《古文观止》对这几篇论赞的评点，以见其风格。

评《五帝本纪赞》曰：

> 此为赞语之首，古质奥雅，文简意多。转折层曲，往复回环。其传疑不敢自信之意，绝不作一了结语，乃赞语中之尤超绝者。

评《秦楚之际月表序》曰：

> 前三段一正，后三段一反，而归功于汉。以四层咏叹，无限委蛇，如黄河之水，百折百回，究未尝著一实笔，使读者自得之，最为深妙。

评《游侠列传序》曰：

> 凡六赞游侠，多少抑扬，多少往复，胸中荦落，笔底抒写，极文心之妙。

这些评论，均能切中要害，有助于我们深刻理解《史记》评论语言的特色。

为了增加评论语言的力量，《史记》还常常引用格言来证实自己的评论，或篇首立论，或篇末明旨，《伯夷列传》、《李将军列传》、《酷吏列传》、《游侠列传》、《货殖列传》等论赞就是这样，前代先哲如老子、孔子、管子等人及一些经典中的名言，都成为作者论证自己观点的依据。如《酷吏列传》序：孔子曰："导之以政，齐之以刑，民免而无耻。导之以德，齐之以礼，有耻且格。"老氏称："上德不德，是以有德；下德不失德，是以无德。法令滋章，盗贼多有。"一开头就引用孔子、老子的名言来阐明礼义道德的重要性。为后文打下了基础。

总之，《史记》评论语言丰富多彩，有直接明显的论断，有含蓄冷静的论断，有微言讥刺的论断，有言外之意的论断，也有貌似无关的论断，有哲理性的论断，还有叙事性实录性的论断，有时则为夹叙夹议的论断，再有就是运用对照手法加以论断。从语言的运用来看，有的运用重言叠句，有的故作反语，有的设疑问语，有的借他人语，有的引证古书或民间俗语[①]，成为《史记》语言中一个重要的方面。

五、雄健峻洁婉曲的语言风格

司马迁文章的风格多彩多姿，异彩纷呈，归纳起来，主要有三点：一曰雄健、二曰峻洁、三曰婉曲。分述于次。

一曰雄健

韩愈、辛弃疾、刘熙载诸人认为，雄健是司马迁的风格之一。的确，司马迁笔力劲健，感情充沛，发之为文，使他的作品的文势或大起大落，跌宕有致，或如江河浪涛，滚滚而来，汹涌不绝，给人以雄放流荡的感觉。《项羽本纪》用千钧笔力写项羽那种狂飙突放、不可一世的盖世之勇，文章排宕开阖，浑浩流转，显得很有气势，很有魄力。他的《报任安书》“粗粗卤卤，任意写去，而矫健磊落，笔力如走蛟龙、挟风雨，且峭句险字，往往不乏，读之但见其奇肆，而不得其构造锻炼处。”“真是大有力量文字”[②]。至于毛遂定纵、蔺相如完璧归赵、荆轲刺秦王等等，也都无不写得惊心动魄，一种逼人的气势充溢在字里行间。就连他的十表序文，寥寥短幅也能极尽曲折跌宕之能事，有尺幅千里之势。有人评《三代世表序》说“曲折秀洁，数尺有千寻之势”[③]。牛运震评《秦楚之际月表序》说：“月表雄峻奇伟，顿挫

① 白静生：《灵活多彩的“太史公曰”》，载《河北师院学报》1995 年第 1 期。
② 《评注昭明文选》引。
③ （清）李晚芳：《读史管见》引。

处遒古可诵。”[①] 张廉卿则誉之曰：“雄逸恣肆，千古一人。”[②] 文之雄健，全在气势。司马迁雄健有力的风格特点，就是由文章中那种旺盛不衰的强烈气势表现出来的。所以方孝孺总颂之曰：波澜壮阔，“如决江河而注之海，不劳余力，顺流直趋，终焉万里；势之所触，裂山转石，襄陵荡壑，回旋曲折，抑扬喷伏，而不见艰难辛苦之态，必至于极而后止”[③]。这是一段非常形象生动的评论。

司马迁文章的气势，首先来自它文章的宽阔远大。清人刘大櫆指出：“文贵大。古文之大者莫如史迁。震川论史记，谓为‘大手笔’。又曰‘起头处来得勇猛”，又曰‘连山断岭，峰间参差’。又曰‘如书《长江万里图》’。又曰‘如大塘上打纤，千船万船，不相妨碍’。此气脉洪大，丘壑远大之谓也。”[④] 百三十篇《史记》，反映的是从上古到秦汉之际三千年的历史。在这漫长的历史画廊中，司马迁描绘了大大小小、数以百计的历史事件，刻画了形形色色、风姿有别的人物形象，展现在读者面前的，确实是一幅绚丽多彩的“长江万里图”。面对这幅巨画，读者会惊叹，会兴奋，会感到一股撼动人心的磅礴气势在胸中激荡。这确实是“大手笔”，非“大手笔”不能如此！

在具体描述时，司马迁有“来得勇猛”的开端，也有“连山断岭，峰头参差”的文章波澜。前者如《西南夷列传》，李景星说：“传之起首如青天霹雳，如平地奇峰，突兀得势，入后步步照应，有破竹之妙。”[⑤] 后者如《赵世家》，李景星评道：“通篇如长江大河，一波未平，一波复起，令览之者应接不暇，故不觉其长。用笔节节变化，有移步变形之妙。”[⑥] 司马迁还善于通过变化使用各种不同的语言来造成种种不同的气势，有时他连用一些表示动作的词语，以短促急迫的节奏，写出当时紧张激烈的情景，

---

① （清）牛运震：《史记评注》。

② （清）姚鼐：《古文辞类纂》引。

③ （明）方孝孺：《与舒君书》。

④ （清）刘大櫆：《论文偶记》。

⑤⑥ （清）李景星：《史记评议》。

造成一种势如破竹、锐不可当的气势，如巨鹿之战；有时用接连不断、层层逼进的反诘句造成一种刺激淋漓、怒气勃勃的气势，如《伯夷列传》对天道的责疑；有时则句式匀称，排比迭用，数语之间连用十几个“也”字，构成一种感情强烈、充畅激奋的气势，如《屈原列传》论《离骚》一节。司马迁还深懂累迭之妙，善于重复取势（参阅前节所述“重沓”），如《魏世家》、《苏秦列传》、《平原君列传》、《鲁仲连列传》等篇，都善用重复取势，所以宋人洪迈称赞说：“重沓熟复，如骏马下驻千丈坡，其文势正尔，风行于上而水波，真天下之至文也”。④

二曰峻洁

随着《史记》各篇内容的不同，在文章风格上也呈现出不同，有的雄恣悲壮，有的冷峻深刻，有的低回婉转，有的轻捷飘忽，有的奇谲诙诡，有的热情奔放。而柳宗元独以“峻洁”二字目为司马迁风格。

所谓“峻洁”，主要指《史记》文章写的朴素凝练，干净利落，没有东枝西蔓之病。清人恽敬说：“古今之文，越天成越有法度，如《史记》，千古以为疏阔，而柳子厚独以‘洁’许之。今读伯夷、屈原等列传，重叠拉杂，及删其一字一句，则其意不全，可见古人所得矣。”⑤ 看来文章要写得浑然天成，滴水不漏，不能删除一词一句，方算达到“洁”的境界。《史记》各篇，虽不能说“字字经思，句句有法”，已经“无衍词，无泛笔，一字不容增减”，但它沉郁高洁，含蓄精深，即便是名家圣手，要想轻易删改，也不是件容易的事。顾炎武《日知录》曾记载了这样一件有趣的事，其言云：

《黄氏日钞》言苏子由《古史》改《史记》多有不当。如《樗里子传》，《史记》曰：“母，韩女也。樗里子滑稽多智”。《古史》曰：“母，韩女也。滑稽多智。”似以母为滑稽

④ （宋）洪迈：《容斋随笔》。
⑤ （清）恽敬：《与舒白香》。

矣。然则“樗里子”三字其可省乎?《甘茂传》,《史记》曰:“甘茂者,下蔡人也,事下蔡史举,学百家之说。”《古史》曰:“下蔡史举学百家之说”。似史举自学百家矣。然则“事”之一字其可省乎?以是知文不可以省字为工;字而可省,太史公省之久矣。

从此可以知道,司马迁作文,遣字造句是很用心的,名家如苏辙,删改《史记》的文章也不能尽如人意。难怪明代茅坤说,对《史记》文章,“于中欲损益一句一字处,便如于匹练中抽一缕,自难下手。”[①] 此话虽不免溢美,但也不是没有一点道理的。

关于“峻洁”的具体内容,柳宗元没有做出明确的阐述,晚清曾国藩曾作了解释。第一,他评论《朝鲜列传》时说“事绪繁多,叙次明晰,柳子厚所称太史(公)之洁也”[②]。把纷纭复杂的历史人事写得有条不紊,清楚明了,的确是《史记》文章所以“洁”的原因之一。曾国藩还以《西南夷列传》为例说:“叙川边、川南、云南、贵州一带……诸种族,情形异常复杂,虽在今日,尚且很难理清头绪,太史公却能用极简净的笔法把形势写得了如指掌。他把他们分为三大部分,用土著、游牧及头发的装束等等做识别,每一大部中复分为若干小部,每小部举出一个或两个部落为代表,代表之特殊地位固然见出,其他散部落亦并不挂漏。……这是详略繁简的最好标准”[③]。梁启超对这篇列传十分推崇,多次予以表彰,说“这是作文求简法的最好法门”[④]。

第二,曾氏评《萧相国世家》说:“萧相之功,只从猎狗及鄂君两段指点,其余却皆从没要紧处著笔,实事当有数十百案,概不铺写。文之所以高洁也;后人为之当累数万言,不能休矣。”[⑤]这就指出,司马迁文章所以“洁”的第二个原因,是善于抓住重点作精雕细刻,而将一切对表现人物性格特征无用的东西

① (明)茅坤:《史记钞》。

②③⑤ (清)曾国藩:《求阙斋读书录》。

④ 梁启超:《作文教学法》。

全部剔除。《史记》中这种例子真是不胜枚举。如写项羽，侧重描绘巨鹿之战、鸿门宴和垓下之围三件大事，就把项羽的威猛骁勇和政治上的天真幼稚表现得淋漓尽致。李广一生经历大小七十余战，司马迁却只写他三次战斗，从而把李广非凡的才智和超人的胆略表现得十分充足。又如梁启超评《廉颇蔺相如列传》说：

> 记蔺相如完璧归赵及渑池之会两事，从始至末一言一动都记得不漏。这是详记大事之法。因为这两件大事最足表现相如的个性，所以专用重笔写他，其余小事都小叙。廉颇的大事，三回伐齐，两回伐魏，一回伐燕，传中前后只用三四十个字便算写过，绝不写他如何作战，如何战胜，因为这些战术战功是良将所通有，不足以特表廉颇的人格，倒是廉颇怎样的妒忌蔺相如，经相如退让之后怎么的肉袒谢罪，失势得势时候怎么的对付宾客，晚年亡命在外思念故国时怎么的“一饭斗米肉十斤，被甲上马尚示可用”这些小事写得十分详细，读之便可以知道廉颇为人短处在褊狭，长处在重义气、识大体。[①]

司马迁行文，或从大处着眼，或从小处落墨，总之是非常善于抓住主要的东西作刻意描绘，而将那些可有可无、无关紧要的史料一并删除。因为《史记》写的都是有用的东西，所以它的文字特别干净，特别精练，称之为“峻洁”，是最恰当不过的。

三曰婉曲

太史公的文章，有的如浑浩的长江大河，雄奇奔放，豪迈不羁，表现出一种阳刚之美；有的却像微波荡漾的清池曲水，委婉曲折，平易自然，偏于阴柔之美。所以在注意到司马迁雄健的风格特征时，还不能忽视他风格中委婉的一面。古人对司马迁纡徐委婉，含蓄深远的风格特征是有很多评论的，清人刘大櫆指出：“文贵远，远必含蓄。或句上有句，或句下有句，或句中有句，

① 梁启超：《作文教学法》。

或句外有句，说出者少，不说出者多，乃可谓之远。昔人谓子长文字，微情妙旨，寄之笔墨蹊径之外，又谓如郭忠恕画，天外数峰，略有笔墨，而无笔墨之迹。故太史公文，并非孟坚所知。意尽而言止者，天下之至言也，然言止而意不尽者尤佳。意到处言不到，言尽处意不尽，自太史公后，惟韩、欧得其一二。"[①] 刘氏对对司马迁寄于笔墨之外的"微情妙旨"理解颇透，故这段评论把《史记》委婉含蓄的风格特点，指点得异常详尽。

我们知道，司马迁是实录作家，具有耿直的性格，他敢于大胆地爱，也敢于大胆地恨，但他的思想，他的感情，并非在所有的时候都像庐山瀑布，一泻无遗的。他风格的另一特色是婉曲不露，常常愿意将自己的是非态度、爱憎感情隐蔽起来，而出之于婉笔，让读者去思考，去回味，给人以含蓄美的快感。

司马迁的委婉笔法，在批评讽刺汉武帝时用得最为充分。比如司马迁对汉武帝的穷奢极欲，为了举行封禅，消耗了大量的人力物力感到不满；对汉武帝为访仙求不死药，甘心情愿受方士欺骗而不能自拔的所作所为，更是无限愤懑。故他的那篇富有滑稽色彩的《封禅书》，曾被古代学者认为是专门讽刺汉武帝的大文章。不过这种讽刺不是直截了当的，而是若明若暗，曲折委婉的，用的是指桑骂槐的手法；需要认真思索才能体会出来。如文中叙到"秦始皇并天下"后，有这样一段话：

> 始皇封禅之后十二岁秦亡。诸儒生疾秦焚诗书，诛僇文学，百姓怨其法，天下畔之。皆讹曰："始皇上泰山，为暴风雨所击，不得封禅。"此岂所谓无其德而用事者邪？

这里的"始皇"，清人吴汝纶就指出是影射汉武帝的。因为秦始皇封禅后，并未得到上天神灵的庇佑，江山也并未传之万世，而仅传之二世就在"一夫发难，天下响应"的农民起义声中土崩瓦解了；汉武帝虽值盛世，可在盛世帷幕掩盖之中，仍旧是矛盾重

---

① （清）刘大櫆：《论文偶记》。

重，危机四伏，农民起义已此起彼伏了，这种现状若不加紧改变，其结果并不会比秦始皇好多少。所以这段话表面看来，字字句句是针对秦始皇的，而骨子里，却字字句句都是在警示汉武帝。因此，《封禅书》的结尾含蓄地说："自是之后，方士言祀神者弥重，然其效可睹矣。"方士还在骗人，皇帝尚未觉醒，然其效果如何？不言而喻。这个不失尖刻浅露的结尾，受到了古人非常的好评。

司马迁这种"语虽论秦，意乃指汉"的写法，在《平准书》中也有突出表现。这里先看该书结尾一段话：

> 至于秦，卒并海内，……中一国之币为三等，黄金以镒名为上币；铜钱识曰半两，重如其文，为下币。而珠玉龟贝银锡之属，为器饰宝藏，不为币。然各随时而轻重无常。于是外攘夷狄，内兴功业，海内之士，力耕不足粮饷，女子纺织不足衣服。古者尝竭天下之资财以奉其上，犹自以为不足也。

这段话字面上说的是"秦"事，其实一字一句都是针对刘彻的。像"于是外攘夷狄"以下几句，完全是汉武帝时代现实的真实写照。汉武帝积极对外扩张，大肆封禅求仙，劳民伤财，人们早已怨声载道。所以敏感的明代学者茅坤读到这里，提笔评道："不及本朝，而以秦事为言若此，其旨深矣。"[①] 觉得大有言外之意可寻。清人方苞的评语更明确，说这是"举秦事以譬况汉也"[②]。一针见血，毫不躲躲闪闪。清代另一位学者李晚芳对《平准书》的表现艺术体会更深，评论更细，值得一提。

李氏说，汉武帝时代弊政甚多，弃而不书，则不足为信史；若奋笔直书，又不足为君讳。故"太史（公）于是以敏妙之笔，敷绚烂之辞，若吞若吐，蕴含讥冷刺于有意无意之间，使人赏其

① 《史记评林》引。

② （清）方苞：《评点史记》。

绚烂，而不觉其含讥；赞其敏妙，而不觉其冷刺，笔未到而意已涵，笔虽煞而神仍浑。前用隐伏，将种种包孕，如草芽之在土；后用翻笔显笔，而节节回应，若绿缛之逢春。每于提处，或推原，或突起，用凌空之笔，醒纷更之不一。每段小驻，或绾或含，用概笔，留不尽之神，令人远想其味外之味。将数十年种种弊政，布于万余言之中，乱若散线而不可收拾，乃或离或合，忽断忽接，或错综叙去，或牵连并写，起伏转拉，痕迹俱化，浑如一线穿成，是何等笔力！八书中惟此书出神入化，骤读之无一语径直，细案之无一事含糊，总括之无一端遗漏，使当时后世，皆奉为信史，而不敢目为谤书，煞是太史公惨淡经营之作。"[①] 看来司马迁用含蓄委婉的手法表现他的"言外不尽之言，味外不尽之味"已经到了娴熟自如，炉火纯青的地步，无怪乎古往今来的文章大家都要对他钦佩之至，一味叫好了。

下面再简单谈谈古人对司马迁风格形成原因的探讨。

一个作家的风格，主要是由他的生活经历、性格特征、美学趣味、艺术修养等因素决定的。不同的作家有不同的个性，所以不同的作品有不同的风格。比如"性格清彻者音调自然宣畅，性格舒徐者音调自然疏缓，旷达者自然浩荡，雄迈者自然壮烈，沉郁者自然悲酸，古怪者自然奇绝"[②]。像"贾生俊发，故文洁而体清；长卿傲诞，故理侈而辞溢"[③]。司马迁的性格不同于贾谊、司马相如，故他的风格和他们亦颇有差异。明代方孝孺说："司马迁豪迈不羁，宽大易直，故其文烨乎如恒华，浩乎如江河，曲尽周密，如家人父子语，不尚藻饰而终不可学。"[④] 方氏注意到司马迁的个性与他作品风格的关系，评其文，先察其人，这种论文方法，是值得肯定的。

在探究司马迁风格形成的原因时，古代学者还十分重视司马迁广泛的生活阅历对作品风格的直接影响。宋人马存在《赠盖邦

① （清）李晚芳：《读史管见》。
② 转引自《古代文章学概论》，武汉大学出版社 1983 年版。
③ （南朝梁）刘勰：《文心雕龙·体性》。
④ （明）方孝孺：《张彦辉文集序》。

式序》一文中，对友人盖邦式谈到了周游天下的阅历对司马迁性情的陶冶，和形成多样文章风格的影响。他的评论很精辟，这里援引如下，供研究者参考：

子长平生喜游，方少壮自负之年，足迹不肯一日休。非直为景物役也，将以尽天下之大观，以助吾气，然后吐而为书。今于其书观之，则其平生所尝游者皆在焉。南浮长淮，溯大江，见狂澜惊波，阴风怒号，逆走而横击，故其文奔放而浩漫；望云梦、洞庭之陂，彭蠡之潴，涵混太虚，呼吸万壑，而不见介量，故其文停蓄而渊深；见九疑之绝绵，巫山之嵯峨，阳台朝云，苍梧暮烟，态度无定，靡曼绰约，春妆如浓，秋饰如洗，故其文妍媚而蔚纡；泛沅渡汀，吊大夫之魂，悼妃子之憾，竹上犹斑斑，而不知鱼腹之骨尚无恙者乎？故其文感愤而伤激；北过大梁之墟，观楚、汉之战场，想见项羽之喑呜，高帝之谩骂，龙跳虎跃，千兵万马，大弓长戟，交集而齐呼，故其文雄勇猛健，使人心悸而胆栗。世家龙门，念神禹之巍功，西使巴蜀，跨剑阁之鸟道，上有摩云之崖，不见斧凿之痕，故其文斩绝峻拔而不可攀跻。讲业齐鲁之都，睹夫子之遗风，乡射邹、峄，彷徨乎汶阳、洙、泗之上，故其文典重温雅，有似乎正人君子之容貌。凡天地之间，万物之变，可惊可愕，可以娱心，使人悲者，子长尽取而为文章。是以变化出没，如万象拱四时而无穷。今于其书观之，岂不信乎？

古人论文，特别讲究有“江山之助”，认为“若局促里门，踪迹不出百里外，天下名山大川之奇胜，未经寓目，胸襟何由而开拓？”[①] 胸襟不开阔，那么，其文之单调乏味也就可以想见了。司马迁则不然，他跋山涉水，足迹几乎遍及祖国各地；伟大祖国的名山秀水，以及历史陈迹，人情风貌，深深地陶冶了

① （清）盛大士：《溪山卧游录》。

他的性情，引发着他的才智，促进了他作品风格的异彩纷呈。所以说，他雄深雅健，逸气纵横的独特风格的形成，和他深广的生活经历关系甚大，这一点，马存的评论已作了最清楚明晰的说明。

（本文摘自《史记教程》第八章。该书为中国史记研究会推出的高等院校文科教材，2002 年华文出版社初版，2011 年商务印书馆出版修订本。张大可执笔撰写本章，吸收了可永雪、张新科、俞樟华诸時贤的论著成果，特此说明）

附录：书评两篇

一、角度新颖，见解深刻，论证科学[①]

——读张大可同志《史记论赞辑释》

司马迁是一个伟大的历史家和文学家，《史记》是一部杰出的历史和文学著作，这些是大家都清楚的。但是司马迁有没有史学理论呢？对他的理论应该如何评价呢？这些往往被人们忽略。张大可同志编写《史记论赞辑释》主要就是为了帮助读者认识这方面的问题。他认为司马迁有一个“完整的史论体系”，最集中、最明显地表现在“论赞”中。作者的这一见解和论断系统地表述在本书前面两万多字的序论中。在这里，作者把司马迁那些对于天人关系，对于人类社会各部门、各方面的相互关系，对于历史古往今来的发展变化，对于作为一个历史家在如此纷纭复杂的事物和史料面前应有怎样的态度和原则，以及他自己为什么要采用这由五部分构成的纪传体等有关的理论观点，一一地进行了分析评述，内容相当丰富。而后就是按照《史记》的五体顺序逐篇地讲解、评述论赞。在每一体之前有一“说明”，总括地介绍这一体的有关问题。如十二本纪赞的“说明”就讲述了“本纪”的含义，“本纪”的破例，以及十二篇本纪所包含的历史分期等。十二本纪分为上古史、近古史、今世史三组，换一个角度，似可把五帝、夏、殷、周、秦五篇本纪赞为第一组，主要是讲史实的考证，属于历史方法论的论述；秦始皇、项羽、汉高祖三本纪赞为第二组，主要是对秦楚之际兴亡更替这一历史大变动因果的探

① 本文作者韩兆琦，著名的《史记》研究专家，北京师范大学文学院教授，博士生导师，中国史记研究会名誉会长。

索；诸汉帝纪赞为第三组，是对西汉政治得失的直接评价。“说明”之后是各篇论赞，先是原文，次注释，次译文，最后是“简论”。“简论”不是每篇都有，也不是千篇一律，有长有短，视需要而定。其内容往往不局限于论赞，而是涉及该赞所属整篇作品的许多重要问题，诸如作品的中心思想、作者意向、作品存在的争议问题等，均提出自己的看法。如《高祖本纪赞》，这段文字常被人引用以说明司马迁的“历史循环论”，而张大可同志却指出，在字面意义的循环论色彩中主旨却是讲变。因司马迁的用语是“三王之道若循环”，“言若者，象也，似也，好象是循环，这和我们所讲的螺旋式上升有些相似。”这些话讲得很精采，与司马迁的思想实际相吻合。

但是，特别注意研究司马迁史论的人毕竟是不多的，那么这本书对于一般的读者有什么意义呢？具体说有以下四个方面：

第一，作者对《史记》其书与司马迁其人作了相当全面、相当深刻的分析评述，这首先体现在“序论”中。作者对司马迁的“究天人之际，通古今之变，成一家之言”，进行了深刻的分析评述，同时也具体地讲清了司马迁是怎样写这部书的，他之所以能够取得如此卓越成就的原因是什么，如此等等。而且不论分析什么问题又都是建立在对《史记》全书融会贯通的基础上，因而有很强的说服力。在“说明”和“简论”中往往涉及司马迁某一方面的思想观点。如《律书序》的“简论”从三个方面分析了司马迁的战争观，（一）认为战争是诛暴救危的自强工具，它既可以兴邦，也可以丧邦，应当慎重使用；（二）认为战争“行之有逆顺”，颂扬顺天而行的正义战争，反对逆理而动的非正义战争；（三）认为战争“用之有巧拙”，要兴建功业，必须慎择将相，认真研究用兵作战的方略。这些归纳是比较准确的。最后总括地指出：“司马迁十分精通兵略，娴于权谋，故载述兵事战阵有声有色。《律书序》所阐述的战争观说明司马迁是立于治国平天下的政治高度来总结历史上的战争和兵略理论，目的是‘志古自镜’，供善为国者借鉴。”真是要言不繁。又如《平准书赞》的“简论”，对司马迁经济思想的分析也同样精采透彻，不仅能让人多懂了东西，而且还启发人对其他问题举一反三。

第二，作者对《史记》全书的各个部分都作了综合分析，而在一类作品之中又作了分组介绍，这对帮助读者认识《史记》其书的总体结构，认识司马迁所以要如此安排的思想意图大有裨益。例如作者在“序论”中提示：“八书集中究天人之际，十表集中通古今之变”。在“十表序”的总体说明中又指出：“《史记》十表，用以反映历史发展的线索和阶段性，最具章法义例，是司马迁的精心创作。年表紧接本纪，二体互为表里，本纪编年以王朝为体系，反映朝代变迁的大势；年表编年则以时代的变革划分阶段，打破了王朝体系，表现了世势的发展。”这些话都很少有人说过。而最后一段尤为精辟，他说：“司马迁以前的百家学说对历史发展规律的探索，仅仅停留在思辨哲学的猜测和囫囵的描绘上，而司马迁却第一次用叙述历史的方法研究历史的发展规律，作出了明确的断限划分，这不能不说是一个伟大的贡献。《春秋》亲近疏远的笔法在司马迁手里发展为详今略古法后王的历史观，把总结当世历史提到了首位，这确是独步当时。”

关于七十列传的编列次序，自始人们认识不一，清代赵翼甚至说它是随得随编，“其次第皆无意义”，这种说法当然不能令人满意。张大可同志对七十列传忽前忽后错杂不一的现象作了深入研究，把它们分成了二十组，提出了结论说：“七十列传基本以时代为序排列，符合通史原则，但有组合义例，或以类连及，或对比见义。用八个字来概括是：时代为序，以类相从。时代为序，勾勒历史发展的线索，是司马迁‘通古今之变’的反映；以类相从，是司马迁‘成一家之言’的一个方面，反映了他用历史类比法进行古今纵横排比论证，探寻治乱兴衰的规律”。也许有人对这种解释还感到不满意，但我认为这至少到目前为止还是最好的一种说法。

第三，作者在分析评述各篇“论赞”的时候，往往都是先用一段文字来概括一下该篇全文的中心思想，而后分析该文以及该赞中的主要问题。这种写法，对于熟悉《史记》的人可以在复习、回味中受到新的启发；对于还不太熟悉《史记》的人可以起到指导阅读、提示要点的作用。在这些文字中最使人感兴趣的是作者从实际出发对该文该赞中历来存有争议的那些问题的分析与评述。如《六国年表》，名曰“六国”，实谱八国，诸说不一。张大可同志在该序“简论”中说：“表名‘六国’，实谱八国，第一栏周，尊天下共主；第二栏秦，日食灾异载于秦表，而不载于周，又载秦事特详，即以秦系天下之存亡，褒美秦统一之业，故周、秦不在‘六国’数中。”真是简明扼要，清楚明白。又如，《论六家要指》是司马谈的作品，而班固父子却指斥司马迁“论大道则先黄老而后六经”，很多人都指斥班固父子错看了对象，使司马迁“代父受过”。像这样连一个中学生都能看出的问题，难道班氏父子这样两位大史学家竟会看错？对此，张大可同志在《太史公自序》的“简论”中提出了新说。他认为《论六家要指》是司马氏父子的共同宣言，前半为司马谈所作，后半为司马迁的发挥和阐释，因此班氏父子才把《论六家要指》直接作为司马迁之言加以评论。至于司马氏父子思想的差异，张大可同志说：“司马谈偏重于崇道，司马迁偏重于崇儒，表现了两个时代的人的思想异趣。但是这种差异并不是两种思想体系的对立，而是一家之言的发展，从偏重道家的色彩转向偏重儒家。”这种解释是符合实际情况的，比较令人满意。类似这样的新颖独特的见解，随文可见，如火花四射，美不胜收。

第四，作者教人以读《史记》的方法，这对于一个《史记》爱好者、初学者来说也是非常重要的。例如在“序论”中有“论《史记》书法义例”一节，归纳司马迁写史义例，而我们读者却可以掉过头来，用这些理论去指导阅读《史记》。如五体结构的关系问题、论赞提示篇意问题、附记法问题、互见法问题、对比见义问题、微词讽谕问题等等，莫不如是。张大可同志对这些问题的归纳条理，提示得相当清楚。例如微词讽谕，前人语焉不详，张大可同志则归纳了五条，即：状摹本人自矜声色动态以寓讽；引用他人之语以寓讽；言古事以讽今；用以褒为贬的反写法以寓讽；用无声的沉默以寓讽。这就不仅有助于读者理解《史记》的思想，而且有助于理解《史记》的文学成就。

再如，对《将相表》中的倒书，陈直的《史记新证》虽作了一些解释，但很不全面。张大可同志在该篇论赞“简论”中指出，司马迁用倒书写出贤相良将在封建专制政体下多无好下场，一正一倒形成鲜明对照，“恰似两表之重合，顺书是记载将相的治行，倒书是揭露将相的危境和不平待遇的下场。不创倒书，这一层意义就不明显。可以说倒书就是‘将相表’的无字之序，因当世多忌讳，故司马迁特出此创造。”这些看法很新颖，对问题的分析也相当细致深入。

总之，张大可同志对《史记》研究多年，是下了大功夫的，因而表现在这部新著中，也的确有许多新见解。对于《史记》爱好者们来说，这的确是一部使人开窍益智的书。

说到对本书的意见，有两点：其一，本书有注释，译文可省。如果这样，篇幅大约可以省掉三分之一。其二，这本书的主要目的既然是强调司马迁的“史论”，那就应该在“序论”中按照一定的逻辑顺序把司马迁的“史论”观点综述得再明晰些，现在还似乎不太够。

（原载《兰州大学学报》1987年第2期）

二、一本研究司马迁史论的书[1]

——《史记论赞辑释》评介

陕西人民出版社最近出版的《史记论赞辑释》（以下简称

① 本文作者唐少卿，时任《兰州大学学报》主编，编审。

《辑释》一书，计38万字），是兰州大学教授张大可同志继《史记研究》一书之后推出的又一力作，是研究《史记》专业工作者和爱好者的一部有益读物。

一、史记论赞，指《史记》这部巨著中的“太史公曰”。习惯称篇前之“太史公曰”为序、篇后之“太史公曰”为赞。张大可同志编著的这本书辑释《史记》全书的“太史公曰”，其中序论23篇（即十表九序、八书五序、世家一序、列传八序），赞论106篇（即十二本纪有赞十一，八书三赞，世家二十九赞，列传六十三赞），论传5篇（即《伯夷》、《日者》、《龟策》、《太史公自序》及《天官书赞》），总计134篇30 936字，约占《史记》全书526 500字的6%。《汉书·司马迁传》所载《报任安书》与《太史公自序》为表里之文，故收入《辑释》中。贾谊《过秦论》是西汉人对秦朝定评的代表作，司马迁全面赞同，引下篇为《秦始皇本纪》之赞，故亦收入《辑释》作附录。

《史记》中的“太史公曰”，在形式上是仿《左传》的“君子曰”，但发展为序赞论的系统史论，却是司马迁的首创。因为《左传》的“君子曰”是一种直书，只限于对具体事实的褒贬；评论方式亦“多是取当时君子之言，或断以己意”。故这里的“君子曰”仅是就事论事，未形成一种体系，还不是具有理论色彩的史论。而《史记》的“太史公曰”并不是就事论事的评论。“太史公曰”与《史记》全书浑然一体，每序每赞，无论长短，自为一体，具有浓厚的理论色彩。虽然篇幅不长，内容却极为丰博。它涉及政治、经济、军事、思想、文化、天文、地理、历史、伦理、世俗、形势、人事等等，从叙事中引出评论，加以褒贬，或说明篇中材料之所得，或评论史事以抒情怀。因此，论赞比篇中叙事更直截、更强烈地表现出作者的思想、观点、立场，构成了系统的史学理论。它是研究司马迁思想极为重要的第一手资料。

《辑释》将“史记论赞”资料分为九个单元，其中五体论赞各为一个单元；《伯夷列传》，《日者》、《龟策》两传，《太史公自序》，《报任安书》分别为四个单元。体例分为四项：说明、注释、译文和简论。书前有《序论》一篇，扼要评述“史记论赞”的内容和价值。每个单元自有一个中心，用单元前的简要“说明”来阐述其中心内容，本纪、表、书、世家、列传五个单元的说明，阐发纪传五种体制的义例；其余四个单元的“说明”，阐发各论传之大旨。九个单元的“说明”又前后贯通。每个单元之下所属的各篇论赞又独立成篇，并有注、释、评。全书有论赞134篇，有“简论”97篇。简论既扣紧该篇论赞的内容，而又前后贯通，所以不必每赞每论都进行评论。由于“说明”与“简论”都注意了前后贯通，所以，全书结构紧密，浑然一体。分别看，各单元各篇自成大大小小的系统；统观全书，又是一个有机的整体，加之书前的《序论》统括，更显得紧凑而又有条里。如果说《辑释》这本书是一个大的系统，那么九个单元就是全书的子系统，论赞和说明、注释、译文、简论则又是这些子系统中的层次。在全书的这样一个大系统中，就形成了有序列的网络结构。这不仅是作者的一个独创；而且化高深的学术为通俗，使该书成为雅俗共赏之作。

二、《辑释》总的原则是按《史记》原书130篇序列编排的，为了便于读者研究，并使相关内容比较系统完整，作者对原书的序列又有所变通。第一、《史记》原书褚补取《过秦论》上篇为《陈涉世家赞》；司马迁取下篇为《秦始皇本纪赞》。《辑释》将《过秦论》三篇集中附于《秦始皇本纪赞》之后，按原来的上、中、下序列编排，这样使以贾谊为代表的西汉人的论点比较集中，更富有参考价值。第二，《史记》的《平准书》编在卷三十，作为八书之一；《货殖列传》编在卷一二九，是七十列传之一。在《史记》原书中这两篇编目悬远，是因体例不同。但在内容上，两篇却是互文相补、不可分割的“表里之文”。《货殖列传》以文景时期繁荣的商品经济为背景，描述了汉初经济的上升运动，肯定了商人的历史作用，鼓励发财致富；而《平准书》正好相反，它概述了汉武帝时期经济的不景气的情况，讽刺了当时的经济政策。两种背景，形成鲜明对照，生动地描绘出汉初至武帝时代西汉经济的事势变化，在翔实的叙事之中表达了司马迁进步的经济史观，故《辑释》将《货殖列传·序》提到前面，将其编附在《平准书赞》之后，便于读者对照阅览。第三、《伯夷列传》，按作者的观点，它是七十列传的序例论传，所以独立成单元，插编在五体论赞之中，在七十列传论赞之前。第四，《报任安书》收入《汉书·司马迁传》中，《史记》不载 。但《报任安书》与《太史公自序》从内容上看是互为补充的，故收入论赞中，在《辑释》中恰好与《太史公自序》蝉联。该书如此编列，不仅条理井然，而且恰到好处地整理了司马迁的史论体系，可谓别具匠心。对读者研究《史记》和司马迁的思想，可以起到很好的引导作用。

三、作者对司马迁史论进行系统研究，取得了对《史记》疑案突破性的进展。学术界认为《史记》有十篇亡书，据三国时魏人张晏的说法是：《景纪》、《武纪》、《礼书》、《乐书》、《兵书》、《汉兴以来将相年表》、《日者列传》，《三王世家》、《龟策列传》、《傅靳列传》。作者在他的《史记研究》一书中的《史记残缺与补窜考辨》一文中曾作过详尽的考辨。认为张晏所列十篇亡书，实际是亡一残三存六。即《武纪》一篇亡；《礼》、《乐》、《兵》三书序存书亡，只可云残；其他六篇皆存。故《辑释》不辑《武纪赞》，因此赞实与《封禅书赞》同，《武纪》是补亡者抄录《封禅书》。补亡者缺乏识见，断章取义，不能代表司马迁的思想，也不像《封禅书》对汉武帝的批评是那样的鲜明深刻。《礼》、《乐》、《律》三书之序采入论赞中，作者不仅认为《日者》、《龟策》两传未亡，而且认为是司马迁作的论传。对《日者》、《龟策》两传，作者从八个方面论证这两篇为司马迁所作，并非亡缺，亦非草创。其一，两传褚补均标有“褚先生曰”，恰恰反证原传之存在；其二，褚补之言可证司马季主确有其人，贾谊、宋忠游观卜市确有其事；其三，两传行文多与司马迁用语、身世、思想意趣相合；其四，两传隐微之语与司马迁身世相应；其五，两传思想意趣与司马迁他传旨意若合符契；其六，《龟策列传》涉及巫蛊案事，论者囿于史记讫于麟止、太初成说，以为伪作之证；其七，《龟策列传》载“今上即位”云云，又载“余至江南”

云云，尤为司马迁原作之证；其八，两传抨击时政，词锋犀利，讥切深刻，非司马迁不能作。作者在这些问题上的一系列观点，当然不能说是最后的定论，但对此进行的考辨理由是充足的，作者在这些篇目的“说明”“简论”中一一条列的论证，可供读者鉴别。不仅方法可取，也可开阔《史记》研究的视野。

四、关于史评，前人专门的史学理论著作，有唐代刘知几的《史通》和清代章学诚的《文史通义》。对一本书的研究写成专论的，清王夫之的《读通鉴论》是一代表作，但它的主要内容是评论历史，也不是评论《资治通鉴》这本书。《史记论赞辑释》则是专门对《史记》一书就史论部分的汇释研究，可以说是在这方面的一个首创。封建时代的史学家主张历史编撰以记事载言为主，不重视史论。例如唐刘知几在《史通·论赞》中就批评司马迁的史论是“苟衒文采”的画蛇添足。直到清代章学诚才给予重视。章氏在《文史通义·史注》篇中说：“太史叙例之作，其自注之权舆乎！明述作之本旨，见去取之从来，已似恐后人不知其所云而特笔以标之，所谓‘不离古文，及考信六艺’云云者，皆百三十篇之宗旨，或殿卷末，或冠篇端，未尝不反复自明也。”上述章氏之真知灼见在学术界的反响并不大，直至当今仍没有人对《史记》中的“太史公曰”以及其他史家、史籍的史论作系统的研究。《辑释》第一次对前人史论作了系统研究，这一创作本身是值得肯定的。而作者用“辑释”的形式又具有两大特点：第一，提供了系统的资料；第二，反映了作者对《史记》的研究成果，即书中的序论、说明、简论这几个部分。是非得失两相对照，给读者留下广阔的思考余地，至于《辑释》中的注与译文两项，目的在于使《史记》中高深的史论文字通俗，不仅能给中等文化程度的读者提供帮助，即使对专业工作者也有参考价值。因注释是否准确或异说，直接与“简论”的分析联系，起互相补充的作用。所以，它是学习《史记》的一本工具书，它的出版，必将成为《史记》爱好者的良师益友。

还值得一提的是：在侠义小说泛滥，单纯盈利观念在某些出版单位盛行的时候，陕西人民出版社能把这本篇幅较大，而读者对象又比较窄狭的书编辑出版，是值得赞扬的。我们可以乐观地预期，其他学术价值较高而读者面又不太广的专著，将会继续在出版界涌现出来。

（原载《人文杂志》1987年第2期）